U0113251

弗吉尼亚·伍尔夫传

弗吉尼亚·斯蒂芬，1882–1912

（英）昆汀·贝尔 著 萧 易 译

VIRGINIA WOOLF

Virginia Stephen，1882–1912

by Quentin Bell

广西师范大学出版社
· 桂林 ·

著作权合同登记号桂图登字:20 – 2018 – 079 号

图书在版编目(CIP)数据

弗吉尼亚·伍尔夫传/(英)昆汀·贝尔著;萧易译.—桂林:
广西师范大学出版社,2018.10
　ISBN 978 – 7 – 5598 – 1097 – 7

　Ⅰ.①弗…　Ⅱ.①昆…　②萧…　Ⅲ.①伍尔夫(Woolf, Virginia
1882 – 1941)–传记　Ⅳ.①K835.615.6

中国版本图书馆 CIP 数据核字(2018)第 203510 号

出 品 人:刘广汉
策　　划:魏 东
责任编辑:魏 东
助理编辑:陈天祥
装帧设计:赵 瑾
广西师范大学出版社出版发行
广西桂林市五里店路9号　　　邮政编码:541004
网址:http://www.bbtpress.com
出版人:张艺兵
全国新华书店经销
销售热线:021 – 65200318　021 – 31260822 – 898
山东鸿君杰文化发展有限公司印刷
(山东省淄博市桓台县寿济路13188 号　邮政编码:256401)
开本:690mm×960mm　　1/16
印张:50　　插页:16　　字数:520 千字
2018 年 10 月第 1 版　　2018 年 10 月第 1 次印刷
定价:138.00 元(全二卷)

如发现印装质量问题,影响阅读,请与出版社发行部门联系调换。

For Olivier

献给奥利弗亚

"我那颗破碎的寡居之心的深处……"

（中文版序）

云也退

　　"我姑姑是作家"。十几岁的时候，昆汀·贝尔找他姑姑给自己办的校刊供稿，姑姑答应了，之后，这姑侄二人一个写，一个画，配合非常默契。姑姑是大师手笔，写出东西来十分谐谑，还指引侄子读书。他俩有一张合影：昆汀拿着书，姑姑拿手指点着，她那副本来很显病态的瘦削肩膀，在照片里倒也不太显了，以及她标志性的凹陷的眼窝，也终于溶解在了好不容易才显得自然一回的笑容里面了。

　　十几岁的时候，昆汀若有心写一本姑姑的传记，他大概会用"我姑姑是作家"开头。可是，当他到了五六十岁，当真撰写《伍尔夫传》时，起手却是这么一句："未出嫁之前，弗吉尼亚·伍尔夫原本是斯蒂芬家的小姐。"而当他回顾与姑姑合作的情形，也是语带疏离：我啊，我是把姑姑拖下水的,"放着个真正的作者在手边却闲置不用,似乎很蠢呢"。

名著的第一句话往往带有全书的调性。《伍尔夫传》的第一句特别冷,冷得仿佛作者压根不认得传主似的。不过,昆汀·贝尔绝对有自信,认为这本传记就是姑姑希望看到的。弗吉尼亚会欣赏他的文字,和他对自己的描写的。她欣赏这么一种抽离的、疏远的、清孤的写作。

1922年,弗吉尼亚发表了个人的第一部长篇成熟之作《雅各布的房间》。她年届不惑,打磨个人风格有年,小说文气冲淡,意象疏朗,透出一种对政治的故意疏远,和对风暴来临前的安宁时刻的珍惜。弗吉尼亚是英国的特权分子之一,不必工作,不必劳动,不问国家大事,靠着祖上的遗产舒舒服服地过日子,她的文字里,随性的讥诮,故意的疏离,通过讲究的表述来保持对一切的矜持的距离,这都是特权人士的痕迹,这个特权来自专制和不公道,也会让人狭隘,但弗吉尼亚不接受为此而来的批评,因为,她心里明白得很。

《雅各布的房间》连一个鲜明的主人公形象都没有,当时的名作家阿诺德·贝内特抨击她的这一点,可是贝内特分明就是被弗吉尼亚看不起的。弗吉尼亚说,他太落伍了,跟高尔斯华绥、威尔斯一样,这批爱德华七世时期的代表作家,也就是维多利亚时代的保守孑遗。他们都过时了。就连在她自己的圈子里的E.M.福斯特,跟她算是有不少共性的,出了四五本长篇,看起来也不那么出彩。福斯特柔和有余,思想机锋不足,温吞得有些琐碎,而弗吉尼亚的风格却在1920年代走向独一无二。当1925年和1927年,弗吉尼亚连续发表《戴洛维太太》和《到灯塔去》这两部确立她个人地位的代表作时,福斯特都已经弃写长篇了。

　　弗吉尼亚写了篇驳论,叫《贝内特先生和布朗夫人》,她举了个例子:火车里坐着一个简朴寒酸的中年妇女,就叫她布朗夫人吧,贝内特会如何描写她呢?他会勾勒无穷无尽的细节;高尔斯华绥会对时弊大加抨击,再把布朗夫人描绘得极其可怜;至于威尔斯,作为一个善于畅想未来的人,他一定会将布朗夫人的贫穷乌托邦化。她说,这几个人,没有一个能写出人物的灵魂,写出人物性格的实质来,这个任务是用寥寥数语来完成的,大费周章就是在犯蠢。不说别的,这种峭拔的批评,这种对于风格的执迷,以及对个人趣味的冷峻自许,就的确是那几位以及福斯特都无法比肩的。

　　弗吉尼亚的写作启蒙来自他父亲,饱学的著作家和出版人莱斯利·斯蒂芬爵士。小的时候,她陪着父亲,带着狗,在伦敦城里四处散步,一边走一边聆听父亲的训导,回到家里,她贪读父亲图书室里的书,从柏拉图到斯宾诺莎再到休谟。弗吉尼亚和她姐姐瓦奈萨,一个干上了文学,一个从事绘画,都是父亲的引导之功。莱斯利告诉她,千万别去欣赏那些自己不欣赏的东西,以及,用最少的言辞,尽量清晰地表达出想要表达的东西。这两个点拨,完全出自他自身的气质,就像他的裁缝曾经注意到的,这位绅士衣着得体,裁剪合身,同时不露斧凿痕迹。

　　可是,弗吉尼亚把他的冷峻和不露感情用到了描写父亲上,就像后来,昆汀·贝尔又继承了这种风格来描写她。她用词俭省,语气疏离,对父亲的慷慨,她不作正面的感激,却这样说:"如今,有的父母不会让一个十五岁小姑娘随便进出一个没有经过任何筛选的大图书馆,我父亲却认为这并无害处。"父亲把女儿带进图书室,说"读你们想读的书吧",弗吉尼亚事后回忆时加了个修饰语:不是"亲切地说"或"大方地说",而是"简短扼要地说"。

　　莱斯利的第一任妻子是萨克雷的女儿,萨克雷是维多利亚时代的大作家,莱斯利本人的父亲是詹姆斯·斯蒂芬爵士,一个典型维多利亚时代的官员,勤奋,节制,郁郁寡欢。但到了弗吉尼亚这一代,十九世纪谨严而牢固的传统价值都在瓦解。弗吉尼亚和她姐姐瓦奈萨,以及索比和阿德里安,这几个斯蒂芬家的孩子,邀集了其他一些出身中产的年轻知识分子,把戈登广场沉重的木门后的一个名叫布鲁姆斯伯里的地方,变成了两次世界大战之间伦敦的思想、艺术和文化中心。他们所做的事情则不过是谈话,配以凌晨一二点钟依然供应的威士忌、小面包、可可。

　　大英是有活力的。大资本把乡村贵族压向衰落,中产阶级崛起,夺占国家管理的要津,工党、工会、工团主义尽量让社会热闹些个,使马克思主义者不至于死心。一战之后,女性在英国赢得了选举权,简·奥斯丁、盖斯凯尔夫人、勃朗特们的写作终于结出了政治上的果实。事实上,女性在人数上也占据了优势,因为男人都死在战场上了。

　　可是,弗吉尼亚身上并没有显示这种向外的活力。她和她这一圈子人,将批评的能量化作了讥诮、挑剔,乃至暧昧调情,局限在互相之间,不出大门。读《到灯塔去》,最能体会他们过的是怎样的一种日子了,那种含混,那种既近又远、模糊不清的象征,让人既困惑,又不能不对这些人高看一眼,因为他们的审美的确高级。他们从来不会单一地表达爱憎,而总是混杂的,又爱又恨。弗吉尼亚这个"浪漫的势利鬼",既光鲜又可畏,她活在自己内心的丛丛冲突之中,活在调情与被调情中,靠着才华横溢的玩笑减自己的压,活跃别人的气氛,而她那副一碰就碎的身体,又不会付出稍微多一点的亲密。

　　他们的日子里充满了赏析的快感。他们自以为是异端,可是,他们用来标新立异的,是一种"颓废的纤巧",很不容易让人高估。虽然圈内有人关心政治经济,但文学和绘画是所有人共同的爱好,只要谈起文学和绘画,他们就可以背对世界的浪潮,关闭与其他阶级的交流通道,尽情地沉迷。主攻哲学的乔治·摩尔,主攻艺术的罗杰·弗赖,更不用说昆汀的父亲克莱夫·贝尔,都是赏析家,在赏析的基础上再发展哲学和其他等等。他们共同的信念是:只有通过对艺术作品作精妙的赏析,人才能升华他的道德感,才能够得上文明的标准,才能——说句恶心人的话——"不辜负这个时代"。

这番自我修为的结果,是坐拥一方高雅,拒绝平庸恶俗,是接受美好,是热爱光明。不过,以英国人的习惯,一个高雅的人如果能够免于讽刺,那只能说明他还不够档次。D.H.劳伦斯满足了他们,他公开说他讨厌布鲁姆斯伯里。亨利·詹姆斯则说了句"肮脏的布卢姆斯伯里"。他在伦敦住的时候,看到斯蒂芬家的兄弟姐妹拉来一批大学同学饮宴取乐,看到阿德里安和弗吉尼亚互相扔黄油。"可悲可叹啊,"他说,"瓦奈萨和弗吉尼亚上哪儿搞来这么一帮子人。"

更多的人把他们的高雅视为自命清高,把他们对文学艺术的热忱视为虚伪和逃避。梅纳德·凯恩斯是布卢姆斯伯里活跃过的最有名的人之一,他说,这儿不过是一帮伤风败俗的人,没什么真正的雅士高客。可是,说这种话的偏又只能是大英精英:不管怎样自贬,说话人都是在向社会索要掌声和肯定的——他们的起跑线决定了这种诉求的不言自明。

然而生命又时不常要进入悲伤的节奏。看《伍尔夫传》,弗吉尼亚小小年纪就频遭亲友丧失的不幸,使得她的冷峻、孤高与含混,又变得太可同情,似乎是一种自我保护。先是弗吉尼亚的母亲病逝,然后是同父异母姐姐精神病频发,再是另一个同父异母姐姐,一个曾给父亲带去有力帮助的女孩的病故,事发得很突然。1904 年,父亲莱斯利去世，再往下，弗吉尼亚自己也被病魔缠上了，从精神到肉体都脆弱无比，从 1905 年到《雅各布的房间》发表，十八年里，她至少五次发病。

在书中，昆汀没怎么提弗吉尼亚丧父时的悲痛，却着重说了她的恼火：那些不得要领的吊唁信和讣告惹恼了她，有一个来看视的女人，说话特别快，为了赶走她，弗吉尼亚"不得不尽量显出疲惫的样子"。这个细节，说明她在乎文字是否把人描写到位，更甚于在乎这个人本身，也说明她那种为艺术而艺术的趣味，那种对自我之高雅的热忱，是多么的彻底。

昆汀也把同样的讲究用到了自己的写作中。病是一个人最隐私的体会，昆汀写到姑姑的病，常用"我们不确定""我想"之类提法，且常常通过弗吉尼亚带给他人的感受来触及她的病况。虽然不作任何是非评价，贝尔却能用这样的词句来抓住她的病态：

"弗吉尼亚一辈子都是个含糊其词、迟疑不决而且让人气恼的购物者；她一定曾经让许多可怜的店员几乎要说出脏话或流下泪来，想象中的和实际上出售的货物不一样，当她发现自己为此陷入僵局的时候，不仅那些店员，她的同伴也感到极其痛苦。"

真是审慎的写作。"当她发现自己……"这样的句式，避免了遽下判断，也避免了让读者对她产生恶感。弗吉尼亚不恨谁，她对周围人的折磨，最大的原因就是病。因为病，她结了婚也不要性生活。1912年她嫁给了伦纳德·伍尔夫，这算是布鲁姆斯伯里值得一书的大事了，当时她写给维奥莱特一封信，写得很见性情：

"我有事要向你忏悔。我要跟伦纳德·伍尔夫结婚了。他是个身无分文的犹太人。我感到那么幸福，超过了一切人的想象——可我坚持你也要喜欢他。……我们一直在谈你的很多事，我告诉他，你有六英尺八英寸高，还有就是你爱我。"

她太会享受语言。写到"身无分文的犹太人"时,她大概自己都笑出来了,这差不多就相当于"不敢宰鸡的厨师"吧。而"我坚持你也要喜欢他"一句,则表明她深受乃父的熏陶,在任何情况下,都不轻易把自己的思想强加给别人,否则她就该写"你一定会喜欢他的"了。

至于最后这句,是典型弗吉尼亚式的淘气,语言中的谐谑、"滑稽感",动作的夸张,以及形形色色的玩闹和恶作剧,是他们生活的组成部分,他们成就感的来源,也是他们表现出来的、同刻板拘谨的上一代中产之间拉开差距的主要方面。

但滑稽热闹过后,如果不得出一些尖刻的心得,那也真不是弗吉尼亚的本色。在布鲁姆斯伯里,弗吉尼亚参与过的最大的一个恶作剧,受害者是她的表兄威廉·菲希尔,此人当时担任"无畏号"战舰的旗舰中校。布鲁姆斯伯里的年轻人哄骗他说,阿比西尼亚皇帝及其随从想参观他的军舰,他信以为真,隆重迎接,弗吉尼亚偕其他几个朋友,乔装改扮,然后大摇大摆、一言不发地登上了战舰。然后,昆汀却说,她永远忘不了那些佩戴着金饰带的男性的"浮华",她"对男性的野蛮和呆蠢有了新的认识"。

含混其词的弗吉尼亚,一言难尽的弗吉尼亚,却有一个意象是她所心爱,并且意义比较明确的。在书中,昆汀写到斯蒂芬家的孩子们追捕飞蛾的场景。飞蛾,对她来说,象征着人被不知名的敌对力量所追击,并摧毁。她写的《海浪》,原定的书名就是《飞蛾》,《雅各布的房间》里也有飞蛾,同期的散文《阅读》里继续延伸飞蛾的主题。1906年,她的哥哥索比死于伤寒,年仅二十六岁,这时距离她父亲去世才过了短短两年。1915年,弗吉尼亚在小说处女作《远航》里写了一个女主角蕾切尔,她也死于伤寒,然后,飞蛾又出现了。

飞蛾还跟瓦奈萨有关。弗吉尼亚同瓦奈萨姐妹和睦,不过昆汀也写了姐妹俩之间的竞争。弗吉尼亚特地请人给她做了张书桌,这样她就能像姐姐一样,站着工作了。其实,"瓦奈萨"一词也是一种蝴蝶的名字,因此可以推测,弗吉尼亚经常把自己视为飞蛾,白天比不过姐姐,就在夜间幽幽绽放。

昆汀·贝尔的书,基本上将人们对一个女小说家的想象给打碎了。弗吉尼亚跟任何走情感小说路线的"女作家"都完全不一样。即使读过她的随笔和散文,一般人怕也不能想象,在现实之中,她就是这么一个没有多少正统的"女人味"的女人。至于"女权主义先驱"之类的说辞,也在贝尔的书里被一举驱散了,她小说的主人公,仍然是十九世纪的一面忠实的镜子,虽有《一个属于自己的房间》这篇名文,可她从未对家庭,这个束缚女人的牢笼横加指责,她只是坚持自己的写作欲望不容窒息。布鲁姆斯伯里给了她全部的庇护,她封闭在这个很小的圈子里面,不曾踏足一个小酒馆,不曾在公共厕所里下蹲,不曾在集体宿舍里住过一宿,她在比如《三个金币》中对女性的捍卫,是基于对外部社会过时的理解。

昆汀和她姑姑一样,特别知道自己在写什么。书中的人物很多,不过昆汀很清楚,自己笔下输出一串串人名,不能企望读者会耐心看。于是他在可简约的地方尽量简约,更有犀利、精妙、点到为止的评论。二战打响后,弗吉尼亚对工人运动也关心起来,参加了一些左派集会,可她跟主流左翼作家终究不是一路。昆汀一语道破天机:和那些人不同,"她不指望比她社会地位低的人爱她……她没怎么体会到对无产阶级的爱,以致她想取缔这个阶级,在此过程中取缔整个阶级社会"。当然,她也不会表达对自己所属的那个小阶层的爱,除非以疏远、孤冷、挑剔的方式。

如大书评家安东尼·伯吉斯所说,弗吉尼亚的作品里,有着"不可知论和对生活体验的某种恐惧"。可以说，弗吉尼亚和E.M.福斯特一样，也是高级住宅区精神的书写者，并不面对真正的世界，但她所恐惧的东西已经足够强大了，足以让她拒绝亲密性爱，还就着病势对她的犹太人丈夫破口大骂。伦纳德的忍辱负重，鞍前马后扶助，让人同情，也让人觉得他本人跟他太太一样，是有点不正常的。观看他们的合影，不能不说，世上的确有夫妻相这回事。

昆汀并不是有意用冷感的笔触去描写姑姑的一生的。是布鲁姆斯伯里的文化要求他这么做的，这是一种必需的趣味，虽然时有讥诮，可是既保护别人，也保护自己。在读者眼里，这部传记保持"客观视角"的可贵品质，在他那里只是基本的修养罢了，而这份视角，在书中，不时得到了传主弗吉尼亚·伍尔夫自己的文字的肯定。1940年11月，为了躲避空袭，弗吉尼亚搬到了乡下，她写信给友人维塔，感谢她在这个物资短缺的时刻伸出援手，赞美她送来的黄油，可这感谢和赞美又着实掺进太多杂物了：

"我但愿自己是维多利亚女王。那样的话，我就能对你表示感谢了。自我那颗破碎的寡居之心的深处……我说，那是一整磅黄油。边说边掰下一小块，就这样干吃了它。于是，在踌躇满志之下，我把我们整周的配给黄油——它大概有我拇指甲大小——都送给了路易——赢得了永生的感激；然后我们坐下来吃面包和黄油。加上果酱本会是亵渎神圣的事。……请代我向奶牛们致以贺词，还有挤奶女工，我想建议那只牛犊将来（如果它是男的）叫做伦纳德，如果是女的，就叫弗吉尼亚。"

这腔调已跟"臭贫"一般无二。然而，在这臭贫中隐含着的歇斯底里意味，可以让一个仔细的收信人战栗不安。这个没有多少生命力的女人，把她的能量付诸文字，把谈笑风生的韵致留在了布鲁姆斯伯里，最后用自我毁灭来结束对旁人的折磨。从传记中可以看到,她自杀,可能只是因为终于厌倦了一个无法控制的自己。

　　昆汀·贝尔自始至终保持了高浓度的陌生,他不参与姑姑的生命,正如弗吉尼亚不参与外界的流变。1941 年 3 月 28 日,弗吉尼亚投水自尽的日子,昆汀依旧写得不带半点感情,半点多余的想象和揣测:"将手杖留在河堤上,她把一块大石头硬塞进外套口袋,然后走向死亡。"换一个寻常作者,若不补一句"水面晃动了一下,立刻把这个不幸的女人给吞没了",大概都不愿交稿吧。

家系图

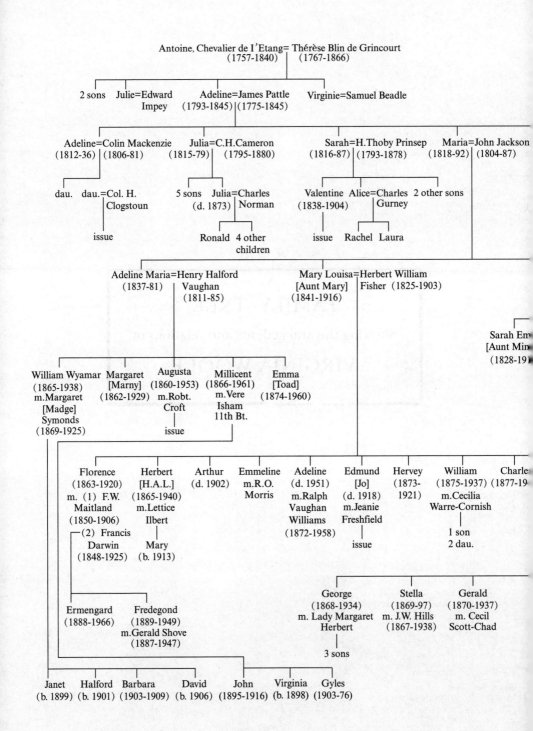

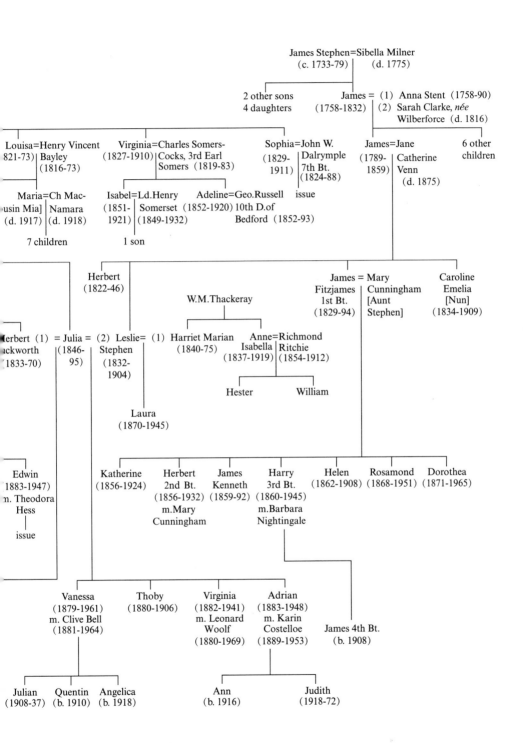

James Stephen=Sibella Milner
(c. 1733-79) | (d. 1775)

2 other sons   James = (1) Anna Stent (1758-90)
4 daughters   (1758-1832) | (2) Sarah Clarke, *née*
                                              Wilberforce (d. 1816)

Louisa=Henry Vincent   Virginia=Charles Somers-   Sophia=John W.   James=Jane   6 other
821-73)| Bayley   (1827-1910)|Cocks, 3rd Earl   (1829-|Dalrymple   (1789-|Catherine   children
(1816-73) |Somers (1819-83)   1911)|7th Bt.   1859)|Venn
                                                               |(1824-88) |(d. 1875)

Maria=Ch Mac-   Isabel=Ld.Henry   Adeline=Geo.Russell   issue
usin Mia]|Namara   (1851- |Somerset (1852-1920) 10th D.of
(d. 1917)|(d. 1918)   1921)|(1849-1932)   Bedford (1852-93)

7 children   1 son

              Herbert   James = Mary   Caroline
              (1822-46)   Fitzjames|Cunningham   Emelia
                              W.M.Thackeray   1st Bt. |[Aunt   [Nun]
                                                         (1829-94)|Stephen]   (1834-1909)

erbert (1) = Julia = (2) Leslie= (1) Harriet Marian   Anne=Richmond
ackworth |(1846- | Stephen   (1840-75)   Isabella|Ritchie
1833-70) |95) |(1832-   (1837-1919)|(1854-1912)
                 | 1904)

                                            Hester   William

              Laura
              (1870-1945)

Edwin   Katherine   Herbert   James   Harry   Helen   Rosamond   Dorothea
1883-1947)   (1856-1924) 2nd Bt.   Kenneth   3rd Bt.   (1862-1908) (1868-1951) (1871-1965)
n. Theodora   (1856-1932) (1859-92) (1860-1945)
Hess   m.Mary   m.Barbara
                          Cunningham   Nightingale
issue

              Vanessa   Thoby   Virginia   Adrian
              (1879-1961) (1880-1906) (1882-1941) (1883-1948)
              m. Clive Bell   m. Leonard   m. Karin
              (1881-1964)   Woolf   Costelloe   James 4th Bt.
                                        (1880-1969) (1889-1953)   (b. 1908)

Julian   Quentin   Angelica   Ann   Judith
(1908-37)(b. 1910) (b. 1918)   (b. 1916)   (1918-72)

文献注解

以下的注解是提供给那些想要追溯我所采用的资料源头的人。为了避免在正文中出现太多让人分心的数字符号,页码和关键短语被用来识别相关的引语或声明,其源头被归档在本文中。

已发表的主要资料列在参考书目中,这份书目给出了脚注中的缩写书名的全称。提到的页码指向英文版本,以及弗吉尼亚·伍尔夫的书籍的初版。

提到的未发表资料大多数属于三类收藏(在第一卷的序言中有更仔细的描述),即:纽约公共图书馆的亨利.W.和艾尔伯特.A.伯格的英国和美国文学收藏(Berg);剑桥的国王学院图书馆中的查尔斯顿文献(CH);以及我所谓的僧侣屋文献(MH)。这些资料属于已故伦纳德·伍尔夫的部分遗产,由于伊恩·帕森斯太太的慷慨,它们现在属于苏塞克斯大学。在脚注中,我已经用此处括号里的缩写标明了来自这三类收藏的资料。

1955 年，伦纳德·伍尔夫开始收集弗吉尼亚·伍尔夫信件的复印件，打算出版它们。这种打算流产了，但复印件保存了下来。因此，我不一定很清楚我所熟悉的这些书信的下落。很多信件还在私人手上；还有很多已经被德克萨斯大学的学术中心收藏了，该中心拥有重要的作家书信收藏，我不幸没有机会拜访。

我还利用了保存在莱斯利·斯蒂芬爵士的继承人和后裔手中的各种家族文献。以下资料以缩写方式提及：《陵书》(*The Mausoleum Book*)，1895 年，莱斯利·斯蒂芬在妻子朱莉娅去世后撰写（MBk）；1891、1892 和 1895 年的斯蒂芬孩子们的家庭报纸《海德公园门新闻》（HPGN）；以及瓦奈萨·贝尔撰写的六份回忆录手稿（VB/MS I-VI）。

关于弗吉尼亚·伍尔夫 1915 年至 1941 年的日记。我尽可能引用了霍加斯出版社在 1953 年出版的选集，书名是《一位作家的日记》（缩写为 AWD）；未发表部分的日记原稿目前属于伯格收藏，提及它们时加了前缀，即 AWD（Berg）。

由于对原始资料做了尽可能忠实的转录，因此拼写和标点的错误也许来自作者，而不是印刷问题。

以下首字母缩写被用来取代全名：

CB	克莱夫·贝尔
DG	邓肯·格兰特
EMF	爱德华·摩根·福斯特
ES	埃塞尔·史密斯
GLS	贾尔斯·利顿·斯特雷奇
JMK	约翰·梅纳德·凯恩斯
LW	伦纳德·伍尔夫

QB　　昆汀·贝尔

RF　　罗杰·弗赖

SST　　萨克逊·锡德尼-特纳

VB　　瓦奈萨·(斯蒂芬)·贝尔

VD　　维奥莱特·迪金森

VSW　维塔·萨克维尔-韦斯特

VW　　弗吉尼亚·(斯蒂芬)·伍尔夫

　　属于传闻类的证据以 p.i. 的缩写标明,其后是向我提供消息者的人名。

前　言

写这卷的目的纯粹是为了保存史实；虽然我希望自己能帮助到那些试图解释和评估弗吉尼亚·伍尔夫作品的人，我这么做仅有的途径就是提供那些迄今尚不为人所知的事实，以及对传主的性格和个人发展做出我期待的清晰而真实的描述。我别无办法为文学批评作出贡献。即便我有这样的装备，我也没有这样的意向；我发现，哪怕不冒险涉足其他方向，传记作者的任务就已经足够困难，事实上，如果得不到协助的话，简直没有办法完成收集和呈现事实的工作。

在第二卷中，我希望能对所有协助者致以谢意，不过首先有几个人是必须提及的。

新近故去的伦纳德·伍尔夫劝我尝试写这本书，当我准备本卷初稿时，他提供了大量帮助。利兹大学愿意让我休假一年来展开研究工作，苏塞克斯大学则已经给予了休假年。利弗休姆研究奖金让我能够有益地利用自己的时间。伊恩·帕森斯太太总是热情相助，十分友好;我的妻子承担了研究助手的繁重任务和吃力不讨好的批评家角色。我希望这本书配得上他们的慷慨大度。

撰写本卷时,我大量采用了未发表的资料。我把最重要的藏品列举如下,标明它们的内容以及我采用的缩写形式。只有看起来令普通人感兴趣的地方,我才加上脚注;第二卷将会列出详细的原始资料参考文献,包括一份选择性参考书目。

伯格收藏(BERG COLLECTION):纽约公共图书馆的阿斯特、雷诺克斯和蒂尔登基金会;亨利·W.和艾尔伯特·A.伯格的英国和美国文学收藏。

1957年,伦纳德·伍尔夫做出安排,在他去世之后,弗吉尼亚·伍尔夫的二十七卷日记手稿(1915—1941年)将会成为伯格收藏的一部分。这些日记被称为 AWD(Berg);伦纳德·伍尔夫在1953年曾经出版过这些日记的选集,书名是《一位作家的日记》(*A Writer's Diary*),缩写是 AWD。因此,伯格收藏成了弗吉尼亚·伍尔夫文献的核心,有机会从伦纳德·伍尔夫和其他地方获得具有传记和文学意义的大量资料。包括八本写在笔记本上的早期日记(提及时采用简短题目外加〔Berg〕);在它的手稿书信收藏中,有弗吉尼亚·斯蒂芬/伍尔夫的四套书信:即给她姐姐瓦奈萨·贝尔的书信,给维奥莱特·迪金森的书信,给维塔·萨克维尔-韦斯特的书信,给埃塞尔·史密斯的书信。为便于引证,采用的是这些名字的缩写首字母,我始终采用的是弗吉尼亚和瓦奈萨·斯蒂芬的婚后姓,既 VW 和 VB。

伯格收藏中的弗吉尼亚·伍尔夫文献由新近故去的约翰·戈丹博士负责创建,我需要对他表示感谢;我跟他的后任洛拉·斯洛迪奇太太的书信往来和见面一直是最愉快不过的。

查尔斯顿文献(CHARLESTON PAPERS)：剑桥大学的国王学院。

克莱夫·贝尔、瓦奈萨·贝尔和邓肯·格兰德的书信和其他文献保存在学院图书馆中，包括瓦奈萨·贝尔和罗杰·弗赖的书信。根据需要，我采用了缩写首字母 CB、VB、DG 和 RF，以及缩写 CH(查尔斯顿文献)。

管理这些文件恐怕给图书管理员 A.N.L.芒比博士的沉重负担格外增添了分量，他以令人称羡的能力、智慧和幽默从事着自己的工作。

僧侣屋文献(MONK'S HOUSE PAPERS)：新近故去的伦纳德·伍尔夫的遗产。

为了让我撰写这部传记，伦纳德·伍尔夫向我提供了文献，不仅包括他和他妻子之间的大量通信，还包括相当数量的手稿。我把这些文献大致区分成供传记使用的手稿(MH/A)和主要具有文学意义的手稿(MH/B)，并标注了数字。

感谢他的遗嘱女执行人的善意，我也有幸利用了伦纳德·伍尔夫本人的简洁但可靠的日记。

以下跟弗吉尼亚·伍尔夫及其家人有关的资料属于莱斯利·斯蒂芬爵士的继承人和后裔所有：　　xv

莱斯利·斯蒂芬在 1895 年妻子朱莉娅去世后撰写的《陵书》(MBk)。

家庭旧信件，主要由莱斯利·斯蒂芬太太及其子女之间的通信构成。

两个活页夹,包括 1891、1892 和 1895 年的《海德公园门新闻》的抄件。

瓦奈萨·贝尔撰写的六本回忆录手稿(VB/MS I-VI)。

弗吉尼亚·伍尔夫给克莱夫、朱利安和昆汀·贝尔的书信。

剧本朗读社团的备忘录,1908—1909 年和 1914—1915 年。

我要向我的妹妹戴维·加奈特太太、我的表妹理查德·桑格太太和奈杰尔·亨德森太太表示感谢,因为她们允许我引用相关文献。

另外,我也查阅了以下诸人和机构手中的文献,包括:马克·阿诺德-福斯特、巴巴拉·巴格纳尔、巴思侯爵、英国广播公司、邓肯·格兰特先生、哈佛大学(霍顿图书馆)、肯尼特勋爵、奈杰尔·尼科尔森先生、詹姆斯·斯特雷奇太太、约翰·沃特路教授和戴维·加奈特先生,我有幸利用了后者手中的艾德里安·斯蒂芬日记的抄件;我无法找到日记的原件。我还要感谢所有那些帮助和体谅我的人,以及允许我引用我需要的文献的人。

再版序言[①]

弗吉尼亚·伍尔夫是我妈妈的妹妹。1964年,弗吉尼亚去世二十多年后,姨夫伦纳德·伍尔夫写信给我,告诉我有几个人打算替她撰写传记。他说,他不得不请这些人吃饭,劝他们打消念头,这种事情开始让他感到非常厌烦……他最后建议我来撰写这部传记。

我回复说,我认为不应该由家庭成员撰写这部传记,我个人对英国文学所知甚少,至少对文学批评所知甚少,不足以承担这样的任务。最后,我答应撰写姨妈的生平,因为我不想让别人而不是我自己来撰写一部权威传记。尽管如此,我提到的反对意见依然有效,必须解决这些问题。

某种程度上,跟传主关系紧密也是有好处的;我更容易理解那些需要处理的大量证据,因为我认识其中提及的大多数人和很多情境。

---

① 这篇序言是昆汀·贝尔为 Pimlico 出版社 1996 年版而写的。第二卷的增补参考书目亦来自这一版本。(此类注释为译注,下同,不另标出——译者)

不过，由于我跟姨妈感情深厚，而且一直都很喜欢她，也就很难保持客观性。一部传记如果也是一份子女，或准确地说外甥的献礼，那么就很可能成为一部最可厌的传记。这是一种真实存在的危险，因为弗吉尼亚·伍尔夫的性格特征总是遭受频繁的抨击，当时，人们认为她是一个势利之徒，既富裕又矫揉造作，为人执拗且不怀好意。作为传记作者，我有责任尽可能诚实地判定，那种描述中有多少真实成分，又有多少属于虚构，抱着这样的意图写传记，对很多读者来说，就好像我是在维护一个只顾名誉而毫不在乎真相的家族。处于这种位置，这位传记作者常会感受到两种对立的诱惑：不是在描述中把美好置于真实之上，就是急着想要大义灭亲，对缺点加以强调。在这两种情境下，他都犯下了错误；因为他唯一的目标应该是真相，除此之外别无目标。

如果说描述作为人的弗吉尼亚是困难的，至少它还是件高尚的事情，虽然困难，这个任务到底还算显然易懂；我知道自己该怎样着手。而描述作为艺术家的弗吉尼亚就要艰难多了，因为我往往不知道该怎样着手。在她的文集中，有些地方简单易懂，但小说中也有难以理解的段落，有时，她的意图并不明显。这些晦涩之处就成了索隐派的练兵场。《海浪》看起来是在分析一群人的想法和感受，但有人说它实际上是在研究一个人；甚至有人认为《到灯塔去》是一个基督教隐喻。我不打算做这种注解，也不打算评估或比较不同小说的美学价值。此类推测不妨都留给读者自行其是。因此，本书的目的纯粹是保存史实；虽然我希望它也有助于那些试图诠释弗吉尼亚·伍尔夫作品的人，这种协助只能通过呈现那些迄今为止尚不为大众所知的事实，以及对传主的性格和个人发展做出我期待的清晰且真实的描述。除此之外，我别无办法为弗吉尼亚·伍尔夫的文学批评做出贡献。

譬如，在英国文学史上，有一个我始终铭记在心的警世寓言。约翰逊博士肯定是十八世纪最卓越的英国批评家,他对《利西达斯》(Lycidas)——我们的最佳杰作之一——做出过判断,认为它一钱不值。如果最好的批评家也会犯下如此可悲的错误,剩下的我们这些人还有什么指望呢?就我自己而言,我并不敢自诩可靠。我曾经认为《奥兰多》是弗吉尼亚的最佳小说;我现在不这么想了。《岁月》出版之际,我认为它是一部杰作,也曾这样告诉弗吉尼亚;如今我也改变了想法。就批评而言,我觉得我自己不是指南针,而是墙头草——我想我也不是唯一这么做的人。

因此,你在这部传记中找不到关于弗吉尼亚·伍尔夫小说的评价,有些人从事理论建构,能够在她的所有作品中找到那些宗教的、政治的或哲学的涵义,对于那些有志于此的人来说,它们似乎是显而易见的,我也不打算做这种努力。我甚至不觉得,弗吉尼亚在每一部具体作品中都表达了对自己性别之解放问题的关注,尽管这个话题显然是重要而且令人深有感触的。

我尝试去做的就是,对于弗吉尼亚·伍尔夫生平中的那些确切的事实,尽量给予明晰的描述,她的人生不同寻常,无需用文学批评来加以妆点或修饰。她的性格特征并非无懈可击,不过,它有许多值得我们赞美的地方。她的书籍当然是她一生中的壮举,也许可以称之为她的孩子,我试图描述它们的起因,它们在怎样的情形下诞生,以及批评家对此的反应曾引发剧烈的情绪。

目　录

插图说明

插图说明

艾德里安和弗吉尼亚,1900 年

维奥莱特·迪金森和弗吉尼亚,1902 年

猎幼狐,弗里瑟姆,1901 年

克莱夫·贝尔,约 1906 年

艾德里安·斯蒂芬

乔治·达克渥斯

比阿特丽斯·西尼夫人

罗伯特·塞西尔夫人

维奥莱特·迪金森

玛奇·沃恩

沃尔特·兰姆

卡罗琳·艾米莉娅·斯蒂芬

阿比西尼亚皇帝和他的随从

利顿·斯特雷奇画像,邓肯·格兰特作

弗吉尼亚画像,瓦奈萨作

弗吉尼亚与克莱夫、朱利安·贝尔,1910 年

萨克逊·锡德尼-特纳、克莱夫、朱利安和弗吉尼亚,1910 年

罗杰·弗赖

弗吉尼亚

阿希姆宅

弗吉尼亚和伦纳德·伍尔夫,1914 年

第一章　1882 年

　　未出嫁之前,弗吉尼亚·伍尔夫原本是斯蒂芬家的小姐。斯蒂芬一族早先籍籍无名,他们从十八世纪中叶起开始崛起。这家人起初是阿伯丁郡的农夫、商人和走私货窝主。对于住在阿登伯劳特的詹姆斯·斯蒂芬我们实际上一无所知,仅有的信息是他大约死于 1750 年,留下七个儿子和两个女儿。依照这个门第的传统,他的大多数儿子都漂洋过海寻求发迹去了。其中一个叫威廉·斯蒂芬的儿子在西印度群岛安顿下来,他从事的行业令人不快,就是收买得病的奴隶,治好他们的病,直到可以上市出售,他在这个行业里干得红红火火。另一个叫詹姆斯的儿子受过律师培训,他后来从商,曾在多塞特海岸遭遇海难。作为一个具有赫拉克勒斯体魄的人,他靠全力以赴和一小桶白兰地拯救了自己,还有四个同伴。那时天色漆黑,一场暴风雨正在肆虐;眼前是一座看起来无法攀爬的悬崖,"连只猫都没指望爬上去",不过,他们爬了上去,发现自己来到了珀贝克岛(Purbeck)。这里的海关征收员米尔纳先生救了詹姆斯,还款待了他;詹姆斯很能干,不但保住了船上的许多货物,还赢取了希珀拉·米尔纳小姐的芳心,他偷偷跟这个姑娘结婚了。

詹姆斯·斯蒂芬夫妇的婚后生活并不如意。他在生意上失败了,陷入债务,不久就发现自己进了债务监狱(King's Bench Prison)。[1]面对窘境,詹姆斯·斯蒂芬做出的反应给他的后代开了先例。他拿起笔来为自己的案子做辩护。据我所知,他是斯蒂芬家族里第一个写书的人,自那之后,家族里几乎无人不发表作品,而且显然,每一代都有人为这个家族的文学业绩添砖加瓦。

詹姆斯·斯蒂芬选择上法庭,这又开创了一项家族传统。事实上,他走得更远,他在监狱里鼓动众人,最后差点酿成一场暴动。

他声称,因欠债而受囚禁是野蛮的,它还违悖了习惯法精神,违悖了大宪章、成文法以及公正、人性和政纲。这些问题都值得一谈,不过对他的案子并没有实际效果,最后,还是通过债权人,他才获释。经历了这场政法之役,斯蒂芬确信自己的天赋在于辩护领域而不是商界。他进入中殿学院(Middle Temple)求学,然而,不列颠的忒弥斯虽然乐于接受他的很多后裔,却把他本人给拒了。他的抗争给他带来了太多敌人,由于他在"出身、财富、教育和性情方面的不足",他被赶了出来。[2]

不过,法律职业也有后门可走,斯蒂芬还是混了进来。他成了某个低级律师的合伙人,在那人的名义下做自己的事。不过,那可不是什么很光彩的行当。他的顾客行迹可疑。他在酒吧间里做业务;这不会给他带来什么声誉,钱就更少了。他那可怜的妻子认定,他们之所以遭此厄运,是全能者借此惩罚她答应秘密结婚,她死于1775年。四年后,他也随她而去,只活了四十六岁;他留下六个孩子,还有大约足够付清债务的钱。

六个孩子中的老二叫詹姆斯,为了方便起见,我们就叫他主事官詹姆斯,他是跟我们关系最密切的人。在贫寒和讼争的环境中长大,他在很大程度上证明自己就是老爸的儿子。他也是一个小册子撰写者和诉讼辩护人;不过,他老爸关心的是自己的案子,主事官詹姆斯则把自己的辩论才华发挥在了更伟大的目标上。出于爱国心和人道精神,他将捍卫自由事业,还会引发两个大国之间的战争。

不过,他的第一场战役是很符合父辈传统的。在几乎没受过正规教育的情形下,詹姆斯想方设法跻身阿伯丁的马歇尔学院(Marischal College),他入了学,虽然健康不佳,但没有放弃学业。他读的是当时所谓的自然哲学(即科学),成绩还不错;可是后来,他发现自己被一场用拉丁文举行的考试挡住了去路。他知道自己肯定过不了关,而且更糟糕的是,他还会显得荒谬可笑(他是个极为敏感的人)。

> 那么该怎么办呢? 一个十七岁的青年竟然有胆量去筹划,还有机灵劲去实施一个计划,改革一所古老大学的成规,从而掩饰自己的缺陷,保全自己的名声,人们也许觉得这是件不同寻常的事情。然而,我就是这么筹划的,还这么去做了。[3]

换句话说,为了符合自己的需要,他设法让别人改变了规章制度。

此处引用的段落摘自他为孩子们撰写的《詹姆斯·斯蒂芬回忆录》(*Memoirs of James Stephen*)。这是本有意思的文献,作者内心的某种自鸣得意让它显得更有趣了。对于上述以及别的胜利,还有自己的各种努力,斯蒂芬觉得有理由自庆,正是这些努力让他克服了严重的能力不足,当选了下院议员、大法官法庭的主事官,并成为社交圈里受尊敬的人物,因为他会把事业的荣耀归功于主。

上帝回应了他的祈祷,还照管他的利益,指引他的脚步。有时候,詹姆斯·斯蒂芬和他的创造者之间似乎具有同谋关系。他如此单纯地相信天意,乃至在向一个年轻女性求爱的同时,还跟另一个有了孩子。这种信任也没有被辜负。他以最令人满意的方式斡旋于两者之间,跟其中一个结了婚,另一个也找到了丈夫。他们的私生子成为一位极受敬重的牧师。

作为社会活动家,主事官詹姆斯参与了两项伟大的事业。这两项事业都缘起于他在西印度群岛的一段旅居生涯。当地已有他伯伯威廉留下的后裔;斯蒂芬在这里当律师,目睹法国和美国商船正在多么轻易地打破英国的封锁。这位年轻时曾热情支持过乔治·华盛顿的人感到愤怒了。他忿而写了本叫《伪装下的战争》(*War in Disguise*)的小册子,它引发了枢密令、大陆封锁,还有让斯蒂芬很懊恼和震惊的一八一二年战争。[4]

不过,从初抵西半球起,詹姆斯就已经投身另一项事业了,那也是一项更高尚的事业。当他目睹西印度群岛法庭上黑人可能会遭受到的残暴对待,他初次意识到奴隶制的丑恶。一旦察觉这种制度的不公正,他就成了受压迫者坚持不懈的朋友。甫回英格兰,他就成了威尔伯福斯(Wilberforce)的死党,第一任妻子去世后,他娶了威尔伯福斯的姐姐。在下院里,他不是在为枢密令辩护,就是在抨击奴隶制;正是由于内阁拒绝对这个问题做出决议,他退出了国会。

克拉珀姆社区里有一群朋友:他们是成功的可敬人士,其特征包括某种正派的虔诚、相当的财富,以及对启蒙异教徒和解放奴隶的热忧关注。这些人包括查尔斯·格兰特(Charles Grant)、扎迦利·麦考利①、约翰和亨利·桑顿(Thornton)、约翰·肖(John Shore,即后来的廷默思勋爵〔Lord Teignmouth〕)、格伦维尔·夏普(Granville Sharp)、威廉·威尔伯福斯、约翰和亨利·韦恩(Venn)——最后两位分别是克拉珀姆地区的教区长和副牧师;以上便是所谓的克拉珀姆教派的"圣徒"们。詹姆斯确实受到周遭宗教色彩的感染,然而,他之所以被吸引进这个福音派群体,与其说是出于宗教见解,不如说是出于政治观点。不过总的来说,克拉珀姆派关心的是行动而不是信仰,是政策而不是党派。首先是禁止奴隶贸易,然后是废除奴隶制本身,这是它的主要目的。因此它被迫在竞选演讲场所和下院里为信仰而战。它的领袖们不是神学家,而是有政治意识的中产阶级成员,所以他们知道为了达到目的,得跟那些和他们有着不同人道主义根源的人合作。保守党人和圣公会成员发现自己和激进派、辉格党人以及边沁的信徒结成了同盟(这三种人在其他方面是他们的对头),而皮特(Pitt,威尔伯福斯的密友和政治盟友)有时成了他们的敌人。就这样,在组织执委会、撰写小册子和公开鼓动的繁重工作中,这些为人真挚、口才不凡、具有影响力的人不得不学会有关容忍和妥协的政治课。所以,尽管斯蒂芬及其克拉珀姆朋友的基督教信仰是炽热的,它却从不像别的教派那样,自以为精通教义,并充满不切实际的迫害热情。

克拉珀姆的福音会教徒们一定认为自己是英国中产阶级的良心(实际上也是如此),因此也是一股巨大的政治力量。基于这个理由(如果不是出于其他理由的话),他们首先考虑的是道德问题,当这些

---

① 扎迦利·麦考利(Zachary Macaulay,1768—1838),废奴主义者。他儿子托马斯·麦考利(Thomas Babington Macaulay,1800—1859)是一位历史学家和政治家,弗吉尼亚喜欢阅读后者的作品。

人的后代不再相信这种信仰中的来世论上层建筑时,他们并没有抛弃它的道德框架。这些曾祖辈坚持自己信仰中的道德要素,而不是神学要素,这将对后代产生非常重要的影响。

主事官詹姆斯死于 1832 年,恰巧在大英帝国最终取缔奴隶制之前。他的婚生儿子全都成了律师;这其实是个毫无疑问的司法世家。第三个儿子(又一个詹姆斯)想必在律师界显露了相当出众的才干(这些儿子个个如此),因为他很快就挣到了三千英镑的年薪——在当时是一笔非常可观的收入。他为了殖民部的一个固定职位跳了槽,收入大减。他这么做的原因很明确。作为一个行政官员,他能最有效地继续开展反对奴隶制的伟大家族运动。他在怀特霍尔(Whitehall)以"太上大臣斯蒂芬先生"(Mr Over-Secretary Stephen)闻名,有些公务员会以文雅但坚定的方式取消那些有名无实的上司大臣们的命令,詹姆斯不但如此,他还是一个有政纲的公务员;其实更甚于政纲,它是一种使命,必须把它不容置辩地强塞给殖民部、殖民地自身以及任何恰好在执政的内阁。[5]

那政纲当然是解放奴隶的政纲,因为尽管其他事务(例如给予加拿大自治权)也占用他一些时间,保护黑人还是他任内的头等大事。殖民地自身的目标却是反对、拖延、取消并阻挠这个政纲,当然,我指的是殖民地上那些占统治地位的少数白人。那些殖民者照例总能得到伦敦有权势朋友们的得力帮助。这些问题都必须用智取、驳倒和威吓的方式来解决,而太上大臣斯蒂芬先生正是干这事的人。

詹姆斯·斯蒂芬爵士(他最后获得了这个头衔)是个有勇气、智慧和才干的官员。就像他自己承认的那样,他还具有复杂的性格。他继承了父亲和祖父的全部胆识;他令人生畏、不可调和,他严酷地驱使着别人,几乎像驱使他自己那样,他在殖民部超时工作,也让别人干得同样辛苦,但他还能腾出时间来为《爱丁堡评论》(*Edinburgh Review*)撰写大量稿件,在早餐前就能完成三千字的口授。他是个勤勉好学的怪物,也是个敏感寡欢的人。他所获得的成就和理想相去甚远。他不但为自己赞成的议案遭到怪罪,也为自己反对的议案遭到怪罪;他深受这些批评的影响,由于他作为公务员不能对其加以反驳,就更加如此了。他很害羞,非常悲观。他确信自己相貌丑陋,所以房间里不摆镜子。他宁愿闭上眼睛也不愿直视对话者。他希望自己是个神职人员、一个隐士,是任何人,只要不是现在的他。他害怕过得舒适,尽管他不反对别人享乐,却渴望自我节制。他有次尝了支雪茄,感觉很妙,就打定主意再也不碰雪茄了。他想起自己喜欢吸鼻烟——随即就把鼻烟盒里的鼻烟倒出了窗外。

"你说说,你父亲做过什么让自己开心的事吗?"[6]斯蒂芬夫人问儿子菲茨吉姆斯。"当然,有过那么一次,他娶你的时候。"这是又一个口才出众的斯蒂芬的敏捷回答。

然而,詹姆斯·斯蒂芬的婚姻不仅是令人愉快的——它还是最审慎的。通过跟简·凯瑟琳·韦恩缔结婚姻,斯蒂芬和克拉珀姆结成了过硬的联盟,因为韦恩家族可以说是身处这个教派的核心。韦恩家的人一向以牧师为业;他们代代出牧师,从不间断,可以追溯到人们开始以当牧师的祖先为荣的时期。他们和克拉珀姆教区长职位有着悠久的渊源,正是简·韦恩祖父撰著的《人的义务大全》开创了克拉珀姆教义,如果在这里也可以用"教义"这个词的话。

也许有人会猜想,一位福音派牧师的女儿,恐怕不会是阻止斯蒂芬沉浸于阴郁和苦修的天性的人。然而,克拉珀姆圣徒们并不赞成无节制的苦行,尤其是韦恩一家,这是一个令人愉快、通情达理的家族,喜欢开玩笑,觉得率真的玩乐没什么害处。斯蒂芬的苦修中有点疯狂

6

的成分;简·凯瑟琳·韦恩却是所有女人中最头脑健全的。她也是个体态协调、和蔼可亲的人,具有一种强烈的性格倾向,就是总盯着事物最乐观的那一面。她为丈夫营造了一个家庭,使他能够忘掉公共生活的苦恼。按照现代的标准,这个家庭是严格清教徒式的;孩子们不得出席舞会或上戏院——不过,他们也不会去谴责那些享受这些娱乐的人;对他们来说,这个家庭是个严肃但快乐的地方,被父亲的仁爱和母亲的欢笑所照亮。

关于詹姆斯·斯蒂芬爵士的家庭,还有件事应该交代一声。这家人尊崇艺术,我指的是文学艺术(我估计绘画和音乐是遭到忽视的)。斯蒂芬夫人赞赏考珀①和华兹华斯,还有司各特②和坎贝尔③。詹姆斯爵士则喜欢更严肃、更有教育意义的作家,不过他也能欣赏伏尔泰和蒙田;他为数不多的朋友包括 J. S. 穆勒④、韦恩一家、戴西一家(the Diceys)和加勒特一家(the Garratts),这是一群严肃又开明的伙伴。

詹姆斯爵士有五个孩子——一个死于婴儿期,一个刚成年就夭折了;但另外三个活了下来,对于下一代孩子来说,他们很重要。这三人是:詹姆斯·菲茨吉姆斯,卡罗琳·艾米莉娅,弗吉尼亚的父亲莱斯利。

卡罗琳·艾米莉娅在这部传记里还会露面;她是个聪明的女性,不过还是落入维多利亚时代弱智女人的窠臼。她爱上了一个学生,有理由认为他也爱上了她;可那个年轻人从不曾表明自己的感情。他去了印度,从此杳无音信。她的心碎了,健康垮了;在二十三岁的时候,

---

① 考珀(William Cowper,1731—1800),英国诗人、书信作家和翻译家。

② 司各特(Sir Walter Scott,1771—1832),英国苏格兰诗人、小说家。

③ 坎贝尔(Thomas Campbell,1777—1844),英国苏格兰诗人。

④ 穆勒(John Stuart Mill,1806—1873),英国哲学家、经济学家和逻辑学家。主要著作有《论自由》《政治经济学原理》等。

她作为病人和老处女的命运已成定局。她失去了信念，就下定决心努力去另找一个；经过若干尝试之后，她在贵格会①中找到了合意的精神家园。

有人也许猜想，对于妹妹这种消极忍受和恬静温顺的生活，菲茨吉姆斯是嗤之以鼻的；不过，对于一个女人来说，献身宗教和慈善事业的生活并无不妥，他可能已经考虑过这一点。他自己当然是个男人。他的生活因此就得更积极、更进取，也更严酷。在伊顿当走读生时，他和莱斯利遭受了可怕的欺辱。他一直为此感到羞愧，因为他觉得自己对那些骚扰的反抗不够强悍。不过，这种向别人低头认输的丢脸事最终到了头。菲茨吉姆斯长大了，变成一个宽肩膀的壮小伙，在玩伴中以"巨人格里姆"②著称，对任何人都能以牙还牙。他说他已经学会了这一点："弱小就意味着不幸，自然状态就是战争状态，**败者活该倒霉**是重要的自然法则。"[7]

他弟弟莱斯利是个神经质的娇弱男孩，母亲的心肝宝贝，他热爱诗歌，为此激动过度，他极其敏感，以致不能承受故事的不幸结局。在学校里，他需要菲茨吉姆斯所能给予的全力保护，因此，我是这样理解他们的：强壮、自力更生、讲求实际的菲茨吉姆斯，拖着个受惊的纤弱少年，用肩膀推挤着闯过英国公立学校的恐怖环境。在剑桥也一样，引路的是菲茨吉姆斯，是他在学生俱乐部里以"不列颠雄狮"（British Lion）著称，他是个咆哮的、让人受不了的、暴跳的辩论者，在争辩中言辞尖刻，凭借自己过人的才智和显而易见的健全理智当选为"使徒社"（那个理性至上的社团）成员，而莱斯利总的来说较温和，较缺乏自信，

---

① 贵格会（the Society of Friends），基督教新教中的一个派系，1650 年由英国人 George Fox 创立，提倡和平主义。

② 巨人格里姆（Giant Grim），班扬《天路历程》中的角色，撒旦手下的巨人。

没那么出众,他从不是使徒社成员,在学生中也毫不突出。

哥哥会为自己挣得名声,取得律师资格,当上法官和从男爵,这在每个人看来想必都是理所当然的,他实际上也是这么做的;而莱斯利将会成为一个神职人员,逐渐隐入那种得体的籍籍无名的生活,就像他本可能做的那样。我想,终其一生,莱斯利都在跟他那位过于出色的兄长较量着。菲茨吉姆斯体格健壮;他也想锻炼身体,使自己强壮起来。和菲茨吉姆斯一样,他会步行数英里;不过,他还会做更多,他跑步、划船、登山,实际上,照他那种自贬的话来说,他变得"干瘦结实"。他其实是个有名的徒步者、划桨手、划桨手教练,还是十九世纪著名登山家中的一员。我认为,他同样接受了菲茨吉姆斯的一些粗野的思考习惯。他成了半个俗人,几乎是反智性的。他追随边沁和穆勒,具有"广教派"(Broad Church)的特征,不动感情,而且充满男子气概。

侄子和侄女们还记得,晚年的菲茨吉姆斯是个强壮、大块头的人物,严格地扣好双排扣礼服,领着斯蒂芬夫人每周日上午去教堂,在那里向一个他已不再相信的"存在"表示敬意。

"他对天堂已经完全不抱指望了,"不恭敬的年轻人们断言,"不过,他依然相信地狱中的永劫不返。"[8]

这是不公正的;不过,对他来说,恶确实比善要真实得多。他一向专注于那些威胁社会的罪恶;用不上乐观主义、伪善言词、装腔作势、热情或——有时候似乎是那样——怜悯。必须无情地操纵镇压机器;正义要求以正当的报复精神来实施惩罚,不过执行起来需要依据审慎的公平原则。虽然对宗教心存怀疑,他几乎毫无保留地接受了他那个时代的道德观。他远离十八世纪那种友好的自由思想,就像远离那个时代的轻浮习气一样。

同样的评价也可以用在莱斯利身上；弟弟的脾气要温和些，也更热情些；不过，这并不妨碍他和哥哥具有相同的自抑、相同的义愤，或（必须加一句）展示同样无畏的健全心智。

菲茨吉姆斯前往伦敦，混迹律师界和新闻业，而莱斯利则在三一学院①谋得一个研究员的职位。当时，牛津或剑桥的研究员还必须担任圣职(Holy Orders)。莱斯利于 1859 年领受圣职，因此接受了一套他并不真心相信的主张。在这种背景下，要想搞明白对"信仰"这个词的认识，实在很难。难以想象成年莱斯利会为旱季祈雨，或为雨季祈晴，庄严地说出这样的话：

> 喔，全能的上帝，由于人类的罪，你曾淹没除了八个人以外的全世界，在那之后，出于你伟大的仁慈，你曾许诺再也不会这样毁灭它……[9]

其实，莱斯利就是在这一点上卡住了。那是 1862 年，他年届而立，已经确信"诺亚的洪水是一种虚构"，让他把这故事当作神圣的真理来接受，这是不对的。

他从不是个狂热信徒；一向是根据 F.D.莫里斯②和广派教会的理解来宣讲福音的，即以一种虔敬的怀疑精神来宣讲，围绕着诺亚的洪水划桨，而不是纵身一跃，对他就像对其他许多人一样，这本来也不难。莱斯利不乏勇气，他愿意坚定地追随着信念采取行动。他在剑桥有份舒适的工作，可这份工作要求他说那些如今被他视为谎言的话，

①　三一学院(Trinity Hall)，英国剑桥大学下属学院。
②　F.D.莫里斯(Frederick Denison Maurice, 1805—1872)，英国神学家。他关心政治和社会问题，把基督教和社会活动结合了起来。

他拒绝这么做。

不过,他之所以丧失信仰,可能还有无意识的动机。他起初选择当大学教师是为了不成为老爸的负担;这份工作不仅要求信教誓约,还要求独身①(至少得独身若干年)。1859年,老爸去世后,他逐渐意识到,首先他是最没有宗教信仰的人,其次他是男人中最依恋妻子的人。他逐渐发现自己是多么渴望外面的世界,他一向不够虔诚,既然父亲不再会为他的声明而受伤害,他乐于公开宣称自己缺乏信仰。

脱离剑桥的保障是件冒险事,而且照他自己的说法,他具有一种容易焦虑的气质(这还是种保守的说法),然而他带着无忧无虑的愉快心情(后来他对此很吃惊)选择了冒险,他来到伦敦,既没有钱也没有前景。※

不过,伦敦的菲茨吉姆斯乐于相助。莱斯利很快就在文坛上立住了脚,名气不大,但是令人尊敬。他当上了记者,还是美国联邦政府②的辩护人,在这个国家里,联邦一方的朋友寥寥无几。他对联邦政府的同情促成了他的美国之行,促成了他对林肯的采访,更重要的是,促成了他和詹姆斯·罗素·洛威尔、查尔斯·艾略特·诺顿以及奥利弗·温德尔·霍姆斯(Oliver Wendell Holmes)之间的终生友谊。他的政见是激进的,很大程度上受到朋友福西特③的影响;不过,这些并不是他的主要兴趣。他越来越倾向于哲学思考和文学批评。

1882年,在出版商乔治·史密斯(George Smith)邀请下,他开始着

---

①　剑桥三一学院研究员的要求之一是必须独身。

※　《陵书》,第4页。书中有一个段落能以下述方式进行解释,暗示一场爱的冒险改变了他生活的道路,使他从剑桥的独身和宗教转向伦敦、婚姻和不可知论。不过,这是一种推测。(此类注释为原注,下同,不另标出——译者)

②　指美国内战中反对奴隶制的北方联邦政府。

③　疑指亨利·福西特(Henry Fawcett,1833—1884),英国政治家、经济学家。

手编写世界上最大的学术工具书之一《英国传记辞典》；人们之所以由衷地铭记他，就在于他是这部辞典的编辑，同时又是文学批评家和历史学家。他自己倒宁愿被人们当作哲学家铭记。他的见解在一定程度上被某种道德观扭曲了，这种道德观虽然没有菲茨吉姆斯的道德观那么强烈，却同样狭隘和不宽容。然而，这并不妨碍他就书籍和作家们说些真实又明智，而且富有趣味的话，或接受一种本质上诚实、可靠、健全的世界观。莱斯利·斯蒂芬的名声流传了下来。和菲茨吉姆斯一样，他知道该怎样写一手有力量的好英文，不过，他的作品更亲昵、更微妙、更幽默，乃至更沉湎于幻想。简而言之，他更具有艺术家的气质。

莱斯利丧失信仰之后又过了二十年，他发觉自己成了作家和思想家；他还发觉自己走在另一条道路上。正如我们所知，逃离剑桥也就逃离了修道院；虽然他花了若干年去寻找妻子，当他最终结婚之后，他发现自己其实是个非常热爱家庭生活的人。他找到的妻子是萨克雷的小女儿哈丽特·玛丽安。她和莱斯利坠入情网，男方心怀犹豫，踌躇不定，经历了这样一段有点尴尬的时期，两人最终结了婚。

我们对第一位莱斯利·斯蒂芬太太所知甚少。她丈夫描述中的她既不是很漂亮，也不是很聪明；她的天性倾向于那种"文静的爱"；她和蔼、文雅、纯真，有着孩子般的单纯。照他的描述来猜想，几乎有点沉闷，或至少太孩子气了。然而，她的一些信件保存了下来，从这些信件看来，显然，她是具有幽默感的，一点也不缺乏个性和求知欲。其实对于一个才智不凡的男人来说，她似乎是个非常合适的妻子。

无疑，他们一起过着幸福的生活，虽然他们的婚姻遭遇了一种颇不寻常的阻碍。找到丈夫之前，明妮·萨克雷①在这个世界上最爱的

①　明妮是哈丽特·玛丽安的昵称。

人是姐姐安妮。在某种意义上,莱斯利发现自己娶了妹妹也就等于把两个都娶进了门。

　　嗯,和明妮相比,安妮是个更难对付、更引人瞩目的人。她是个小说家;她的小说是些虚幻、可爱的作品,其中,叙述趋向于消失,她本人那含糊、游移、迷人的个性则保留了下来。明妮认为她姐姐是个天才;在这一点上,我怀疑她搞错了,不过,安妮是个很有天赋的人,其天赋之一就是戏弄人。塞缪尔·巴特勒①在撰写《莎士比亚十四行的重新发现》(*Shakespeare's Sonnets Rediscovered*)时,安妮用这样的话蒙住了他:"喔,巴特勒先生,你知道我对那些十四行的见解吗? 我认为它们是安妮·哈瑟维②写的。"巴特勒从没有领悟到这是个耍他的玩笑;他屡次哀伤地提到这故事,边摇头边惊呼:"可怜的女士,可怜的女士,说的**真是傻话**。"※

　　七十岁时,安妮姨妈(莱斯利所有的孩子都这么叫她)还会以她那种特别有朝气、充沛且开朗的乐观主义给一个孩子留下深刻印象;在她年轻时,不仅从精神上,而且从年龄上来说,她的热情想必是势不可挡的。不难相信,这种愉快的躁急有时也会令人恼火。莱斯利就是这么认为的;他喜欢安静,而她总是说个没完;他喜欢秩序,而她为混乱而欣喜;他为自己的务实感到自豪,她却不害臊地沉溺于情感;他担心

---

① 塞缪尔·巴特勒(Samuel Butler, 1835—1902),英国作家。

② 安妮·哈瑟维(Anne Hathaway, 1556—1623),莎士比亚之妻。

※ 1897 年,塞缪尔·巴特勒发表了《奥德赛的女作者》。《夜与昼》中提到这个故事(第 322 页);这部小说中的希尔伯里太太是安妮姨妈颇为确切的写照。也参见玛丽·麦卡锡的《十九世纪的童年》(*A Nineteenth-Century Childhood*),1924 年,第 89 页,以及海斯特·萨克雷·富勒(Hester Thackeray Fuller)和维奥莱特·哈默斯利(Violet Hammersley)的《萨克雷的女儿》(*Thackeray's Daughter*),都柏林,1951 年,第 7 页。

钱,她则不顾后果地奢侈成性;他重视事实,而她几乎没觉察到它们的存在。[※]

> 她和我之间有些小口角。我有一种可能有点迂腐的癖好,即纠正她想象力的迸发,抑制她蓬勃的冲动。由于我习惯于用冰冷的批评给安妮那些小计划和幻想泼冷水,安[妮]和明[妮]过去常把我叫作"冷水浴"。[10]

不过,他们在一件事上有着更严重的分歧,即他们之间有一种争夺明妮的不公开战争。战争也许是个太严重的词,因为这三位被结实的爱绳捆绑在一起,然而这是一种争夺,一种持续数年的争夺,直到事情开始明确有利于莱斯利。因为最终明妮得出了结论,丈夫对她来说甚至比她所爱的姐姐更重要。也许她感到,就像别的妇女会感到的那样,莱斯利是多么依赖于她。总之,这场婚姻非常成功;它已经因为 1870 年出生的女儿劳拉而变得更充实,不久,明妮又怀孕了。1875 年 11 月 27 日晚上,她上床时觉得稍有不适。夜里,莱斯利被叫到她身边。

> 我起身,发现自己心爱的人正处于一种痉挛之中。我喊来医 12
> 生。对于接下来的细节,我记得太清楚了;可我不会把它们写下
> 来。我心爱的人再也没有恢复知觉。她大约死于 11 月 28 日中
> 午时分,那是我的四十三岁生日。[11]

　※　"仅仅伦敦就有四千万没结婚的女人!"她有一次告诉他。"喔,安妮,安妮!"见 VW 的《散文选》(*Collected Essays*),第四卷,第 77 页("莱斯利·斯蒂芬"篇)。

　　莱斯利心慌意乱,既悲痛又凄凉。的确,安妮继续在照顾他和他的女儿,可是这时他还面临着进一步的打击。劳拉不再是个婴儿,她母亲显然已经意识到了,她是个迟钝的小孩。在丧期里,这一点变得愈发明显,她不仅仅是迟钝;她身上有些严重不对头的地方。莱斯利开始怀疑萨克雷太太的癫狂已经被外孙女继承了下来。她的情形可能会糟到怎样的地步,如今还言之过早;不过无疑她将需要特殊的治疗。这种家庭烦恼足以增加莱斯利和安妮之间的张力;护士路易丝(Louise)决心反抗安妮的权威,莱斯利站到了她这一边。在明妮生前,他们没为这些事情争吵,如今,争执更频繁了,而且更让人痛苦。

　　接下来,颇令人吃惊的是,安妮和年轻的理查蒙德·里奇相爱了,他是她的远亲,她的教子,比她小十七岁。他对她的爱和调情给予了回报,曾被当作胡闹的事情突然被当真了。莱斯利发现安妮和理查蒙德在客厅里接吻,坚持他们应该要么结婚,要么分手。虽然这场婚姻结局美满,莱斯利却对整件事怀恨在心;他心里明白自己感到嫉妒;新娘那种准母亲的情形也触动了他内心的情感(他可能并不理解这种情感的性质),还有,他当然失去了自己的女管家。

　　莱斯利的妹妹一度取代了安妮的位置;可如果说安妮是个过于开朗的陪伴,那么整体而言,卡罗琳·艾米莉娅就显得太蔫了吧唧了。

　　米莉终生热爱着我;她更像是双胞胎中的一个,而不是妹妹;……然而,就像我现在不知不觉吐露的那样,她太像我了,帮不上忙。我故意想挑逗她吵嘴,她却十分较真,搞得我也较真起来;我心存怀疑,她就完全陷入困惑;我感到悲伤,她就开始哭泣——这事对她来说总是轻而易举。所以,尽管她是一个最诚挚的伙伴,她也是最令人沮丧的伙伴。还有,适合我的社交圈在她看来是世俗的；而她的朋友，尽管可敬，其中也有些很聪明的人，在我看来却沉闷到难以忍受的地步。[12]

他尝试了这个计划，不必说，它失败了。米莉的身体几乎马上就垮了，莱斯利开始寻找一个职业女管家。赫胥黎一家推荐了一位曾在他们家做过家庭教师的克拉佩特小姐（Fräulein Klappert）。不过，还有一个解决办法，这主意莱斯利已经考虑了一段时间，它更适合他的胃口。

1875 年 11 月 27 日晚上，还差几个小时，明妮便会陷入抽搐（那抽搐是她死亡的前奏），就在那时，一位年轻的寡妇——赫伯特·达克渥斯太太——曾过来拜访斯蒂芬一家，她是萨克雷姐妹的密友，觉得自己那种持续的忧伤打扰了他们的幸福——因为他们还有几个小时的幸福——她很快就回到了自己悲愁的家中。对她来说，自从 1870 年丈夫去世之后，"生活就像是一艘沉船"。[13] 虽然有三个孩子相依为命（即乔治、斯特拉和遗腹子杰拉尔德），她还是彻底陷入了绝望。不过，即便无法再感到幸福，她至少还能做到有用：她可以去安慰痛苦的人，去照料病患（1870 年代，她自己的亲戚中似乎有好些人或病或死）。可以说，她已经弃绝了这个世界，或至少已经弃绝了这个世界上的欢乐，虽然这种弃绝恐怕不能说是属于神秘主义的，丈夫去世的后果之一就是让她永远失去了信仰。[14] 也许正是出于这一点，她不至于把莱斯利·斯蒂芬当成知识分子来敬畏，而是心怀同情地把他当作一个人来看待。明妮去世后，她应该安慰他，调停于他和她自己的朋友安妮之间，在他失去理智时谴责他，以一位姐妹的亲切耐性倾听他的诉苦，这些简直是理所当然的。他们之间发展出了一种亲密的友情；不过，他们马上就明白，这种感情应止于友爱；这两位各有各的追思蜡烛,点燃在各自逝者的祭坛前。

　　我们没必要去描述莱斯利的顿悟(éclaircissement)过程,那事就发生在骑士桥营①外,一个启示降临到他身上,他对自己说:"我爱上了朱莉娅!"[15]他知道自己还有可能感到幸福,我们也不必去形容两人之间的那种逐步过渡,他从觉悟到宣布激情,她起初是友善且悲哀的,但一口拒绝了他(与其说是拒绝他,不如说是拒绝婚姻、爱情和幸福本身),后来又稍微流露了一丝踌躇,似乎有投降之意。因为在反复辩论之后,她最终发现自己至少能够去思考这个命题,即在生活中依然有可能获得幸福。

　　最后还是克拉佩特小姐打破了僵局。莱斯利和朱莉娅都意识到,她的上任将会起到决定性作用,可以说他俩就要真的分手了。总之,这个计划将会一了百了,于是,朱莉娅·达克渥斯明白了自己的感情;她意识到自己没法跟莱斯利分开。1878 年 3 月 26 日,他俩结婚了。

　　接下来,我得设法介绍一下弗吉尼亚的母家了。其中有很多说不清道不明的事情,既包括传奇,也包括丑闻。

　　历史学家 H.A.L.菲希尔是弗吉尼亚的表兄,根据他的说法,在旧政体即将结束之际,凡尔赛宫廷上有位名叫安托韦恩·德莱唐的低等贵族;他讨人喜欢,举止文雅,有着奢侈的品位和令人钦佩的骑术。[16]他追随玛丽·安托瓦内特②的族人——据说走得太近了,为此被流放到本地治里③,1788 年,他在那里娶了布兰·德格兰古小姐(Mlle Blin

---

① 骑士桥营(Knightsbridge Barracks),海德公园附近的军营。
② 玛丽·安托瓦内特(Marie Antoinette,1755—1793),法国路易十六的王后,大革命时期被砍头。
③ 本地治里(Pondicherry),印度地名,当时为法属殖民地。

de Grincourt）。

德莱唐先生当上了奥德①的行政长官,死在任上;他留下三个女儿。和我们有关的是阿德琳,她跟一个叫詹姆斯·帕特尔的人结了婚,这人据说是个极放肆的恶棍;以全印度的头号撒谎者著称;他酗酒至死,被泡在一桶烈酒里送回家,那个桶炸开了,在寡妇眼前把他未装殓的尸体喷射了出来,吓得她魂不附体,还引燃了船只,导致船只搁浅在胡格利河②里。

这故事被讲述了很多遍。部分可能是真的。确凿无疑的是,1840年,帕特尔太太带着一群女儿来到伦敦,这些小姐有着美貌的名声。本书将要提到其中四个人,即弗吉尼亚、萨拉、朱莉娅和玛丽亚。

弗吉尼亚·帕特尔,姐妹中最漂亮的一个,嫁给了查尔斯·萨默斯-科克斯（Charles Somers-Cocks）,成了萨默斯伯爵夫人;她是个有闯劲、热衷世俗的女性,冲动,有点怪僻,过着奢华的生活。她有个女儿当上了贝德福德公爵夫人;另一个叫伊莎贝尔的嫁给了亨利·萨默塞特勋爵。尽管尊贵,这场联姻一点也不幸福。亨利勋爵似乎是个有魅力的男人,他用自己的情歌为维多利亚时代的客厅增添了情趣。我认为他是《再来一个热烈的吻》（*One More Passionate Kiss*）的作者;不过这份情怀没留给他美丽的妻子,而是留给了第二个男仆。亨利夫人一度容忍了他的不贞,但很快就忍不下去了。她向母亲吐露了秘密,后者听凭自己的愤慨征服了审慎,制造了一起公开的丑闻。这个结局之所以有趣,就在于它实际上让我们领略了维多利亚时代的氛围,还有那种弗吉尼亚·伍尔夫及其同时代人将会遭遇并反抗的道德体系。[17]

15

①　奥德（Oudh）,印度地名。

②　胡格利河（Hooghly）,印度恒河的支流。

亨利勋爵逃到了意大利,在那里,在那片养育了米开朗琪罗式男孩子的土地上,他从此过上了快乐的生活。他妻子发现自己犯下了一种不能直言但极其可耻的罪;她的名字与一桩丑闻联系上了。上流社会再也不会接待她。她被迫退出俗世,决心致力于拯救酗酒的妇人,她干起这事来那么明智、快活,不但赢得了那些慈善人士的热爱和钦佩,甚至还赢得了那些受她协助的女人的热爱和钦佩。

萨拉·帕特尔的立足之地没那么时髦,却更有意思。她嫁给了索比·普林塞普,一个有点名望的英印混血行政官,他是东印度公司理事会的成员,直到它被解散为止。普林塞普一家定居在伦敦城外,住在一幢乡下老房子里,名叫"小荷兰屋",如今这地方是肯辛顿的麦伯里路(Melbury Road);它是那种漂亮、凌乱但舒适的住所,她姐姐召集血统贵族们时,她在这里款待知识贵族们。丁尼生,亨利·泰勒爵士,萨克雷和他的女儿们,还有威廉·艾林罕、汤姆·休斯、格莱斯顿先生以及迪斯雷利都是此地的常客。在小荷兰屋,他们得以暂时摆脱维多利亚中期社会的拘泥、常规和气闷。他们的女主人既迷人又怪僻。餐饮的时间和安排都不固定。小荷兰屋有种奇异的迷人之处,一种自由、轻松的东西,画家们想必对这种气氛有着重要的贡献。他们中间为首的是 G.F.沃茨;他在那里住了很多年,普林塞普太太"提携了他",把他安顿在一间画室里。霍尔曼·亨特、伯恩-琼斯和伍勒都是频繁的访客,似乎罗斯金也一样。※

不过,在经常出入小荷兰屋的艺术家中,最值得注意的恐怕是朱

※　罗斯金把普林塞普太太和她的姐妹(可能是萨默斯伯爵夫人)说成是"总的来说,无疑是你在摩登社会中能见到的最漂亮的女人中的两个——(长着黑眼睛的埃尔金大理石雕像)……"他把前者看成是老朋友。见《约翰·罗斯金的魏宁顿信件》(*The Winnington Letters of John Ruskin*),Van Akin Burd 编辑,1969 年伦敦版,第 149 页(罗斯金致玛格丽特·贝尔信件,1859 年 4 月 3—4 日;这封信描述了在小荷兰屋一个栩栩如生的夜晚景象)。

莉娅·玛格丽特·卡梅伦了,她是帕特尔姐妹中的老二,最不漂亮却最有才华。和萨拉一样,朱莉娅嫁给了一位印度公务员,和她一样,她也对艺术家和文人充满了热情。关于她有这样的说法,"她比姐妹中最大方的还要大方两倍,比最冲动的还要冲动两倍。如果她们是热心的,她就比她们热心两倍;如果她们是善于游说的,她就是无往不胜的"。[18]

　　帕特尼①的居民们看到她——我们完全有理由羡慕这些人——身穿飘逸的红色天鹅绒衣裳,朝着火车站边说边走;一手拿着杯茶,一手拿着茶匙,身边是个窘迫的朋友,徒劳地试图拒绝一件作为礼物的极贵重的开司米披肩。他们认为她是个怪人;我们则把她看成一位不朽者,并非那些伟大的不朽者之一,可毕竟是一位传世并将继续名传后世的艺术家。

　　五十岁那年,她女儿送给她一架照相机,否则她还不至于跻身不朽者的行列。她马上就开始拍起照来。这成了她的嗜好和天职。漂亮的女人们和卓越的男人们被迫——因为她本性专横——长时间地坐在那里摆姿势,当时这还是必须的。她的朋友和仆人被假扮成天使和亚瑟王麾下的英雄;他们穿着褶裥衣饰,头戴花环,裹好衣服,然后被摄入镜头。有一个家族传说至今仍在流传,根据这传说,她让丁尼生和格莱斯顿先生在树下摆好姿势,她去寻找她的神迹所需的某种道具了,还不允许他们移动身体。找东西时她被别的什么事岔开了,让诗人和政治家在一场阵雨中一动不动地待了两小时。

　　恍惚、傻气、感情用事,尽管如此,卡梅伦太太具有纯粹天才的特质。她需要马嚼子或刹车闸,一种抑制她那份多愁善感的东西。在她

---

①　帕特尼(Putney),伦敦地名。

的信件中,无疑也在她未完成的小说里,她是放纵无拘的——亨利·
泰勒爵士的噩梦就是,有一天他将不得不去阅读那部小说。不过,她
那门艺术的特性(那门艺术毕竟是在和事实打交道)对她起到了抑制
作用;的确,有时她会设法越过事实抵达幻想,后果不堪设想,不过,被
请去给人照相时,她在处理形式、选择姿态上都不可思议地微妙和有
力,这也包括她对明暗法带有威尼斯派风格的理解。沃茨原本有可能
做到她做的这种事,如果他是个更伟大的艺术家的话。她是维多利亚
时代最好的人像摄影家,她为我们留下了一座出色的纪念碑,纪念她
身处的那个社交圈——引用爱伦·特里①的话说,"只有美好的事物才
允许入内。"[19]

　　黑瑟·玛丽亚·杰克逊是帕特尔姐妹中的老四,她生了三个女
儿,阿德琳、玛丽和朱莉娅。玛丽亚嫁给了又一个英印混血儿,即杰克
逊医生;他在加尔各答拥有一家生意兴旺的诊所,不过他好像名气不
大。不管怎地,在妻子的信里,他根本无足轻重。她感兴趣的是女儿
们;她爱她们每一个,但我觉得她最爱的是朱莉娅;或至少朱莉娅——
因为她是那么不幸,也因为她那么忠于母亲——后来成了她母亲最亲
爱的孩子。她一天要给她写一两封,有时甚至三封信,经常还附上一
封电报,给她"亲爱的心肝",她的"羊羔"。[20]她的主要话题是健康,更
确切地说,是疾病;她成为医生的妻子不是无缘无故的。第一任丈夫
去世后,朱莉娅成了一种非正式的护士,她向母亲汇报疾病症状,而母
亲则信心十足地进行诊断,推荐治疗方法。在找不到姐妹、侄甥女、堂
表亲和孙辈的医疗细节来填写她的信纸时,她自己的苦痛会是取之不
尽、用之不竭的储藏:她患有头痛症、风湿病、眩晕和消化不良;她用

---

　　① 爱伦·特里(Ellen Terry,1848—1928),英国著名莎剧女演员。

吗啡和氯醛来治疗这些病症。除了怎样保持健康，紧接着就是美容问题了，她对此充满了绝妙的建议。杰克逊太太和她女儿的浩瀚通信很少让人想起小荷兰屋的审美和智性趣味。阅读她的信件，会让人觉得自己好像正在大面积的糖浆里奋力穿行。杰克逊太太像金子一样美好；可是在她所有那些成千上万的信件中，她没有任何创造性的想法，非常缺乏常识，在语言使用上连最起码的灵巧都没有。

杰克逊太太的信件展示了帕特尔家令人乏味的一面；她们的傻气，她们的煽情，她们那种让人倒胃口的甜蜜，她们对爱的不歇索求，伴随着一种无病呻吟的气质，一种对疾病和死亡的微妙的心满意足。对于收信人，我已经略有所述。朱莉娅可能是杰克逊太太女儿中最漂亮的一个，也是和小荷兰屋圈子关系最密切的一个。她对拉斐尔前派的影响是显著的；据说她本可能嫁给霍尔曼·亨特或伍勒；在一个圈环裙的时代里，她"具有审美趣味地"穿着褶裥衣饰；伯恩-琼斯请她做过模特，我想"伯恩-琼斯类型"中的一些东西该归功于她的外形。

杰克逊太太过去常说，每个遇见她的男人都爱上了她。杰克逊太太是个傻瓜；不过这话或许有点真实成分，她之所以成为一个如此难以捉摸的对象，或许就是因为每个人都爱她。她丈夫和女儿都试图去描述她。莱斯利·斯蒂芬描绘了一幅圣徒的写照，既然她是圣徒，这就让人没法真的相信了。他谈及她的美丽，这话的准确度被她姨妈卡梅伦拍摄的许多照片证实了；他讲起她的仁慈，无疑，她是个仁慈的女性；他承认，有些人觉得她苛刻，并注意到忧伤在她内心留下了一种时间改变不了的肃穆，不过，从别的消息来源我们得知，尽管她会和孩子们一起嬉戏玩乐，她也可能是严厉的，虽然她看起来像个圣徒，她也具有简直让人大吃一惊的才智。尽管只是源自一个孩子的记忆，《到灯塔去》中的拉姆齐太太在我看来要比莱斯利的叙述更真实，也更可

18

信。所有的可爱和温柔都保留了下来；不过，拉姆齐太太并不完美；无论是她还是卡梅伦照片里的那位女性，都不像莱斯利想象中的女士那样"纯洁"，乃至意识不到自己的美貌。拉姆齐太太和丈夫的关系也不完全是圣徒风格的；她一向有点吹毛求疵；会嘲笑人。[21]正如莱斯利所言，她是个媒人，不过他没提到她并不总是个明智的媒人；在撮合别人的恋爱时，她显得自信且有点盲目。简而言之，和莱斯利的描绘相比，弗吉尼亚笔下的母亲更人性化，更容易犯错误，也许还更可爱。

朱莉娅无疑并不缺乏勇气。她和莱斯利结婚时，他是个没多少钱的中年鳏夫；他俩一共有四个孩子，其中一个有精神病。1879 年他们为这个家添了第五个孩子，是个女孩，因为这女孩有个同母异父的姐姐叫斯特拉，他们就把她叫作瓦奈萨。※①第二年生了个儿子，他的名字取自他的曾舅老爷，叫索比。他们这时决定不再要孩子了。

不过，在十九世纪，避孕是一项非常不过关的技术；不到十八个月，另一个女儿诞生了。她被取名叫作阿德琳·弗吉尼亚。

一到了能思考这种问题的年龄，弗吉尼亚就认为自己是两种极不相同而且其实相互对立的传统的女继承人；实际上她想得更多，她认为这两股对抗的溪流冲撞在一起，在她的血液里混乱而不和谐地流淌着。她把斯蒂芬家族看成是一个很容易定义的宗族。在保育室里，大家相信，所有的斯蒂芬生来都有一条七英寸的小尾巴，不过撇开这个

19　传统（我认为这故事是编来激恼弗吉尼亚的那些斯蒂芬堂亲的），我希

※　莱斯利对斯威夫特的研究发表于 1882 年；给女儿起这个当时很不常见的名字时，他可能已经在从事那项研究了。

①　斯威夫特（Jonathan Swift, 1667—1745），英国小说家和政论家，著名作品有《格列佛游记》；斯特拉和瓦奈萨是斯威夫特两位情人的名字。

望大家明白一点,即他们有一种很容易辨别的表现风格。[22]他们全都是作家,在运用英语方面都有才华,而且能体会到某种乐趣。可他们就像那些习惯于提出论点,那些想使论点简明但有说服力的人一样写作;他们把写作视为一种手段而不是一种目的。

他们的脑袋是被创造来接受事实的,一旦他们把事实这么清楚地陈述出来,能把它拿在手中,这样或那样摆弄,仔细审视,他们也就满足了;靠事实,这样一种事实,他们能做出有效的政治、司法或神学解释。可直觉、一首歌的旋律、一幅画的色调,他们对这些简直毫无兴趣。因此,他们避开了人类体验中的一个完整部分,他们坦率地承认自己对此茫然不解,就像莱斯利在小荷兰屋时那样,要么他们就把它看成是伤感的胡扯,不加理会。

斯蒂芬们大胆,因为鼓吹者必须大胆。他们在道德、体质和智力方面有许多无畏的突破。欠债者詹姆斯侮辱过曼斯菲尔德勋爵,在一场暴风雨中攀爬上多塞特海岸的礁石,法庭主事官詹姆斯对一所古老大学的规章制度评头论足,詹姆斯爵士恫吓大臣,而莱斯利则在马特洪①悬崖上挑衅上帝,他们都是胆大妄为者,就像多数胆大妄为者那样,他们能干出野蛮事;不过,他们并不是感觉迟钝的——不,他们当然不会感觉迟钝。大法官法庭上的主事官詹姆斯是个苦恼、让人哀怜的人,他为自己不会说拉丁语而深感忧虑;他的儿子詹姆斯爵士很显然是神经质的;莱斯利,和菲茨吉姆斯一样,外表一副严峻的注重实际的样子,背后隐藏着战栗的千丝万缕的脆弱感情。斯蒂芬们的全部力量都扎根在脆弱之中;从事艰苦工作的惊人能量,承担风险的能力,体育技艺,这些都只不过是一支驻军的突围行动,而这支队伍是没有围

---

①　马特洪(Matterhorn),阿尔卑斯山最险峻的山峰。

墙保护的。

　　总的来说，和斯蒂芬们相比，帕特尔家族在智力方面要差劲些。他们没有语言天赋，主要靠脸蛋而被人铭记。就历史记录来说——我们目前能上溯到第五代——似乎有一种美貌在他们家族中不断重现，有时隐约、有时醒目地从一个化身转世到另一个化身。这种美在家族男性身上是隐伏的，而在他们女儿身上是显性的，这些女儿让接连几代艺术家欢喜不已。最赞赏这些女性的是画家。看着她们的容貌，很难不加以称赞；她们被优美地塑造出来，庄重、高贵、威严，不过既不活泼也不容易亲近。她们的美貌暗示着（有时是联系着）一种道德上的高贵，一种品质上的不朽。她们不是女学究；我们在她们中间找不到那些妇女解放的伟大先驱，在这一点上，她们跟那些在其他方面和她们很相近的家族（比如斯特雷奇家族和达尔文家族）有所不同。

　　人们在玛丽亚·杰克逊身上留意到的是含混的仁慈、头脑糊涂的傻气、富有想象力的装腔作势、使人腻味和恼火的煽情，即便如此，到了卡梅伦太太那里，这些特征也会以某种方式脱离愚蠢，升华到了诗歌，提升到了有点像天赋的东西。

　　这样一来，弗吉尼亚的继承就具有两面性，不管怎样，这种继承在她的想象中是足够真实的。为父系和母系特征各自贴上标签不是件难事：判断力和感受力，散文和诗歌，文学和艺术，或说得更简单些，阳性的和阴性的。这些标签不会令人完全满意，可它们展示了某些真相。

　　除此之外，还需要补充一点差异。从社会地位上来看，朱莉娅和她的家族要比斯蒂芬家族稍微优越一些。朱莉娅和莱斯利两人都属于中上阶层，不过，这种阶层内仍有许多细微差别。朱莉娅的首任丈夫无疑是个比莱斯利条件好得多的理想对象；他来自萨默塞特

(Somerset)的一个家庭,这个家庭的历史如此悠久,尽管有着经商的起源,却被算作是有地产的贵族;他们的孩子被取名叫德莱唐;朱莉娅自己有着足以给人留下深刻印象的贵族亲戚们;贝德福德公爵夫人(Duchess of Bedford)是她的亲表姐。她的姐妹、堂表亲、叔伯和姨婶们都具有强烈的家族感;他们很贵族化,倚仗着影响力和施主气派。朱莉娅的某个亲戚缔结了一门降贵纡尊的灾难性婚姻(mésalliance),这对年轻夫妇被坚定但仁慈地送去了殖民地。

从另一方面来说,斯蒂芬们最近刚脱离中低阶层。欠债者詹姆斯是个不成功的海外冒险家;他的儿子虽然不是个政治投机客,却干着政治投机客的活计,而且在社会地位上没有保障。詹姆斯爵士是头一个在专业人士阶层中确立地位的人;不过他的孩子既没有钱,也没有普林塞普、卡梅伦或达克渥斯家族的影响力。他们的成就一向靠的是才智和进取心,他们的尊严是从法庭上赢得的,他们的家族自豪是长袍贵族①的自豪。

综合起来考虑,莱斯利·斯蒂芬夫妇属于所谓中上阶层里的较低阶层(理论上说,我会把他们搁在上等和二等之间)。他们有七个女佣,不过没有男仆。有时他们会租车出游,但没有购置自己的马车;坐火车时他们坐的是三等车厢。夫人小姐们有过得去的裁缝来做衣裳。莱斯利是雅典娜俱乐部②的成员,当然也是阿尔卑斯俱乐部的成员。虽然有着显赫的亲戚,他们没有投靠所谓的"上流社会";其实他们非常安静地生活着,尽管朱莉娅也举办自己的"周日午后聚会"(Sunday

21

———————

①　长袍贵族(noblesse de robe),原文法语,指专为法官而设的贵族称号,当初法国国王基于财政和行政目的而设立。

②　雅典娜俱乐部,1824 年由 John Wilson Croker 成立于伦敦,致力于文学和科学的俱乐部;阿尔卑斯俱乐部,世界上最早的登山俱乐部,1857 年成立于英国。

Afternoons），在那种时候，登门拜访者可能会遇上伦敦知识界的部分人物。他们的房子位于伦敦的一个高尚地区。

男孩会上公校，然后进入剑桥，这被认为是理所当然的。至于女孩，她们将会以高雅的方式习得各种才艺，然后出嫁。

注释

[1] 詹姆斯·斯蒂芬，《因债务而遭囚禁的考虑因素……》，1770年，多次出现。

[2] 莱斯利·斯蒂芬，《詹姆斯·菲茨吉姆斯·斯蒂芬传》，第7页。

[3] 詹姆斯·斯蒂芬，《回忆录》，第188页。

[4] 詹姆斯·斯蒂芬，《伪装下的战争；或称中立旗帜的骗局》，1805年。

[5] 莱斯利·斯蒂芬，同前，第46页。

[6] 同上，第63页。

[7] 同上，第80页。

[8] 传闻（VW）。

[9] 《祈祷书》：祈祷好天气。

[10] MBk，第17页。

[11] MBk，第16页。

[12] MBk，第43页。

[13] MBk，第30页。

[14] MH/A 6。

[15] MBk，第36页。

[16] H.A.L.菲希尔，《未完成的自传》，牛津，1940年，第10—12页。也参见E.F.班森（Benson），《正如我们当初》，1930年，第87页；保罗·萨维尔（Paul Savile），《瓦尔·普林塞普和皇家艺术院的绘画》，硕士论文，莫德林学院，牛津，1970年。

[17] 见E.F.班森，《正如我们当初》，1930年，第92—95页。

[18] VW（引自G.F.沃茨太太的话），《朱莉娅·玛格丽特·卡梅伦拍摄

的维多利亚时代著名男人和美女肖像》序言,霍加斯出版社,1926 年,第 3 页。

［19］引自赫尔穆特·根舍姆(Helmut Gemsheim),《朱莉娅·玛格丽特·卡梅伦》,1948 年,第 15 页。

［20］《杰克逊太太写给莱斯利·斯蒂芬太太》,多次出现。

［21］见米切尔·A.利斯凯(Mitchell A. leaska),《弗吉尼亚·伍尔夫的灯塔》,1970 年,第五章。

［22］据传闻(VB)。

第二章　1882 年至 1895 年

1882 年 1 月 25 日,弗吉尼亚诞生在海德公园门 22 号。这幢房子还在,上面仍然能看到她父亲的名字。它原有五层,斯蒂芬一家在原有基础上又增添了难看的两层楼。这是一幢高耸的房子,很阴暗,有个相当大的后花园。

顶楼是两间保育室,住着莱斯利二婚后生育的孩子。明妮的孩子劳拉和他们不同住,后来她被送去了疗养院,最终被送进约克的一家精神病院。※弗吉尼亚认识乔治、杰拉尔德和斯特拉时,他们早过了保育室的年龄;因此保育室里只有四个成员:瓦奈萨、索比、弗吉尼亚,再加上出生于 1883 年的艾德里安,他们之间的年龄差距不算大。

从一方面来说,弗吉尼亚是个不寻常的孩子;她花了很长时间学习该怎样正确地说话;直到三岁她才学会说话。她姐姐为此很担心,她父母无疑也一样。和瓦奈萨一样,从相貌来看,她长得很美,是个脸

※　1945 年,她在那里去世。

蛋圆鼓鼓的小孩,有着佛教雕塑风格的眼睑和嘴巴,刻痕深切,但非常柔和。她长着粉红脸颊和绿眼睛——她姐姐记忆中的她是这样的,为了一份早餐不耐烦地敲着保育室的饭桌,因为她还没学会用语言来表达自己的要求。

无论是在当时,还是在后来的日子里,一旦学会了说话,语言就成了她选中的武器。我用了"武器"这个词,因为在那间保育室里既有爱,也有冲突。瓦奈萨虽然只比索比大一岁,却几乎像母亲一样照料着他,保护他免遭伤害,为了他的利益做出自我牺牲,她还温柔地爱着他。索比从一开始就学会了把这种照料视为理所当然,如果不说被宠坏的话,至少也学会了肆无忌惮地接受偏袒。在他很小的时候,他就已经被描述成是个健壮、坚定、专横的小男孩;他会是又一个斯蒂芬,但不是他父亲那种细腻、神经质的斯蒂芬,而是一个兴高采烈、喧嚷的性格外向者,就像他伯伯菲茨吉姆斯那样,而瓦奈萨看来完全是另一个帕特尔。所以这两位在保育室里成了绝妙的一对;女孩乐于付出,男孩乐于接受。

弗吉尼亚不可避免地把这种互惠友爱的对称模式转变成了三角关系。这种最初的模式并没有因为艾德里安的到来而发生改变;因为弗吉尼亚喜欢和年龄较大的孩子们凑在一起,而且实际上和瓦奈萨一样深爱着索比。[1]索比显然讨人喜欢得多,反之,艾德里安娇弱、阴郁、幼小。这样一来,两个女孩想必多少要争着去讨索比的欢心。

虽然存在着这种潜在的且看来是无意识的敌对,两姐妹从一开始就热烈地喜爱着对方,而且终生都是如此。不过,她们感受或至少表达互相欣赏的方式颇为不同,很具有各自的特性。瓦奈萨觉察到了弗吉尼亚的早熟才华、机灵和对语言的掌握,不过她尤其震惊于弗吉尼亚的纯粹之美。"她总使我想起香豌豆那种特别的火焰色。"[2]弗吉尼亚虽然意识到了瓦奈萨的秀美，但特别重视姐姐那种安详的坦诚，她对年幼者稳重地承担责任，她的仁爱是不张扬的，也是无止境的，而且她还讲求实际，有着良好的判断力。另外，她从很小就懂得友谊的魔术，那种特殊的亲密，它存在于某些有着秘密语言和秘密玩笑的人之间，存在于那些黄昏时分钻进桌肚，在大人的腿和裙子间戏耍的孩子之间。她不但爱姐姐，似乎还沉迷于她们之间那种饱含深情的关系。就这样，对姐姐来说，外貌始终是世界上最迷人的东西，或至少当她爱上别人的时候，爱向她呈现的是一种视觉形式。对妹妹来说，姐妹之爱的魅力完全在于彼此间的亲密交流，包括喜欢对方的性格特征。从一开始，两人中的瓦奈萨就注定了会当上画家，而弗吉尼亚会成为作家。

保育室里当然会有许多小冲突；这些事之所以值得注意，倒不完全因为它们的发生——无疑，没有哪个保育室能杜绝这种事——而是表达这些敌意的手法。瓦奈萨和索比的策略毫无独创性；他们叫嚷、谩骂，无疑偶尔也诉诸拳脚；有时，当挑衅变得很粗野，他们会互相"揭短"。弗吉尼亚用上了指甲※，而且，从很小的时候，她就发现自己可以通过刮擦抹过涂料的墙壁来折磨她姐姐——这事会让可怜的瓦奈萨大为光火[3]；不过后来她学会使用自己的舌头，这就更糟糕了；她给瓦奈萨起了个"圣徒"（The Saint）的绰号，这是个十分贴切的词[4]；它流传了下来，甚至大人们也会笑着加入挖苦的行列，瓦奈萨似乎想不出办法来反唇相讥。

※ "弗吉尼亚小姐，两岁半，抓了她四岁的哥哥。我坚持并最终让她道歉或给予了一个亲吻。她看起来一度陷入沉思，然后说，爸爸，我们为什么会长指甲？我回答说，对你来说算是一种婴儿目的论：为了去抓弗鲁德们（原话并不完全如此）。"莱斯利·斯蒂芬致 C.E.诺顿，1884 年 12 月 23 日。（感谢约翰·比克内尔教授提醒我注意这封信。）

不过,弗吉尼亚发泄不快的方式不仅是通过语言。她一向就懂得,从那时就知道该怎样去"营造一种氛围",那是一种雷鸣的、压抑的阴暗,就像是郁郁寡欢的冬季。无需语言就能做到这一点;莫名其妙地,她的兄弟姐妹就被搞得感觉她好像在他们头顶升起了一片云彩,天堂之火随时都会从那片云彩中迸射出来,对此又难以找到任何反击的方法。

然而,反击的方法也是有的。把长剑刺进敌手灵魂的人之所以能做到这一点,是因为他们自己也是脆弱的。不管怎样,这一点适用于弗吉尼亚。有一种方法能把她气得"脸色发紫"。[5]我们不晓得这是什么方法;可索比和瓦奈萨知道,在某些可怕的场合,她确实会改变脸色,那颜色被她姐姐描述成"最可爱的火红色"。知道怎么干这事是有趣的,如果就像瓦奈萨想的那样,能搞清楚这些发作对于弗吉尼亚来说到底有多苦恼,那就更有趣了。

从一开始,她就让人感到她是难以捉摸的、怪僻的,而且容易出问题。她可能会说出那些让大人们和她一起发笑的话;她做过在保育室里遭人嘲笑的事。肯辛顿花园的事是发生在这时,还是一个迟得多的时期? 不管怎地,那不是她最后一次大发雷霆,或至少脾气失控。她退进一片灌木丛,为了转移大家的注意力,她在那里高唱《夏日的最后玫瑰》(*The Last Rose of Summer*)。就是这件事,还有类似的倒霉事,使她在保育室里获得了"那头山羊"(The Goat)的名号,或简单些就叫"山羊",这绰号跟了她很多年。

这些孩子都没受过洗礼。莱斯利会觉得这种行为很荒谬,而且实际上是渎神的,不过他们拥有徒有其名的教父母——"和他们保持类似资助者关系的人"。瓦奈萨、索比和艾德里安似乎得到的是些平凡的、无利可图的教父母。但弗吉尼亚的教父是詹姆斯·罗素·洛威

25 尔,为了庆祝她的诞生,他送的礼物是一个银杯和几首水平一般的诗歌,她六岁时给他写了封信。这是流传下来的她最早的手迹。[6]

　　　　亲爱的教父爸爸您去过阿迪朗达克①了吗您看到许多野兽和许多待在窝里的小鸟了吗您不来我们这里就是个不听话的人再见您的亲爱的弗吉尼亚。[7]

　　天性和蔼,再加上就像孩子们后来认为的那样,洛威尔颇有点爱上了他们的妈妈,所以他是乐于接受这种劝告的。在担任圣詹姆斯宫的外交公使时,他经常来拜访海德公园门 22 号,克利夫兰总统的提名人取代了他的职位后,他继续来英国度夏假。他会从一个环链钱包里掏出辅币给每个孩子,每人三便士;不过弗吉尼亚拿到的总是六便士。这已经够特殊化了,但是当他给了弗吉尼亚一只养在笼子里的活鸟时,保育室里的嫉妒就没边了。无疑,在攀比教父母方面,弗吉尼亚轻而易举获得了胜利。

　　孩子们在顶楼的晚间保育室里过夜,从很小的时候起,弗吉尼亚就成了家里讲故事的人。灯火熄灭之后,只剩下将灭炉火的余光,她开始讲故事了。有个故事和隔壁的笛尔克家有关,每天晚上,这个故事总是在瓦奈萨的祈求中开始:"克莱芒特(Clementé),亲爱的孩子……"[8]说这话的声音是一种非常做作的拖腔,接着,弗吉尼亚就开始化身为克莱芒特了:在保育室的地板下会找到金子,这宝藏会买来大量的熏肉和鸡蛋(即海德公园门 22 号孩子们最喜欢的食物);故事

――――――――――
　　① 阿迪朗达克(Adirondacks),美国纽约州山脉名;弗吉尼亚的教父洛威尔是美国人,他于 1877 年至 1885 年任职驻英公使;圣詹姆斯宫(Court of St. James's)是当时英国的主要宫殿,是接待驻英外交使臣的场所。

就这样发展了下去,一个膨胀的幻想变得越来越盛大,越来越模糊,直到克莱芒特睡着了为止,要想听她的下一趟冒险,听众们不得不等到第二天夜里。

在这个安逸的亲密小圈子里,大家分享的不仅是故事,还包括疾病。1888 年春天,孩子们患上了百日咳。他们病得很厉害,体重大大减轻,为了复原,孩子被送去了巴斯①。很快大家都彻底康复了——所有的人,除了弗吉尼亚。他们回来的时候,她不再像过去那样丰满红润了。那种瘦削、精致而且棱角分明的优雅在她身上标下了记号,非常轻柔,但仍然是可察觉的,它将终生伴随她。这还不是全部;在六岁时,她已经成了一个相当与众不同的人,更有创见,也更沉醉于冥思。

一天晚上,她光着身子在浴室里跳来跳去,同时问出一个让姐姐震惊不已的问题,她问瓦奈萨更喜欢父母中的哪一个。瓦奈萨对居然能问这样的问题感到惊骇;不过她立刻做了回答,因为她是个非常诚实、直率的女孩,她觉得自己最爱的是妈妈。弗吉尼亚迟疑了良久,在深思熟虑之后,她确定自己更喜欢爸爸。在瓦奈萨看来,这段寥寥几句的古怪对话标志着弗吉尼亚内心的一种转变。从那时起,两姐妹间的对话变得更富有思想性,也更严肃了。

是不是她的病引起了这场智性革命?我们无法断定。不过有理由认为,这和弗吉尼亚的正规教育没什么关系。或许是从经济动机考虑,也可能出于对自己教育才能的信任,莱斯利和朱莉娅已经决定亲自教育孩子。也就是说,男孩子的初级教育和女孩子的主要教育会在家中完成。其实他们有家庭女教师,既有瑞士人也有法国人(其中一

26

---

① 巴斯(Bath),英国著名的温泉浴场所在地。

个被瓦奈萨和索比摔倒在桌子下面），不过，主要的教学似乎是由莱斯利和朱莉娅负责的。

在弗吉尼亚七岁以前，朱莉娅一直试图教她拉丁文、历史和法语，同时莱斯利教孩子们数学；他过去曾教过乔治和杰拉尔德，无疑自以为在教学方面有些天赋；颇为可悲的是，他甚至还尝试过让可怜的疯劳拉也开窍。但是作为一个好争辩的人，他根本无法体会小孩子面对简单计算时遭遇的困难；他自然会发起脾气来。孩子中只有索比有足够的天资跟他学数学。瓦奈萨的算术始终处于初级阶段，弗吉尼亚则终生靠数手指来记数。朱莉娅也不是个好教师。弗吉尼亚可能从她那里学了点儿拉丁文，可她连一门现代语言都没学到家，她的历史，就像她姐姐的法语口语，是后来在生活中学会的。那些外国保姆和外国女家庭教师总是从孩子们那里学到英语，却没教会他们任何语言。

最好的课程也许是在教学之外传授的。在不讲课的时候，莱斯利会是一个迷人的父亲；他有绘画天赋，这让他的孩子们很开心；他会用铅笔在纸上画动物，或用纸剪出动物，不可思议地逼真。他会讲述在令人眩晕的阿尔卑斯山巅探险的故事，有时他会背诗，在晚上他也许会大声朗读，内容常选自沃尔特·司各特爵士的小说，他会要求孩子们讨论他们所听到的东西。[※]

还有别的启蒙源头。索比从他的第一所学校——伊夫林斯（Evelyns）——回到了家中，以一种古怪的害羞方式——一边上下楼梯一边说——告诉弗吉尼亚有关希腊人、特洛伊和赫克托耳的事，还跟她谈起了一个让她遐想联翩的全新世界。或许就是在那时，她

※ "读到卷末，父亲总严肃地询问我们它有什么优点，我们被要求说出自己最喜欢的人物，以及为什么喜欢。我能回想起当我们中的某个人较喜欢活灵活现的男主角（比如坏人）时他的愤慨。"VW 在 F.W.梅特兰 1906 年版《莱斯利·斯蒂芬传》中的话，第 474 页。

下定决心有一天要和索比一样去学习希腊文；或许也就是在那时，她意识到希腊人属于索比和属于她的方式是不同的，它们构成了男性教育的广大天地——我觉得她是这么想的——她和瓦奈萨被排斥在外。

在女性才艺方面的收获算不上多大的补偿。绘画、跳舞、音乐和文雅的举止都是必须学习的，或至少是必须教的。绘画是个成功的例子；教瓦奈萨的埃比尼泽·库克先生是个出色的人物；可她们跟其他教师合不来。两个女孩都不擅长音乐，都不喜欢那个音乐教师，这人期望她的学生能熟练到这般地步，即在练习弹琴指法时，指关节上能搁住一枚六便士——如果成功了，这枚六便士将会是一种奖励。有一次瓦奈萨在失败时也得到了它，带着轻蔑和羞辱的性质。※

唱歌要好一些；可弗吉尼亚在这方面出了丑。[9]她发现音乐女教师米尔斯小姐（Miss Mills，一位出名的唱名记谱法行家）是个非常虔诚的人；在回答关于圣诞节含义的问题时，弗吉尼亚说它是为了庆祝耶稣被钉上十字架的，于是引爆了一片响亮的笑声，她被请出了屋子。她们受到马术和"文雅举止"方面的训练，还有舞蹈课。授课者是当时很有名望的华兹华斯太太。她身穿黑缎衣，戴着个玻璃假眼，提了根手杖。在她的命令下，所有小女孩跳上跳下，形同发狂；斯蒂芬小姐们都认为这是件让人讨厌的事，只要能壮起胆子，她们就长时间躲在厕所里。不过钢琴课才是最糟的，其折磨仅次于看牙医，后者对女孩们来说可以算是终级恐惧。在看牙医的时候，女孩们靠投硬币决定谁先进去；输者就在候诊室里再心惊肉跳地想象一小时。

不过，对于感兴趣的事情，姐妹们是乐意接受各自的教育的。在

※ 《海浪》中忆及此事，第 47 页。

得到一本《绘画基础》后，瓦奈萨就费力地着手从事起罗斯金吩咐的任务①，弗吉尼亚记得，她曾根据《练习七》（*Exercise Number Seven*）的规定，缓慢、仔细地以绝对均匀的影线填满长方形。弗吉尼亚编了份报纸。起初它不是一项单独的投机行动，因为索比是这项冒险计划的合伙人；可他大部分时间都待在寄宿学校，渐渐这事就几乎全归弗吉尼亚负责了。有一点也许值得注意，就是这份报纸上的插图很少；这本该是瓦奈萨感兴趣的事；然而她太害羞了，不愿意出示自己的作品。弗吉尼亚也缺乏自信，可是她的发表欲望战胜了这个弱点。《海德公园门新闻》创始于 1891 年※，就我们所知，直到 1895 年 4 月为止，它一直是以周刊形式出现的。因此，当创刊号出版时，弗吉尼亚只有九岁。和别的孩子一样，她也喜欢玩假扮大人的游戏，不过别人通常借助的是帽子、裙衫、裤子和伞，她却用词语和习语来玩这个游戏；一方面对自己的厚颜无耻发出傻笑，一方面又带点认真劲，她模仿了那种最堂皇的新闻体。她是这样庆祝一个男孩回家和兄弟团聚的：

> 看到他屈身行礼，眼中洋溢着无比的喜悦，多么美好！（哦！有多少情感能借双眸传递！）然后再亲吻那向他扬起的红润脸蛋。[10]

还有，斯蒂芬家的孩子们收养了一条流浪狗，这家伙把地毯搞得让人无法忍受，它被送去了失狗招领处，而那里却拒绝收留它：

---

① 《绘画基础》（*The Elements of Drawing*）是罗斯金的著作。

※ 我们手上的第一期落款是 1891 年 4 月 6 日，因为这是系列周刊的第九期，我们可以假定第一期出版于 1891 年 2 月 9 日。这个系列一直持续到 1892 年 12 月 19 日，中间缺了几期，那之后，就没有文稿保留下来了，直到 1895 年 1 月 7 日。

于是男孩子把它放了,任由它随心所欲,"就像一滴水在浩瀚的海洋里追寻自己的旅伴"。迄今为止,再也没有听到关于它的下落。[11]

大人们也读《海德公园门新闻》,莱斯利和朱莉娅当然是读的,或许还有别人;杰克逊太太对它有兴趣。弗吉尼亚能看到公众对她的文章的反响。海德公园门住宅的背后有一间宜人的小房子,它的位置使一切成为可能;这屋子几乎完全由玻璃盖成,它有天窗和朝向花园的大玻璃窗。姐妹俩经常一起坐在这里,弗吉尼亚高声朗读夏洛特·M.杨①小说中的章节——在阅读那些类似讣告的小说时,她们列出了一份死亡人数清单——后来还有萨克雷、乔治·艾略特,实际上包括大多数维多利亚时代的小说家。从这间小屋里,女孩们能够看到大客厅的套间。父母吃晚餐的时候,瓦奈萨总把最新的《新闻》搁在妈妈的沙发上。然后是一段充满悬念的时间。

弗吉尼亚对批评一向非常敏感,当父母走进客厅时,她几乎无法抑止自己的激动心情。报纸暂时没有引起人们的注意;后来朱莉娅终于拿起了它,开始阅读。她会说出什么意见吗?那是个可怕的问题;当朱莉娅平静但清晰地对莱斯利说:"相当灵巧,我觉得"[12],女作家一下子就进入了天堂。

拥有这样的阅读对象,这份周报的方针在父母看来显得无可挑剔就不出人意料了,《一篇有关厚脸皮的文章》(An Article on Chekiness)断然宣称:

①　夏洛特·M.杨(Charlotte M. Yonge,1823—1901),英国小说家。

应该掐断小孩子在萌芽阶段的厚脸皮习惯,否则当孩子年龄
增长时,这种无礼就会变成胆大妄为。那么,它实际上就会变成
走向成人的极大阻碍……[13]

不过我怀疑这文章是索比写的。弗吉尼亚对行为准则的忠诚是
有保留的,它并没有阻碍她独具风格的胆大妄为。

米莉森特·沃恩小姐[弗吉尼亚的表姐]已经荣幸地光临了
斯蒂芬府。[14]就像一位友爱的妹妹,沃恩小姐去加拿大看望了她
阔别已久的定居于斯地的姐姐。我们希望嫉妒的猝痛不曾袭上
她的心头,当她看到姐姐那么安逸地和丈夫生活在一起,而自己
却为了结婚而寻遍大地。不过,跟老人似的,我们跑题了。她于
星期一来到这里,目前仍住在海德公园门22号。

我倒想知道,沃恩小姐读过这份家庭报纸吗?

另外还有"健谈王子"比德尔将军。[15]他那种不容置疑的谈话被
记录了下来,足以显示,在九岁时,弗吉尼亚就能分辨什么样的人是令
人讨厌的。

《海德公园门新闻》还包括了一些最初的小说习作;不过它们没有
新闻那么有趣。《午夜骑行》(署名 A.V.S.)是她现存最早的故事。1927
年她提到她能够虚构环境,但补充说:"我没法编造情节。"[16]《午夜骑
30 行》无疑是符合这一点的。[17]她在故事里设计了一个环境,一个男孩不
得不半夜骑马穿越危险的北美沼泽地,去看望他病倒在学校里的兄弟。
打发他启程之后,她对这次冒险行动失去了兴趣,故事以最沉闷的风格
草草收场。一系列想象人物的信件要成功些。它们是些情书,写这些信

时,她认定所有成年人的求爱本身就是好笑的。"……你很可耻地抛弃了我,"约翰·哈利先生(Mr John Harley)写信对克拉拉·蒂姆斯戴尔小姐(Miss Clara Dimsdale)说;她回信道:"由于我从不保留你的情书,你没法收回它们。因而,我把你寄来的那些邮票还给你。"[18]

《一位伦敦佬的农事经验》(A Cockney's Farming Experiences)也颇有趣,它是一种系列文字,受了《潘趣》①上的布里格斯先生(Mr Briggs)历险记的启发;《潘趣》对这些早期作品有很大的影响。[19]

回到新闻上,我试图推想出一幅斯蒂芬家的图画。给现代读者留下深刻印象的头件事就是,当时一个家庭的人口可真多。除了八个孩子之外,还有七个仆人,为首的始终是索菲,她不但是女厨,还是家中珍宝。狗在她们的生活中也是重要的一部分,而且那时的狗似乎比现在的狗要凶悍得多;还少不了老鼠、虫子和亲戚,尤其是菲希尔家族、达克渥斯家族、沃恩家族、斯蒂芬家族、杰克逊太太、萨默斯夫人和贝德福德公爵夫人。有几个出众的名字:梅雷迪思、伯恩-琼斯、沃尔特·海德兰——不过这些人不算密友。

家庭生活中常见的喜事和灾难都有据可查:灯炸了,水管爆裂,孩子生病,兄弟们离家去上学,还有参观马戏团和动物园;不过,一年的盛事还是夏天里全家去康沃尔②度假。1881 年(弗吉尼亚出生前一年),莱斯利在众多徒步旅行中发现了圣埃夫斯,照他的说法,"正好就在英格兰的脚趾甲上。"第二年,他在海湾上方的高地上租下了一幢叫"托兰德屋"的房子,从此每年夏天全家都会去那里度假。因此,圣埃夫斯想必是弗吉尼亚最早的记忆之一。

---

① 《潘趣》(Punch),英国十九世纪著名的讽刺杂志,创刊于 1841 年。

② 康沃尔,英国郡名;位于英格兰最西南的康沃尔,受墨西哥暖流影响,较英格兰其他地方温暖,是英国的海岸度假胜地。

　　因为两件事,年轻人牢牢记住了那一天[1892 年 5 月 11 日,星期三]。[20] 第一件事是关于冰激凌的;第二件事是毛小姐(Madame Mao)每周要来两次!!! 我们还是对读者交代一句的好,她是斯蒂芬家的音乐女教师。不过这个打击在很大程度上被某件事缓和了,就是斯蒂芬一家去圣埃夫斯的日子比往年要早得多。在年轻人心目中,这是天堂般的前景,他们热爱圣埃夫斯,陶醉在它那众多的乐趣中……

31　　由于对圣埃夫斯一年一度的盼望和回忆,伦敦相形之下成了一个可怜的地方,而去布赖顿①看望杰克逊太太(她过世于 1892 年 4 月)或沃恩一家以及菲希尔表亲(没人喜欢他们)的旅行也替代不了圣埃夫斯。去肯辛顿花园逛逛要好些,它在那时还具有某种野趣;瓦奈萨和弗吉尼亚会躺在那里的草地上,享受着价值三便士的福莱兹(Fry's)巧克力和她们最喜爱的杂志《花絮》(Tit-Bits),弗吉尼亚曾把自己的一篇早期小说习作投给它,不用说,如石沉大海。在某个更早的时期,孩子们在圆池塘(Round Pond)和花道(Flower Walk)之间的茂森草丛里漫游,因发现了一只小黑狗遭遗弃的尸体而兴高采烈。可是目睹春天和秋天在伦敦街头流逝,连上述的乐趣也只是很小的补偿。圣埃夫斯是唯一真正的故乡,孩子们渴望它。

　　对于这种举家远游,我想象出了一幅生动的图景,虽然证据很单薄:斯蒂芬夫妇、女孩们、艾德里安(索比也许稍后从学校过来)、斯特拉(或许还包括她的兄弟们)、女厨索菲、伺餐女仆埃伦(Ellen)、瑞士女教师以及所有这些人的行李,肯定需要不少于两辆四轮出租马车,

———————

　　① 布赖顿(Brighton),英国南部沿海避暑胜地。

要去帕丁顿火车站赶火车,比如说十点一刻的那一班(九点的班车难以置信地糟糕,在每个可以想到的小站都要停一下),在去的路上,孩子们激动地说个不停。然后,科尼什快车(Cornish Express)匆匆忙忙从帕丁顿赶往布里斯托尔,这场漫长的旅行就在兴高采烈中启程了,中午十二点三刻抵达坦普尔米兹(Temple Meads)车站;他们在这里有机会买个午餐篮,当然除非他们准备了自己的三明治;接下来是冗长、闷热、黏稠和越来越吵闹的旅程,在便盆里解手,报纸、书籍和《河滨杂志》(*Strand Magazine*)被皱巴巴地丢在座位上,一个无止境的炎热下午。接近四点,列车驰进普利茅斯,在那之后,它的行进就变得吞吞吐吐、磨磨蹭蹭。他们经由特鲁罗,七点差一刻到达圣俄斯(St Erth),正好给了旅行者们六分钟带着行李登上去圣埃夫斯的小支线列车。不过到了这时,困乏已被兴奋取代;孩子们在海尔(Hayle)就已经看到了海,那之后列车沿着海岸行驶,环绕着卡比斯海湾(Carbis Bay),直到它抵达圣埃夫斯终点站,时间刚过七点。

　　这是一个夏日的傍晚,还有几个小时的日光。托兰德屋离火车站不远;几乎可以跑到那里去。门口长着鼠刺树篱,它后面是花园,斜坡上下到处都是小片草地、丛生灌木和私家园地;还有一个板球场,小型板球赛整个下午直到晚上很晚的时候都在那里举行,为了可以继续比赛,人们不得不在球上涂上荧光涂料,走过板球场就是大海。在那个假日的第一夜,他们会听见海浪撞击岸沿的声音,他们知道,在未来的好多个星期里,他们都能拥有这样的声音。

　　星期六早上,希拉里·亨特少爷和巴兹尔·史密斯少爷(Master Basil Smith)来到托兰德屋,邀请索比少爷和弗吉尼亚·斯蒂芬小姐陪伴他们上灯塔那里去,因为船夫弗里曼(Freeman)

说潮汐和风向正好适合去那里。艾德里安·斯蒂芬少爷没有获许和他们同行,他很失望。[21]

以上摘自 1892 年 9 月 12 日的《海德公园门新闻》,文学史研究者如果愿意的话,可以从这则报道中发现弗吉尼亚最著名作品之一的主题(照亨利·詹姆斯的叫法,叫 donné①)。这一点没法被证实;不过,圣埃夫斯确实提供了一个让弗吉尼亚不断汲取的回忆宝藏;我们不但在《到灯塔去》和《雅各的房间》中,我想还包括在《海浪》中都察觉到了它的存在。对她来说,康沃尔是她少年时代的伊甸园,一个难忘的天堂,她总是感激父母选定了那个地方。她会喜欢其他地方,可对于康沃尔人民和康沃尔的事物,她怀有一种故乡之情;他们似乎是由某种特别优质的材料做成的,这使他们比其他一切土地上的产物都更浪漫,也更卓越。

圣埃夫斯的家庭生活相当简陋和随便;托兰德屋里凌乱不堪,人口过多。[22]因为除了家庭成员外还有客人,包括许多堂表亲、叔伯、侄甥和侄甥女;梅雷迪思过去常在一棵树下向朱莉娅和杰克逊太太朗读他的诗歌,还有洛威尔和亨利·詹姆斯,以及许多名气较逊的人物,他们要么是不出名,要么是还没到出名的时候,譬如沃尔斯坦霍姆先生②(被孩子们称作"毛人")。[23]他是个卓越的数学家,可他的观点和生活使他在剑桥待不下去;他的婚姻极其不幸,于是跑到托兰德屋来躲避妻子;他给数学添加的香料是鸦片。※

还有被弗吉尼亚形容成孩子世界里的暴君和半神人的那些年轻

---

① 法语:已定的。

② 沃尔斯坦霍姆(Joseph Wolstenholme, 1829—1891),英国数学家;因结婚而离开剑桥大学(因为剑桥规定研究员必须单身,见第一章相关注释)。

※ 看来,弗吉尼亚在描写《到灯塔去》中的凯迈克尔先生时可能想到了他。

人，即他们在伊顿和剑桥上学的同母异父哥哥杰拉尔德和乔治；到了
进入社交圈年龄的同母异父姐姐斯特拉；以及为了追求斯特拉而来的
年轻律师杰克·希尔斯，还有基蒂·卢辛顿，她本人和她的上一辈都
是他们的老朋友——就是在托兰德屋花园的铁线莲下，她答应嫁给另
一个年轻客人利奥·马克西。所有这些人都会在弗吉尼亚的生活中
扮演重要角色；也许比她的同龄朋友更重要，因为尽管他们见到了许
多别的孩子——那里有茶会、野餐，还有宴请之类的活动——在弗吉
尼亚回忆中，"我们四个"（照他们对自己的叫法）似乎构成了一个颇
为孤立的团伙。他们相对隐秘和孩子气的娱乐（譬如为小鸟和耗子举
行的葬礼）是发生在家庭圈子里的事，这是可想而知的。反之，板球则
是较成人化的，也较公众化和社交化。其实，就是在 1893 年夏天的板
球场上，弗吉尼亚初识了一个日后会让她感兴趣的男孩——虽然他当
时才六岁——因为迪克（Dick）和鲁珀特·布鲁克都积极参与每天在
托兰德屋举行的比赛。[24] 大家对板球都很热衷，弗吉尼亚被认为是一
个优秀的投手。※ 莱斯利最喜欢的运动是步行；他有时会出去进行他所
谓的"闲逛"，范围差不多有三十英里左右。孩子们也被期望成为步行
者，他们的父亲鼓励他们在步行时研究和采集植物；不过植物研究从
没有干出名堂；他们更喜欢他们所谓的"昆虫狩猎"。这行当起初是非
正式的，后来在杰克·希尔斯的帮助下才找到一个正规化的立足点，
装备了包括捕虫网、收集箱、标本板、杀虫瓶、培育箱和参考书在内的
所有适用设备。斯蒂芬的孩子在很多年里都收集蝴蝶和蛾子，事实上
直到他们完全长大成人为止。

　　※　"吉要比这学期来的一些家伙投得好得多。"索比给艾德里安和弗吉尼亚的信件，约
1891 年。"……照保育室里兄弟们对她的叫法是个投球高手……"乔治·赖兰兹，《弗吉尼
亚·伍尔夫肖像》（*Portrait of Virginia Woolf*），BBC 国内节目，1956 年 8 月 29 日。

就狩猎运动而言,屠杀鳞翅类昆虫有许多可取之处:只有最神经质的博爱主义者才会被它冒犯;它包含了博物学家的全部热忱和技能,夏日的远足和突然间激动人心的追捕是充满魅力的,用新品种填补收藏的空缺会给人带来满足感,还有对教科书的仔细研读,尤其是那种神秘的乐趣,很晚不睡觉,轻柔地步行穿过黑夜,到那个放了一块浸透朗姆酒和糖浆的抹布的地方去,它吸引来了众多的鼻涕虫、crawly-bobs[①],也许还有某种醉醺醺的、长着大灯笼眼的过分花哨的飞蛾。这又是弗吉尼亚忘不了的事,她在写作中满怀深情地回忆起它。

不过,是海洋造就了他们假日的辉煌。大海邀请他们去航行、钓鱼和游泳。海水浴其实是全家参与的活动。威廉·菲希尔是他们的表兄,他教孩子们制造桨船,以"舰队司令"著称——其实他是非常认真地担任这个角色的,他记得姨妈朱莉娅头戴大黑帽在水里漂来漂去。[25]大海所能提供的最激动人心的运动和最盛大的事件就是捕沙丁鱼;不过这是一种让孩子们,其实还包括很多圣埃夫斯的居民都徒劳指望的事。日复一日,那个叫休尔(Huer)的人在悬崖上的白色小哨房里等待着海水变暗,那样就可以放出船只去汹涌的银色浪潮里捕鱼了,不是成千而是成百万的鱼。有一年他看到了鱼群,休尔的号角被吹响了;可是鱼群和海湾擦肩而过,消失匿迹。从此沙丁鱼成了一种梦,一个康沃尔的神话,年年夏天它都被期盼着,但从没有变成现实。[※]

然而,大海还能给予别的很多东西:一年一度的赛艇会、沙滩、岩

---

① 不详,应为某种昆虫的土名。

※ 有这样一件难解的事:"只有1905年,父亲死后,我们四个在卡比斯海湾租了一幢寄宿房子时,沙丁鱼才出现……我们住在圣埃夫斯的所有那些年里,沙丁鱼从没有来过;沙丁鱼船在海湾里昏昏欲睡……"见MH/A 5c。也见《康沃尔日记》(*Cornwall Diary*)。

但是:"你目睹了圣埃夫斯一年一度的捕沙丁鱼盛事。艾德里安说那是'光'的舰队,太棒了,我真为你们高兴……"杰克逊太太致莱斯利·斯蒂芬太太,1889年10月12日。

石堆里潮水退后形成的水池,海葵在池中急速游动的鱼群下盛开;辽阔的海湾上,帆船和汽船正驶向布里斯托尔、加的夫,可能还有去巴西的,远得只看得见它们的船桅。还有康沃尔奶油、街头公告人(Town Crier)和他的松饼形铃铛——并不是说它们直接源自大海,以及生活整体上的富足和快乐。

　　每年到了这个时候,如果索菲心情好的话,从窗口垂下一只捆在细绳上的篮子,就会沉甸甸地拎上来那些来自大人晚筵上的美食。如果她心情不好,除了根被割断的绳子外就什么也拎不上来。也就是在这个时候,弗吉尼亚会和父亲一起步行去特伦克劳姆山(Tren Crom)的洛根岩石(Loggan rock),去那些长满高过孩子头顶的蕨类植物的仙境,或去长着紫萁的海尔斯汤沼泽(Halestown Bog);在这个时候,莱瑟姆太太(Mrs Latham)会把一桶活着的蓝龙虾提进厨房,同时,秋天狂暴的雷雨偕来波涛,海鸟朝着鲂鱼岬尖声怪叫。

　　这是一个愉快童年中最愉快的时光。因为他们无疑是幸运的,只要在马盖特①待上一周,他们也会过得一样好。大多数情形下,朱莉娅都能营造出一个弗吉尼亚所谓"斯蒂芬的幸福家园"。[26]可在圣埃夫斯,她是如此敏锐地感受着生活的福佑,弗吉尼亚被获准体验天堂的滋味。

　　和所有现世天堂一样,它也遭受着威胁。弗吉尼亚的生活从一开始就经受着疯病、死亡和灾难的恐吓。我们不知道在这些最初的年月里,她内心是否有任何疯病的种子,也不知道那些"紫色的狂怒"是不是某种精神疾病的象征;她自己可能也不知道;不过街头有发疯的人。我这么写是深思熟虑过的;在《岁月》中,孩子萝丝看到一个男人在街灯柱旁裸露性器官,这场景是源自生活经验的;有这样一个男人在海德公园门

35

---

① 马盖特(Margate),英国肯特郡海滨度假胜地。

附近闲逛,瓦奈萨和弗吉尼亚都见过他。当然,家里也有疯病;"湖上美人"①劳拉在 1891 年还和斯蒂芬们住在一起,她是压在可怜的朱莉娅身上相当沉重的负担。[27]就我所知,她被同父异母的妹妹们当成了笑柄。我想,她们多少是把她看作同等的人来写信和对待的;可是她会做出令人不安的事来——平静地把剪刀扔进火里——而且随着孩子们的成长,她想必已经有点让人担忧了。接下来还会有更让人担忧的事情发生。

菲茨吉姆斯遭到了命运的打击。他已经做出了不少成就:他是个法官,有着从男爵爵位;他已经完成了自己在刑法史上的主要工作。接下来,在 1889 年,他对梅布瑞克案②的处理引发了报界的攻击;1891 年他被建议退休,他这样做了。与此同时,他的次子 J.K.斯蒂芬遇上了灾难。

J.K.斯蒂芬的肖像※挂在公共休息室里,纽扣孔上插着红色花朵,沉静地瞅着国王学院的指导老师们,他是个孔武有力且随和的人。在伊顿作为奖学金学生和体育健将已经赢得了巨大的成功,他当上了所属学院的研究员;写过一些轻盈、灵巧的诗歌,那些诗歌在当时曾引起洛阳纸贵,《笔误》甚至到今天还没有被人完全遗忘。菲茨吉姆斯想必很为他感到骄傲。

1886 年,在走访费利克斯托港口(Felixstowe)时,这个年轻人遇上了意外※※;他的头部受了伤,虽然那伤害看起来不严重,其实却是毁灭性的,他开始发疯。

有一天,他冲上海德公园门 22 号的保育室,从一把内藏刀剑的棍杖

36

---

① 湖上美人(Her Ladyship of the Lake),英国亚瑟王传奇中的美女,这里是讽刺用法。

② 梅布瑞克案(Maybrick case),著名的杀夫案,妻子被怀疑下毒杀害丈夫,菲茨吉姆斯·斯蒂芬法官判她死刑,后改判终身监禁,十五年后被释放。

※ 由查尔斯·弗斯(Charles Furse)绘制。

※※ 我们不确知是怎样的事故;斯蒂芬家传说他被行驶中的火车上抛下的东西砸到了。

里拔出利刃,把它插进面包。另一次,他把弗吉尼亚和她妈妈带到他在德维尔花园的住房;弗吉尼亚得为他摆姿势。他认定自己是个画家——一个天才画家。他处于狂喜之中,像疯子那样不停地涂抹,其实他就是个疯子。他会驾驭一辆双轮马车来到海德公园门——在一种疯狂的兴奋中,他已经驾御这车差不多跑了一整天。还有一次,他出现在早餐时,声称医生已经告诉他,他不死也会彻底疯掉,好像这是件有趣的事。

不过,随疯病而来的最困难和痛苦的事情是,这疾病让他喜欢上了斯特拉,他开始热烈地追求她。孩子们被告知,无论何时只要堂哥来了,就说斯特拉不在家,说她住在乡下亲戚那里。菲茨吉姆斯不承认自己的儿子疯了;如果他这么让人讨厌,那么就不必体谅他,莱斯利应该拒绝接待他。

"我不可能把詹姆拒之门外。"朱莉娅回答。[※]她有本事制服他,哪怕他处于最狂乱的情绪中,她为他竭尽了全力,直到 1892 年 2 月他去世为止。又过了两年,他父亲也伤心欲绝地死了。

斯特拉,这种不幸激情的承受者,在同母异父妹妹们的生活中是一个非常重要的人物。她是母亲的副手,不过并非母亲最宠爱的孩子。她不太聪明,但有着一种女性的智慧,她仁慈、文雅、安详、美丽;严格地说,没有她母亲那么美,可比朱莉娅有着一种更亲切的可爱。[※※]她有许多符合条件的求婚者,其中最坚定的是杰克·希尔斯,一个聪明、愉快、自立

※　莱斯利·斯蒂芬这么说。(MBk,第 60 页)不过,承蒙希尔斯夫人的好意,我得以阅读朱莉娅给斯特拉的信件,它们表明,至少有一次,这正是她不得不做的事。

※※　她被霍尔曼·亨特(他对漂亮女孩很有鉴赏力)注意到了,并在他画《夏洛特美人》(the Lady of Shalott,藏于曼彻斯特市立美术馆)头像时为他做过模特。一幅草图尚存于世(伊丽莎白·伯特太太〔Elizabeth Burt〕的藏品),不过定稿没用上它。见玛丽·贝内特,《威廉·霍尔曼·亨特》(William Holman Hunt,展览目录),1969 年,第 57 页;W.霍尔曼·亨特,《拉斐尔前派和拉斐尔前派的友谊》(Pre-Raphaelitism and the Pre-Raphaelite Brotherhood),1913 年,第二卷,第 310 页。

的年轻人。1894 年夏天,他在圣埃夫斯求过婚,出于某种原因,她拒绝
了他。从事后来看,这是个不明智的决定,也许她对这种不明智有所察
觉,因为那天晚上孩子们听到她在隔壁房间里哭泣。这想必是件有点让
人不安的事情,那个夏天,他们还遭遇了其他让人不安的事。

37　　有人买下了托兰德屋门前的地皮,一幢米灰色的旅馆拔地而起,
背对着他们,挡住了大海的景色。还值得在这里继续度假吗? 在远离
伦敦的地方维持一幢房子是麻烦且昂贵的;莱斯利总在为开销担心,
而开销在不断增长。索比就要去克利夫顿①上学了,艾德里安也得接
受教育。他们贴出了转租托兰德屋的布告;还没有碰上租客,可这只
是一种缓刑。天堂的门就要被关上了。

　　那是 1894 年;1895 年 1 月,时隔三年,我们又能求教于《海德公园
门新闻》了,我们发现,即将过十三岁生日的弗吉尼亚已不再是个孩子
了。写这些文章的笔迹成熟很多,不过并不总是容易辨认的。※她的拼
写是正统的,措辞大体正确。其散文和小说习作是根据被认可的范本
所做的严肃练习。※※

　　可想而知,早期报纸中的那种魅力和顽皮已然消失。从偶尔的习
语、笑话和演讲风格中能看出她成年后的风格;但是总的印象是颇为
单调的。她仍然在为成年观众写作;可如今她到了一种自觉的年龄,
行事谨慎了。她尝试了一篇风尚小说;还写了一篇描述梦境的文章,
她自己在梦里成了上帝。[28]这两篇就其风格来说都是有趣的,不过也

---

　　①　即克利夫顿学院,英国公校名,位于布里斯托尔。

　　※　一些流畅、整齐的篇章显然出自瓦奈萨之手;因为她一向拒不承认给这份报纸写过
稿件,推测起来她担任的是抄写员的角色。

　　※※　以下所引用的文字摘自艾德里安 1894 年 2 月写给他母亲的信件,让我们了解到
弗吉尼亚正在读些什么,或至少她认为在他十一岁,她十二岁时,他该读些什么。"……告诉
吉尼亚我还没有读丁尼生或华兹华斯或任何她提到的作家的书籍,不过我已经读了一本叫
《探险世界》(The World of Adventure)的书……"

很明显是出自一个极认真地专研英国文学的女孩之笔。

和早先的系列相比,新闻是一种更成年化的类型。有一篇谈的是莱森戏院(Lyceum)的表演,还有一篇报道了弗吉尼亚表姐米莉森特·沃恩的婚礼,"为了结婚而寻遍大地"的旅行如今在极其相配的婚姻中安全抵埠了。[29]很多地方提到了格外严酷的天气,她还写了一份出色的长篇报道,讲述的是在市长府邸举行的一场集会,目的是从"时间的齿缝间"拯救卡莱尔的切尔西故居。[30]

"莱斯利·斯蒂芬夫人已经由于流感而卧床不起两周了"——这一段写于 3 月 4 日。[31]18 日,我们被告知,她还在好转之中。4 月 8 日,乔治、杰拉尔德和斯特拉再过三天就要出国了。几乎可以肯定,这是最后一期《海德公园门新闻》。

五年前,杰克逊太太曾写信给她的外孙和外孙女们,请求他们别惹妈妈着急。[32]这是个明智的请求,即便是在那个充斥着廉价家务劳动力的时代,十口之家对于一个尽心尽职的母亲来说也是令人生畏的。她身上还有一堆别的负担。每个需要帮助的人都会向她求助,因为他们知道这种求助不会被拒绝。她去世后,弗吉尼亚在母亲的旅行桌里发现了她在托兰德某个上午收到的全部信件,为了回信,她把它们带到了伦敦。有一封信来自一位母亲,她的女儿被抛弃了;还有来自儿子乔治、姐姐玛丽·菲希尔和一个失业看护的信件;包括一些求助信,一个和父母吵架的女孩写了很多页纸。每个人都要求某种帮助或同情,每个人都知道,他们会从她那里得到这些。她总会找出时间和方法来提供帮助和安慰。"啊,谢天谢地,今晚邮局不送信!"[33]她总在星期六晚上高呼,莱斯利总抗议说:"这事该有个了结了,朱莉娅。"可他很清楚,这样的抗议是徒劳的,甚至更糟的是,他自己就是她最沉重的负担。

斯蒂芬家的幸福本质上源于这样的事实,就是孩子们知道他们的父母深切、快乐地相爱着。这无疑是一种和煦的火焰,大家都能从中获得慰藉。可它也能让整座大厦化为灰烬。虽然为人慈善,承担着母性的职责,朱莉娅主要是为了丈夫而活;每个人都需要她,可是他最需要她。哪怕对最英勇的妻子来说,他的性情和需求也使这事成为一种过于沉重的任务;他的健康和幸福必须得到保障;她不得不倾听并分担他在金钱、工作、名望和家庭管理方面的担忧;他需要防御和保护,从而躲避这个世界的侵扰。照他自己的说法,他是个敏感的人,所以除了她那抚慰人心、足以疗伤的手之外,他不想跟其他事物接触。

他的健康和她的健康必然联系在一起,在他们十七年的婚姻中,他的身体一直不太好。编写《英国传记辞典》所需的操劳是艰巨的;弗吉尼亚认为她和艾德里安在子宫里就被这些重要的卷册碾压和束缚着。[34]1888 年,莱斯利突然病倒;1890 年又发病了,1891 年他再次抱病。他忍受着失眠症和他所谓的"阵发惊厥";朱莉娅不得不唤醒他,安抚他。[35]1891 年,她说服他放弃了《辞典》的工作;它正在毁掉他的生活。可是还有财政方面的持续忧心,往往是出自想象的※,在这一点上朱莉娅也不得不安慰他,打消他的顾虑,甚至还得帮他管理。

依旧美丽,可日益感到疲惫和烦心,朱莉娅变得越发受困于时间。她总是匆匆忙忙,越来越想亲自动手做事以便节省时间,越来越急于让别人闲下来,于是搞得自己精疲力竭。年纪虽然不大,她在利他的工作中匆匆度过一生,最终燃尽了自身的抵抗力。

《海德公园门新闻》提到的流感最后治好了,可留下了后遗症。接近四月底,斯特拉从欧洲大陆匆忙赶回来,因为她母亲的情形明显急

※ 据说莱斯利曾告诉埃德蒙·戈斯,他彻底破产了;只剩下一千英镑了。戈斯和其他文人决定采取必要行动;但首先得对斯蒂芬家的财政状况做更多的了解。进一步的盘问揭示,莱斯利的意思是他在银行的顺差被减至一千英镑了;他的收入和资产不变。

转直下了。医生对风湿热有不祥的说法;亲戚们都聚集了过来。1895
年 5 月 5 日,朱莉娅去世了。

注释

[1] 见脚注,第 116 页。

[2] VB/MS I。

[3] 据传闻(VB)。

[4] VB/MS I;也参见 MH/A。

[5] VB/MS I。

[6] F.W.梅特兰,《莱斯利·斯蒂芬爵士传》,1906 年,第 318 页。

[7] VW 致 J.R.洛威尔,在一封莱斯利·斯蒂芬的信中,1888 年 8 月 20
日。(霍顿图书馆,哈佛大学)

[8] VB/MS I。

[9] VW/VD,[约 1902 年 12 月 27 日](Berg);也参见 VB/MS I。

[10] HPGN,1892 年 3 月 21 日。

[11] HPGN,1892 年 3 月 7 日。

[12] VB/MS I。

[13] HPGN,1892 年 1 月 18 日。

[14] HPGN,1892 年 3 月 14 日。

[15] HPGN,1892 年 3 月 21 日。

[16] AWD,第 116 页,1927 年 10 月 5 日。

[17] 1892 年 1 月 25 日,2 月 1 日。

[18] HPGN,1892 年 6 月 6 日。

[19] HPGN,1892 年 8 月 22 日,以及下列等等。

[20] HPGN,1892 年 5 月 16 日。

[21] HPGN,1892 年 9 月 12 日。

[22] VB/RF,1930 年 9 月 29 日(CH)。

[23] MBk,第 61 页。

［24］根据斯特拉·达克渥斯的《一八九三年日记》,显然,布鲁克一家和斯蒂芬一家是 8 月和 9 月在圣埃夫斯碰头,而不是像克里斯多夫·哈索尔说的那样,在 1899 年 4 月碰头。(《鲁珀特·布鲁克传》)总之,斯蒂芬一家到了 1895 年就已经离开圣埃夫斯了。也参见:玛丽·鲁斯·布鲁克致 VW 信件, 1918 年 8 月 18 日(MH)。

［25］威廉·华兹华斯·菲希尔(后来的军舰司令 W.W.菲希尔爵士)致莱斯利·斯蒂芬太太信件,［1891 年］8 月 5 日。

［26］HPGN, 1892 年 8 月 22 日。

［27］据传闻(VB)。见 VW,《岁月》,第 29 页。

［28］"萨拉·摩根小姐日记摘录",见 HPGN, 1895 年 1 月 14、21 日;文章起首是"有天晚上我梦见自己是上帝……"同上, 1895 年 2 月 11 日。

［29］HPGN, 1895 年 1 月 21 日。

［30］HPGN, 1895 年 2 月 25 日。

［31］HPGN, 1895 年 3 月 4 日。

［32］杰克逊太太致 VB 信件, 1890 年 7 月 11 日。

［33］MH/A 5。

［34］AWD(Berg), 1923 年 12 月 3 日。

［35］MBk,第 68 页。

第三章　1895 年至 1897 年

"她的死，"弗吉尼亚说，"是可能发生的灾难中最深重的。"[1]　　

不过，如果弗吉尼亚的损失只不过是一次摧毁性的丧亲，情况本不会坏到无法忍受的地步。朱莉娅去世的真正可怕之处在服丧期就显现了出来。自然，最哀痛的人必定是莱斯利；妻子比他年轻近十五岁，作为一个六十三岁的男人，他满指望自己离世时，这位妻子会在身边照料自己（她本会把这事做得那么出色）。他已经做过一次鳏夫了，他尽量像个男人那样坚韧地承受了一切。既然如此，命运怎能这么对待他呢？在很长一段时间里，他放任自己沉浸在悲恸之中；他的生活就像他的信纸，四周围上了深黑色的边框。他放下工作，埋头撰写献给"我的朱莉娅"的颂词。[2]他充满柔情、毫不克制地写着，不过照他自己的说法，他是个专业作家，没法不把文章写得充满可读性，乃至有趣；我猜，这是他当时唯一的慰藉。

可是，出了书房，就没了工作这种镇定剂。他决定给女孩子们讲课，就像朱莉娅过去做的那样，为此放弃了自己的半个上午。这是一种巨大的牺牲,出自最高尚的意图;不过这并没有使他成为一个兴致较高或脾气较好的老师。其实这种安排没有给任何人带来安慰。

进餐时,他伤心地坐在那里,神情困惑,太不幸也太耳聋了,以致听不见别人在说什么,那个可怕的夏天就这样一幕接一幕地度过,直到最后他彻底垮了,窘迫的孩子们坐在尴尬的寂静中,他呻吟着、哭泣着,希望自己死了。

在谈到生命里的这段日子时,瓦奈萨和弗吉尼亚再现了一幕黑暗的图像:黑屋子,黑墙,黑房间,"东方式的阴暗"。[3]我想她们这么说指的不仅仅是物质的黑,还包括把精神之光故意拒之门外。这对孩子来说不单是悲剧性的,而且是混乱的、不真实的。他们不仅被要求去感受自然的悲伤,还被要求去感受那种虚假的、夸张的、极为做作的情感,而他们不可能有这样的情感。

有的人由于长年虚弱,已经教会了自己的身体依靠拐杖来挪动,然后突然发现拐杖不见了,莱斯利如今就像是这个人。在这种紧急时刻,斯多葛主义,节制和达观都是不得要领的;你跌倒了,于是在跌倒中抓攫任何可能拯救你的东西。莱斯利试图抓住最近的支撑物,他发现了斯特拉。

斯特拉其实是他理所当然的靠山。她毫不质疑地接受了这样的地位。她愿意安抚和慰藉别人,愿意安排晚餐,购买炉煤或内衣,陪伴女孩们,操持家政,避免令人担忧的开销,愿意安排所有的社交事宜,特别是领引那一长列的吊唁女性,她们来和莱斯利进行私下会面,倾听并向他吊慰,然后红着眼睛、唠哩唠叨地从他的房间里出来,再向斯特拉奉献更多的安慰、眼泪和建议。所有这些都成了她的职责,她沉默地接受了这一切;可在那个家庭和那段时期里,她要做的事情还多得多；她不得不聆听继父的忏悔，赦免他的过错。

　　他和朱莉娅之间有分歧——"是些琐事"，但也包括"那些不完全是琐事的问题"；他并不总是那么和善，也不总能做到体贴人；在回忆这些过失时，他呻吟并大声地哭泣着。[4]倘若他良心上有一种负担，譬如折磨过可怜的卡莱尔①的那种，他就会想要自杀了，可他希望事实不是那样，斯特拉可以作证；他不像，他肯定不像卡莱尔那么坏吧？虽然斯特拉对卡莱尔夫妻的婚后生活所知不多，但她勇敢地表示赞同，仗义地试图抚慰他那不安的心灵。

　　这些事对她来说尤其艰难，因为归根结底，莱斯利不是她的父亲。他们从没有非常亲近过，实际上，她很可能对他心怀怨恨。她只对母亲怀有强烈的感情：斯特拉关心的事情不外乎是让母亲免于麻烦和痛苦，维护**她的**健康，有时大胆地私自分担她的一些负担。可朱莉娅爱她不如爱其他人，更不用说跟莱斯利相比了，她一向愿意为了他的便利而牺牲斯特拉和其他人，而且——照斯特拉看来，更糟糕的是——她已经牺牲了自己，所以，在这场避免让母亲精疲力竭的重大战役中，她最后既被莱斯利也被朱莉娅击败了。

　　在最后那几周里，她被送出了国，苍白、绝望、不情不愿，她知道朱莉娅需要自己，没有人召唤她回去，她自己回去了，她怀疑母亲的信件隐瞒了（事实上，它们的确隐瞒了）病情的真正严重性。她抵家太迟了，似乎不但在母亲生前，就连在母亲的死亡上她也受了骗。

　　尽管如此，她显得充满耐心、可靠、毫无怨言，屈服于自己那种性别的不可避免的轭枷，她接受了任务。像一株从未见到阳光的植物那

42

---

　　①　这里指的是苏格兰作家卡莱尔（Thomas Carlyle）的婚姻，他娶了才女简·贝利·威尔斯（Jane Baillie Welsh），妻子去世后，他发现了妻子留下的一本秘密日记，其中记录了她内心的痛苦。

么苍白,藏起经常掉落的眼泪,她仍能汇聚起力量来帮助母亲的丈夫和他的孩子们;尤其是艾德里安和弗吉尼亚。早上是她打发艾德里安去上学,还要对付他那令人气恼的丢失手套、书本和外衣的习惯;是她不得不照料弗吉尼亚,就像我们接下来会看到的那样,这种照料如今变得紧要、繁重且艰难。

喜爱她的同母异父弟妹们了解这一切,他们尽量试图替她分担责任。十五岁的瓦奈萨已经有了判断力和讲求实际的名声。她会是——无疑她就是——一个能够安慰别人的人,而莱斯利自己为了振奋起来也做了令人感动的英勇努力,实际上不仅仅是在振奋精神上,还在和孩子建立一种感情诚挚的真正联系上,在这种关系中,他不必背叛对妻子的回忆就能重获幸福,也是在这种关系中,他们的共同悲哀能创造出一种建设性的东西。所以有时他会勉为其难地再去扮演一个愉快的父亲。可那样的时刻是短暂且稀罕的。大多数时候,孩子们不得不与之相处的,是一位处于绝望、压抑、自觉有罪的阴郁状态中的父亲,相形之下,他们自己那种强烈、简单的不幸似乎成了一种宽慰。

此时,在这种原本会一成不变的阴郁前景中,关心斯蒂芬一家的亲戚朋友能看到两个明亮的发光体。斯特拉显然是个模范女儿。乔治·达克渥斯则是个模范兄长。作为达克渥斯家最年长的孩子,他如今二十七岁了,非常英俊,手头宽裕,讨人喜欢,文雅且慷慨大度。他对这些同母异父妹妹的付出是堪称楷模的。他给她们买礼物,花费很多心思款待她们,以及安排宴会和远足;他甚至会和她们一起去捕蝴蝶,对于一个时髦的年轻人来说,这意味着一种相当大的牺牲。

母亲去世后,他的友善是无限的;他天性容易激动,感情外露;他的肩膀等着她们靠上来哭泣;为了减轻她们的痛苦,他敞开了双臂。

很难说是从什么阶段开始,这种令人欣慰的友好拥抱有所发展,
无疑,在乔治看来它甚至更令人欣慰,虽然远没有那么友爱了。瓦奈
萨倾向于认为,乔治自己都搞不太清楚,完全出于同情心的感情最后
发展成了一种下流的色情摩擦。他会在弗吉尼亚上课时公然抚弄和
乱摸她,事情变得更加肆无忌惮——实际上我不知道到了什么地
步——这时,轻信着自己是个多情且拥有特权的哥哥,乔治把他的友
爱从教室一直带进了晚间保育室。※

对两姐妹来说,事情看起来简直就像是,在她们眼前,亲爱的兄长
变成了一只怪兽,变成了一个她们无法抵御的暴君,这种背叛行为是
那么隐秘,甚至连背叛者自己都半知半觉,她们又怎能大声说出,或用
行动去反抗呢? 她们所受到的教育是保持一种无知的纯洁,最起初,
她们想必没意识到那份友爱正在转变成强烈的色欲,只有她们那种日
益增强的厌恶感向她们发出了警告。我们可以把瓦奈萨和弗吉尼亚
在此事上的长期沉默归咎于这一点,也归咎于她们的极度害羞。乔治
在表示爱意和拥抱时一向感情外露、滥情,不负责任;只有非常精明的
眼睛才会察觉,他的抚抱恐怕已超出了哪怕最周到的兄长的适宜范
围,而且,就寝时间的爱抚似乎只是白天他那种友爱的正常延续。他
的同母异父妹妹们很难知道该在哪一点上划出界限,用语言表示拒
绝,甘冒引起一场痛苦、尴尬的丑闻的危险;要想找个能倾诉的人就更
难了。斯特拉、莱斯利和姨妈姑妈们——所有人都会感到大惑不解、

※ "……这向我们揭示了乔治的所有罪行。让我感到惊讶的是,她[珍妮特·卡斯]一
向很讨厌他;当他进来,开始在我学希腊文时抚摸我,她过去常说:'嘀——你这个下流胚。'
在卧室的场景中,她丢下绶带,像个仁慈的易受骗的人那样喘着气。睡觉时她说她感到非常
不舒服,去了厕所,不用说,那里没水。"VW/VB,1911 年[7 月 25 日]。不过,弗吉尼亚也写
到杰克·希尔斯担保乔治"直到结婚为止,过着贞洁无瑕的生活";这取决于一个人对"贞洁
无瑕"的定义了。MH/A 15。

毛骨悚然,愤愤不平且心存怀疑。

　　她们的办法似乎只能是沉默的回避;可甚至连这条道路也被堵死了;她们必须迎合他人对迫害者的赞扬,因为他的挑逗是在一片热情称赞的伴奏下进行的,女孩们能在那种伴奏中听到重复的期望,即"亲爱的乔治"不愿看到她们忘恩负义。

44　　以后的那些年里,在提到同母异父兄长时,两姐妹表现出了一种不友好的嘲笑和坦率的恶意,这让弗吉尼亚和瓦奈萨的朋友们感到有点惊愕。他似乎是个老派人物,有点荒唐,但总的来说并不让人讨厌,在某种意义上确实如此。他的公众面孔是和蔼可亲的,然而,对于同母异父妹妹们来说,他代表着一种可怕的、猥亵的东西,在一种已经很不幸的情形下,这简直是最后的邪恶一击。更有甚者,他玷污了一个最神圣的春天,亵渎了她们最纯真的梦想。爱或被爱的初次经历可以是迷人的,或是沮丧的、窘迫的,甚至是乏味的,但它不该是令人恶心的。爱神扇着蝙蝠的翅膀飞来了,一个令人作呕的乱伦形象。弗吉尼亚觉得,自己的生活还没有真正开始就已经被乔治毁掉了。她天生对性话题感到害羞,从这时候起,她因受到恐吓而蜷缩成一种冷淡、自卫的惊惶姿态。

　　我对弗吉尼亚的精神疾病不够了解,没法说这种少年时代的创伤是否和它们有任何联系。乔治的这种作为让弗吉尼亚感到讨厌,事情也许发生在后来某个时期,当时,斯蒂芬家又遭受了打击※,不过,第一

　　※　伦纳德·伍尔夫和已故的诺埃尔·理查兹医生的声明暗示乔治的挑逗发生在他母亲刚去世不久;从另一方面来说,弗吉尼亚没发表的回忆录(MH/A 14,15,16)几乎确定了这一点,即他的行为开始于(或持续到)一个迟得多的时期,即1903年或1904年。让弗吉尼亚心烦的不仅是乔治的殷勤:"在回忆到我的同母异父哥哥时,我依然因羞耻而战栗,在我大约五六岁时,他让我站在一个台子上,探察我的私处。"(VW致埃塞尔·史密斯,1941年1月12日)在本书初版之后,一份被曝光的文献(MH/A 5a)表明,这里提到的同母异父哥哥是杰拉尔德,不是乔治。

次"崩溃"（或不管怎么称呼它）想必是发生在母亲去世后不久。

于是我们迎来一段很长的虚无，一种无法形容的纯粹死亡，对此弗吉尼亚自己可能都不清楚——也就是说，几乎回忆不上来——然而这对她的故事却是至关重要的。从这时起，她知道自己曾经疯过，而且还可能再次发疯。

知道自己体内有毒瘤，知道它也许会复发，这想必是非常可怕的；可一种心智上的毒瘤，一种精神上的腐坏，在某人十三岁时就袭击了她，终其余生，它始终停留在某处，永远悬而不决，一把高悬头顶的狄奥尼修斯之剑（Dionysian sword）——这一定让人几乎无法忍受。难以忍受到这个地步，最后，在 1941 年，当神经错乱的声音向她说话时，她采用了所剩的唯一疗法——死亡疗法。不过，她的心智能结出伤疤，在一定程度上足以愈合并掩饰她那持久的伤口。她不承认有关发疯的记忆，也没法承认。她只回忆过身体症状；在关于这段时间的回忆中，她几乎没提到头脑的骚动，虽然我们知道，她已经听到了她后来所说的"那些可怕的声音"，她提到了其他症状，通常是生理学上的症状。她的脉搏跳得很快，快到几乎无法承受。她非常容易兴奋和焦虑，然后是难以忍受的沮丧。她变得害怕人，如果在街头遇到陌生人，她一说话就脸红，没法面对他们。

西顿医生是斯蒂芬家的家庭医生[※]，他让弗吉尼亚停下所有的课程，吩咐她过一种简单的生活，并规定了室外运动；她每天要在室外待四个小时，斯特拉自愿承担的责任之一就是带她去散步，或坐在公车

45

[※]　西顿医生——照弗吉尼亚在 1897 年日记里的叫法，"我亲爱的西顿"——很受所有孩子喜爱；他也是住在莱克斯花园的伍尔夫家最喜欢的人。许多年后，他见到了他过去的两个病人伦纳德和弗吉尼亚，如今成了伍尔夫先生和太太，还是他在里士满的邻居。1917 年 2 月，他死在那里，时年九十岁。（VW/VB，1917 年［2 月 11 日］）伦纳德·伍尔夫说："他是个颤悠悠的老人，不过非常和蔼。"

的顶层游逛。

《海德公园门新闻》停刊了；弗吉尼亚丧失了写作的欲望，这是头一次，也是唯一的一次，除了在 1896 年，她写过一阵子日记。[5] 不过，她怀着狂热持续阅读。有一段时间，她对自己持病态的自我批评态度，指责自己的虚荣和自我中心，觉得自己比不上瓦奈萨，同时她又非常容易被激怒。

圣埃夫斯被放弃了。在没有朱莉娅的情形下，莱斯利无法忍受去那里度假的想法，于是，大概在她去世一个月后，杰拉尔德乘火车去了康沃尔，跟某人见面并处理了这件事。如今，斯蒂芬家每年都要找一个度夏假的地方。1895 年，他们去了怀特岛的弗莱什渥特（Freshwater）。那几乎是他们服丧的最黑暗时期；1896 年，他们租了一幢属于廷德尔太太（那位科学家①的孀妇）的房子，它坐落在北唐斯②最高处的亨德海德，就斯特拉·达克渥斯和杰克·希尔斯之间的浪漫史而言，照习惯的说法，原本应该是这场浪漫史的最后一幕，就发生在这幢房子里。

约翰·沃勒·希尔斯上过伊顿公学；他来自一个极有名望的家族，这家族在坎伯兰（Cumberland）很有根基，不过似乎对杰克没多大帮助。他父亲当过法官，算得上是个才子。他母亲收集切尔西出产的珐琅匣子，还喜欢二流文人。他自己将会成为一个律师；他有政治野心，喜欢钓鱼。他是个诚实、顽强的人，但说话很结巴；他不得不跟每一个句子较劲，不过，经过一番折腾之后，他最后总能说明白事情。他拒不接受斯特拉对求婚的拒绝，在这方面，朱莉娅给了他强有力的支持。朱莉娅一向是个媒人，也是年轻恋人们的朋友；事情之所以能发展到这个地步，她起了很大作用。第一次关系破裂后，她决心做个和

---

① 指约翰·廷德尔（John Tyndall，1820—1892），英国物理学家。

② 北唐斯（North Downs），伦敦郊区镇名。

事佬,事情发展很顺利,到她去世的时候,这个年轻人又成了海德公园门的常客。

他又求了一次婚,又被拒了。对第二次被拒的原因,我们只能加以猜测,不过从后来发生的事情来看,很可能阻止斯特拉的不是她对杰克的感情,而是她对继父的责任心。她或许不爱莱斯利,要么就是以一种温吞的方式爱着他;可他向她的良心提出了要求:他和孩子们都依赖她,他如今依靠她才能享受那么一点点慰藉。抛弃他是不人道的。于是,斯特拉遵从了自己的良心而不是喜好,她再次拒绝了杰克。

不过,跟第一次一样,他也不接受她的第二次拒绝;换个角度,不难看出,让斯特拉拒绝他的那种情形正好也是支持婚姻的最有力论据,像斯特拉这样仁慈、美丽的女孩,分明是为了婚姻和母亲身份而创造的,说到底,莱斯利还可能再活上二十年,她竟然要为了这个人奉献自己,这是令人恐怖的。斯特拉已经二十七岁了,她已经不再年轻,也没有老到可以轻易牺牲自己的时间。

面对这样的辩论,无论她的道义感是多么坚定,斯特拉内心想必会发出赞同的叹息,虽然她公开的决心是继续承担那种沉闷、劳心的责任(她发觉自己已经挑起了这个担子)。再者,年轻律师也不会忘记指出,还有更进一步的理由:瓦奈萨如今十七岁了;她已经显示了值得钦佩的镇静、判断力和讲求实际。她是家里唯一不依赖斯特拉的人,依照常理,她远比斯特拉更应该承担这份责任。对瓦奈萨来说,服侍和同情莱斯利也会更容易做到,因为她是莱斯利的女儿。在杰克第三次求婚时,杰克·希尔斯和斯特拉·达克渥斯很可能就这些论点或类似话题展开了辩论。

这件事给弗吉尼亚留下了意义深远的印象,但这种印象却是令人困惑的。1896 年 8 月 22 日,杰克·希尔斯骑着自行车来到亨德海德,

47 在那里和斯蒂芬一家消磨了整个下午。那是个暖和的夏日,随后是一个炎热的夏夜。晚餐后,杰克和斯特拉去了花园,没回来。孩子们也有事要在花园里忙活,他们有蛾子要捕捉,可杰克和斯特拉躲开了他们。似乎到处都是裙裾的窸窣声和低语声。发生了某个小插曲——索比怀疑有流浪汉或过路人走进来,于是高呼起来。两人进屋后,莱斯利把孩子们送上了楼;显然,他感到心烦意乱。每个人都感到不安和害怕;屋子里充斥着一种期盼,几乎是宿命感;孩子们聚集在艾德里安的房间里,等着看会发生什么事情。最后斯特拉进来了;她容光焕发,红着脸。她说她很高兴……

艾德里安可能觉得自己又要失去一个妈妈了,他哭了起来;莱斯利训斥了他。他们必须都感到高兴,因为斯特拉是高兴的,此外,他的朱莉娅过去一直都期盼着这结果。

> 我的朱莉娅[他写道]……本来会比我们中的任何一个都更开心;如果需要接受这件事的话,想到她是赞成的,我也就会接受了……任何可以想象的情形下,我都想不出还有更合适的婚姻了,我对此有绝对把握,十分满意。如果有什么事能让我更快乐,这件事应该算上;不过[他添了一句丧气话],我开不开心,很快就变得越来越不重要了。[6]

是的,他们应该感到高兴,他们必须感到高兴,艾德里安必须擦干自己的眼泪。可是莱斯利怎样才能顺从自己的命令呢?这是一种不可弥补的损害;只有一件事能让他感到安心——即斯特拉不会离开他的房子。

我们不知道这个附带条款是怎样达成的——也许斯特拉强迫她

的情人答应了这一点,也许莱斯利把这一点作为向他们祝福的前提条件。总之,八月份,事情就这样定了,就莱斯利而言,这件事到此为止。

可是,那个年轻人开始得陇望蜀。他们怎么生活?在哪儿生活?谁会是房子的主人?这些难题变得越来越棘手;这种安排开始显得愈发不现实。最后斯特拉去见继父并告诉他,无论如何,她得有一幢自己的房子。我们不知道他们谈了些什么;无疑有过一次爆发,可她达到了自己的目的;尽管如此,还是不得不有所妥协。斯特拉不会住得太远,海德公园门 24 号正空着,一过街就是。他们将住在那里,离得很近。

不过从那时起,莱斯利谈起整件事就越来越泄气。他哼唧着,叹息着,"他偷走了我的钱包";斯特拉怎么会跟这样一个男人结婚呢?[7]
杰克这个名字"就像是一记鞭响"。[8]

这件事本来已经让人痛苦,而世纪之末的评判使之变得更让人痛苦。莱斯利完全没法仔细思忖自己的情绪,也压根意识不到自己那种嫉妒心的程度和特性。如果他做得到的话,一个像他这样有着高尚情操的人肯定会接受现实。可他只能透过自己的变形镜片看待问题:他,一位孤独的老年鳏夫,一个被悲恸摧毁和困扰的人,遭到了背叛。这就是他对这件事的看法,很多女性支持者也接受了这种看法,她们一度把斯特拉看成是个模范女儿,如今发现她简直自私到了可耻的地步。不过斯特拉倒不是很烦心;她从那个快乐地爱着她的人那里获得了力量,他属于一个坚定同盟的一分子。

弗吉尼亚不太喜欢杰克·希尔斯,在某种程度上,她讨厌婚姻。对她来说,失去一位姐姐,简直就等于莱斯利失去了一个女儿;然而她感到开心。一种新发现的快乐源泉有助于她那缓慢的康复——即斯

48

特拉再次恢复生机的奇观。过去显得苍白、麻木、沮丧的斯特拉如今变得容光焕发、满脸微笑、流露着喜悦。弗吉尼亚以前从不曾目睹这样的幸福；在后来的岁月里，她以记忆中的斯特拉的爱情为一种标杆。如果有人说一对夫妻在热恋中，她会琢磨他们之间的爱情是否能跟斯特拉和杰克之间的爱情相提并论；那是真实发生过的事情。她从不曾想象人类能品尝到这样的欢乐；她猜想这是一种特殊的，一种完全不同寻常的爱的表现形式。她害羞地向斯特拉坦白了这种看法，斯特拉的害羞不在她之下，她笑了，认为这事没什么不同寻常的，她们姐妹俩也会有这种感受的。瓦奈萨长得很美；如今她就要进入社交圈了；她同样会品尝到爱，弗吉尼亚也一样。

1897 年初的时候，事情就处于这种状态，既有极度的欢喜，又有让人难过的忧伤。1 月 1 日，孩子们决心开始记日记。在头六个月里，弗吉尼亚的日记写得很有规律，接着又断断续续记了一年零一天；这会是一个很重要的时期，我们能从这份日记中获得一幅相当确切的图像。

日记是从圣诞假期过了一半时开始记的，起初谈的是一系列娱乐活动——去剧院和看童话剧，两次去动物园，参观国家肖像馆（National Portrait Gallery）和国立艺术馆（National Gallery），头一回瞅见那些科学上的新奇事物，如电影放映机（Animatograph）和伦琴射线①，以及艾伯特演奏厅（Albert Hall）里三便士的座位。还有另一种形式的娱乐，即《克莱门蒂娜的情人们》（Clementina's Lovers），作者是索比，由所有的孩子为女仆们上演。这种演出一向是通过发传单来做宣传的，传单的开头是：

---

① 伦琴射线（Röntgens Rays），即 X 射线。

50

1897 年 2 月 1 日,在弗吉尼亚写给索比·斯蒂芬的书信末尾处,瓦奈萨绘制了以下图像。(现藏于国王学院图书馆,查尔斯顿文献,VWTS 23)

弗吉尼亚的笔迹:我抗议这样的诽谤——我的溜冰姿态尤其优美,今年冬天一次都没失败过——玛丽安再也不可以这样匆忙地修饰我的信纸。

瓦奈萨的笔迹:V.斯蒂芬之作。

厨房里的人们，

成群结队地过来吧！！[9]

　　观众通常由一个女仆组成，不过这次有两个：伊丽莎白（Elizabeth）和弗洛丽（Florrie），再加上法国女仆波琳（Pauline）。她们大声鼓着掌，尽管索比在最后一幕里杀掉了所有角色，波琳还是沉浸在这样的印象中，即这是一出关于阿拉丁①的演出。晚上，莱斯利继续向孩子们大声朗读；1897 年 1 月，他在朗读《埃斯蒙德》②；有时他会背诗。不久索比又回克利夫顿去了，他在那里是个极其成功的男学生，竞赛起来有股子旺盛的狂热劲，翻译起拉丁文来潦潦草草，总体来说还过得去。就是在这个时候，孩子们因为听到安妮"姨妈"惊呼而感到逗乐："噢，莱斯利，索比是个多么高贵的男孩！"[10]

　　艾德里安跟随其后，去了威斯敏斯特③，其学业没那么辉煌，他也没那么快乐，瓦奈萨在考柏先生艺术学校就学，为上皇家艺术学院（Royal Academy）做准备，她同时又开始跟着父亲学习。

　　似乎自 1896 年 11 月以来，弗吉尼亚就没有上过任何课。"我希望她好些了，不过我还是胆战心惊。"一年后，她父亲给玛丽·菲希尔写信说。[11]显然，她还是处于非常紧张不安的状态。不过在二月份，西顿医生允许她上些课了；我们发现她在 22 日那天学了历史和德文；三月，她在读李维④，还提到"我学了点希腊文"。[12]

　　与此同时，她大量地阅读着。她在日记中对此做了仔细的记录，

————————

①　阿拉丁（Aladdin），《一千零一夜》中的人物，书中有关于他和神灯的故事。

②　《埃斯蒙德》（Henry Esmond），萨克雷（William Thackery，1811—1863）的历史小说。

③　即 Westminster School，伦敦公校名。

④　李维（Livy，59BC—17AD），古罗马历史学家，著有罗马史一百四十二卷，大部分失传。

记载了每本书的起始和结束时间。从 1897 年 1 月 1 日到 6 月 30 日，她读了以下作品：《英国妇女之三代》(*Three Generations of English Women*，第二和第三卷)；弗劳德(Froude)的《卡莱尔传》(*Carlyle*)——在这里她做了以下注解："弗劳德的第一卷该慢慢读，然后我得重读他[莱斯利]借给我的所有书籍"；克赖顿①的《伊丽莎白女王》(*Queen Elizabeth*)；洛克哈特(Lockhart)的《沃尔特·司各特爵士传》(*Life of Sir Walter Scott*)；《纽可谟一家》(*The Newcomes*)，卡莱尔的《回忆录》(*Reminiscences*)；《老古玩铺》(*The Old Curiosity Shop*)；詹姆斯·斯蒂芬爵士(Sir James Stephen)的《教会史论文集》(*Essays in Ecclesiastical Biography*)；《费利克斯·霍尔特》(*Felix Holt*)；《绅士约翰·哈利法克斯》(*John Halifax, Gentleman*)；J. R. 洛威尔的《在我的书籍之中》(*Among My Books*)和《我书房的窗户》(*My Study Windows*)；《双城记》(*A Tale of Two Cities*)；《织工马南传》(*Silas Marner*)；詹姆斯·戴克斯·坎贝尔(James Dykes Campbell)的《柯尔律治传》(*The Life of Coleridge*)；安东尼·霍普(Anthony Hope)的《奥萨公主的心》(*The Heart of Princess Osra*)；三卷册的《佩皮斯日记》(Pepys)；麦考利②的《英国史》(*History*)；《巴契斯特塔楼》(*Barchester Towers*)；亨利·詹姆斯的一部小说；卡莱尔的《法国大革命》(*French Revolution*)，还有他的《克伦威尔》(*Cromwell*)和《斯特林传》(*Life of Sterling*)；巴娄夫人(Lady Barlow)的一部作品；《雪莉》(*Shirley*)；托马斯·阿诺德(Thomas Arnold)的《罗马史》(*History of Rome*)；W.E.诺里斯(W.E.Norris)的《一桩可悲的风流事》(*A Deplorable Affair*)。

"天啊，孩子，你是多么贪心。"[13]当莱斯利从座位上起身去取吉

---

① 克赖顿(Mandell Creighton，1843—1901)，英国历史学家，伦敦主教。

② 指托马斯·麦考利。

本(Gibbon)的第六或第七卷,或斯佩丁(Spedding)的《培根》(*Bacon*)、考珀的书信时,他会这么说。"不过,亲爱的,如果它值得一读的话,它就值得重读,"他会继续说,自言自语道,"吉尼亚是在吞书,几乎比我读得还快。"[14]

不过,大约就在这时候,父亲不再为她选书了,弗吉尼亚获得了自由浏览父亲藏书室的权利。莱斯利设法羞涩地表明,就他的观点来看,书架上有些书并不完全适合年轻女士阅读,看来《区尔柏》①就是其中之一。可他的女儿必须自行抉择她应该读哪些书;显然,文学是她酷爱的种类,而研究文学就得冒险。她得学会有识别力的阅读,做出不受他人影响的评判,永远别因为世人赞美就赞美,或顺从批评家的旨意发表批评。她必须学会用尽可能少的词语来表达自己。这就是他的规诫和他所提供的教育机会。莱斯利可能是个极其糟糕的数学老师;然而,作为英国文学教师,他对此有所弥补。

除了《海德公园门新闻》和一篇小品文之外,我认为莱斯利从没读过她的任何早期习作。不过她写了不少。十三岁前,弗吉尼亚一直在试着模仿以上那些小说或至少霍桑的风格。然后,大概在1897年,莱斯利从伦敦图书馆为她借了一本哈克卢特②的《旅行记》。[15]此后,她效仿伊丽莎白时代的作家写了篇长文,题目是《俗人信仰》,另一篇叫《女性史》,后者似乎更符合她的特性。这些早期的手稿都没能保留下来。

我们可以把这个时期的弗吉尼亚想成是一个又高又瘦、发育过快的女孩,在海德公园门后面的一间屋子里阅读和写作。直到斯特拉结婚,她才开始拥有属于自己的房间;她阅读和写作的地方要么是房子

---

① 《区尔柏》(*Trilby*),乔治·杜莫里耶(George du Maurier,1834—1896)讲述魔法的小说。

② 指理查德·哈克卢特(Richard Hakluyt,1552—1616),英国地理学家,西北航道公司创始人之一。

背后那间玻璃屋,要么就是日间保育室的扶手椅。但是不管她在哪儿安顿下来,她都会建起一个不容易被驱逐的堡垒。弗吉尼亚很不情愿离开工作场所那种简朴的(但是对她来说很重要的)慰藉,在日记中,她不止一次提到这种事。

一月份,杰克·希尔斯做了次手术——是件微不足道的事;不过婚礼为此推迟了。那之后,为了康复身体,他和斯特拉计划去柏格纳, 有人建议弗吉尼亚也跟去,大概是充当女伴吧。她在 2 月 1 日的日记里说这是"一个可怕的主意";2 月 2 日她跟家人说了同样的话。她决不单独跟杰克和斯特拉去做这样的远行。她受到压力,要求她改变主意;这压力不是来自父亲,而是来自同母异父的姐姐。莱斯利实际上对计划中的假日持有一种悲观的见解。他猜想柏格纳是"相当肮脏的,有人曾告诉过我们,那些排水管道很糟……也许我会去待上一两个晚上"。[16]最后,弗吉尼亚让瓦奈萨和她一道去。这是一次令人沮丧的远行;她们不喜欢那地方,而且天气恶劣。甚至杰克和斯特拉也不得不承认,这地方也许对别人没什么吸引力。莱斯利到了之后,带着阴郁的满足评论道,他这辈子从没见过这么丑陋的乡间或这么恶劣的天气;他声称那海洋主要是由泥浆构成的。弗吉尼亚毫不怀疑柏格纳这名字的起源。① 莱斯利憎恨整件事的决心是容易解释的,因为他处于那样一种情绪中,什么都讨厌,对杰克和斯特拉可能提出的任何计划都要找茬。※弗吉尼亚不愿加入远足就比较难解释了。我后面会

52

---

① 柏格纳(Bognor)这个名字中的 bog 在英语中的意思是沼泽、泥塘。

※ 在一月份写给索比的一封信里,莱斯利很清楚地表明了他的心态:"照例解冻了,可斯特拉想带瓦[奈萨]和弗[吉尼亚]去植物园的溜冰场。我说这不安全,因为星期五许多人掉进了那个圆池塘,这场解冻会使冰层更危险。**她**回答,杰克说没事。我说,杰克是个——不,我没那么说,因为我已经被告知她将在 4 月 1 日嫁给他,一个非常恰当的日子,我想。"(1897 年 1 月 30 日)

谈到这一点。不过,一场按礼仪举办的婚礼总会有麻烦和压力,在某种程度上,是这些事情引发了她的恼怒。

　　97 年 3 月 28 日,星期天。上午我们三个[瓦奈萨、弗吉尼亚和艾德里安]去了圣玛丽修道院(St Mary Abbots)的教堂! 这是颁布结婚公告的最后一个星期天①,因此我们决定去一趟。公告从十一点半开始,结束于一点一刻。我们在屋子里到处翻找祈祷书和赞美诗集;找到了两本赞美诗集(首调唱名法②)和一本祈祷书。不过,最后这本我们没拿。一个穿黑衣的小个子绅士指给我们教堂最前面的位置让我们坐。很快,音乐和歌声就开始了,我们前面一排的人站起了身,我们身后一个气喘的老妇人开始用那没牙也没调的哨声跟着唱诗班歌手歌唱——整个过程中一直这样跟着唱——唱到某些部分,我们起身,然后坐下,最后跪倒——我拒绝这么做——我的邻居看起来非常痛苦和不安——期间朗读了约翰·沃勒·希尔斯和斯特拉·达克渥斯以及其他几个人的结婚公告,没有人说为什么,等等。我们的祈祷和圣诗只是乱猜而已,不过赞美歌真棒。一个新牧师为我们讲了道——他说"我们将再也听不到我们深爱的那个嗓音了"(暗示已故的教区牧师)。老妇人抽动鼻子唏嘘着。

然后要做衣服;弗吉尼亚这辈子头一次发现自己要被迫穿上紧身

_____

　　① 举行婚礼前连续三个星期天在所属教区教堂等处颁布结婚公告,给人以提出异议的机会。

　　② 首调唱名法(tonic sol fa),1850 年由英国 John Curwen 发展起来的一种唱法,在唱圣诗中常用到。

胸衣,她在记日记时感到自己不知道该怎样称呼这玩意。还有斯特拉的婚纱和蜜月服饰的问题,以及瓦奈萨和弗吉尼亚得做伴娘的"讨厌主意"。[17]斯特拉给克利夫顿的索比写了信,寄了张支票给他,因此他就可以在婚礼上有个体面的亮相了,莱斯利抗议说他不需要购买新衣服——"你认为我……会被允许穿着日常服装去那里吗?我不明白为什么我不可以;但是我有点害怕杰拉尔德会威逼我。"[18]显然杰拉尔德这么做了。然后是讨论斯蒂芬孩子们送给斯特拉的礼物,到哪里去搞钱,以及要买的东西等等。还有其他礼物;很快这地方就堆满了饰带、雕版画、金银餐具等。——"对我而言,"莱斯利说,"几乎就像丘园①里的植物标本一样搞笑。"[19]

97 年 4 月 9 日,星期五。我们一整天除了整理礼物和写卡片等事之外什么都没做。——整个上午就这样耗费掉了。下午斯特拉和父亲去了海格特[Highgate,给母亲扫墓]——最后,到了晚上大概十一点左右,事情多少有了个完结,琼斯太太带着些内衣裤来了。我们去睡了——不过斯特拉、乔吉②和杰拉尔德在她房间里包装东西一直到两点。杰克整天都在外面——有太多的事要做,没时间沮丧,但是最后一个夜晚差点不欢而散。然而,我们(奈萨和我)想起自己曾决心做到镇定和沉着。

97 年 4 月 10 日,星期六。

斯特拉和杰克的结婚日。

上午还是相当忙乱的——必须最后敲定每件事——尤斯塔

---

① 丘园(Kew),英国皇家植物园。

② 乔吉(Georgie),乔治的昵称。

斯［·希尔斯※］经常过来和斯特拉商量事情——大盒大盒的花上午络绎不绝地送来，都要整理……艾德里安没去学校。大约十二点，菲希尔一家到了——斯特拉去穿婚纱了。发型师埃米尔先生（M. Emile）为她和奈萨做了头发——天知道我们是怎样熬过这一关的——无疑，它在某种程度上是一场梦，或一个梦魇。我想斯特拉几乎是在做梦；不过，也许她那个是美梦。两点钟我们去了教堂。杰克在那里，看起来兴致十足，心情愉快。然后大概在两点一刻到两点半，斯特拉和父亲进来了——斯特拉在梦游——她眼睛直盯着自己前方——浑身洁白且美丽——仪式花了很长时间——然后一切都结束了——斯特拉和杰克结婚了——我们起身看她换了便装——对她说了再见——于是他们就这么走了——希尔斯先生和希尔斯夫人！这是一些有关这个日子的伤感标记——来自斯特拉手持花束上的白玫瑰花瓣，还有杰克给我们的花束上的红郁金香。

接下来的三天，大部分时间都用在跟基蒂·马克西和玛格丽特·马辛伯德（Margaret Massingberd）商讨晚筵上了，她俩是在一切时尚问题上的公认权威，然后，斯蒂芬一家出发去了布赖顿。它远不属于受他们喜爱的度假胜地；而且婚礼整件事让弗吉尼亚处于一种焦虑的恼怒之中。4月13日，她"怒不可遏、耍着脾气"上了床，15日，她为坐不到自己在海德公园门的"心爱的扶手椅"而感到惆怅；接着，她对他们在霍夫（Hove）租的房子评论道："真没见过这么让人沮丧的住所。"布赖顿本身挤满了"打扮得花枝招展的三流女演员——戴着巨大的帽

※　杰克的兄弟和男傧相。

子,涂脂抹粉;还有护花使者,那些让人感到恐怖的年轻男人"。[20] 4 月 21 日:

> 父亲带着奈萨和我出去散步,沿着帕拉德(Parade)走到斯泰恩(Steine)或类似的地方——在布赖顿的另一头,靠近帕哥达(Pagoda)——我懊恼地说所有的事都跟我作对,我把雨伞折断了……

不过回想起来,那段时期看似充满希望。斯特拉寄自佛罗伦萨的信件似乎预示着海德公园门会出现一种新的生活;他们曾多次谈到孤独和分家,不过,既然事情已定,所有这些看来都是没意义的话了。斯特拉将会住得离他们那么近,在一个年轻的家里,这个家几乎就是他们的,不过不会被老年和服丧的阴云遮蔽。更值得欣慰的是,莱斯利正在努力适应这个新环境。他承认,订婚期的最后七八个月给他带来了"许多自私的痛苦;但是如果我真抱怨的话,我就是个野兽了"。[21]瓦奈萨如今的年龄足以取代斯特拉在家里的地位;她很快就要"初登社交圈"了;这样的登场必然会是件大事,也许还会是件好事;还有弗吉尼亚,显然注定了要从事她自己的职业。他决心更好地了解她;他开始向她描述过去的那些文学名流,他年轻时就已经认识他们了。看来这是他们所有人生活中一个更快乐的新纪元的肇始。

4 月 28 日是他们回伦敦的日子,这天下午,乔治到维多利亚来接他们;他告诉他们,杰克和斯特拉已经回来了,还有斯特拉因胃寒而卧床不起。到了海德公园门,他们发现她其实情况很糟。29 日,西顿医生认定那不是寒症;他看起来非常严肃,诊断为腹膜炎。到了那天晚上,他们都生活在梦魇里了。

55

　　下午,斯特拉的情形更糟了——痛得更厉害——喝完茶后奈萨再次回去[接替看护的班],我又坐下来看那些永恒的老图册,还有我的麦考利①,在这个最令人不安的时刻,它是唯一平静、不动声色的事物了——西顿医生晚饭后来了,给吓得够呛。这是腹膜炎——得让她处于绝对的安静之中——还得再找个看护,街上铺了稻草。② 可怜的杰克非常不开心。这是迄今为止最可怕的夜晚之一。没法撇开那想法——所有这些可怕的预备工作更加深了那种念头——人们一有机会就争执不休。我和奈萨睡在一起,因为我不开心。大约十一点传来消息说她好点了——明天我将会记些什么?[22]

　　上面这段写于 29 日的夜里;第二天斯特拉好多了;这种好转保持了下去;到了 5 月 2 日,她被认为已经脱离了危险,5 月 17 日,她能够坐着马车出去活动一下了。让弗吉尼亚感到惊骇的是,她被告知必须陪伴同母异父姐姐进行这些探险。在她看来,街道会致人死命。2 月 25 日,她遭遇过一次马车事故;3 月 26 日,她看到一个骑脚踏车的女士被一辆马车碾了过去;5 月 8 日,她目睹了两起发生在皮卡迪利的车祸;12 日,一匹拉车的马摔倒在她面前;13 日,一匹脱缰的拉车马跟一辆四轮马车发生了碰撞。这些事故真的发生过吗? 自从婚礼之后,尤其是自从斯特拉生病以来,弗吉尼亚的健康状况一直在恶化之中。5 月 9 日,西顿医生为她做了检查,功课被停了,她被嘱咐要喝牛奶、做户外运动,还要吃药。她无疑处于一种焦虑的状态之中,我认为她想象或大大夸张了某些事故;不过其中有一起(就是骑脚踏车女士的那

---

① 应该指的是托马斯·麦考利的书籍。
② 在街上铺稻草也许是为了防止过往马车发出太大声音吵到病人。

起)的确发生过。[※]这是件特别吓人的事,因为从艺术学校回来时,瓦奈萨原本会跟那个在格洛斯特路(Gloucester Road)上直接撞上马车的女士走同一方向的路,而且会在同一时间。莱斯利当时正在场,他一度以为那其实就是她。

总之,她的日记表明,她的确哪怕逛一点点街都会感到害怕;她嘲笑自己的恐惧,可它很真实。所以,她不愿意跟斯特拉一起出门的部分原因可以被解释成,她不愿意跟任何人出门,去伦敦街头的任何地方。不过我想这里还有别的原因,一种对斯特拉本人的古怪的矛盾心理。在二月份,弗吉尼亚同样不愿意跟她一起去柏格纳,而且,后来斯特拉被建议去乡下疗养时:

> 她……大大激怒了我,她说她离开时我得和她一起去,我非常激烈地宣布那是**不可能的**。[23]

为什么这是不可能的? 弗吉尼亚或许明智地预见到二月份的柏格纳恐怕不值得一去,可在一个酷热、潮湿的伦敦夏季里,去乡下度假的主意本不必让她苦恼啊,除非她想回避的就是斯特拉本人。

有几则日记让我觉得自己发现了实情。在四月的最后几天里,当她担心斯特拉会死的时候,她的悲痛是毋庸置疑的;可一个星期以后,瓦奈萨说她们的同母异父姐姐看起来比刚举行完婚礼时胖了些,而且无疑状态更好了,弗吉尼亚写道,虽然这是很让人满意的,她却"很没道理地"感到恼火[24];而且,五天后:

※　"……吉尼亚目睹了整件事……就像你也许会想到的那样,可怜的老山羊处于一种可怕的状态之中,现在她想让我彻底放弃骑车,我当然不会这样做。总是山羊看到事故,这是非常不走运的。"VB 致索比·斯蒂芬,[1897 年]3 月 28 日。

> 本周日比上周日有着很明显的恢复——那时我们还没有脱
> 离危险(照布罗德本特[医生]的说法),模模糊糊地感到不乐。
> 表亲麦艾是客厅里的固定装置——忧郁,大块头,心怀同情的询
> 问者不时地顺道来拜访——如今那头老母牛好得出奇,开心着
> 呢——能跳下床了,等等;谢天谢地,可是——[25]

那个"可是"无疑是值得回味的。不用琢磨太多,我们至少就能留
意到,一个是处于暧昧的权威地位(半姐半代理母亲)的女性,善良、和
蔼但不太聪明,另一个是非常不安且易怒的,有才智的十五岁少女,两
人之间会有很多产生摩擦的理由,而且肯定发生了某种摩擦。1897 年
的那个夏天,弗吉尼亚的健康和斯特拉的健康在某个方面是相互联系
的;她们密切关联着,不仅出于双方的友爱,而且就弗吉尼亚来说,还
出于一种内疚感。

不过,到了五月下旬,这些张力松弛了一些。大家都知道斯特拉
快要有小宝宝了;人们相信她已经痊愈了,虽然六月初疾病复发了一
次,但大家并没有改变想法。似乎是有指望享受夏日盛事的;这个夏
57 天有两件盛事,包括公众的和私人的。前者是女王庆祝她即位六十周
年;后者是瓦奈萨进入社交圈。她出席了各种各样的派对,弗吉尼亚
觉得她看上去非常漂亮;可她对上层社会的描述并不鼓舞人心;她声
称它极其乏味。至于六十年大庆,他们看到了列队、马匹和那个老妇
女,她登上王位时,莱斯利还是个小孩;可它没唤起什么深刻的感情。
那个夏天,什么事情都没法让人开心。

> 我对每件事都咆哮不已——无疑是神经紧张的结果! ⋯⋯
> 热,热,热。

那个夏天实际上是"酷热的,多雷,总是阴天"。[27]夜里,她的灯光早该熄灭了,可她还在继续阅读;霍桑、米特福德小姐①和考珀的书信是她的晚间读物;她也读麦考利和亨利·詹姆斯,因为她发现它们抚慰了她的神经,显然她的神经需要一种镇定剂。

若干年后,瓦奈萨会把那个夏季形容成"三个月的……可怕的悬而未决、混沌、管理不善和对抗那些掌权者之愚蠢的无望斗争"。[28]从这一点看来,似乎她比弗吉尼亚对正在发生的事情要知道得更多。但是弗吉尼亚一定已经意识到了,虽然医生们继续再三保证,可斯特拉并没有恢复健康,随着这一点逐渐变得越来越明显,弗吉尼亚的健康恶化了,身体症状伴随着心理疾病而来。她抱怨风湿痛,不久,体温也不正常了。

7 月 13 日,在斯特拉家里,弗吉尼亚发现自己病得那么厉害,西顿医生就让她在那里卧床休息。第二天夜里,弗吉尼亚犯了她所谓的"躁狂",斯特拉坐在她身边,轻抚并安慰她,直到差不多半夜为止。三天后,弗吉尼亚被送回了 22 号;乔治把她裹在斯特拉的毛皮披风里抱了回去。看护告诉她,斯特拉好些了,当弗吉尼亚经过她的房门时,斯特拉亲自对她说了声"再见"。[29]不过第二天晚上,斯特拉动了手术,7 月 19 日凌晨三点,乔治和瓦奈萨来到弗吉尼亚的房间,告诉她,斯特拉死了。

注释

[1]　MH/A 6。

[2]　MBk。

[3]　MH/A 6。

[4]　MBk,第 69 页。

———————————————

①　米特福德(Mary Russell Mitford,1787—1855),英国小说家、剧作家。

［5］1897年日记(Berg)中在1月18日曾提及此事,但那个日记没有保存下来。

［6］MBk(附录),第82页。

［7］弗洛伦斯·伯克致VW信件,1928年4月30日,被附存在VW/VB中,1928年5月9日(Berg)。

［8］MH/A 5。

［9］据传闻(VB)。

［10］1897年日记,1月6日(Berg)。

［11］莱斯利·斯蒂芬致赫伯特·菲希尔太太,1897年11月14日。

［12］1897年日记,3月3日(Berg)。

［13］VW/VSW,1929年2月19日(Berg)。

［14］MBk(附录),第84页。

［15］AWD,第150页,1929年12月8日。

［16］莱斯利·斯蒂芬致索比·斯蒂芬,1897年2月6日。

［17］1897年日记,3月7日(Berg)。

［18］莱斯利·斯蒂芬致索比·斯蒂芬,1897年3月27日;"去见父亲在邦德街的裁缝,父亲给自己定制了一整套结婚礼服"。1897年日记,3月29日(Berg)。

［19］莱斯利·斯蒂芬致索比·斯蒂芬,1897年3月27日。

［20］1897年日记,4月18日(Berg)。

［21］MBk(附录),第84页。

［22］1897年日记,4月29日(Berg)。

［23］1897年日记,6月12日(Berg)。

［24］1897年日记,5月4日(Berg)。

［25］1897年日记,5月9日(Berg)。

［26］1897年日记,6月13日(Berg)。

［27］1897年日记,6月24日(Berg)。

［28］VB/MS II。

［29］1897年日记,7月17日(Berg)。

第四章　1897 年至 1904 年

　　斯蒂芬家的悲剧上演时,总少不了一队主要由女性朋友和亲戚组成的合唱团来助兴,读者恐怕已经留意到这一点。斯特拉去世时,这伙人证明自己完全配得上这样的场面;她们哭诉着说,除了她母亲以外,再没有这样完美的人了,这实在是一场悲剧,没有人比她更应该享有幸福了。悲恸和绝望成了普遍的主题,几乎成了一种责任;海伦·霍兰(Helen Holland,达克渥斯的一个亲戚)坚持要在斯特拉去世的房间里祈祷;表亲麦艾、米娜姨妈和玛丽姨妈哭个没完没了。其场面的恐怖(照孩子们看来已经够呛了)被想方设法地夸大了,包括那种葬仪的气氛。弗吉尼亚饱受着她所谓"可怕的哭丧者"的折磨。[1]她和瓦奈萨很高兴能逃到佩恩斯威克去,到牧师宅第那里去,虽然它俯瞰着一个拥有不少于九十九棵红豆杉的著名教堂墓地,在她们看来显然也要比海德公园门的阴暗和悲丧更让人愉快。

　　在跟她们一起去那里之前,不妨先凑近些,了解一下这个悲剧合唱团,或至少它的部分成员,还有弗吉尼亚开始交往的较年轻的一代人,这对我们也许会有所帮助。

　　表亲麦艾脾气乖戾、大块头,属于维多利亚时代的典型人物;她是朱莉娅的近亲,尽人皆知是一位家庭美德方面的模范人物。任何人的生日,她都会呈上适宜的礼品,也希望别人同样一丝不苟;万一哪个孩子忘了她的慈爱,表亲麦艾就会深受伤害,其程度是细致入微的。受伤是她的天赋之一。她收集并散布坏消息;热衷于通报疾病或死亡;只要哪里死了人,她就会殷勤地介入;她喜欢哀悼、哭泣、预示灾难。

　　朱莉娅前夫的姐姐米娜·达克渥斯姨妈会画水彩画;她是个富裕的女人,又老又胖,十分平庸,在任何方面都和朱莉娅的姐姐玛丽姨妈非常不一样,玛丽是赫伯特·菲希尔的妻子,生了七个儿子和四个女儿。"我妈是个圣徒,"她的长子 H.A.L.菲希尔宣称,"更无私、更脱俗的人还没出生呢。她终生为别人操劳,永久性地放弃了自己的安逸和舒适。"[2] 她的甥女们愿意赞成这一点,不过会添上某些限定条件。她们觉得自己的母亲也是一种圣徒;但她的圣洁没那么刻意。她们同样也会赞成这位杰出表兄的说法,就是玛丽姨妈是个大美人,那种美和她妹妹的美不相上下,却又有所不同。朱莉娅的脸庞是大方的、富有才智的、风趣的;玛丽有着伯恩-琼斯式的忧郁,她的五官更清晰些,她面部的表情是疲倦、阴暗的,几乎含有一种怨恨。和朱莉娅一样,玛丽也是英勇的;弗吉尼亚注意到了她的勇气,怀着这种勇气,筋疲力尽的她把家庭磨难的负累——它们是沉重的——扛在背上。可朱莉娅的勇敢中包含了温暖、快乐和微笑的达观,这是她所缺乏的。此外,她的感情稍微有点不纯净;她可能会以一种有损受惠者的方式来展示她的慷慨。

　　亲爱的弗吉尼亚,**你**一定已吃掉了最后一块蛋糕;是的,我特别喜欢这种蛋糕,这下子,明天喝茶时就什么茶点都没了;不过,能把它让给你,我感到特别荣幸。[3]

照瓦奈萨和弗吉尼亚的说法,这就是菲希尔的风格,而且,正如弗吉尼亚所言:"菲希尔们会让伊甸园都没法住人。"[4]

他们全家人经常去拜访布赖顿(菲希尔一家所在地),这种让人受不了的殷切成了一种巨大的考验,搞得两姐妹在许多年里都讨厌那个迷人的城镇。还有,玛丽姨妈自然是海德公园门的常客;她得打听、观察和盘诘;得了解这些没妈的甥女们的举止,如果照她的看法她们举止不妥,她必须行使做母亲的职权。她有着贪得无厌的好奇心,她的责备是精力充沛的。弗吉尼亚感到她不断地窥探和评头论足,不断地伸延她那些柔软、强韧、富有弹性的长触手,试图把她和瓦奈萨揽进她自己家庭的怀抱,吞没她们,使她们同化于菲希尔模式的行为、信仰和风格。

斯蒂芬这边的人一点也不比菲希尔们更受弗吉尼亚和瓦奈萨欢迎。卡罗琳·艾米莉娅姑姑和善但乏味;菲茨吉姆斯·斯蒂芬一家让人钦佩,可跟她们没有共同语言。菲茨吉姆斯的孀妻斯蒂芬夫人倒是不喜欢套近乎,但跟她们志趣不合;她的大女儿凯瑟琳也一样——她已经是纽汉学院①的副院长了。两个儿子赫伯特和哈里尽管总的来说喜欢挑剔,但明智地对她们保持着疏远态度。然而,其他三个女儿就令人讨厌了。尤其是最小的女儿多萝西娅(莱斯利颇喜欢她),她是海德公园门不受欢迎的常客。作为狂热好斗的高教会派国教教徒,她从不放弃向蒙昧堂妹们宣扬基督教义的任何机会。弗吉尼亚写到,"她

① 纽汉学院(Newnham College),剑桥大学下属女子学院。

无时不刻不在谈论,不是想要支持,而只是想要'是'或'不'的答案,你只有离开房间,她才会停下来。"[5]这些斯蒂芬姐妹们并不愚蠢,可是她们浮夸、荒谬、固执己见:"是这个世界上最粗劣的人,"瓦奈萨说,"她们坚持要宽恕我们,不管我们表现得多糟"[6];在弗吉尼亚看来,她们丑陋,黏糊糊,总之非常可恶。[7]

从菲希尔和斯蒂芬的堂表亲那里,弗吉尼亚能获得一些款待,但几乎得不到别的东西。姨妈阿德琳和亨利·哈尔弗德·沃恩撒下了一群孤儿,她和这些孩子的关系总的说来要愉快些。在这五个孩子中,学音乐的最小孩子埃玛似乎是弗吉尼亚的主要朋友和通信伙伴。她写给埃玛的许多信件被保留了下来;它们是生动的作品,充满了私人笑话和家里的飞短流长,一点不乏味,虽然它们描述的是一种相当单调的生活:希腊文课、社交邂逅、书籍装订(两人都有这嗜好)——这些就是弗吉尼亚和埃玛讨论的话题。她也给埃玛的姐姐玛格丽特写信;不过玛格丽特献身于为穷人效力的慈善工作,和她的关系远没有那么亲密。这个家里唯一的儿子是威廉·怀马;他的重要性就在于他会和玛奇结婚这件事,后者是约翰·阿丁顿·西蒙兹的女儿,弗吉尼亚七岁时,西蒙兹曾在海德公园门住过一个冬天,自那以后,他就被孩子们叫作"酋长"(The Chief)。

对于弗吉尼亚来说,玛奇想必是个传奇人物。她在瑞士的群山中自由自在地长大。她是个作家,对艺术有着热烈的兴趣——她有自己的伤心事。她父亲死于1893年,对她是沉重打击,她很能承受痛苦。可是她对生活的态度中也有一种孩子气的、让人吃惊和清新的东西。她是摩登的,喜好冒险且"具有审美趣味"——很大程度上是个九十年代的女孩,这一点肯定很吸引人;于是她自己也就很吸引人了。

弗吉尼亚其实爱上了她。她是第一个女性——在早年那些岁月里,弗吉尼亚对任何跟男性有关的事情都避而远之——第一个捕获她的心脏,使它跳得更快的人,实际上几乎使它停止了跳动,那个时候,她在海德公园门顶层的房间里手握水罐的把柄,对自己嚷嚷:"玛奇在这里;现在,她真的就在这个屋顶下。"[8]弗吉尼亚曾宣称,那一刻,她对玛奇的情感是她所感受过的最强烈的。※当然,这是一种非常纯洁、非常剧烈的激情——从"纯洁"这个词几乎所有意义上来说都是如此;十六岁的弗吉尼亚,尽管经历了乔治的亲吻和抚摸,就现代标准来说,还是简直难以置信地无知。就其真挚和无嫉妒心而言,这种感情也是纯洁的。这是一个较年幼的女孩对一个生机勃勃的较年长的女性所怀有的激情,而不是一种基于亲昵关系的激情。

跟埃玛之间的友谊和对玛奇的激情都是可贵的;在当时的家庭风暴里,它们提供了某种程度的宽慰和庇护,我们如今得回到那些苦恼中去了。

斯特拉的死并没有使弗吉尼亚的健康彻底崩溃;就像我们会看到的那样,她怕的不是跟灾难硬碰硬,而是在预期中设想它。其实她似乎颇有好转,总之,好到足以让她和瓦奈萨都花很大精力去处理一件事,即安慰杰克。弗吉尼亚这时目睹了一种(对她而言)新的悲哀——一个前景凄凉的男人的悲痛,除了一切事情之外,他还得忍受肉体之爱的丧失。他每个周末都来佩恩斯威克,在离开那里之后,为了讨他的欢心,她们去他父母家(即靠近卡莱尔〔Carlisle〕的科比城堡〔Corby Castle〕)住了一周。那幢房子非常壮观,设施豪华,杰克钓鲑鱼的伊甸河(Eden)也很美,环境很浪漫,在日记里,弗吉尼亚写道:

※　"弗[吉尼亚]对我谈了她早期的恋爱——玛奇·西蒙兹(Madge Symonds)是《戴洛维太太》中的萨莉(Sally)。"维·萨克维尔-韦斯特,《与弗吉尼亚·伍尔夫同游日记》(*Journal of Travel with VW*),1928 年 9 月 29 日。

极冗长的晚餐。每件事物都豪华且陌生。杰克闷闷不乐。老希尔斯傻乎乎的。希尔斯夫人讲个没完,让人很烦,苏珊[·卢辛顿]也喜欢唠叨,但很讨人喜欢。VS 和 AVS 是安静的、沮丧的……一切都是令人沮丧的、孤独的。究竟为什么我们要来这里?[9]

事实是,她们根本不喜欢希尔斯夫人,她显然也不喜欢她们。这里有一种工于心计的势利气氛,她们觉得很可憎。更糟的是,本以为会对杰克有所帮助和安慰的自我牺牲并没有达到目的,他似乎对她们正在为他做的事一无所知。她们回到伦敦,松了口气。在那里她们可以更好地帮助他;那个秋天,在新房子装修期间,他其实就住在海德公园门 22 号,甚至就是家里的一员。以这样的身份,他应该是目睹了接下来发生的离奇事。

评判接下来的事情时,我们得记住,在这些令人悲痛的服丧岁月里,莱斯利变得越来越孤独。耳聋和朋友的去世切断了他和社交界的联系。※ 他有垂头丧气的正当理由。不过这次杰克才是头号哀悼者,莱斯利直到葬礼快结束时才露面。他当然是悲痛的,可他的步态是灵活的,他的眼睛没有湿润。斯特拉是个和善、美好、可爱的姑娘,但她实际上并不是他的女儿。她是他的倚靠;而且在她去世之前,她就已经不再担当那个职位了。她已经从他那里被夺走了,而就像一个明智的人,一个哲学家那样,他已然接受了这样的局面。斯特拉的死当然是

※ 《陵书》最后的篇幅在很大程度上是一份亡故者名录:约翰·奥姆斯比(John Ormsby)、詹姆斯·戴克斯·坎贝尔、托马斯·休斯·乔治·杜莫里耶、葛尼太太(Mrs Gurney)、布鲁克菲尔德太太、F.W.吉布斯、詹姆斯·佩恩(James Payn)、亨利·塞奇威克(Henry Sidgwick)、乔治·史密斯、赫伯特·菲希尔——他们一个接一个地去世了,活下来的莱斯利越发感到孤单。

一件非常不幸的事;"可怜的男孩,"他喃喃道,一点没意识到自己引发的痛苦,"可怜的男孩,他看起来非常糟。"而杰克,听到自己被这样形容,大感窘迫,转移了话题。[10]不过他自己,哦,他能够承受这事,他有了一个新的倚靠——他的大女儿。

弗吉尼亚说,莱斯利竟然这样告诉瓦奈萨:"当他悲伤时,她也该悲伤;当她向他要支票时,他照例会生气,而她就该哭泣。"[11]然而,莱斯利养育了这样一个女儿,她正好拥有那些如果出现在儿子身上就会让他重视的品质,即诚实、勇敢、坚定、顽强;可为了满足要服侍的男人,女人毕竟该俯就于某些讨人喜欢的小技巧,该养成一种娇弱的风度,展现某种迷人的、柔顺的羞怯,在这样的女人身上,前面提到的美德就成了一种十足的非女性化的冒失和固执。弗吉尼亚还记得那些年里发生的一件事,它揭示了这个家庭和瓦奈萨的许多东西。某个夏日的傍晚,瓦奈萨、弗吉尼亚和艾德里安在花园里自得其乐地散着步,他们的父亲叫他们进来跟他一起玩惠斯特牌戏。他们不想玩那东西,过了让人内疚的很长一段时间之后,他们才去见他。他们发现莱斯利愁容惨淡,孤寂一人。"你们听见我叫你们了吗?"他问。[12]年幼的两个一声不吭,可是瓦奈萨承认她听到了。她当时就像一贯那样,表现出一种犀利的率直,弗吉尼亚觉得这种率直有时是可怕的,有时是逗人的。所以她比斯特拉有更好的武装,去对抗父亲的要求和袭击。

我觉得"袭击"并不是个过分的表达。无论如何,很难找到其他任何词去形容星期三下午的会面,那是核查每周账目的时间。瓦奈萨对这些账单负责,对每笔账都得做详尽、精细的解释,瓦奈萨的算术并不可靠,觉得这事在技术方面已经够难办的了。可是如果每周的账簿超出一定的金额,真正的麻烦就来了;然而,由于索菲毫不妥协地坚持她那种得体的铺张传统,他们几乎总是要超支的。于是莱斯利就被一种可怕的财政无保障感击垮了。他觉得自己被这个世界伤害了,他感到恐怖和委屈;他坚持应该有人体会和分担他的悲苦,于是他就大发雷霆了。

这种吵闹总是以哼唧和叹息开始,然后是愤怒的表示,接下来是真正可怕的咆哮狂怒的爆发,在此过程中,毫不夸张地,莱斯利捶打着自己的胸脯,哭泣着,声称他这样一个可怜的、垮掉的、丧亲的老人被无情地追逼到了绝路上。他们正在冲进尼亚加拉河①;他们将不得不躲到温布尔登(Wimbledon)的房子里去。"而你就站在那里像一块石头。你不同情我吗?你连一句要对我说的话都没有吗?"[13]因为瓦奈萨一声不吭地听着他这些话。"我一定是个令人恼火的年轻姑娘,"在后来的岁月里她反思道,"我只是等着,直到支票被签好。"[14]有时,在索菲的默许之下,账目会被伪造得让莱斯利心满意足,但这样的时候非常稀少。这种吵嚷几乎是每周的例行公事。最终莱斯利用他那可怜的颤抖的手签上支票,他始终扮演着(而且是高超地扮演着)那个被摧毁和被伤害的父亲的角色。

弗吉尼亚目睹了整件事,心中充满了沉默的愤慨。她的父亲怎么能够表现得这样野蛮?为什么他要把这些咆哮和尖叫留给他的女人?和男人在一起时,他的举止总是文雅、体贴和理智的,到了这种程度,以致当弗吉尼亚和姑姑卡罗琳·艾米莉娅向他的传记作者梅特兰暗示,莱斯利有时很难相处,梅特兰压根不相信这话。他反驳说,莱斯利是男人中最谦虚、最通情达理的人——他和同性别的人在一起时是这样的。但是他需要并期望获得女性的同情。瓦奈萨的过错就在于她

---

① "冲进尼亚加拉河"(shooting Niagara),出自托马斯·卡莱尔的小册子《冲进尼亚加拉河:然后呢?……》(*Shooting Niagara:And After?...*),指可怕、危险的事情。

对他没有同情心，这种过错恶化了局面，事情比朱莉娅和斯特拉在世时要糟糕得多。她会承担自己的职责；但仅此而已，她对职责的看法和莱斯利的全然不同。他要求的是完全的、自我抹灭的奉献，而这不是她乐意给予的。

令人不安之处在于，瓦奈萨童年时曾宣称她喜欢母亲更甚于父亲，如今这种声明硬化成了一种更确实的东西。作为长女，她已经注意到了朱莉娅和斯特拉先后为了满足莱斯利而牺牲自己的那种方式。她眼看着她们耗尽自己然后死去；她没打算赴她们的后尘。此外，瓦奈萨不仅比斯特拉更富有才智，更坚毅，而且也更自私；她那种艺术家的不屈的自我中心使她变得坚强。写生室里，在那片幸福的寂静中（它只会被碳条在纸上的柔和刮擦声打破），在那种埋头苦干和松节油营造的愉快氛围中，她能暂时享有一种生活，它跟海德公园门之间的距离一定是遥不可及的。因此她可以居住在这样一个世界里，形状和颜色，色调和轮廓，不同光照和布置下的物体之变化，只有这些问题才具有至高的重要性——这些事从没让海德公园门的其他居民伤过脑筋。莱斯利无疑对它们一无所知。他过去经常从阿尔卑斯高区（High Alps）的巅峰上远眺伦巴第①平原，却从不曾下山去拜访意大利。绘画对他来说根本毫无意义。弗吉尼亚的视野要比他开阔些，但是终其一生，她都对姐姐的艺术感到好奇、迷惑和满腹猜疑；那是一种离奇怪诞的玩意，而且因为她是个作家，她实际上要比瓦奈萨和父亲亲近得多。他们有共同的秘诀，共同的行话，她越来越清楚地意识到自己的天职，他俩之间产生了一种真正的投契。

然而，瓦奈萨的艺术是她的盾牌；她以一个处于困境但装备精良

①　伦巴第（Lombardy），意大利北部州名。

的战士的刚毅——在这些年里她吃了很多苦——面对逆境。此外,她还有一个盟友。杰克·希尔斯没有很好的理由去喜欢岳父,一个尽量设法拆散他们的婚姻,最后只是在哼唧中勉强表示同意的岳父。既然如此,事情在他看来想必是这样的,在那么冷酷地对斯特拉的死显得无动于衷的同时,莱斯利正冷静地着手开始剥削下一个牺牲品。在佩恩斯威克,他向两姐妹都说了心里话,两人都全心全意地安慰了他;不过他和瓦奈萨越走越近。她很愿意和他一起哀悼斯特拉的去世,在批评莱斯利的时候,他俩有着共同的话题。

接近 1897 年年底,弗吉尼亚的日记变得断断续续,1898 年 1 月,她最终放弃了它。自那之后,我们就没有足够的证据了。1898 年夏天,这家人去了新森林的林伍德,不过这个假期没留下太多记录。下一年,他们去了沃博伊斯的教区长宅第,这地方距戈德曼彻斯特①和那些斯蒂芬堂亲不远。弗吉尼亚在这里决定重新开始记日记。从许多方面来说,这都是一份让人恼火的文献。她此时选用了一种非常细的钢笔,这使她练出了一手纤微、细长,往往实质上难以分辨的笔迹,她还把这些日记粘贴在艾萨克·沃茨博士(Dr Isaac Watts)的《正确运用理性》(*Right Use of Reason*)※的书页上或书页之间。这样一来,整件事就成了在耐心和解读方面值得钦佩的锻炼。

这部沃博伊斯日记和 1897 年的日记大不相同。它更成人化,较有保留,也较不受个人情绪影响。几乎没提到房子里的其他居民,以及她父亲、瓦奈萨、索比、艾德里安和客人。她只描写那些最亲近圈子

---

① 沃博伊斯(Warboys)和戈德曼彻斯特(Godmanchester)都是英国地名。

※ 《正确运用理性》(*Logick/or/the right use of Reason/with a variety of rules to guard against error in the affairs of religion and human life as well as in the sciences*),作者:艾萨克·沃茨博士,伦敦,1786 年。因为对这本书的装订和版式感兴趣,弗吉尼亚在圣埃夫斯买了它:"其他书多半都太神圣了,不适合承担我盘算的亵渎行为。"

以外的人；例如当地的副牧师或她的斯蒂芬堂亲们；她描述了跟他们为伍的一场极恐怖的野餐，它是这本日记里写得最好的篇幅之一。不过她的主要目的是练习写作技艺。

　　……这片[云]的边缘被火光映亮——鲜明、炽烈地出现在东边，就像某把审判或复仇之剑——然而，当它触及背后的灰色天空时，那光亮的强度就熔化且暗淡了下去，所以它没有一个能被清晰界定的轮廓。[15]这是我曾观察过的诸多日落中的一次——在这次观察中，云彩的形状没有一条最不清晰或最不明确的边线——你找不到可以用铅笔去画一条直线的地方，并说"这条边线是这样的"，每件事物都是由不同的色度和光度构成——无边无际地融汇并混和在一起——足以让一个艺术家感到绝望！

　　这是日落的关键所在，不过……还有另一种灿烂，它其实出现在反照中，但是其本质在壮丽和完美方面并不比原初的更逊色……那个下午，灰色的云朵铁圈球①被撒布在天上——其中有一些在东南边聚集成了一片辽阔的云原——其他的则像孤独的冰山那样飘浮着。太阳在所有的云彩上都留下了正在消逝的亲吻的印记。冰山们闪耀着炽烈的浅绯红色；那片冰原[？]破裂成了精致的绯红云块，不过是一种看上去更精巧和优美的绯红，因为它的背景是松软、寒冷的灰色。66

　　这一切在十分钟之后就结束了——我们回到家中时，东边和西边已经迅速呈现夜色之黑暗——没有任何绯红的迹象，能彰显刚才的日落。

---

①　铁圈球(pall mall)，一种游戏，玩耍时用槌棒把一个木球击进悬挂的铁圈。

比较一下这篇罗斯金风格的记叙习作和一封以同样纤细笔迹写给表姐埃玛·沃恩的信,让人觉得很有趣。[16]

1899 年 8 月 12 日　　　　　　　　沃博伊斯教区长宅第

沃博伊斯

亨廷顿郡

（地址只要这么写就行了）

亲爱的蟾蜍:

今天上午我们收到了苏珊·卢辛顿的来信,她星期一大概十二点半到亨廷顿。我估计,我们中的某些人必须到那里去接她,这就意味着我们直到一点半才会回来——我不知道你什么时候到(如果真来的话),但是我们**期望**能和你一起共进午餐;因此让我说得扼要明确些;万一你到的时间远早于一点半,如果你到达的时候我们没有**都**来迎接你:恳请你千万别觉得受到了怠慢,而是要随心所欲——到撑船上去玩玩——喂喂海鸥——拜访一下赛马训练场——看看照片——还可以占领我们的卧室,东西随便用。我担心苏珊·卢辛顿会以某种方式打扰我们的下午,不过她肯定要打开行李,休息一下,写写信;另外她还是个可爱的人,能完美地弹竖琴。**某些**别的人——我该说就是蟾蜍们——肮脏的黏糊糊的爬行动物——**认为**她们也能弹奏——啊哼!

你看——亲爱的蟾蜍,这种天气的可怕低气压还没有影响到我的情绪。我怀疑你和玛妮[玛格丽特·沃恩]居心不轨,想让我们不开心。也许是你们太缺乏想象力,无精打采,没法感受这地方的美好。相信我的话,小蟾蜍,就我喜欢的程度而言,我住过的其他房子、花园或乡村连这里的一半都比不上——别把圣埃夫斯算在内。昨天我们骑脚踏车去了亨廷顿——拜访了我们的亲戚[斯蒂芬夫人和她全家]。回来时我们忘掉了自己所有的牵挂——（牵挂是很多的——奈萨和我各带着个网兜，里面装满了不停地磕碰我们膝盖的甜瓜），当我们凝视着——领会着——并渐渐溶入——那种天空。你只有住在这里才会看到那样的天空。我们不再是大地上的居民。我们真的是由云彩构成的。我们神秘莫测，恍惚如梦，在簧风琴上演奏着赋格曲。你读过你嫂子的《总督农庄》※吗？嗯，它在很大程度上描述了同一类乡村；你知道作为一个有着真正艺术家灵魂的人，她是多么陶醉于那片土地。能否欣赏费恩地区（Fen country），我将会把这一条作为今后交友的测试。我想阅读有关的书籍，整天为它写十四行。这是休养心灵和肉体，让人心满意足，出产糯马铃薯，以及享受一切生活乐趣的唯一土地。我就像一头爱冥想的奥尔德尼奶牛（Alderney cow）那样生长着。而有的人却觉得这地方乏味无趣！！！

　　这些话都是不由自主地从我嘴唇里说出来的。我本来只想说得简练、有条理。可怜的蟾蜍——当你来时我会问你——你读了我的信吗？你会承认你在路上已经读了一小段，而且你真心打算在回去的路上再读一点，你只不过在等待一个雨天去读完它。奥古斯塔※※※认为这对你的视力有害，玛妮已经发了电报说"禁止你读弗吉尼亚的信件"。今天下午我有点疯狂。这是我平生遇过的最热的一天；我读完了一整部长篇小说；从今天上午早餐时开始，下午四点读完。

67

　　※　指玛格丽特·西蒙兹（W.W.沃恩太太）的作品《在一个总督农庄度过的日子》（*Days Spent on a Doge's Farm*），1893 年。

　　※※　埃玛的姐姐，克罗夫特太太。

现在是喝茶的时间了。（［有两个词无法辨认］蟾蜍说）

我很抱歉写了这么长的一封信，不过我会用深黑的墨水写个摘要，弥补一下。

请代我向亲爱的玛妮以及我所有的外甥和外甥女致意。

你永远的公山羊。

一定要找点消息来告诉我们。我们想听点消息。

喔，十月，十月

但愿你已经**过去了**

［以一种大而清晰的字迹写道］这封信只是说，星期一上午我们得去接苏珊·卢辛顿，所以也许会让你久等，不过无论如何一定赶得上一点半的午餐；恳请你别感到拘束——别觉得自己受到了怠慢！剩下的再说吧。

急需有关某个人，还有一个**不知名的**家伙的消息。

你看出这封信比你的信要高明多少了吗？

尽管还有些女学生气的话，就其流畅、嘲弄、夸张以及想象力的迸发，这封信和她将来会写的那种信已经没什么两样了。那些还记得她的谈话的人将会辨认出某些措词的特征，以及谈吐中的某种躁急，这些东西显示了她在十七岁时就和那个他们认识的人已经非常相似了。从某种意义上来说，那时的她是早熟的，就其年龄来说显得老成，但是从另一方面来说，她在那个年龄很大程度上仍是个孩子，而且是个非常羞怯的孩子。她从巢穴边向外打量，怀着恐惧观望着巢下的落差，她姐姐那不走运的试飞增强了这种恐惧。

瓦奈萨已经进入社交界了，乔治负责将她带进社交圈；瓦奈萨压根不喜欢那一套，弗吉尼亚担心自己甚至会更糟。那是一种让人惊恐的前景,她觉得自己待在教室里要开心得多。在这里,随着健康的好转,她在学习希腊文和拉丁文方面都颇为积极。沃尔特·佩特①的妹妹克莱拉·佩特小姐※教她希腊文——"非常苍白、干瘪的",她这么描述她——然后是卡斯小姐来教。[17]珍妮特·卡斯是"仔细周到的";她注意到弗吉尼亚有种倾向,即抢着了解段落的意思,对语法和重音置之不理,在佩特小姐手下,弗吉尼亚已经养成了一种对语言非常马虎的态度。如今她不得不从头开始,重新学习语法。虽然(或正是由于)待人严格,卡斯小姐知道该怎样赢得弗吉尼亚的注意力甚至还包括她的尊敬。她争辩,也认真对待她学生的争辩;她自己不但对语言也对希腊人的理念有着强烈的兴趣;她对埃斯库罗斯和欧里庇德斯充满激情,认为他们对她自己的时代也是有意义的;所以那些课程就成了讨论课,弗吉尼亚想必从中获益匪浅。1901 年 7 月,弗吉尼亚写信给索比说自己正在读《特剌喀斯少女》②,而且已经读完了《安提戈涅》和《俄狄浦斯在科罗诺斯》。她和她的教师之间存在一些争论;她招惹过她,可是没能使卡斯小姐发脾气。不过,通过这些课程,她俩成了终身朋友。

索比如今已经在剑桥上学了,他在某种程度上也是她的老师,至少也是个智性的辩论对手;下面这段文字摘自弗吉尼亚 1901 年 11 月 5 日写给他的信件,可以让我们了解他们之间的讨论:

我写信的真正目的是忏悔——即收回我在弗里瑟姆和其他

①　沃尔特·佩特(Walter Pater,1839—1894),英国散文家、文学和艺术评论家、作家。
※　佩特小姐可能是《斯莱特的大头针没有针尖》(Slater's Pins Have No Points)中克瑞小姐的原型。该文被收录在 1943 年出版的《鬼屋》里。
②　《特剌喀斯少女》、《安提戈涅》和《俄狄浦斯在科罗诺斯》(Oedipus Coloneus)都是希腊三大悲剧戏剧家之一索福克勒斯的作品。

地方谈论某个伟大的——最伟大的——英国作家时说过的那一大堆**放肆的话**，我一直在读马洛，他给我留下的印象比我料想的要深刻得多，我读《辛白林》只是想看看伟大的威廉会不会没有我以为的那么了不起。但我彻底傻了眼！的的确确，我如今被归进了崇拜者的行列——尽管我还是觉得有点受压迫——被他的伟大所压迫，我猜想。我们见面时我想听听你的讲解；以便澄清一些关于戏剧的问题。我指的是角色。为什么他们不更人性化？伊摩琴和波塞摩斯——还有辛白林——我发现他们非我所能及。这是我作为女性在上层领域内的弱点吗？可是真的用把剪刀就能把他们裁剪出来——仅就其人性方面而言。当然他们说起话来真棒。我已经发现了这幕剧中（我想几乎是一切戏剧中）最好的台词。

伊摩琴说——想象你在一块石头上，这下又让我呆住了！——波塞摩斯回答说——像果实那样悬挂在那里，我的天，直到树枯死为止！这时如果还没有寒战沿着你的脊梁而下（哪怕你的冷松鸡和咖啡正吃到一半）——你就不是一个真正的莎士比亚迷！喔，亲爱的，喔，亲爱的——我正好有兴致谈论这些事情时，你搬去了剑桥，去那里扎根了。

明天我就要读到本·琼森了，但是我不像喜欢马洛那么喜欢他。我读了浮士德博士，还有爱德华二世——我觉得他们和伟人很接近——更有人性，我得说——不都是那种恢宏的悲剧。当然，莎士比亚戏剧中的那些小角色是有人性的；我的意思是超人**就是**超人，给我解释一下吧——还有为什么他的情节总是那些疯狂的事——马洛的要弱些；整体都要弱些，但也有一些非常"洪亮"（斯特雷奇的词语）的句子、台词和整场的戏——比如当爱德华死时……

　　她提到的斯特雷奇是索比的新朋友之一；看样子，他在三一学院遇到了一些极有意思的同学；斯特雷奇是个才子，一个毋庸置疑的天才；还有锡德尼-特纳，也是个天才，他白天整日睡觉，晚上通宵读书，浏览起米南德①来就像你我扫视报纸那样；伍尔夫，一个才智出众的古怪、疯狂的人；贝尔，写诗，懂绘画，骑马的姿势一流。索比觉得贝尔的马术几乎和锡德尼-特纳的博学一样有趣，因为他的世界观完全是讲求实际的；就像他父亲曾经是一个健壮的基督徒，所以他成了一个健壮的无神论者。知识分子喜欢索比，他也喜欢他们；不过，他和他们之间有着细微但可察觉的界线——他的绰号"哥特人"（The Goth）就表达了一种小小的亲切的不赞同；他比他们更传统些，也更保守一点，对他们来说，剑桥是令人振奋的，因为它是一个充斥着理念的地方，在他看来，它还是一个为特权青年的传统乐趣而设的剧场。所以，当知识分子考虑是否邀请他参加理性至上的半地下社团（即"使徒社"〔Apostles〕）时，他们（难免要经过一番反省和犹豫）得出结论，他并不是真的具有使徒的品质；他和贝尔意气相投，更甚于和那些"教友们"（Bretheren）②——而贝尔曾邀请埃德娜·梅③到三一学院他的房间里共进午餐，骑马去纽马克特（Newmarket），不但研究 G.E.穆尔，也研究瑟蒂斯④的作品。

70

―――――――――

①　米南德（Menander，342—292BC），希腊雅典剧作家。

②　这里指"使徒社"成员。

③　埃德娜·梅（Edna May，1878—1948），美国著名女演员、歌手。

④　G.E.穆尔（George Edward Moore，1873—1958），英国哲学家、伦理学家、曾任剑桥大学哲学教授（1925—1939）；瑟蒂斯（Robert Smith Surtees，1803—1864），英国滑稽小说家。

不可否认，剑桥在当时是一片保留给男性的地盘，除了羞答答地难得过来一趟，他们的姐妹几乎不可能进入这片地盘；不过，一个像索比这样十足男性化的观察者口里的剑桥，原本会让女性主义者觉得颇为挑衅和难以忍受。这想必激起了弗吉尼亚的严肃思考。她和姐姐上午可以学希腊文或照着石膏像画画；可下午和晚上，她们就要去做那些家里男人认为该做的事，即照料房子，主持茶会、交谈，殷勤招呼乔治、杰拉尔德和**他们的**朋友们，客气对待米娜姨妈、玛丽姨妈、安妮姨妈、表亲麦艾、斯蒂芬夫人和莱斯利的所有朋友及仰慕者。崇高的智性冒险和自由是属于索比的，稍后，艾德里安也会有分，如果事情需要花钱（实际上正是这样），那么，为了儿子们的利益，她们这些女儿将会被牺牲掉。显然，儿子们注定要享用生活中最大最好的那份。

> 如今我找不到任何可以一起争论的人，我感到有这种需求。你每晚坐在火炉对面，抽着烟斗和斯特雷奇在一起，等等，你在这些情形下得到的东西，我不得不艰苦地独自通过钻研书籍来获取。难怪我缺乏知识。我肯定，没有什么比得上学者的谈论。我依然努力研究莎士比亚。我读了锡德尼·李①所写的传记……[18]

不过弗吉尼亚很清楚，锡德尼·李的莎士比亚传记代替不了利顿·斯特雷奇的谈话。她在以后的岁月里一直都认为自己没受过良好教育，觉得这是她的性别对她造成的伤害。这种社会分工上的根本不公注定会以一种完全不同的方式被揭示出来，而且是以一种沉重打

----

① 锡德尼·李（Sidney Lee，1859—1926），继莱斯利为《英国传记辞典》的编辑，《莎士比亚生平》的作者。

击了弗吉尼亚和瓦奈萨的方式。

索比在剑桥的第一年年底,全家去新森林的弗里瑟姆度了夏假,就在这地方,一天晚上,乔治在花园里把弗吉尼亚叫到一边,认真和她谈了瓦奈萨的事。他解释说,瓦奈萨正在干不明智的事。她和杰克·希尔斯见面实在太多了。这当然是冒失的,人们开始说闲话了。弗吉尼亚不能施展一下她的影响力吗?

对于正在发生的一切,弗吉尼亚或多或少并没有察觉。她的确注意到杰克和姐姐在一起的时间比和她在一起的时间要多。但是她没意识到瓦奈萨的同情已经转变成了一种更热烈的东西。她实际上认真地爱上了杰克,而他至少也不是不愿意接受这份爱的。

乔治发觉了这种局面中的讽刺意味吗?也许没有;他想必感到恐慌,这是很容易理解的,此外无疑还有某种忌妒。按照当时的法律——该法规在 1907 年被修改了——一个男人是不允许娶他的亡妻的姐妹的。为了使这种婚姻合法化,人们已经做了很多努力。国会下院经常通过本来会产生这种效果的议案,但是上院在主教们的驱使下,一直抵抗民选院的意志到 1896 年。那一年,有个动议被拿到他们这些贵族面前,其写法足以安抚众多的神职人员,它被通过了。可是首相索尔兹伯里勋爵投票反对它,无疑,由于他的影响,这动议从没有被送达下院。如果它被送达的话,这个故事就会大不一样了;讲故事的就会是别的某个人了。

所以,瓦奈萨·斯蒂芬和杰克·希尔斯的恋爱必然是有罪的。能指望的最好结局就是像霍尔曼·亨特夫妻①那样,出国去结婚——这种婚姻也许不太适合一个崭露头角、有着政治野心的年轻律师。结局

71

---

① 霍尔曼·亨特(Holman Hunt,1827—1910),英国拉斐尔前派画家。后文提到的《世界之光》是他有关基督题材的名画。

更可能是丢人现眼的。议会没有足够的批准时间,或一个首相有着自己的政治谋算,这些竟然能把一种无辜的热恋颠倒成有罪的爱,这似乎是一种官方道德的归谬法(reductio ad absurdem)。国会能使她成为一个正直的女性,这个事实让瓦奈萨(她对国会一向心存怀疑)提出了质问,即"正直"这个词的这种用法是否有很大意义。她循着自己艰难的个人的道路,得出了和索比那些朋友们非常相似的结论,他们主张美德不在于只是服从规矩,或对公认的传统持恭敬态度,而在于一个人的心智状态;她认定,自己的心智状态和威斯敏斯特的统一党的实力没什么关系。

可以想象,乔治从不曾考虑过这种事,就算考虑过,他也一点都不关心。他所知道的,他所需要知道的,就是"人们会说闲话"。他的利益将会受到影响,还会危及他的职业。他曾以为是一笔社交资产的这个同母异父妹妹——以她那样的容貌,她本可能俘获一位公爵的幼子——将成为一笔灾难性的社交债务。不过,乔治无疑还有利己主义谋算之外的考虑。这种恋爱"不时髦",他既诚挚又热烈地崇拜着"时髦",从没想过要知道它到底会是什么玩意儿。那天晚上在弗里瑟姆,当他把弗吉尼亚叫到一边时,他无疑确信自己正在替道德和家庭,自然也是替瓦奈萨她自己的利益而操心。

被出乎意料地叫到一边的弗吉尼亚几乎不知道该说些什么,她感到非常震惊,老老实实地去了姐姐那里,结结巴巴地陈述了乔治的观点。"这么说你也站在他们那一边了,"这是瓦奈萨的回答;一个那么触动人的、那么苦涩的回答,同时又是那么有效,弗吉尼亚立刻发现自己是站在姐姐这边的,就像在她们所有的斗争中那样。[19]

反对的一方势力强大:乔治有许多盟友。不过必须指出,他们有一个显著的弱点;以他那足以为自己增添光彩的高尚精神,莱斯利对乔治的恳求置之不理,拒绝加入公共道德的队伍。照他的看法,瓦奈萨得自己决定这件事。可是在其他人看来,这事的前景实在不容乐观。弗吉尼亚可能已受到了成见的影响,在她看来杰克本人负有重要的责任;他鼓励了瓦奈萨,从她的善意中获取安慰,从没有想过她可能要为此付出的代价。他为人欠考虑,自私自利,表现出了那种男性的自我中心。不过,折磨瓦奈萨的人当然主要来自乔治小集团,多半是由往常那伙女性亲属们组成。玛丽·菲希尔——又是照弗吉尼亚的说法——尤其恶毒。她到了这种地步,以致瓦奈萨对这位姨妈避而不见,在街上遇到菲希尔家人也装作不认识。这种行为遭到了索比的责备。我们不知道他对这事了解多少——总的来说,他似乎对正发生在他姐姐身上的事情所知甚少——不过无论如何他知道姨妈该获得尊敬,以那种奥林匹斯神的镇静,并暗示了奥林匹斯神的雷霆之力,他宣布说他认为玛丽姨妈不该受到这样的待遇。索比站在权威的一边——男性权威;如果乔治想要女孩们去参加派对,她们就该去;如果莱斯利要求同情,那么女孩们就该表示同情。之所以会出现这样的态度,是因为索比和他的姐妹之间从来就不存在解释。性是禁忌,死者是禁忌,他们最重要的情感有一半属于禁忌;他们都太害羞了,没法把这些公开化。瓦奈萨那么热爱自己的弟弟,而且又太过矜持,不能就一个牵涉自己感情生活的问题进行争辩,她当时想必是绝望到了极点。

我们得设想所有这一切都发生在小规模交战和照旧的日常生活的背景下。1897 年到 1904 年之间,海德公园门 22 号的生活应该差不多是这副样子:一早起来,瓦奈萨就骑着乔治送给她的马往返女士里①走上一圈。早餐开始于八点半,先是瓦奈萨和杰拉尔德,然后是莱

---

① 女士里(Ladies' Mile),英国布赖顿地区的街名,十九世纪末,人们流行在那个地带循环练习骑马。

斯利和艾德里安,后者上学常迟到——忘了一半的装备,前者因为没收到信而哼哼唧唧(所有人都忘了我)或对着一张巴克斯百货公司(Barkers)的账单咆哮(我们要破产了)。[20]接着瓦奈萨会走进地下室(那里几乎一片漆黑),和索菲见面,安排一天的膳食。然后她穿着一袭长衣,戴着松软的大帽子骑着脚踏车去考柏先生艺术学校,或后来的皇家艺术学院(1902年,领先于她的朋友们,她从古代艺术升级进入写生室)。杰拉尔德要去自己于1898年创办的出版公司,也许会用自己的双座小马车顺道带她去东边——他有一辆常备的小马车。乔治和弗吉尼亚随后会下来,乔治为了伦敦生活的虚假风雅全副武装了起来,一副华丽、纯洁、无瑕的派头;在离家去做查尔斯·布斯或奥斯丁·张伯伦①的不支薪秘书之前,如果可能的话,他会描述一番昨晚社交场合上的胜利,用以吸引弗吉尼亚。莱斯利会回到自己的书房,整个上午都待在那里。当乔治停止饶舌,走了之后,弗吉尼亚也会上楼和利德尔、司各特②一起对付索福克勒斯或欧里庇德斯,要么就写信和散文。她在屋子顶层以前的保育室里做这些事。在这里她积聚了大量的书籍,有时也在这里接见朋友或老师——珍妮特·卡斯或沃恩家的几个女孩之一。这屋子有着白色的墙和明蓝色的窗帘。她工作的方式是不同寻常的。她有一张三英尺六英寸高的斜面桌子;这桌子太高了,她不得不站着工作。对于这种奇特的工作方式,她提出了各种各样的理由,不过看来她主要的动机是出于一件事:跟许多画家一

---

① 查尔斯·布斯(Charles Booth,1840—1916),英国社会学家,关心平民生活,他的《伦敦人民的生活与劳动》被视为该类社会调查中最全面、最科学的之一;奥斯丁·张伯伦(Austen Chamberlain,1863—1937),英国政治家,英国首相阿瑟·张伯伦的哥哥,1925年曾获诺贝尔和平奖。

② 指《利德尔—司各特之希腊—英语词典》,由利德尔(Henry George Liddell,1811—1898)和司各特(Robert Scott,1811—1887)等人编纂的标准希腊文英语词典。

样,为了能退后并观察自己的画布,瓦奈萨站着工作。这让弗吉尼亚觉得自己的职业可能看起来没有姐姐的那么艰辛,除非她在同样的基础上做事,所以好多年里她就站在这张古怪的桌子前,以一种毫无必要的方式磨炼自己。※

和瓦奈萨一样,弗吉尼亚在穿着上一向对时尚毫不关心,她是两人中间更邋遢的那个;十点到下午一点可以对上流社会置之不理。午餐后——莱斯利的午餐总是一块羊排——社交上的要求可能会变得比较急迫,到了四点半,这种要求就不容忽视了,因为前厅里要举办茶会,在海德公园门,折叠门将前厅和后边分隔开来。在这间屋子里,斯蒂芬女孩们可能会招待汉弗莱·沃德太太、C.B.克拉克先生(C.B. Clarke)和 F.W.吉布斯先生,还代表较年轻的一代招待马克西太太和她的妹妹苏珊·卢辛顿小姐,以及马辛伯德小姐们、斯蒂尔曼小姐们(the Miss Stillmans)和罗纳德·诺曼先生——所有这些人后来都被艾德里安叫作"海德公园门人"(Hyde Park Gaters),包括弗莱什菲尔德家(Freshfields)、布斯家(Booths)、普罗瑟罗家(Protheroes)、波洛克家(Pollocks)、克赖顿家(Greightons)和里奇家(Ritchies)。[21]这些家庭是中产阶级在社交和智性方面都值得尊敬的代表,他们中许多人都是有名望的或跟名人有关系,很多人是斯蒂芬家在肯辛顿的邻居,曾经是莱斯利和朱莉娅的朋友。这代人想当然地认为他们的孩子也会成为朋友。也许还有姑姨和堂表亲,对他们也得妥善款待。得找到适当的人对着莱斯利的助听器吼叫那些适当的话题,年轻女士们此时不得不做出这副样子,她们必须营造适宜的闲聊。她们学会了这种技巧,从没有把它彻底丢掉——也就是说和蔼待客,留意让客人感到愉快,提

74

※ "终其余生都是这样。"霍尔罗伊德在《利顿·斯特雷奇传》(第一卷,第 404 页)中说;这无疑是种夸张——可能是直到 1912 年为止。

供适宜的社交佐料的技艺——实际上就是讨人喜欢的技艺。后来,弗吉尼亚认为它已经有点渗入她的墨水——不是在她写小说时,而是在她写评论时。她感到自己在这方面太文雅,太像年轻女士了,总之太恭顺了。

这种任务并不简单。莱斯利是个社交场上的麻烦。他可能是逗人的,有时喜欢沉浸于往事;但他容易感到厌倦,当他感到厌倦时,他就会自言自语地哼唧起来。实际上,莱斯利的哼唧是海德公园门较令人沮丧的现象之一。他会为丧亲而绝望地哼唧;会为了银行的存款余额哼唧,据说有人听见,一天晚上,他一边缓慢地爬楼梯,一边在每一级楼梯上哼唧,并大声地嚷嚷:"为什么我的胡须不长了? 为什么我的胡须不长了?"[22]

不过,莱斯利在茶会上的哼唧往往是一种糟得多的事情的前奏。莱斯利耳聋到了足以听不见或假装听不见自己的自言自语。

"那个年轻人为什么不走?"[23]他会突然用一种举座皆能听见的嗓门询问。还有,当他的老朋友弗雷德里克·威茅斯·吉布斯(Frederick Waymouth Gibbs)花了大约二十分钟讲了一大堆有关加拿大自治领的消息时,莱斯利会发出一阵巨大的哼唧,以一种震耳欲聋的耳语说:"噢,吉布斯,你是个多么乏味的家伙。"[24]接着,某个年轻女性——多半是基蒂·马克西(因为她对社交技艺了如指掌)——就得对忿忿不平(但确实让人讨厌)的吉布斯先生好言相哄,殷勤奉承,使他再次高兴起来。

白天总是排满了各种社交安排;设法让莱斯利不必跟不受欢迎的拜访者见面,确保有人拜访时该在场的人会在场,应付各种各样的讨厌鬼,比如玛丽姨妈、表亲麦艾等。解决了茶会上的社交难题之后,还得设法对付晚间那种危险得多的事。无论他们面前的夜晚多么安静,晚餐前全家人都得去更衣。达克渥斯兄弟不用说,个个都打扮得无可挑剔;可是尽管收到了那些礼物,年轻女士们还是没法像样地打扮自己。这指的是要让乔治觉得像样,他会用军士长审查新兵那种犀利、无情的目光检视他的同母异父妹妹们。如果他察觉到哪怕最小程度对"端庄得体"(照他的理解)的违悖,比如弗吉尼亚想出了一个用廉价绿布料做晚礼服的妙主意,他就会用简略、残忍的刻薄话来表达自己的不快。然后,晚上再迟些时候,莱斯利就会回书房(他已经在那里度过了茶会和晚餐之间的空隙),去读霍布斯或边沁,去抽那些数不清的黏土烟斗(每个新的都只用一次※,所以第二天早上,他的火炉围栏边散落着它们的破碎残骸),而乔治则带着妹妹们出门去参加上流社会的活动。

乔治对瓦奈萨极为失望;她似乎是铁了心要毁掉自己生活中的机会。她爱上了不该爱的人,而当他乔治把礼物倒进她的裙兜时,她却不可理喻地表示抗议。一个头脑清楚的女孩(尤其是一个每年只有五十英镑零花钱的女孩)怎么可能抱怨有人送她扇子、项链、服饰、鲜花、为罗顿道(the Row)①而备的阿拉伯牝马以及来自伦敦一半望族的邀请呢? 可瓦奈萨确实抱怨了,虽然起初她的抗议可能是无声的。其实,原先她的确喜欢被带去跳舞,即使她还在服斯特拉的丧——穿着非常漂亮的精制丧服;但是很快她的情绪就变了,虽然喜欢漂亮衣服,她开始望着自己的夜礼服就像一个悔罪的人望着自己的白布。② 她害羞、笨拙、天性缄默;她舞跳得很糟;不过即便她交谈和跳舞都很自如,

76

　　※　烟草是一种男性的特权。瓦奈萨和弗吉尼亚被禁止当着她们父亲的面抽烟。一次,当一位女客点燃一支烟时,莱斯利粗鲁地告诉她,他的客厅不是酒吧间。MH/A 5。也参见:VW,《散文选》,第四卷,第 79 页。

　　①　这里应该指的是海德公园的罗顿道(Rotten Row),那里有长达四英里的马道。

　　②　英国教会有这样的传统,忏悔的人站在白布上公开悔过。

她也会觉得乔治的朋友们都极其让人厌烦。乔治周旋于沉闷的上流社会;可瓦奈萨发现自己不仅和这些人无话可说,更糟糕的是,她发现乔治本人就是个讨厌鬼。他只要露面就能毁掉一次派对;当瓦奈萨和自己喜欢的老朋友聚餐时,他不但能够而且也确实破坏了这样的晚上,餐后,他会在没受邀请的情况下出现,客套起来,直到该护送他妹妹回家为止。其实,对他来说,派对不是为了乐趣而设;带他妹妹们出来不是为了让她们开心,而是为了从事她们的职业,即找丈夫的重要职业;他在那里是评判女孩们是否优雅的裁决人,一个审查员和一个监护人;每一项娱乐都会被视作是一种考核,他将以无情的严肃态度来评判她们的表现。她们所见的人也许不讨她们喜欢,那没关系;这些人是"该见的"人,和他们见面是一种职责。

很快瓦奈萨就开始反抗了。每个新邀请都带来一场斗争。乔治会恳求再三,有时他竟会突然哭起来,如果还不行的话他就会生气,会动员家人——玛丽·菲希尔姨妈总是一个坚定的盟友——而家人们就会大声、生气且重复地表示不能理解瓦奈萨为什么会这么傻,这么顽固,这么不像个女孩,这么彻底地忘恩负义,以致会拒绝乔治的慷慨。甚至当瓦奈萨自以为已经脱了身,她都会发现乔治偷偷收下了给她的邀请,于是她被迫又要忍受一个晚上或周末的痛苦和恼怒。

大约在 1900 年,瓦奈萨的反抗变得那么烦人,于是,乔治决定最好还是在弗吉尼亚身上碰碰运气。他给了她一枚胸针,告诉她瓦奈萨那么不近人情,他在家里待不下去了,而且——与其说是明说,不如说是充满感情地暗示——他将会去妓女的怀抱中寻求安慰。要想把他从这样可怕的命运中解救出来,弗吉尼亚就要做一个好妹妹,大胆涉足上流社会。弗吉尼亚已经去过三一学院的舞会,发觉它十分有趣(索比朋友贝尔的在场使它更为出色),她想也许瓦奈萨的抱怨是夸张的,于是没费多少唇舌就应了下来。

　　她很快就发现了自己的错误:瓦奈萨曾感到厌烦;**她**则感到恐惧。毕竟这过程也没多长,因为她无法忍受陌生人的陪伴;如今,面对"上流社会"中极无趣的那部分人,她发现虽然斯特拉教过自己,她还是压根没法优雅地跳舞,也不可能在舞场上谈笑风生。她经历了那些窘迫的苦恼,以及痛苦的羞辱夜晚,因为她找不到舞伴,还有那些陷入僵局的毫无意义的闲谈,它们使得她面红耳赤,无言以对。※

　　　　……事情真相是,就像我们经常彼此提醒的那样,我们是失败者。真的,我们没法在社交圈里一鸣惊人。我不知道该怎样做到这一点。我们是不受欢迎的——我们坐在角落里,就像渴望葬礼的职业送葬人。不过,生活中还有更重要的事——就我听到的而言,下次不会有人邀请我跳舞了……[25]

　　尽管怀有社交上的野心,乔治实际上是个笨手笨脚的人,他有点使事情变得更糟了。当他说服瓦奈萨和他一起去张伯伦家度周末时,他们弄错了时间,还来到了仆人的入口。弗吉尼亚记得有一个晚上还出了更大的纰漏。

　　那次,乔治带着弗吉尼亚一个人去和卡纳玟伯爵的遗孀以及她姐姐利特尔科特的波帕姆太太(Mrs Popham of Littlecote)共餐,先是宴会,然后是上剧院。那个晚上起初进行得很顺利;两位女士看来都是和蔼的,弗吉尼亚觉得受到了说话的鼓励。实际上她开始自信并随心

　　※　四分之一个世纪之后,她写道:"天气热起来,惹起我对宴会和乔治·达克渥斯那种难以言说的不快记忆;当我坐在巴士顶层路过公园径,想起阿瑟·罗素夫人等等,一种恐怖甚至到今天还萦绕着我。我变得对什么都提不起兴趣来了……"AWD(Berg),1926 年 5 月 25 日。

所欲地说起来。她说,人们应该理解那种表达自己情感的需求,这是必要的。卡纳玫夫人读过柏拉图吗? 如果读过,她就会记得……

在这一点上,弗吉尼亚说了些糟糕的、骇人听闻的话。我们永远都不会知道她说了些什么,也许她只是说得太多了;但她总会忘乎所以地把她的听众抛在脑后,而在二十世纪初的那些年里,柏拉图很容易被导向那些也许会吓坏卡纳玫夫人或波帕姆太太的话题,那些完全不适合年轻女性的话题。其实就像乔治后来在斥责弗吉尼亚时解释的那样:"她们不习惯**有自己见解的**年轻女性。"[26]无论她说了些什么,直到发现乔治由于窘迫而满脸通红,弗吉尼亚才意识到自己的过失。她们立即转向一个新话题,弗吉尼亚知道自己又失败了。

78　　不过这个彻底失败的夜晚还没到头。他们手上有去看法国演员的戏票。他们穿上大氅离开,弗吉尼亚还在因羞愧而发烫,不过她注意到,尽管波帕姆太太激动地挣扎着,乔治在大厅一根柱子后给了女主人一记多情的吻。接下来是看戏。起初弗吉尼亚这么苦恼,以致她几乎没注意到戏台上在演什么;此外,就她的听力而言,那种法国对话也太快了;不过剧情很快变得那么激动人心,迫使她提高了自己的注意力。一位绅士在满屋子追赶一位女士,他逼近她,她跌进一张沙发,他跳到她身上,同时解开自己的纽扣——幕布落下了。

卡纳玫夫人、波帕姆太太和乔治惊惶失措地站起身来;他们一起匆忙地撤退到街道上,护送着弗吉尼亚走在他们前面,在那里,女士们坐上布鲁厄姆轿车①走了。

乔治为弗吉尼亚无疑也为自己在社交上干的傻事(居然带妹妹来看这样的娱乐)而感到恼火,他坚持这个晚上的社交职责还没有完成。

---

① 布鲁厄姆轿车(brougham),一种早期的老式敞篷轿车。

他们乘上一辆双轮出租马车,去参加位于麦伯里路的霍尔曼·亨特家举办的晚间派对,在那里,他们发现众人环绕中的大师正在讲解《世界之光》(*The Light of the World*)的崇高之处,在巡游了大英帝国的主要城市之后,这幅画最近又回到他的画室。至少在那里,弗吉尼亚也许不觉得有举止不当的危险;不过好景不长。那天晚上,在她的卧室,她不得不再次抵抗乔治那热情的拥抱。

这件事可能有助于界定弗吉尼亚对这个时期自己和乔治之间关系的描述。她认为自己是乔治之社交野心的无力自卫的牺牲品;她被斥责和威逼,像只跛足的狗那样,被迫跳过他置放在她面前的任何杂耍铁圈。我想,这幅画面本身是很真实的;但它并不是全部画面。弗吉尼亚尊敬乔治的性别,她在他的权威面前不寒而栗,她察觉到自身的贫穷和他的富足;不过,她从没有软弱地表示过屈服。

在她还是个孩子的时候(我不知道她当时多大),她写了一篇《达克渥斯家史》(History of the Duckworths)。它已经失传了,不过第一段大概是这样的:

> 一天,当威廉·鲁弗斯(William Rufus)[①]在新森林狩猎时,他猎到了一只鸭子。它掉进了池塘的中央,没法拿到手;但是一个敏捷的小听差蹚着水追回了那只鸟。国王拔出他的剑,轻触那个小伙子的肩头,授予他封号曰:"听封,达克渥斯[②]爵士,汝的确值得上很多只鸭子。"[27]

---

①　即威廉二世(1056—1100),英国国王。

②　达克渥斯(Duckworth)这个名字在英文里是"鸭子"(duck)和"值……的"(worth)两个词的组合,这个故事是弗吉尼亚编来嘲笑达克渥斯家族的。

79　　　　乔治和杰拉尔德并不觉得好笑,可想而知,这一小段俏皮话(jeu d'esprit)是说来刺痛他们的。它略微表达了(不过并非不含恶意)弗吉尼亚对达克渥斯们的评价。她从很小就确信,遗传模式可能会给他们带来美貌,但并没有传给他们才智。就遗传而言,只有斯蒂芬家的人才继承到了犀利的智慧。嘲笑乔治和杰拉尔德是件轻而易举的事,弗吉尼亚不是个会放过这种机会的人;她的社交失态让她感到痛苦,不过意识到乔治为此甚至更痛苦,她可能会从中获得一些满足。有一次,在一场派对上,就在她向女主人告别时,她的衬裤滑了下来;她卷起所有衣物,尽最大努力拖着脚离去;不过,一回到海德公园门,发现乔治在家,她就来到客厅,对着他挥舞穿错的衣服。[28]乔治愤怒填膺,一声不吭。

　　　可她的痛苦也是十分真实的。她可以拿它们开玩笑,用它们奚落乔治;不过事实依旧,正如她所说的那样,她和瓦奈萨是"失败者"。在一篇写于这个时期的杂文里,她探讨了自己的失败,然后接下去思考了那些舞场上出类拔萃的男女的优点。[29]她尽量做到公正,否认了那种通常的观点,说社交成功人士的矫揉做作和十足的虚伪该受到谴责。它代表的是那种取悦别人并被别人取悦的欲望,归根结底,那并不是什么坏事;恰恰相反,在这种对风度的培养中存在着一种豪侠和善心。她似乎在说,葡萄并不是酸的。她还在给一位密友的信中写道:

　　　　上星期我参加了**两场舞会**,不过我认为,天意不可测地注定了我有其他的命运。艾德里安和我跳了华尔兹(在一支波尔卡舞曲中!),艾德里安说,他想象不出来,怎么会有人白痴到从跳舞中获得乐趣——我看到他们是怎么跳的,但是感到所有年轻女郎的处境是完全不同的——那是多么悲惨——为了能把舞跳得很棒,

我愿意付出我所有高深的希腊文，艾德里安也同样愿意为此付出
他的一切。[30]

　　不过，她在社交上也不总是失败的；虽然和乔治设想的方式不完全
一样，她也想获得成功。明知自己的才智和美貌都在常人之上，几乎没
有哪个女孩能彻底拒绝时髦社会（beau monde），弗吉尼亚发现自己就站
在这个社会的门口。它的大部分居民都是愚蠢的，对此她心知肚明；她
明白乔治理解的成功是一种相当沉闷的事情。她发现"上流社会"中的
许多东西都是她痛恨和畏惧的；不过其中也总有她喜爱的东西。成为众
星捧月的中心，认识那些大权在握的人，那些视某些优雅和特权为理所
当然的人，融入那个装饰性的、盛装的世界，听仆役长通报一个莎士比亚
在世时就已经很悠久的名字，她从来就不可能对这些东西无动于衷。她
其实是个浪漫的势利之徒。她从不容许这种东西扭曲其他价值，可它的
确在她生活中扮演了一个角色——一个相当重要的角色。她年轻时愿
意面对一个按等级和声望划分的世界，只要适合她的口味就好，瓦奈萨
也一样。她们需要的是一个向导，不是一个暴君而是一个朋友，不是一
个男人而是一个女人——一个机智、有想象力的和蔼女性，她能使梅费
尔①不再令人恐怖，让肯辛顿变得讨人喜欢。生活在社交圈里，为了社交
圈而生活，这样的人在某些方面无疑会有局限性，不过这些局限几乎被
超越了，以致在一个害羞、有才智的女孩看来，它们简直一点儿都不明
显。这样一个人可以担任上流社会的福音传道者，她简直能让人相信，
既世俗又脱俗是可以做到的。弗吉尼亚在写《远航》时曾尝试刻画这样
一个女性；她在《戴洛维夫人》中做了更深更广的试验。在现实生活里，

80

_____

　　①　梅费尔（Mayfair），伦敦西区高级住宅区，指伦敦上流社会；肯辛顿也是伦敦高级
区域。

她和瓦奈萨发现基蒂·马克西就是这个人。

基蒂·马克西未出嫁前是卢辛顿小姐;卢辛顿家在很多方面都和斯蒂芬家、朱莉娅家、印度、克拉珀姆、律师界以及拉斐尔前派诸人有着联系。弗农·卢辛顿太太(Mrs Vernon Lushington)曾是朱莉娅最重要的朋友,她认识斯蒂芬的孩子们已经很多年了。就是朱莉娅撮合了基蒂和利奥波德·马克西的婚姻,也许我们还记得,这事是在托兰德屋的铁线莲下敲定的。利奥·马克西是个病人,病到没法在他原本会乐于从事的政治生活中扮演一个活跃的角色;尽管如此,他是《国家评论》(*National Review*)的编辑。他是个不易相处的丈夫;他们没有孩子。[31]她很聪明,有着那种简洁、巧妙的机灵劲;她的蓝眼睛透过半闭的睫毛瞅着这个世界;她拥有迷人的,带着嘲讽意味的嗓音;站起来时腰板挺得笔直。※

从某种意义上来说,她接手了斯蒂芬家的女孩们。她感激并深深地依恋着朱莉娅;她对待朱莉娅女儿的态度是准母亲式的。作为长女,瓦奈萨在和上流社会打交道时最需要她的帮助,她十分精明、灵敏,哪怕瓦奈萨不告诉她,她也足以察觉,要想游览伦敦的社交圈,乔治并不是个理想的导游。出于美好的情感和善意的原则,斯特拉去世时,她表现出了真正的同情,提供了真正的帮助;那之后,她成了瓦奈萨最亲密的两个朋友之一(另一个是玛杰里·斯诺登,一个邋里邋遢、极较真的艺术学生)。

于是,在基蒂的帮助下,瓦奈萨以自己的方式打入了社交圈。

在这次游览中,弗吉尼亚落后得甚远。她觉得基蒂远比瓦奈萨更

※ 马克西太太无疑是戴洛维太太的原型,不过我想那部小说没提供(或没打算提供)一幅确切的肖像。认识马克西太太的戴维·塞西尔勋爵没看出任何酷似之处。当弗吉尼亚爱上自己的模特时,她会把其人描述得惟妙惟肖。她并不爱基蒂·马克西。

缺乏同情心;也许她有点嫉妒;不过她也察觉到了一种俗气的才智,一种她不喜欢的上了釉的光彩。她不断告诉自己,基蒂**是**个非常好的女人,然而,她遇见基蒂时却会往后退缩。不过她无疑获得了女性贵族圈的入场券,这圈子要安逸些,没那么自命不凡,而且和乔治常去的地方一样颇具魅力。巴思夫人、她的女儿比阿特丽斯和凯瑟琳·西尼(她嫁给了克罗默勋爵),还有她们的朋友罗伯特·塞西尔夫人,在弗吉尼亚看来,这些人不但拥有显贵的地位、美貌、轻松愉快的优雅风度,还具有一种懒散的异教徒的尊贵,一种令她着迷的天生的雅致;她经常见到她们,非常喜欢她们的社交圈;她去她们那里的领路人不是基蒂,而是一个她自己的朋友。

在介绍这段重要的友谊之前,值得一提的是,对斯蒂芬一家来说,1900 年、1901 年和 1902 年令人伤感地流逝了过去,不过没发生什么值得瞩目的事件。1900 年是瓦奈萨和杰克·希尔斯之间关系发生危机的一年;那之后,杰克似乎逐渐脱了身;总之这次恋爱渐渐枯萎了,可想而知,对两位当事人和弗吉尼亚来说都是让人痛苦的。乔治想必感到高兴,不过他自己的恋爱进展得不太顺利。他爱上了弗洛拉·罗素小姐,去向她求婚,为了给她留下深刻印象,他事先背下了《谷中之爱》①。这项记忆力方面的绝技达到了目的,于是他写信回家,宣布他的婚约。可以想象,这消息受到了热情的欢迎。弗吉尼亚发电报表示祝贺。"她是一个天使,"她写道,署名是自己惯用的绰号。抵达艾莱岛②的电报成了这样:她是一头老山羊。③[32] 它于事无补,不过似乎也

---

① 《谷中之爱》(*Love in the Valley*),英国作家梅雷迪思的诗作,梅雷迪思见第二章注释。

② 艾莱岛(Islay),苏格兰的一个小岛,可能当时乔治和弗洛拉正在那里度假。

③ 原电报应该是:She is an Angel. Goat(她是一个天使。山羊)。但是被错发成了:She is an Aged Goat(她是一头老山羊)。

82　不是婚约随即被解除的缘由。乔治垂头丧气,痛苦不堪地回来了,他上床去了,据说深受打击。

　　1902年,新王加冕①了,还分赠了大量的封位。莱斯利获得了高级巴思勋爵士。他似乎对接受这样的封勋感到有点勉强,但显然被孩子们(尤其是索比)逼着接受了下来。同一年早些时候,他生了场病,请教了弗雷德里克·特里夫斯爵士,他建议做个手术;我们不知道他到底说了些什么,不过莱斯利写道:"我认为这就等同于一个警告,说我的旅程快要到头了。"[33]其实他也许知道自己患了癌症。这一年年底,他给大儿子写信说:"我猜,他们已经向你解释了我的病情。我想他们并没有完全接受事实——这**是**一个事实——就是病情如今正在不断恶化之中。"[34]

　　那个夏天,全家又去了弗里瑟姆。这是他们第三次去那里。年轻人乐于在新森林里骑马,莱斯利爵士喜欢这个地方,虽然疾病使他没法远离屋子。在他们的拜访者中有克莱夫·贝尔,还有在弗吉尼亚看来更重要的维奥莱特·迪金森。

　　维奥莱特·迪金森是达克渥斯家的一个朋友,曾是斯特拉的密友;她成了一个贵格会教徒(Quaker),不过是一个有着贵族亲戚的贵格会教徒。她和伊登们(the Edens)是亲戚。莱斯利写道,"她唯一的缺陷就是身高六英尺②。"[35]他说,她"非常喜欢女孩们,她们整天和她在一起,没完没了地谈论文学和其他事——D小姐对我说了关于她俩的许多令人愉快的事情,大大称赞了吉尼亚的才智"。这种赞美是礼尚往来的,虽然很难说弗吉尼亚为什么会迷上维奥莱特。在这次拜访弗里瑟姆的过程中,当这种友谊还颇为新鲜时,弗吉尼亚试图用语言

---

①　指爱德华七世的加冕礼,维多利亚女王于1901年去世。
②　六英尺约等于一米八三。

来描述维奥莱特：

> 我们……带她去了她自己的房间，听任她掸掉自己风尘仆仆的肢体上的灰尘。她穿着飘逸如画的衣裳下来吃午餐——尽管那么高大，脸庞还长得有点滑稽，她把自己打扮得很有尊严。她始终穿着适宜、和谐的服饰——虽然她不隐瞒说这些衣服已经穿过不止一个季度了。说实话，她在许多方面都表现出了异乎寻常的坦率；总是说着、笑着，怀着一种极有朝气的热情投入一切正在进行的事情中。只有过了一段时间之后，才能对她的特征做出真正的评价——总之，知道她并不总是快活、欢欣鼓舞的——她也有沮丧和突然的矜持；不过的确，她总是一转眼又以一种快活的嗓音谈笑风生起来。她的诸多魅力就在于此——……※ 对于一个漫不经心的观察者来说，我想，她看来是那种很活泼、相当疯狂、冒失轻率的人——这种人在生活中的角色[会]是略微有点荒唐的、热心的，很可能让任何派对都变得红红火火。她的熟人圈子很广，多数是有土地有爵位的各种人士，她总是住在这些人的乡村别墅里——而且她似乎永远都受他们的欢迎。她三十七岁了——不自诩漂亮——她对自己的相貌十分清楚，也不向你做任何隐瞒——甚至故意笑着影射自己的灰白头发，把自己的脸挤压成最滑稽的鬼脸。不过一个止步于此的观察者，把她看成是一个机敏的有适应能力的中年妇女，在哪里都受欢迎，又在哪里都不是必不可少——这样一个观察者其实会是肤浅的。[36]

83

※　原稿此处有删节。

手稿到此为止,更确切地说,记载着这些东西的那张纸被裁短了。

弗吉尼亚写给维奥莱特的大量信件被保留了下来,现代读者从这些信件中可以清楚地看出,弗吉尼亚在恋爱,而且这种爱得到了回报,虽然弗吉尼亚自己压根就没意识到这一点。因为这是些充满热情的信件,迷人、有趣、让人尴尬,充满私人笑话和表示爱慕的言语,弗吉尼亚在这些信件里给自己起了绰号,想象自己是某种害羞的半野生的动物,一只被抚弄和珍爱的宠物;从这些话语中我试图推想出一幅收信人的画像。

她一定是个非常美好的女性,一个在幽默、才智和耐心方面具有天赋的女性。"你使我想起了卡莱尔夫人,"弗吉尼亚说,然后警告她,别冒险重蹈那个女士的命运,别太热心地追踪她的宠物。[37]我猜想,她吸引弗吉尼亚是由于她和她太不一样了;她具有一种开朗的男性的自信,一种愉快的沉着的冷静,她是一座巍峨、可靠的力量之塔。不过她想必还有某种更甚于力量的东西,一种心智和特性上的真正伟大。她会非常慷慨大度地接受嘲笑,给予同情、理解和爱。斯蒂芬家别的孩子也喜欢她,他们中没有哪个是愚蠢的,所有人都喜欢对别人评头论足。我猜想他们觉得她的看法适合他们的口味。她一向显得得体、亲切和明智。

和玛奇·沃恩一样,维奥莱特·迪金森满足了一种需求。她提供了同情心和稳定性,在这些东西被急需的时候。我认为她对弗吉尼亚的智性发展没有太大贡献。弗吉尼亚确实曾把手稿寄给她,指望得到批评(她也写了一种拿她朋友开玩笑的传记),不过我怀疑维奥莱特的批评(不同于她的鼓励)是否对她很重要。她的给予主要是精神上的,当其他更卓越的人进入弗吉尼亚的生活时,热情慢慢淡化成友善。应该把这种友谊看成是一种恋爱,我想它其实仅限于精神;这种恋爱在高潮期的时候(也就是说从 1902 年到 1907 年)是激烈的。

维奥莱特·迪金森的同情心遭受了考验。1902 年,当她到弗里瑟姆短住的时候,莱斯利爵士正在等待一个手术。十二月份,不能再拖下去了;他是否会熬过这一关看来是值得怀疑的,不过事实上他恢复得很好,好到足以让他的孩子们尽兴地庆祝圣诞,一月份,他回到了家中。可到了 1903 年 4 月,西顿医生和看护显然明白,疾病在扩散之中,病人肯定是活不长了。瓦奈萨得到了这个消息,她告诉了兄弟和妹妹,认为如果可能的话,最好还是别让莱斯利爵士知道。

特里夫斯给西顿报告中的"活不长"这个词做了更精确的限定,他五月份来看了病人,认为他还能活六个月。除了尽量让他死得轻松一些,他们没别的可做了。这是一段抑郁、让人不快的时期,但我想孩子中没有哪个比弗吉尼亚更受苦了。他们都感受到了某种爱和内疚。相比于别人,瓦奈萨更为成了孤儿而感到解脱——甚至高兴,她幻想自己在父亲死后负上了一种谋杀罪,即便没听说过弗洛伊德,她也意识到了其中的联系并迅速制止了这种幻想。索比无疑感到不安;不过以他那种乐天的性格,还有他那丰富、乐观的未来计划,这事不会是一种很大的打击,而艾德里安是很不喜欢他父亲的。可尽管父亲对瓦奈萨的举止让弗吉尼亚感到憎恨、恼怒和愤慨,她还是深爱他。她知道他不想死,因为他的孩子们总算长大成人了,他能够了解他们了,他们也明白他爱着他们。他想看看他们会发生些什么事。照他现在的情形,他不再可能是一个暴君,他的暴政也许会被人遗忘。在他和弗吉尼亚之间已经建立起了一种特殊的联结。她爱他,而就他来说,他有时对她怀有一种特别的温情。"吉尼亚一直对我很好,"他写道,"是我很大的安慰。"还有:"她会是非常迷人的。"[38] 所以她的感情的冲突是十分尖锐和痛苦的。

那个夏天,他们去了靠近索尔兹伯里的莱瑟汉普顿屋。莱斯利爵士还能走点路,弗吉尼亚带他去看了威尔顿(Wilton)和巨石阵(Stonehenge)。秋天,照例的女性吊慰者合唱队哭着来到了海德公园门。垂死的人对她们有点不耐烦。

> 来看望我的和蔼女士并不多,我担心她们都挺容易让我感到厌烦的。刚才就有一个在这里,说起话来非常快,直到为了赶走她,我不得不尽量显出疲惫的样子。[39]

卡罗琳·艾米莉娅来看望他,找不到话说。他显然感到厌倦,哼唧着,她狠狠地擤着鼻子,眼泪落下来,流淌过她松垂的双颊。基蒂·马克西露面了,神气活现地问为什么莱斯利这么久都不邀请她。“太时髦了。”这是弗吉尼亚的看法。[40]安妮姨妈是个常客;她的精神头极好,莱斯利很快就会再次恢复健康,她对此毫无怀疑;至少,有个观察者觉得她这种愉快的乐观主义其实是残酷的。[41]在川流不息的会见中,有这样一个镜头,一个绅士和一位女士安静地坐在客厅里,没有被相互引介。最后,绅士说:“我是亨利·詹姆斯。”“我是维奥莱特·迪金森。”女士回答,他们的交谈就这样结束了。[42]

不过,许多(简直太多了)人在向楼上那位耳聋和垂死的人道别之后,接着不得不向他的女儿们倾诉一番。她们哭泣,并坚持斯蒂芬家的女孩们应该和她们一起哭泣。似乎亲戚们比以前更多,也更喜欢哭了。“我已经花了三个上午,”弗吉尼亚宣称,“让她们握着我的手——汲取我的感情——很不成功。我知道她们是好人,可是仁慈的做法是,她们能把她们的美德、爱和其他等等都留给自己。”[43]“这场疾病,”她说,“揭示了人的本性会是什么模样——在多愁善感和徒劳无益方面。"她说。[44]而且弗吉尼亚不可能把这种反叛的情绪隐藏在心里。她和阿德琳表姨(贝德福德公爵夫人)决裂了,跟玛丽姨妈吵了起来,她们认为弗吉尼亚没有对亲戚尽到责任。总之,这段时期里,痛苦在增加,几乎让人无法忍受。"为什么他非死不可呢? 如果非死不可的话,为什么他不能死呢?"一般说来,这就是弗吉尼亚的情绪。在这幢房子里,死神并不是生客,然而,以前他从不是以一种如此不慌不忙的步态到来的。

莱斯利显然快要死了,过了一段时间之后,他显然想死,可死神还是没有到来。弗雷德里克·特里夫斯爵士说的六个月到头了。一个伤感的圣诞节后随即是一个阴郁的新年。圣诞前夕,莱斯利爵士曾试图坚持他每年的表演,就是背诵弥尔顿的《基督降生颂》(Ode on the Nativity)。他还记得这首诗,可太虚弱了,没法念出来。

一月份有个危险期,可甚至连危险期都是漫长的,直到 2 月 22 日,死亡才最终降临。

注释

[1] MH/A 6。

[2] H.A.L.菲希尔,《未完成的自传》,牛津,1940 年,第 15 页。

[3] 据传闻(VW)。

[4] VW 致埃玛·沃恩,[1903 年]8 月 30 日(MH)。

[5] VW 致索比·斯蒂芬,1897 年 12 月 5 日(CH)。

[6] VB/MS II。

[7] VW/ES,1931 年 5 月 18 日(Berg)。

[8] 据传闻(VW)。也参见 AWD(Berg),1921 年 6 月 2 日。

[9] 1897 年日记,9 月 25/26 日(Berg)。

[10] MH/A 5。

［11］MH/A 6。

［12］MH/A 6。

［13］MH/A 5。

［14］VB/MS II。

［15］沃博伊斯日记,1899 年 9 月 1 日(Berg)。

［16］弗吉尼亚致埃玛·沃恩(MH)。

［17］VW 致埃玛·沃恩,1900 年 10 月 23 日(MH)。

［18］VW 致索比·斯蒂芬,未注明日期[1903 年 5 月初](CH)。

［19］MH/A 5。

［20］MH/A 5。

［21］艾德里安·斯蒂芬致 VB,未注明日期[1941 年 4 月/5 月](CH)。

［22］据传闻(VB)。

［23］据传闻(VB);或者:"为什么他不能走? 为什么他不能走?"VW,《莱斯利·斯蒂芬》,见《文集》,1967 年,第四卷,第 78 页。

［24］MH/A 15。

［25］VW 致埃玛·沃恩,1901 年 8 月 8 日(MH)。

［26］MH/A 14。

［27］据传闻(VW)。

［28］VW/VD,1902 年 10 月 2 日(Berg)。

［29］"关于在社交圈获得成功的想法"见 HPG 日记,1903 年 7 月 15 日(Berg)。

［30］VW/VD,未注明日期[1902 年 12 月 27 日?](Berg)。

［31］VD/VB,1942 年 7 月 20 日(CH)。

［32］据传闻(VB)。她是一头老山羊。

［33］MBk(附录,1902 年 4 月 23 日),第 90 页。

［34］莱斯利·斯蒂芬致索比·斯蒂芬,1902 年 11 月 9 日。

［35］莱斯利·斯蒂芬致赫伯特·菲希尔太太,1902 年 9 月 14 日。

［36］MH/A 26;也参见《友谊画廊》(Berg)。

［37］VW/VD,1903 年 5 月 4 日(Berg)。

［38］莱斯利·斯蒂芬致赫伯特·菲希尔太太,1900 年 7 月 8 日;还有 1901 年 8 月 11 日;还有 VW/VD,1904 年［1 月 28 日］(Berg)。

［39］莱斯利·斯蒂芬致索比·斯蒂芬,1902 年 11 月 22 日。

［40］VW/VD,1903 年 5 月 14 日(CH)。

［41］据传闻(德斯蒙德·麦卡锡)。

［42］VD/VB,1942 年 5 月 14 日(CH)。

［43］VW/VD,未注明日期［1903 年 12 月?］(Berg)。

［44］VW/VD,1903 年 11 月 28 日(Berg)。

第五章 1904 年至 1906 年

87　　甚至在父亲还没有过世之前,斯蒂芬家的孩子们就已经一致决定要搬离海德公园门了。大家已经做好了准备,要彻底、永久性地搬迁他处;不过丧事甫结束,当务之急是逃离那幢黑暗的,太容易引起感想的丧屋。他们和乔治一起去了彭布罗克海岸的马诺比尔,那是一片荒芜之地,显然他们都喜欢它,因为他们将来还会重访这个地方。其实,弗吉尼亚后来的重访不是由于这地区能对她起到治疗作用,因为她当时并不开心,至少,在很多时间里是不开心的。当别人去捕鸟或观赏风景的时候,她开始写作,就在这时,她对自己想写的那种东西头一遭有了模糊的概念。※

　　可如今写作进行得并不顺利;什么事都不顺利;怎么可能顺利呢?她失去了自己的父亲,这件事在预想中似乎是可怕的,现在看来更是

　　※　"[在十六岁时]……我就知道了所有该知道的东西,我要写一本书——一本书——可什么书呢? 二十一岁,在马诺比尔,当我走在海边的沙丘上时,那种景象更清楚地出现在我脑海里。"AWD(Berg),1922 年 9 月 3 日。

悲惨到了令人心碎的地步。她非常确信他想活下去,而他和孩子们之间真正的、愉快的关系才刚刚开始。她对他从来就做得不够;他感到孤独,她从未告诉过他,她是多么珍视他。夜里,她梦见他再次复活,她能够把自己过去想说的一切都告诉他。他们出去散步的时候,她一直觉得,当他们回到家中,会发现他在等他们。他的过失都被忘掉了,他的和蔼、他的敏锐和他的才智却没有被忘掉。

　　所有这些引起了一种很自然的哀伤,还有一种负罪感,这种感情在我们所爱的人去世时并不少见;可其中还有别的东西——一种深深的恼怒。她被那些吊唁信,那些讣告惹火了——它们不得要领;它们没有把她父亲的真实形象说出来。她也被她的兄弟和姐姐,事实上还有她自己所激怒。"我纳闷我们怎么会这样下去,"她写道,"整天高兴得跟个蚂蚱似的。"[1]生气时,她只能给维奥莱特·迪金森和珍妮特·卡斯写信,告诉她们自己的一些感受(也没说很多)。就像她后来意识到的那样,她的悲痛是一种狂热的、病态的、让自己感到孤独和害怕的东西。通过对写作的尝试,就像自己后来所说的那样,她正在试图"向自己证明自己没什么不对劲的——我已经开始害怕自己有什么不对劲的了"。[2]

　　也许正是由于她的情形,斯蒂芬一家决心进行一次更彻底的变革。马诺比尔很美,可它缺乏消遣。杰拉尔德打算去威尼斯;维奥莱特·迪金森要去佛罗伦萨;他们决定也去意大利。耶稣受难日那天他们启航了;火车在一场暴风雪中途经圣哥达;不过在科摩看到了灿烂的阳光,历时两天的旅程结束之际,他们踏进了一叶贡多拉船。①

　　疲劳和烦恼是免不了的;汉弗莱·沃德一家也在列车上;杰拉尔

88

---

　　① 圣哥达(St Gotthard),瑞士著名的隘口,古代的商业要道;科摩(Como),意大利北部城市,有丝绸城之称;贡多拉船(gondola),威尼斯著名的小划船。

德有时脾气很坏;对于这样一种旅行来说,他不是个理想的同伴。※然后是他们忘了预订房间,要在半夜的威尼斯到处乱转,寻找一处下榻的地方。不过,弗吉尼亚以前几乎没去过比布伦(Boulogne)更远的地方,她感到吃惊和欣喜。有那么一两天,她,其实还包括他们所有人,都处于一种孩子气的惊讶和喜悦之中;他们几乎没法相信这个地方是真实存在的。

这种欢喜是短暂的;国外的旅行转移了注意力,但它也是磨炼脾气的。瓦奈萨肯定乐在其中,她发现了丁托列托①,对罗斯金吹毛求疵,总的说来,她对这片景色怀有一种弗吉尼亚无法分享的职业兴趣,然而,十天之后,就连她也想要离开威尼斯了;他们觉得被这个城市囚禁住了,渴望看到一些绿色的乡野。他们去了佛罗伦萨;在那里遇见一些老朋友——有他们喜欢的拉什珀尼一家(the Rasponis)——还有利特尔顿家(the Lytteltons)、汉弗莱·沃德家、卡纳玟家、普林塞普家,甚至包括米娜姨妈。到了这时,因为初见意大利而欢喜不已的弗吉尼亚正在清醒过来。※※而且这里有多得要命的德国人和"一个出没于旅馆的古怪种族——类似土地神的妇女,她们就像从黑暗里爬出来的怪物。一座旅馆就是一种黑洞穴"。[3]当然,也有能起到补偿作用的事物;不过比较一下瓦奈萨和弗吉尼亚的信件,似乎实际上没有姐姐不喜欢的东西,而妹妹却几乎什么都不中意。

89

※ "不知何故,杰拉尔德的形象从未构成我脑海里威尼斯近景的一部分。"VW 致维奥莱特·迪金森,[1904 年 3 月]。

① 丁托列托(Jacopo Robusti Tintoretto,1518—1594),意大利画家,文艺复兴晚期威尼斯画派的重要代表。

※※ "……我们的旅行没有愉快到让我们除了必需之外还想多玩玩的地步。在铁路、街道、商店、乞丐和许多习惯上,没有比这**更令人讨厌的**国家了。我亲爱的蟾蜍,一个体面的女性有时该去看什么?"VW 致埃玛·沃恩,1904 年 4 月 25 日。

维奥莱特·迪金森和他们在佛罗伦萨碰头,陪伴弗吉尼亚和瓦奈萨度过了一段日子,她显然受了不少气,他们也都一样;弗吉尼亚有过她所谓的"暴怒"。到了四月底,他们都启程回家了。他们在巴黎停留了一个星期,在那里遇到了比阿特丽斯·西尼。他们坐在咖啡店里,自以为大胆地抽着纸烟,跟两个年轻男性交谈着;他们是索比的朋友克莱夫·贝尔和**贝尔的**朋友凯利先生(即后来的皇家艺术院院长杰拉尔德·凯利爵士)。[4]这些人是令人钦佩的巴黎向导;他们去了沙龙①、白猫咖啡店(Chat Blanc),还有罗丹的工作室。事实上,他们非常满意地领略了巴黎的生活;可真正获得享受的人又是瓦奈萨。

我想,这也是当时正在酝酿的暴风雨的一部分。瓦奈萨已经获得了她想要的——她的自由。现在她可以画自己想画的东西,见自己愿意见的人,过自己喜欢过的生活,无疑还会照自己的愿望结婚。她摆脱了父亲带来的烦恼和他的坏脾气,那种兴高采烈是极其显然的。她明确、毫不含糊地感到欣喜,而弗吉尼亚被莱斯利爵士最后几个月漫长的病况搞得情绪紧张,筋疲力尽,恼怒不已,她仍然沉浸在内疚和伤心欲绝之中,觉得这事超出了她的忍耐范围。

我们不确定她是否出现了这些症状,比如头痛,心脏的突发性神经痉挛,日益察觉到自己的头脑有很不对劲的地方,虽然我们有理由这样认为。五月份,她感到非常渴望做事,一种会让她那不安宁的思维不停运转的重要、实在的工作。回到伦敦后,在埃玛过来借阅一些信件的那一天,弗吉尼亚几乎不知道自己在说些或做些什么。

在随后的崩溃中,她进入一段梦魇期,前几个月的症状达到了狂乱的地步。她对瓦奈萨的猜疑和对父亲的悲痛变得疯狂,她的看

---

① 沙龙(Salon),指一年一度的巴黎美术展览会或全法美术展览会。

护——她有三个看护——变成了魔鬼。她听到怂恿她去干傻事的声音；她相信这是饮食过度造成的，她需要保持饥饿。在这种紧急情况下，主要的负担就落到瓦奈萨肩上；不过维奥莱特·迪金森给了瓦奈萨很大帮助。她把弗吉尼亚带到自己在伯汉森林（Burnham Wood）的房子，就是在那里，她初次尝试自杀。她跳出了窗户，不过，那窗户到地面的距离不足以对她造成严重伤害。※也就是在此时，她躺在床上听见小鸟们在用希腊语唱歌，想象爱德华七世躲在杜鹃花丛里说着能说得出来的最脏的话。

她在疯狂中度过了整个夏天。直到九月初，她才能够离开伯汉森林，瘦弱、摇摇摆摆，不过神志清楚到可以和瓦奈萨和平共处了。那个夏天，斯蒂芬一家住在诺丁汉郡的泰沃斯（Teversal）。这时弗吉尼亚能写写短信、玩一点网球，还可以散步了。曾照顾过莱斯利爵士的看护切尔（Traill）照料着她，很快她就能和索比交流一点拉丁文了。她的理智恢复了，可她感受到了肉体上的疼痛——头痛和神经痛。

噢，我的维奥莱特，如果真有上帝，我该感谢他让我平安健全地熬过了过去六个月的苦难！你无法想象，如今对我来说，我生命中的每一分钟充满了怎样的极致喜悦，我唯一的祷告就是让我能活到七十岁。我确实觉得自己可以变得比祈祷之前更不自私，更少武断，对他人的麻烦有更好的理解。哀伤（就像现在我想到父亲时感受到的）是抚慰人心的、自然的，使生命更值得拥有，即

※ 有人认为弗吉尼亚在第一次崩溃时（即 1895 年）曾尝试过自杀。我找不到相关证据；不过在 1904 年之前，她就对自毁的想法感兴趣，这一点似乎很有可能，她在维多利亚女王葬礼上对杰克·希尔斯说的话就是明证："杰克，你觉得我会自杀吗？"（摘自希尔斯夫人的访谈录）

便这生命变得更悲戚。我无法形容在这段时间里你对我来说意味着什么——首先,你不会相信——不过如果友爱是有价值的话,你拥有并将永远拥有我的这份友爱。[5]

她写给维奥莱特·迪金森的信是乐观的——过于乐观了;她急不可耐地重新开始写作,认为自己比实际上更彻底地痊愈了。作为她的专门医师和家里的老朋友,萨维奇医生坚持她应该过安静的生活,如果可能的话,还应该离开伦敦。十月份,斯蒂芬一家回到海德公园门,开始为搬家做准备,大家觉得不该让弗吉尼亚参与这种迁徙的混乱。所以她就去和住在剑桥的姑姑卡罗琳·艾米莉娅同住了。在这里她能看到还在三一学院的艾德里安(索比在那个夏天已经毕业了),周遭的环境是足够安静的,因为"贵格会教徒"或"修女"(弗吉尼亚这样称呼姑姑)在她那幢叫"走廊"(The Porch)的小房子里过着一种平静的慈善生涯。

此外,在剑桥,弗吉尼亚能找到一份自己胜任的有用且有镇定疗效的工作。历史学家 F.W.梅特兰属于曾经和斯蒂芬一家待在圣埃夫斯的年轻人之一;他娶了弗吉尼亚的表姐弗洛伦斯·菲希尔;莱斯利爵士喜欢他,曾要求应该由梅特兰来写他的传记,万一需要一部"生平"的话。弗吉尼亚来到剑桥的时候,他已经在写这部传记了;有些信件他认为在自己过目之前应该先让弗吉尼亚读读——主要是她父母之间的情书——她得做筛选和备份。另外,他请她就莱斯利和孩子们之间的关系写上几页;这是她的东西第一次付诸发表。几乎可以肯定,她也为随后的几个段落提供了资料,这些段落是关于莱斯利在教育和家务管理方面所犯的错误,梅特兰体贴、小心地提到这些,并以这样的综述作为结论——它无疑表达了弗吉尼亚的看法——就是他最后全心全意地体会到了对孩子们的爱,并表达了这一点。

　　杰克·希尔斯对此提出了自己的意见;他担心弗吉尼亚在选择材料上会考虑不周;他以姐夫和律师那种审慎的权威给她写了信。弗吉尼亚的反应是强烈的。"对于跟父母有关的微妙事情和需要保留的地方",她"比他更在乎一万倍";他过去对莱斯利从来就没有真正的了解或理解,而且如果他想提出批评和建议,他应该向梅特兰提出;他是——不过这话是跟维奥莱特·迪金森说的——"一个可鄙的只知道应付官样文书的科班小律师","对于一本书应该是什么样子,他并不比对面田野里那头肥母牛知道得更多"。[6]瓦奈萨其实是赞同她的,不过当然,在和杰克有关的问题上她是软弱的,所以她站在了他那一边。这不是她和瓦奈萨唯一的一次争吵,因为两星期之后,弗吉尼亚在剑桥变得难以控制起来;为什么她不能回到自己家中那个属于自己的房间去呢? 医生也许会不允许,可根据她的经验,医生总是错的;他们能推测你的疾病,但没法治愈你。在剑桥这里,她一直睡不好;那位贵格会教徒搞得她心烦意乱,她的家庭理解并能体谅她的神经质,而一个贵格会教徒姑姑却做不到。可瓦奈萨的看法是让人恼火的,她认为医嘱就是医嘱,它必须得到遵守;不幸,她还补充了一句,或弗吉尼亚使自己相信她补充了一句,大意是,没有人会太在乎弗吉尼亚待在剑桥还是伦敦。这当然不会使事态好转。

92　　　最后,大家达成了一个妥协:弗吉尼亚回戈登广场的新家住十天,然后去约克郡的津格尔斯威克学校,她的表兄威尔·沃恩现在是那所学校的校长。瓦奈萨写信给玛奇·沃恩说:

> 　　如今,她的确状态很好——除了睡眠不太好之外——从某些方面来说,她总想做太多的事情……她不该走得太远,或太长时

间一个人待着……现在上午开始写作之前,她会独自出去散步半小时……然后午餐前她会再出去独自走上半小时——不过下午她颇想跟别人一起出去散步。当然,如果有时她能和孩子们一起去散步,这会大有好处。她上床很早,我想就和你一样,在其他一切方面,她的所作所为是绝对正常的。[7]

弗吉尼亚带着一种好奇心审视着沃恩一家。她的第一印象是威尔根本配不上玛奇。他专横,非常守旧。他总担心弗吉尼亚会引起玛奇对"病态"主题的兴趣;她还给孩子们讲那些即便不能确切说是"病态的",至少也被认为不适合安息日的故事,安息日是专门用来读那些训诫性的令人生厌的"周日读物"的。玛奇不得不操持一个母亲和一位校长妻子的所有杂务;她自己作为写作者的任务理所当然被搁在了第二位。弗吉尼亚一度改变了这种看法——这注定是她一向的风格——并在威尔身上发现了道德和夫妻方面的意想不到的品质;可她的最初印象成了她的最后观点,即玛奇又是一个为丈夫牺牲了自己的生活和天赋的女性。

玛奇喜欢弗吉尼亚,"相信她的天才",可她感觉到了弗吉尼亚的审视,对此颇为担忧。这次拜访之后,我们发现瓦奈萨写信去安抚她:

别担心我会引用你的话,当作"滑稽"例子——我知道你觉得我们都很喜欢批评人——不过我确实认为,我们并没有不公正地做出批评——还有,我们肯定没在别人背后笑话他们,而当面却对他们很热忱。所以永远别担心我们会议论你的"古怪念头"!吉尼亚只以最感激的语言向我提过你和威尔——我确实觉得,所幸的是,她一向懂得人们的真正优点。她太聪明了,没法不觉得许多人是讨厌鬼——我想,她经常喜欢大张旗鼓地表达自己的感想,这些感想虽然真实,却相当短暂——不过如果了解她的风格的话,就总能分清哪些是持久的,哪些会发生变化——我想我可以实话实说,我从没听她真的说过任何人坏话。所以我想那种批评是无关紧要的。每个有头脑的人在年轻时肯定都是富有批判性的。她一定会变得更宽容,即便是现在,在某种程度上,也是因为她对大多数事情都持有高标准。[8]

或许,玛奇并不觉得这封信真能抚慰人心。

对津格尔斯威克的拜访是难忘的,不仅因为弗吉尼亚有机会对一个她曾经爱慕并仍旧喜欢的人做更多的了解,还因为它为她的处女作提供了题材。※她在约克郡参观了哈沃斯牧师住宅①,写了一篇相关报道寄给了《卫报》,这是伦敦一家面向神职阅读群体的周报;其中的妇女副刊的编辑利特尔顿太太是维奥莱特·迪金森的朋友。[9]弗吉尼亚觉得自己该挣点钱,即便只是为了弥补她的疾病导致的部分开销,她写得不会比《卫报》的大多数评论家更差,对此她颇为自信,虽然她承认自己还得学习一种为报纸写作的窍门。

感谢维奥莱特·迪金森的最初引荐和不断鼓励,《卫报》成了弗吉尼亚发表早期报刊习作的相当固定的渠道。她长久以来都在训练自己成为一个作家。就是说她一直在大量地阅读和勤勉地写作。她这些年的日记几乎总是由用心的随笔构成,好像是为了发表而写的,它

※　1904 年 12 月 14 日,《卫报》发表了她关于 W.D.豪厄尔斯的《高贵的朗布里斯之子》(*The Son of Royal Langbrith*)的评论;一周后刊出了有关哈沃斯的文章;不过,其实那篇评论是写于这篇文章之后。见 VW/VD,1904 年 11 月 26 日。

①　哈沃斯牧师住宅(Haworth Parsonage),即勃朗特三姐妹的故居。

们是一些习作,描述了乡间一日、对伯爵宅邸的拜访和一个倾听邻居舞会之音乐的夜晚,在很大程度上,这些习作和她在哈沃斯文章中描述的是同一类事。大约在这个时候,她还在写卡罗琳·斯蒂芬、玛丽·菲希尔姨妈和乔治·达克渥斯的滑稽传记,唉,所有这些都已经被毁掉了;它们会比她日记上的随笔有趣得多,这是可想而知的。因为这些随笔不值得写进传记,除了它们能表明,为了准备从事文学职业,弗吉尼亚的态度是极其严肃、全力以赴的。她不歇地,几乎是强迫性地阅读和写作,这一切只是为了补偿一件事,就是她没受过她所谓的"真正的教育",她指的是大学教育。她在写作方面的实践赋予她一种行云流水的风格,非常年轻的报刊作者很少拥有这种轻松自如;对现代人而言,她那不知疲倦的阅读使她看来绝不像个无知之辈,而是个真正严肃的文化人。在我们生活的社会里,人们花在阅读上的时间较少,对书面文字的依赖也较少;我们不再理所当然地认为,所有受过教育的人都对英国和法国文学了如指掌,并会立刻辨认出一个源自约翰生[1]或拉罗什福科的引句;而当时人们很自然地推定莱斯利·斯蒂芬爵士的女儿知道这些。

94

　　从这时起,弗吉尼亚成了一个长期受雇的短文和评论作家。她几乎什么题材都写。

　　她从津格尔斯威克回到伦敦,然后又去了剑桥,接着和其他斯蒂芬们一起去了米娜姨妈在新森林的度假屋(米娜姨妈不在那里)。对弗吉尼亚来说,这个圣诞假期在某种程度上被《康希尔》和自由党政治家霍尔丹先生破坏了,前者草草回绝了她关于鲍斯威尔信件的文章[2],

---

　　[1]　约翰生(Samuel Johnson,1613—1680),英国作家、评论家、辞书编撰者;拉罗什福科(La Rochefoucauld,1747—1827),法国思想家、著名的格言体作家,撰有《道德箴言录》。

　　[2]　鲍斯威尔(James Boswell,1740—1795),苏格兰作家,曾为约翰生写过传记。

后者就哈沃斯文章毫无热情地给维奥莱特·迪金森写了回信※。这是弗吉尼亚初次尝到写作的苦头,她不喜欢这滋味。尽管如此,开心事还是有的。索比和艾德里安外出狩猎;晚上有很多吃喝和狂欢。他们在米娜姨妈的书架上挑出能找到的最愚蠢的书籍,高声朗读,放声大笑;他们年轻,态度不敬,无拘无束。弗吉尼亚负责为梅特兰的《莱斯利·斯蒂芬传》撰写部分内容,这个假日,她的工作时间主要用来从事那项任务了,空暇时,她稀罕地执起了画笔,结果留下了几幅对布莱克和罗塞蒂的临摹,这些作品虽然疏浅,但并非毫无感觉。

新年伊始,弗吉尼亚和萨维奇医生见了面;令她高兴的是,他告诉她,她已经痊愈,现在可以过一种正常的生活了。这就意味着她可以重返伦敦,加入她不在时安置起来的新家了,这个新家位于布鲁姆斯伯里的戈登广场46号。

斯蒂芬的孩子们筹划这次迁徙时,他们的朋友和亲戚曾感到惊讶,还有点震撼。肯辛顿是个好地区;布鲁姆斯伯里就不同了。弗吉尼亚写道,"基蒂已经尖叫着反对布鲁姆斯伯里了"(这发生在1904年3月),也许她是第一个这么做的人。[10] 不过这地段和他们在其中长大的那幢充满悲剧的黑房子隔得那么远,这恰好是其优点。它也远离米娜姨妈、表亲麦艾、玛丽姨妈和其他人喜欢出没的地区。而且,它还便宜。莱斯利爵士的孩子们没继承多少资产,他们对自己的收入不是很清楚——这个话题后面还会讨论——然而,

---

※ "霍尔丹的赞扬也一点都不热情,总之我感到(就像你在圣经中读到的那样)被男性轻视和拒绝了。"(VW/VD,1905年1月)霍尔丹实际上说的是:

"亲爱的迪金森小姐,

感谢你给我看了斯[蒂芬]小姐关于哈沃斯的文章——正如你所知,我对这地方很感兴趣。写得多么好——但我认为这位作者还可以更深入她的主题。不过这是个开始,而且它显示了天赋……"(R.B.霍尔丹给维奥莱特·迪金森的信件,1904年12月27日)

毫无疑问，一个租金比肯辛顿便宜得多的地区对他们是具有充分诱惑力的。瓦奈萨还有另外的动机，她想搬到自己一度就学的史雷德学校（Slade School）附近。

戈登广场 46 号比海德公园门 22 号面积更大，光线要亮得多，1904 年秋天接收这幢房子时，瓦奈萨强调的是它的品质。她的室内装潢观念在很大程度上受到查尔斯和凯瑟琳·弗斯的影响※，她赞赏他们房子里涂了白乳胶漆的巨大空旷表面，挂在墙上的绘画作品被醒目、突显地烘托出来。这是她在艺术理念方面更大转向的一部分，她告诉克莱夫·贝尔，她已经成功说服了弗吉尼亚，说家族偶像 G.F.沃茨是"不值一提"的。[11]沃茨属于黑暗的维多利亚旧时代；新的一代渴望空气、简单和光线。搬往布鲁姆斯伯里将会逃离过去，以及过去一切让人讨厌的事物。

不过也有一个致命、可怕的缺点。杰拉尔德乐于和斯蒂芬的孩子们分道扬镳，过上他自己的单身生活；可一向热情友善的乔治受不了这样的主意，即抛下妹妹们不管，除了索比和艾德里安之外别无照应，从社交观点来看，后两位比没用还糟。他得和他们住在一起；无疑，他对他们坚持要远离伦敦的时髦地段感到遗憾，不过从戈登广场到西区毕竟还不是不可能的，而陪同她们前去是他应该也必须做的。听到这决定，其他人感到灰心丧气；可是，他们简直不知道该怎样拒绝如此好心的兄弟情谊。他们其实软弱到了怯懦的地步；因为乔治一直关注姊妹俩的这个长篇故事最终已经变得广为人知，他一定已被人训斥过了。1904 年夏天，当弗吉尼亚发疯的时候，瓦

※　查尔斯·弗斯是新英格兰艺术俱乐部（New English Art Club）的成员，深受惠斯勒影响，他娶了 J.A.西蒙兹的小女儿凯瑟琳，所以成了玛奇·沃恩的妹夫。他就在这个时候去世了（1904 年 10 月 16 日）。

96　奈萨对萨维奇讲述了过去发生的一切,萨维奇好像就乔治的行为责备了他。※连乔治这时可能也觉得,他和同母异父妹妹们住在同一个屋顶下不再是件好事。可他愚钝到了刀枪不入的地步,而且没法逆着自己的情绪行动,于是,面对他那亲切的坚持,他们软弱地做了默许。假使那样的话,所有逃离往昔的希望都破灭了;往昔将会和他们生活在一起。

后来,就像天上掉下个女神,玛格丽特·赫伯特小姐来了。乔治向她求婚;她接受了,接着两人结婚了,"场面盛大",而这个 1904 年的秋天,弗吉尼亚还待在泰沃斯,处于康复之中。[12]瓦奈萨作了伴娘,艾德里安干了件出名的事,他弄丢了她所有的行李。这个布鲁姆斯伯里的家庭从灾难中被解救了出来。

所以,1905 年 1 月,弗吉尼亚回到家中时,那里只有斯蒂芬的孩子们,没有别人了。

　　我常想知道[瓦奈萨写给玛奇·沃恩],对我们如今的所作所为,那些过去认识我们并和我们一起生活过的人会怎么想……年龄大致相同的人一起管理家庭简直太理想了。这使得大多数事情都变得非常容易,所有在试图满足相反要求和代沟方面的麻烦都烟消云散了……我只但愿我们能一直这样过下去——不过,毕竟我们也许还能过上很久。每天我都担心听到索比坠入了情网![13]

　　※ "乔治常扑到我的床上,又搂又吻,不然就拥抱我,为了(照他后来跟萨维奇医生的说法)就父亲的致命疾病一事安慰我——父亲在三四层楼下因为癌症就要死了。"(MH/A 16)我推断唯一可能告诉萨维奇这事的人是瓦奈萨或弗吉尼亚;起因想必是 1904 年弗吉尼亚的疯病。萨维奇和乔治谈话时所引证的唯一证人大概是瓦奈萨。

在一个无人监管，无年长女性陪伴，厌倦了那些习俗（它们让海德公园门变得如此沉闷和痛苦）的年轻家庭里，所有种类的可能性都开始露头。吃正餐为什么要换装？干吗要容忍那些讨厌鬼？管它什么"社交圈"？为什么不跟那些毫不虚伪地谈论艺术和文学、宗教和爱情的人交朋友？好像什么事都是可能的。或看起来是这么回事；不过实际上，斯蒂芬小姐们这时寻求的自由（哪怕按照她们自己时代的标准）是不过分的。她们的直接目标是消极的；她们想摆脱那些亲戚无休止的、让人讨厌的干涉；她们要求自由；可她们肯定没叫嚷着要求无法无天。当时的社会依然受到非常严格的准则束缚，而她们其实几乎没有跟它的习俗脱离关系。弗吉尼亚当年的单纯在今天看来是难以置信的；虽然读了那么多书，她没法设想熟人中会有不正派的人，尽管在维吉尔的诗篇中她遇见过柯瑞登①，可如果知道他就是索比的朋友之一，也是戈登广场的拜访者之一，她会吓坏的。伦纳德·伍尔夫回忆说，他初次见到弗吉尼亚和瓦奈萨时，她们是由纽汉学院的副院长表姐陪伴前来的，尽管她们只不过是来三一学院拜访自己的兄弟。[14]弗吉尼亚诞生时，莱斯利老得足以当她的祖父了，他属于在十九世纪六十年代进入成熟期的那一代人；实际上，他是"早期维多利亚人"，他的不可知论使他不是更少而是更多地热衷于遵守礼节。在这一点上他得到了女性亲戚的支持，当然还包括乔治。总的来说，索比也是个既定习俗的维护者，而他的姐妹们是害羞的——弗吉尼亚极其羞涩。可见，与习俗决裂想必是多么困难，而事实上，在那个时期，弗吉尼亚不但缺乏勇气，也缺乏这样做的愿望。

那个决裂也许能追溯到 1905 年 2 月 16 日，这一天，索比在戈登

97

---

① 柯瑞登（Corydon），维吉尔诗篇中的同性恋牧羊人。

广场招待了萨克逊·锡德尼-特纳,索比这时正在读法律课程,可他想见剑桥的朋友们,为此已经宣布星期四晚上他会在家待客。[15]头一次聚会时,萨克逊、主人,还有名叫"格斯"(Gurth)的狗就是全班人马。那一定是个宁静的夜晚,因为萨克逊·锡德尼-特纳不是个活跃的伙伴。其实,索比的大多数朋友似乎都是极沉默的,当斯蒂芬小姐们开始在星期四晚上露面时,不管怎样,弗吉尼亚觉得他们的缄默是令人窘迫的。其中有两人(锡德尼-特纳,可能还有 R.G.霍特里)和斯蒂芬的孩子们一起在康沃尔度过了那个夏天,弗吉尼亚怀着惊异之心观察了他们。她声称,他们:

> ……真叫人受不了;他们一直沉默地坐着,保持着绝对沉默。偶尔他们蹑手蹑脚地走到角落里,为一个拉丁文笑话而轻轻笑着。也许他们爱上了瓦奈萨;谁知道? 这会是一个安静的、很有学问的过程。不过,我觉得他们没有壮实到能体会很多感情。噢,我了解的是女人而不是这些毫无生气的怪物。最糟糕的就是他们没有活力去……[16]

将弗吉尼亚拒之门外的这种大学教育的巨大特权对他们有什么用? 它似乎把他们变成了哑巴,使他们变得阴郁。他们非常自以为是,为人相当做作,当他们从自己那座自命不凡的大山中费劲地揪出一只有点可笑的耗子时①(即《欧芙洛绪涅》),他们那种优越的姿态看起来简直毫无道理。[17]这是一册 1905 年私人出版的诗集,作者包括克莱夫·贝尔、利顿·斯特雷奇、沃尔特·兰姆、萨克逊·锡德尼-特纳、

98

---

　　① 这里引用了一个"大山生出小鼠"的希腊谚语,本意是费了巨大的努力,却收效甚微。

伦纳德·伍尔夫,以及其他一些人,后来这些人很少提到它,所以如果弗吉尼亚没有仔细地记下这件事的话,这本书早就被人遗忘了。无疑,它是一本虎头蛇尾的书;它的作者们都不是真正的诗人。弗吉尼亚嘲笑了这本书,动笔写了一篇关于它和它的作者们的刻薄小品文。[18]

这就是索比的杰出友人们。首先是克莱夫·贝尔,他被认为是雪莱和乡绅的混合体,还有锡德尼-特纳,他被认为在一切方面都才华出众。

"如果你指的是机智,"索比回答,"那么,的确,他不机智;可他是坦诚的,如果他保持沉默,那是因为他对说出真相持有谨慎态度。"[19]过了些时候,弗吉尼亚开始承认,索比说的话有些道理。这些古怪年轻人的矜持和乔治带她出席的那些派对上的年轻人的矜持不是一回事;他们的寡言不是那种正在寻找一个适当的陈词滥调的人的寡言。当他们真的讲起来,弗吉尼亚发现自己正在倾听一种过去从未听过的交谈。一个偶然的评论,一段值得讨论的话,比如说,关于绘画中的美的话题,会突然惹起他们的饶舌。这个问题在讨论中层次将会越升越高,讨论的人会变得越来越少。

　　我满怀惊奇地看着那些争论中最后剩下的人,他们一块一块地堆垒着石头,谨慎地,精确地,早已完全超越了我的视线……我瞥见了一种不可思议的事情在远天之上发生。上午,我们还经常是两三个人环坐在一起。萨克逊还会从嘴里取下烟斗,好像有话要讲,然后又把它放回嘴里,没有吭声。最后,把

※ 　见附录 C。

自己的头发朝后弄乱,他会极简练地道出一种绝对决定性的总结。奇迹般的大厦建成了,我会跌跌撞撞地回到床上,感觉一件非常重要的事情已经发生。美是(或美不是)——因为我从不能完全肯定他到底说的是哪个——绘画作品的一部分,这一点业已证实。[20]

嗯,这和那些派对相当不同,在那些派对中,精心打扮的年轻人整晚上只要"稍加"重复地说上几句简单的话,在着重点上小有变化,就感到心满意足了。[21] 在戈登广场的这种聚会上,没有哪个会衣着光鲜;斯蒂芬小姐们肯定也不会。她们在这里被要求做的是过去从没有人要求她们做的事——就是用脑。她们的其他方面关系都不大。在贝尔格莱维亚区①,开派对心不照宣的目的是求偶,而在布鲁姆斯伯里,派对的目的是交换想法。使弗吉尼亚对他们产生兴趣的正是索比的这些剑桥朋友(或至少他们中的大多数人)的纯粹智性姿态,而且她很高兴能逃离婚姻市场。

在写给维奥莱特·迪金森的信中,弗吉尼亚曾经把锡德尼-特纳及其朋友描述成"毫无生气的怪物",1906 年 6 月,那之后还不到一年,她写了一个短篇小说,描述了两位年轻女性菲利斯和罗莎蒙德的生活。[22] 她们是一位高级官员的女儿,完全生活在社交圈里:"她们好像是长在客厅里的。"这是她们的交易场所,是她们必须以尽可能高的价格出售自己的市场。弗吉尼亚对她们怀有同情之心,她们有自己的准则和忠诚,既不感觉迟钝也不愚蠢;然而,在她们母亲的训练下,她们注定了要经历无趣的求偶过程,走向无爱的婚姻。弗吉尼亚让她们来到一次戈登广场的

---

① 贝尔格莱维亚区(Belgravia),伦敦上流住宅区,位于海德公园附近。

星期四之夜聚会中——就好像 1903 年的斯蒂芬小姐被安排去拜访 1905 年的斯蒂芬小姐。菲利斯和罗莎蒙德感到惊慌,因为这些人对世俗生活不屑一顾,也因为那种交谈的不加掩饰的残酷。他们讨论了爱情,可对于这些人来说,爱情不是菲利斯和罗莎蒙德所熟识的那种装饰和引诱的微妙游戏;它是"一种光天化日之下的健壮、率真的事物,赤裸且结实,随便你怎么拍打或审视"。拜访者们没法应付这种坦率;她们回家去了,对于所看到的一切,她们觉得有点好感,但整体来说是不愉快的;她们认定,那不是属于她们的生活方式。

无疑,随着事情的发展,布鲁姆斯伯里变得越来越令人不安。乔治搂着自己的贵族新娘,满怀骄傲、昂首阔步地走进来,以一鞠躬外加一个炫耀的手势把锡德尼-特纳引见给新娘。[23]锡德尼-特纳照例在点烟斗,没停下来;他懒散地虚晃着从椅子上欠了一下身,略点了点头,火柴还在燃烧。他们的举止并不比他们的服饰更糟。"噢,亲爱的,他们看上去真可怕!"基蒂·马克西悲叹道。[24]"可悲!可悲!瓦奈萨和弗吉尼亚怎么会结识这样的朋友?"亨利·詹姆斯嘟哝道。[25]

于是,斯蒂芬的孩子们几乎立刻就遇上了麻烦。索比的朋友们是"不妥的",在没有年长者陪伴的情形下,他们竟然会和索比的姐妹们一直聊天到凌晨三点,这就更"不妥"了。最后,必须在新老朋友之间不可避免地做出选择,不过,在 1905 年,弗吉尼亚简直还没法想象这种选择的可能性。

自从见过你之后,我一直混迹于赛马社交圈,也就是说,和乔治一起在卡纳玖夫人家——这次是**年轻的**卡纳玖小姐,感谢上帝——共餐。这是个肯普顿赛马之夜(Kemptown races),我们整晚上都在谈论赛马,它们可能比书本更有趣。还有,我见到了玛格丽特[玛格丽特·达克渥斯夫人]，她是个温和的女性，我们的亲戚开始变得有希望了。我们将不得不共处一生，因此不妨从容交往。[26]

如此紧密的亲戚关系决定了"共处一生"的判决。我猜想，瓦奈萨已经有点意识到了——如果它意味的是从头到尾谈论赛马的宴会——那种判决也许会被减轻，甚至被宣布无效。但哪怕是她，在她最激动的乐观时刻，也不可能在当时就想到，许多年后，当一位彬彬有礼的绅士问及"你嫂子那个可爱的人儿"时，她，瓦奈萨，恐怕要颇费苦心地设计一个不会露馅的回答，即她并不知道那位女士的存亡。[27] 因为这就是事情的结局；布鲁姆斯伯里不但是在结交朋友中，而且也是在与朋友断交中发展起来的。

在她们所款待的"上流社会"和"有害聚会"之间，不存在真正的选择，尽管这种情形过了很多年才变得显而易见起来。乔治和他那些时髦朋友没提出异议。基蒂·马克西和维奥莱特·迪金森在友谊方面更有优先权，跟**她们**在1905年闹决裂一定是不可想象的；可有一点已经在明朗化，即这些"可悲的"年轻人代表了瓦奈萨和弗吉尼亚最为敬重的价值标准，他们开口说话时显露的特性不是没有吸引力的。

弗吉尼亚夸大了（或许我也已经夸大了）他们的寡言；也许可以把他们划分成核心和外围；核心是一个由对真理的探求者构成的缄默圈子，他们环绕着 G.E.穆尔不显眼的圣龛吞云吐雾地坐着，这些人包括萨克逊·锡德尼-特纳、伦纳德·伍尔夫和利顿·斯特雷奇；而外围则较世俗化也较饶舌些，在1905年和1906年的星期四之夜，后者会包括索比本人、克莱夫·贝尔和德斯蒙德·麦卡锡，最后这位虽然是个彻底的穆尔信徒，却一点也不寡言。在这里必须指出，这群不同寻常的年轻人,虽然后来成了弗吉尼亚的最亲密朋友,但在当时,他们还没有作为一个团体和其他人划清界限——比如拉尔夫·霍特里、希尔顿·杨、杰克·波洛克、沃尔特·兰姆或罗宾·梅耶;后面这几位也是索比在剑桥的朋友,索比也欢迎他们来参加星期四之夜。我认为,没有理由想象存在着一个排外的内部小圈子。

最早被邀请到戈登广场的索比朋友们中,有一个是伦纳德·伍尔夫,虽然他只不过是在去锡兰的前夕来道别的。1904 年 11 月 17 日,他和斯蒂芬一家一起吃了饭;弗吉尼亚也在场,当时她在伦敦待了一个星期,正好处于剑桥和津格尔斯威克之行的间隙中。他记得她在整个宴会中一语不发,注意到她看起来是多么不健康。不过她留意到了他,咨询了有关他的故事。利顿·斯特雷奇说他像斯威夫特,还会谋杀自己的妻子。他蔑视整个人类。他会浑身战栗,他是那么暴戾,那么野蛮;他曾在睡梦中把自己的拇指拔脱臼了;简而言之,他是个严肃、强有力的人;可他已经离开了,到一片丛林里去生活了,没有人知道他是否还会回来。

伦纳德·伍尔夫是个遥远的神秘人物;萨克逊·锡德尼-特纳则是个处在近景中的玄妙角色。无疑,他有保持沉默的天赋,间或说起话来,他会没完没了,极其博学地讨论那些想不出有什么趣味的话题,要么,他就可能会变得彻底高深莫测起来。然而,他也会是有启发性的;他显然极有才智和天赋;他写诗、画画;非常热爱音乐,是个狂热的音乐会和歌剧院常客,定期去拜罗伊特[1]朝圣,他能告诉你自从拜罗伊特音乐节举办以来谁唱了哪部歌剧的哪个角色。他还是一个作曲家,在一次罕见的多话之际,他向克莱夫·贝尔透露:

---

[1]　指在德国拜罗伊特举行的瓦格纳歌剧节,尤以上演瓦格纳的《尼伯龙根的指环》著称。

> ……在我的作品中,我最新的奏鸣曲[是]独特的,就欣赏而言,它捕捉并包含了一些可以跟有史以来最美妙的乐章相提并论的段落;我希望对它的某些部分做了润色之后能把它付印,可我不知道该怎样着手做这种事。[28]

事情发生在 1906 年 3 月。他将永远不知道该怎样完成他的奏鸣曲,它永远也不会被演奏,会和他的所有其他作品一并消亡,锡德尼-特纳的朋友已经明白这一点了吗? 我不知道。《欧芙洛绪涅》出版之后,弗吉尼亚几乎没法设想他能成为一个伟大诗人,可他也许会是个音乐家;无疑,这样令人吃惊的头脑看来迟早有一天会干出一番惊人的业绩。

"他的朋友,"在试图描述他的时候,弗吉尼亚写道:

> 一直信任他。他将成为他那个时代的伟人之一。也许他正在写一首诗,下班后,当他回到位于某条后巷的阴郁的伦敦出租房时。"什么时候拿出来?"他们对他施加压力。"无论如何,让我们看看你写的东西。"是关于历史的,还是关于哲学的? ……他在学习音乐对位法,也在自学绘画。他在学中文……实际上,没有任何东西被发表。可是,"等一等,"他的朋友们说。他们等着……[29]

利顿·斯特雷奇有一天也会为自己赢得名声,这似乎同样是明摆着的。如果说这帮年轻人有个头领,那个头领就是他。和萨克逊·锡德尼-特纳一样,他是个非常寡言的人;但是他的寡言是更令人担忧的那种;因为锡德尼-特纳在浮出水面时,也许会携来一颗智慧的珍珠,而斯特雷奇却时而露出一只灵巧的鳍,时而露出一排邪恶的牙齿。只需一句辛辣、简练的话,他就能让一场派对陷入不知所措的笑声,或令一个傻瓜气急败坏——你或许就是那个傻瓜。弗吉尼亚自己之所以在这些星期四之夜上显得很沉默,斯特雷奇也许就是原因之一。我猜想,她觉得他非常可怕(几乎所有男人多少都有点可怕);直到后来,她才发现他是多么和善和富有同情心。斯特雷奇一家总是处于她的生活的边缘地带,而利顿姐妹们可以说是她天生的朋友,因为她们属于一个和斯蒂芬们非常相似的世界——即受过教育的伦敦中上阶层。他们全都是令人生畏的,他们的说话方式能引起恐惧。面对无知、不诚实或不人道,他们会在说话时以重读的方式来表示讽刺、怀疑,以及那种突然受惊的讶异,这是一种让人难忘的品质。他们的家庭笑话很多,而且不可思议;他们比斯蒂芬们要宗族化得多,可以说被一种较愉快的关系和环境跟老一辈联系在了一起。在弗吉尼亚心中,利顿只不过是逐渐成了他家庭里的最重要成员。

　　德斯蒙德·麦卡锡似乎比利顿·斯特雷奇更有把握获得成功。他在剑桥属于略微老一辈的人——索比入学时他刚好毕业——他是年轻使徒中最世俗的一个。他来到伦敦社交圈,在这里留意到斯蒂芬小姐们看起来"就像是奴隶"(照他的话说)。[30] 他前程似锦;英俊,才华横溢,天赋过人。他没有很多的钱,不过我猜想他有一张舒适的椅子,一炉欢快的火,一张书桌,一令光滑的书写纸(可能除了三个华丽醒目的字之外就洁白得像处女一样了——那是一部小说的题目)。当这些处女般的纸张被强暴之后,他就成了二十世纪最伟大的英国小说家。他的肩膀已经准备好了去接受亨利·詹姆斯的披风,听他说起话来——因为**他**肯定不是沉默寡言的——你不禁会得出这样的结论,就是他已经把英语那头倔强的动物迷住并驯服了,它什么都肯为他做,它会赋予他一种力量和一种精妙,它们能把他带向任何地方——如果

103

他想的话，到九重天都没问题，此外，他还拥有很多天赋，脾气好得不得了。甚至在他早年那些愉快岁月里，德斯蒙德·麦卡锡无疑就显得有点磨蹭，在执行任务和守约方面不太靠得住，只是有点让人恼火罢了。可是，无论是在那时还是在其他任何时候，有人不喜欢他吗？这是让人无法置信的。我猜想，在营造布鲁姆斯伯里的友好社交氛围上，在使那些难以相处、态度生硬的家伙言归于好上，在总体的宽容和妥协精神上（它们战胜了争执和尖酸，后两者也属于那个环境的组成部分），他做出了很大贡献。

克莱夫·贝尔无疑也有助于缓和那个社交圈的严峻气氛。在某种意义上，他是那个团体中最古怪的人。乔治赞赏地注意到了他跟别人的不同之处，因为他穿得要好些，有一架好马鞍，在射击飞鸟方面是个高手；所有其他人都很显然是知识型的，他则来自一个射鸟、打猎、追逐女孩（就他而言）的阶层。[31] 他的家庭靠煤矿起家，赚来了一幢仿哥特式乡村住宅，还在威尔特郡获得了体面地位。作为较年幼的儿子，克莱夫从马尔堡（Marlborough）来到剑桥，在那里的三一学院里，命运把他和萨克逊·锡德尼-特纳搁在了同一层楼梯上，也就是在那里，索比·斯蒂芬成了他最亲密的伙伴。我想，他在剑桥是受朋友低估的；他在某个方向上具有比他们更敏锐的才智，而他们从没考虑过这个方向。他的房间里挂着德加①画作的复制品，他们中的大多数人恐怕从没听说过他，因为世纪之交的剑桥在美学方面是一无所知的。离开剑桥之后，1902 年，他去了巴黎，在那里和罗德里克·奥康诺②、杰拉尔德·凯利以及詹姆斯·莫里斯交上了朋友。这种绘画上的眼

---

① 德加（Edgar Degas，1834—1917），法国印象派画家，以画芭蕾舞女著称。

② 罗德里克·奥康诺（Roderick O'Conor，1860—1940），出生于爱尔兰的画家，侨居法国；詹姆斯·莫里斯（James Morrice，1865—1924），出生于加拿大的画家，侨居法国。

光是他和瓦奈萨之间的纽带,1904 年 5 月,当索比和他的姐妹们从意大利回家途经巴黎时,他有机会向他们展示一些巴黎的特色,这也强化了那种纽带。九月份,弗吉尼亚处于康复之中,他在泰沃斯和斯蒂芬们待了几天,自那之后,我想,他就成了他们家的常客。1905 年夏天,他向瓦奈萨求过婚并被拒绝了;不过,拒绝的方式没有让他彻底绝望。弗吉尼亚很快就意识到了这种爱慕,我猜想,她对它持反对态度。

1905 年,弗吉尼亚跟《泰晤士报文学增刊》建立了一种差不多会延续一生的联系。1902 年创刊之际,编辑布鲁斯·理查蒙德曾邀请莱斯利爵士为他们撰稿,可他几乎写不了任何东西了。如今,在他去世一年之后,理查蒙德接洽了他的女儿,3 月 10 日,他刊登了她写给他的第一篇稿子,即一篇题目叫《文学地理》(Literary Geography)的书评。布鲁斯·理查蒙德认为这篇文字是"值得钦佩的",于是又给她寄了"另一部大块头书籍——我不是很愿意为它写书评,因为我对那个题材一无所知"。[32]

四月份,弗吉尼亚和艾德里安去伊比利亚半岛做了一趟短期旅游。他们游览了波尔图、里斯本、格拉纳达和塞维利亚,拜访了那些通常的景点,领略了肮脏的旅馆、山羊奶、自然美景和磨蹭的铁路之类的通常经历;在晴朗的天气里为时一周的海上旅行,海船和它上面那种不同寻常的短暂生活,它的怠惰,它那些让人讨厌的地方,它的避难港,我想,这一切给《远航》的女作者留下了一种更持久的印象。不过,这显然是一趟令人满意的旅行;他们很高兴能回家,但也为享受了这次旅行感到高兴。回到伦敦,弗吉尼亚发现布鲁斯·理查蒙德拒绝了她给"大块头书籍"——伊迪丝·西切尔(Edith Sichel)的《凯瑟琳·德·美第奇和法国改革》(Catherine de'Medici & The French Reformation)——撰写的书评,理由是从历史的观点来看,它不是一篇严肃的评论;可作为一种对退稿的补偿,他给她寄了三本有关西班牙的书籍。"如果你听说我成了西班牙专家,你一定会感到吃惊,"她写信给维奥莱特·迪金森说,"可事情正是如此。"[33]

那一年还有另一次更为重要的旅行;因为如今似乎那些美好的岁月又回来了,斯蒂芬的四个孩子决定(也许是怀着一种象征性的意图)重返圣埃夫斯。对于弗吉尼亚来说,无疑,这是一次刻意的怀旧之行;载着他们的火车从帕丁顿开出,带他们回到过去。他们在夜里到站,漫步走上托兰德屋,仿佛他们仍旧是从白天的出游中回来的孩子,他们大胆地打开院门,登上熟悉的台阶,走到鼠刺篱笆前,透过它,他们可以看见石瓮,长满高大花丛的土垄,亮着灯的窗户。房子似乎一直在等待他们。幽灵们没有打破咒语,他们怀着鬼魂的沉默回去了。

大白天带来的喜悦没那么暧昧。镇上发生了变化——新房子和新路;不过不至于破坏他们的快乐;这里,许多记忆中的细节在欣喜中得到核实,许多人还满怀深情地记着他们的父母。乡间、海洋和居民们都充满了魅力。他们一直待到十月,享受到了观赏在海湾里捕沙丁鱼的乐趣。

十月份,瓦奈萨一回家就实现了一个酝酿已久的计划——即星期五俱乐部。这是一个每周碰头的关于美术的社团。※弗吉尼亚对此兴趣不大,不过也出席了这个俱乐部的一些议程,她被它的派系辩论逗乐了:"委员会里有一半人,"她写道,"尖叫着支持惠斯勒①和法国印象派画家,其余的人则是坚定的英国派。"[34]这是布鲁姆斯伯里将会

※　克莱夫·贝尔是最初的委员会成员,瓦奈萨当然也是;亨利·兰姆、奈维尔·利顿、E.M.O'R.迪奇·佩内尔·斯特雷奇和萨克逊·锡德尼-特纳都是成员。他们举办了画展,展开了讨论;讨论的话题不限于艺术主题。这个俱乐部似乎一直延续到1912年或1913年。

①　惠斯勒(James Abbott McNeill Whistler,1834—1903),侨居英国的美国画家,主张"为艺术而艺术"。

关注视觉艺术的第一个征兆。

但是弗吉尼亚自己更潜心于一种相当不同的活动。她彻底恢复健康后不久,希普尚克斯小姐就接洽了她,这位小姐是诺里奇主教(Bishop of Norwich)的女儿,作为一个能干的校长,她很想为莫里学校招募些帮手。这是一所为男女工人而设的晚间学校,位于滑铁卢路,属于老维克戏剧学校(Old Vic)的附属机构。希普尚克斯小姐建议弗吉尼亚可以"融娱乐和教学为一体——带点闲聊和体谅——然后'谈谈'书本和绘画"。[35]"我肯定会随口乱说,我确实不觉得有什么不能谈的事,"弗吉尼亚在信里跟维奥莱特·迪金森说,"不过,因为她确信——好心的希普尚克斯——我能大显身手——我不介意试一试。"希普尚克斯小姐的精力是如此了得,以致她能够在不同时期里把其他的斯蒂芬也一网打尽——瓦奈萨教素描,索比(和克莱夫·贝尔)教拉丁文,艾德里安教希腊文;可是跟弗吉尼亚不一样,他们很快就失去了兴趣。

斯蒂芬小姐的学生对于她的"谈谈"想必时而困惑,时而兴奋,对准备要谈的内容,她似乎是经过一番深思熟虑的。

> 明天也是属于我那些女工的,我一直在为她们栩栩如生地描述黑斯廷斯(Hastings)战役。我想让她们听得寒毛觫然![36]   106

弗吉尼亚认为唤起学生的想象力是她的责任,这样她们或许会看见"阴影中的血肉之躯"。[37]可她也许有点太富于想象力了?她对英国历史的描述太接近后来写《奥兰多》时用到的那些东西?从上面所引信件的稍后一段看来,古代英国人①被派上了黑斯廷斯战场,上司劝

---

① 古代英国人(the Ancient Britons)通常指公元六世纪撒克逊人入侵之前的英国本土凯尔特人,而黑斯廷斯战役发生在 1066 年。

她去转教英国文学,这一点是可以理解的。

> 然后,在星期三,我教了英国作文课;共有十人参加,四男六女。我觉得这是学校里最没用的课程了;希普尚克斯也这么认为。昨晚她旁听了整堂课;差点不耐烦地跺起脚来。可我能做什么呢? 我有一个学生是个五十岁的老社会主义者,他认为他必须在一篇以秋天为主题的文章里加入有关寄生虫(即贵族们)的内容;一个荷兰人以为——也是在课程结束时——我一直在教他算术;贫血的年轻女营业员们说她们愿意多写写,可她们只有一个小时的吃饭时间,似乎没有很多时间用来写作……[38]

还有:

> 昨天我给四个男工上了堂课——其中一个在说到"m"时会结巴,另一个是意大利人,阅读起英文来就好像它是中世纪的拉丁文,还有一个是我那位退化的诗人,偶尔我们喜欢上同样的诗行,他就会喧嚷起来,红着脸,几乎要抓住我的手……我可以告诉你我讲课的第一个句子:"诗人济慈死于二十五岁;在那之前他完成了自己所有的作品。"的确——这是多么的有趣,斯蒂芬小姐。[39]

弗吉尼亚在莫里一直教到 1907 年底,我们不知道她的学生们从她那里学到了什么;不过,她从他们那里得到了什么,我们也许可以猜到一点。过去,她从未尝试过和社会地位比她低的人进行智性讨论。她觉得自己必须设法了解他们,这是她的职责;她让他们写关于自己的文章,一个叫威廉斯小姐的人向她吐露了心声。这些知心话使弗吉尼亚对格拉布街①有了初次的认识;她发现了(尽管不可能是让人吃惊的,这发现想必是令人印象深刻的)一片几乎没有标准而且一点也不诚实的地方。雇佣文人在这里埋头苦干,大批量地制造着文学劣品;对于那个向她描述了这些事的雇佣文人,弗吉尼亚没法不钦佩她在智性方面的勤勉,以及她讲述那些事情时的坦率;她想必也体会到了一种带着厌恶的好奇,即一位淑女对一个街头野鸡的感受。这些被揭示的内情有助于她去构想一幅她后来所谓的"下层社会"的图像,一个文人的花街柳巷②,一片会在她的想象中巍然耸现的地区。

不过,她的主要印象——因为她的大多数学生都是文学作品的消费者而不是制造者——是关于那些没有被喂饱的饥饿绵羊的。她发现他们比她期望的更有才智,可是因为教育有限而困难重重。莫里学校能为他们做点真正有益的事。它没做到,"那些当权者"让她和她的学生们去做毫无用处的事——至少这是她对事情的看法。尽管如此,她强烈感受到了那种需求和机遇,这让她在学校里持续工作了三年。※

弗吉尼亚任职于莫里学校,因此她在开学期间必须住在伦敦,从她能够履行职务这个事实,可想而知她的健康是稳定的。她的确偶尔会离开伦敦——拜访在剑桥的姑姑,牛津的菲希尔们,苏塞克斯的塞西尔们,还有威尔温(Welwyn)的维奥莱特——另外,1906 年她回津格尔斯威克去过复活节了,这次没和玛奇·沃恩住在一起,而是寄宿在她家附近,还在沼泽地上独自带着她的狗"格斯"进行长时间的漫步。

---

① 格拉布街(Grub Street),伦敦街名,是穷人和雇佣文人聚集地。

② 花街柳巷(demi-monde),法语词汇,指由富人情妇和其他品行可疑的女人所构成的社会。

※ 见附录 B。

八月份,瓦奈萨和弗吉尼亚在诺福克(Norfolk)的偏远地段租了一幢颓坏的带壕沟的美丽房子,名叫"布劳诺顿府"(Blo' Norton Hall),在那里她们享受着弗吉尼亚所谓的"一种蜜月——说真的,被讨厌的客人们打断了"。[40]

不过这一年他们有一个真正盛大且重要的远行计划。斯蒂芬们决定他们得去看看希腊。这个计划包括了最庞大的准备工作:索比和艾德里安立下了遗嘱;箱子、补给品、绿面纱、蓝眼镜、白靴子、灰呢帽、绿里子的伞、绘具箱、画架、药剂,还有库克先生们的帮助①,这些都得准备好;去希腊与其说是一次度假,不如说是一次远征。看着两姐妹在诺福克安顿下来之后,索比和艾德里安动身了。他们的启程花了一个月时间,从的里雅斯特②开始骑马,途经黑山和阿尔巴尼亚。然后是女士们——瓦奈萨、弗吉尼亚和维奥莱特——坐火车到布林迪西,从那里乘船到帕特雷。9 月 13 日,两队人马在奥林匹亚会师了。

108

> 他们已经看到了马拉松和萨拉米③,如果没有云朵遮蔽的话,本来还能看到雅典;无论如何,美妙的周围环境使他们觉得整个人都充沛不已。为了证明自己适时地受到了感召,他们不但和那些陪伴前来的希腊农村脏孩子分享他们的酒瓶,还屈尊到用他们的语言跟他们说话,柏拉图在场的话,就会这样说话,如果柏拉图是在哈罗④学的希腊语的话。[41]

---

① 库克先生们(Messrs Cook)的帮助,指 1884 年出版的《库克旅行者手册》(Cook's Tourist's Handbook)。

② 的里雅斯特(Trieste),意大利东北部港市;黑山(Montenegro),南斯拉夫地名;布林迪西(Brindisi),意大利东南部港市;帕特雷(Patras),希腊西部港市。

③ 马拉松(Marathon),希波战争战场;萨拉米(Salamis),希波战争海战场,以雅典为首的希腊海军曾在此进行海战,战胜波斯。

④ 哈罗(Harrow),英国著名的男生寄宿学校,创于 1571 年。

他们走下彭忒利科斯山脉①，弗吉尼亚照旧在描述风景：

> 可彭忒利科斯的下降趋势被一片平坦的绿色岩架遏止了，在让山脉又一次陡然下降之前，仿佛大自然曾经在此处笔直地站立了片刻。高大悬铃木伸展着它们仁慈的手掌，宜人的小灌木丛密集、驯顺地分布着，还有一条溪流，也许可以想象是在歌唱它们对美酒和歌谣的赞美和喜悦。你可能已经听到了它从石头上流过时发出的忒俄克里托斯②的哀诉声，某些英国人的确是这样听到了它，虽然那本诗集正在他们家中的书架上蒙尘。在这里，总之，大自然和古典精神的颂歌怂恿着六个朋友下马休憩。

然后他们进行了交谈，主要的话题当然是希腊和希腊人；他们滔滔不绝，争执不休，也许有点太受周遭环境的影响了。接着，突然间，小树丛簌簌作响并弯下腰来，一个棕色的巨大形体从它们之间拥出。那只不过是一个挑着一担柴禾的僧侣；他很脏，可能是个文盲；可他盯着他们的目光里有种力量，它激发了弗吉尼亚的一些情绪，就其强度而非天性来说，这些情绪原本有可能是由潘③本人激起的。

在本世纪初，一个受过古典教育的英国旅行者也许会在现代希腊发现很多让他高兴的东西，也有很多让他痛苦的东西。他为了追寻一个理念而来，所发现的却是一种有时会令人不安的现实。看来索比就是这样一个旅行者，弗吉尼亚怀着兴味和同情观察了他的热情和困

---

① 彭忒利科斯山脉(Mount Pentelicus 或 Pentelikon)，希腊山脉，以产白色大理石著称。

② 忒俄克里托斯(Theocritus, 310? —250? BC)，希腊诗人，田园诗创始人；这里把小溪从石头上流过时发出的声音比作是忒俄克里托斯的诗句。

③ 潘(Pan)，希腊神话中半人半羊的畜牧和山林之神。

惑。可实际上她和他有着同感。在很大程度上,她对希腊的看法也不过就是 1906 年任何受过教育的年轻英国女性的看法。她对拜占庭艺术毫无意识,对第五世纪的艺术没有鉴赏能力;也不喜欢现代希腊人;她更欣赏那些未开化的瓦拉几亚人(Wallachians),他们生活在位于阿契米塔伽的诺埃尔家庄园①。和往常一样,她被旅馆里的客人们迷住了,虚构了他们的故事。

109　瓦奈萨的看法可能不一样——她印象最深的是希腊人定位建筑物的方式——可瓦奈萨没有很多观察希腊艺术的机会。他们抵达帕特雷时,她觉得身体不适;从奥林匹亚到科林斯(Corinth)的火车旅程使她更不舒服了,不过,一两天后,她好到可以继续前往雅典。[42] 于是他们坐船出发到伯罗奔尼撒②去看埃皮达鲁斯、梯林斯和迈锡尼;返程的火车旅行又把瓦奈萨弄病了,大伙不得不在科林斯停下来,好让她得到休息。他们把她留在那里恢复身体(看来是在恢复中),由维奥莱特陪着,而弗吉尼亚、索比和艾德里安根据原计划去埃维厄岛(Euboea)拜访诺埃尔一家;几天后,他们一回到雅典就发现瓦奈萨又卧床不起了,这一次她病得让人担忧。

这是一幕古怪的希腊景致,充满焦虑,让人不快。弗吉尼亚大部分时间都待在一家雅典旅馆的卧室里读梅里美,煮一锅锅山羊奶,如果《给一个无名者的信件》③读起来太有趣的话,山羊奶自然就会从锅里溢出来。楼下,索比和艾德里安为朴茨茅斯路发生了激烈的争吵:

---

①　诺埃尔(Edward Noel,生卒不详),艺术家,拜伦的亲戚,热爱希腊文化,在希腊的阿契米塔伽(Achmetaga)有地产。

②　伯罗奔尼撒(Peloponnese),希腊南部半岛;埃皮达鲁斯(Epidaurus),该地有希腊古剧场;梯林斯(Tiryns)和迈锡尼(Mycenae)都是希腊古城,同属迈锡尼文明。

③　《给一个无名者的信件》,梅里美的书信集。

它过了亨德海德之后是不是用碎石子铺的？他们为这事吵了好几天※，不过，索比对再次拜访诺埃尔一家十分乐观（或满怀这样的交际愿望）。

大约两个星期后，瓦奈萨有所好转，于是他们可以照原计划行动了；索比回伦敦，剩下的人坐船继续前往君士坦丁堡。瓦奈萨还是病得很厉害；人们不得不抬着她，在比雷埃夫斯①被抬上甲板时，她几乎晕过去，抵达君士坦丁堡时又差点晕过去；不过这时医生说她情况好多了，可以乘火车回伦敦了。他们 10 月 29 日离开君士坦丁堡，对这个城市弗吉尼亚只瞥了两眼。11 月 1 日，他们抵达多佛②。乔治在这里等着，为瓦奈萨带来个护士。他告诉他们，索比在戈登广场 46 号卧床不起了，发着高烧。瓦奈萨立刻被送上了床，可她无法入睡；她担心着索比。第二天，他似乎好些了，温度已经降下来。医生显然不知道他得了什么病；这是"某种原因"的猛烈侵袭，不过没理由把它看得很严重，或认为情况不会好转；眼下，他和瓦奈萨都躺在床上。[43]

因此，弗吉尼亚和艾德里安发现自己正管理着这幢住着两个病人的房子，而维奥莱特原本会是弗吉尼亚的重要倚靠，现在她本人就在曼彻斯特街的家里生着病。弗吉尼亚形容自己就生活在护士、便盆、苯酚和医生之间，她原本可能补充一句，还包括那种日益深化的阴郁氛围；因为虽然瓦奈萨据说是在好转中，萨维奇医生被喊来查看各种让人担心的症状，他对它们嗤之以鼻——至少他说这些症状根本不严重——索比的治疗却毫无起色。这一点几乎没什么奇怪的，因为医生诊断他患上了疟疾，直到十天之后，在那位护士谨慎却又不顾一切的

110

　※　见《远航》，第 417 页。
　①　比雷埃夫斯(Piraeus)，希腊东南部港市。
　②　多佛(Dover)，英国东南部港市。

干涉之下,才发现他患上的是伤寒。维奥莱特·迪金森被发现也患上了伤寒。

我不知道是不是医生的这个失误导致了随后的一切。无疑,看来斯蒂芬一家在选择医生方面运气不佳;因为在 1895 年和 1897 年,似乎也出现过这种缓慢趋向死亡的无助混乱的漂移。索比从一个危险期过渡到另一个危险期;他变得无精打采、疲乏虚弱;最后只剩下无畏面对死亡的勇气了。

这场灾难压垮了他们所有人,仿佛夺走了他们生活的意义,对弗吉尼亚来说,它因为一件事而变得有点更可怕了,那就是根据医生的话,病情极严重的维奥莱特会由于索比的死而大受影响。弗吉尼亚被告知,必须不惜一切代价避免她得知这个噩耗。于是每天给她写信的弗吉尼亚不得不维持哥哥仍旧活着的假象。"我们一步步进展顺利,"这封信她写于 11 月 20 日,索比死的那天。[44]"索比恢复得非常好。他很生护士的气,因为他们不肯给他羊排和啤酒,他还问为什么他不能和贝尔一起出去骑马和打野鹅。"葬礼过后三天,她这样写道。[45]这种残忍的虚构练习一天接一天几乎持续了一个月,直到维奥莱特偶然知道真相为止,弗吉尼亚不得不写信加以解释。

如今得提到另一个新闻了。索比去世两天后,绝望中的瓦奈萨转向克莱夫·贝尔寻求安慰,她答应嫁给他。

这在某种意义上是一种安慰;"那将是奈萨生命中所有的期望了,"她写信给维奥莱特说。[46]可瓦奈萨现在变得这么开心,这难道不会是一种背叛吗?虽然她的开心就像《海浪》中的伯纳德的开心那样,处于如此古怪的分裂之中。还有克莱夫——弗吉尼亚对他的感情是混杂的,但往往是极挑剔的。他配得上跟斯蒂芬家的人结婚吗?而她,弗吉尼亚,已经失去了最亲爱的哥哥,也许还会失去维奥莱特,如今还要失去姐姐?她将不得不离开曾让她感到如此幸福的戈登广场。
美好的岁月是非常短暂的,斯蒂芬们注定了要遭难。所有这些她或许   111
都想过,其中有一些她的确想到了;不过她似乎总的来说表现得特别
好,这样一种情形,比她更结实的体格可能都经受不住,她却能努力应
对,并在人们满以为她会失去自制,大发脾气的时候保持冷静。

注释

[1] VW/VD,1904 年 3 月[约 23 日](Berg)。

[2] VW/VD,1904 年 11 月 10 日(Berg)。

[3] VW 致埃玛·沃恩,1904 年 4 月 25 日(MH)。

[4] VW/VD,1904 年 5 月 7 日(Berg);也参见 VB 致玛杰里·斯诺登,
1904 年 5 月 3 日(CH)。

[5] VW/VD,1904 年 9 月 26 日(Berg)。

[6] VW/VD,1904 年 11 月 5 日(Berg)。

[7] VB 致玛奇·沃恩,1904 年 10 月 28 日(CH)。

[8] VB 致玛奇·沃恩,未标明日期,1904 年[11 月](CH)。

[9] 参见 VB/VD,1904 年 11 月 10,11,14 和 21 日(Berg)。

[10] VW/VD,未标明日期[1904 年 3 月](Berg)。

[11] VB/CB,未标明日期,1905 年 1 月 29 日(CH)。

[12] 索比·斯蒂芬致 CB,未标明日期,[1905 年 9 月](CH)。

[13] VB 致玛奇·沃恩,[1905 年]3 月 25 日(CH)。

[14] LW,《播种》,第 183 页。

[15] SST/LW,1905 年 2 月 21 日(MH)。

[16] VW/VD,1905 年 10 月 1 日(Berg)。

[17]《欧芙洛绪涅/诗选》,伊利亚·约翰逊(Elijah Johnson)出版暨出售,
三一街 30 号,剑桥,1905 年。

[18] MH/A 13a;参见附录 C。

[19] 我改述了 VW 在 MH/A 16 中的叙述。

〔20〕MH/A 16。

〔21〕据传闻(VB)。

〔22〕MH/A 23f。

〔23〕艾德里安·斯蒂芬致 VB,未标明日期[1941 年 4 月/5 月](CH)。

〔24〕MH/A 16。

〔25〕MH/A 16。

〔26〕VW/VD,未标明日期[1905 年 5 月 16 日](Berg)。

〔27〕VB/MS V。

〔28〕SST/CB,1906 年 3 月 8 日(CH)。

〔29〕MH/A 13c。

〔30〕据传闻(德斯蒙德·麦卡锡)。

〔31〕乔治·达克渥斯致 VD,1906 年 12 月 23 日。

〔32〕VW/VD,1905 年 3 月 11 日(Berg)。

〔33〕VW/VD,1905 年 4 月 30 日(Berg)。

〔34〕VW/VD,1905 年 7 月 19 日(Berg)。

〔35〕VW/VD,未标明日期[约 1905 年 1 月 3 日](Berg)。

〔36〕VW/VD,未标明日期[1905 年夏天](Berg)。

〔37〕MH/A 22;参见附录 B。

〔38〕VW/VD,1905 年 11 月 9 日(Berg)。

〔39〕VW/VD,未标明日期[1907 年 10 月](Berg)。

〔40〕VW/VD,[1906 年]8 月 24 日。

〔41〕MH/A 24b。

〔42〕艾德里安·斯蒂芬致 CB,1906 年 10 月 24 日(CH)。

〔43〕VB 致玛杰里·斯诺登,1906 年 11 月 3 日(CH)。

〔44〕VW/VD,1906 年 11 月 20 日(Berg)。

〔45〕VW/VD,未标明日期[1906 年 11 月 25 日]。

〔46〕VW/VD,1906 年 12 月 19 日(Berg)。

第六章 1906 年至 1908 年

索比的死是一场灾难,弗吉尼亚无法从中轻易恢复过来。两年
后,她还是能尖锐地感受到自己的损失;生活在一个没有他的世界上
是古怪的,甚至在二十年后,她还是觉得自己延续下来的生命仅仅是
一次没有他参加的远足,而死亡将只不过是回到他身边。[1]

她紧接着的愿望是更多地了解他。有这么多事情她都不知道,因
为索比没有以坦率的友爱或信任回报姐妹们的挚爱——他们在那方
面都太矜持了,而且,当然,有些事男人是不和姐妹们讨论的。所以他
的私生活和智性生活有很多方面仍是神秘莫测的,而且如今可能永远
不会为人所知了,除非他的剑桥朋友中有人愿意写点什么。她给利
顿·斯特雷奇去了信,一年之后,他不得不承认他觉得这个任务太困
难了。[2]克莱夫也拒绝了这件事,她和萨克逊·锡德尼-特纳谈了,他
向在锡兰的伦纳德·伍尔夫求助,可后者也帮不了忙。

索比不为人知的那面对她之所以重要,部分是因为她爱他,她
寻求死者永远从我们生活中带走的那些东西,我们也都是这样做的,

部分则出于一个更复杂的原因——对剑桥男性特权社会的一种感到好笑而又怨恨的好奇心。她两度悲欣交集地回想起那位我们在想象中重塑的逝者——ex pede Herculem[①]——即从雅各布的房间推想雅各布，从珀西瓦尔[②]身边朋友的感受推想珀西瓦尔。

在她生命末期写就的一份手稿中，她寻思他原本会成为怎样的人。[3]"斯蒂芬法官先生……名下有几本著作……"她开始描绘一个功成名就的斯蒂芬的画像，就他的兴趣范围和阶层来说是有代表性的，接着，几乎是在纠正她自己，她断定他不是那种人：他具有某种忧郁和独创性的东西，他不会很在乎人生中那些寻常的雄心。

我想知道这位专横、有说服力的年轻人（再加上他的妻子，因为他肯定是会结婚的）本会在他姐妹的生活中扮演什么角色；他会怎样看待瓦奈萨愈发的放荡，还有弗吉尼亚越来越喜欢调情的趋势？ 他会具有所谓的"稳定的影响力"吗？ 他对后印象派主义者，对战争和他妹妹的小说会有怎样的反应？ 他的朋友们很快就会推翻一些言论、思想和习俗的壁垒，我猜想，如果他活着的话，他会倾向于强化而不是弱化那些壁垒。是索比的死促成了它们的解体：锡德尼-特纳先生和斯特雷奇先生如今是萨克逊和利顿了，他们继续拜访戈登广场，除了他们和克莱夫这些索比在剑桥的朋友之外，悲痛的弗吉尼亚不愿见任何人。就是在那时，弗吉尼亚发现这些年轻人不但有头脑，也有心肝，他们的同情和那些亲戚的令人讨厌的吊唁不是一回事。布鲁姆斯伯里在彼此深刻理解的坚固基础上被重建了起来，这是索比之死的一个结果；他的死也是瓦奈萨结婚的直接原因。

---

① 拉丁文，意指"从赫拉克勒斯的脚推断他这个人"，赫拉克勒斯是希腊传说中的大力士。

② 雅各布（Jacob），弗吉尼亚小说《雅各布的房间》中的人物；珀西瓦尔（Percival），弗吉尼亚小说《海浪》中的人物；两者据说都是以索比为原型的。

1906 年除夕夜，弗吉尼亚、艾德里安和住在克利夫宅（Cleeve House）的瓦奈萨、克莱夫会合。那是贝尔的家，靠近迪韦齐斯（Devizes）。弗吉尼亚坐在桌边写东西，桌上摆放着一个墨水瓶，是用一只特别受喜爱的猎兽的蹄子制成的。那头动物的名字和死亡日期被刻在一个银制的涡形板上。后来她常提到那个墨水瓶：她从没见过那样的墨水瓶；它似乎是整幢房子的一个基调。那幢房子里堆积着填充动物，而且在很大程度上被活着的动物们占据着；动物们主宰着交谈，只有在偶尔的机会里才会让步给草地网球、曲棍球和天气。人类居民就像乡下的野兽那样，壮壮实实，略带它们的凶残、它们的美好，还有它们在才智上的严重局限。这对弗吉尼亚来说是全新的，跟肯辛顿、基蒂·马克西或达克渥斯们的世界全然不同；这实际上是没有文化教养的俗人的地盘，对瓦奈萨来说（有大量沮丧的信件可以作证）它是托弥①，一片由锡西厄人（Scythians）居住的荒无人烟的地方，婚姻生活的苛刻要求把她定期流放到这里。

两位贝尔小姐穿着淡蓝色的缎衣，头发上扎着缎子蝴蝶结下来进餐。贝尔先生以主人身份招待大家，他在餐桌的一端直率、粗野、热情地招呼着，贝尔夫人，一位削瘦的兔脸妇女，有着强烈的宗教信念，和他面对面坐在另一端。他们怎么对待弗吉尼亚了，天晓得——她似乎处于自己的一种较古怪的情绪之中，第二天，她在吃午餐时发作了起来，她耍起脾气，大步走出房子，晚上回来时已下定决心尽可能地讨人喜欢。他们后来只见过她一面，除了姐夫之外，这个家里唯一会让她全心喜欢的成员是克莱夫的哥哥考利，似乎当时他并不在场。到了二十年代，她已经成了名人，他们会战战兢兢，带着一种迷惑的好奇提到她，就好像她有两

114

①　托弥（Tomi），即 Tomis，古希腊人在黑海边锡西厄省建立的殖民地。

个脑袋,可依然是位公爵夫人——不是他们习惯的那种人。

　　弗吉尼亚的举止反复无常,很可能是因为瓦奈萨,而不是她的那些新亲戚。无疑,在见识过贝尔家庭之后,她对这个联姻感到沮丧;不过,她反对这场婚姻还有更深的根源。

　　瓦奈萨不再属于她了,被抢走了,幸福得心醉神迷,难以置信。这是让她不能容忍、无法承受的。而且克莱夫根本不够好。他华而不实,处事圆滑,微不足道;她姐姐——索比的姐姐、莱斯利爵士的女儿——怎么可能嫁给这么一个荒谬的小人物,这超出了她的理解能力。[4]后来,看着他们在一起,她承认克莱夫毕竟还是有很多优秀的品质;他友善,机灵,敏感;他确实很了解瓦奈萨,让她生活得非常快乐。他固然不是天才,不过瓦奈萨也不是天才,而瓦奈萨显然是天生适合结婚的。对一种似乎能给两位(至少两位)可人儿带来幸福的天造之合吹毛求疵,这种自我中心简直到了难以容忍和可憎的地步。可是……

　　事情就这样继续下去了;她和自己作战:她苦恼地觉察到了姐姐的幸福和自己的嫉妒,为此处于分裂之中,她既欣喜又恼火,这种状态将会持续数月乃至数年,只有另一种情绪才会缓和它,那种情绪不是减轻,而是增强了她内心的张力。

　　直接的问题是现实中的结婚仪式。它定于 2 月 7 日。不久前,亨利·詹姆斯前来拜访了瓦奈萨;哪怕是弗吉尼亚最不满的时候,对新郎官的看法也没这么糟。

　　　不过,我想她知道自己在干什么,而且看起来很快乐、热切,甚至几乎是狂烈地恋爱着(在那幢充满死亡的房子里,哦,我的天!),我给她带了一个古老的银盒子("放发夹的"),她提到你给了她"一套漂亮的佛罗伦萨茶具"。她显然喜欢后者,但是听到这话时,我抽搐了一下,磨着自己的牙。她和克莱夫将住在布鲁姆斯伯里的房子里,弗吉尼亚和艾德里安要在某个地方找套公寓住——顺便说一句,弗吉尼亚已然具有优雅迷人的美貌,几乎到了"扎眼"的地步。我喜欢和他们在一起,可这一切太陌生和可怕了(指的是年轻人对**未来**的那种饥渴态度);我看到的却大多数都是**鬼魂**,甚至包括索比和斯特拉,更不用说亲爱的老莱斯利和美丽、苍白、不幸的朱莉娅了——这些年轻人这么兴高采烈地抛弃了所有的死者,这是理所当然的。[5]

115

　　婚礼前夕,他们都去听歌剧《费德里奥》(*Fidelio*)了。"我恨她的离去,"弗吉尼亚写道,"可我的确保持了相当好的脾气。"[6]这次婚姻在圣潘克拉斯登记处(St Pancras Registry Office)做了登记。乔治为此出借了他的时髦汽车;私人司机过去从没在伦敦的平民区开过车,他迷了路,害得瓦奈萨和弗吉尼亚在婚礼上迟到了,在弗吉尼亚的劝说下,这对年轻夫妻原本要去马诺比尔度蜜月,结果他们为此错过了帕丁顿的火车;这次延迟让瓦奈萨有时间在火车站给妹妹写了封充满深情的短信。第二天,弗吉尼亚形容自己是"麻木且喑哑的"。[7]

　　在克莱夫和瓦奈萨从马诺比尔回来之前,弗吉尼亚和艾德里安就打算搬到新家去,带上家里的女厨索菲娅·法雷尔。※弗吉尼亚在费兹洛广场 29 号找到了一幢合意的房子(它曾经属于萧伯纳);艾德里安和索菲都满意这房子,可有人不赞成。"比阿特丽斯[·西尼]顺便来拜访了我们,说起话来含糊其意,还请求我别租那房子,原因在于邻

　　※　长得很粗壮的索菲宣称:"我应该设法把自己切成几块分给你们所有人",又更庄重地补充说:"可我该跟着[弗吉尼亚]小姐;她是一个如此冒失的人,被人坑了都不知道。她不知道自己盘子里有些什么。"MH/A 13e。

居。"[8] 她写信给维奥莱特说,而维奥莱特自己也是审慎的。弗吉尼亚还没有勇敢到公然反对她的亲戚们:"如果我向乔治、杰拉尔德和杰克暗示任何有关体面的问题,"她抱怨说,"他们就不会答应让我要这房子了。"她向警察咨询了意见,他们似乎打消了她的顾虑;因为1907年3月下旬,她和艾德里安搬进了新家。

对他们来说,这环境是完全符合要求的:它是一幢令人惬意的房子,离戈登广场没那么近,不至于使斯蒂芬们仅仅成为贝尔夫妻的附属,也隔得没那么远,想见面时还是可以见面的。有些朋友养成了在两家之间步行串门的习惯,对他们来说这房子是位置理想的。布鲁姆斯伯里如今有了两个中心,间隔着一段非常近便的距离。

116 　　弗吉尼亚本来的目的是租下这新房子,为艾德里安布置一个家。艾德里安在这个故事中还没有扮演过什么重要角色,不过现在他会是弗吉尼亚的主要伴侣了。1903年,她曾形容他"比我们所有其他人都小上十五岁",尽管那时他都快二十岁了,而且只比她小十八个月。[9]就像弗吉尼亚的很多夸张说法那样,这话里也有许多事实成分。在一个由发育迟缓者组成的家庭里,他是发育最慢的那个。作为最年幼者,他非常努力地想要保持良好状态;当别人是热情的蝴蝶捕手时,他炫耀地保持着离群的姿态;当索比和弗吉尼亚创办《海德公园门新闻》时,他开始编辑一份对立的期刊。他做过两次尝试,可那种竞争太残酷了;《新闻》的编辑们抱着屈尊的态度,建议他加入他们的投稿人行列。※[10] 莱斯利给出了同样的建议;可他不肯接受;《鹈鹕新闻》

　　※　1923年,艾德里安去做心理分析时,据称他的心理医生曾说过他是"一个悲剧";而"这悲剧就在于他没法有滋有味地享受生活这一事实。我[弗吉尼亚]可能是有责任的。我本该和他成为一对搭档,而不是依附着兄姐。他就这样枯萎了,脸色苍白,被压在了活泼的兄姐这块石头下"。AWD(Berg),1923年5月13日。

(*Pelican News*)及其后继者《螺丝起子报》(*The Corkscrew Gazette*)很快就湮灭了。母亲是他的重要盟友和拥护者；他曾是她的宠儿，仰赖着她的爱和保护。父亲试图用严厉的手段教育他，这是让人害怕和困惑的；他在伊夫林斯和威斯敏斯特成绩平平，人们不公平但不可避免地拿他和索比做比较。[11]

　　他有点继承了父亲在精神和体质上的特点；他敏感，颇为神经质，是个细瘦多骨，几乎发育迟缓的小男孩，在家里通常被叫作"小矮人"，和他那位健壮的哥哥很不一样。[12]说也奇怪，这倒是一种他能够反驳的指责。十六岁时他开始发育，到了十八岁，他有六英尺两英寸高，他一直长到六英尺五英寸①。"小矮人"成了巨人；可这种窜豆苗似的努力看来几乎是《螺丝起子报》的再版：他使自己长得比他们中任何人都更高，却徒劳无益，而且其实他似乎被这种努力耗尽了体力。在剑桥，他看来只不过是他哥哥的夜间影子，其才华和魅力都较为逊色。他照例开辟了一条独树一帜的路线，他拒绝追随流行的智性风尚；不信仰 G.E.穆尔，宣称他是个骗子。[13]穆尔的跟随者们（尤其是利顿·斯特雷奇）讨厌他的姿态，对他故加怠慢。

　　剑桥把他列入了三等生，1905 年，他辍学了，不是很清楚到底想干些什么。他生来就有敏锐的才智和激烈的好辩性格，他指望把法律当成职业，别人原来也是这么指望的，可这一行他也干不久。

　　弗吉尼亚觉得他作为同伴要么令人沮丧，要么气死人。他无精打采起来让人受不了，沉默起来让人感到可悲，对什么事都不感兴趣，除了没完没了地谈论家里那些陈年旧事，这实际上始终是他最喜欢的话题。不过他的性格也有另一面，他偶尔会是快乐的，有进取心，兴致勃

---

① 　六英尺五英寸，约一米九五。

勃;可那样的时刻很少见,对于他姐姐,他的才智和幽默转变成了一种习性,他喜欢怀着嘲弄监视她,沉默地讽刺她,一种对他人过错的破坏性欣赏,尤其是一种残忍的幽默。她的奇情异想激起了他的讲求实际,那是一种斯蒂芬式的讥讽,她的热情引来了他的怀疑论,她的争论招致了他的奚落。他是个爱取笑人的家伙,视弗吉尼亚为一个特别好耍弄的对象。其实,他俩在指责人的技艺上拥有过人天赋,开起玩笑来会没数。在费兹洛广场,索菲过去常把黄油做成小圆块,当其他论据都不管用时,艾德里安和弗吉尼亚就拿这种小球作投掷物,所以墙上成辐射状地散布着砸扁了的弹丸;至少有一个证人曾目睹过一场结束于互投黄油的争论。[14]

他们真诚地喜爱着对方——其实,在整个家庭里,手足之情都是深厚的,也许比其他一切都更深厚,而且在索比死后,兄弟和姊妹们以一种新的方式团结在了一起。某些保留被打破了;他们开始更自由地交谈,尤其是关于死者,死者们至今一直是禁忌——到了这种程度,以致斯特拉死后好些年里她的名字都不曾被人提起,可我拿不准弗吉尼亚和艾德里安有没有彼此暗示过他们的友爱。总之那种深情始终没有公开表达过;来访者注意到的是客厅里的争吵和墙上的黄油。

弗吉尼亚搬出去和弟弟住在一个也许有点声名狼藉的环境中,这固然不错,不过她的老朋友们说,弟弟绝对没小到不能很好地照顾自己,明显需要被照顾的那个人是弗吉尼亚。瓦奈萨的职责到头了;艾德里安,那个不负责任的丢失行李者,不是能担当这事的人;弗吉尼亚显而易见需要的是一个丈夫。"弗吉尼亚,"他们宣称,"必须结婚。"[15]

她被这个建议激怒了,写信给维奥莱特说,"要是没人叫我结婚就

好了。这是粗俗人性的爆发吗？我说这是令人作呕的。"尽管如此，她 118
并不像自己迄今为止看起来的那样绝对反对那个观念。她姐姐的幸
福情景，对自身孤独的一种新感受，那个毕竟曾是她最爱的男性的逝
去，我不知道出于哪个原因，可是无疑，1907 年标志着她的情绪的一个
明显转变。

迄今为止，作为爱人的男人在她的想象中似乎根本不存在。她的
信笺和日记中没有任何东西暗示曾有哪个男人激起过她最轻微的性
爱兴奋。她所有的激情、嫉妒和温柔都留给了她自己的同类，尤其是
给了维奥莱特。可如今，虽然还远谈不上爱哪个男人，她至少愿意调
调情了。

她第一个与之调情的男人几乎老得足够做她的父亲，这并不十分
出乎意料。沃尔特·海德兰是家里的老朋友。生于 1866 年，他是朱
莉娅带到托兰德屋的年轻人之一。如今他是国王学院的研究员，在希
腊文化研究者中很有名望，是个在使用英语时喜欢吹毛求疵的翻译
家，还能够当之无愧地被看成是诗人。弗吉尼亚立刻就被这些特性吸
引住了：她对希腊学者怀有一种崇敬，觉得他们统治着一片自己曾试
图涉足的土地，同样，她不可能对一个跟她一样投身文学艺术的人不
感兴趣。此外，他的性格在某些方面是迷人的；他具有一种惹人怜爱
的古怪的荒唐，这是因为他对工作太专心了。[16] 还有一种困惑，一种
一心追求真理的生活中的习得性混乱，偶尔他也会莽撞地关心起实
务，虽然他对那些只有最模糊的认识，他会天真地栽进最荒唐的灾难，
然后满脸迷惑，不知所措，可他始终坚信，说到底，自己生活中最重要
的任务，是妥善地修复赫罗达斯①的残稿——所有这一切不是没赢得

---

　　①　赫罗达斯(Herodas，活动于公元前三世纪)，希腊诗人；他的残稿于 1890 年被
发现。

共鸣的。※

　　弗吉尼亚尊敬并喜欢他,照瓦奈萨的说法,他对她的天才极有信心——这是一种可爱的性格特点。但是瓦奈萨和维奥莱特两人都对这种友谊心存疑虑。照她们的看法,沃尔特·海德兰是个令人发指的调情者,他在生活中的真正激情据说是针对女童的。※※

119　　索比死后不久——实际上,就在她还继续编造他依然活着的消息时——弗吉尼亚激动地写信告诉维奥莱特,说她要把自己所有"未发表的作品"都寄给沃尔特·海德兰,"为了获得清醒的批评";此外,他想把自己翻译的《阿伽门农》题献给她而不是斯温伯恩,"为了感谢我四年前写了寄给他的三页评论,他认为那是他见过的最好评论!"[17]此后,他们开始通信(他"就像给一位姐妹那样"给她写信)并经常见面;当弗吉尼亚抱怨她讨厌"倒茶并像一位淑女那样交谈"时,他会过来喝茶——有一次是和利顿·斯特雷奇一起过来的[18];另一次,他们有过一场"严肃的会面"[19];他声称自己感到痛苦,因为弗吉尼亚不配合,她只是愁眉苦脸地独坐在那里,认定自己是"一个该死的失败者"。他们就这事讨论了两小时,显然大大增进了感情。当她定期去拜访姑姑时,她也会去剑桥看望他;而他则带她去柯文特花园看歌剧。

　　他不久就开始指责她的反复无常;他是可怜的,他有尊严,但受到了伤害,接着这场恋爱似乎就这样在没人受到很大伤害的情形下消亡

　　※　海德兰可能充当了《到灯塔去》中班克斯先生的原型。见乔治·达克渥斯1927年5月28日给VW的信件。

　　※※　维奥莱特·迪金森对海德兰先生的看法也许受到了斯特拉·达克渥斯的影响——后者曾是她的好友。1893年9月,他和斯蒂芬家住在圣埃夫斯;斯特拉在日记(9月21日)中写道:"妈妈和海德兰先生回家吃饭的时间迟了,看起来疲倦、不快。该死的海德兰先生。发生了什么?"还有(9月22日):"海德兰先生十点三十分走了。我一想到他就发抖,然而他很值得可怜——这真可怕。"

了。1908 年 6 月,他非常突然且出乎意料地死了,弗吉尼亚并不感到过分悲伤。※

　　弗吉尼亚曾相信,或曾经假装相信,瓦奈萨一旦结婚就会完全变样,她和妹妹就再也没法恢复以前那种亲切关系了。克莱夫将会毁掉她们之间的亲密。从蜜月中归来后,瓦奈萨致力于打消弗吉尼亚在这一点上的顾虑:弗吉尼亚应该花很多时间待在戈登广场,而她,瓦奈萨,坚持经常过来探望弗吉尼亚。大伙儿一起去了巴黎,谈到要找一幢可以分享夏假的乡村别墅;46 号的仆人太多了,如果遣散其中的三分之二,就不难负担这个方案的经费了。这一类的讨论,还有那些明显的事实,比如瓦奈萨本质上并没有改变,她们几乎每天都见面,继续一起进行长时间的谈心,瓦奈萨结婚时,弗吉尼亚曾沉浸在一种过分阴郁的幻想中,所有这一切有助于消除那种幻想。

120

※　弗吉尼亚保存了海德兰的一封信件。博学又轻浮,它也许可以例证他对她的方式。

国王学院
剑桥
周六

亲爱的弗吉尼亚

　　我已经想到要写信告诉你,请别写信感谢我的赠书,你已经对此表示了感谢——你说我总是给予东西,但这是我唯一记得我给你的东西——如今,在收到信之前,我发现你的这本书。我起初以为它是我留下的,不过我知道我留下的不是这一本。不管怎样,我会带着传记和你的手稿一起出国。我还没读过它们,这想必是奇怪的,不过我想要在假日中享受它们。

　　你不该对我谈及基督仁爱;应该让我对你这么说;你每周不间断地来到那个最阴郁的房间,表现出的正是这种精神,基督教精神就在于此,否则我就永远没法祝福你。

Xaîρε φίλη[情人万福]

沃尔特·海德兰

　　因此,通过对地下墓穴的虔诚铭文的暗示(其中的情人具有贞洁的意义),海德兰就可以大胆地把她称作是"情人"。(我的同事 Shiel 博士向我指出了海德兰的暧昧技巧的涵义,对此我深表感谢。)

　　姐妹俩不在一起时每天都通信;在一起时,她们就讨论弗吉尼亚的求婚者,瓦奈萨总是幻想弗吉尼亚遇到的每个男人都会立刻向她求婚。与此同时,在费兹洛广场,弗吉尼亚被迫独立主持自己的客厅,与人寒暄。秋天,她和艾德里安开始羞答答地款待客人,再次举办起索比的星期四之夜。

　　弗吉尼亚对可交之友的看法从一开始就和瓦奈萨的看法大相径庭。她邀请布鲁姆斯伯里圈子——如今可以更有点底气地使用这个词汇了——还有其他在索比时代就出没于剑桥和戈登广场 46 号的年轻人——这些人包括查尔斯·丁尼生、希尔顿·杨、西奥多·卢埃林·戴维斯——外加一个年纪较长的剑桥人物。查理·桑格不仅是个学者、语言学家、批评家和律师,照他朋友的说法,他还是个圣徒;他和伯特兰·罗素同时入选"使徒团",而且我觉得他对那些较年轻的朋友有着相当大的影响,他很容易和他们打成一片。这些知识分子或许会发现,在费兹洛广场和他们为伍的是以下一些人,包括"奥齐"·迪金森("Ozzie",维奥莱特的兄弟)、比阿特丽斯·西尼小姐、格温多琳·戈多尔芬·奥斯本小姐(Lady Gwendolen Godolphin Osborne)、玛格丽特·沃恩、珍妮特·卡斯※、希普尚克斯小姐,或海德公园门常客中的任何人,尽管我想,后者更可能是被邀请来共餐而不是星期四饭后自觉来访的。

　　弗吉尼亚总是对人们感到好奇,我们发现她大胆闯入了体面的社交圈,倾听当权派的流行话题:"国家要垮台了……我们没有舰队……德国人从外部威胁我们,工会从内部威胁我们……"因为达克渥斯们仍旧代

　　※　"我记得希腊文课后和你共茶的那一天,弗过上了古怪的布鲁姆斯伯里新生活,我想自己对她已经不再有用了,我不好意思去[可能是指去费兹洛广场],你叫我别放弃。她希望如此——因此我要感谢你的建议。"珍妮特·卡斯致维奥莱特·迪金森,1937 年 4 月 19 日。

表着权威,有时在他们面前她感到自己就像个小孩,一个会因为乔治"受了伤害"而被斥责的小孩。[20]他抱怨说自己现在再也看不到家人了;克莱夫和瓦奈萨的确对他很不好;他们越来越疏远。这是真的,因为戈登广场的情形很不一样。克莱夫要容易感到厌倦得多,在邀请朋友方面也挑剔得多,同时瓦奈萨兴高采烈地把老朋友和亲戚们拒之门外。几乎可以肯定是瓦奈萨——虽然这故事把这两姐妹都包括了进来——在领主广场(Piazza della Signoria),她为了避开汉弗莱·沃德太太而躲在一根灯柱后,肯定是瓦奈萨怠慢到了这种地步,使得理查蒙德·里奇(安妮姨妈的丈夫)在皇家剧院里装作没看见她。[21]贝尔夫妻确实打算排外,1907 年 11 月,弗吉尼亚略带恶意地说:

> 照我的想法,奈萨和克莱夫在很大程度上就像法国沙龙中的贵妇那样生活着;他们拥有一切才子和诗人;奈萨坐在这些人当中就像一位女神。[22]

他们视自己的客厅为一件艺术品,不欢迎入侵者。

弗吉尼亚的客厅不是一件艺术品;首先,他家的狗汉斯(Hans)就住在客厅里,它喜欢用自己的爪子扑灭来访者的火柴,它曾因生病而搅扰了几次派对,有一次,弗吉尼亚正给斯特雷奇夫人倒茶,它在炉前的地毯上排泄了——客人和女主人都觉得,对于这种表现最好是不加理睬。[23]

尽管在海德公园门受过培训,我想,从任何意义上来说,弗吉尼亚都不是她交往的社交圈里的领袖。她通常是缄默的,保持着恭敬的——或有时是心不在焉的——缄默;在萨克逊或利顿面前,她假装而且也真的感到敬畏;甚至可敬但毫无吸引力的希普尚克斯小姐也能用辛辣的提问奚落她:"斯蒂芬小姐,你**曾**思考过吗?"尽管如此,经营着自己的社交生活,弗吉尼亚可能比人们过去料想的更快活些,而且,需要安慰时,她还可以向姐姐求助。[24]

1907 年,两家人度夏假的地点必须可以互相往来,这一点已达成共识。弗吉尼亚和艾德里安在赖伊(Rye)朝北一点的普雷登(Playden)租了一幢小村舍,在拜访了威尔特郡的贝尔一家之后,贝尔夫妻稍迟些也来了,他们就住在赖伊。某种程度上他们共享着客人,当然还少不了不断的聚会。在那里,除了为报刊撰稿外,弗吉尼亚开始撰写一篇文章,谈及她的父母、保育室生活、斯特拉、杰克以及她的同母异父哥哥们;文章采取的是传记形式,以瓦奈萨的口吻写给她的孩子们(瓦奈萨此时已经怀孕)。[25]她还在描述光线、薄雾、夜景和乡村生活,也是在这时,她正试图怀着作家的意图去观察人们的心境;她试图进入一个苏塞克斯农场工的内心,她思考着小说中的可悲谬误,那种想在大不相同的人们甚至动物身上读出小说家本人情绪的习惯。[26]她也在读亨利·詹姆斯,不过没有太大热情。※

赖伊的纪念碑之一就是大师本人,他叫他们来看他。瓦奈萨曾经从威尔特郡写信给弗吉尼亚说,希望"老亨利·詹姆斯不会过于像个纪念碑似的,跟人难以相处"。[27]从下面写给维奥莱特·迪金森的信中可以看出,他真够像个纪念碑的。

> ……今天,我们和亨利·詹姆斯一起去高尔夫俱乐部喝茶,还有普罗瑟罗先生和他的太太,亨利·詹姆斯用他那只目不转睛的空茫的眼睛凝视着我,它就像一个孩子的石弹子,他说,"亲爱

※ "我在读亨利·詹姆斯关于美国的文章;感觉自己就像一块光滑琥珀中的不朽者;它并不让人讨厌,很安静,仿佛一次黄昏的漫步——可这不是天才的作品;不,它应该是一股迅疾的溪流。"VW/CB,[1907 年 8 月 18 日]。

的弗吉尼亚，他们告诉我，他们告诉我，他们告诉我，你——的确是你父亲的女儿，还是你祖父的孙女，可以说是世代相传，世代相传的羽毛笔和墨水，墨水，墨水瓶的书香门第，是，是，是，他们告诉我，啊哈，嗯，嗯，嗯，说你，说你，总之说你在**写作**。"[28]这事就发生在大街上，当时我们都在等待，就像农夫在等待母鸡下蛋——不是吗？令人紧张，还要显得有礼貌，一会儿把重心移到这只脚上，一会儿把重心移到那只脚上。我觉得自己就像个被判了死刑的人，他眼看着刀落下来，戳他，然后再落下来。没有哪个女人像我这么讨厌"等待"了。不过等我老了，功成名就之际，我也要像亨利·詹姆斯这样说话。我们不得不间或停一下，让他把话讲完；他给面包和黄油另起了叫法，叫作"粗鲁和迅疾"，还向我们讲述了赖伊所有的丑闻。"琼斯先生，我抱歉地说，已经私奔到塔斯马尼亚①去了，把十二个小琼斯，也许还有第十三个，留给了琼斯太太，太可悲，太不幸了，然而并不完全是一种无法自控的举动，可以这么说。"哎哟，这些已经让你感到乏味了……

123

贝尔夫妻到了，还有萨克逊和利顿。就像我们知道的那样，亨利·詹姆斯不喜欢克莱夫；萨克逊他好像甚至更不喜欢。贝尔夫妻和斯蒂芬姐弟都没有再拜访过赖伊，后来弗吉尼亚也没有很多机会再看到亨利·詹姆斯。人们或许会以为，照理，亨利·詹姆斯对她是有好感的——她是莱斯利·斯蒂芬的女儿——可她那时压根不符合他在娇弱、高雅和恭敬方面的观念，而且还会越来越不符合。他不可能赞许她那些微不足道的、倔强的朋友。就弗吉尼亚而言，她对他怀有一

---

① 塔斯马尼亚(Tasmania)，澳大利亚的一个岛州。

种顽皮的敬畏,她敬重他的作品,但对它们有所保留,而且从我引用的信中也许可以看出,她只有在回忆中才乐于和他交往。※

　　1907 年 12 月 27 日,戈登广场举行了一次聚会,萨克逊、瓦奈萨、克莱夫、艾德里安、利顿和弗吉尼亚朗读了范布勒①的《故态复萌》。[29]利顿把弗平顿勋爵(Lord Foppington)朗诵得活灵活现,弗吉尼亚既是伯琳西娅(Berinthia)又是霍登小姐(Miss Hoyden)。这是许多这一类聚会中的头一次。1908 年,这类聚会在星期五晚上举行,通常都在戈登广场,朗诵者总是这些人,他们可以被看作是布鲁姆斯伯里在这一时期的核心人物。沃尔特·兰姆参加过活动,他是克莱夫的一个朋友,曾就学于三一学院,将来我们对他还会有更多了解。他那时在克利夫顿当老师,始终没法定期参与聚会。萨克逊一度做过记录,分派角色并对每个人的朗读提出意见;克莱夫在 1908 年 4 月成了书记员,也做过同样的事;记录簿是有意思的,因为它展示了这伙人的口味。他们口味很广泛,包括王政复辟时期的作品、伊丽莎白时期的作品、弥尔顿、莎士比亚、斯温伯恩②和易卜生。照书记员的说法,在《罗斯莫庄》③中,弗吉尼亚没能表达出丽贝卡·韦斯特(Rebecca West)一角所需的那种浓缩的紧张感,不过她把《阿塔兰特在卡利敦》中的阿尔西娅(Althaea)朗读得很成功。

124　　像《故态复萌》这样的剧本,斯蒂芬爵士恐怕是不会愿意听到他女

　　※　[亨利·詹姆斯]常问候弗吉尼亚和瓦奈萨。因为"那个可笑的小人物"克莱夫的让人不快的在场,他没法和戈登广场建交。"告诉弗吉尼亚,告诉她,我是多么的遗憾,生活的必然性竟然让这种事成为可能(哪怕是片刻),我会让她父亲的任何孩子游离我的视野。"锡德尼·沃特路,《日记》(Berg),1912 年 3 月 10 日。

　　①　范布勒(Sir John Vanbrugh, 1664—1726),英国戏剧家、建筑师;《故态复萌》(The Relapse)是他的喜剧作品。

　　②　斯温伯恩(Algernon Charles Swinburne, 1837—1909),英国诗人、评论家、剧作家。

　　③　《罗斯莫庄》(Rosmersholm)是易卜生的戏剧;《阿塔兰特在卡利敦》是斯温伯恩的戏剧。

儿在一群年轻男人中高声朗诵的。他在世时,弗吉尼亚(她在信中没胆量表达比"该死"更过分的词语)也不会想到自己能做出如此厚颜无耻的事来。父亲去世四年了,道德风气已经变了。

发现这些来自剑桥的年轻人并没有追求她,弗吉尼亚松了第一口气,她开始觉得他们缺乏兴趣的样子让人感到乏味;她和沃尔特·海德兰之间的调情已经让她变得更乐于冒险了。还有,利顿(由于大家共同的伤心事,他敞开了心扉,如今已成了一个如此亲密的朋友)认为再继续以前那种假正经和矜持是让人无法忍受的。

　　那是个春天的夜晚。瓦奈萨和我正坐在客厅里。自 1904 年以来,这个客厅的特色已大为改观。萨金特—弗斯①的时代已经结束。奥古斯塔斯·约翰②的时代到来了。他的皮剌摩斯挂满了一整面墙。沃茨为我父母画的肖像挂在楼下,如果还挂着的话。克莱夫把所有的火柴盒都收起来了,因为它们的蓝黄色和整个房子的主流色彩搭配不协调。克莱夫随时会进来,他和我将会开始争吵——起初是友善、客观的;很快我们就开始相互谩骂,在屋子里兜圈。瓦奈萨安静地坐在那里,拿着针或剪刀做着神秘莫测的活计。无疑,我自私、兴奋地讲着自己的那些事。突然,门被打开了,利顿·斯特雷奇先生那高大阴险的身影出现在门口。他用手指点着瓦奈萨白衣上的一个污迹。

　　"精液?"他问。

---

①　萨金特(John Singer Sargent,1856—1925),美国画家,长期侨居英国,以肖像画和壁画著称;弗斯(Charles Wellington Furse,1868—1904),英国画家,以肖像画著称。

②　奥古斯塔斯·约翰(Augustus John,1878—1961),英国画家;皮剌摩斯(Pyramus)是希腊神话中的人物,他给他的大儿子起了同样的名字,并绘制了相关的绘画作品。

真有人会这么说话？我想着，我们突然都大笑起来。只需那一个字眼，所有缄默和矜持的障碍都随之瓦解。一股神圣的液体似乎淹没了我们。性充斥了我们的对话。"鸡奸者"这个词从未远离我们的嘴唇。我们以讨论体面天性的那种激动和坦白讨论起性交来。想起来也奇怪，我们过去是多么缄默、矜持，而且那样生活了多么久。※[30]

125　　　在布鲁姆斯伯里的**道德观念**史上，这是一个重要时刻，或许还包括英国中产阶级的道德观念史；不过，虽然弗吉尼亚所属的整个社交风气从此发生了变化——这带来了各种各样的后果——她和朋友们的不羁言论对她的举止或（我认为）想象力并没有根本的影响。她依旧是极其纯洁的，对她来说，1907 年到 1908 年的大事不是布鲁姆斯伯里那种淫秽交谈的开始，而是《美琳布罗西娅》的诞生。

　　其实，《美琳布罗西娅》也许早就已经在弗吉尼亚的想象中萌芽了；甚至可能早到 1904 年的马诺比尔。不过，现在我们获悉她在信中提到它的名字，如今她在寻求意见，并流露了她努力写这部小说的迹象。

　　随后五年，她将会沉浸在对《美琳布罗西娅》的写作中，它最终会

※　MH/A 16。弗吉尼亚给我们的印象是，这事大约发生在 1909 年，但一封瓦奈萨写给弗吉尼亚的信件（可以确信，写于 1908 年 8 月 11 日）表明，两姐妹到那时对利顿的私生活已经了如指掌，同时一封梅纳德·凯恩斯写给邓肯·格兰特的信件（落款 1908 年 8 月 2 日）中有这样的段落：

"利顿似乎和他那些女人调情调得很热火。他已经给瓦奈萨看了他的大部分猥亵诗歌——她兴高采烈，记住了它们，还为弗吉尼亚和别人打印了很多份抄本。"

因此我们也许可以认为这个使事情明朗化的日子不迟于 1908 年夏天；除非它是弗吉尼亚编造的。有件事或许可以证明它不完全出于虚构，就是它曾经在传记俱乐部被朗读过（大约在 1922 年）。那些听众不会介意小纰漏，但他们没法接受彻底的虚构。

弗吉尼亚 · 斯蒂芬，1903 年

莱斯利 · 斯蒂芬夫人和弗吉尼亚，1884 年

莱斯利 · 斯蒂芬爵士，K.C.B.，1902 年

弗吉尼亚和瓦奈萨，
圣埃夫斯，1894 年

下图：索菲娅·法
雷尔，和女仆与犬，
1899 年

瓦奈萨、斯特拉和弗吉尼亚，约 1896 年

杰克 · 希尔斯

斯特拉 · 达克渥斯

瓦奈萨 · 斯蒂芬

索比 · 斯蒂芬

艾德里安和弗吉尼亚，1900 年　　　　　　　维奥莱特 · 迪金森和弗吉尼亚，1902 年

猎幼狐，弗里瑟姆，1901 年，5:00 A.M.　　詹姆斯和利顿 · 斯特雷奇，
索比、艾德里安和弗吉尼亚 · 斯蒂芬，以及格斯

克莱夫 · 贝尔，约 1906 年

艾德里安 · 斯蒂芬
在费兹洛广场

乔治 · 达克渥斯

比阿特丽斯 · 西尼夫人   罗伯特 · 塞西尔夫人

维奥莱特 · 迪金森

玛奇 · 沃恩

沃尔特 · 兰姆

卡罗琳·艾米
莉娅·斯蒂芬

阿比西尼亚皇帝和他的随从
坐着：弗吉尼亚·斯蒂芬、安东尼·巴克斯顿；站着：盖伊·里德利、
霍拉斯·德韦尔·科尔、艾德里安·斯蒂芬、邓肯·格兰特

利顿 · 斯特雷奇画像，邓肯 · 格兰特作
《巴巴拉 · 巴格纳尔夫人作品集》

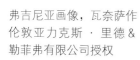弗吉尼亚画像，瓦奈萨作
伦敦亚力克斯 · 里德 &
勒菲弗有限公司授权

弗吉尼亚与克莱夫、朱利安 · 贝尔，布林，1910 年

萨克逊 · 锡德尼－特纳、克莱夫、朱利安和弗吉尼亚，斯塔德兰，1910 年

罗杰 · 弗赖 弗吉尼亚

照片来自巴巴拉 · 巴格纳尔夫人

阿希姆宅

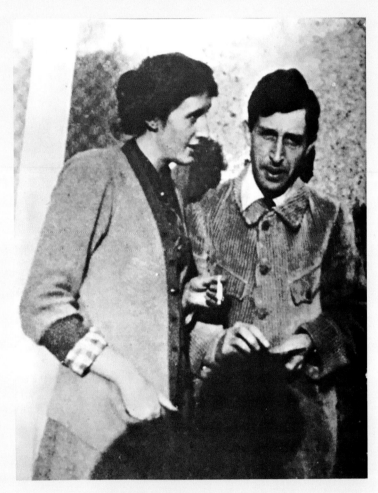

弗吉尼亚和伦纳德 · 伍尔夫，1914 年

变成《远航》。至于较早时期她在自己所谓的"一部想象作品"方面的努力，我们所知不多。说也奇怪，她曾设想和杰克·希尔斯合写一部戏剧：

> 我打算写一个男人和一个女人——表现他们的成长过程——两人从未见过面——不知道对方——可你会始终觉得他们在接近。这大概是真正激动人心的部分（正如你所知）——但是当他们几乎碰面时——只有一门之隔——你眼看着他们刚好错过——突然改变了主意，从此再没有在任何地方接近过了。将会有无边无际的交谈和情绪变化。[31]

这个有趣可很难处理的剧情大概构思于 1903 年；就我所知，她从没有把它写出来。

有几个片断被保留了下来：一部长篇的开头，一个已经提过的短篇小说。此外好像还有一些不同寻常的作品。由于弗吉尼亚和玛奇·沃恩互相传寄过手稿和评论，我们才得知它们的存在。显然，弗吉尼亚在小说方面的早期习作（如果算得上的话）使玛奇大为惊惶，为了给自己辩护，弗吉尼亚认为有必要稍微解释一下自己的意图。

> 我唯一的辩护就是，我所写的就是我看到的东西；我一向很清楚，它是一种非常狭隘、相当冷酷的观点。我想——如果我是给格林太太写信的戈斯先生！① ——我会从诸如教育、生活方式等外部理由来稍作解释为什么会这样。因此也许随着年龄的增

① 戈斯，疑指 Sir Edmund William Gosse(1849—1928)，英国文学史家、评论家、翻译家。

长，我会对一些事有更好的理解。我想，乔治·艾略特写第一部小说《[牧师生活]情景》时差不多四十岁了。

可我现在的感受是，这个没有爱、心灵、激情或性的梦一样的模糊世界就是我真正关心并觉得有趣的世界。尽管它们对你只是梦幻，而且我根本没法充分表达它们，可对我而言它们是十分真实的。

不过请千万别以为我感到满足，或以为我的观点很完整。只不过在我看来，写那些自己真实感受到的事情比涉足那些我实在一点不懂的东西要好些。那是一种大错——在文学中——在我看来它是糟糕透顶、无可原谅的；我的意思是，人们沉溺于自己不了解的情绪当中。不过当然，任何伟大的作家都会美好地表现它们，并把塑像变成男人和女人。我纳闷你究竟懂不懂我这种自负、幼稚的思想？我寄给你的东西仅仅是试验；我永远不会想要把它们当作成熟作品拿出来。它们会搁在书桌里，直到被烧掉为止！[32]

无疑，它们被烧掉了；看来，《远航》七个不同的稿本也一样被烧掉了。

她继续写大量的评论。1908 年，她在《康希尔》上发表了系列文章，因此她可能比向《卫报》《泰晤士报》和其他刊物供稿时更有点抱负了，她在这份杂志上有了更大的演习空间；不过直到三十三岁，她才开始发表小说。

她在文学上的沉默部分是出于害羞；她仍旧害怕这个世界，害怕暴露自己。不过其中还有另一种更高尚的情感——即一种对她那份职业的严肃性的高度崇敬。为了创作符合自己标准的作品，她必须狼吞虎咽地阅读,不断地反复重写,无疑,即便不在写作中,她也要斟酌那些呈现在脑海里的想法。

多少已经发现了自己想要行进的方向,她会和作品非常亲近地生活在一起。任何创作过艺术作品的人都不必说就明白,一旦开始,这种过程会怎样完全控制人的精神。它成了一个人未眠时的生活的本质,比其他一切事物都更真实,是一种喜悦也是一种折磨。因此,在考虑她生活中这段时期发生的事件时——在这段时期里,弗吉尼亚展开了一种孤注一掷的感情冒险,有点鲁莽,而且应该说没什么顾忌——有一点得记住,在当时的大部分时间里,她都生活在一个她自己创造的世界里,而且,正如我们将会看到的那样,她的一些最不体面的行为跟她的那个世界有着必然联系。

127

注释

[1] AWD(Berg),1929 年 12 月 26 日。

[2] SST/LW,1908 年 9 月 4 日和 11 月 22 日(MH);参见 GLS/CB,1907 年 11 月 18 日(CH)。

[3] MH/A 5。

[4] VW/VD,1907 年 12 月 28、30 日,1 月 1、3 日。

[5] 亨利·詹姆斯致 W.K.克利福德太太,1907 年 2 月 17 日(哈佛大学,霍顿图书馆)。我受惠于利昂·埃德尔教授,他提醒我注意这封信。

[6] VW/VD,未标明日期[1907 年 2 月 6 日](Berg)。

[7] VW/VD,未标明日期[1907 年 2 月 8 日?](Berg)。

[8] VW/VD,1907 年 2 月 15 日(Berg)。

[9] VW/VD,1903 年 4 月(Berg)。

[10] HPGN,1892 年 11 月 1 日和 6 月 27 日。

[11] 据传闻(LW)。

[12] 据传闻(VB)。

［13］ 据传闻(艾德里安·斯蒂芬)。

［14］ 据传闻(邓肯·格兰特)。

［15］ VW/VD,未标明日期,1906 年[12 月 29 日?],1907 年 1 月 3 日?】(Berg)。

［16］ 见 E.F.班森,《正如我们当初》,1930 年,第 134—139 页。

［17］ VW/VD,1906 年[12 月 10 日](Berg)。

［18］ VW/VD,1907 年 2 月 15 日(Berg)。

［19］ VW/VD,未标明日期[1907 年 3 月 16 日](Berg)。

［20］ VW/VD,未标明日期[1907 年 7 月 7 日?](Berg)。

［21］ 据传闻(VW);也参见:DG,《弗吉尼亚·伍尔夫》,见《地平线》,1941 年,第三卷,第十八期,第 406 页。

［22］ VW 致玛奇·沃恩,1907 年 11 月 6 日(MH)。

［23］ DG,同前。

［24］ 据传闻(DG)。

［25］ MH/A 6。

［26］ 1906—1908 年日记(Berg)。

［27］ VB/VW,1907 年 8 月 14 日(MH)。

［28］ VW/VD,[1907 年 8 月 25 日](Berg)。

［29］ 剧本朗读协会的记录簿。

［30］ MH/A 16。

［31］ VW/VD,未标明日期[1903 年 11 月?](Berg)。

［32］ VW 致玛奇·沃恩,未标明日期[1906 年 6 月?](MH)。

第七章　1908 年至 1909 年

正如我们所知,弗吉尼亚总是被告知她应该结婚;不过,想想 1908 年她最亲密圈子里的那些男人,应该承认她结婚的机会是没法让人鼓舞的。她发现大部分最令她感兴趣的年轻人都是鸡奸者※,这就缩小了求偶范围,或至少阻挠了她的计划。

她几乎不会考虑选萨克逊做丈夫;虽然他没激起她的爱情,她也许唤起了他的爱意。在一封写给利顿的信中,伦纳德·伍尔夫猜想过她最后和萨克逊结婚的可能性;可他作为一个爱人的资格是可疑的。[1]他在爱情上有自己的怪癖,就像在其他许多方面都有怪癖一样,或许就是为了澄清自己的处境,他和弗吉尼亚讨论了这些怪癖。※※

※　鸡奸者(Buggers),一个粗鲁,也许不准确的词。然而我用了它,因为弗吉尼亚和她的朋友们用了它(参见本书第 124 页),而且他们恐怕已经考虑过大部分过于优雅和——因为它们没让我们联想到受迫害的异教——无力的替代词汇。

※※　"看来你和萨克逊进行了一场多么稀罕的交谈。我没法相信那个温和的小亲亲是个真正的施虐狂或随便怎么个叫法。"VB/VW,[1909 年 3 月 16 日]。

可以说,照理邓肯·格兰特也可能是她的丈夫。1907 年弗吉尼亚和贝尔夫妻在巴黎时,她曾见过他;他当时是那个城市的一个艺术学生。他喜欢贝尔夫妻,认为弗吉尼亚非常机智,而且"令人吃惊地漂亮"。[2]克莱夫和瓦奈萨觉得他让人着迷,希望他回伦敦后大家能经常见面。[3]

　　事情确实如此;邓肯·格兰特注定会成为戈登广场的熟客,在费兹洛广场就更熟了,他在那里拥有一间画室。他随时会溜达进 29 号,向上提提自己的裤子,那裤子似乎总是处于一种悬危的状况中,而且在那个时候,它总是从某个比他胖的人那里借来的;然后他会为买电车票借上两便士,随即又出去转悠了。[4]他从来就不是不受欢迎的,虽然女仆莫德(Maud)有点反感他那种随随便便:"那个格兰特先生,"她抱怨说,"到处乱窜。"[5]我不相信莫德就真的对他的魅力无动于衷;弗吉尼亚无疑是做不到这一点的;她会为听到邓肯夸奖她美丽而感到高兴,还有他曾经告诉自己的表亲利顿·斯特雷奇,说他或许愿意和弗吉尼亚结婚,这也会让她感到高兴。※不过,她不会把这话很认真地当回事;她很清楚,如果这时他的爱情会给予——或借给——家里的某个成员的话,那也是给艾德里安的。

　　弗吉尼亚的布鲁姆斯伯里朋友总觉得,她很可能嫁给利顿·斯特雷奇。然而,作为丈夫来看,利顿似乎是没指望的,其原因有二:首先他是个让人难以忍受的怪人,其次他是布鲁姆斯伯里的头号鸡奸者。尽管如此,弗吉尼亚肯定想过要嫁给他,他也有点意思要娶她。虽然两个当事人都有意婚嫁,显然,旁观者却没法不假思索地草率从事,那

　　※　那番话应该置于下面的语境中理解:

　　"我想我几乎有可能和瓦奈萨结婚,而且我完全(?)有可能和克莱夫结婚。"利顿·斯特雷奇于 1907 年 11 月 6 日写信给邓肯·格兰特说。

　　"我想我也许会设法做到愿意和弗吉尼亚结婚——不过不是和克莱夫。我猜想你觉得这很怪?"邓肯·格兰特致利顿·斯特雷奇,[1907 年 11 月 8 日]。

些身心障碍是值得质询的,乍一看它们让结婚显得如此渺茫,也值得了解一下它们是不是(就像这里提到的)有点被夸张了。

利顿是个相当彻底的同性恋者,这一点没法否认。在考虑弗吉尼亚的求婚者时,她姐姐曾说过:

> 相比于我所认识的其他人,我更愿意让利顿做我的妹夫,但是,我能想到的实现这事的唯一办法就是他爱上了艾德里安——即便那样,艾德里安也很可能会拒绝他。[6]

不过在性方面,我们中间几乎没有人是始终如一的;实际上,克莱夫曾一度暗示利顿已经成了一个沉溺女色的人。[7]利顿对弗吉尼亚的殷勤属于这一类,它暗示了这种转变的可能性,他后来的经历表明,他在某种程度上对女性的爱会是有反应的。可想而知,弗吉尼亚原本有可能挽救他的性取向;然而,需要挽救的不仅仅是他的性取向。

在他被认为可能会成为弗吉尼亚丈夫的这段时期里,他给我们留下的形象是阴暗的。这是一个折磨别人且自我折磨,不断陷入各种痛苦的人,一个不幸的、叹息着的、绝望的不适应环境者,一个颇让人无法忍受的人,我想这样描述他的形象并无不妥之处。可许多人觉得他不但是可以忍受的,而且还是脾气随和的,当他调皮捣蛋时(他无疑经常这样),他们原谅了他。为什么?其原因不一定会让利顿感到高兴;他获得原谅是因为他的悲痛和罪行都没有被当真。虽然索比去世时,利顿流露了真实、诚挚的感情,弗吉尼亚还是对他心存疑虑,不是因为他哭得太多,而是因为他的眼泪那么少。这使他从社交上来说比那种常人设想中眼泪汪汪的人更容易忍受。其实,他在社交上是相当随和的。他也许会显得残忍或心怀歹意,可这种坏脾气就像他那假装的叹息和哀悼一样,是表面的、装腔作势的。弗吉尼亚认为他缺乏她所谓的大度,我想,她这么说指的是那种使一个人能够漠视批评的崇高情感,也许就是这种品质造就了一个真正的诗人。[8]当克莱夫把利顿的一些诗作寄给她读时,她写道:

> 的确,它们是精致的,我这里有一本较不出名的维多利亚时代诗人的小诗集,也不过如此。但是(你知道我会说"但是",你还会盼望它),出于一种坦率,我没法尽情地称赞它;当我谈到他措辞恰当时,你知道我是什么意思吗? 我想,当一个真正的诗人会自我表达时,它们不知何故却选择了逃避。"穷凶极恶的月份""难以想象的静谧""神秘的安逸""无与伦比的幽暗";当我读到这些短语时,我犹豫了;我朗读了它们;不觉得面对的是清新的溪流。不过话说回来,我是一个与他同时代的人,一个心怀嫉妒的同时代人,我看到的也许是工具留下的印迹,朱利安(即下一代人)将会在那里看到完整的形状。有时我想,利顿的心思太柔顺,太喜欢讨好人了,没法写出持久的东西;他的资源是无限的。心怀嫉妒——那是无疑的![9]

无疑,她是心怀嫉妒的;她当然具有判断力,而且她的批评显示了某种敏锐,如果算不上针对利顿的优点的话,至少也是针对他的局限性的一番公正评估。这两人都还需要在文坛上闯出一条路来,他们彼此都预感到对方会是自己的强大对手,这对他们的关系既是有利因素,也是不利因素。弗吉尼亚想必已经觉察到,他们的婚姻会是一种竞争动力。可正是出于这个理由,它看起来会是一个有吸引力的建议。作为写作同事,利顿是个对手,但他也跟弗吉尼亚情投意合,而且，如果不从其他观点，至少从文学观点来看，他是拿得出手的，比她的其他朋友都更拿得出手；因为到了这时，她应该已经怀疑萨克逊写不出什么东西了，而她和利顿都倾向于认为克莱夫算不上文人。不过，尽管她的评论是严苛的，她和朋友们对利顿的潜力都坚信不移。她非常喜欢他；在某种意义上，她害怕他，也许——在某种意义上——开始爱上了他。

　　不过，照普通的结婚标准来看，弗吉尼亚朋友中唯一被认为合适的对象是爱德华·希尔顿·杨。他生于 1879 年，和瓦奈萨同年；他的父亲乔治·杨爵士是莱斯利爵士的朋友，希尔顿及其兄弟们曾经和小斯蒂芬们一起在肯辛顿花园滚铁箍玩。乔治爵士有登山的嗜好，任职于皇家委员会（Royal Commissions），写过一本有关荷马和希腊语重音的研究书籍，实际上，他是另一个纯正的维多利亚时期人物，在老一辈中，他们这样的人好像多得是。

　　希尔顿就像是跟他父亲从同一个光滑、比例匀称的模子里浇铸出来的——甚至跟他一样在剑桥当上了学生俱乐部主席；后来他在战争和政治中为自己赢得了名声，最终获取了贵族头衔和一系列勋章，还写了几册值得称道的散文和诗歌，没人对此感到惊讶。他大学一毕业就去攻读法律课程了，后来，当斯蒂芬一家搬到布鲁姆斯伯里，开始在星期四之夜款待客人时，他和他们恢复了往来，而且在戈登广场和费兹洛广场都算得上是常客。他觉得自己起初颇受威胁，这种威胁来自同伴的出众才智和他们对公认观念及习俗那种毫不妥协的审视。照他们的标准，他无疑是因循守旧的；然而，他们不但是富有魅力、多才多艺的，而且也有容人之量；他脾气好，天赋很高；他逐渐开始重视他们的观点，他们也学会了尊重他。[10]

　　他对弗吉尼亚有好感，可我猜想，他从没有强烈地爱过她；她高兴

131

地接受了他的殷勤,不过,直截了当地说,她觉得他有点不够敏锐。照瓦奈萨典型的说法,他"像是一只身处瓷器店的大象"。※① 不知怎地,他的尽善尽美让弗吉尼亚感到厌倦;他具有一切美好的品质,可只不过是个有趣的人罢了。然而他**确实**有趣,她有几年经常见到他,觉得和他结婚或总之让他来求婚倒也不错。后面我们还会谈到他,不过首先我们得谈谈一个不同类型的爱慕者,一个比希尔顿、萨克逊甚至利顿都更让人不安和痛苦的爱人。

1908 年 2 月,瓦奈萨生了个儿子,取名朱利安。四月份,坐了很长时间的月子之后(这在当时被认为是必须的),克莱夫、瓦奈萨、艾德里安一起去拜访在圣埃夫斯度复活节的弗吉尼亚。婴儿和看护自然也跟他们一道去了。弗吉尼亚从没见过幼小的孩子。这个小家伙尖叫着,在她看来就像是只不吉利的猫;他看上去根本不是人,是个制造无限麻烦的陌生的、可怕的玩意儿。[11]

瓦奈萨拥有人们意料中的年轻母亲的感受;不过她的母性情感是高度发达的,以致她变得迟钝起来,因为在她看来,这个婴儿就像任何成年人一样重要,一样有趣和喜欢交流;他的一切活动,甚至他的尖叫,都会引起充满喜悦的关注,她几乎没法相信有人会分享不了她的感受,会不承认这一点,就是当婴儿成了生活的中心,面对一种如此魅力十足的消遣,其他话题都可以滞后。在弗吉尼亚看来这是不可理解的;姐妹之间交流的全部慰藉都被破坏了。她转向克莱夫,发现他和

※ 见 VB/VW,[1908 年 8 月 11 日]。瓦奈萨在谚语方面的使用和错用总会逗乐弗吉尼亚。"有病的虫子不会翻身"(It's an ill worm that has no turning),"靠抓住牛的乳房来逮住一头牛"(to take the bull by the udders),"缝上九针,就能省下时间"(a stitch in nine saves time),等等。不能肯定哪些是弗吉尼亚自己编造的。

① 这几条谚语本该是:"像是一只身处瓷器店的公牛"(like a bull in a china shop);"连小虫也会翻身"(Even a worm will turn);"靠抓住牛角来逮住一头牛"(to take the bull by the horns);"及时补一针,就能省下九针"(a stitch in time saves nine)。

她几乎怀有同样的心情。在某种意义上,他俩都嫉妒那孩子。

克莱夫在很多方面都是个出色的父亲,他和善、慷慨,哪怕偶尔受到孩子们的过分刺激,他也不会感到愤懑。可是,在他决心去吸引孩子,逗他们开心之前,他得找到一种能和他们沟通的共同基础。在小婴儿这件事上,他感到茫然无措。他讨厌脏乱——小孩子的撒尿、呕吐和流口水搞得他很烦,还包括他们的吵嚷。他生来对每个人的健康状况都感到担忧而且容易被吓着,小婴儿的娇弱让他不安。如果婴儿号啕大哭,他肯定会得出结论他病得很重,如果他继续哭个没完,他自己就会被这哭声搞病了。所以,此时,在圣埃夫斯,被慈爱和恼怒以同样的方式折磨着,他逃出了房子,在乡间以长时间漫步的办法来躲避灾难。怀着一种遭到抛弃和背叛的感受(不过在某种程度上也为自己的无用而感到慰藉),弗吉尼亚陪伴着他。[12]

在听不到那种恐怖的号哭的地方,他们又会变得轻松自在起来;他们会谈论书籍和朋友,在这么做时怀着一种同志和结盟的感受,来对抗可怕的家庭生活的暴政。在这种交流中,弗吉尼亚比较容易发现她姐夫的优秀品质:隐藏在他那种温文尔雅之下的好心情,那种可能会使他显得爱瞎操心的对他人感受的爱护,他那几乎从不改变的好脾气,他对那些可笑的人的敏捷反应,还有他的魅力。就他而言,他从没有怀疑过她是一个出众的、让人愉快的妩媚同伴;不过可能就在这时,他注意到了,从某些角度来看,在她变得生机勃勃的时候,她甚至比瓦奈萨更漂亮。克莱夫总是和一位动人的女性说不上五分钟的话,就要稍稍炫耀一下自己的风情;这时候,他也许表现得比照例的单纯讨好稍微过火了一点,而——这是起到决定性的事——通常总会以极端严肃的态度凛拒所有挑逗的她,如今并不是完全无情无义的。抵抗刺激了他那种热烈乐观的气质,而最微小的成功的暗示则强化了它。一句

133

话,在结婚十四个月之后,克莱夫陷入一种和小姨子狂热、持久的调情。※

我用了"调情"(flirtation)这个词,因为如果我把这种感情称之为"恋爱"(affair),这就暗示着克莱夫达到了目的,而那目的其实就是一次结束于上床的令人愉快的小小通奸行为,我想只不过如此而已。许多年后,弗吉尼亚指责他是一只在其他鸟的巢穴里下蛋的杜鹃。"亲爱的弗吉尼亚,"他愉快地回答,"你就从来不肯让我在你的巢穴里下蛋。"[13] 其实,我怀疑如果弗吉尼亚让他满足了要求,这事是否会延续那么久,或一度会变得对他们两个都那么重要。可她从来就没有答应过他,说白了,她的行为可以被描述成品德高尚的。

那么她想要的是什么?她一点不爱克莱夫。如果说爱的话,她爱的是瓦奈萨。她们不在一起时,她每天都收发信件,她那些信件和情书很相似。如果她从瓦奈萨那里没有收到任何东西,她立刻就以为她姐姐病了或死了,或至少身处某种可怕的灾难之中。她从瓦奈萨的存在中寻求安慰。可正因为她是那么爱瓦奈萨,她就不得不伤害她,不得不插足进去,以这种方式去破坏那个迷人的小圈子,瓦奈萨和克莱夫如此幸福地沉浸在这个小圈子里,而她却被那么残酷地排斥在外,她不得不用离间丈夫的方法再次夺回瓦奈萨,那个丈夫说到底根本配不上她。

1907 年 10 月,关于贝尔夫妻,弗吉尼亚写道,"我还需要一些时间来把他和她分开。"这是一个失误——她的表面意思是:"还需要一些时间来把他和她区分开"——不过,这个失误或许已暴露了一种弗吉尼亚自己此时都没意识到的意愿。[14] 这场婚姻显然是成功的,这种成

※ 猜测:调情也许在更早的时候就开始了;不过我提出的时间大致是可信的。

功也会强化她的这些感受。她体味着姐姐的幸福生活,就像一个站在冷冰冰的人行道上的人,羡慕地透过窗户看着室内那种愉快的、炉火熊熊的亲密生活。她自己和艾德里安的生活是一种无趣的替代品,无论利顿还是萨克逊,甚至希尔顿·杨,她无法想象,这些人会跟她一起点燃她所羡慕的戈登广场 46 号那种愉快的家庭火焰。命运在她面前展示了一个好得出奇的正常夫妻性爱的例子;这令她体会到了自身孤独所带来的寂寞和恐惧。如今,她有能力结束那种特殊的痛苦,她不知道该怎样抵抗促使她这么做的诱惑。

她一定很快就意识到了,更确切地说,她想必从一开始就十分清楚,瓦奈萨深爱着自己的丈夫,任何这种性质的企图,无论其动机如何,都必然会激起她内心最深刻的憎恨,而她是弗吉尼亚最想要依恋的人。

弗吉尼亚想必明白,瓦奈萨处于极度痛苦之中,在审慎和坚忍方面都要经受不同寻常的磨炼。没发生过言辞激烈、充满指责的公然争吵;也许两姐妹都在回避"当众争吵"的念头。在给克莱夫和弗吉尼亚的信中,瓦奈萨轻松自如地看待这些事,表现出了一种幽默感;内心里,她不但受到了伤害,还感到愤怒;她说,如果弗吉尼亚怀有激情,如果她真心(或实在地)爱着克莱夫,她本会原谅她。[15]可显然她并非如此;所以她的行为只不过是出于干恶作剧的喜悦。它让克莱夫感到焦躁;使她——瓦奈萨——很不开心。弗吉尼亚自己从中获得了什么满足呢? 可以说是什么都没得到,除了把他撩拨得没辙罢了。※

不过,从某种意义上讲,克莱夫的迷恋对弗吉尼亚的确有所帮助。

※　"我和克莱夫以及奈萨的事……出于某种原因,它比别的任何事都更触动我的伤口。"VW 致格温·拉弗拉,1925 年 3 月 22 日。

我想,她并不具有那种不怀好意的性情,喜欢单单只是为了挫败男人的性冲动而挑逗它。她在其他恋爱中的表现,更确切地说,我们对她的性情的全部了解,都指向一个不同的方向——她其实是个非常不愿意激起别人性欲的人。可她确实喜欢被人夸赞——夸赞她的美貌、她的智慧、她的个性——受一个精通讨好女人之技艺的男人的奉承。这在她的生活中是一种颇为新鲜的事情,一种她显然没有从玛奇或维奥莱特,甚至从沃尔特·海德兰那里得到的东西。克莱夫是一个正常人,他具有那种正常心态的特殊魅力。也就是说,他不仅看重弗吉尼亚的性别(而利顿则是看重她,哪怕她是个女性),而且他不属于那个弗吉尼亚必然被排除在外的鸡奸使徒小集团(cénacle),她对那个集团怀有一种担忧、恼怒和厌恶之情。我猜想,在促使她认识自己的正常癖性,感受对男人的需求(迄今为止,她从未有过这种感受)方面,克莱夫比沃尔特·海德兰要成功得多。

除此之外,更重要的是:和玛奇、维奥莱特一样,克莱夫相信弗吉尼亚的天才(genius,这是他们使用的词),不过和玛奇、维奥莱特不一样的是,克莱夫能够讲得出上路子的批评。在这方面,他其实比利顿要有帮助得多。总的来说,利顿讨论起文学来是让人倾服的,可谈到弗吉尼亚·斯蒂芬的写作就不成了。当时他是一个劲敌。她一直对他怀有警惕心,她和他打交道时在文字上花尽功夫,其结果是她给他的信件大概是她写过的信里最乏味、最做作的了。克莱夫尽管是个好的批评者,但比较富有同情心,没那么令人生畏;和他在一起,她能放松自己,所以他可以提供一些有用的建议,对《美琳布罗西娅》的写作能做出一些真正的贡献。※

※　见附录 D。

从圣埃夫斯回伦敦时,弗吉尼亚忘了带上自己的约翰·德莱恩①传记(她正在为《康希尔》写关于这书的长篇评论)。她原本打算在火车上阅读它,可想起把它忘在公寓里时几乎已经太迟了。克莱夫跑回去拿它,然后追赶在开动的火车后面,试图把它塞进她那节车厢的窗户,他滑倒并跌了一跤,受了伤。这事件让他有了在信中献殷勤的借口:他声称,他不会提到"那些为您效劳时赢得的光荣伤口……"[16]她半带嘲笑地表示了怜悯:"你提到裹着绷带的双手和受伤的膝盖,使我的眼中溢出泪水,我的脸颊增添了绯红。"[17]他写道,"还记得我们谈起亲密关系和生命中真正激动人心的时刻吗? 我们曾达到过那样的巅峰吗?"[18]还有,"在罗斯沃尔(Rosewall)之巅,我在这个世界上唯一想做的事就是亲吻你?"[19]"为什么?"她回应道,"你用半吞半吐的暧昧句子来折磨我?"[20]"……尽管我们没有接吻(我是愿意的,还给过你一次机会……)——我想,我们'达到了那样的巅峰',照你的说法。"

与此同时,瓦奈萨也在给弗吉尼亚写信:

> 我猜想,关于我们**你**说了些什么——"当然,奈萨全心扑在了婴孩身上。是呀,我担心她正在丧失自己的全部个性,正在变成一个喜欢家庭生活的普通母亲,还有克莱夫——我当然非常喜欢他,可他的心智属于一种特别乏味、刻板的类型——还有他们总是对我做道德评判。不过他们好像十分幸福,我想我没有待得更久是件好事。我显然开始让他们感到厌倦。"好了,比利※——你以名誉担保,你没流露过以上某种情绪吗?[21]

---

① 约翰·德莱恩(John Delane,1817—1879),《泰晤士报》的编辑。
※ 即比利·山羊。在给瓦奈萨写信时,弗吉尼亚把这名字缩写成一个"B"。

136

　　很快，贝尔夫妻就跟在弗吉尼亚后面回到了伦敦，无疑，这种调情在双方的花招和反花招之间继续着；不过只有当游戏者分开时，我们才能对游戏的状况有所了解。

　　这场不过尔尔的"游戏"（尽管所有的参与者都是输家）因恼怒和社交上的不快变得复杂化。有时候，一般的交谈（尤其是他那种粗野的男性交谈）压根引不起弗吉尼亚的兴趣，克莱夫就会发现她漫不经心到了让人窘迫的地步；还有一些时候，她会让希普尚克斯小姐加进来破坏一对一的交谈。外加利顿；随着夏季的继续，利顿对弗吉尼亚的兴趣与日俱增——或看起来是这么回事。希尔顿·杨也加剧了克莱夫满怀嫉妒的恼怒。他无疑被看作是一个当真的爱慕者，弗吉尼亚自己相信他会在那个夏天向她求婚。他没这么做，她显然感到失望，她原本指望至少有人向她求过婚，可以给自己增添一些光彩。

　　夏天假期最初的日子里，弗吉尼亚一个人待着；艾德里安和萨克逊一起去拜罗伊特了，贝尔夫妻照例住在克利夫宅。想在接近他们的同时又保持独立，她在维尔斯（Wells）住了下来，8 月 1 日，她带着两条狗到了那里，决心埋头写自己的小说。她已经完成——或至少她已经写了——上百页了；海伦·安布罗斯开始变得栩栩如生，蕾切尔·温瑞斯也一样；不过这时她叫辛西娅（Cynthia）。在维尔斯，弗吉尼亚认定这个名字不成。※ 她写信请瓦奈萨给辛西娅另起个名字。瓦奈萨很乐意做别人的教母；她建议把她叫作佩内洛普（Penelope）、珀迪塔（Perdita）、克洛伊（Chloe）或欧芙洛绪涅（Euphrosyne）。"你就不能叫她艾普瑞考特（Apricot）吗？"[22] 她鲁莽地添了一句。照克莱夫看来，

※　《远航》是弗吉尼亚唯一多少在公开情形下写作，咨询意见，向别人出示部分手稿，和朋友讨论进展的小说。在写这部小说的后期，我想她不那么爱畅谈了。她后来的小说在完成之前再也不出示于人了。

137

他认为比琳达(Belinda)很合适。比琳达太高雅了,弗吉尼亚回答;此外,女孩的老爸是个船长,他会给自己的孩子起个外国名字——也许叫辛特拉(Cintra),或安达卢西娅(Andalusia)。"或巴塞罗纳(Barcelona),"克莱夫嚷嚷,他为比琳达的落选感到有点恼火,"不过我会喜欢波莉(Polly)或凯瑟琳(Catherine)。"[23]然后,弗吉尼亚有点前后矛盾地说,改换名字是最微不足道的事。

起初,位于维卡斯巷(Vicar's Close)的沃尔太太(Mrs Wall)的公寓好像能为弗吉尼亚提供她所需要的安宁,这地方隐约能听到教堂传来的声响。不过,沃尔太太想给她找个伴,是个害羞的神学学生,她觉得被打扰了,所以放弃了对沃尔太太的研究(到了此时,她已经构思了沃尔太太的整整一生,还研究了下面街道上的孩子们),搬到位于大教堂绿地(Cathedral Green)的一个教堂司事的房子里。可这间屋子没有餐桌或书桌,还有艾伯特王子透过他的络腮胡子朝下盯着她看①,在这种情形下要想写作是困难的,于是她搬去马诺比尔了。它那种贫寒、粗陋的简朴不亚于维尔斯,而且看来是个更适合写作的地方。8 月 30日,她向维奥莱特·迪金森吐露,她已经开始相信自己"总有一天会写得相当好"[24],向克莱夫,她倾诉说:

> 我对未来考虑了很多,明确了要写的书——我该怎样重写那部小说,该怎样捕捉稍瞬即逝的大量事物,怎样囊括整体,怎样为那些无限的奇异事物赋以形状……然而,到了明天,我知道,我用的还会是那些毫无生气的旧词。[25]

---

① 该句意义不明,疑指屋子里有艾伯特王子(维多利亚女王的丈夫)的雕像或画像。

这次住在马诺比尔时,她给埃玛·沃恩写了封信,这是一封荒唐可笑的信件,暗示她陡然陷入一种非常接近神经错乱的状态。[26]可从其他方面来说,照她这段时期的所有其他信件看来,她似乎是健康状况良好的。

克莱夫和瓦奈萨跟克莱夫的父母先在威尔特郡,然后又在苏格兰共处了一些日子,尽了孝道。九月份,他们可以自由地享受一个真正的假期了。弗吉尼亚和他们一起去了米兰、帕维亚、锡耶纳、佩鲁贾和阿西西。她带了个笔记本,照例在里面描述了风景。[27]她还颇有兴趣地琢磨了一番锡耶纳教堂的仪式,它们似乎和她在维尔斯看到的仪式大不相同。她描述了旅馆里的人:一个贪吃的老处女,永远漫游在外国土地上的各种套餐之间(弗吉尼亚开始编造有关她和她在六十年代所受教育的故事,以及她在英国的家庭),还有一个瘦削苗条的女士,带着两个单纯友好的女儿,悄不吭声地在给她们找丈夫。

对绘画和建筑她通常提得不多;但是她被佩鲁贾的坎比奥书院的壁画吸引了,感动之下,她写了一些迅疾、不连贯的笔记,不过并不让人厌倦。

　　我瞅着一幅佩鲁吉诺的壁画。我想他眼中的事物是成组的,被包括在确定、不变的形式中;被表达在脸上和行动中——[？它们]①是不存在的;所有的美都包容在人物稍纵即逝的显现里。可以说,他认为它是密封的;它所有的价值都在它本身中;不暗示着恐惧或未来。他的壁画在我看来似乎是无边的寂静;好像美飘浮到顶端,停留在那里,在所有别的事物之上,语言,延伸的路,头脑

---

① 弗吉尼亚原笔记在该处有不清楚或脱漏的地方。

与头脑之间的联系,这些都不存在。

每一部分和其他部分都有着一种相互依赖;它们在他的头脑中构成了一个理念。那个理念根本没法用语言表达出来。这伙人和上帝的形象毫无关系。因此,他们聚集到一起是因为他们的线条和颜色是相关的,并表达了他头脑中一种美的见解。

至于写作——我也想表达美——不过是动态生活和世界的美(匀称?)。矛盾?是这样吗?如果绘画中有一种动态,它只在于呈现线条;但是考虑到美的目的。不存在一种不同类型的美吗?这并不矛盾。

我得到了一种不同类型的美,通过无限的不和谐达到一种匀称,展现了思绪在这个世界上全部游历的踪迹;最终获得了一种由颤抖的碎片组成的完整;在我看来这恰恰是自然而然的步骤;思绪的飞翔。他们真的体会到了同样的东西吗?

她对随身携带的用字典纸印刷的微型小说集有着同样的兴趣,虽然没想那么多。她读了托马斯·哈代的《塔上的两个人》,认为他还是太笨拙了,算不上文豪,可他有着一种寒冷的力量,一种非常符合她的审美的"粗糙的诚实"。她也读了《哈里·理查蒙德》[①]。我想,梅雷迪思是她早年热衷的作家;但是如今"梅雷迪思无法满足我了";她在他的矫揉造作和华丽措辞中发现的是伟大事物的影子,而不是它的相似物,一个他自己的世界,不过是一个台上布景和吊景区的世界。以上这些就是那个九月里弗吉尼亚在智性上的消遣了。

至于她感情上的消遣,发展如何就比较难说了。在佩鲁贾发生了

---

① 《哈里·理查蒙德》,乔治·梅雷迪斯的小说。

某种剧烈的争吵;她和克莱夫在那个城市狭窄、陡峭的街道上走着,彼此朝对方吼叫,在锡耶纳又发生了同样的事。※[28]不过总体来说,事情似乎发展得很顺利。克莱夫写信给萨克逊说:"瓦奈萨和弗吉尼亚两人都令人满意,而且难以置信地迷人。"[29]对此,萨克逊以他典型的风格回答:"如果我说,我会完全相信瓦奈萨和弗吉尼亚难以置信地迷人,这带有悖论的意味吗?"[30]

弗吉尼亚在假期结束时告诉维奥莱特,克莱夫是个"值得赞美的人";从这一点我们可以推想事情进行得很顺当。[31]

这个秋季,其实这几年以来,弗吉尼亚都很忙,不仅要忙于小说和大量的报刊写作,还要忙于自己的教育。虽然珍妮特·卡斯不再是她的老师,她还是她的朋友,弗吉尼亚或许从她的建议中已经有所受益。总之,她继续阅读希腊和罗马作家的作品。※※八月份,当她在马诺比尔时,她曾抨击过剑桥朋友们几乎当作他们时代之福音的那部作品,即G.E.穆尔的《伦理学原理》。如今她阅读了它,有点吃力,但大加赞赏。这有些让人吃惊,这本书几乎被认为是布鲁姆斯伯里集团的必读作品(不过,并不是说瓦奈萨或邓肯·格兰特曾尝试要阅读它),她竟然这么久都没读过它,我认为是克莱夫说服她去阅读这本书的,他总喜欢在吵架时引用穆尔。

克莱夫这时是她的权威,在阅读现代法国文学方面对她有所指引。还有(这一点重要得多),他成了她的文学知己。保存下来的信件表明,1908 年到 1909 年,对于《远航》的初稿,他提供了详尽的、篇幅

※ 在一张 1935 年 6 月 17 日寄给克莱夫的风景明信片(上面是锡耶纳的交通要塞[the Viale della Fortezza]的景色)上,弗吉尼亚写道:"就是在如今用十字标记出的地点,1908 年 9 月,克莱夫·贝尔和他的小姨子吵了起来。就在那里的橘子花下,我流下了难忘的眼泪。V.W."

※※ 1907 年,弗吉尼亚正在读尤维纳利斯,1908 年在读《奥德赛》和柏拉图;1909 年是《伊安篇》、《埃阿斯》和《蛙》;她在一个笔记本中对这些作品做了颇为详尽的批注。MH/A 21。

很长的批评,她接受了它们。书中有许多他不喜欢的东西,有在他看来显得粗糙、不成熟或缺乏独创性的段落。可是总的来说,他是非常热情的;他认为她的语言具有一种"在最好的诗歌中才有指望感受到"的力量,"尽可能地接近它们的内在真相"。显然,他的称赞鼓舞了她,自己的写作不是"一场空",她很高兴在这方面有点把握了;还有,她能够接受而且看来好像能够采用他的一些批评。※

140

　　从其他方面看来,这场纠葛变得越来越不愉快,而这些对话却构成了其中最可喜、最有益的部分。

注释

　　[1] LW/GLS,未标明日期[1909 年 2 月 1 日](MH)。

　　[2] DG/GLS,1907 年 4 月 7 日(CH)。

　　[3] VB 致玛杰里·斯诺登,未标明日期[1907 年 4 月](CH)。

　　[4] MH/A 16。

　　[5] DG,《弗吉尼亚·伍尔夫》,见《地平线》,1941 年,第三卷,第十八期,第 402 页。

　　[6] VB/VW,未标明日期[1908 年 8 月 11 日](MH)。

　　[7] CB/VW,未标明日期[1911 年 1 月 12 日](MH)。

　　[8] AWD(Berg),1919 年 1 月 24 日。

　　[9] VW/CB,未标明日期[1908 年 8 月 9 日?]。

　　[10] 希尔顿·杨(迪恩的肯尼特勋爵),未出版的回忆录。感谢现在的肯尼特勋爵允许我阅读这份手稿。

　　[11] VW/VD,1908 年 5 月 13 日(Berg);也参见 VW/GLS,《书信》,第 13 页,[1908 年 4 月 28 日]。

　　[12] VW/VD,1908 年 5 月 13 日(Berg)。

　　※　见附录 A。

［13］据传闻(CB)。

［14］VW/VD,［1907 年 10 月 15 日］(Berg)。

［15］据传闻(VB)。

［16］CB/VW,1908 年 5 月 3 日(MH)。

［17］VW/CB,未标明日期［1908 年 5 月 6 日］。

［18］CB/VW,1908 年 5 月 3 日(MH)。

［19］CB/VW,1908 年 5 月 7 日(MH)。

［20］VW/CB,未标明日期［1908 年 5 月 6 日］。

［21］VB/VW,1908 年 5 月 4 日(MH)。

［22］VB/VW,未标明日期［1908 年 8 月 8 日］(MH)。

［23］CB/VW,1908 年 8 月 23 日(MH)。

［24］VW/VD,1908 年 8 月 30 日(Berg)。

［25］VW/CB,未标明日期［1908 年 8 月 19 日］。

［26］VW 致埃玛·沃恩,未标明日期［1908 年 8 月］。

［27］我无法追踪到原始笔记本;伦纳德·伍尔夫有一个抄写本。1906
年希腊旅行中使用过这个笔记本,1908 年和 1909 年去意大利的时候也带上
了它。

［28］据传闻(VW)。

［29］CB/SST,1908 年 9 月 17 日(CH)。

［30］SST/CB,1908 年 9 月 21 日(CH)。

［31］VW/VD,未标明日期［1908 年 10 月 4 日］(Berg)。

第八章 1909 年

1909 年 2 月 17 日,利顿来到费兹洛广场 29 号向弗吉尼亚求婚, 求婚被接受了。

就在求婚的同时,利顿意识到这个主意(他对此已经考虑了一段时间,把这看作是解决自己那种非常复杂的私生活问题的办法)其实根本就不是个解决办法。他发现自己对她的性别和童贞感到惊恐;被她可能会亲吻他的念头吓坏了。他认识到自己幻想的"婚后的安宁天堂"是不可能的;它根本行不通。[1] 把自己置于如此处境,他感到恐惧,他相信她爱他,就更害怕了。

她对此有所察觉,以一种怜悯的圆通手腕帮助他摆脱了窘迫。第二次见面时,他最终宣布自己不能和她结婚,同时她向他保证自己并不爱他,这次会面之后,两人设法和气地解除了婚约。

对利顿来说,这事情可能就此结束了;他想必已完全清楚自己那种感情的天性,难以设想他会再次考虑这样一种婚姻。

可对弗吉尼亚来说就不同了。尽管她肯定已经意识到机会渺茫,她仍在考虑嫁给他的可能性。她已经告诉利顿自己不爱他了。我也认为她不爱他。她可能接受他的个性，但不接受（事到临头）他这个人。她后来会承认，她在性上一向是胆小的，她对男子性欲的仅有体验是可怕的、令人作呕的。[2]可她确实想结婚；她二十七岁了，对单身生活感到腻味，非常厌倦和艾德里安同住的生活，而且很喜欢利顿。她需要一个具有能让她钦佩的心智的丈夫；她重视杰出的才智更甚于一切，在这方面，她还没遇到过对手。利顿的同性恋可能甚至是一种让她放心的缘由；作为一个丈夫，他不会有性饥渴，和他的婚姻（几乎是友爱性质的）也许会逐渐变成一种真正的、一致的、感情深厚的东西。

142　可如果她仍旧渴望这样一种婚姻（照我认为，她是这么想的，瓦奈萨无疑也一样），一旦利顿撤回求婚，她想必其实就没什么指望了。这肯定是一次非常让人失望和伤心的经历。※

　　利顿隐居到布赖顿去平息自己激动的神经了；弗吉尼亚继续过着一种非常忙碌但（我以为）很不愉快的生活。就是在这个时候，一位陌生人在女王大厅看到了她，注意到她看上去是多么孤独和忧郁，这人匿名给她寄了一张高尔斯华绥的《冲突》（*Strife*）的戏票（当时正在干草场剧院〔Haymarket〕上演），他坐在她身边，跟她说话，后来写信想和她结交。她感到自己没法这么做；可她保存了他这封信。[3]

　　1909 年最初几个月里，弗吉尼亚已经在玩另一场而且是更危险的一场冒险了。她朋友中的某个人发明了一种写信游戏，在这场游戏中，玩游戏者——弗吉尼亚、利顿、沃尔特·兰姆、克莱夫、瓦奈萨、萨

　　※　正当弗吉尼亚似乎有危险抽出一张错误的纸牌时，正确的那张随即从牌堆下露了出来。在一封给锡兰的信中，利顿建议，其实应该娶她的是伦纳德·伍尔夫。他回复说："你认为弗吉尼亚会要我？如果她肯的话，请电知我。我会乘下一趟船回家。"〔1909 年 2 月 1 日〕

克逊,可能还有艾德里安,每人担任一个虚构人物的角色,并获得一个假名——玩法是在信里编小说。[※]不过,尽管名字是虚构的,有一点很快变得显而易见,即他们在信中描述的人物和事件并不是假的;这其实是一种书信体的假面舞会,其中的伪装只是用来给参与者壮胆。躲在面具后面,克莱夫觉得自己能够以不同寻常的坦白和热情重新开始献殷勤;利顿和弗吉尼亚率直地讨论了这些,提到瓦奈萨想必会感受到的痛苦。弗吉尼亚以苦恼的遁词做了答复;瓦奈萨批评了她在希尔顿·杨一事上该受谴责的缺点。游戏大约在利顿求婚时结束,这没什么可奇怪的。"生活,"弗吉尼亚写道,"无疑是非常令人兴奋的……喔,我多么希望自己能写一部小说!"[4]

接近四月底,贝尔夫妻建议她应该跟他们一起去佛罗伦萨待上一个月。她已经计划和艾德里安一起乘船去圣马诺①了,"就像复活节第一只起身报晓的公鸡那样"登上陆地。[5]可 4 月 7 日,已经病了一段时间的卡罗琳·艾米莉娅姑姑最终死了。在给《卫报》写讣告^{※※}和出席火葬仪式之间,她寄给瓦奈萨一张明信片说,她到底还是决定跟他们一起去。克莱夫当然感到高兴,欣喜若狂地给她写了信;她回复了一封非常卖弄风情的信。

可佛罗伦萨让她感到不称心。她不喜欢"那个做作的佛罗伦萨社交圈"[6],在那里她遇见了令人生畏的罗斯太太,她对弗吉尼亚以恩人

143

※ 弗吉尼亚是埃莉诺·海戴因(Elinor Hadyng),克莱夫和瓦奈萨是詹姆斯和克拉丽莎·菲利普(James and Clarissa Philips),利顿是文·海瑟雷(Vane Hatherley),沃尔特·兰姆是汉弗莱·梅特兰(Humphry Maitland),萨克逊是伊尔切斯特先生(Mr Ilchester)。(奥托林·莫瑞尔夫人被叫作卡洛琳·伊斯特诺夫人〔Caroline Lady Eastnor〕,菲利普·莫瑞尔是朱利尔斯爵士〔Sir Julius〕,还有希尔顿·杨显然被叫作罗杰〔Roger〕,我认为他们三位不是这场游戏的参与者。)见《弗吉尼亚·伍尔夫和利顿·斯特雷奇书信集》,1956 年,第 28 页。

① 圣马诺(St Malo),法国地名。

※※ 这份讣告刊登在 1909 年 4 月 21 日的《卫报》上。

自居——她不喜欢受人恩惠——还有女诗人梅内尔太太,瘦骨嶙峋得"就像一只发愣的野兔"——算不上一种令人鼓舞的文学女性的典范。[7]在端详那些较不显赫的英国侨民时,弗吉尼亚要开心些,尤其是一个坎贝尔太太,她是位年长的女性,曾把《达米恩神父传》①改写成诗歌。这是那些被弗吉尼亚铭记在心,并最后出现在她小说里的怪事之一。※

　　她的日记里还有为克莱夫传记做准备的某些笔记。看来她好像打算为一个敏感、诚实、友善的男人描绘一幅感觉敏锐,并非冷漠无情的画像,这人的优雅有点过分精心了,对自己的社交才赋也有点太自觉了。可想而知,她在那时总惦记着他。他们的关系是令人不快的;怎么可能不这样呢?利顿逃跑之后,克莱夫的殷勤也许是一种受欢迎的安慰;可她自己就跟利顿一样是躲躲闪闪的。她既不接受克莱夫,也不离开他;他继续被她的挑逗搞得时而恼火,时而高兴,还感到挫败和狂怒。他宣称,她靠心智而不是感情而活,他们如果不是在调情,就是在争吵。在她看来,他以一种对她伤害很大的方式报复了她的冷淡,就是说,只要跟妻子做爱就成了。他对妻子最轻微最自然的爱意流露(一种表示爱意的举动,一个亲吻),也会让她觉得自己没人爱了,不再被人需要,被排除在外了。[8]她后来写道,"那个夏天我是郁郁寡欢的,我的一切判断都让我感到痛苦。"[9]可能是前几个月的兴奋和失望使她感到萎靡和焦躁。无疑她总爱找茬,他们吵了几架;照瓦奈萨的说法,她在巴杰罗②感到"无聊",两个星期后,她下决心缩短假期,提前回家。[10]

144　　　瓦奈萨和克莱夫力劝她留下来:法国爆发了罢工;她几乎不懂法

---

①　达米恩神父(Father Damien, 1840—1889),比利时人,在夏威夷的莫洛凯岛(Molokai)照料麻风病人十六年,直至自己染病死去。

※　见《远航》第十一章,第 165 页;《雅各布的房间》第二十一章,第 263 页。

②　巴杰罗(Bargello),指佛罗伦萨的巴杰罗美术馆。

语,意大利语就更别提了;她在赶火车方面一塌糊涂。可她铁了心,就这样向他们告辞了。

> 这相当让人伤感,[瓦奈萨在给玛杰里·斯诺登的信中写道]看着她一个人踏上那漫长的旅程,把我们两个都丢在了这里!当然,我有时被她的哀婉处境感动了,此时,我比通常情况下更感动。我想她非常愿意结婚,无疑,她愿意嫁给利顿远甚于嫁给别人。和不赏识她的艾德里安生活在一起是困难的,和他一起厮守到老是一种令人沮丧的前景。我希望明年会出现一两个新人,因为我已经开始想,虽然有那些缺点,她还是结婚比较好。但是,我不知道她会怎样对待孩子![11]

这趟远征是一次失败;她回到英国,遇上了另一种失败。五月份她拜访了剑桥,就在这时,在剑河的一叶撑船上,希尔顿·杨向她求婚了。他有许多可取的地方,她不曾挫败过他,他的人和他的性格是值得称赞的;而且,看来他也许会解决她的所有难题,因为到了这时候,嫁给利顿一定是真的希望渺茫了,同时她和克莱夫的调情带来的痛苦已经超过了乐趣。可到了关键时候,她知道自己不爱他,不能嫁给他。或许是作为一种借口,她告诉他,自己除了利顿谁也不会嫁。

大概就在这个时候,她的社交生活里出现了一个重要的新人。

"我们刚认识了一位令人惊叹的奥托林·莫瑞尔夫人,她长着美杜莎①的脑袋,不过尽管如此,她非常单纯无邪,崇拜艺术。"[12]

我觉得弗吉尼亚说她无邪是没错,而且我觉得她其实非常单纯、不

---

① 美杜莎(Medusa),希腊神话中的女怪,长着奇丑的脑袋,凡看到她相貌的人都会变成石头。

太聪明。不过这是令人难以置信的。她的外表让人觉得她很邪恶、阴险、复杂。因为她就像一座奥地利的巴洛克教堂那样花哨和奇异,从她肉体栖居的那幢引人瞩目的大厦里,传来一种有点像鸽子的咕咕声,又有点像狮子的咆哮声;它似乎是从她那奇形怪状的哈布斯堡①下颌上滔滔不绝地发出的;此外,她具有一种优雅,一种既胁迫人又引诱人的尊贵谈吐。她跟多瑞莉娅和奥古斯塔斯·约翰一起出现在弗吉尼亚的一次星期四之夜上,后两位和她一样漂亮,几乎也一样奇形怪状(这几位凑在

145

一起,一定会构成一道稀罕的奇观,因为奥托林自己就能在街头引来一群相当数目的围观者);奥托林的丈夫菲利普·莫瑞尔和他们一道前来。

很快,奥托林写信给弗吉尼亚,索要她所有"令人惊叹的朋友们"的名字和地址;他们都来了,到她的贝德福德广场的家里来拜访她。[13]"于是,"弗吉尼亚写道——"于是"这个词意味着在接下来的两三年里——

> 我们都堂而皇之地闯进了那个非凡的漩涡,在那里,这些稀奇古怪的草棍们被暂时聚拢在一起。奥古斯塔斯·约翰戴着黑色硬领圈,穿着天鹅绒外套,非常阴险[?];温斯顿·丘吉尔正在通往白金汉宫的路上,他红光满面,周身是金色蕾丝花边和勋章;雷蒙德·阿斯奎思(Raymond Asquith)妙语连篇;弗朗西斯·多德※栩栩如生地告诉我他和苏茜阿姨(Aunt Susie)是怎样灭虫的:

---

① 哈布斯堡(Hapsburg),欧洲历史上最古老的王室家族;这里指奥托林·莫瑞尔夫人有哈布斯堡家族的血缘。

※ 弗朗西斯·多德(Francis Dodd,1874—1949;1935年入选皇家艺术院会员)。在他的要求下,1907年10月和1908年7月,弗吉尼亚为他做过几次画像模特。根据素描,他做了四幅她的蚀刻图版,其中一幅现藏于伦敦国家肖像馆,另一幅收存于纽约的本亚明·宗南贝格(Mr Benjamin Sonnenberg)收藏品中。"苏茜阿姨"是伊莎贝尔·戴克小姐(Miss Isabel Dacre,1844—1933),曼彻斯特美术研究院成员之一,多德的一个密友。

她举着灯;他端着盆石蜡;虫子连绵不断地横贯爬过天花板。亨利·本廷克勋爵坐在沙发一角,也许还有尼娜·兰姆坐在另一角。刚从下院回来的菲利普[·莫瑞尔]在壁炉前面的地毯上嗯嗯呃呃。还有据说爱上了奥托林的吉尔伯特·坎农。以及据说奥托林爱着的伯蒂·罗素。首先是奥托林她自己。

我们可以补充一句(因为在贝德福德广场,谣言的精神是不计后果),据说她爱上了弗吉尼亚。我认为没有人曾暗示过弗吉尼亚对她的爱给予了回报;不过,说实在的,她喜欢奥托林,觉得她风趣、迷人、奇异,就像王室或教会,与其说是一个女人,不如说是一种奇物,一个来自另一时代的小说中的角色;而且十分可爱。无疑,她为布鲁姆斯伯里的生活增添了一种新事物——一种世俗魅力和一种受弗吉尼亚欢迎的非常强烈的异性恋因素。她为费兹洛广场的小圆糕点、鸡奸和崇高思想带来了女人、轻佻和香槟酒。

艾德里安在 6 月 6 日到 7 月 16 日之间记了日记,他在其中描述了他和弗吉尼亚的一次星期四之夜,这些描述似乎是值得引述的,因为它让我们知道了这个时期的布鲁姆斯伯里派对是什么样子,也表明了艾德里安对弗吉尼亚的看法。

7 月 1 日,星期四

146

我回家时顺道去了戈登广场,在那里我遇到山羊,和她一起走回家。只有我们俩一起吃了饭,饭后我们等了好久才有人登门。萨克逊照例头一个到,不过很快就跟着来了诺顿,诺顿后面是詹姆斯和利顿·斯特雷奇。起初我们非常安静,都是弗吉尼亚和利顿还有我在说话,萨克逊保持着他通常的蛰伏状态,诺顿和詹姆斯偶尔相互耳语一句。后来瓦奈萨和克莱夫来了,还带来了邓肯·格兰特。这之后,交谈变得较活跃了。瓦奈萨和利顿坐在沙发上,就我听到的只言片语来说,他们在谈他跟詹姆斯的那种淫秽爱情。不管他们在讨论些什么,他们突然沉默了下来,话题被陡然打断了,这让他们感到非常高兴,特别是瓦奈萨,我友好地为他们的快乐做了点锦上添花的事,问他们为什么停下来。不久,亨利·兰姆来了,他是从牛津回来的,他在那里画一些肖像画。交谈进行得很顺利,尽管内容并不很有趣,直到大约十一点半,科尔小姐来了。

她走过来坐在一张长柳条椅上,身边的地板上坐着弗吉尼亚和克莱夫。弗吉尼亚照例喜欢直截了当地恭维人,她开始就科尔小姐的外表称赞起她来。"当然,科尔小姐您总是打扮得如此雅致。您看起来非常新颖,真像一瓣海贝。穿着这身雅致的服饰,您来到我们的泥泞靴子和烟雾之间,带着一种如此文雅的气质,"克莱夫插话进来,说了些更添油加醋的恭维话,然后开始问她,为什么她这么讨厌他,说任何别的年轻女士都会为他说的那些美妙话感到非常高兴,可她却对他这么严厉。弗吉尼亚在这里打断了他的话,"我想科尔小姐具有一种非常强有力的特征",等等,等等。总而言之,科尔小姐变得很不开心,很不自在;弗吉尼亚和克莱夫的过分夸张使人禁不住笑出声来,所有的交谈都被他们俩的喧闹双簧打断了,于是这个可怜的女人成了我们所有人瞩目的中心,变得手足无措。最后,话题被仁慈地转移了,弗吉尼亚和我交换了座位,可以说我施展了一些手段,设法收服了克莱夫。

詹姆斯和利顿·斯特雷奇走了,我们玩起一种瓦奈萨和克莱夫在弗莱什菲尔德家学会的荒谬游戏。游戏的原则如下:在半分钟内，能够用任何被给予的字母说出最多词汇的人将获胜。克莱夫拿着手表，让我们轮流来。给诺顿的字母是 G，他从耶路撒冷（Jerusalem）和基督（Jesus）①开始，这想必给已饱受折磨的可怜的科尔小姐又增添了一种痛苦。我们都轮到了，瓦奈萨试图尽可能地冒险，她总想说猥亵的话，当她做到这一点的时候，就会高兴得像个被宠坏的孩子。一点钟，科尔小姐走了，邓肯·格兰特大概在同样的时间离开了，当时刚展开一场有关邪恶的重要讨论，我不知道是谁引起的。很快，口才精湛的弗吉尼亚使自己成了辩论的中心，她用最强烈的感情表达最含糊的话，并准备好了要打断任何发笑的人。她的手段是机敏的，起初颇让人不安，因为当某个人小心地检验了她的论点并确凿地驳倒了它，她立刻就会热情地赞同他，说他确切地表达了她的观点。

　　这样的辩论蜕化成了单纯的造词游戏，于是被认为是很有趣的；这争论又让步给了逗弄萨克逊的游戏。他为自己的所有小怪癖而遭到戏弄和嘲笑，他始终一声不吭，只是偶尔露出一丝笑容。哪怕弗吉尼亚最大胆的俏皮话也没法刺激他说点什么，只要克莱夫在场，这些俏皮话不会不引起哄堂大笑的。最后，除了萨克逊以外，所有人都走了。萨克逊继续讨论去德国的不同途径，他已经从《库克旅行者手册》那里获得了进一步的信息。然而，弗吉尼亚和我都那么困倦，我们设法以漠不关心的态度撵走了他。大概在凌晨五点黎明到来之际，我们睡觉去了。

可怜的科尔小姐是不走运的。弗吉尼亚会捏造一个人的形象，然

---

①　G 的音标发音类似 je，所以诺顿开了个玩笑，没说 G 开头的词，而说了两个 je 开头的词，而且都和宗教有关，多少有亵渎宗教的意味。

后高兴地、公开地，甚至豪爽地（因为她太热爱自己的虚构了，没法不相信它们）把它掷回到那人拖曳的双足前，想知道该怎样对付这种事是不容易的。不过当克莱夫（他的殷勤并不总是明智的）和她联手并喧嚷地夸张她那种恭维中最放肆的部分时，事情一定会更令人难以忍受。弗吉尼亚放纵言论里夹杂的那种残忍不在于它们的恶意——其实我认为她（通常）是没有恶意的——而在于它们的真挚。她捏造的形象是想象出来的，可牺牲品——她所依据的微小基础——原本会很容易消除这样的幻想，如果没有那种势不可挡的力量来推进它们的话；那种力量不是来自想要曲解的愿望，而是来自确信。科尔小姐也许看上去像一瓣海贝，也许不像：无疑，她具有一种真珠质光彩的典雅，足以激起弗吉尼亚的想象力（它很容易被激起），然而，弗吉尼亚几乎立刻就已经开始相信那幢熠熠生辉的大厦的真实性了（她那么轻而易举地建造了它）。其实可笑的人是她，在后来的岁月里，总之，当她任凭自己的幻想去狎昵他人时，可笑的是她而不是被嘲笑的牺牲品。

另一件罪过较小的轶事发生在同一时期，也值得一记，因为它很实在地表现了弗吉尼亚编造神话的能力可能会造成的苦恼和混乱。

148　　　那是在康沃尔；弗吉尼亚、瓦奈萨、克莱夫，我想，还有艾德里安，在一幢公寓里吃午餐。女仆——一个形象模糊、胆小、老鼠似的女仆——过来收拾羊肉和两种蔬菜的剩菜。

"吃哪一种布丁？"弗吉尼亚问。[14]

"圣米迦勒山布丁（Mount St Michael's Pudding），小姐。"

弗吉尼亚的想象力被激发起来；她仿佛看到了它的样子，因此禁不住要去描述那番幻象。她确切的话已经没人记得了；但讲的是一种高耸的巧克力，顶上覆盖着炫目的白糖城堡，以结晶的当归片为雉堞和顶冠，在它脚下起伏着透明果子冻的汹涌大海，点缀着乳脂状泡沫，饰以不知名的甜食,这些甜食被做成了船只、美人鱼、海豚和涅瑞伊得们①的模样……作为弗吉尼亚的亲人,倾听这番细账的主要趣味就在于女仆的面部表情,她吃惊于弗吉尼亚的口才,也感到骇然,因为她知道自己在几分钟后会端上来一个蒸好的布丁,从形状和构造来说也算像个沙堡,上面杂乱地点缀着少许草莓酱。

这是和弗吉尼亚生活在一起的困难之一;她的想象力被装上了加速器,却没有刹车;它迅速向前奔涌,跟现实分道扬镳,而当现实碰巧是人的时候,其结果对那人来说可能就很可怕,他发现自己受到期望,不该辜负弗吉尼亚创造的角色。可哪怕现实碰巧是把雨伞,它也会引发混乱。

稍后,1909 年夏天,在拜罗伊特时,她和艾德里安一起出去购物,她买了个笔插。[15]这种事一向非常难办,因为一笔一划地写字让她感到开心。她喜欢一个优质硬笔尖在纸上刻写字母时的感觉,对劣质文具非常痛心;无疑,从十五岁起,甚至可能更早,她就不断地在试用新的钢笔和笔插了,而且当然是很难感到满意的。所以照艾德里安的看法,这趟考察是出师不利的。对一家书店的拜访让事情变得更糟,在那里弗吉尼亚为了寻找陶赫尼茨版②《早餐桌上的独裁者》③而引起了一场混乱,她正在评论这本书,本该从英国把它带来。在这里,至少她知道自己要的是什么。不幸这家书店没有这本书,不得不派人去莱比锡订购一本。更不幸的是,她回家后发现它就在自己包里。带着那种女性的漫不经心,她建议艾德里安和她一起再去书店取消订单。艾德里安拒绝了;他无法再次面对那些人。不过这事还发生在购买阳伞之 149

---

① 涅瑞伊得(Nereid),希腊神话中的海中仙女,共五十人。
② 陶赫尼茨(Tauchnitz),德国出版商。
③ 《早餐桌上的独裁者》,美国作家奥利弗·温德尔·霍姆斯(1809—1894)的小说。

后,那件事甚至花费了更多时间,也更让人痛心。她说她需要一把白色的阳伞,店里的每一把白色阳伞都被拿了出来;可它们都不符合她的想象;一把白色的阳伞,她解释说,没有绿色的衬里是不成的。店里没有这种伞,既然如此,她要求一把咖啡色的,最后买下了店里最便宜的褐色荷兰亚麻布阳伞。

弗吉尼亚一辈子都是个含糊其词、迟疑不决而且让人气恼的购物者;她一定曾经让许多可怜的店员几乎要说出脏话或流下泪来,想象中的和实际上出售的货物不一样,当她发现自己为此陷入僵局的时候,不仅那些店员,她的同伴也感到极其痛苦。

这番离题话已经把我带到了拜罗伊特,我得解释一下为什么1909年8月弗吉尼亚会在那里。在后来那些岁月里,它是人们最不指望能找到她的地方。从任何严格意义上来说,她都不喜好音乐。她什么乐器都不会;我认为她对乐曲不会有什么深刻理解。的确,音乐令她开心;她喜欢家里的自动钢琴(如果艾德里安弹的时间不太长的话),就像她后来喜欢留声机一样;它构成了她的冥想背景,为她的钢笔提供了主旋律;在艾德里安记日记的那段时间里,她常去音乐会,很频繁地听歌剧[※],她把后者当成一种壮观场面和一种社交活动来欣赏。不过她对歌剧的兴趣(跟艾德里安以前一样)可能受了萨克逊的激励;弗吉尼亚如今对瓦格纳明显怀有敬意,无疑,这肯定是萨克逊的责任,因为萨克逊自始至终是一个热烈的瓦格纳迷,坐在那里一整遍又一整遍地倾听《指环》(*The Ring*),品味《特里斯坦》(*Tristan*)和《帕西法尔》

※　艾德里安记录道,她在六个星期里听了两次《唐璜》(*Don Giovanni*)和两次《路易丝》(*Louise*),参加了《肇事者》(*The Wreckers*)的首场演出,还去听过《阿依达》(*Aida*)、《蝴蝶夫人》(*Madame Butterfly*)、《浮士德》(*Faust*)以及《俄耳甫斯和欧律狄刻》(*Orpheus and Eurydice*);她去听了几场音乐会,听了契玛罗沙和戴留斯的作品(《生活的弥撒》〔*The Mass of Life*〕),还有两场戏剧,还和莫瑞尔夫妻去看了大剧场(Coliseum)的俄国舞蹈。

（*Parsifal*）的每一小节（到了 1910 年，他已经能够庆祝他倾听了第三百场歌剧演出了），即便在当时，弗吉尼亚也是更愿意听莫扎特的，但我认为，一定是他那种强大、沉默的压力敦促弗吉尼亚游历了瓦格纳精神的圣地，面对了那些她觉得很丑的德国人，那些从英国来的家里的老朋友（她宁愿不遇见他们），还有那些引不起热情的公寓和膳食。

　　他们在拜罗伊特待了两星期。每天上午，艾德里安和萨克逊都出去散步，同时弗吉尼亚在一张摇晃的书桌上写东西，这书桌是用她的箱子搁在盥洗架上搭成的。他们在吃午餐时碰头，下午一起去听歌剧。

　　　　在幕间休息离开歌剧院时，我们肯定是一种不同寻常的景象［艾德里安写信给瓦奈萨说］；山羊一手拿着阳伞、大皮革包、一盒烟、一盒巧克力和一本歌剧剧本，同时徒劳地努力提起白色长氅和裙子，不管她把它们提得多高，它们坚持要拖在灰尘里；接着是萨克逊，以一种热情洋溢的声音自言自语地哼哼着，那么疯狂地做着手势，让人以为他身体里的每一块骨头肯定都脱了臼；然后我高高地抬着头走过来，假装没什么特别的事在发生，同时试图把另外两位带离主要的人群。[16]

（"……人山人海，我们被人盯着，不是因为我们长得美。"[17]弗吉尼亚写道。想起艾德里安古怪的削瘦身形，他那笨拙的举止，还有那个事实，哪怕他不高抬着头，他就已经比任何人群都要高出一截了，人们恐怕要猜想，他看起来才是三人里最奇怪的那个。）

　　　　想帮山羊减轻任何负担都是行不通的，因为一做那样的尝试,有一半的东西就会掉到地上。最后,我把他们带到了一大片荒地上,弗吉尼亚和我坐了下来,在他的风湿病许可的情况下,萨克逊也坐了下来;这时,萨克逊总会显得双倍地死气沉沉※和乖戾,弗吉尼亚开始膨胀成最放纵的模样。最后,我被迫直接跟她顶起嘴来,她反驳我,然后我们都消了气,在沉默和相对平静中吃我们的巧克力。[18]

尽管如此,由于萨克逊的死气沉沉,弗吉尼亚和艾德里安被迫亲善起来,他们两人间的关系不同寻常地友好(虽然艾德里安怀疑这种可喜的状态是否能维持下去,如果弗吉尼亚坚持购买更多东西的话)。弗吉尼亚也差不多每天都给姐姐写信,描述他们的环境、他们的活动和他们身边的人:

> [德国人]的粗俗是令人吃惊的——不过他们看起来很清洁、友善。他们很中萨克逊的意。他觉得他们是那么明白事理。[19]

萨克逊其实一直都在她的审视之下:

> 萨克逊一整天都处于蛰伏状态,如果你打扰他的话,他就会显得相当乖戾。他平行地跳着,一会儿向前一会儿向后,挥舞着他那根丑陋的手杖,嘴里哼哼着,就像一只聒噪的蚱蜢。他有点让我想起了父亲。他以同样的方式捏紧拳头、皱着眉头;如果你盯着他,他

151

※ 死气沉沉(mortish),艾德里安编造出来的一个词,用来形容萨克逊较让人受不了时的脾气。

就立刻停下来。艾德里安和我互相眨着眼,有时会被他发现。大概夜里十一点,我们开始打呵欠的时候,他活跃了起来,提出一个非常敏锐、相当尖刻的问题。我们一直争论到今天凌晨一点半。它针对的是艾德里安两三周前那个星期四说的话,萨克逊过去没搞懂它。他把东西储藏起来,就像一只睡鼠。他的头脑不可思议地精确;但我对他的才智颇觉吃惊……我们过得相当简朴,就像僧侣和修女一样,几乎一声不吭,还有——喔,我想念你![20]

一个星期后:

> 萨克逊几乎是……活泼的。他的谈话依然显得古怪。"弗吉尼亚,大约在三年前,当你说你的人生观是亨利·詹姆斯小说的人生观,而我的人生观是乔治·梅雷迪思小说的人生观时,你是什么意思?"我不得不编造一个意思,他竟然告诉我,他觉得我是个非常聪明的年轻女性——那是我从他那里所获得的最高赞扬。[21]

萨克逊本人写了具有他典型风格的信件:

> ……我渐渐开始意识到,我又写了一封为了写信而写的信……因为对于实际发生的事情,艾德里安无疑已经把他那些有趣且可靠的速写之一寄给你们了,而弗吉尼亚已经寄出了她的几封才气横溢、富有想象力的描绘,它们是照事情应该的样子描述的。我没有必要离开自己的卑微方向,加入个人的、灾难性的竞争。[22]

总而言之,这是萨克逊的节日;就弗吉尼亚而言,在某种意义上这是他权力的巅峰。他永远不会再次说服弗吉尼亚一起去拜罗伊特了,他这个曾经是索比朋友中最聪明的人,这个在六七年里曾发挥过相当大的影响,几乎让弗吉尼亚怀着敬畏对待的人,已经有点成了一个笑话,而且是个乏味的笑话。她喜欢他,还会一直继续喜欢他;可事情变得越来越明显,除了解答复杂难题,修习若干安静的爱好之外,他什么事也不会做。相信他是一个天才,这很容易做到;可相信他的天才不会带来任何积极的结果,这一点还要更容易做到。随着年龄渐长,他似乎越发修炼起逃避的艺术。他可以被比作是乌贼,在一团迷惑人的墨云下悄然溜走,然而也可以被比作不但隐藏自己,还可能伤害好奇心太强的研究者的豪猪。他不但会解答谜题,也会编造谜题;他热爱灵巧,对自身的机敏有种理所当然的骄傲;他那种省略的言辞,他的影射,他那些离合诗①似的信件就是他自身博学的证据,可它们还贬抑和迷惑了那些收信人,他也乐于如此。他喜欢和他的朋友们玩游戏——这些游戏是如此微妙,他们几乎没意识到有任何游戏在进行之中。他静悄悄地嘲笑他们,但是我想,这是一个笑话中的笑话;实际上,他嘲笑的是自身那个悲哀的小幽默,他为之付出了代价,其主题就是他本人那种极其糟糕的生活。

跟两个同伴在德累斯顿又待了十天,九月初,弗吉尼亚回到了费兹洛广场。贝尔夫妻依然孝顺地跟克莱夫父母一起待在威尔特郡。在几乎能让人联想到情人密谋的一些安排下,弗吉尼亚和他们在索尔兹伯里碰了头。她那时在斯塔德兰租了一幢小村舍,在很小的范围内(我想是第一次)体验了做家务的乐趣和操劳,烧自己的早餐,把早上

---

① 离合诗(acrostic),一种诗体,指数行诗句中的第一个词的首字母或最后一个词的尾字母或其他任何特定处的字母能组合成词或词组等。

的牛奶拿进来,等等。她租了件她所谓的"两性"游泳衣,并且"游得那么远,直到海鸥在我头顶盘旋,误把我当成一个漂浮的海葵"。[23]很快,贝尔夫妻来了,他们搬进附近的一幢包餐公寓,她不但能享受他们的陪伴,也能享受外甥朱利安的陪伴,后者如今已经十七个月了,显然变得很有魅力,这种魅力是她也能欣赏到的。

贝尔夫妻另外带来了同伴。瓦奈萨邀请了利顿;可他正在一家瑞典疗养院接受治疗。沃尔特·兰姆被邀请来代替他。作为克莱夫在三一学院的同届学生,他是个密友,不过也许还没亲密到他期待的地步。他往来于克利夫顿学院(他在那里教古希腊语和拉丁文)、剑桥或他在曼彻斯特的家之间,偶尔会拜访戈登广场。这一年的早些时间,贝尔夫妻不在家,他可以说是在费兹洛广场搭上了伙,他说:"我受到了最愉快的款待。我和弗吉尼亚进行了第一次友好的交谈。结果是……我同意你关于她的才智所说的一切……我得进一步承认你的正确;因为我发现她让自己显得多么友善,这让我感到吃惊。"[24]此后,他翻译了一篇欧里庇得斯的东西寄给她。克莱夫称赞过他,艾德里安和他成了朋友,看来弗吉尼亚也会喜欢上他。

不过沃尔特·兰姆并不是利顿的替身,弗吉尼亚于 10 月 6 日给利顿写信说:

> 现在我们又回来了,以文化为主食……还有和沃尔特·兰姆交谈的回忆(唉,它在褪色!)。我(跟往常一样)希望地球会张开它的子宫,放出一个新人来。[25]

153

她和平时一样继续写自己的小说;不过整个 1908 年和 1909 年她也在忙着为报刊写作,比往常更忙——或比未来几年里更忙;《泰晤士

报文学增刊》已成了她的头号雇主,虽然她如今在为《康希尔》写一些
较长的评论。就是为了这份刊物的编辑雷金纳德·史密斯,她开创了
一种——总之对她来说——全新的文体。她把它叫作《一个小说家的
回忆录》,表面上看,它是一篇针对林塞特小姐(Miss Linsett)的《维莱
特小姐传》(*Life of Miss Willatt*)的书评:

> 人们也许还能幸运地在查令十字街买到这本书……这些卷
> 册藏身在外面的架子上,位于斯特姆(Sturm)的《关于自然之美》
> (*On the Beauties of Nature*)和《兽医手册》(*Veterinary Surgeons
> Manual*)之间,在那里,煤气灯噼啪作响,灰尘笼罩着它们,只要店
> 里的那个男职员允许,人们就可以阅读它们。[26]

显而易见,林塞特小姐是个典型的维多利亚时代的圣徒传作家,
弗吉尼亚兴致颇高地描述了她写传记的方法。不过真正让书评者感
兴趣的是维莱特小姐,一个小说家和一个几乎同样没名气的人:弗吉
尼亚一向着迷于那些无名者的生平,这位小姐的生平就属于其中之
一;她喜爱维莱特小姐,觉得她有趣,也值得同情。维莱特小姐被婚姻
拒之门外;她尝试过慈善事业,认定自己不是那块料之后,她就把精力
投入到写小说上了。那是一部非常浪漫的小说。

> [她]认为描写自己曾看到的东西是不雅观的,所以,她虚构
> 了阿拉伯的情侣,并把他们送到了奥里诺科河畔①,而不是描述她
> 兄弟们(有一个过着非常可疑的生活)或回忆她的父亲(对此我

---

① 奥里诺科河(Orinoco),南美洲北部的河流。

们该表示感激）。

这时,我们开始明白过来,维莱特小姐本身就是虚构的,林塞特小姐也一样。※《一个小说家的回忆录》其实是一种在评论的遮掩下发表小说的尝试,说得更确切些,结合两种类型于一体,它本身是有趣的,在弗吉尼亚的作家发展史上应该是非常重要的。我认为,它表明反复重写《远航》的漫长过程多少考验了她的耐心,总之她急于展翅并发表一部虚构作品;此外,这不是孤立作品,而是系列作品中的第一篇。

她把自己的手稿拿给克莱夫看;他认为它很灵巧,可显然有一些保留;后来他解释说那些保留并不重要,并谴责了自己的笨拙——他的批评态度受到了一个事实的影响,就是他认为她对他的感情已经冷淡了下来,他急于做些补偿。十一月,他从剑桥写信说,她的这个系列"有望成为本世纪的杰作"。[27]这种谄媚本会很讨人欢心,如果不是紧随其后来了一封雷金纳德·史密斯的信,他写道:"我的感觉是,你用大头针钉上的不是一只蝴蝶,而是一只大黄蜂。它本身是机敏的,可……"[28]简而言之,他恭谦、遗憾,然而十分坚定地退了稿。这原本是一个崭新的开始,朋友们都已经被引诱得对此抱有厚望,弗吉尼亚一定因此对退稿感到更痛苦了。她再也没有在《康希尔》上发表或——我认为——试图发表任何作品。

不过,带来许多烦恼和失望的 1909 年在一种新的焦虑中结束了;因为这时看来布鲁姆斯伯里自身就要完蛋了。克莱夫和瓦奈萨非常着迷于视觉艺术,他们越来越意识到,海峡另一端正在发生着一些伟大的事情,他们已经开始觉得自己离艺术之都太远了,他们两个都非

154

※ 在大英博物馆附属图书馆和美国国会图书馆的书目中,我曾徒劳地搜寻过维莱特小姐和林塞特小姐。

常崇拜法国,都喜欢法国生活的便利设施和自由,认定如果住在巴黎的话,他们会更开心些。它将意味着要把朋友们都抛在脑后,不过他们希望弗吉尼亚(也许还有利顿)会跟他们一起搬家。弗吉尼亚不可能采纳这个主意;她不想和克莱夫分开,更不想和瓦奈萨分开;可离开自己的国家,她从来都觉得不自在,她对当代绘画没有特别的兴趣,而且,当她向利顿提起这计划时,他认为它是灾难性的。然而,如果克莱夫和瓦奈萨搬家的话,那么,她声称,她也会搬。瓦奈萨预料,到了关键时候,弗吉尼亚会留在英国;她大概花上一年时间都动不了身,到了那时,她可能已经嫁给利顿了——或至少跟他订了婚。然而她感到犹豫;这其实是个难以决定的痛苦问题。

这一年的最后一天,瓦奈萨能够宣布以下消息,即,艾德里安已经决定放弃法律去做演员了,同时,弗吉尼亚终于决定去巴黎了。

155 圣诞前夕的上午,一个人走在摄政王公园(Regent's Park)里,弗吉尼亚突然决定去康沃尔。据她的说法,她于十二点半想到这个主意:火车在一点钟离站。索菲几乎歇斯底里,莫德给她捎带了紫晶项链,却忘掉了手帕,不过她赶上了火车。里兰特(Lelant)很美,天气就像春天一样和煦,她徒步走在乡间,蹒跚攀上特克劳姆山,享受着没有庆祝活动的圣诞节。要想聊天,有女仆和摆渡船夫;要想运用心智,有梅里翁博士(Dr Meryon)的《赫丝特·斯坦霍普小姐传》(*Lady Hester Stanhope*)。那个超级古怪的人的怪诞故事让她感到高兴,她在给克莱夫写信时脑子里想着她:

设想我住在这里,把自己想成是个远古的处女,在五月的夜里跳舞,在英国的露营地!——朱利安的一个丢人的姨妈,不过很讨人喜欢,当他长大了……希望有些古怪的亲戚。你能想象,在星期四之夜他会多么高兴地提到她吗?"我有一个姨妈,她在一棵树里交媾,认为自己和蚱蜢有了孩子——这不是很迷人吗?——她穿着绿色的服装,我妈妈从店里买来坚果寄给她。"[29]

贝尔夫妻没离开布鲁姆斯伯里,艾德里安从不曾当上演员。不过,他将会有一次著名的、非常成功的扮演机会。

注释

[1] GLS/LW,1909 年 2 月 19 日。

[2] VW/ES,1930 年 6 月 23 日(Berg)。

[3] 匿名者致 VW,[1909 年]3 月 30 日(MH);也参见 VW/VD,未标明日期[1909 年 3 月 27 日](Berg)。

[4] VW 致玛奇·沃恩,1909 年 3 月 21 日(MH)。

[5] VW/VD,未标明日期[1909 年 3 月 27 日](Berg)。

[6] AWD(Berg),1929 年 8 月 21 日。

[7] 希腊/意大利 1906—1909 年笔记本(见第 138 页的脚注)。

[8] AWD(Berg),1917 年 12 月 7 日。

[9] AWD(Berg),1929 年 8 月 21 日。

[10] VB/VW,未标明日期[1909 年 5 月 10 日](MH)。

[11] VB 致玛杰里·斯诺登,1909 年 5 月 10 日(MH)。

[12] VW 致玛奇·沃恩,未标明日期[1909 年初夏](MH)。

[13] 参照以下,MH/A 16。

[14] 据传闻(VB)。

[15] 艾德里安·斯蒂芬致 VB,1909 年 8 月 9 日(CH)。

[16] 艾德里安·斯蒂芬致 VB,1909 年 8 月 9 日(CH)。

[17] VW/VB,1909 年 8 月 16 日(Berg)。

[18] 艾德里安·斯蒂芬致 VB,1909 年 8 月 18 日(CH)。

[19] VW/VB,未标明日期[1909 年 8 月 8 日](Berg)。

[20] VW/VB,未标明日期[1909 年 8 月 10 日](Berg)。

[21] VW/VB,未标明日期[1909 年 8 月 19 日](Berg)。

[22] SST/CB,1909 年 8 月 9 日(CH)。

[23] VW/VD,1909 年 9 月 21 日(Berg)。

[24] 沃尔特·兰姆致 CB,1909 年 3 月 21 日(CH)。

[25] VW/GLS,《书信》,第 34 页,[1909 年 10 月 6 日]。

[26] MH/B 21。

[27] CB/VW,未标明日期[1909 年 11 月 8 日](MH)。

[28] 雷金纳德·史密斯致 VW,1909 年 11 月 10 日(MH)。

[29] VW/CB,1909 年 12 月 26 日。

弗吉尼亚在费兹洛广场 29 号,1910 年,邓肯·格兰特作

第九章　1910 年至 1912 年 6 月

　　1910 年 2 月 10 日上午,弗吉尼亚和五个同伴一起驾车抵达帕丁顿车站,登上了去威茅斯的火车。她戴着包头巾,身穿绣花束腰长袍,腰间悬着一条纯金链。她的脸是黑的,惹人注目地留着非常美观的八字须和一嘴胡髯。其他成员里,有三个——邓肯·格兰特、安东尼·巴克斯顿和盖伊·里德利——在很大程度上以同样的方式乔装打扮着。艾德里安也在,戴着一副胡髯和一顶不合适的圆顶硬礼帽,照他自己的说法,他看起来"就像个邋遢的旅行推销员",而霍拉斯·科尔,这伙人中的第六个成员(也是头领),却令人信服地打扮成了一个外交部官员。[1]

　　他们这趟远足的目的是想蒙蔽英国海军,冲破它的安全措施,享受一次有向导的本国舰队的旗舰之旅,这艘旗舰是当时海上威力最强大、最现代也最隐秘的军舰,即英国皇家海军舰船"无畏战舰"。

　　几乎是出于偶然的因素,弗吉尼亚加入了这场冒失、草率准备的恶作剧。这主意是艾德里安和霍拉斯·科尔想出来的。科尔实际上是最该对此负责的人。他是个富有而且在很多方面都显得荒唐的年轻人,是许多恶作剧的始作俑者,艾德里安在剑桥时就和他成了朋友。[2]他的胡闹中最蔚为壮观的一幕是一次桑给巴尔①苏丹对剑桥的隆重访问,更确切地说,是苏丹的叔叔,这个叔叔是科尔假扮的,还带着三个随员(艾德里安是其中之一)和一个翻译。他们在市政厅获得市长的正式接见,惠顾了一场慈善义卖,被引导参观了剑桥的主要学院,并在火车站接受了饯行。科尔把事情捅给了《每日邮报》(*Daily Mail*),后者刊登了这个故事;市长为此大怒,要求副校长开除肇事者。不过,这事没引起什么严重后果。

"无畏战舰恶作剧"——就用这个使它扬名的叫法吧——实质上是一场桑给巴尔闹剧的翻版。艾德里安的一个朋友都铎·卡瑟先生(Mr Tudor Castle)将会给英国舰队总司令发出一封自称来自外交部的电报,宣布阿比西尼亚②皇帝即将到来。皇帝将由安东尼·巴克斯顿来扮演,霍拉斯·科尔会以外交部官员的身份陪同前来。艾德里安将是翻译,还会有一批贵族扈从。就是在这一点上他们遇到了第一个困难。阿比西尼亚宫廷开始溃散,直到只剩下盖伊·里德利和邓肯·格兰特;这似乎压根不足以维持犹大之狮③的尊严。至少需要再多一个人。艾德里安问了弗吉尼亚;她乐于加入;她是提前两天获得这消息的。[3]

瓦奈萨对整个主意感到不安。[4]在她看来,似乎这个玩笑肯定是要失败的,弗吉尼亚不该和它扯上关系。科尔自己已经顾虑重重了,

158

---

① 桑给巴尔(Zanzibar),位于坦桑尼亚东北部,当时是英国的保护地;苏丹的叔叔指的是哈立德,他曾和自己兄长的儿子争夺苏丹位置,失败后流亡海外。

② 阿比西尼亚(Abyssinia),非洲东部国家名,即现在的埃塞俄比亚。

③ 犹大之狮(Lion of Judah)是以色列十二支派当中犹大支派的象征,埃塞俄比亚王室据称是犹大支派的后裔。

或许那些溜之大吉的侍臣们也一样。艾德里安好像是唯一兴高采烈、充满信心并颇为坚定地维持此事的人。

他们动身了,指望舰队就这样认可了他们,不会对外交部发出的**明文**电报提出质疑。没人对阿比西尼亚人该是什么模样有哪怕最模糊的认识,更别提阿比西尼亚皇帝了。他们就靠寥寥几句话(可能还是斯瓦希里语①),克拉克森先生②的化妆用油和一身相当缺乏信服力的行头(也许是为《后宫诱逃》③准备的)去击败海军的警惕性了。失败的几率已经高得难以置信,他们还要更上一层楼,在他们选择要去的战舰上,艾德里安几乎不可避免地会碰上表兄威廉·菲希尔,他是船上的旗舰中校。照艾德里安的乐观心情,这其实是一种刺激;揶揄海军会很有趣,而要菲希尔家族为他们的所作所为付出代价,这更是一种无法抵抗的诱惑。可如果他们露馅了,那么会发生些什么呢?他们完全有可能被扔进大海——在二月份可不是一种令人惬意的体验,弗吉尼亚无论从心理上还是肉体上都没有对此做好准备。

火车抵达威茅斯,一位旗舰上尉迎到他们的车厢门前,以合宜的庄重态度向皇帝敬了礼。科尔做了适当的引介。车站上拉起了隔离人众的栅栏,皇家团体仪态尊贵地走到一艘准备就绪的小蒸汽艇前,好让它把这伙人送到停泊在海湾的舰队那里去。在英国皇家海军舰船"无畏战舰"上,弗吉尼亚发现自己在和表兄握手;想要憋住笑声可不是件容易的事。

他们视察了仪仗队。舰队司令转向艾德里安,要他向皇帝解释一

---

① 斯瓦希里语(Swahili),东非主要使用的语言。

② 指 William Berry("Willy")Clarkson(1861—1934),英国化妆师,舞台戏服设计师和假发制造者。据艾德里安的说法,克拉克森在这个恶作剧中替他们几个化了妆。

③ 《后宫诱逃》(Il Seraglio),莫扎特的有关土耳其的歌剧。

些制服的意义。

"Entaqui, mahai, kustufani,"艾德里安说,然后就发现自己的斯 159
瓦希里语(如果它是斯瓦希里语的话)的存货已经用光了。[5]他求助于
灵感。灵感来了,于是他继续说:

"Tahli bussor ahbat tahl œsque miss. Erraema, fleet use..."※

一位诗人被肢解的肢翼足以满足这位译员的需要,皇帝对紧急情
况反应敏捷,答以维吉尔的警句①;邓肯和弗吉尼亚也许说的是一种相
当不同的方言。弗吉尼亚不太可能用这机会来炫耀她的希腊语;实际
上,她很少开口,而且还得尽可能地放粗喉咙;她后来说,她很难掩饰
自己的嗓音。"他们说的是一种离奇的外国话。"[6]低级官员里有一个
人嘟哝着,但另一位可把他们吓得心惊胆寒,他向他们告知,这里有一
个海员能用访问者自己的语言跟他们进行交流。令人遗憾的是——
太遗憾了——他正好在休假中。

于是他们绕着舰船走了一圈,船长就枪支、炮塔、测距仪、船上的
医务室和无线电报室对艾德里安一一做了解释,艾德里安根据维吉尔
(有时是荷马)的诗句对皇家团体重复了这些解释,直到没东西可看为
止。他们谢绝了二十一声的鸣炮礼和茶点(它们可能会弄掉这些高贵
的埃塞俄比亚人的假胡子),艾德里安表示一国元首的官方访问已经
结束,然后皇家团体被护送回了威茅斯。访问过程中的大部分时间,
科尔都待在"无畏战舰"的军官起居室里,而在回去的路上,他却坚持
让在他们车厢里伺候的侍者戴上白手套。

"噢,吉尼亚小姐,吉尼亚小姐!"[7]那天快入夜的时分,当她的雇
主筋疲力尽、七零八落、黑着面孔,还戴着络腮胡子打开费兹洛广场 29

※ "Talibus orabat talisque miserrima fletus."出自《埃涅阿斯纪》第四卷。

① 维吉尔的诗句都是拉丁文。

号门走进来时,索菲惊叫了起来。

对媒体应该缄口不言。总之,这是大多数人的意见。他们已经得到了愉快的款待,事实上,他们得到了那种让他们颇觉内疚的善意对待,而且,无论如何,这个玩笑已经开得够大了。

可科尔的看法不同;他一向渴望成名,这次他找到了机会。没有跟同谋们打过招呼,他就联系了报社。

报社们(尤其是《快报》〔*Express*〕和《镜报》〔*Mirror*〕)把这个故事登上了头条,还刊登了整版的照片。记者们出现在费兹洛广场 29 号;当听说阿比西尼亚人中有个年轻女士时(根据一些报道,该人被恰如其分地起名叫作拉斯·门戴克斯〔Ras Mendax〕①),他们尤其感兴趣,"长得非常漂亮,有着古典的容貌";他们想了解她的生平,这要求被满足了。[8]他们还想要她穿夜礼服的照片,不过这玩意儿就我所知他们没搞到手。社论主笔在愤慨和趣味之间犹疑;痛心的爱国者们给编辑去了信;最后,当媒体厌倦了这桩事之后,下院对它产生了兴趣。※

九天的奇迹②结束了,公众几乎忘掉了这件事。可私下的回音仍在继续之中。弗吉尼亚的多数朋友都把这事看成是一个绝妙的玩笑。瓦奈萨放心了,尽管她担心这就意味着他们会和霍拉斯·科尔建立更多的往来,她觉得那人狂妄自大、惹人讨厌。可是斯蒂芬家族火了。艾德里安从他的堂亲哈里(一位印度法官)那里收到了一封庄严的谴责信,哈里曾觉得桑给巴尔的业绩很逗乐,可他感到,尽管欺骗一个市政要人(剑桥市长是个小店主)很有趣,一位海军人士——"一个有荣

---

① 门戴克斯在拉丁文中是"撒谎者"的意思。

※ 见附录 E。

② 九天的奇迹(nine days' wonder),指轰动一时而又昙花一现的人或事,出自英国作家、书商博恩(Henry George Bohn,1796—1884)的《箴言册》(*Handbook of Proverbs*)。

誉的人"——不该被搞得看起来那么可笑。弗吉尼亚从多萝西娅·斯蒂芬那里收到了一封信,她在信里断言这是一次愚蠢、粗俗的举动;她不会斥责,她只会指出,显然,弗吉尼亚的生活是完全不尽人意的,她需要宗教。[9]

威利·菲希尔和他那些军中同僚报之以相应的挑衅风格。海军的荣誉必须得到挽救,而且只可能以对开玩笑者施行肉体惩罚的方式来挽救。在一系列扫兴事和对细节及规范的颇为可笑的争论之后,海军那伙人的确成功地绑架了邓肯·格兰特,把他抓到了汉普斯特德希思公园①,在那里,从很大程度上来说,一个脚穿软拖鞋的和平主义者以他那种文雅的困惑和温和的勇气又一次击败了他们。

除了在 1940 年描述过这件事之外(那篇回忆的绝大部分内容都失传了),弗吉尼亚在写作中只提到过一次"无畏战舰恶作剧"。在一篇题为《社交圈》※的短篇小说里,她描写了一个名叫萝丝的年轻女性"曾把自己打扮成一个埃塞俄比亚王子,登上了一艘英国皇家舰艇"。恶作剧被揭发了,船长拜访了她,他假扮成一个无官职的绅士,要求恢复荣誉。那种首先是海军,然后是萝丝分别得到满足的整个滑稽方式只用了不到五百个词;但是主题,有关男性荣誉、男性暴力和愚蠢,有关佩戴着金饰带的男性浮华的主题,她在余生中都不会忘记。她当初 161 加入阿比西尼亚冒险是觉得这事好玩;可事情结束时,她却对男性的野蛮和呆蠢有了新的认识。这种洞察又转而强化了她的那些政治观点,它们在她头脑中逐步成形有一阵子了。

1910 年,国内事务到了紧要关头。一月份,随着一场普选的展开,上院和多数党的斗争进入最后阶段。1906 年 1 月,瓦奈萨、弗吉尼亚、

---

① 汉普斯特德希思公园(Hampstead Heath),伦敦西北的公园。

※ 发表在 1921 年出版的《周一或周二》中。

乔治和杰拉尔德来到特拉法尔加广场(Trafalgar Square),面对一场伟大的自由党的胜利,女孩们鼓掌欢迎,绅士们表示哀叹,自那之后,弗吉尼亚就以一种不确切的方式知道了自己的立场;然而,这时出现了一个复杂因素。[10]弗吉尼亚渴望保守党被击败;无疑,她愿意看到克莱夫积极参与政治,站在激进派这边;不过,**他的**战役并不完全就是她的战役,因为他一个人有两张选举票,她却连一张都没有。① 1910 年春天,我们发现她在为成人投票权运动填写信封地址(年轻志愿者从事政治事业时,几乎总是命中注定要做这样的事),这并不令人吃惊。她对女权事业同情已久,不过,直到 1910 年 1 月 1 日珍妮特·卡斯无可辩驳地为参与政治运动做了辩护,弗吉尼亚才写信给她说,自己既不会算账,也不会辩论或演讲,不过她愿意以一种较卑微的方式给予帮助。[11]珍妮特·卡斯汇报给了玛格丽特·卢埃林·戴维斯,后者又告诉了罗莎琳德·纳什小姐,她提了一些听来非常明智的建议。[12]弗吉尼亚也许会愿意出版一本新西兰选举权运动史,或编写一部关于代表权的摘录选;或在杂志文章中为她们说点话。弗吉尼亚看来似乎更愿意填写信封地址。

并不是说她喜欢这工作——她"整小时地在信封上抄写考吉尔这类的名字"。[13]此外,在她看来,和慈善事业一样,政治招引来的是一种冷酷无情的人。[14]她在一间办公室里干活,那里到处都是热情洋溢、受过教育的年轻女性和友爱的职员,他们太像是生活在 H.G.威尔斯的小说里了。[15]尽管如此,她做了大量工作,甚至在公众聚会中坐上了讲坛,而且,尽管由于生病歇了一阵子,这一年年底,她又回去继续做这份工作了。

―――――――――――

① 英国到 1918 年才给予妇女有限的选举权,到 1928 年才给予妇女较普遍的选举权;而受过高等教育的和有产业的男性直到 1948 年为止都有两张选举票。

　　是抄写了太多的信封，还是该归罪于"无畏战舰恶作剧"的其他影响，要么就是——这一点更有可能——她进入了一种剧烈的神经紧张状态，即那种通常会在小说即将完成时折磨她（她认为自己这时快要完成《美琳布罗西娅》了）的状况，我也搞不清楚。不过，三月份她肯定是病倒了，又一次濒临疯狂。

　　请教了萨维奇医生；他照例规定了一种安静的生活，早起，按时作息，保证大量的休息。她和贝尔夫妻一起去了斯塔德兰，试图遵守他的嘱咐。三个星期结束之际，克莱夫告诉萨克逊说她痊愈了。[16]

　　不过这种痊愈是不彻底的。伦敦的那些消遣活动毁掉了斯塔德兰带来的好转；很快她又一次感到头痛——她所谓的头脑里的麻痹——失眠、精神躁狂、对食物的强烈反感，所有的旧症状都以它们最恶劣的形式出现了。又一次去请教萨维奇，他又一次命令她离开伦敦去休养。

　　克莱夫和瓦奈萨在靠近坎特伯雷的布林（Blean）租了幢房子——壕沟屋（the Moat House），他们在这里和弗吉尼亚一起住了下来。他们邀请了萨克逊；他没法来，不过他也许从弗吉尼亚寄自壕沟屋的信中获得了安慰，因为她写道：

　　　　……改善我自己的运气更甚于讨你的欢心。天下着雨，小鸟叫个没完，炽热的硫磺烟从山谷里升起，红牛在地里叫唤着它的小牛。在这种环境中，你会埋头于乔叟，在喝茶前就领悟了他的气质。我曾试过，但坚持不下来——我从盒子里挑选巧克力，让姐姐感到担心。就在三天前，下雨前不久，我们请一个铁匠撬开了我们的窗户。数世纪的朽坏已经封死了它们。如今靠人力是没法把它们关上了。于是我们白天坐在那里任凭风吹雨打；夜

162

里,我们受到了成群结队的白蛾子的侵扰。它们在蜡烛里被煎得吱吱作响,爬上我的裙子死去,在我膝盖的凹陷处。这些失去腿的昆虫给我留下一种无法形容的厌恶感。不过,奈萨已经为我们尽力而为了。她虚构了一个老妇人,不请自来,为烟囱熄烟,在公地上寻觅并捡来了野鸟蛋。后来奈萨在早餐时说,"勒菲弗先生(Mr LeFevre)的家庭一定够大的!"她指着一幅自威克利夫①时代以来的福音传教士们的照片。拥有这幢房子的可怜老人,勒菲弗先生,几天前曾经到访;他说他最美好的日子就是在这里度过的,可时代已经变了。他暗示的是他那位多育妻子的死,那发生在一种让人伤感的情形下,有一天我会向你解释这些。对此,奈萨和克莱夫突然大发脾气,他们显露了自己毫不宽容的残忍,老人泪水涟涟地被他的女儿(她自己也大受影响)领走了。

163 　　如果你拿一种活语言(罗曼语②就更好了)[萨克逊有一种令人窘迫的习惯,就是用拉丁文写东西]给我写信,我会吃上一顿愉快的早餐的……[17]

　　弗吉尼亚描述了贝尔夫妻对勒菲弗先生的残忍态度,萨克逊把它看得(或佯装看得)很严肃,他当真认为,一旦克莱夫和瓦奈萨情绪激动起来,他们确实会变得格外苛刻,瓦奈萨不得不提出抗议。

　　从少年时代起,弗吉尼亚就热衷于按照她自己的愿望来塑造

---

　　① 威克利夫(Wiclif,即 John Wycliffe,1330? —1384),英国神学家,欧洲宗教改革运动的先驱,曾把圣经翻译成英文,其追随者被称为罗拉德派(Lollard)。

　　② 罗曼语(Romance),属印欧语系语族,自拉丁文衍生,主要有法语、意大利语、西班牙语、葡萄牙语等。

我的性格特征,如今她已经这么成功地把它灌输给了世人,以致这些荒谬的故事被当成了确凿的真事,因为它们是那么符合我的特征。[18]

不管真假(通常弗吉尼亚的虚构中也有点真话,虽然至多也就是一星点儿罢了),她和贝尔夫妻相处融洽,尤其是跟她那不宽容的、残忍的姐夫。他确实被她的不幸和痛苦触动了,这时显得特别体贴关心,不在身边时,他给她写迷人、深情的信笺,在一起时,他大献殷勤,和她调情。他真心实意地关心她的健康状况,再加上没有别的对手来刺激他的忌妒心,所以,他俩好久都没这么愉快地亲密相处了。

克莱夫无疑是个充满刺激的伙伴,可也许她需要的是镇定剂;两星期后,显然,她没有好转,瓦奈萨返回伦敦,告诉萨维奇,弗吉尼亚不在康复之中;更糟糕的是,她不得不指出,她自己没法照料弗吉尼亚太久了,因为七月份她又要生孩子了。6 月 23 日,她满腹疑虑地给克莱夫和弗吉尼亚两人都写了信,告诉他们,萨维奇坚持让弗吉尼亚去特威克南的一座疗养院彻底休养一段时间。

弗吉尼亚沮丧而又听天由命地接受了这个决定;她只但愿是萨维奇首先坚持这一点的。她想尽快开始这个治疗过程,熬过这一关,再次恢复健康。乔治·达克渥斯给她寄了一封友善但弱智的信;他痛惜她的不良健康——无疑,为了击退来自壕沟的蚊子,她一直以来已经抽了太多烟,他邀请她上自己的乡村别墅去。她构思着一封回信:

我会说,我预计下个月就要被关起来了①,让他自己去胡猜乱

① 在英语里,"被关起来"(confined)这个词还有"在分娩中和坐月子"的意思。

想吧。他会怀疑萨克逊,立即采取行动使他得到晋升。他还会去布赖顿,和老萨克逊磋商一份结婚协议。他会是多么圆通……我料想,他会带上一篮子鸻鸟蛋的。[19]

164　不过,她即将在"伯利"被关上一个月,如此打趣也缓解不了这种阴郁前景,"伯利"位于特威克南的剑桥公园,是一种为女疯子而设的上流疯人院。在这里,她的信件、阅读和来访者都会受到严格限定,她会被限制在一间黑屋子的床上,被迫吃健康食品,伦敦所有的社交娱乐都跟她无缘了。面对发疯的可能性,她接受了自己的命运;不过是怀着愠怒和反抗去接受的。

弗吉尼亚是个极难对付的病人。瓦奈萨因为孩子(本来预产期是七月底之前,但直到 8 月 19 日才生产)而无法脱身,不得不通过邮局展开一场持续战争。为了让妹妹尽量举止慎重,她不得不加以斥责、劝诫和恳求。弗吉尼亚有时厌烦得要死,几乎彻底绝望,有时对自己的健康表现出不顾后果的亢奋,她总是很巧妙地运用自己的魅力去迷惑她的医学顾问们,这样也许能把他们争取过来,使他们在自己筹划的任何对抗例行公事和理智的阴谋中成为同盟。她能操纵萨维奇,也能操纵伯利的业主托马斯小姐(Miss Thomas),还有布拉德伯里小姐(Miss Bradbury,瓦奈萨曾以为她是这里的疯子之一,可她其实是个受过训练的护士)。弗吉尼亚宣称她们都是迷人、美好的女性,可是被宗教信仰毁掉了:"她们崇拜我的天赋,虽然上帝把我留在了黑暗之中。她们总想知道上帝在做什么。宗教精神是相当令人吃惊的。"[20]可她们也感到吃惊,托马斯小姐尤其被迷住了,就像克莱夫看到的那样(在那个可悲的七月和八月,他被允许时不时地来访)。她"变了样……突然间,她过去觉得单调、沉闷的生活变得激动人心且宝贵起来……每件事物似乎都是令人兴奋或有趣的……她自己的生活,因为受到这位病人的存在和闲聊的影响,也渐渐变得诗意化了……平生第一次,她感受到了自身的重要性;她意识到了自身的存在……所有构成那种存在的琐碎小事也是有意义的。魔术师已经施展了她的符咒"。[21]

所有这一切本身是令人愉快的,托马斯小姐会提供很多实际的好处,作为对弗吉尼亚的报答。不过这也让她的病人更容易获得前所未闻的自由,仅仅裹着块毯子就在花园里游荡,打破有关休息和食物的规矩,盘算着(如果不是去实现的话)突然返回伦敦。当人们试图让她遵守秩序时,她写信谴责瓦奈萨和托马斯小姐一起阴谋对付她;她是"一个黑暗的魔鬼",她们都在她背后合谋对付她;"一个人孤零零地待在这里,乏味得要死",她没法继续忍受了。[22]她要跳窗。

瓦奈萨就像一个克制到极点的人那样做了回答。她很清楚弗吉尼亚处境之糟糕;可她想不想在余生里都做一个病人呢(她避开了"发疯"这个令人恐惧的词)? 她大概是想做病人了,没问题;她可以说服萨维奇,他不能强迫她做任何她不想做的事;不过,如果她坚持回伦敦来,无疑,她会再次发病。可她得为自己做出决定,即便就像托马斯小姐说的那样,"别人忍不住想要关心她的福利"。[23]

最后,弗吉尼亚接受了劝阻,没做出更疯狂的轻率行为。仍在戈登广场待产的瓦奈萨每天都给她写信鼓吹耐心,向她保证伦敦乏味到了无望的地步,还为自身的缺点感到伤心。"喔,亲爱的,"她写道,"如果你再次彻底康复,那该多好啊……我没有为你过分忙乱……我的确觉得,在过去三年里,我对你实在照顾得太少了。"[24]

弗吉尼亚在特威克南一直住到八月中旬,接下来,在获得了相当彻底的休息之后,她尝试了一下有益健康的锻炼的效果。她去了康沃尔;她的状态使她几乎没法独自出门,不过忠实的托马斯小姐陪她一起去了,在那里,她们借强健的步行使自己不至于感到厌倦。很快,弗吉尼亚开始抱怨,说自己过的完全是一种动物的生活,一点儿智性刺激都没有。可康沃尔是她最喜欢的乡间,它对她是有益的;她开始觉得自己好些了,已经很长时间没有这么好了,虽然还有失眠的夜晚,偶尔还会头痛。九月初,她回伦敦去看望新生的婴孩,瓦奈萨认为她好多了。可她的情绪有点让人费解。她似乎很自信,对于未来抱有兴奋和激动的心情,期待着名声和婚姻;同时她为琐碎小事而恼火,夸大它们的重要性,没法摆脱自己对它们的过分操心。

她的治疗过程应该在斯塔德兰结束,和贝尔夫妻在一起,从某种意义上来说是这样;即便如此,虽然他们本该保持明智,克莱夫和弗吉尼亚还是互相把对方惹得狂怒不已(这次,该归咎于克莱夫而不是弗吉尼亚)。跟过去一样,这麻烦是由利顿引起的。克莱夫认为利顿目空一切,已经到了令人无法忍受的地步;他和弗吉尼亚、瓦奈萨关系亲密,对她俩表示信赖,同时丝毫不把克莱夫放在眼里。这是不能容忍的,克莱夫宣布,利顿在戈登广场以后是不受欢迎的。这次口角大大刺激了弗吉尼亚,他们双方都觉得很难避开这个话题。

不过,当他们在海边时,瓦奈萨设法达成并维持了和平。这时,婴孩和众多的拜访者转移了他们的注意力,这些拜访者包括萨克逊、玛乔里(斯特雷奇女孩中最年轻的一个),还有锡德尼·沃特路,锡德尼也是一个剑桥知识分子和克莱夫的朋友,弗吉尼亚觉得他和蔼可亲,但不令人振奋。不久,克莱夫去了巴黎,两姐妹可以放松下来,定下心来对她们最喜欢的话题进行一次长谈了,这话题当然就是弗吉尼亚她自己。她谈了很多有关利顿的事;他们会在秋天再次见面,不过,如今他们的关系应该完全被看成是柏拉图主义的了。她仍在思考她跟希尔顿·杨暧昧、不确定的关系;然而,她声称,她和克莱夫这个人的关

166

系如今处于一种令人满意的状态。他俩以前的情形,我猜,没被提起。

十月中旬,弗吉尼亚最终回到了费兹洛广场,去继续她七个月前搁下的伦敦生活。她也许认为自己痊愈了;可尽管受到了良好进展的鼓舞和宽慰,萨维奇医生和托马斯小姐还是担心伦敦、夜生活、太多客人和太多刺激会对他们的病人有影响。他们做了适当的警告,托马斯小姐草拟了一系列规则,要求弗吉尼亚遵守。即便弗吉尼亚本人不知情,瓦奈萨也明白,她的健康仍是不稳定的。大家自然会想到这样的问题——或我是这么以为的——如果弗吉尼亚在伦敦附近找一处安静且交通方便的地方,必要的话就躲到那里去,这会不会是个好计划。

于是,1910 年圣诞期间,弗吉尼亚开始在乡下找起房子来。

她在靠近刘易斯①的菲勒村(Firle)找到了自己想要的房子;她几乎不可能碰到比这更安静的地区了。不过必须承认,她实际选定的房子在村镇街道上并不算僻静;它是一幢刚完工的、有着山形墙的红色新建别墅。她把它叫作小托兰德屋,因为她至今不能忘怀圣埃夫斯的那种出众魅力。尽管如此,苏塞克斯的美妙之处显然给她留下了深刻印象,自从租下小托兰德屋起,她在余生里都会经常拜访此地。

她于 1911 年初搬进了这幢乡村别墅。瓦奈萨帮她把房子布置得舒适宜人,那一年的春夏天,她常去那里,经常是和朋友们一起去住。看来好像这地方有种疗效;她喜欢住在这里,喜欢在唐斯②上漫步,她恢复到足以把小说写下去,还可以为成人投票权运动工作。1911 年 4 月,她非常满足地住在小托兰德屋,命运却突然把她带到了普罗庞提

167

---

① 刘易斯(Lewes),伦敦以南,布赖顿以北的英国城市名,是东苏塞克斯郡的首府。
② 唐斯(Dawns),英国南部有草的丘陵地带。

斯①海岸。

要想弄清这次没有预谋的远行的起因，我们得回到 1910 年。那一年年初，克莱夫和瓦奈萨拜访了剑桥，回到伦敦后，他们跟罗杰·弗赖去北方旅游了一趟。[25]克莱夫过去和他素昧平生；如今他们发现彼此间有着共同的兴趣和爱好。克莱夫觉得兴奋和感动；他认为罗杰·弗赖是他离开剑桥后遇到的最出色的人；理所当然的，他的新朋友成了一个密友，实际上还成了布鲁姆斯伯里的一员。

罗杰·弗赖四十四岁，正处于自己生活中一个感情和智性的转折点。他的妻子逐渐开始发疯，到了这一年年底，她无可救药地疯掉了，进了一家精神病院。他在剑桥受过科学家的教育，但转行学了艺术，成了一个颇保守的画家，他是新英国艺术俱乐部的成员，还是著名的学者和鉴赏家，当他成为纽约大都会博物馆的代购人时，这些身份发挥了作用，最近，他刚刚辞去了博物馆的那个职位。他实际上是个非常可敬的、有名望的人物，直到 1910 年秋天，就在那时候，照许多老朋友和仰慕者的看法，他好像失去了理智，而在他的敌人们看来，他似乎是加入了巴黎黑社会的恶作剧者、骗子和犯罪分子的共谋，他存心这么做，不怀好意。简而言之，他叫英国公众去参观并赞美塞尚的作品。

1910 年 11 月，如今被叫作"第一次后印象派画展"的展览开幕了，罗杰·弗赖对此负责并遭到了怪罪，那之后，发生了激烈的论战，克莱夫和瓦奈萨是罗杰的热烈支持者。弗吉尼亚对后印象派画家兴趣不大；但罗杰是戈登广场的一位常客，她不可能无视他们引起的骚乱。他和这次画展所酿就的气氛使她的小圈子更向心了一些，对于自身的革命性和狼藉声名也更有意识了一些。布鲁姆斯伯里已经成了一个公众反感的对

① 普罗庞提斯（Propontis），又称普罗海，是古希腊人对今天的马尔马拉海的称谓。

象,人们对这伙人心怀不满,包括阿比西尼亚皇帝们的事情,以及他们令人费解的美学。其次,布鲁姆斯伯里自身的智性特征开始发生变化。当塞尚成为交谈的主题时,G.E.穆尔的教旨似乎就不那么重要了,而跟罗杰·弗赖相比,利顿·斯特雷奇或许看起来有点逊色。

我几乎毫不怀疑,就是在罗杰·弗赖的影响下,一伙人组织起来,决定去参观拜占庭艺术的故乡。1911 年 4 月初,在布鲁塞尔,克莱夫和瓦奈萨跟 H.T.J.诺顿(一位剑桥数学家)以及罗杰本人碰头,他们从那里一起乘火车向君士坦丁堡出发了。克莱夫对参加这次远征是心存疑虑的。瓦奈萨身体不适,这让他感到担心;不过,他对弗吉尼亚怀有独占性的忌妒,这种感情引发了一种更强烈的精神刺激;他有一种"没道理的预感",就是当他不在的时候,也许会有事发生在她身上;她或许会爱上某个人,或某个人会爱上她。他请求她做出保证,他自己在她感情中的"那个小壁龛"是稳定的。

克莱夫离家之后,确实有很多事情发生;不过不是发生在弗吉尼亚身上。在布鲁沙(Broussa),瓦奈萨屡次昏厥;她病倒了。当时那地点是偏远的——距君士坦丁堡有一天的旅程,旅馆是古老的,除了一个药剂师之外别无医师。弗吉尼亚读出了克莱夫信中的言外之意(克莱夫尽量使这些信件读起来让人安心),她以为这是 1906 年噩梦的可怕重复,于是放下其他所有计划,为跟姐姐相聚,她动身横贯欧洲。[26]

在布鲁沙,她发现,诺顿感到绝望,克莱夫处于一种担忧和无能为力的激动之中,瓦奈萨在恢复,罗杰指挥着大局。[27]他得心应手,安排厨师和向导,一手拿着瓶药,另一手拿着土耳其对话手册为自己的观点辩护,他还诱导英国观光者,搭建担架,同时总是发现,自己正好有足够的时间再画一幅速写,而且,就像弗吉尼亚相信的那样,凭借他的精力、同情和切合实际的判断力,他拯救了瓦奈萨的小命。

就是在此时,弗吉尼亚有机会好好了解罗杰了。有几天时间,他们四个都得待在布鲁沙等着,直到瓦奈萨被认为适合旅行为止,在这几天里,弗吉尼亚有机会欣赏他那种特别丰富多彩的天性。他的交谈,他的举动,他对各种理念(其实还包括他所看到或听到的任何事)的愉快兴趣,这些都让她震惊和感动。罗杰是力量之塔。更甚于此,他是永恒的欢乐之泉。

哪怕自己正忍受着坐骨神经痛的折磨,罗杰还是能够统率他的病人和同伴,带着他们,还有相当可观的绘画、陶器和织物收集品成功地返回英国。可瓦奈萨的恢复是缓慢的。她的疾病因神经性症状而显得棘手,彻底康复还需要好多个月。对于弗吉尼亚来说,这自然是让人不快的,而且因为她非常依赖姐姐,需要她的帮助,这就更让人不开心了。不过瓦奈萨的时运以另一种方式影响了弗吉尼亚;到大家返回英国之际,罗杰和瓦奈萨意识到他们相爱了。瓦奈萨没有向弗吉尼亚吐露实情,她认为她太轻率,保守不了秘密;可弗吉尼亚很清楚事情的处境,她一定很快就意识到了,瓦奈萨对克莱夫那种调情的容忍态度不再是出于策略,而是出于感情。迄今为止,克莱夫对弗吉尼亚的热情已经变成了一种剧烈的(尽管是隐秘的)痛苦之源。如今瓦奈萨对克莱夫变得漠不关心。现在看到克莱夫被他的小姨子更彻底地迷住,瓦奈萨其实只会非常高兴,与之相反,事情偏偏如此多舛,两人的调情似乎正在冷却下来。其实有一度——或我怀疑是这样——瓦奈萨害怕她深爱却又很让人恼火的妹妹也许想要迷住罗杰。倒也没有让人惊恐的重要理由。弗吉尼亚被罗杰迷住了,而他无疑从一开始就认为她是个天才;不过,他的热情已经有主了,而且(对他非常不幸的是)他在很多年里都受困于此。就弗吉尼亚而言,她还有别的事情去占据她的头脑和心灵。

　　大体而言,贝尔夫妻的婚姻破裂了,也就是说,在 1911 年到 1914 年之间,婚姻关系逐渐转变成了一种友谊的联盟,这件事有助于缓和姐妹俩之间的紧张状态,弗吉尼亚和克莱尔之间的长期混乱关系也慢慢开始解体(但从没有完全解体)。也许它还制造了一种处境,如今,她不再盯着姐姐的婚姻,也就更容易考虑自己的婚姻了。弗吉尼亚曾经羡慕贝尔夫妻的家庭生活,如今她不必羡慕它了;它已不复存在,事情发生了变化。

　　1908 年,布鲁姆斯伯里的交谈已经变得放肆,到了 1910 年,它的行为也正在变得放肆起来,更确切地说,肆无忌惮不再是它那些同性恋成员的特权。弗吉尼亚曾说过,在 1910 年 12 月(或大概这个时间),人性发生了变化。[28]她很少准确地引用日子,不过,世界(或至少她的那一小块)的确就在此时变了样;如果 1907 年的那位文雅的斯蒂芬小姐看到正在发生的事情,她会大吃一惊。照例,打头阵的是瓦奈萨;她建议成立一个自由团体,倡导全体成员的性解放,我不知道这在多大程度上是认真的。公众听到这事并不会感到吃惊;瓦奈萨和弗吉尼亚已经出席过后印象派舞会了,打扮得就像高更画中的光肩膀、光腿女孩,简直——在那些昂首离去以示抗议的愤怒女士们看来——简直就是全裸的。[29]人们私下谣传,在戈登广场,瓦奈萨和梅纳德·凯恩斯先生就在人群拥挤的客厅中央当众(coram publico①)性交。[30]凯恩斯先生那时正热衷于其他的兴趣,仅凭这一点,这故事就是不大可能的。其实,我认为,在瓦奈萨泼辣的性解放示威中,存在着一种虚张声势的成分。

　　画家亨利·杜塞曾出席过一场较狂放的布鲁姆斯伯里聚会,当时瓦奈萨跳舞跳得激动起来,她抖掉了大部分衣裳,上身赤裸地旋转着,

---

　　①　拉丁文,意为"当着众人之面"。

170

他评论说——也许还有点渴望——"在法国,那本会在拥抱中结束";显然这事没发生;男女混交的游戏只不过停留在游戏而已。[31]性不再受婚姻约束,这一点得到了承认,可它仍需要激情认可。这是弗吉尼亚的例外条款①。其实,弗吉尼亚真正渴望的是某个能燃起她激情的人。相反,七月份,她遇到另一次徒有其名的求婚。

沃尔特·兰姆,人们大概还记得,他是 1909 年斯塔德兰那群人中的一个,也是布鲁姆斯伯里的固定客人,他一直想跟弗吉尼亚结交。七月份,他邀请她一起去游览里士满公园②。因为她是我们的唯一证人,我们不如引述她在写给瓦奈萨的信中的相关描述,这封信可以断定是写于 1911 年 7 月 21 日的。

> 费兹洛广场西 29 号
> 星期五

亲爱的:

　　写信是一种伟大的奉献,因为天气非常热。

171　　我们昨天进行了那场伟大的远征。它太古怪了。首先,它颇不自然;我们躺在树下,讨论了贝德福德广场的计划。※然后我们一起散步,他开始悲叹高尚的心灵实在太少了,我们抽象地讨论了爱和女性。最后他坐下来,说:"你愿意告诉我,你是否谈过恋爱吗?"我问他知不知道利顿的事。他说:"克莱夫跟我讲了很多。"(这惹火了我,但没辙。)于是我说,如果他确实想知道,不是出于好奇的话,我愿意告诉他这事。他说他想知道我的感受,乐

---

①　例外条款(escape clause),规定签约人在某种情形下可不受某些约束的条款。
②　里士满公园(Richmond Park),伦敦公园之一。
※　一个在贝德福德广场租一幢房子共住的计划,后来在布郎斯威克广场得以实现。

于倾听一切。我对他说了个大概。于是他说："你愿意照普通人的方式生孩子、谈恋爱吗？"我说"愿意"。他说，"我真的非常喜欢你"，我说，"但你很开心吗？"他说，"有非常令人不快的复杂因素。"我问，"哪些？"他说，"你住在一个黄蜂窝里。另外，婚姻是如此麻烦——你愿意让我延缓一下吗？别催促我。"我说，"我看不出有什么理由我们不能做朋友——另外，为什么我们要改变，搞得激动不安。"他说，"能保持现状当然最好。"

　　然后，我们继续东游西逛；我猜想，因为他拿不准我的感受，他觉得不能让自己就这么坠入爱河；他也对我的部分性格特征感到迷惑。他说，我把事情织成网，可能会因为他犯了错而突然对他大发雷霆。我承认自己非常自我中心，只关心自己的事，还有虚荣以及一切个人恶习。他说为了举例说明我的缺点，克莱夫已经跟他讲了<u>些</u>可怕的故事。（天啊，别把这话告诉别人。）我说我喜欢他，认为我们会是朋友。我试图把这一点说清楚。然后他谈了许多有关你的事——你既高贵又非凡——你使他惊惧——他想跟你说话，他对你怀有一种美学意义上的爱，等等，等等。在那之后我们谈的都是些普通话题——就他的痛风症谈了很多——然后喝了茶，回家，去歌剧院。那里有一大群温文尔雅的人——桑格夫妻、福斯特、鲁珀特、凯、詹姆斯、伍尔夫※，等等。沃尔特步行到我家，进来喝了点什么，因为艾德里安不在。他又开始谈我们的关系，说到了秋天，他想住得离我近些，但是没说太多。这让人挺不自在，因为他总想弄明白我的感受，而我只能谈论友谊的美好。当然，我对他比过去喜欢多了，因为他相当坦率，确实能感

　　※　即查尔斯和多拉·桑格，E.M.福斯特、鲁珀特·布鲁克、凯瑟琳·考克斯，詹姆斯·斯特雷奇和伦纳德·伍尔夫（他六月份从锡兰回来了）。

受到许多东西(除非我因为虚荣心而丧失了判断力)。可事情就这样处于一种不舒服的状态之中。九月份他想来菲勒。我的确喜欢他,但是一想到要进行很多冗长的对话,我就感到颇为丧胆。他身上有一种让人哀怜的东西。他非常害怕自己出丑,然而,他也知道他的谨慎显得有点荒谬。我想,我已经把自己所能记得的都讲了——至少讲了要点。无疑,我大概是不会再写别的信给你了。哦,罗杰把我骂死了!精致!我们生活在一个后印象派时代。就你寄给我的那封信,你不配收到任何问候信!顺便说一声,在我们被打断之前,沃最后说的一件事是,他不能任由我犯哪怕一个错。"作为妻子也不行吗?"我问,"不,作为妻子也不行。"在我看来,他爱上了我;但你别声张。

我在履行约定上遇到了很大麻烦。艾丽没回音;我想她一定已经写信去菲勒了。如果她阻止我,我也许会下周四或周五来过夜[指吉尔福德(Guildford),瓦奈萨养病的地方](如果你邀请我的话)。卡斯周一来,没说待多久。然后萨维奇周四要见我,我同意周三见。琼[·托马斯]大怒不已——猛然挂掉了她的电话听筒——因为她以为我正设法推掉跟她的饭局——萨克逊已经为拜罗伊特而心绪不宁了。总而言之,就像沃说的那样,这是一个黄蜂窝。他指的是,我们生活在一个让他苦恼的迷宫的中心,他问及哈里、罗杰和德斯蒙德。他问如果我结婚了,是否还会跟别人调情。我说,"如果我爱自己丈夫的话,就不会。"可那是冒失的。

你好些了吗?您感到热坏了吗?吃午餐时,我拿你跟南美的森林,跟睡在树下的黑豹相比。我对我们的爱做了一番充满激情的描述——你对我的爱,我指的是。

你的 B[32]

172

在猜想他爱她这一点上,弗吉尼亚是对的。他在稍微有点可笑的冗长信件里表达了自己的激情,可他的追求是没指望的。[33]他和蔼可亲,但给人印象不深,他在她内心激起的唯一激情就是一种对克莱夫的愤慨。她在一封写给瓦奈萨的激烈信件中爆发了起来,瓦奈萨照例不得不设法维持和平。于是,就谁跟谁说了有关弗吉尼亚的哪些事,克莱夫、沃尔特·兰姆和锡德尼·沃特路卷进了一场三角争论(她的确是住在一个黄蜂窝里)[34],沃尔特·兰姆想必很快就意识到,自己和弗吉尼亚是没戏的,最后,他不但没得到妻子,还发现自己失去了一个朋友,因为克莱夫再也不跟他说话了。[35]

瓦奈萨在米尔米德(Millmead)租了一幢小别墅,她曾邀请弗吉尼亚来同住,这地方靠近吉尔福德,到位于德宾斯(Durbins)的罗杰家很近便。她有点担心沃尔特求婚的后遗症会引发克莱夫和妹妹之间的暴风雨。不过天气一直很好,无论是照字面意思,还是照隐喻来理解。连续数周的阳光带来了游泳、画风景画的好时节,也是野餐和新异教徒※的好时节。

想必早在 1911 年之前,弗吉尼亚就认识了新异教徒中的一些人,因为他们属于一个剑桥团体,跟利顿、梅纳德·凯恩斯以及他们的朋友在许多方面都有联系。不过从这时起,她开始对其中几位加深了印象。其中一位在弗吉尼亚的生命中尤其有着重要的实际意义。她遇上了凯瑟琳·考克斯——凯·考克斯,人们通常这样称呼她——第一次是在 1911 年 1 月,在"年轻女性的中心"——也就是说在玛乔里·斯特雷奇,以及她的纽汉姆朋友雷和凯琳·科斯特洛的陪同下。[36]"考克斯小姐是较年轻的纽汉姆学生之一,"弗吉尼亚写信给克莱夫

173

※ 看来,"新异教徒"(Neo-Pagans)这词可能是瓦奈萨在布鲁姆斯伯里起的。我找到的对这个词的初次使用来自 1911 年 8 月她写给罗杰·弗赖的一封信。

说，"据说她要么会嫁给一个凯恩斯，要么会嫁给一个布鲁克。从表面上看，她跟希普尚克斯小姐有相似之处，如果后者年轻漂亮得多的话。她是个快活、有才智、和善的女人；她说自己缺乏感情……"[37]弗吉尼亚过去常叫她"熊先生"（Bruin），我就是这么想她的——不是熊性中较凶猛粗鲁的那些方面——而是舒服的柔软毛皮，行动缓慢，温暖的拥抱，喜欢蜜糖，有点笨拙，有点感觉迟钝，不过没迟钝到不会受伤——确切些说，有点麻木，然而，除非是受到激情的影响，否则的话，她是乐于助人，值得信赖的。对许多新异教徒来说，尤其是对格温·达尔文和雅克·拉弗拉（他俩于1911年结婚了），对弗朗西丝·科恩福特，特别是对鲁珀特·布鲁克来说，她是位知交，几乎是个姐妹，鲁珀特是那个社交圈里的名人，有点像利顿对他那代人的影响，他决定着他那个圈子的风格。不过那种风格是完全不同的。※

　　他们的背景和布鲁姆斯伯里的背景没什么两样；他们中的大多数人都是杰出的维多利亚知识分子的子女；不过他们具有一种更生机勃勃的成分，一种比代尔斯①、拉格比②的成分；其中的许多女性都得益于弗吉尼亚十分羡慕的大学教育；她们不那么淑女气，比她们的前辈更讲求实际，也更有常识。这些男女都尖锐、坚定地反对颓废派人士和唯美主义者；相比于利顿那一代人，他们所受的G.E.穆尔影响要小得

　　※　新异教徒类似于布鲁姆斯伯里，因为他们和剑桥有着密切联系，而且组织松散。不太容易说清楚谁是或不是新异教徒。除了已经提到的名字之外，我们也许可以加上贾斯廷·布鲁克、达德利·沃德（Dudley Ward）、杰拉尔德·肖伍、杰弗里·凯恩斯、戴维·加奈特，还有费边社会主义者锡德尼·奥利弗亚爵士（Sir Sydney Olivier）的四个女儿。其中也有一些人——譬如詹姆斯·斯特雷奇和弗朗西斯·比勒尔——几乎不适用于下一段的概括。

　　①　比代尔斯（Bedales），英国教育家约翰·巴德雷（John Haden Badley, 1865—1967）于1893年创立的以开明思想为基础的学校，从1898年起成为英国第一所男女同校的中小学。

　　②　拉格比（Rugby），英国著名私立中小学，建于1567年，1828年托马斯·阿诺德任校长后，对其进行了现代化的开明改革。

多,而且虽然他们关心并实践艺术,他们还是活跃的社会主义者。

他们之间有着一种单纯、强健的同志情谊;他们不但在客厅里碰头,也在帐篷里碰头,他们驾独木舟,穿运动衣,扎大头巾,他们精神饱满地步行,快乐又严肃,谈起恋爱来,他们通常追求的是异性,视婚姻为最终目的。※

因此,当弗吉尼亚在格兰彻斯特(Grantchester)和鲁珀特·布鲁克同住,在那里帮他为一首诗斟酌词语,并和他一起在月光下的格兰塔河里裸身游泳时,可想而知,他认为这两种举动都属于投契的表示;她帮他寻找一个妥帖的明喻,这是得体的,在男女交杂的场合下脱光衣物,不假装正经,这也是得体的;这是把他当朋友看。[38] 不过对她来说,我想,这种不知差耻的游泳就完全是另一回事了,有着更重大的意义;这属于瓦奈萨的举止,一种解放的姿态。如果艾德里安信得过的话,她为这事没在朋友中引起更大的轰动而有点恼火。[39] 艾德里安是否有正当理由把他们之间的友谊称作"鲁珀特韵事",这一点非常可疑。我认为他们俩谁也没有当真爱上对方,尽管他们相处得很好,足以使鲁珀特说服弗吉尼亚,请她参加他和一些朋友在克利福德桥畔举行的露营,地点位于泰恩河边。① 这次拜访起初既糟糕又不舒服。[40] 别的露营者都去克雷迪顿玩了,没有给刚到的凯·考克斯和弗吉尼亚留下任何食物,除了一块腐烂的黑莓布丁——这就是简易生活的不便之处。不过,她们也获得了补偿;天气一直很好,夜里,在篝火边,他们听音乐,进行愉快的交流,还有那种独特的安宁,在无垠的新鲜空气和

※ "我们参与的这伙人……不搞婚外性行为,不过我们**确实**搞搞婚姻之外的咖啡馆聚会、巴士闲聊、没长辈陪伴的散步,聚居一处,互赠书籍的事。"鲁珀特·布鲁克写信给凯瑟琳·考克斯说,[1911 年 5 月?],《鲁珀特·布鲁克书信集》,1968 年,第 304 页。

① 泰恩河(Teign)与克利福德桥(Clifford),位于英国南部的达特穆尔地区;克雷迪顿(Crediton)是附近德文地区的一个小镇名。

阳光中生活时,总能感受到这一点。

那个九月,梅纳德·凯恩斯也在克利福德桥畔过露营生活;他和新异教徒们关系亲密,尽管他肯定不能说是"属于"新异教徒之一;其实他肯定认识弗吉尼亚所有的剑桥朋友,而且从 1907 年起,他就已经是费兹洛广场 29 号的访客了。虽然他随后当上了国王学院的研究员,大部分时间都待在剑桥,1909 年他还是跟邓肯·格兰特一起寄宿在费兹洛广场 21 号,后来实际上跟弗吉尼亚混得很熟。他难以置信地聪明,天性沉湎于肉感,充满深情,轻松乐观,这种天性可能是非常吸引人的。从务实的角度来看,他是她亲密交往过的人中最著名的一位,在 1911 年,他可能已经被看成是最有才干的人了,而且也是最有可能注定干一番大事的人。

175

费兹洛广场 29 号的租约即将到期;或许是厌倦了长期吵吵闹闹的两人生活,弗吉尼亚跟艾德里安计划来一场家庭革命:他们将和别的朋友共享他们的家——它必须是一幢大房子;他们为此考虑了一幢在贝德福德广场的房子,但是十月份,他们在布郎斯威克广场 38 号找到了自己想要的房子。在这里,弗吉尼亚将住在三楼自己的房子里;艾德里安住二楼,梅纳德·凯恩斯会在一楼有个临时住所,邓肯·格兰特也能把它用作画室。空置的顶层租给了伦纳德·伍尔夫。大家将会分摊房子的日常开销,不过在其他方面,"同住者"①将尽可能保持独立。索菲和女仆莫德会提供服务和个人饮食。※

---

① 在英语里,同住者(inmates)这个词常指监狱和病房里的室友,所以这里原文中加上了引号。

※ 三餐是:/九点开早餐/一点开午餐/晚餐八点。在这些时间段里,托盘会按时放在厅里。同住者被要求自己来拿托盘;而且**一吃完**就把脏碟子放在托盘上还回去。

"上午九点之前,同住者被要求把他们姓名起首的大写字母贴在厨房指示表上,后者挂在厅里,正对着那一天所有的点餐。"

摘自 1911 年 12 月 VW 为伦纳德·伍尔夫准备的"住宅计划"。

照现代人的观点,这种安排看来是无可指摘的,不过在 1911 年,它就显得异乎寻常了。乔治抗议说,弗吉尼亚绝不能独自和三个年轻男人住在一起。"喔,绝对没事的,乔治,"瓦奈萨解释说,"你瞧,它离弃婴堂多近。"[41]这招对乔治会奏效,可给维奥莱特·迪金森一个答复就没那么容易了;尽管心胸开阔,她还是认为她的朋友太过火了。"朱莉娅不会喜欢这种事。"[42]这样一种反对,来自这样一位人士,一定是不管怎样也会让她暂停行动的。她喜欢并尊重维奥莱特,她珍视维奥莱特的好心劝告。维奥莱特是她最好的朋友。更确切地说——我们能从她们逐渐但明显减少了的通信中看出——维奥莱特**曾经**是她最好的朋友。弗吉尼亚一向喜欢、信任并钦佩她,始终感激她;可是不知怎地,她们友谊中那种必不可少的活力已经消失了,如今,当这种友谊面临考验的时候,弗吉尼亚发现自己能够抽身而出,照自己的选择生活,尽管维奥莱特明确表示不赞成。她们的关系变得冷淡,但并没有发生争吵;她们之间的友谊经历了那么多年,不至于为此反目;而且,虽然不合传统,弗吉尼亚的行为谈不上是不道德的。不过,维奥莱特曾是她生活中最重要的人物,这个事件标志着一种热烈激情的最终熄灭。

176

这个时期其实既意味着结束,也意味着新的开始;弗吉尼亚不但要离开费兹洛广场 29 号,还要离开小托兰德屋。她已经找到了阿希姆※,这幢奇异、美丽的房子位于一处偏僻、浪漫的环境之中,距菲勒南部几英里,她打算从新年起租下它。瓦奈萨对此满腔热情,同意分担租约。有一件事似乎没完没了,就是她的小说。1911 年 4 月,大概在进行第六遍改写时,她写信给克莱夫说:

※　又叫阿希汉姆(Asheham)。

　　昨天,我写完了《美[琳布罗西娅]》的第八章;这一章把他们带到了南美海岸。我想,这就写完了这本书的三分之一。完全是出于怯懦,我没把其他章节带来[到小托兰德屋]。如果我认为"瞧,这下子彻底写完了",我确信自己会瘫软下来。我肯定,其中某些部分将会带有头痛症的惨白。[43]

虽然在 1911 年没重蹈 1910 年的神经崩溃,她无疑还是常感到头痛。1911 年 6 月,她写信给瓦奈萨,描述了一个情绪低落的时刻,当时:

　　我没法写作,所有的魔鬼都来了——毛茸茸的黑色魔鬼。二十九岁了,还没有结婚——一个失败者——没有孩子——还神经失常,也没能成为一个作家。[44]

很难说清这些情绪有多频繁和多严重;不过,如果夏天里她常感到忧郁的话,她在秋天是比较开心的,有某种理由让人这么觉得。

　　十一月份,锡德尼·沃特路※——1910 年在斯塔德兰,他曾和他们相处过——向她表明了爱意。她似乎毫不犹豫地拒绝了他,友好但决然,他的热情很快就消失了。[45]估计这份殷勤并不是不受欢迎的,

---

　　※　锡德尼·沃特路是布鲁姆斯伯里的常客,正如以下日记显示的那样,他和贝尔夫妻的关系颇为密切:
　　"和克莱夫·贝尔夫妻一起吃饭;多么大的解脱和变化[从竞选中]。除了弗吉尼亚·斯之外没有别人。我们的交谈开始变得真正亲密起来。瓦奈萨觉得他们圈子里的鸡奸很逗乐。我从一开始就看出了她和弗吉尼亚之间的不同。瓦奈萨为人冷淡,玩世不恭,有艺术家天赋,弗吉尼亚情绪化得多,更感兴趣的是生活而不是美。一个美好的夜晚。"锡德尼·沃特路,《日记》(Berg),1910 年 12 月 8 日。

哪怕到了那时,她已经沉浸在一种新的重要得多的关系中了。

　　1911 年 6 月,伦纳德·伍尔夫从锡兰休假回来,他自然来找那些他在 1904 年撇下的剑桥朋友了,譬如利顿、萨克逊、德斯蒙德·麦卡锡、克莱夫、梅纳德·凯恩斯和摩根·福斯特。在这么做的时候,他肯定也见到了其他人,如罗杰·弗赖、邓肯·格兰特、瓦奈萨、艾德里安和弗吉尼亚,他对这些人就远不够了解了。他已经离开了剑桥,重返布鲁姆斯伯里。布鲁姆斯伯里不假思索地接纳了他。"伍尔夫来喝茶,"瓦奈萨写道,"我们就颜色是否存在进行了一场辩论。"[46]就这一点而言,自从他离开三一学院之后,事情看来并没有发生太大变化。不过,情况**当然是**变了,他也变了。如今,他和其他人是不一样了,再次引述瓦奈萨的话:

> 他当然非常聪明,由于生活在蛮荒之地,在我看来,较之"这伙人"中的大多数(他们很少能想出任何非常新颖或原初的东西)而言,他的观点更有趣。[47]

　　在剑桥时,伦纳德和利顿的关系尤其亲密;他是少数几个利顿喜欢、信赖但没有爱上或没有被他当成情敌的人之一。他们都是非常认真的使徒团成员,对他们而言,它是一种信仰。伦纳德用他们私有的亨利·詹姆斯语言写东西,当他在锡兰读到《金碗》①时,他吃惊地发现他们其实是多么詹姆斯化。※他和利顿,再加上萨克逊,是 G.E.穆尔

---

　　① 《金碗》,亨利·詹姆斯的小说。

　　※ "我刚读完《金碗》,大吃一惊。他虚构了我们还是我们虚构了他? 从最严格的字面意义上来说,他使用了我们**全部的**词汇,我们不可能是从他那里得到所有这些词汇的。"LW/GLS,1905 年 7 月 23 日。

177

集团的名人,在对那位伟大人物的热爱上,他们是团结一致的,尽管他们满腔真情地推崇智性上的诚实,人品也很出众,这些年轻人离开剑桥时表现出了一种非常矫揉造作的小圈子姿态。他们已经接受了《伦理学原理》的福音,把自己看成是被选定的人(the elect)。

所以当伦纳德启航去锡兰时,利顿就失去了朋友,而他自己也变得与世隔绝。来自利顿的信件是他跟旧世界的仅有联系,即那个世界的"真实"部分。的确,萨克逊偶尔也写信,可通常写了一大堆,也只是为了说自己无话可说,或者有时是——在这一点上他会举例——没有话值得一说。利顿一向有个念头,就是有一天他会来锡兰(与其说真要做这事,不如说这事是拿来讲的)。也许他本该这么做。利顿从没受过命运加诸吉本的那种微不足道的炮火洗礼——如果我们能把它称为"炮火"的话。吉本知道实干家是怎样操控和搞砸事情的,因为他对战争有实际经验,或至少对一支军队有实际经验。如果曾经坐在贾夫纳和汉班托特①的苍蝇和污垢中,利顿会对戈登和弗洛伦斯·南丁格尔②有一种更犀利的看法———一种稍微深刻一些的理解吗?这很难说,很难想象利顿拜访(更别提管理)一个省份的情形。

不过,如果伦纳德从不曾离开剑桥和伦敦,去猴子居住的蛮荒之地挂起联合王国旗帜的话,也许很难设想作为行政官员的**他**。事实上,他具有那种经验,在土人中做欧洲老爷,彻底远离所有那些能够坦诚相见的朋友,那些玩笑、那种高度严肃性,以及剑桥的智性交流。他学会了独自旅行和生活,担负警察的职责,运用地方长官的

---

① 贾夫纳(Jaffna)和汉班托特(Hambantota),锡兰地名。
② 戈登(Gordon)和弗洛伦斯·南丁格尔(Florence Nightingale)是利顿著作《维多利亚时代四名人传》中的人物,前者是将军,后者是现代护理和公共卫生方面的奠基人,曾服务于克里米亚半岛之战。

权力,宣判别人死刑,眼看他们被绞死,外加履行帝国那些没完没
了、极端乏味的任务。最艰难的是,他不得不跟他的同胞们打交道
并达成妥协,在一个不耐烦的绝望时刻,他把那些人形容成"由败类
和弱智组成的愚蠢的堕落圈子"。[48] 就是这些管理和剥削着那个岛
国的人,这些受过有限教育的欧洲老爷和他们的可怕太太们,非常
截然地表明了锡兰和剑桥之间的区别。不过,为了成功地完成工作
(他从一开始就明确决定要做到这一点),他不仅要跟那些他上学时
多半会躲开的人密切地(甚至热诚地)生活在一起,还需要教化他
们、研究他们和取悦他们。他这么做了,在这么做的过程中,他变得
更宽容了,认识到他们毕竟跟他不是同类,他能从许多人身上学到
东西,还会真诚地喜欢上其中一些人。年轻知识分子的傲慢缓和
了,他的同情心变宽广了。他发现自己能跟那些不懂什么叫"良好
心智"的人和睦相处,并被他们接受和看重,这么做的时候,他从不
需要真的牺牲剑桥赋予他的一流的敏锐洞悉力。

　　就是在这一点上,利顿有点疑虑。[49] 他担心伦纳德可能会"对自
己的工作感起兴趣来",而其他的东西会被那种兴趣抑制住。事情几
乎就是这样的。

　　即便是在最初的绝望叫嚷中,伦纳德(无论出于有意还是无意)就
一直在调整自己的声音,以适应他的对话者。随着时间的流逝和他在
部门中的晋升,他发现行政游戏是令人陶醉的。他整肃并改良了办事
处,为混乱带来秩序,使效率低下的机构运转顺当。他的上司们很快
就知道自己部门里来了个非常有用的人。他们给了他块地,南部省份
的汉班托特行政区,在两年半里,他致力于保持这片土地的安宁和繁
荣,到了 1911 年,他已经成了一个非常出色的殖民地公务员,而利顿
的担忧看来似乎是有道理的。

179

　　布鲁姆斯伯里破除了魔法。伦纳德回来,发现他和利顿在剑桥玻璃暖房里播下的种子已经长高了,无疑,这些开花的植物在某些方面让人感到陌生。不过还能认出就是那株植物。旧时的价值仍受到尊敬,尽管已经适用于比剑桥圈子更广阔的世界了;虽然失去索比是让人悲哀的,老朋友们还健在,他们的生活因新加入的人,尤其因女性成员(也就是说因瓦奈萨和弗吉尼亚),而变得丰富和复杂化。

　　在这个崭新但并不陌生的社交圈子里,伦纳德可以丢开知识分子出身的殖民地行政官的那套矜持和保留;他又无拘无束了起来(我想,远比在帕特尼他母亲房子里更无拘无束);他和那些尊重同样的基本价值的人待在一起,他能够从他们身上发现合意的特征和品质。工作了七年之后,这个假期是令人振奋的;摆脱了孤独的重负和效率的严酷趣味,他开始追求社交乐趣和新体验,态度散漫、随意(甚至一度学起绘画来),接着,他的兴趣又开始变得集中;他重新发现了一个目标,它变得至关重要。[50]回到英国六个月后,他向弗吉尼亚提出了求婚。

　　7月3日,伦纳德在戈登广场与克莱夫、瓦奈萨共餐;饭后,弗吉尼亚、沃尔特·兰姆和邓肯·格兰特来了。几天后,弗吉尼亚写信给"亲爱的狼先生"①,邀请他到她"位于南唐斯的小村舍"来度周末。[51]由于已经答应了一连串的拜访,他没法接受这次邀请,所以,弗吉尼亚跟沃尔特·兰姆进行了"伟大的远征",又跟鲁珀特·布鲁克和新异教徒们一起去短途旅行了,而伦纳德先是去了萨默塞特教区长住宅,然后去德文郡和利顿、G.E.穆尔聚会,最后去了斯堪的纳维亚。不过回来之后,他斗胆提醒斯蒂芬小姐关于那次邀请的事;她重新发出邀请,建议

---

①　狼先生(Mr Wolf)和伍尔夫先生(Mr Woolf)只差一个字母,这是弗吉尼亚用来打趣伍尔夫的。

叫她的名字①就很好;她补充说"它不是一幢小村舍,而是一幢丑陋的郊区别墅"。[52] 9 月 16 日,伦纳德和玛乔里·斯特雷奇、德斯蒙德·麦卡锡一起去那里度周末。就在那时,伦纳德发现和弗吉尼亚一起在唐斯间漫步是多么令人愉快;就是在他的陪伴下,她发现了阿希姆。

这次周末拜访起到了决定性作用;从此之后,伦纳德越来越多地出现在费兹洛广场和戈登广场;他不断地设法接近弗吉尼亚。十一月,她开始住进布郎斯威克广场 38 号,而到了这时,伦纳德已经成功打入布鲁姆斯伯里,邀请他来同住似乎是天经地义的。12 月 4 日,他搬进了顶楼的两间房子,承担每周三十五先令的房租。房间已经刷过油漆了,弗吉尼亚向他保证会给他一个书架。

于是,1911 年的最后三个月,伦纳德和弗吉尼亚有了很多的见面机会,伦纳德发现自己深深地爱上了她。她显然喜欢他,不过这种喜欢意味着什么,她自己和他都不清楚,他对她那种感情的强度和性质心存疑虑,这就妨碍了他去表达自己的那份感情。

新年伊始,伦纳德再次走访了萨默塞特,去跟老朋友弗罗姆的教区牧师(Vicar of Frome)同住;在这里,在乡下牧师住宅的那种宁静中,他意识到自己必须立刻向弗吉尼亚求婚。1 月 10 日,他向布郎斯威克广场发了一封回电费付讫的电报:"明天,星期四,我得来看你,占用一小时时间。我将于十二点五十分抵达伦敦,五点离开,如果我能来布郎斯威克广场的话,可以在那时见到你吗? 伦纳德。"[53]

他见到了她,向她提出求婚。她不会感到非常吃惊;不过她没想好明确的答复;她需要时间去更好地了解他。他们的交谈被沃尔特·兰姆的到来打断了,伦纳德不得不回弗罗姆去。他回去后写道:

180

————————

① 即叫她弗吉尼亚而不是斯蒂芬小姐,这是一种熟人之间的称呼形式。

大榆树教区长住宅

弗罗姆

萨默塞特

1912 年 1 月 11 日

亲爱的弗吉尼亚,我得在睡觉前给你写信,我想,我也许能更冷静地作出思考。

今天下午到底跟你说了些什么,我还没有完全回忆起来,不过我确信,你知道我为什么来——我指的不仅是我爱上了你,还包括那种驱使一个人做这些事的东西(伴随着不确定性)。也许我错了,因为在这星期之前,我一直不想告诉你,除非我确信你爱上了我并会嫁给我。我当时想你喜欢我,但仅仅是喜欢而已。我从不知道自己是多么的爱你,直到我们谈起我回锡兰的事。那之后,除了你之外,我没法再想别的事。我陷进了一种无望的不确定之中,你爱我?你会永远爱我,甚至喜欢我吗?天啊,我希望自己再不要经历发电报前在这里度过的那段时间。我一度写信给你,说下周一我想跟你谈谈,但是我觉得,如果一直等到那时才见你,我会疯掉的。于是我发了电报。我知道你会告诉我你的确切感受。你正是我所了解的你,如果过去没爱过,现在我爱了。我爱你不是(的确不是)仅仅因为你那么漂亮——尽管那当然是个重要原因,也理该如此;而是因为你的头脑和你的性格特点——在那一点上我从没有见过像你这样的人——你不信这话吗?

现在,我会无条件地做你想让我做的任何事。我认为你不希望我离开,可如果你想的话,我会立刻走。如果你不想,我不明白为什么我们不能像以前那样继续相处——我想我能做到——然后,如果你真的觉得你能爱我,你就告诉我好了。

我简直不知道是不是在说我想说的,或我感受到的;我累坏了。一场浓雾笼罩着整个萨默塞特,火车晚点了,从车站到住宅,我不得不慢慢走上三英里。

你难道不觉得,沃尔特的拜访几乎证明了神的存在吗?

你的　伦[54]

第二天,他又写了封信:

……我会尝试着写下那些话,当你坐在那里时,要想冷静、不动感情地讨论它们是多么难。我想,我还不至于自私到没法从你的角度看待这件事。从我的角度,我现在确信,且不说爱情……为了娶你是值得冒一切风险的。当然,那就是——从你的角度——昨天你在继续说的问题,也许你该这么做。在火圈之外,比起我这个火圈之内的人,你做起决定来会好得多。天啊,我知道和任何人结婚的危险性,无疑也包括我。我自私、嫉妒、冷酷、贪婪,是个撒谎者,可能还要更坏。我已经一遍遍地对自己说,因为这些,我将永远不会和任何人结婚,主要是因为,我想,跟一位低于我,会渐渐以自己的低劣和谦卑惹火我的妇女在一起,我感到自己永远不可能控制住这些……因为你不是那样的人,这种危险就变得小多了。你可能是个虚荣的自我中心主义者,不诚实,就像你说的那样,可比起你别的品质(高贵、聪慧、机灵、美丽和直率),它们就什么都算不上了。归根结底,我们也喜欢彼此,我们喜欢同样的事和人,我们都是有才智的,尤其是,我们所理解和重视的是现实……[55]

弗吉尼亚忙着要赶一辆火车,那应该是她最后一次去拜访小托兰德屋,她回复道:

182

> 我真觉得没话可说,除了我愿意照以前一样生活;还有就是你该给我自由;以及我该做到诚实。至于缺陷,我预料我的也一样糟——也许更不高尚。但是当然,它们其实不是问题。我已经决定对此完全保守秘密,除了瓦奈萨之外;我已经要她保证不告诉克莱夫了。我告诉艾德里安,你来是为了一份答应给你的工作的事。[56]

瓦奈萨从一开始就喜欢伦纳德,相信他具有那些能让她妹妹获得幸福的品质。她立刻给他写信说:

> ……如果你能得到你所想要的,我将会多么高兴。在我认识的人中,你是唯一我能想象可以做她丈夫的人。[57]

还有,瓦奈萨希望伦纳德来参加她在阿希姆举行的乔迁庆宴。他这么做了——实际上,他到那里参加了两次乔迁庆宴;照弗吉尼亚的说法,第一次发生在

> 四十年以来最冷的一天;所有的管道都结冰了;小鸟们在窗格玻璃外忍饥挨饿;有些钻进来了,蹲在火炉边;炉栅底掉了;正在朗读拉辛的玛乔里[·斯特雷奇]突然停下来一动不动,说,"我得了水痘啦。"[58]

第二次，也是更具规模的一次，在一周后举行，参加者有贝尔夫妻、罗杰、邓肯、艾德里安和弗吉尼亚，伦纳德又来了。不过虽然有着这些开心事，弗吉尼亚还是痛苦不已。伦纳德很想不让她感到担忧，她应该自由地按以前的方式生活；但是不可避免地，他比她以前的求婚者带来了更大的张力；婚姻作为一种可能性在过去从未显得这么真实、美好，而又如此让人担忧。她的神经垮了；一月底，她已经在床上躺了一个星期——"我的痼疾小小地发作了一次，是脑子的问题，你知道的"——接着，乔迁庆宴之后，症状变得更严重了，她被迫回到可恨但便利的特威克南庇护所和托马斯小姐那里去。[59] 瓦奈萨伤心地写信给伦纳德，告诉他暂时不可以去看望弗吉尼亚，或给她写信。她希望最后一切都会变好。直到二月底，伦纳德才被允许给弗吉尼亚寄了一封故意写得令人厌烦的信件，当她最终被放出来时，瓦奈萨怀着温和但坚定的善意把他打发到萨默塞特去了；在这里，他收到了一封弗吉尼亚的来信，在信里她声称：

> 我要跟你讲讲那些疯子的精彩故事。顺便提一句，她们选我做了国王。这是毫无疑问的。我召集了一次秘密会议①，发表了一篇关于基督教的宣言。我还从事了其他冒险，也遇到了一些灾难，是太过热情和寻根究底的性格带来的结果。我既回避爱也回避恨。现在我感到非常清醒、冷静，行动缓慢，就像动物园的某个巨兽。编织活计拯救了人生；艾德里安也对它产生了好感。令人惊奇的是，它把斯蒂芬人变成了萨克逊人，那个可怜的老怪物觉

183

---

① 秘密会议（conclave），尤其指枢机主教们选教皇的秘密会议。

得自己被模仿了,到了这种程度,以致他怀疑我们抱有恶意。①

今天,利顿来喝了茶,他很迷人,接受了我对剑桥生活和……的全部指责。※他实际上赞成我,认为炉前的地毯腐烂了,那些鲸鱼散发着怪味。我说你也同意,他在灯光里哼唧着。

……我得出去寄这封信了。我拿到了五先令,我打算用这些钱买巧克力和安眠药水,如果店开门,我避开了骚扰的话。我不想要安眠药水——无论如何。[60]

伦纳德不可能认为这信是令人安慰的;它带有一种疯狂的口气,尽管有些古怪之处或许是出自私人笑话,而不是失常的头脑。一位半心半意的爱人也许会纳闷自己在追求什么样的妻子,很可能会放弃求婚;不过伦纳德的爱绝不是半心半意的。

弗吉尼亚有很多时间都住在阿希姆,非常安静地生活着,写着她的小说。就是在这个时候,凯·考克斯(她自己也因为一种扰乱人心、不快的恋爱而陷入痛苦※※)开始把精力都花在弗吉尼亚身上,显示了她的天赋所能起到的安慰作用。

与此同时,伦纳德的处境实际上变得非常艰难。他对锡兰的感情使他对弗吉尼亚的感情变得复杂化。他已经通过一部小说来表达自己对那个岛国及其人民的关注了——即《丛林里的村庄》——1911 年秋天,他开始写这部小说;同时,他已经开始怀疑自己是否该作为大英帝国政府的代表回去,事实上,他已经越来越怀疑大英帝国本身。如

---

① 指斯蒂芬姐弟们因为做编织活计而变得沉默寡言,这和萨克逊的沉默寡言有相似之处。

※ 指"使徒团"。

※※ 和鲁珀特·布鲁克的恋爱,后者自己正处于一种精神崩溃之中,写信给弗吉尼亚恳求她别走他的老路。

果弗吉尼亚接受他,这个问题就会自动解决,因为**带着**她回锡兰肯定是不可能的;但是,如果他失去了她,他怎么可能在**没有**她的情形下回锡兰去呢? 然而,殖民地行政管理已经成了他的职业;他知道自己擅长此道,有时会梦想自己把余生都投入某个偏僻的锡兰人社群里;不过他还有别的梦想,放弃它们,独自回到距布鲁姆斯伯里和弗吉尼亚五千英里之外的遥远职位上去,这实在让人感到忧郁。可是,他不得不面对这种前景,如果弗吉尼亚不可能爱上他的话,也许还不得不接受它。弗吉尼亚自己仍没有拿定主意,他决心不设法催促她做决定;所以他就被迫赌一把自己的命运了,因为他的休假将结束于 5 月 20 日,在那之前,他得决定自己该做什么。

184

2 月 14 日,伦纳德意识到弗吉尼亚也许需要很长时间才能做出决定,他写信给殖民部部长,为了安排自己的私人事务,他请求获得四个月的休假延期。副部长回复了他,客气地询问会是些什么事务。伦纳德回答说他不能透露。三月份,这件事被提交到锡兰总督那里去,他决定,除非伦纳德说得更明确些,否则不能准予延期。4 月 25 日,伦纳德递交了自己的辞呈。

做出这样的放弃,他肯定会感到有些遗憾,这是合乎常情的。不管他也许心怀怎样的疑虑,在阿希姆度过的一个周末,只会让这些疑虑变得更加深重,当时,伦纳德显然意识到他和弗吉尼亚之间的事情正在急剧恶化。给副部长寄出最终信件后,又过了四天,4 月 29 日,伦纳德以一种相当不同的风格(在激情的影响下,他的风格变得漫漶和缺少标点,这很不符合他的特征)给弗吉尼亚写了信:

……我想和你见面谈谈,尽管现在我想我不该这么做,我打算写下那些<u>极度痛苦的</u>我想对你说的话,也许我没法做到这一点。

从昨天起,好像你心里有了对我的敌对看法。也许只是我的幻想;如果是这样的话,你得原谅我。我想,甚至你也没意识到它对我将意味着什么。天啊,我和你在一起,和你交谈时曾感受到的幸福(就像我有时感到的那样,心智对心智,灵魂对灵魂)。我很清楚我对你的感受。这不仅是肉体的爱(尽管当然包括这一点,我认为它是其中最小的部分),不仅因为我只有和你在一起才开心……问题是我也想得到你的爱。的确,我对别人是冷酷和矜持的;我甚至不是很容易体会到爱;可且不说爱,我对这世界上的任何人或事都没有过对你这样的喜爱。我们常笑话你的可爱,但你不知道你是多么可爱。这就是实际上远比其他欲望更使我警觉的东西。这就是现在让我烦恼的事,有时把我朝两个方向撕扯——因为我不会让你嫁给我(虽然我爱你),如果我认为它会给你带来任何不快的话。确实如此,尽管你仅仅一句话,就比最大的肉体疼痛给我带来了更大的伤害,你告诉瓦奈萨说你也许永远不会嫁人。[61]

185　　后面还写了很长。这是一封冗长重复的信件,他在信里几乎像是在自言自语,在希望和绝望之间徘徊;可总是感到担忧,担心有一种可怕的心理障碍是他没法征服的。

当他怀着这种心情给弗吉尼亚写信时,他收到了一封代表殖民部部长的半官方信件,向他提出了一种方法,根据这个办法,休假延期仍有可能被批准。收到信后,他立刻给阿希姆去了信,问弗吉尼亚他是否可以在回信前跟她谈谈。

……你在毁掉一种怎样的前程！［她回答，然后继续说］：

在我看来，好像我给你带来了很多痛苦——有些是以最不经意的方式——所以我应该尽可能地对你直截了当，因为我常常怀疑，你是身处在一片我根本看不见的雾中。当然，我没法解释我的感受——它们就是折磨我的事情的一部分。婚姻那些显而易见的好处挡住了我的路。我对自己说，无论如何，你和他在一起会很开心；他会陪伴你，给你孩子和一种忙碌的生活。然后，我说，老天作证，我不会把婚姻看作是一种职业。仅有的知道这事的人都认为你我很相配；那使我越发细究起自己的动机来。因此，我当然有时会对你那种渴望的强度感到恼火。可能你的犹太人民族性在这一点上也起到了影响。你看起来那么陌生。于是我变得极其不稳定。我在刹那间从热到冷，没有任何原因；除了我猜想是纯粹的肉体上的挣扎和疲竭左右了我。

我所能说的就是，尽管我有这些感受（当我和你在一起时，它们整天互相追逐），你我之间有一种感情是持久的，并在增长之中。你当然想知道它究竟会不会让我嫁给你。我怎么说得准？我想它会，因为好像没理由不会——可我不知道未来会发生什么。我有点担心自己。有时我觉得从来就没有人曾分享或能分享——一种东西——这就是让你把我叫作"小山"或"石头"的那种东西。还有，我想要一切——爱情、孩子、探险、亲昵和工作。（你能读懂我这种闲扯吗？我正在一件一件地写下来。）所以，从有点爱你，希望你和我永远在一起，了解我的一切，我又转而陷入狂乱和冷漠的极端。我有时想如果我和你结婚，我会拥有一切——那么——我们之间会有性爱吗？就像我前几天残忍地告诉你的那样，我不觉得你对我有肉体的吸引力。有时我只有石头的感受,前几天你吻我时就是那种时刻之一。然而,你对我的喜欢(就像你表现的那样)几乎让我受不了。它是那么真实,那么陌生。为什么你会这样?除了是个讨人喜欢,有吸引力的人之外,我到底是什么?可正因为你想得那么多,我感到在嫁给你之前我也得想想。我觉得我必须给你一切;如果我不能这么做,喔,婚姻就只能是二流的了,对你对我都是这样。如果你还能继续像以前那样让我去摸索自己的路,那将是最让我开心的事了;那么我们都得冒风险。不过你也已经使我非常快乐了。我们两人都想要这样一种婚姻,它是一种绝妙的、生机勃勃的东西,永远鲜活、永远炽热,不像大多数婚姻那样,在某些方面是呆滞懒散的。我们需要丰富多彩的生活,不是吗?也许我们会得到它;如果那样的话,该是多好!我没有在一封信里说太多,对吗?[62]

不过她已经说得够多了;虽然心存疑虑——疑虑想必还不少——伦纳德这时打定主意不回锡兰了。他的辞呈最终在 5 月 7 日被接受了。

这样一来,他其实已经真的破釜沉舟了,而且事实上她并没有给他很大的期望理由。她最多能说自己有点爱他,想要去爱他,和他结婚,只要可能的话。无疑,这事跟过去的调情完全不一样。

"不,我不会随随便便地跟利顿结成一种了无生气的婚姻——虽然作为朋友,他在某些方面是理想的,只不过他是个阴性的朋友。"[63]她在 1912 年 3 月写了这些话,在同一封信里:

我开始生活时,对婚姻怀有精彩、荒谬的理想;然后,我俯视了许多婚姻,这让我感到作呕,我想,我一定是在要那种得不到手的东西。可那也已经成为过去。如今我只需要能激起我热情的人,那么我就会跟他们结婚!

可伦纳德能激起她的"热情"吗?显然,她对此非常怀疑。不过,此时,她很想尽量给他机会这么做,这就已经赢了一着。她再次回到布郎斯威克广场时,他成了她的邻居。她开始对他有了充分的了解,如今能懂得他俩的性格是多么般配了。迄今为止,她只在利顿身上发现过那种出众才智,除此之外,他还具有一种利顿没有的可靠的力量。伦纳德也是个作家,一个小说家,在读了她的一部手稿后,他告诉她,有一天她"会写出一种好得让人吃惊的东西";在布郎斯威克广场,每天早上,他俩各自坐下来写五百字——这是一份一致同意的日程安排。完成写作任务后,两人就自由了;他们也许会一起吃午餐,或者溜达到广场上去,安静地坐在树荫下,在彼此的陪伴中寻找新的乐趣。她见到他的次数越多,就越喜欢他,很可能因为瓦奈萨、克莱夫和罗杰在意大利,他们交往的乐趣就更多了。能躲开那些好奇的旁观者是件好事。瓦奈萨从意大利写信说:"我希望你没有因为伦纳德的事太烦心。我将听其自然,看看会发生什么。最后肯定会顺利的。"[64]

187

事情是顺利的。随着他们亲密关系的增进,弗吉尼亚的担忧烟消云散,她的信心日益增长,她对伦纳德的感情变得更加确定,最后,5月29日,她可以这样告诉他了,她爱他并会嫁给他。这是她一生所做的最明智的决定。

注释

[1] 艾德里安·斯蒂芬,《"无畏战舰"恶作剧》,第18页。
[2] 见约瑟夫·霍恩(Joseph Hone),《亨利·科尔,玩笑之王》,见《听

众》,1940 年 4 月 4 日。

[3]《每日镜报》,1910 年 2 月 15 日。

[4] VB 致玛杰里·斯诺登,1910 年 2 月 13 日(CH)。

[5] 艾德里安·斯蒂芬,同前,第 28 页。

[6] 据传闻(DG);也参见艾德里安·斯蒂芬,同前,第 28 页。

[7] 据传闻(VW)。

[8]《每日镜报》,1910 年 2 月 14 日。

[9] 多萝西娅·斯蒂芬致 VW,1910 年 3 月 3 日(Berg)。

[10] 据传闻(VB)。

[11] VW 致珍妮特·卡斯,1910 年 1 月 1 日(MH)。

[12] 罗莎琳德·纳什致 VW,1910 年 1 月 19 日(MH)。

[13] VW/VD,未标明日期[1910 年 2 月 27 日](Berg)。

[14] VW 致珍妮特·卡斯,未标明日期[1909 年 12 月?](MH)。

[15] VW/VD,未标明日期[1910 年 2 月 27 日](Berg)。

[16] CB/SST,1910 年 4 月 13 日(CH)。

[17] VW/SST,未标明日期[1910 年 6 月 13 日]。

[18] VB/CB,1910 年 6 月 25 日(CH)。

[19] VW/VB,1910 年 6 月 24 日(Berg)。

[20] VW/VB,1910 年 7 月 28 日(Berg)。

[21] CB,《老友们》,第 117 页。

[22] VW/VB,1910 年 7 月 28 日(Berg)。

[23] VB/VW,1910 年 7 月 29 日(MH)。

[24] VB/VW,1910 年 8 月 5 日(MH)。

[25] MH/A 16;VB/MS VI。

[26] VW/VD,1911 年 5 月 25 日(Berg)。

[27] VW,《罗杰·弗赖传》,第 170 页。

[28] VW,《贝内特先生和布朗太太》,第 5 页。

[29] 据传闻(VB 和 DG);也参见 VB.MS VI。

[30] MH/A 16。

［31］据传闻(CB);也参见艾德里安·斯蒂芬致 VB,未标明日期［1941年 4 月/5 月］(CH)。

［32］VW/VB,未标明日期［1911 年 7 月 21 日］(Berg)。

［33］沃尔特·兰姆致 VW,1911 年 7 月 23 和 25 日(MH)。

［34］锡德尼·沃特路致 CB,1911 年 8 月 1 日(CH);沃尔特·兰姆致 VW,未标明日期［1911 年 8 月］;沃尔特·兰姆致 CB,未标明日期［1911 年 7 月底］(CH)。

［35］据传闻(CB)。

［36］VW/CB,未标明日期［1911 年 1 月 23 日］。

［37］VW/CB,未标明日期［1911 年 1 月 23 日］。

［38］克里斯多夫·哈索尔,《鲁珀特·布鲁克传》,第 280 页;也参见 VW 撰写的《鲁珀特·布鲁克诗集》的评论文章,刊于 1918 年 8 月 8 日的《泰晤士报文学增刊》。

［39］艾德里安·斯蒂芬致 CB,未标明日期［约 1911 年 8 月 25 日］。

［40］哈索尔,同前,第 281 页。

［41］MH/A 16;以及玛乔里·斯特雷奇,《女性时光》,BBC 国内节目,1967 年 4 月 26 日。

［42］MH/A 16。

［43］VW/CB,1911 年 4 月 18 日。

［44］VW/VB,未标明日期［1911 年 6 月 1 日］(Berg)。

［45］VW 致锡德尼·沃特路,1911 年 12 月 9 日。

［46］VB/CB,未注明日期［1911 年 12 月 31 日?］(CH)。

［47］VB/CB,1911 年 10 月 11 日(CH)。

［48］LW/GLS,1905 年 7 月 2 日(MH)。

［49］LW/GLS,1905 年 7 月 2 日(MH)。

［50］LW/VW,1912 年 2 月 28 日(MH);LW 的日记,1911、1912 年(MH)。

［51］VW/LW,1911 年 7 月 8 日(MH)。

［52］VW/LW,1911 年 8 月 31 日(MH)。

［53］LW/VW(电报),1912 年 1 月 10 日(MH)。

［54］LW/VW,1912 年 1 月 11 日(MH)。

［55］LW/VW,1912 年 1 月 12 日(MH)。

［56］VW/LW,未标明日期[1912 年 1 月 13 日](MH)。

［57］VB/LW,1912 年 1 月 13 日(MH)。

［58］VB 致凯瑟琳·考克斯,1912 年 2 月 7 日。

［59］VW 致凯瑟琳·考克斯,1912 年 2 月 7 日。

［60］VW/LW,未标明日期[1912 年 3 月 5 日](MH)。

［61］LW/VW,1912 年 4 月 29 日(MH)。

［62］VW/LW,1912 年 5 月 1 日(MH)。

［63］VW 致莫莉·麦卡锡,未标明日期[1912 年 3 月?]。

［64］VB/VW,1912 年 5 月 28 日(MH)。

附录 A　年表

1878 年

3 月 26 日,莱斯利·斯蒂芬和朱莉娅·普林塞普·达克渥斯(娘家姓:杰克逊)结婚。他们定居在肯辛顿的海德公园门 22 号,四个孩子出生在那里。

1879 年

5 月 30 日,瓦奈萨·斯蒂芬出生。

1880 年

9 月 8 日,朱利安·索比·斯蒂芬出生。

1881 年

9 月,莱斯利·斯蒂芬租下位于圣埃夫斯的托兰德屋,从 1882 年到 1894 年,他们一家每年夏天都会去那里度假。

1882 年

1 月 25 日,阿德琳·弗吉尼亚·斯蒂芬出生。

11 月,莱斯利·斯蒂芬开始担任《英国传记辞典》的编辑。

1883 年

10 月 27 日,艾德里安·莱斯利·斯蒂芬出生。

1888 年

4 月,斯蒂芬的孩子们都患上了百日咳;5 月,他们跟外婆杰克逊太太一起去了巴斯,身体得到恢复。

1889/90 年

冬天,二十岁的玛格丽特(玛奇)·西蒙兹在海德公园门 22 号暂住数月。

1891 年

1 月,索比前往位于希林顿的伊夫林斯预备学校就学。

2 月,《海德公园门新闻》问世。

4 月,莱斯利·斯蒂芬辞去《英国传记辞典》的编辑职位。

1892 年

1 月,艾德里安前往伊夫林斯预备学校就学。

2 月 3 日,J.K.斯蒂芬去世。

4 月 2 日,杰克逊太太在海德公园门 22 号去世。

190　**1894 年**

2 月,瓦奈萨和弗吉尼亚去了吉尔福德的李姆纳利斯(Limner's Lease),跟 G.F.沃茨同住。

3 月 11 日,詹姆斯·菲茨吉姆斯·斯蒂芬去世。

9 月,索比去了布里斯托尔的克利夫顿学院。

1895 年

2 月中旬,莱斯利·斯蒂芬太太患上流感。

4 月 11 日,乔治、斯特拉和杰拉尔德·达克渥斯出国。

5 月 5 日,莱斯利·斯蒂芬太太去世。

夏天,斯蒂芬一家住在怀特岛的弗莱什渥特,弗吉尼亚初次发病。

11 月,卡罗琳·艾米莉娅·斯蒂芬在剑桥定居;瓦奈萨和弗吉尼亚经常去那里跟她同住,尤其是 1899 年索比去剑桥上学之后。圣埃夫斯的托兰德屋被出租。

[1896 年]

夏天,瓦奈萨开始上绘画课。斯蒂芬一家住在黑斯尔米尔(Haslemere)的亨德海德(约翰·廷德尔太太租给他们的)。

8 月 22 日,在两次拒绝之后,斯特拉·达克渥斯接受了 J.W.希尔斯的求婚。

9 月 24 日,艾德里安进入威斯敏斯特学校求学。

11 月,弗吉尼亚和瓦奈萨去法国北部旅行一周,旅伴是乔治和达克渥斯小姐(米娜姨妈)。

1897 年

1 月 3 日,弗吉尼亚开始有规律地记日记。

2 月 8—13 日,弗吉尼亚跟瓦奈萨、斯特拉和杰克·希尔斯一起去了柏格纳。

2 月 15 日,弗吉尼亚获许重新开始上课。

4 月 10 日,斯特拉·达克渥斯和约翰·沃勒·希尔斯在肯辛顿的圣玛丽修道院教堂结婚。

4 月 14—28 日,斯蒂芬一家住在霍夫的圣奥比恩斯(St Aubyns)9 号;每天跟菲希尔一家联系。

4 月 28 日,回到海德公园门 22 号,发现斯特拉在新家海德公园门 24 号患上了腹膜炎。

5 月 2 日,斯特拉据称"脱离了危险"。

5 月 9 日,西顿医生检查了弗吉尼亚;她停了课,遵从医嘱喝牛奶和吃药。

6月5日,斯特拉再次生病。

6月22日,维多利亚女王登基六十年庆典;瓦奈萨、弗吉尼亚和索比从圣托马斯医院观看了游行队列。

191

7月11日,弗吉尼亚发热病倒。

7月19日,斯特拉去世。

7月28日至9月23日,斯蒂芬一家住在位于格洛斯特郡的佩恩斯威克牧师宅第。

9月25日至10月2日,瓦奈萨和弗吉尼亚跟着杰克·希尔斯去拜访了他的父母,地址位于卡莱尔的科比城堡。

11月,弗吉尼亚在伦敦的国王学院学习希腊文和历史。

1898年

1月1日,弗吉尼亚停止撰写日记。在国王学院跟着沃尔博士学希腊文。

4月,斯蒂芬一家在霍夫的圣奥比恩斯9号度过复活节假日。

5月21/22日,瓦奈萨和弗吉尼亚前往剑桥和戈德曼彻斯特拜访姑姨们。

6月25日,瓦奈萨和弗吉尼亚去克利夫顿拜访索比。

7月9日,瓦奈萨、弗吉尼亚和其他人一起去费恩沼泽地抓了一天的蛾子。

7月28日,弗吉尼亚的表兄威廉·怀马·沃恩和玛奇·西蒙兹在恩尼斯莫尔花园(Ennismore Gardens)的万圣教堂(All Saints)结婚;瓦奈萨担任伴娘。

8月和9月,斯蒂芬一家住在林伍德的马诺尔宅,客人包括瑞兹亚、吉多(Guido)和雷里诺·拉斯波尼(Nerino Rasponi),查尔斯和科迪莉亚·菲希尔(Cordelia Fisher),苏珊·卢辛顿和德莫迪·奥布莱恩(Dermod O'Brien)。

9 月 21 日,回到海德公园门 22 号。

10 月 17 日,国王学院开学;弗吉尼亚跟着佩特小姐学拉丁文,跟着沃尔博士学希腊文。

1899 年

4 月 12—28 日,斯蒂芬一家住在霍夫的圣奥比恩斯 9 号。索比患上肺炎。

8 月和 9 月,斯蒂芬一家住在沃博伊斯的教区长宅第(位于亨廷顿郡)。客人包括埃玛和玛格丽特·沃恩,以及苏珊·卢辛顿。

9 月 21 日,回到海德公园门 22 号。

10 月 3 日,索比进入剑桥的三一学院,同学包括利顿·斯特雷奇、萨克逊·锡德尼-特纳、伦纳德·伍尔夫和克莱夫·贝尔。

1900 年

3 月,弗吉尼亚患上麻疹。

4 月,复活节(?)霍夫的圣奥比恩斯 9 号。瓦奈萨在 4 月 18 日去巴黎住了一周。

6 月 12(?)日,弗吉尼亚参加了三一学院的五月舞会,同伴包括索比、瓦奈萨、梅特兰一家和科迪莉亚·菲希尔。《英国传记辞典》成书,共六十三卷。　192

7 月 6 日,瓦奈萨和弗吉尼亚去了亨利镇(Henley),同伴是杰克·希尔斯。

7 月 7 日,瓦奈萨和弗吉尼亚为了布伦特卖马的事去了克莱伯特(Crabbet),同伴是乔治·达克渥斯。

8 月和 9 月,斯蒂芬一家住在林德赫斯特(Lyndhurst)的弗里瑟姆宅(位于汉普郡)。客人包括玛格丽特·布斯和奥斯丁·张伯伦。莱斯利·斯蒂芬身体不适。

9月17日,返回海德公园门22号。

10月,弗吉尼亚在国王学院上课。

1901年

4月4日,斯蒂芬一家在莱姆里吉斯(Lyme Regis)的利托帕克(Little Park)住了两周。玛奇和威尔·沃恩就在附近,跟她的母亲A.J.A.西蒙兹住在一起。

6月8—9日,瓦奈萨和弗吉尼亚住在剑桥。

8月1日至9月中旬斯蒂芬一家住在林德赫斯特的弗里瑟姆宅。客人包括佩特小姐、菲利波和瑞兹亚·科尔西尼(在度蜜月),以及玛杰里·斯诺登。

9月,瓦奈萨进入皇家艺术学院。

10月,弗吉尼亚开始做书籍装订。

11月25—26日,瓦奈萨和弗吉尼亚陪伴莱斯利·斯蒂芬拜访牛津,他在那里接受了荣誉文学博士的学位。

1902年

1月(?),弗吉尼亚跟随珍妮特·卡斯私下学习希腊文。

4月1日,莱斯利、索比、弗吉尼亚和艾德里安去了位于黑斯尔米尔的亨德海德卡普思(弗雷德里克·波洛克爵士的房子)。瓦奈萨和乔治·达克渥斯去罗马和佛罗伦萨旅游三周。由于莱斯利·斯蒂芬生病,出行提前结束。

6月26日,莱斯利·斯蒂芬在加冕典礼的授勋中受封高级巴思勋爵士。

7月31日,斯蒂芬一家去了林德赫斯特的弗里瑟姆宅。客人包括西奥多·卢埃林·戴维斯、埃玛·沃恩、玛杰里·斯诺登、克莱夫·贝尔和维奥莱特·迪金森,维奥莱特现在成了弗吉尼亚最亲密的朋友,而且在未来很多年里都保持着这种亲密关系。

9 月 19 日,返回海德公园门 22 号。斯蒂芬一家得到一架自动钢琴。

10 月,艾德里安进入剑桥的三一学院。索比回到那里,还要再学一年。

12 月 12 日,弗雷德里克·特里夫斯爵士在公爵夫人街的一家护 193 理院为莱斯利·斯蒂芬动了手术。

1903 年

1 月 6 日,莱斯利·斯蒂芬返回海德公园门 22 号。

2 月,由于病体,莱斯利·斯蒂芬在家接受徽章。

4 月 16—30 日,斯蒂芬一家住在奇尔沃思(Chilworth)的布莱奇菲尔德(Blatchfield)(位于萨里郡)。

7 月 31 日,斯蒂芬一家去了索尔兹伯里的莱瑟汉普顿屋。客人包括苏珊·卢辛顿、维奥莱特·迪金森、罗纳德·诺曼、J.W.希尔斯。菲希尔一家住在索尔兹伯里的大教堂附近。拜访了威尔顿、巨石阵、拉姆西修道院(Romsey Abbey),等等。

9 月 18 日,返回海德公园门 22 号,莱斯利爵士病情渐渐加重。

10 月,弗吉尼亚重新开始跟着卡斯小姐上希腊文课;瓦奈萨在皇家艺术学院求学;索比在准备律师资格考试。

11 月 14 日,莱斯利爵士向弗吉尼亚口述《陵书》的最后一则内容。

1904 年

2 月 22 日,莱斯利·斯蒂芬爵士去世。

2月27日至3月25日,瓦奈萨、索比、艾德里安和弗吉尼亚跟乔治·达克渥斯一起住在彭布罗克郡的马诺比尔。

4月1日,瓦奈萨、索比、弗吉尼亚和艾德里安跟着杰拉尔德·达克渥斯一起去了威尼斯。

4月13日,斯蒂芬们去了佛罗伦萨,在那里跟维奥莱特·迪金森会合。艾德里安在4月20日返回剑桥;索比出发,去进行一次步行旅游;瓦奈萨、弗吉尼亚和维奥莱特·迪金森参观了普拉托(Prato)、锡耶纳和热那亚(Genoa)。

5月1日,瓦奈萨、弗吉尼亚和维奥莱特·迪金森在巴黎和索比会合,克莱夫·贝尔和杰拉尔德·凯利款待了他们,他们还遇到了比阿特丽斯·西尼夫人。拜访了罗丹和凯利的工作室。

5月9日,在乔治·达克渥斯的护送下,瓦奈萨和弗吉尼亚返回海德公园门22号。

5月10日,弗吉尼亚再次出现严重的精神崩溃;起初由萨维奇医生和三个看护照顾她;后来,在看护切尔的陪伴下,她在维奥莱特·迪金森家里住了差不多三个月,即位于威尔温的伯汉森林;她还在那里患上了猩红热。

8月的下半个月,斯蒂芬们在泰沃斯的马诺宅(位于诺丁汉郡)度夏假;弗吉尼亚和看护切尔跟家人在这里会合;她处于恢复之中,能够学点东西,还能够出去散步。

194　9月,维奥莱特·迪金森住在泰沃斯。

9月10日,乔治·达克渥斯和玛格丽特·赫伯特小姐在萨默塞特的杜维尔顿(Dulverton)结婚。瓦奈萨、索比和艾德里安出席了婚礼。

9月末,玛杰里·斯诺登和克莱夫·贝尔住在泰沃斯。

大约10月8日,斯蒂芬们返回伦敦。在从海德公园门22号搬往布鲁姆斯伯里的戈登广场 46 号的过程中,弗吉尼亚和瓦奈萨跟布斯一家住在一起。

大约 10 月 18 日,弗吉尼亚前往剑桥,跟姑姑卡罗琳·艾米莉娅住在"走廊"屋;她在帮助 F. W. 梅特兰,后者正在为她的父亲撰写传记。

11 月 8—18 日,弗吉尼亚住在戈登广场 46 号;开始向利特尔顿太太投稿,后者是《卫报》的女性副刊的编辑。17 日,在启程去锡兰之前,伦纳德·伍尔夫跟斯蒂芬一家共餐。

11 月 18—29 日,弗吉尼亚和玛奇以及威尔·沃恩一起住在津格尔斯威克;返回戈登广场 46 号。

12 月 3—10 日,弗吉尼亚住在剑桥的"走廊";返回戈登广场。

12 月 14 日,弗吉尼亚发表了处女作,一篇未署名的评论,发表在《卫报》上。

12 月 21 日,圣诞假日,斯蒂芬一家去了班克的莱恩德(Lane End)度假屋(靠近林德赫斯特,米娜·达克渥斯借给他们的)。

1905 年

1 月 4 日,返回戈登广场。

1 月 14 日,萨维奇医生认定弗吉尼亚"已痊愈";她答应每周去莫里学校授课。

2 月 16 日,索比·斯蒂芬开始在戈登广场 46 号举办"星期四之夜"。

3 月 1 日,在戈登广场 46 号举办了正式的乔迁派对。

3 月 5 日,艾德里安、霍拉斯·科尔和其他人在剑桥上演了"桑给巴尔苏丹"恶作剧。

3 月 29 日,弗吉尼亚和艾德里安从利物浦启程,乘坐布斯公司的船只前往波尔图,4 月 5 日抵达目的地;他们拜访了里斯本、塞维利亚和格拉纳达;20 日,他们从里斯本登上马德拉号;23 日,周日,复活节,他们抵达利物浦。

4 月 24 日,返回戈登广场 46 号。

6 月和 7 月,弗吉尼亚短期拜访了在牛津的赫伯特和莱蒂斯·菲希尔;拜访了剑桥(三一学院舞会);拜访了弗莱什菲尔德一家(住在位于苏塞克斯的弗雷斯特街);拜访了乔治·杨爵士一家(住在位于库克汉姆〔Cookham〕的福尔摩萨广场〔Formosa Place〕);克莱夫·贝尔向瓦奈萨求婚,被拒。

195

8 月 10 日,斯蒂芬一家前往特里沃斯宅(位于卡比斯湾,靠近圣埃夫斯),在那里度夏假;访客包括基蒂和利奥·马克西、杰拉尔德·达克渥斯、伊莫金·布斯、西尔维娅·米尔曼、杰克·希尔斯和萨克逊·锡德尼-特纳。

10 月 5 日,返回戈登广场 46 号。

1905/6 年

秋天和冬天,四个斯蒂芬孩子都住在戈登广场:弗吉尼亚写作、评论,在莫里学校教书;索比和艾德里安学习法律;瓦奈萨组织周五俱乐部;"星期四之夜"在继续之中。

1906 年

4 月 12—25 日,弗吉尼亚住在津格尔斯威克(位于约克郡),跟特纳太太暂住在一起,靠近玛奇和威尔·沃恩;瓦奈萨在切尔伍德门(Chelwood Gate)替罗伯特·塞西尔勋爵绘制画像之后,前去跟弗吉尼亚会合。

6 月和 7 月,弗吉尼亚短期拜访了以下地点:去剑桥看望姑姑;去切尔伍德门拜访罗伯特·塞西尔夫人;去威尔温拜访维奥莱特·迪金森;7 月 10 日,去伊顿参加德斯蒙德·麦卡锡和玛丽·沃尔·科尼什的婚礼。

8 月 3—31 日,瓦奈萨和弗吉尼亚住在布劳诺顿府(位于诺福克郡的东哈林〔East Harling〕);索比和艾德里安在那里住了两天,然后返回伦敦,8 月 10 日启程前往的里雅斯特。访客包括乔治·达克渥斯、海斯特·里奇和埃玛·沃恩。

9 月 8 日,弗吉尼亚、瓦奈萨和维奥莱特·迪金森离开伦敦,前往希腊;13 日,她们在奥林匹亚和索比、艾德里安会合;他们一起经由科林斯前往雅典,然后乘船前往纳夫普利亚(Nauplia),拜访了埃皮达鲁斯、梯林斯和迈锡尼;返途中,瓦奈萨在科林斯病倒。

10 月 1—5 日,弗吉尼亚和两兄弟拜访了诺埃尔一家(住在埃维厄岛的阿契米塔伽);瓦奈萨和维奥莱特·迪金森前往雅典,她在雅典生病两周。

10 月 21 日,索比返回英国;其他人前往君士坦丁堡,瓦奈萨在当地再次病倒。

10 月 29 日,瓦奈萨、弗吉尼亚、艾德里安和维奥莱特·迪金森乘坐东方快车返回英国,11 月 1 日抵达伦敦。

11 月,索比和瓦奈萨都在戈登广场 46 号卧病不起。

11 月 20 日,索比·斯蒂芬死于伤寒症。

11 月 22 日,瓦奈萨答应嫁给克莱夫·贝尔。

12 月,沃尔特·海德兰愿意为弗吉尼亚的写作提供建议,并请求把自己的译作《阿伽门农》题献给她。 196

12 月 21 日,弗吉尼亚和艾德里安去班克的莱恩德度假屋过圣诞;瓦奈萨跟克莱夫·贝尔家人住在克利夫宅(位于威尔特郡的辛德〔Seend〕)。

12月31日,弗吉尼亚和艾德里安前往克利夫宅。

1907 年

1月3日,弗吉尼亚和艾德里安返回戈登广场46号,住了一晚,然后短期拜访了布斯一家(住在莱斯特郡的格雷斯甸庄园)。

2月7日,瓦奈萨·斯蒂芬和克莱夫·贝尔在圣潘克拉斯登记处登记结婚。

2月,弗吉尼亚到处找房子;16—18日,她看望了住在剑桥的卡罗琳·艾米莉娅·斯蒂芬;她还跟维奥莱特·迪金森住在威尔温,跟沃尔特·海德兰见面并通信。

3月23—25日,在搬家到费兹洛广场29号的过程中,弗吉尼亚和艾德里安住在维奥莱特·迪金森位于曼彻斯特广场的房子里。

3月28日,弗吉尼亚和艾德里安跟着克莱夫和瓦奈萨·贝尔前往巴黎;跟邓肯·格兰特见面。

4月10日,弗吉尼亚和艾德里安返回伦敦,住进费兹洛广场29号的新居。

5月和6月,弗吉尼亚短期拜访了剑桥和位于辛德的克利夫宅。

8月8日,弗吉尼亚和艾德里安前往台阶宅(The Steps,位于赖伊的普雷登)度夏假;比阿特丽斯·锡恩、佩内尔·斯特雷奇和凯瑟琳·斯蒂芬分别过来住了几天。

8月26日,贝尔夫妻前往赖伊的科夫尤村舍;玛杰里·斯诺登、沃尔特·兰姆、利顿·斯特雷奇和萨克逊·锡德尼-特纳住在普雷登或赖伊。

9月26日,弗吉尼亚返回费兹洛广场29号;继续在莫里学校教书;答应让弗朗西斯·多德替她制作画像。

10月至12月,弗吉尼亚在写小说(《美琳布罗西娅》);她和艾德里安开始在费兹洛广场举办"星期四之夜";她和 H.A.L.以及莱蒂斯·菲希尔住在牛津。

12 月 21 日,剧本朗读社团在戈登广场 46 号成立:成员包括瓦奈萨和克莱夫·贝尔、弗吉尼亚和艾德里安·斯蒂芬、利顿·斯特雷奇和萨克逊·锡德尼-特纳;到 1908 年 5 月 24 日为止,已经举办了九次活动。

1908 年

2 月 4 日,朱利安·休厄德·贝尔诞生在戈登广场 46 号。

4 月 17 日,弗吉尼亚前往圣埃夫斯的特里沃斯宅;23 日,艾德里安前去会合;24 日,贝尔夫妻前去会合。

5 月 2 日,弗吉尼亚返回费兹洛广场 29 号。

夏天,弗吉尼亚和艾德里安跟随丹妮尔小姐学德文。

6 月 20 日,沃尔特·海德兰去世。

7 月,弗吉尼亚看望住在戈德曼彻斯特的斯蒂芬夫人,以及住在威尔温的维奥莱特·迪金森;让弗朗西斯·多德给自己绘制画像。

8 月 1—17 日,弗吉尼亚(和两只狗)暂住在威尔斯;去格拉斯顿伯里和切达旅行;在巴斯和克莱夫及瓦奈萨·贝尔两度会合。

8 月 18—31 日,弗吉尼亚暂住在彭布罗克郡的马诺比尔;去腾比旅行;写完了一百页的《美琳布罗西娅》。

9 月 3 日,弗吉尼亚跟随贝尔夫妻前往意大利;他们住在锡耶纳和佩鲁贾;然后拜访了帕维亚和阿西西;24 日,他们返回巴黎,住了一周。

10 月 1 日,返回伦敦。再次在费兹洛广场举办"星期四之夜"。

10 月 27 日,在停顿五个月之后,剧本朗读社团再次举办活动;冬天举办了五次聚会。

11 月 12(?)—17 日,弗吉尼亚和艾德里安跟利顿·斯特雷奇住在利泽。

11 月，弗吉尼亚短期拜访了住在戈德曼彻斯特的斯蒂芬夫人。

圣诞节，弗吉尼亚和艾德里安住在费兹洛广场 29 号。

1909 年

1 月 15 日，剧本朗读社团举办活动，是 1914 年 10 月 29 日再次复兴之前的最后一次聚会。

1 月下旬至 3 月中旬，弗吉尼亚、瓦奈萨和克莱夫·贝尔、利顿·斯特雷奇、沃尔特·兰姆、萨克逊·锡德尼-特纳和艾德里安·斯蒂芬之间展开了写信游戏。

2 月初，克莱夫·贝尔阅读并评论了七章《美琳布罗西娅》。

2 月 13—15 日，弗吉尼亚和 H.A.L.菲希尔住在牛津。

2 月 17 日，利顿·斯特雷奇向弗吉尼亚求婚。

2 月底，弗吉尼亚最后一次拜访住在剑桥的姑姑卡罗琳·艾米莉娅·斯蒂芬。

3 月 2(？)日，弗吉尼亚跟贝尔夫妻一起去了利泽；9 日，她返回费兹洛广场；贝尔夫妻在那里一直住到 19 日。

198

3 月 30 日，弗吉尼亚初次跟奥托林·莫瑞尔夫人共餐。

4 月 7 日，卡罗琳·艾米莉娅·斯蒂芬去世；14 日，弗吉尼亚出席了在戈尔德斯格林举办的火葬仪式；获得两千五百英镑的遗产。

4 月 23 日，弗吉尼亚跟随克莱夫和瓦奈萨·贝尔前往佛罗伦萨。

5 月 9 日，弗吉尼亚独自返回费兹洛广场 29 号。

5 月 15—17 日，弗吉尼亚前往剑桥，跟维罗尔一家同住；希尔顿·杨的求婚(？)。

5 月 22—24 日，弗吉尼亚和艾德里安跟弗莱什菲尔德一家同住（住在弗雷斯特街）。

6月6日至7月16日,艾德里安记了日记。

夏天,奥托林·莫瑞尔夫人出席了在费兹洛广场29号举办的"星期四之夜"。

8月5日,弗吉尼亚、艾德里安和萨克逊·锡德尼-特纳一起拜访拜罗伊特,参加了瓦格纳音乐节。

8月22日,他们继续前往德累斯顿。

9月3(?)日,弗吉尼亚和艾德里安返回费兹洛广场29号。

9月10—13日,弗吉尼亚和贝尔夫妻在索尔兹伯里会合;她返回伦敦,贝尔夫妻前往克利夫宅。

约9月16日至10月2日,弗吉尼亚在斯塔德兰,她在那里租了一个村舍,靠近贝尔夫妻的寄宿地;艾德里安也来了;从9月23日起,沃尔特·兰姆和贝尔夫妻住在一起。

11月10日,《康希尔》拒绝了《一个小说家的回忆录》。

11月27—29日,弗吉尼亚和乔治·达尔文一家住在剑桥;她出席了《黄蜂》的演出;在返回伦敦之前,她跟利顿·斯特雷奇吃了午餐,共度下午。

12月24—28日,弗吉尼亚一个人住在康沃尔的里兰特。

1910年

1月,弗吉尼亚为女性投票权运动做志愿工作。

2月10日,"无畏战舰恶作剧"。

2月25日,罗杰·弗赖在周五俱乐部上讲话。

约3月5—10日,弗吉尼亚跟克莱夫和瓦奈萨·贝尔进行了一场无准备的远足,前往康沃尔的里兰特;弗吉尼亚在回家后卧病不起。

3月26日,弗吉尼亚跟贝尔夫妻一起前往斯塔德兰的哈勃尤(Harbour View)暂住,休息了三周。

4月16日,弗吉尼亚返回费兹洛广场29号;整个夏天,她的身体状况都不稳定。

6月初,弗吉尼亚和艾德里安花费一天时间前往查尔方特圣吉尔斯(Chalfont St Giles),拜访了乔治和玛格丽特·达克渥斯;还跟克莱夫·贝尔花费一天时间拜访了杨一家人,后者住在库克汉姆的福尔摩萨广场。

199 6月7日,弗吉尼亚跟贝尔夫妻,他们的孩子以及家佣前往壕沟屋(位于靠近坎特伯雷的布林)。

6月21日,瓦奈萨返回伦敦,向萨维奇医生咨询了弗吉尼亚的健康状况。

6月30日至约8月10日,弗吉尼亚在托马斯小姐的私人疗养院接受休息治疗(位于特威克南的伯利公园)。

约8月16日至9月6日,弗吉尼亚和琼·托马斯小姐前往康沃尔,进行散步旅行。

8月19日,克劳迪安[昆汀]·贝尔出生在戈登广场46号。

9月6日,弗吉尼亚返回伦敦。

9月10日,弗吉尼亚跟萨克逊·锡德尼-特纳前往斯塔德兰,跟克莱夫以及朱利安·贝尔会合;瓦奈萨和婴儿在13日抵达;访客包括德斯蒙德·麦卡锡和玛丽(莫莉)·麦卡锡,锡德尼和爱丽丝·沃特路,玛乔里·斯特雷奇和H.T.J.诺顿。

10月10日,弗吉尼亚返回费兹洛广场29号。

10月15—18日,弗吉尼亚住在伊夫雷(Iffley)的考特普雷斯(Court Place,位于牛津),跟皮尔索尔·史密斯家人和科斯特洛家人在一起。

11月8日至1月15日,第一届后印象派画展(莫奈和后印象派画家），由罗杰·弗赖策展，在伦敦的格拉夫顿画廊举办。

11 月至 12 月，弗吉尼亚再次开始为女性投票权工作；她拜访了在特威克南的托马斯小姐；跟考尼什家人在伊顿共度周末；拜访了威尔温的维奥莱特·迪金森。

12 月 24 日，弗吉尼亚和艾德里安在刘易斯的佩勒姆亚姆斯（The Pelham Arms）住了一周；她去布赖顿拜访了萨克逊·锡德尼-特纳和他的父母；托马斯小姐去那里跟她共度一天；她在菲勒村租到了一个房子。

1911 年

1 月 1 日，弗吉尼亚和艾德里安返回费兹洛广场 29 号；1 月份，她拿到了菲勒村的小托兰德屋，开始布置房子。

1 月 19—23 日，弗吉尼亚住在伊夫雷的考特普雷斯，以及巴格利伍德，靠近牛津，同伴包括蕾和凯琳·科斯特洛、玛乔里·斯特雷奇；她跟凯瑟琳（凯）·考克斯见面。

2 月 4—6 日，弗吉尼亚和瓦奈萨在菲勒村，完成小托兰德屋的布置工作。

4 月，弗吉尼亚和两个佣人住在菲勒村，访客包括蕾·科斯特洛、凯·考克斯、埃莉诺·达尔文；《美琳布罗西娅》已经完成八章。

约 4 月 22 日，弗吉尼亚启程前往土耳其的布尔萨，瓦奈萨在当地，游伴包括克莱夫·贝尔、罗杰·弗赖和 H.T.J.诺顿，瓦奈萨病倒。

4 月 29 日，弗吉尼亚和贝尔夫妻、罗杰·弗赖乘坐东方快车返回伦敦。

5 月至 6 月，弗吉尼亚多数时间住在费兹洛广场 29 号，偶尔拜访菲勒村，凯·考克斯跟她同住在那里；5 月 27 日，去剑桥参加雅克·拉弗拉和格温·达尔文的婚礼；拜访吉尔福德的德宾斯（罗杰·弗赖的家）。

7月3日，伦纳德·伍尔夫从锡兰回来度假，跟贝尔夫妻在戈登广场46号共餐；弗吉尼亚、邓肯·格兰特和沃尔特·兰姆在餐后过来拜访。

7月，弗吉尼亚和艾德里安计划放弃费兹洛广场29号，打算采取一种新的生活体制；他们考虑在贝德福德广场跟朋友们合租一处住所。

7月20日，弗吉尼亚和沃尔特·兰姆去里士满公园远足；他的"声明"。

7月22—25日，弗吉尼亚在菲勒村；珍妮特·卡斯过来住了两天。

7月27日和8月9日，弗吉尼亚拜访了瓦奈萨，后者住在吉尔福德的米尔米德度假屋，处于康复之中。

8月12—14日，弗吉尼亚和菲利普和奥托林·莫瑞尔夫人一起住在派帕德公园。

8月14—19日，弗吉尼亚和鲁珀特·布鲁克一起住在格兰彻斯特的老教区长住宅。

8月19—26日，弗吉尼亚住在菲勒村，身边有两个佣人索菲亚和莫德。

约8月27—30日，弗吉尼亚和凯·考克斯在克利福德桥畔露营（在德文郡的德鲁斯泰恩顿〔Drewsteignton〕），同伴包括鲁珀特·布鲁克和梅纳德·凯恩斯以及其他人。

8月31日，弗吉尼亚返回菲勒村。

9月16—19日，伦纳德·伍尔夫和玛乔里·斯特雷奇去了菲勒村，跟弗吉尼亚同住。

9月19—27日，弗吉尼亚寄宿在斯塔德兰的哈莫里（Harmony）度假屋 2 号,离贝尔夫妻不远;利顿·斯特雷奇、罗杰·弗赖及其家人也在斯塔德兰。

10 月,弗吉尼亚在磋商有关贝丁厄姆(Beddingham)的阿希姆屋,以及布鲁姆斯伯里的布郎斯威克广场 38 号的租约;她去考文垂剧院观看了《指环》全剧;经常见到伦纳德·伍尔夫。

11 月 4—6 日,弗吉尼亚前往剑桥,跟弗朗西斯和弗朗西丝·科恩福特同住。

11 月 11—14 日,弗吉尼亚和瓦奈萨、艾德里安(也许还有邓肯·格兰特?)同往菲勒村;他们去测量阿希姆屋的尺寸。

11 月 14—19 日,在布置新屋的过程中,弗吉尼亚住在戈登广场 46 号。

11 月 20 日,弗吉尼亚开始住在布郎斯威克广场 38 号,她跟艾德里安、梅纳德·凯恩斯、邓肯·格兰特和伦纳德·伍尔夫(12 月 4 日之后搬进来)合住这幢房子。

12 月 9 日,弗吉尼亚写信给锡德尼·沃特路,说她不可能爱上他;和瓦奈萨一起去菲勒村度周末。

圣诞节,在戈登广场 46 号举办午宴;参加者包括贝尔夫妻、弗吉尼亚、伦纳德·伍尔夫、梅纳德·凯恩斯和邓肯·格兰特;艾德里安住在一所疗养院里。

1912 年

1 月 11 日,伦纳德·伍尔夫从萨默塞特过来,在布郎斯威克广场 38 号向弗吉尼亚求婚。

1 月 13—15 日,弗吉尼亚住在菲勒村。

1 月 16—19 日,弗吉尼亚前往怀特岛的尼顿(Niton),跟瓦奈萨同住;返回伦敦后病倒。

2月3—5日,弗吉尼亚在阿希姆举办乔迁庆宴,参与者包括艾德里安、玛乔里·斯特雷奇和伦纳德·伍尔夫。

2月9—12日,贝尔夫妻在阿希姆举办乔迁庆宴,参与者包括弗吉尼亚、艾德里安、邓肯·格兰特、罗杰·弗赖和伦纳德·伍尔夫。

2月16日,弗吉尼亚住进托马斯小姐的疗养院(在特威克南),进行休息治疗。

2月28日,弗吉尼亚前往阿希姆,进一步休息和静养。

3月,弗吉尼亚在阿希姆度过三个周末:一次跟瓦奈萨同住,一次跟凯·考克斯同住,16日,跟瓦奈萨、艾德里安、伦纳德·伍尔夫、罗杰·弗赖和玛乔里·斯特雷奇同住。

3月9日,弗吉尼亚拜访心理学家赖特医生。

4月,弗吉尼亚大多数时间住在阿希姆;访客包括伦纳德·伍尔夫和凯·考克斯。

5月2日,弗吉尼亚返回布郎斯威克广场38号。

5月7日,殖民部接受了伦纳德·伍尔夫的辞呈。

5月29日,弗吉尼亚·斯蒂芬接受了伦纳德·伍尔夫的求婚。

附录 B　关于在莫里学校授课的报告

（这份报告是一份草稿，上面有弗吉尼亚的大量手写修改，
被加上了标题：1905 年 7 月）

关于那个我已经提到过的女工班级，到了再写报告的时候了。　202

这一次是教历史；尽管那些领导对此颇不以为然；他们告诉我，在学校里，历史是最不受欢迎的科目；不过，我声称它也是最重要的科目之一，他们没法驳倒我。的确，我的班级随即就减少了一半的人数；本来可能有八个人，现在只有四个了；但是那四个人都是上课规律的学生，她们都怀着共同的严肃愿望来听课。因此，这种变化是合我心意的。

我已经描述过那四个女工了；所以我这次的评论只不过是基于那份草稿的进一步发展。只是在一个例子中我发现我必须重新考虑我的评断。那个威廉斯小姐，我描述她刚来上历史课时是"我班上最无趣的一个"，"长得颇为漂亮，衣着也较好——具有那种在街头磨炼出来的才智，不专心听讲，爱挑剔"。让我吃惊的是，整个学期她几乎一个周三都没错过。也是那样一个晚上，我对她非常关心，于是让她讲

讲她自己的事情。于是她告诉我,她是一份宗教报纸的记者——用速记法记录布道词——打字,还写书评;简而言之,一位萌芽阶段的女文人!还是一位有求知欲的。让我们看看被剥夺掉最后一点艺术魅力的文学:她处理词语就像别人操纵一种透明的漱口水瓶子。她是一台由编辑启动的写作机器。出于某种跟作者不相干的理由,书评要求被写成有利或不利的;但是写书评根本不需要阅读这本书;考虑要生产的书评的数量,其实也不可能去阅读;不过,只要经过一些练习,只要目光敏锐地迅速翻阅一下书页,很容易就能获得足以支持你的叙述的材料;随意选几个书中句子,只需要一个连接词就可以串联起来,专栏文章就这样被别人口袋里的东西填充上了。不过,虽说如此,她并没有假称她的文章有什么比这更了不起的,因此似乎也没有理由去谴责它;事实上,跟别的女人相比,她无疑具有一种更高层次的才智。

203　　另外三个女孩已经被描述过了:两个朋友,还有上学期来上课的一对姐妹中的一个。我发现这个姐妹,伯克是她的名字,一直在写自己的生活记录,这是我建议过的。页数不多,只描述了童年某些记忆;这是一份不同寻常的小作品,在长词之间挣扎,包括了句点,中间突然会冒出沉闷的道德感想。不过,她可以写出符合语法的句子,相互之间的联系算得上有逻辑;她显然具有一些表达的才赋;我猜想,环境不同的话,她会是个作家!

　　那对忠诚的朋友就像往常一样,坐在那里认真听讲,张着嘴。与此同时,我必须每周传授一些类似英国历史的东西。每周我通读弗里曼或格林撰写的一两个统治时期史,边读边做笔记。每次我都试图包括一段出色的“场景”,我希望借此让她们集中兴趣。我根据笔记讲课,尽可能减少直接诵读原文。我发现流畅地略去一些内容并不困难——不过是表面上的;我试图让她们感受到历史的真正趣味,正如我感受到的那样。

然后,她们会带着一张纸回家,上面记录着具体的日期;这样她们在听了我那番腾云驾雾的讲课之后,也许能学到一些可靠的东西。就这样,我们了解了早期英国、罗马人、盎格鲁-撒克逊人、丹麦人和诺曼底人,直到我们进入更有实质内容可讲的金雀花王朝。在走过那间沉闷教室的幽魂中,我不知道有几个会在这些女性心中留下印象;我过去常问自己,怎样才可能让这些幻影变得有血有肉? 她们对当下都没什么概念,过去难道不会永远是一种幽灵吗? 当然,我讲课的方式不可能让她们确切了解任何东西;我的任务,就我的理解,不如说是为她们的未来学习做准备。我给她们看了图片,借给她们书籍;有时她们似乎并不仅仅是表现出无效的目瞪口呆,而是试图把她们听到的内容拼凑起来,去寻求动机,去联系概念。总体而言,她们拥有的才智超出了我的预期;不过,那种才智几乎是完全没有受过教化的。但是对此我深信;要想给予她们足够的教育,让她们在生活中有一个新的兴趣点,这并不困难;她们拥有从头脑中伸出的懒洋洋的触角,模糊地探索着东西,只要有人指引,很容易就能捕捉到她们真正能领悟的事物。

不过,就像所有其他的教育机构那样,莫里学校不得不做出妥协,不得不选择平庸的安全之路,而不是崇高理想带来的可能危险。也就是说,他们宁愿让很多人学习一门价值较低的学科,比如英语写作,而不是鼓励少数人去学习英国历史。因此,我将止于约翰王;下一个学期,把我的注意力转向写作和概念表达。与此同时,我的四个女生如果愿意继续学历史的话,可以听八堂关于法国大革命的课程。我问,那有什么用? 莫名其妙学了八堂课,就像来自另一领域的流星撞击到这个行星,再次化为尘埃。这八堂课就会是这样的不连贯的碎片:对于那些根本没有能力把它们当作整体的一部分来接受,并把它们运用于自己的适宜目的的人来说。

附录 C 弗吉尼亚·伍尔夫和
《欧芙洛绪涅》的作者们

《欧芙洛绪涅》出版于 1905 年夏天。弗吉尼亚就它的作者们撰写
了以下评注,标明日期是 1906 年 5 月 21 日。这份手稿上存有大量删
改(我没有设法复制它们);它看上去并没有完成。

在那个性别的所有优势中(我们读到,很快就没有优势[劣势]
了)※,肯定值得一提的是那种值得尊敬的习俗,即允许女儿在家中自
我教育,而儿子被送出去读书。

至少,我乐于认定那种制度是有益的,它让她避免获得那种全知,
那种提前的饱足感,那种忧郁的自满,这就是我们的两所著名大学之
一为她的兄弟们提供的训练所带来的。你看到这样一个脸颊绯红的
男孩,他的话题全是关于板球的,他最炽热的赞美被留给了某个棒球
冠军,他开始了牛津剑桥第一学期的课程,怀着那种温和的处女心态,

※ 这段文字如下:肯定有一种优势在在那个性别的所有劣优势中,我们读到,很快就
没有优势了。

你预言他会在那里获得一切男性的成功,向他担保这将会是他一生中最快乐的时光,那就是父母的话,阿姨们,老单身汉们也是这样说的;这支全体一致的合唱队让人觉得,人生是件可悲的事情,除了在大学那三四年,如果他不享受那段时光的话,在这个世界或其他世界,你就没太多东西可以提供给他了——除非在天堂也有某种大学。

然而,事情肯定是这样的,要么这是那些父母辈的虚构,比如圣诞老人的存在,据说这样一来,年轻人就看不见那种令人沮丧的事实了,要么,自从我们父母、叔伯和单身朋友们在牛津剑桥度过快乐时光之后,时代已经大变样了。

因为,那三年愉快时光结束之后,结果让人觉得那个词已经获得了一种新的、独特的意义。他们来自大学,苍白、心事重重而且沉默寡言;仿佛在他们缺席的那三年里,有人跟他们达成某种可怕的沟通,他们肩负一个太可怕以致不能透露的秘密。这样的人包括 S.T、G.L.S、C.B 和 W.L※;如果我愿意继续列举这个令人沮丧的名单的话,我还可以举出其他人名。然而,当他们进入大学的时候,他们是年轻、热情和自负的;他们对自己感到满意,但是对这个世界也是那么满意,他们的虚荣也是可以原谅的。他们回来的时候,其实依然相信自身的能力,但那是他们身上仅剩下的最后幻觉。他们曾经感到愉快的事情不再让他们感到愉快;他们既不玩,也不工作。他们考试不及格,因为他们说,成功就是失败,他们鄙夷成功。

也许因为他们害怕自己成为这些陷阱的牺牲品,他们通常保持沉默,多半表现出一种安详、普遍的无知;但这并没有让他们失去资格去断言别人的观点是荒谬的。

※　即萨克逊·锡德尼-特纳、利顿·斯特雷奇、克莱夫·贝尔和沃尔特·兰姆。

不过,他们称赞不出名的法国诗人的作品,用"至高的"和"令人惊骇的"这样的修饰词来为某些英国作家封冠;可是,如果公众表现出欣赏同样事物的迹象[他们就敏捷地把他们的赞美转移给某个更无名的人]。※

然而,他们最持久、最无条件的赞美是保留给那些尚未付印的作品,这些作品躺在他们那些密友的书桌里,"不宜刊印的",他们自豪地告诉你。因为这是符合他们的特性的,他们亲密地生活在一个"圈子"里,在圈外几乎没几个熟人。他们在周日碰头,乐于去想象那个体面世界正在屈膝中,然后阅读那些杰出的、道德败坏的作品,它们简直到了令人惊骇的地步;要么,靠一张桌布,他自己扮演起了牧师角色,他唇中吐出的教义彻底击败了基督教信仰。

不久前,这些巨著中的几首诗歌和十四行被体恤地公布于众,漫不经心地,仿佛野兽几乎不可能欣赏这种食品,即便是做了简化和净化处理,以适合他那种低等但无辜的口味,但也许应该允许他有机会品尝一下。诗人们歌颂了爱和死亡,还有猫咪,以及女公爵※※,就像其他诗人以前歌颂过,而且也许还会再次歌颂那样,除非人类灭绝了。[它是悦耳的/但是这样的忧伤,他们说以前还从未听闻过;它是/这作品是/它标志着一个时代;一种超越了斯温伯恩本人之颓废的颓废。其意义是只有他们才能理解的/如此惊人的。]※※※但是当他们的忧郁受到指责的时候,诗人们承认,这样的忧伤是从未听闻过的,标志着颓废的最后和最低潮汐。(MH/A I3b)

※　这个短语在文中被部分删除,但似乎是必要的。

※※　意指利顿·斯特雷奇的诗歌《猫》。《欧芙洛绪涅》中随处可见爱和死亡,还有沃尔特·兰姆的《诗歌》,是献给一位女公爵的。

※※※　这些短语在原稿中被删除了。

附录 D　克莱夫・贝尔和《远航》的写作

弗吉尼亚・斯蒂芬致克莱夫・贝尔

费兹洛广场西 29 号［未标明日期］

亲爱的克莱夫：

　　如果我再次谈到那个乏味的话题，问起你对那部倒霉作品有什么意见，你会觉得我是个特无趣的人吗？我现在觉得它简直一塌糊涂，我相信你会告诉我。

　　不管怎样，我非常信任地把自己托付给你；我想你不会真觉得我的要求很烦人，我相信你会说实话。

　　与此同时，我为自己的自我中心叹息不已，它搞得我和其他任何人都没法想点更好的事情。

　　　　　　　　　　　　　　　　　致以诚挚问候 AVS

　　别费心写长信——事实上，如果你不愿意的话，就别写信。

克莱夫·贝尔致弗吉尼亚·斯蒂芬

周日晚上 　　　　　　　　　　　　　　　　戈登广场 46 号

［1908 年 10 月？ 日］ 　　　　　　　　　　　布鲁姆斯伯里

亲爱的弗吉尼亚：

　　我简直难以置信，你真的认为我对你的作品的看法值得一提。但是为了让我自己而不是为了让你松口气，我寄来了这封短信，你拿回手稿时，读这封信也许会更有趣。

　　就我的理解，我所期待的精彩品质是明摆着的：只要一瞥见那种潜伏在乏味表象之下令人战栗的真实，就总会把它认出来。显然，即便是你自己也会这样认为，第 36 页杰拉纽姆(Geranium，原文如此)跟他的妻子卢西拉(或海伦)一起进来时，还有第 7 页的描述，戴洛维一家在船上的初夜，以及第 76 和 77 页，这些段落都是毋庸置疑的。因此，即便有不成熟之处——甚至可以说粗糙——还有些地方就像锯子那样参差不齐，让我那些敏感部位很好地体会到了基督教殉道者想必有过的感受，我相信这部处女作会变成一部有价值的书籍。我之所以说"变成"，是由于作为任何形式的作品来说，七章内容都还不够，也不该止于此。

　　当然，也有譬如第 23 页，T.B 爵士的交谈中的一些地方，("死亡就像天鹅绒那样柔软和黑暗")，第 33 页，还有其他类似或较小的败笔，让我感到恐怖和某种担忧；我不知道能对它们做怎样的修订。

　　要想让人了解故事，需要使用那么多像"结实的"和"大块"

这样的词——它们变得让人恼火；想象也是这样，它们想必总是闪烁发光，或经常"朦朦胧胧"。

不过，在我看来，那种风格，那种整体形式（它的明晰显得极其古怪，不过我相信我能欣赏，我想，它会以颇为和谐的方式发展并显现自己），你所持主张的表现，比你其他描述性写作大有改善。最初三页写得那么漂亮，几乎让我能接受你最狂热的散文了。

我有上百件想谈论或询问的事情，但是只有时间写这些；你具有揭开面纱，把那些沉闷事物呈现于其真相的神秘和美好之中的能力（我对此总是给予公平的评价），这种能力有那么一两次看起来可以媲美于——不如说超越了——好吧，不说了——；它是激动人心、令人愉快的，不过，希望过一两天，我能更有把握作出评价。

永远是你的
CB

克莱夫·贝尔致弗吉尼亚·斯蒂芬

周五　　　　　　　　　　　　戈登广场 46 号
[1909 年 2 月 5？日]　　　　　布鲁姆斯伯里
亲爱的弗吉尼亚：

如果你真觉得我会对《美琳布罗西娅》感到失望，我猜想，那肯定是因为你觉得我也许会对最后一卷感到失望，感到你已经跟传统做了妥协，背离了那种高标准的——几乎是卓越的——任务,而那是你起初的计划。我并没有这样的感觉,现在我就告诉你为什么。我的争论完全是,或几乎完全是,针对第一卷的,它还远远没有完成,我对评论它感到犹豫。不过,我确实觉得不容易把它写得灵巧,我不确定我就像喜欢旧稿那样喜欢新稿。我们经常谈及你想要营造的氛围;那种氛围只能通过暗示,没法通过那么多词语确立。在旧稿中,到处都充满了对这种氛围的暗示,在新稿中,它是更确切的,更明显,用一个讨厌的词来表达——"更少通过感受"——我是指读者的感受。譬如,蕾切尔的白日梦让读者体验到一种精心营造的微妙感受,就是蕾切尔在一艘船上,独自一人;海鸥们没有引发任何联想,更确切地说,只有那种颇为寻常的为了健康和愉悦而出海旅游的想象。尽管对话显得生硬,但它们营造了一幅交谈者周遭环境的出色画面;大多数对话都没了,结果是第一个艰难的上午有所改善;但是来自海伦的两封信虽然本身是非常有趣的,可就像过去的对话一样生硬和不真实,给人的印象是,就你所创造的状态,根据前面的情节,它们似乎是不妥的。对于第一卷,我建议,不要写得那么确切,恢复到原先营造氛围的计划,在随后章节的事件和评论中,你要记住需要投合的是那些氛围。在你书中的这部分,我不会对你的人物性格考虑太多;我认为他们随着航行把自己的故事讲得很动听,也许,那些不重要的人对自己的过去更了解。然后,我得再次告诉你,我觉得第一部分太说教了,虽然谈不上是一本正经。我们对男人和女人的看法无疑是非常不一样的,那种不一致也没什么大不了的。但是描绘出这样一种尖锐、显著的对比,说女人是微妙、敏感、机智、优雅、感知细微和明察秋毫的,而男人是迟钝、粗俗、盲目、华丽、无礼、笨拙、断然、不雅、虚荣、专横、愚蠢的,这不但显得荒谬,更确切地说还是糟糕的艺术,我觉得。

因此,总结一下我的评语;——我感到,第一部分让你的作品更显得"人性",但你牺牲了那些"非人性的"东西——那些超自然的——那种魅力,我觉得可以媲美这几百年以来写得最精彩的东西;至于这部书是纯粹的弗吉尼亚,弗吉尼亚的世界观是完全艺术性的,但是不存在某种危险吗?她也许忘了,一位艺术家,就像上帝,应该创造而不是给出结论;最后,我认为你应该小心点,不要去想别的小说家会怎样撰写你的书籍——仿佛他能写这样的书!如果你能设法汲取这篇短文(大约整整六页)的全部意义,你会明白我对《美琳布罗西娅》的全部批评意见。

现在,我可以凭良心说我对你的小说的真正想法——它简直太棒了。读这本书的时候,最打动我的也许就是散文方面的进步。在我看来,你给予你的词语一种只有在最出色的诗歌中才能期望看到的力量;它们尽可能贴近它们代表的真相,我觉得。当然,这指的是个别段落;某些地方的风格是不加修饰的,不过我认为这些仅仅是还没有完工的笔记;我觉得对于任何已完成的段落,我不会撤回任何一个赞美之词。尽管海伦是迄今为止最出色的人物,戴洛维夫妻的优势就在于他们更像是世人了解的那一类人。他们非常有趣,十分逼真;总之,你把他们揭示得几乎一丝不挂,你的洞悉力让我震惊和叹服,不过你知道我一向是相信你拥有这种能力的。我不敢自信地谈论海伦,但是我猜想你会让瓦奈萨认为她是原型。蕾切尔当然是神秘和不可及的,一个陌生、野性的角色,她差不多交代了一半的秘密;不过,她读起来是颇为可信的,绝没有不真实的地方。对于瓦伦丁和温瑞思我不是很确定,不过他们都是很好的角色,而且是有趣的。现在谈谈最后一

210

部分,当然,它初看上去没那么惊人——较为传统。不过,以那么新颖、那么奇妙的个人手法,让蕾切尔去看整个场景,我认为它其实是这本书中最好的部分。我没法告诉你我对这些新旧人物是多么感兴趣——旅馆里的室友们——作为实体,作为组合,在蕾切尔眼中是多么不同。起初,我认为让蕾切尔置身旅馆之外是个错误,后来,我意识到了这种做法的妙处。然后是野餐;那就是为什么我说对于最初的许诺,小说并没有任何食言的地方。真的,我觉得它要跟波士山(Box Hill)一较高低,而且也不会输掉,等等。没有什么能更活泼,或更微妙了。没有什么地方表明它几乎是个失败,但每个人都能感觉到这一点,除了蕾切尔,她想着更好的事情。你究竟是怎样通过告诉我们中午的情形,来告诉我们在五点,在日落时和在夜里的情形?相信我的话,野餐是你的神来之笔,它超越了第一卷的任何情节。这下子,你要怎么写完它?戴洛维夫妻肯定会再次出场,玛丽·简呢?除非,的确,你已经创造了某种新的难以想象的形式?好吧,我将来会看到的。

如果你的某些部分的小说还处于笔记状态,对这封信该说什么呢?你要把它看成只不过是草草记下的零散念头。它肯定充满了蠢话,我担心有些部分可能几乎是莫名其妙的。我没时间写得像样,甚至没时间找到正确的词,我希望你能用得上这封信,不过,除了莫名其妙之外,它可能还是难以辨认的。

致以诚挚问候

CB

弗吉尼亚·斯蒂芬致克莱夫·贝尔

费兹洛 29 号

周日［1909 年 2 月 7? 日］

亲爱的克莱夫：

你真像是个天使，花费那么多心思给出理由和意见。它们在我看来写得非常好；因为你指出的问题是我已经觉得不对劲的。我只想对于那可悲的第一卷作点解释。我没打算把那些不加修饰的个人简介段落保留在正文中：它们是笔记，用来巩固我自己对人物特征的设想。我觉得把它们记下来是个好计划；不过它们已经派上用场，就没有存在的必要了。海伦的信件也是一种实验。当我重读它时（在一个非常灰暗的晚上），我觉得它是那么单调和乏味，我甚至没察觉"那种氛围"：它肯定根本没包含什么特征。次日早上，我打算对它大幅删改，重新撰写，希望能给它带来生气；并（我的猜想，因为我还没有重读它）摧毁它具有的一个美德——一种连续性：因为我最初是在梦中撰写了它，就像至少是不存在断裂的状态。我现在的打算是一直向前写下去，写完为止；如果那一天真的到来，如果可能的话，就捕捉住最初的想象，然后再次回到开头，带着宽广的格调，保留很多初稿内容，试图加深氛围——赋予流水的感受，没太多别的。我保留了所有删掉的纸页；所以可以精确地重现原初状态。你批评说我对男人有偏见，导致我显得说教，"虽然谈不上是一本正经"，我没这样觉得；我不记得自己说过什么导致这样的评论；我猜想它是不知不觉流露出来的：不过我会记住这一点。我从未打算说教，而且我赞成，就像上帝，也不该那样。有可能，出于在我看来非常有趣的心理原因，对于自己的性别来说，一个处于世界现状中的男人不是一个好的评判者；一个"生物"对他来说可能是"说教的"。我承认你的那个暗示，就是我有时隐约表现出来这本书也许是别人写的。要想抵制这种念头是非常困难的；就像难以忽视潜在读者的意见那样——我想我在继续写作中会鼓足勇气。把所有这些写下来的唯一可能理由就是，它大致代表了我自己的观点。我的厚颜无耻让我惊骇。我觉得自己几乎没什么天赋把小说写得有趣。

我知道你会非常夸张地赞美我：你（我猜想）的戏剧性本能比我发达得多，所以你从我的场景中看到了这一点。不过，我非常感激地接受你的称赞；我盼望能获得保证，说我的词语并不是一片蒸汽；它们大量汇聚在我身后——糟糕透顶，仿佛它们只是浑浊的水。我自己觉得最后部分确实是最好的；至少我写起来要愉快得多，感到前途光明。这些信纸会是多么虚荣，有一天，当《美琳布罗西娅》成为你书架上一本脏兮兮的书，朱利安想要阅读，但没法！不过，关于这本书，也有几件事是我想说的；我们并不总是想着后代。我也是在匆忙中给你写信，马上就要打扮出门了；我只补充这一点，就是我有盲目的信心，相信自己有能力写出拿得出手的句子，所以我高兴地留下了那些不加修饰的段落，等明年冬天再来重温它们。

我有点担心你会指责我做了妥协；不过我也很明白，像我这样的人，那个结果是唯一的可能。我想在某种背景下带动活生生的男女，不过非常困难。啊，你大大鼓励了我！结果大不相同。你真的感兴趣？我想是的，因为你这样说的；不过，你不知道，有时候它在我看来是多么浅淡和易懂——不过我是心情激动地撰写的。好了，一晚上就写这么多吧！……

1917 年 7 月 19 日，克莱夫·贝尔给弗吉尼亚写了一封非常热情的信件，赞美《墙上的斑点》；他在结尾处说："我该现在寄出这封信并承担说了极其荒唐的话的风险呢，还是等明天早上头脑清楚时再说？"

弗吉尼亚·伍尔夫致克莱夫·贝尔

霍加斯宅，天堂路，里士满，萨里

周二［1917 年 7 月 24 日］

亲爱的克莱夫：

我总觉得你冒险的方式很不错，不过，我看不出来你给这样一个女人寄来这样一封信能有多大危险。你知道的，你总是告诉我简直虚荣得要命，它依然是一个长势茂盛的植物，虽然变老了。

不过请不要把这都归因于虚荣。我确实喜欢你夸奖我，不仅仅是因为你有天赋看出真相，也因为你所谓的感情上的理由——譬如，你是认为我写得好的第一人。也因为我们谈了那么多关于写作的事情……

克莱夫·贝尔致伦纳德·伍尔夫

查尔斯顿,菲勒村,苏塞克斯

1956 年 8 月 24 日

……我有一种想法,就是那些没太多"流言"的早期信件——弗吉尼亚谈论她的写作和她作为一个艺术家遭遇的困难的信件——是最有趣的。我承认,我很希望你会把这样一封信付印,日期是"周二,霍加斯宅",起首是"我总觉得你冒险的方式很不错",等等。虚荣?也许不一定。不过其中有一个句子——"你是认为我写得好的第一人",在我看来,它似乎是我能够插在帽子上的最好的羽毛……

也参见克莱夫·贝尔在《老朋友》(*Old Friends*)中对弗吉尼亚·伍尔夫的回忆,1956 年,第 93 页。

附录 E　无畏战舰恶作剧

对海军官方的恶作剧

洛克伍德(Lockwood)上校问海军大臣,是否海军官方遭到了恶作剧的戏弄,即有人假扮成阿比西尼亚王子来访;如果确有其事,是否他会采取步骤避免在将来出现这样的行为?

海军大臣(**麦肯纳**〔Mckenna〕**先生**):据我所知,有几个人自找了相当大的麻烦,花费了相当多的钱,假扮成一队阿比西尼亚人,以这样的伪装身份拜访了国王陛下的船舰之一。需要考虑的问题是,是否可以证明这些冒犯者犯下了任何罪行。

威廉·雷德蒙(William Redmond)**先生**:尊敬的先生有没有在他的质询中包括一条质询,就是据闻这些先生曾向军舰舰长授予一枚阿比西尼亚皇家勋章,后者写信给国王,想知道他是否可以佩戴他,有这回事吗?他佩戴了吗?

麦肯纳先生：我感到宽慰的是没有必要对此作出质询，因为我知道此事并不属实。

洛克伍德上校：尊敬的先生是否跟我一样，认为这个笑话是对国王陛下的旗帜的直接侮辱？

麦肯纳先生：我想我已经做出了充分的书面回答。尊敬且英勇的先生将不会要求我对此事做进一步追究，它显然是蠢人的把戏。

英国国会议事录，1910 年 2 月 24 日

英国皇家海军舰船"无畏战舰"（官员接待处）

费伯（Faber）舰长询问海军大臣，是否能告知总司令、副司令 W. 梅（May）爵士和皇家军舰"无畏号"军官为何要对某些有名望的阿比西尼亚王子及其随从给予官方接待；是否这些有名望的阿比西尼亚人获得了舰船司令及其官员的完整海军荣誉形式的接待；是否司令曾派专列送他们返回伦敦；是否已经有人提出质询？

海军大臣（麦肯纳先生）：关于问题的第一部分，我将把尊敬且英勇的艾平区议员在上周四做出的答复转达给尊敬且英勇的先生。司令不曾升旗、放礼炮、派遣专列。

费伯舰长：专门为此购买了几双白色羔羊皮手套，这是否属实？请问尊敬的先生谁将为此付费？

麦肯纳先生：恐怕尊敬且英勇的先生比我更清楚，不过如果他会体贴地以书面形式向我提出问题，我将对此做进一步查问。

英国国会议事录，1910 年 3 月 2 日

弗吉尼亚把自己在这个恶作剧中扮演的角色写了下来,1940 年夏天,她在罗德麦尔的女性协会上朗读了这份资料。传记俱乐部随后很快也听到了她的演讲;E.M.福斯特在他的里德讲座上(《弗吉尼亚·伍尔夫》,剑桥,1942 年,第 7 页)提起过它:"她曾经为女性协会亲笔写过一份未完成的资料,让人捧腹大笑。"我只找到了三页古怪的打字稿。内容如下:

朋友,我们被告知,我们能做的最好的事情就是去见当时的海军大臣麦肯纳,老实交代所有事情。麦肯纳的一个朋友告诉我们,如果我们承担所有责任,他们不会采取任何措施处罚军舰司令或其他官员。下院将会被告知,我们已经道歉了,事情到此为止。于是我弟弟和邓肯·格兰特去拜见海军大臣,被引见给麦肯纳先生。他们在那里展开了一场奇怪的面谈。他们试图解释他们不想让军舰司令惹上麻烦;麦肯纳先生否定了这个想法,就是此等傻瓜会让如此了不起的人物陷入困境,他指出,他们中有人犯下了伪造罪,应该入狱。于是他们发生了争执。我想,真实情况是,麦肯纳先生私下里觉得很搞笑,喜欢这个恶作剧,不过不希望有人重复这样的事情。不管怎样,他对待他们如同男学生,告诉他们不要再干这样的事。不过,我们事后听说,我们此行带来了一个结果,就是规章制度变严格了;制定了电报方面的规范,现在几乎没有可能重复这样的笑话了。我很高兴我也为自己的国家做出了贡献。跟海军大臣面谈之后,我们希望事情到此为止。然而,不成,还有海军要对付。一个周日的早上,我刚刚起床,门铃很快就响了;然后我听到楼下有一个男人的声音。我似乎听出了那个声音。那是我表兄的。是威利·菲希尔。虽然我听不清楚他说什么，我能断定他在说一些强悍的话。最后，声音停了，我弟弟出现了。他穿着睡袍。他看起来非常不安。他告诉我威利·菲希尔怒气冲天；说他已经发现我们是谁了。他吓坏了。我们知道吗，所有街上的小男孩都跟在梅司令后面，嚷嚷着"帮卡，帮卡（Bunga Bunga）"？我们知道我们的生命都是靠英国海军拯救的吗？我们知道我们是粗鲁、无礼的吗？我们知道我们应该游街被鞭打吗？我们知道如果我们被发现，就会被脱光丢进海里吗？等等，等等。我弟弟以为他将要从袖子里抽出刀来，拔刀相向。但没有，威利·菲希尔解释说，因为我弟弟的妈妈是他自己的姨妈，海军的规矩不允许真的采取肉体惩罚。然后，他问："我知道其他人是谁；现在你必须告诉我他们的地址。"我弟弟这么做了。他立刻意识到了自己的错误。但是太迟了。威利·菲希尔冲出房子，掠开我弟弟伸向——他毕竟是他的亲表弟——他的手。我们没多久就听说了接下来发生的事情。三个海军军官在门外的一辆出租车上等着。他们开车去了汉普斯特德的地址，邓肯·格兰特住在那里。邓肯·格兰特刚刚坐下来跟父母吃早餐。他们让人传话说，有个朋友在外面，想要跟他说话。邓肯·格兰特起身，下楼走到街上。一个年轻人把他头冲前掀进了[出租车]。格兰特太太正从窗口朝外看，看到她儿子一头扎进去消失了，惊惶地转身。"我们到底该怎么办？"她问丈夫，"有人绑架了邓肯。"格兰特少校本人也进过军队，只是笑笑说，"我猜是来自无敌战舰的他的朋友们。"邓肯·格兰特发现自己坐在底板上，三个拿着一束藤条的粗壮男人脚边。邓肯问他们要带他去哪儿。

　　"在你要去的地方，你将看到很多大无畏者。"威利·菲希尔说。最后他们在汉普斯特德荒野某个偏僻的地方停下来。他们都出来了。邓肯·格兰特站在那里,像只羔羊。反抗是无用的。他们是三对一。这让他们颇为不安。"我不理解这家伙,"一个军官说,"他根本不抵抗。你没法就这样鞭打这家伙。"然而,我表兄要求他们下手。他的军阶太高,不便自己动手。于是,这些低级军官中的一个人,非常勉强地,抽出一根藤条,对邓肯·格兰特予以仪式性的两下轻击。然后,他们宣布海军的荣誉已被雪耻。邓肯·格兰特就那样站着,没戴帽子,穿着卧室的拖鞋。他们立刻对他产生了同情,我并不感到吃惊。他们真心为他难过。"你不能就这样回家。"他们说。但是邓肯·格兰特觉得他宁愿穿着拖鞋坐地铁回家,也不愿意被这些军官驾车送回家。于是他推脱了一番;军官们消失在他们的车子里。

(MH/A 27)

1937 年,当舰队司令威廉·华兹华斯·菲希尔爵士去世时,弗吉尼亚写信给埃塞尔·史密斯说:

是的,我对威廉感到抱歉——我们最后一次见面我想是 1910 年在无畏军舰的甲板上;但是我戴着胡子。恐怕他对此始终耿耿于怀……(1937 年 6 月 28 日)

索　引

（该索引并非是详尽索引）

5;在布郎斯威克广场 38 号,175;参考：124n,173,177

Milner, Sibella　希珀拉·米尔纳,见希珀拉·斯蒂芬

Moore G.E.　G.E.穆尔,他的门徒,100;参考：70,116,139,168,173,
177,179

Morley College　莫里学校,VW 在此任教,105,106,107 附录 B 全文

Morrell, Lady Ottoline　奥托林·莫瑞尔夫人,个性和外貌,144-5;参考：
142n,149n

—Philip　菲利普·莫瑞尔,142n,145,149n

Morrice, James（painter）　詹姆斯·莫里斯(画家),103

Nash, Rosalind　罗莎琳德·纳什,161

Netherhampton House, Salisbury　莱瑟汉普顿屋,位于索尔兹伯里,85

Neo-Pagans　新异教徒,172,172n,173,173n,174,174n

Nicolson, the Hon. Mrs Harold（*née* Victoria Sacville-West）　哈罗德·尼科尔
森太太(未婚名是维多利亚·萨克维尔-韦斯特),61n

Night and Day　《夜与昼》,11n

Norman, Ronald　罗纳德·诺曼,74

Norton, Charles Eliot　查尔斯·艾略特·诺顿,9

Norton, H.T.J.　H.T.J.诺顿,参加了去君士坦丁堡的旅行队,168;参
考：146

O'Conor, Roderick（painter）　罗德里克·奥康诺(画家),103

Olivier, Noel　诺埃尔·奥利弗亚,见诺埃尔·理查兹

—Sir Sydney　锡德尼·奥利弗亚爵士,173n

Painswick, Gloucestershire　佩恩斯威克,格洛斯特郡,58,61

Pater, Clara（teacher of Greek）　克莱拉·佩特(希腊文教师),克瑞小姐的

弗吉尼亚·伍尔夫传

伍尔夫夫人，1912–1941

（英）昆汀·贝尔 著 萧 易 译

VIRGINIA WOOLF

Mrs Woolf，1912–1941

by Quentin Bell

广西师范大学出版社
· 桂林 ·

致　谢

在这部传记的第一卷中，我表达了对一些个人和团体的感谢，没有他们的协助或鼓励，我根本不会去撰写这部书籍；我也感谢了那些以各种方式推动这部书籍之进程的人。随着本卷的完成，我又有了进一步表达感谢的责任。我希望能表达或重述我对以下诸位的感谢，感谢他们给予的帮助和许可：

Christabel 暨 Aberconway 夫人；Annan 勋爵；Igor Anrep 医生；Mark Arnold-Forster 先生；Barbara Bagenal 太太；Mary Bennett 太太；利物浦的沃克艺术画廊的 Mary Bennett 小姐；德鲁大学的 John W.Bicknell 教授；Elizabeth Bowen 小姐；Gerald Brenan 先生和 Messrs Hamish Hamilton 有限公司的各位先生；英国广播公司；Noel Carrington 先生；John Carter 先生；David Cecil 勋爵；Angus Davidson 先生；Pamela Diamand 太太；Beata Duncan 太太；David Garnett 太太；Duncan Grant 先生；Leon Edel 教授；T.S.Eliot 太太；已故的 E.M.Forster 和剑桥国王学院；Nicholas Furbank

先生;Philip Gaskell 先生;剑桥三一学院的图书管理员;Winifred Gill
小姐;A.D.Harris 医生和太太;Hills 夫人;Michael Holroyd 先生;印度局
资料室的工作人员;Julian Jebb 先生;Roderick Jones 夫人;David Jolley
先生;Geoffrey Keynes 爵士;Jacqueline Latham 小姐;John Lehmann 先
生;Su Hua Ling 太太;朗曼集团公司(承蒙允许引用 Christopher St John
撰著的《埃塞尔·史密斯传》);Michael MacCarthy 先生;M. Georges
MevilBlanche;已故的 Charles Mauron;Louie Mayer 太太;已故的 Robin
Mayor;剑桥的国王学院图书管理员 A.N.L.Munby 博士;Lyn Newman 太
太;Benedict Nicolson 先生;Nigel Nicolson 先生;Lucy Norton 小姐;
Stanley B.Olson 先生;Ian Parsons 太太;Ralph Partridge 太太;Kenneth
Phelps 先生;Edward Playfair 爵士;William Plomer 先生;Sophie Pryor 太
太;Berta Ruck 小姐;George Rylands 先生;Daphne Sanger 小姐;
Katherine Mansfield 的文学遗产代理暨作家协会;George A.Spater 先
生;Stephen Spender 先生;已故的 Sebastian Sprott;James Strachey 太太;
纽约公共图书馆伯格收藏的管理者 Lola Szladits 太太;莫里学校的
Barry Till 先生;Julian Trevelyan 先生;Dame Janet Vaughan;Julian
Vinogradoff 太太;以及 C.J.White 先生。

目　录

插图说明

弗吉尼亚,约 1925 年

利顿·斯特雷奇和弗吉尼亚

休·沃波尔

T.S.艾略特

朱利安·贝尔,1932 年

伦纳德和弗吉尼亚,1928 年

卡林顿、拉尔夫·帕特里奇和利顿·斯特雷奇,1930 年

罗杰·弗赖、德斯蒙德·麦卡锡和克莱夫·贝尔,1933 年

E.M.福斯特

安格斯·戴维森

乔治·赖兰兹

弗吉尼亚和安吉莉卡·贝尔,1934 年

伦纳德,约 1933 年

弗吉尼亚和埃塞尔·史密斯,1932 年

弗吉尼亚和约翰·莱曼,约 1931 年

弗吉尼亚·伍尔夫

第一章　1912 年至 1915 年

> 弗吉尼亚和伦纳德订婚了。他们今天早上来告诉我这事，似乎很开心。这事发生在前些日子，但是他们保守了秘密，直到我们回来为止。
>
> 瓦奈萨·贝尔致罗杰·弗赖，1912 年 6 月 2 日[1]

这秘密保守得并不很严密，而且无论如何对朋友们来说也不算是种意外，他们已经就这种订婚的可能性讨论了很长时间。瓦奈萨无疑一直在期待这件事；她很清楚，在弗吉尼亚的求婚者中，伦纳德是唯一能让她同时作为男人和智识者去敬重的人。在他们的朋友看来，这场婚姻有着双重好处，既可以让他留在英国，同时也给了她一个受大家喜爱的丈夫。在这些人当中，有一个人，即利顿，是通过一张明信片获得这消息的，明信片上写着：

嘿！嘿！

弗吉尼亚·斯蒂芬

伦纳德·伍尔夫[2]

可以推想，他既感到好笑又感到宽慰。

　　唯一在感情上多少值得怜悯的人是克莱夫。他对弗吉尼亚的热情比两年前降温很多，他的不忠已经找到了一个新方向；可他仍旧觉得，而且一向觉得，他和她之间有一种特殊关系，他对她有一种特殊的要求权。他写信告诉她，他总是哄骗自己，使自己相信他对她的欣赏和爱更胜于她的丈夫。[3]似乎这封信并没有受到不友好的对待；但不幸的是，克莱夫对弗吉尼亚的感情交织着爱和恼怒，两者分量相当。如果她过去不清楚这一点，当艾德里安给她看了一些信件（为了发泄懊恼，克莱夫在信里确实说了些非常怀恨的话），她无疑就明白了。弗吉尼亚和伦纳德被激怒了，布郎斯威克广场和戈登广场之间出现麻烦，这两个地方的所有人似乎在互相生气。[4]瓦奈萨充当着不讨好的和事佬角色，最后成功地完成了她的任务；伦纳德和弗吉尼亚太快活了，生气也生不长；这件事达成了全面的和解。不过，就像瓦奈萨说的那样："甚至对局外人来说，一场订婚似乎也是件让人疲竭和不知所措的事。"[5]

　　当事人肯定认为的确如此。伦纳德不得不跟一大堆人见面，包括乔治和杰拉尔德·达克渥斯，还有米娜姨妈、玛丽姨妈、安妮姨妈、杰克·希尔斯和内莉·塞西尔（Nelly Cecil）。所有这些人都属于过去时代，他们也许会达观地容忍这些人的反对。可还有更重要的人；首先是维奥莱特·迪金森。弗吉尼亚一度觉得，维奥莱特的赞同对她的幸福是必不可少的；如今事情已经不是这样了；但还是

有必要通知她,征求她的认可。弗吉尼亚几乎是在一种虚张声势的心情下给她写了信:

布郎斯威克广场 38 号 W. C.

1912 年 6 月 4 日

我的维奥莱特:

　我有事要向你忏悔。我要跟伦纳德·伍尔夫结婚了。他是个身无分文的犹太人。我感到那么幸福,超过了一切人的想象——可我**坚持**你也要喜欢他。星期二我俩可以一起来吗?还是你宁愿让我一个人来?他是索比的好朋友,去了印度——去年夏天回来了,我在那时见到了他,从冬天起他一直住在这里。你一向是个这么好、这么可爱的人,我还是个小孩子时就爱上了你,如果你不喜欢我丈夫的话,我没法接受这一点。我们一直在谈你的很多事。我告诉他,你有六英尺八英寸高,还有就是你爱我。

　我的小说差不多要写完了。伦认为我的写作是我这个人最了不起的地方。我们将会非常卖力地工作。我是不是太语无伦次了?有件事我得坦白地告诉你,就是我对你的强烈的爱。我曾给你添了那么多麻烦——你总是给予我那么多。

你的麻雀[6]

　幸运的是,伦纳德和维奥莱特都很愿意去喜欢对方,尽管弗吉尼亚的婚姻必然加深已然明显的隔阂。

　玛奇·沃恩的情况就不同了;伦纳德没法理解,对于这样一种过分浓郁的感受力,弗吉尼亚以前怎么会觉得值得赞美。[7]不过,玛奇对弗吉尼亚的生活已经无足轻重,她丈夫威尔·沃恩(伦纳德不加掩饰

地讨厌他)就更算不上什么了。然后是沃恩姐妹,埃玛和玛丽;和埃玛
见面只是一种礼节;不过,在豪斯顿①的穷人中为保健委员会(the Care
Committee)工作的玛丽变得别具影响力。伦纳德返回英国时颇怀有一
种社会责任感,他对玛丽的工作很感兴趣,愿意加入其中。他走访了
几次东区;在城市贫困和徒劳的慈善事业(可怜的玛丽为之献身)方面
看到了一些恐怖情景,这使他变成了一个社会主义者。就在此时,他
还初次遇到了弗吉尼亚的另一个熟人,对于他那种正在发展中的政治
认识,这人将会指出一个更明确的方向。她就是玛格丽特·卢埃林·
戴维斯,一个有着巨大能量和才智的女性,她把这些能量和才智大部
分都投入在女性合作协会的组织上了,她是这个协会的干事。弗吉尼
亚通过自己的希腊文教师珍妮特·卡斯认识了她,玛格丽特和珍妮
特,这两位不仅是她终生的忠实朋友,在随后几年的灾难中,她们还将
证明自己是伦纳德最出色的盟友之一。

　　就弗吉尼亚而言,她不得不跟伍尔夫一家见面。这是一次让人胆
怯的经历。伦纳德自己就够犹太化了,以致让她觉得令人不安的陌
生;不过在他身上,这种特征是有限制的。他在很大程度上已经成了
她那个世界中的一员,她几乎不可能更完整地留在布鲁姆斯伯里圈中
了,除非她嫁的是利顿。然而,伦纳德的孀妇母亲是一位女家长式的
人物,她和自己的大家庭一起住在帕特尼的科林内特路(Colinette
Road)上,在弗吉尼亚看来,她就显得非常异己了。任何地方都比未来
婆婆的房子更可能像个家。

　　还有,伍尔夫们是怎样看待她的呢? 她认为他们的家具丑陋不
堪,他们对此有所察觉吗? 她在他们看来是个傲慢的异族人(认为他

---

① 豪斯顿(Hoxton),伦敦东区地名。

们这位杰出儿子的家庭高攀了她)吗？恐怕他们是这么想的。

在《夜与昼》中,当拉尔夫·德纳姆带着凯瑟琳·希尔伯里去拜访他在海格特的家庭时,弗吉尼亚肯定想起了她对伍尔夫家的初次拜访。那种局面是否像在小说中那样得以挽回,这一点是值得怀疑的。弗吉尼亚似乎丢了自己的脸。

> "来块三明治,斯蒂芬小姐——我可以叫你弗吉尼亚吗？"
>
> "什么？火腿三明治配茶？"
>
> "不是火腿那种罐装肉。在这幢房子里,我们不吃火腿、腊肉或贝类。"
>
> "不吃贝类？为什么不吃贝类？"
>
> "因为圣经上说它们是不洁的动物,犹太会堂里我们的约瑟夫斯先生——还有——"
>
> 这是不对劲的。[8]

弗吉尼亚愿意承认,伍尔夫太太具有一些非常好的品质,然而,想到自己会有多大机会去发现它们,她的心想必就沉了下来。

"工作、爱情和帕特尼的犹太人把我搞得疲惫不堪。"[9]她写道,这肯定确有其事。她和伦纳德出游了很多次,都十分愉快,包括散步、骑马、听歌剧或观看俄国舞蹈,可她还有小说要完成(它总是快要写完了)。她有时身体不适,这并不令人意外。

他们计划在 8 月 12 日举行婚礼,但为了满足贝尔夫妻,日子向前挪动了。因此它会在 8 月 10 日星期六举行[10],官方手续在圣潘克拉斯登记处办理(或许是出于这个原因,伍尔夫太太没出席)。[11]在弗吉尼亚看来,这似乎是个很好的结婚办法,非常简单,很快就完成了。[12]

不过登记员觉得这事很烦,部分是因为他眼睛半瞎(或在弗吉尼亚看来是这样),部分是因为一场猛烈的雷暴雨下得正欢,还有部分原因是,开始替结婚作证时,他被那些自己不熟知的名字搞糊涂了:弗吉尼亚,还有更糟的,瓦奈萨。接着,瓦奈萨以自己那种暧昧但悠闲的风格打断了进程。她想为小儿子改名字;她竟会考虑这种事?

穿着礼服大衣,还照着那个场合的要求精心打扮之后,乔治和杰拉尔德出席了贝尔夫妻在戈登广场 46 号举办的婚礼早宴。他们想必被邓肯·格兰特的外表和那番交谈搞得有点苦恼,后者同样是着意打扮了一番,可不知怎地没起到效果,他在交谈中谈起了典当衣服的最好方法。邓肯穿的那些衣服不可能被典当过;他从来不会去赎它们。它们是从身材很不相同的穿戴者那里借来的,这一点太明显了。其他的客人包括罗杰·弗赖、萨克逊·锡德尼-特纳、玛丽·菲希尔姨妈(拄着个手杖),还有弗雷德里克·埃切尔斯,他没剃胡子,戴着眼镜,举止笨拙,为这个场面增添了最后一抹怪异。

虽然早上曾感到激动不安,弗吉尼亚对结婚典礼和宴会都心满意足。这一切结束之后,她和伦纳德兴高采烈去了阿希姆。当晚他们住在那里,然后,出国前,他们去昆陶克斯(the Quantocks)待了几天。他们曾打算去冰岛度蜜月;可节期已经太晚了,照一种较传统的路线,他们从萨默塞特出发去了阿维尼翁和沃克吕兹,再从那里去西班牙。

巴塞罗纳的食物很糟,马德里的炎热是无法抵御的;他们继续去了托雷多和萨拉戈萨。[13] 他们热得要命,经常疲惫不堪;可那个国家的无遮无蔽和美景让他们感到吃惊。他们骑了骡子,坐了磨磨蹭蹭的火车。弗吉尼亚读了陀思妥耶夫斯基和夏洛特·M.杨。不久,他们发现自己来到了巴伦西亚,此时,她正在读《红与黑》。一艘船把他们从巴伦西亚送到了马赛;他们继续旅行,来到意大利北部和威尼斯,在去过西班牙之后，这些地方似乎令人适意，但它们无疑是乏味的。最后，10 月 3 日※，两人回到了伦敦。他们声称自己在旅程中没完没了地说话，已经变得"习惯于游牧和一夫一妻"了。[14]

他们在自比游牧人这一点上搞错了。他们再也没有出游过那么远或那么长时间；不过跟大多数朋友相比，他们无疑是一夫一妻的。在两个月的漫游中，他们已经发现彼此的个性是互补的，他们的喜好非常接近。他们相互的爱和赞赏其实是基于对彼此美好品质的真正了解，它牢固到足以抵御命运的大小折磨、婚姻的常见烦恼，以及不久后疯癫的恐怖情形。这是他们之间深沉、不变的爱的证明，它不依赖于肉体之爱更强烈的喜悦。甚至在结婚之前，他们应该就怀疑过，弗吉尼亚对肉体是不敏感的，可也许他们指望伦纳德（他的热情天性是毋庸置疑的）会带来一种改变。一封从萨拉戈萨写给凯·考克斯的信足以清楚地表明，即便他们有过这样的希望，它也让他们失望了。

> 你觉得人们为什么会对婚姻和性交如此大惊小怪？为什么我们的一些朋友失去贞操后会发生变化？可能是我的大龄使这事不那么灾难性；然而，无疑，我认为那种高潮被大大夸张了。除了一种不变的好心情（伦纳德不会知道这事）之外，我可能还是 S 小姐，那种好心情是因为一切让人恼火的事情都立刻被归罪给了我的丈夫。[15]

就这样，在平和的无拘交谈中，弗吉尼亚暗示了她的性冷淡。尽

※ "……十一月底……"——伦纳德·伍尔夫（《再次开始》，第 83 页）他只记错了这一次，可能是 1912 年秋天他没有记日记的缘故。见 1912 年 8 月 19 日 VB/VW 的通信，还有 1912 年 10 月 11 日 VW/VD 的通信。

管如此,这对他们两人来说都是一种郁闷的缘由,回到英国后,他们想听听瓦奈萨的忠告。

6　　　　他们似乎很开心,但显然心里都有点担忧山羊的性冷淡。我说我认为她从不理解或体谅男人的性激情,我想这话也许惹恼了她,不过可能安慰了他。显然她还是从性交中根本得不到任何乐趣,我认为这是古怪的。他们非常急于知道,我什么时候有了第一次高潮。我不记得了,你呢?不过显然我对这些事是有感觉的,即便我不是从两岁起就懂了这些。[16]

瓦奈萨、伦纳德,我想还有弗吉尼亚自己都倾向于怪罪乔治·达克渥斯。乔治无疑使弗吉尼亚对性欲产生了一种深深的厌恶;可或许他只是加剧了一种更深的伤口,巩固了弗吉尼亚那种对性之粗鲁加以回避的性格倾向,那种倾向源于某种根深蒂固的,也许是天生的自抑。我认为在她的人格中,性欲是微弱、单薄的。在两个最了解她的女性中,一个(就像我们已知的那样)说她不理解男性的性激情,另一个——维塔·萨克维尔-韦斯特——将会在很多年后写道:“她不喜欢男性的占有和控制欲。实际上,她不喜欢阳刚之气。”[17]我要进一步指出的是,她与其说是害怕性,不如说是不理解性;在她的人格和艺术上都有一种令人不安的缥缈特性,当文学的必要性强迫她去考虑性欲时,她要么回避不提,要么就向我们描述一种东西,它跟床上的抚摸拥抱就像蜡烛的火焰跟它的油脂那么关系疏远。

不过,尽管弗吉尼亚是性冷淡,在其他方面,她似乎拥有所有正常新娘都怀有的一切希望和担忧。返回伦敦大约一星期后,她写道:

布郎斯威克广场 38 号,W.C.

1912 年 10 月 11 日

我的维奥莱特:

　　昨天,偶然走进一间小起居室,我发现了一个适合给皇后的私生子使用的摇篮。然而,当我提出了自己的看法,他们说这摇篮是给我的。我脸红了,否认了自己的任何意图,等等;羞愧之下,我把自己的胳膊肘撑在一张桌子上。"不管怎么说,这是一张多漂亮的桌子啊!"我嚷嚷,想把话题从我失去的童贞和这事可能带来的结果上转移开来。也没人承认这桌子是属于他的。我一点一点地把故事拼凑起来——一个大货箱运到了,迪金森小姐,等等,等等。当然,除了迪金森小姐之外,没有人会这么大胆地对待性常识。从没有别的人这样处理老话题。我的婴孩将在这个摇篮里睡觉。今夜我不舍得在这张桌子边吃晚餐了。[18]

　　这时,弗吉尼亚仍旧高兴地预期她会有孩子。伦纳德已经心存疑虑,不过我想,直到 1913 年初,弗吉尼亚才意识到这些。在那之前,伍尔夫夫妻(根据朋友们共用的称呼)已经搬离了布郎斯威克广场,他们的房间被梅纳德·凯恩斯的弟弟杰弗里租用了,他们在克利福德旅馆住了下来,就在舰队街(Fleet Street)边的岔路上。他们就这样离开了布鲁姆斯伯里,这对他们有着双重好处,首先是更好地单独相处,其次是有了更多的工作时间。

　　他们有很多工作要做。伦纳德一回来就接了一份格拉夫顿画廊的兼职工作,一直要干到年底;罗杰·弗赖正在这里举办他的第二次后印象派画展。伦纳德的职责是跟那些愤怒的艺术爱好者们打交道,他们在毕加索和马蒂斯的作品前要么哈哈大笑,要么勃然大怒。这想必是份让人恼火和沮丧的工作。弗吉尼亚替伦纳德感到生气,也因为(就像时而发生的那样)她发现自己对绘画艺术失去了耐心。她声称,艺术家"是一群让人讨厌的家伙。这伙人整个冬天在那些涂着绿色和蓝色的画布上倾泻的狂热是可憎的"。[19]我想她憎恨一个事实,即伦纳德竟会忙着为"一种低等艺术"效劳。到了这时,她肯定已经意识到了,他也许会擅长一种更严肃的艺术形式,即小说。《丛林里的村庄》在他们结婚前就已经完成了。十一月份,爱德华·阿诺德(Edward Arnold)同意发表它,我们不能肯定她在什么时候读到了它;当她真的读到它,她对它大加赞赏。实际上,他俩都打算靠写作为生。他们有意创办一份属于自己的杂志,但和所有这一类的主意一样,它需要钱;他们希望为此筹集到两千英镑,可失败了。此外,伦纳德已经下定决心,他必须积极从事政治活动,到1913年初,他正在劲头十足地接受政治教育。同时,干完了格拉夫顿画廊的活计,他开始寻找其他相等的工作。

　　弗吉尼亚自己的工作仍旧显得极其困难。伦纳德说过,她在一月和二月里"以一种折磨人的强度"写作着,这时,《远航》几乎已经写完了。[20]他们从蜜月回来时,他就已经在担心她的健康了。她需要休息和安静,显然,在乡村这样的机会要大些。他们去阿希姆度圣诞,讨论了一起住在那里,买几匹马,一头奶牛,还有鸡和一些猪的可能性。[21]这些计划只不过使他们稍微卖力地干了些园艺活计罢了;伍尔夫夫妻有太多感兴趣的东西(他们会一直这样),它们把他俩吸引回了伦敦。

　　一月份,瓦奈萨来阿希姆跟他们会合;她的身体也不适:

　　　　弗吉尼亚对我很友善。她注意到我昨天心情沮丧,她非常乖巧——让我感到振奋多了。你觉得我有时对她嘲笑得太多了吗?

我想这没关系,不过我确实时不时地被她身上最美好的品质所征
服。如果她愿意的话,她能让人体会到一种不同寻常的感受,就
是她具有最全面的见识。我想她其实对生活有着令人吃惊的勇
气和健全心智。我最近见到她的次数那么少,以致她在这一点上
给我留下了深刻印象。[22]

然而,就在瓦奈萨说弗吉尼亚"对生活有着健全心智"时,伦纳德在日
记里忧虑地记下了她的健康变化,尽管我认为瓦奈萨说的话并不全
错,我想弗吉尼亚确实有一种健全心智,但它无疑是一种会被其他内
在力量淹没的特质,随着这一年的推进,这些内在力量变得更强大了。

一月底,弗吉尼亚和瓦奈萨在讨论弗吉尼亚是否该有孩子的问
题。伦纳德和萨维奇医生(如今是乔治爵士了)谈了话,乔治爵士以他
那种轻快的方式大声宣称,说这对她将会大有好处;可伦纳德不相信
乔治爵士;他咨询了其他人,包括瓦奈萨的专门医生莫里斯·克雷格、
T.B.希斯洛普,还有琼·托马斯,琼开设了一家疗养院,对弗吉尼亚很
了解;他们的观点各不相同,但是最后,伦纳德做出了决定,他说服弗
吉尼亚同意,尽管他俩都想要孩子,可让她生孩子太危险了。在这一
点上我认为伦纳德是对的。很难想象弗吉尼亚成为母亲。可对她来
说,这将是一个永远的痛苦源头,后来,她一想到瓦奈萨儿女成群的情
形就感到伤心和羡慕。

拿瓦奈萨跟自己作比较,这可能会偶尔损害她俩的关系,在大多
数其他时间里,这种关系是非常愉快的,而且再也不可能被克莱夫破
坏了。1913 年春天,姐妹俩吵了几场。[23]艾德里安和伦纳德关系不
善,瓦奈萨倾向于站在艾德里安那一边。瓦奈萨结婚时,弗吉尼亚曾
深受嫉妒心的折磨,当弗吉尼亚找到一个丈夫时,那种嫉妒心也许发

9　　出了一个微小的回声。两姐妹都不会真的认为，有人能好到配得上对方。"我希望伍尔夫没把我气成这样，"瓦奈萨曾经说过，而伦纳德可能也说过有关她的同样的话。[24]他俩都性格强硬；谁都不肯轻易相信自己会犯错。如果瓦奈萨和伦纳德意见不同，弗吉尼亚会站在她丈夫那一边。瓦奈萨发现，婚姻使弗吉尼亚成了一个联盟的一部分。伦纳德拥有自己独特的道德和智性立场，她接受了这些。她完全赞同剑桥的那种高度严肃性，在流放到东方时，当地的干旱气候有助于伦纳德把这种严肃性带着芬芳保存下来，而在伦敦（克莱夫、利顿，还有奥托林夫人和梅纳德·凯恩斯的伦敦）那种更柔和也更腐败的氛围中，其他人已经部分丧失了它。他和他们之间的区别并不显著。伦纳德接受他朋友们那种不恭的怀疑主义，可他不太接受他们的轻浮或俗气。完成《丛林里的村庄》后，他开始写一部被他叫作《聪明的处女》的小说。※故事讲的是，一个年轻男子（伦纳德自己）在两个年轻女人中犹豫不决；这两个女人来自非常不同的社会背景；一个多少属于帕特尼的伍尔夫家那样的环境，另一个差不多就是弗吉尼亚。伍尔夫精心地描述了她，瓦奈萨和克莱夫的形象也清晰可辨。男主人公把布鲁姆斯伯里的观念带给了帕特尼的年轻女人，他头脑发昏之下令她怀了孕，被迫在没有爱的情形下娶了她，尽管他爱的其实是弗吉尼亚。"这本书的全部道德意义，"就像伦纳德对出版商说的那样，他的男主人公

※　《聪明的处女/关于语言、观点和少许情绪的故事》（*The Wise Virgins/A Story of Words, Opinions and a few Emotions*），作者 L.S.伦纳德，爱德华·阿诺德出版，1914 年。照伦纳德的说法，它正好出版于战争爆发之际，成了第一批伤亡者之一。瓦奈萨不赞成伦纳德照朋友的样子写小说中的角色（VB/LW，1914 年 1 月 14 日），摩根·福斯特似乎有着类似的疑虑（EMF/LW，1914 年 11 月 7 日）："……它是一本很棒的书：有些地方很差；其他部分一流。一部作家的书，我想，因为也许只有作家能看出，为什么那些好的地方那么好，为什么非常差的地方不是非常差……我喜欢伦[纳德]的诗意方面，在政府蓝皮书和组织机构里，它有点遭到了抑制。"AWD（Berg），1915 年 1 月 31 日。

"生活在一个有几分做作的文化人圈子里，和他们一样，他沉湎于一种他自以为相信的激动人心的夸张交谈习惯"。[25]这种谈话的结果对所有相关的人都是灾难性的。

显然，这部小说并不代表伦纳德对某些人的经过深思熟虑的意见，他们毕竟是他大半生中最亲近的朋友；可它确实准确地反映了他在 1913 年的心情，还有他对戈登广场一些轻浮交谈的不耐烦，尤其是，他对克莱夫的看法。

伦纳德对弗吉尼亚和克莱夫的长期调情当然是完全知情的，尽管后来他不会为她在那件事中的所作所为辩护，在当时，他是热情洋溢、性情急躁的，而且坠入了爱河，他也许觉得很难去怪罪她，而找连襟的茬却不是件难事。他去锡兰时，克莱夫只不过是剑桥智识圈的边缘角色；回来后，他却发现克莱夫成了布鲁姆斯伯里的中心人物，而且是这样一个不受欢迎的新角色。他认为克莱夫不客观，总的来说太沉溺于生活中的社交点缀了，沉溺于虚荣和礼仪的琐碎问题；和弗吉尼亚一样，他觉得克莱夫其实配不上瓦奈萨。可能他知道，就克莱夫而言，他觉得伦纳德也远远配不上弗吉尼亚。照克莱夫的观点，伦纳德性情褊狭，有着清教徒气息，是生活中所有迷人、有趣事物的仇敌。此外，他对弗吉尼亚的影响是灾难性的。他断言她正在失去她的美貌，疏远她的老朋友，被引向乏味的政治滥调。他不反对她做一个社会主义者——当时他自己离社会主义者也不远；可他不喜欢一个美丽的女人变得毫无魅力。看着她被带进会议室和合作社礼堂，穿着"实用的"衣服和耐穿的靴子，他感到苦恼不已。还有，当然，他可能会理由充分地反对说，她既没有能力也没有精力做这种事。

实际上，弗吉尼亚确实跟伦纳德一起进行了他的第一次政治调查之旅，虽然她承认经济问题超出了她的理解范围。1913 年 3 月，他们花十天时间遍游了工业北方,拜访了利物浦、曼彻斯特、利兹、约克、卡莱尔和莱斯特。[26]就我所知,这次艰苦的旅行没给她带来危害。那一年的晚些时候,在又一次政治之旅中,她的健康状况突然恶化了,不过完全可能是另一种原因引发的。

三月份,她终于写完了《远航》。伦纳德从头到尾读了一遍,3 月 9日,在去北方旅行之前,他把手稿带给了弗吉尼亚的同母异父哥哥杰拉尔德·达克渥斯,他有属于自己的出版社。"我料想它会被拒绝,"弗吉尼亚写信给维奥莱特·迪金森说,还说这也许"不完全是件坏事"。[27]不过,杰拉尔德的审稿人爱德华·加奈特写了一份对它大加赞许的报告,4 月 12 日上午,弗吉尼亚亲自莅临汉丽埃塔街(Henrietta Street),听杰拉尔德告诉她,他多么高兴能出版她的小说。

人们满可以猜想,她立即心生疑虑。几乎任何曾试图创作艺术作品的人,对她当时的感受都会略知一二。一本书在很大程度上就是作者自己的一部分,把它交付给公众时,这人会感到仿佛她在把自己的孩子往外面的车水马龙中推送。如果孩子死了或受了伤,也就是她自己受了伤,如果这是她的头胎孩子,是七年妊娠的作品,如果这孩子笨拙、脆弱,需要的是任何批评家都不会给予的种种温情和理解,对这孩子的命运的担忧就会变得尖锐。

弗吉尼亚已经知道这样的焦虑会把她引向何方。她知道如果不想重复 1895 年、1904 年和 1910 年的可怕情形,她得保持明智,进行自我控制。可是该怎样学会保持明智呢? 当一个人想睡觉的时候,他该怎样命令大脑不要运转并失去知觉呢? 大多数人都体验过这种自抑。相当小的一件事——一个社交失误,想到要面对一次不快的会见——就会使一个人通宵不眠。他命令自己要忘掉的话题一再回到大脑里,从一个层面上来说,大脑一心想摒弃那件不受欢迎的琐事,可从另一个层面上,它坚持一再想起它,因此精神有一度在跟自己作战,当不幸的肉体请求别想这事时,它坚持不肯罢休,直到最后,疲竭带来了休战,或闹钟使注意力转向白天的事务。不过,折磨弗吉尼亚的不是件琐事;她在不眠之夜里思忖的是,她的艺术——她生活的全部意义和目的——会不会是愚蠢的,冷酷的笑声会不会把它撕成碎片。

经历过这样的夜晚,她在白天就会感到头痛,钻凿着后脑仿佛它是一颗虫牙;接着是更糟糕的夜晚,被日益的焦虑和沮丧搞得苦不堪言的夜晚,"那些没完没了的夜晚不会结束于第十二夜,而是继续进入两位数——十三、十四、等等,直到二十,然后是三十,然后是四十……如果夜晚想这样持续下去的话,没有任何办法能阻止它们这么做"。※

我认为,在伦纳德的 1913 年日记中,关于弗吉尼亚状况的日常摘 12 要里就隐藏了这一类的东西:V.f.w.,V.sl.h.,g.n.,f.g.n.,b.n.等等,即,弗吉尼亚情况不错,弗吉尼亚稍微有点头痛,晚上睡得好,晚上睡得相当好,失眠之夜。① 显然,他越来越感到担心。四月和五月的大部分时间里,他们都谨慎地待在阿希姆,只回伦敦听了科芬园②的《指环》,弗吉尼亚当时发誓说,她再也不会听这玩意了:"我的眼睛被擦伤了,我的耳朵被吵麻木了,我的大脑只是块浆状布丁——噢,那种噪音,那种热度,那过去曾一度使我为之倾倒的声嘶力竭的多愁善感,如今让我觉得无动于衷。"[28]可是一旦来到伦敦,社交压力就是不可抵挡的;朋友们登门拜访,两人出去吃饭,去音乐会、看芭蕾舞和上剧院。他们再

※　《远航》,第 403 页。在这里以及接下来的段落里,我尝试了从她自己的观点出发描述她的疯癫;如果要为她写传记的话,这种尝试似乎是必需的,不过显然,它想必在很大程度上是种推断。我引用了《远航》《戴洛维太太》,还有伦纳德在《再次开始》中关于她的症状的描述。

①　V.f.w.,V.sl.h.,g.n.,f.g.n.,b.n.是缩写形式,意指——Virginia fairly well, Virginia slight headache, good night, fairly good night, bad night。

②　指位于科芬园(Covent Garden)的皇家歌剧院(Royal Opera House)。

次撤回阿希姆,然后又一次被伦敦引诱了回去。六月下旬和七月初的夏日里,他们的朋友们来苏塞克斯跟他们会合,分享了他们的乡村乐趣,包括骑马、步行、交谈和园艺。奥利弗和蕾·斯特雷奇,利顿和诺顿,摩根·福斯特和莫莉·麦卡锡——所有这些人都跑来住在阿希姆。伦纳德每天都记录他妻子的状况:情况不错,晚上还行,晚上睡得好,晚上睡得相当好。7月1日,她从马上跌了下来,那马跑了,直到晚上才被送回来。7月7日,他们又去了伦敦,晚餐后拜访了奥托林一家和戈登广场,还去看了俄国芭蕾和《唐璜》。他们回到阿希姆,到了这时,伦纳德当真感到非常担忧了;弗吉尼亚的头痛,她的失眠,她的沮丧和负罪感,还有她的厌食,都已经恶化到令人惊恐的地步,他开始意识到,自杀的威胁如今变得非常真实。

伦纳德这时已经被锡德尼和比阿特丽斯·韦布招揽了过去,他答应7月22日要在凯西克(Keswick)的一个费边社会议上发言。弗吉尼亚坚持说自己没什么不舒服,还坚持跟他一起去;可当他们抵达劳道宾馆(Lodore Hotel)时,她几乎已经不能下床了。24日,伦纳德把她送回伦敦,确信她就要病倒了,他求教于了解她全部病史的专家乔治·萨维奇爵士。

　　……似乎他原以为弗吉尼亚情况相当糟糕[瓦奈萨写给罗杰·弗赖]……他说只不过是老问题而已,她会好的,但必须休息。于是她昨天下午到特威克南的琼[·托马斯]那里去了。恐怕这太不幸了……请务必**特别**谨慎,别对**任何人**说起她担心人们对小说的看法的事,这似乎确实是她崩溃的全部原因。我对邓肯只说她为自己的校样感到担心,这似乎是最容易找到的借口,还说阿希姆也不是非常有效。我猜想她肯定处于这样一种状态,任何事,只要使她以这种方式想到自己,都会让她不安。喔,上帝,我不禁担心自己本该做更多的事,可毕竟我对结了婚的人帮不了多少。[29]

　　跟伦纳德一样,萨维奇能看出弗吉尼亚实际上病得很厉害,可我怀疑他是否比伦纳德更了解她的病症的起因或疗法。在他看来这是老问题,他开出的是老药方。1910 年,弗吉尼亚在琼·托马斯的特威克南疗养院的床上休息了几周,看来是治好了她的病;所以,尽管她本人表示抗议,似乎还是以重复这种治疗为上策。而且,既然上次在康沃尔的度假对静养疗法起到了巩固作用,萨维奇答应,如果她现在肯照他的吩咐去做,她可以在出院后跟伦纳德一起去萨默塞特度假,那是他们已经计划好的。

　　回想起来,这两个劝告似乎都是灾难性的。静养疗法结果比不起作用还糟;它把弗吉尼亚跟那个如今能帮助她的人隔离开了;特威克南的隔离助长了一种自杀冲动,萨默塞特的假期使它变得更加难以抑制。

　　然而,不管怎么说,在相隔很远的现在,人们不禁纳闷当时是否有更好的疗法。医生和他们的静养、食物处方,“罗宾连二磷酸盐”(Robin's Hypophosphate)和夜里加热的酒,这些至少能减轻弗吉尼亚的不适。他们对这种病的了解几乎不会超过他们的曾祖父。病情被控制住了;可时机到了它会复发。

　　7 月 25 日,弗吉尼亚去了特威克南,在那里一直待到 8 月 11 日。少许几封当时写给伦纳德的可怜的、打颤的短信被保留了下来。[30]它们使人联想到一个被父母送到某所冷酷学校里的孩子。她抱怨说,一切事物似乎都那么冷,那么不真实。她像孩子似的嚷嚷着责怪她丈夫,他把她丢在这个可怕的地方。但另一方面,看到他那张疲倦、哀伤的脸,她被内疚和苦恼压垮了。他们再三互相表述那种希望,即那种疗法不管怎样会有效的,他们不管怎样还能一起过上幸福的生活。

可这一次,尽管她试图想点别的,却无济于事。她离开特威克南时战战兢兢、心情绝望,被逼迫到了难以忍受的地步,以致通过自杀来结束这一切的诱惑变得强烈起来。他们回到阿希姆,住了十天,伦纳德在弗吉尼亚健康状况的日常摘要中使用了两个新词:**担忧**——“弗吉尼亚非常担忧”,“不太担忧”,还有——**愉快的**,这词其实只是罕见地出现在“担忧”,“睡得好的夜晚”和“睡得不好的夜晚”(就是因为失眠,他不得不让她服用巴比妥的夜晚)之间。从 8 月 20 日起,他开始用密码记日记;他曾发明过一种由僧伽罗语(Sinhalese)和泰米尔语(Tamil)字母混合组成的代码,在他结婚前,有时为慎重起见,他使用过这种代码(并不是说它隐瞒了什么非常可耻的事);不过,此时,他开始固定使用它来记录弗吉尼亚的状况。

8 月 22 日上午,伍尔夫夫妻回到伦敦,他们将和瓦奈萨一起在戈登广场共度那个夜晚。到了这时,伦纳德对带着弗吉尼亚一个人去萨默塞特的前景感到十分惊恐,当他去见萨维奇的时候,他表达了自己的担忧。乔治爵士对此嗤之以鼻,坚持说既然已经许诺这个假日作为奖励,就得遵守诺言;不遵守它在心理上会是灾难性的。与此同时,弗吉尼亚在戈登广场 46 号跟瓦奈萨待在一起。后者告诉克莱夫,“我看弗吉尼亚情况很糟。她总是忧心忡忡,解决掉一件忧心事,不料几分钟后又冒出来一件。还有,她无疑对人有幻觉。”[31] 跟萨维奇见面后,伦纳德就能够和瓦奈萨讨论这些事了,还有罗杰·弗赖,他自己作为一个科学家和一个疯妻子的丈夫,至少能提出一个有别于萨维奇的选择,伦纳德如今对萨维奇已经完全丧失了信心。亨利·海德是个非常杰出的科学家和文化人（他翻译过海涅），他似乎总的来说是一位更适合的顾问医生。伦纳德设法立刻和他见了面。可在这个节骨眼上，海德帮不了什么。他不得不同意萨维奇的说法，必须去履行已经许诺的假期；它也可能治好病。如果治不好，弗吉尼亚的情形恶化了，伦纳德就该求助于人，如果变得更糟，他们必须返回伦敦。

实际上，这就是事情的发展顺序。8 月 23 日，伦纳德和弗吉尼亚乘火车去了布里奇沃特（Bridgewater），然后驾车来到昆陶克山中位于霍福德的普劳旅馆，他们刚结婚时曾在这里住过。这是个可爱、幽静的地方，经营旅馆的人对他们忧心忡忡的客人们表现了最大程度的体谅；可到了这时，弗吉尼亚对这样的关心已经毫不在意了。伦纳德的日记展示了情绪的变换；糟糕的上午和良好的夜晚，白天的幻觉和安宁的夜晚，糟糕的夜晚和兴致高的白天；然而，忧虑、幻觉、关于食物的争执，以及必需使用安眠药水的情形变得越来越多，9 月 1 日，伦纳德给凯·考克斯发了电报。9 月 2 日，那位热情、明智、和善的女性赶到了霍福德，她至少能减轻他身上的重负。

可是，弗吉尼亚身上的压力没有松懈下来：她认为人们在笑话她；她是造成每个人麻烦的原因；她深陷在负罪感之中，她应该为此受到惩罚。她开始确信自己的身体从某方面来说是畸形的，肮脏的嘴巴和肮脏的肚子要吃食物（让人反感的东西，然后必定会以一种令人作呕的样子被排泄出来）；唯一的办法就是拒绝吃东西。物质事物呈现出险恶、不可预测的外貌，既凶残又可怕，时而又有着吓人的美。

但是，日常生活在朦胧中继续，就像隔着肮脏的玻璃窗看到的事物。关于弗吉尼亚的疯癫，有一种可怕之处就在于，她神志清楚到足以意识到自己的精神错乱，就像一个人在开始苏醒之际，意识到自己在做梦。然而她不可能醒来。

最后，伦纳德决定，他们确实得回去看医生了。起初弗吉尼亚表示反对，她太害怕了，不敢回去；但另一方面，让他感到惊讶的是，她建议他们可以去看海德医生，这原是他私下想做的。她没有参与在戈登广场发生的有关海德的讨论，可无疑就像大多数人那样，她曾受到罗杰·弗赖谈话的影响。于是，9月8日下午，他们和凯一起回到伦敦；这时，他妻子的情形到了如此地步，以致他预料她随时会试图跳下火车。不过，他们抵达了布郎斯威克广场，在艾德里安的房间里过了夜。第二天上午，他们去看莫里斯·赖特医生，伦纳德曾不止一次向他请教过自身的毛病，对他有相当大的信心。赖特医生告诉弗吉尼亚，她得接受事实，她确实病了；下午，海德医生表达了同样的看法，说如果她遵从医嘱，重新进疗养院的话，她还会再次痊愈的。

弗吉尼亚认为自己没事，她的焦虑和失眠仅仅是自己的毛病，她应该在无需医学帮助的情形下克服这些毛病，她沉默不语。他们回到布郎斯威克广场；瓦奈萨来了，和他们一起喝了茶；弗吉尼亚好像高兴了一些，很快就躺下休息了。然后，伦纳德承认，不得到乔治·萨维奇爵士的事先同意就向海德医生求诊是欠考虑的事，他跟瓦奈萨出门去向萨维奇道歉了。六点半，他正和萨维奇待在一起，凯打电话告诉他，她发现躺在床上的弗吉尼亚失去了知觉。

他匆忙叫了出租车，赶回布郎斯威克广场，意识到发生了什么。弗吉尼亚找到了他放药的盒子。它没有上锁。她吃掉了一百粒巴比妥——一个致命的剂量。

派人去叫海德医生、护士和瓦奈萨了；凯处于待命之中。[32]梅纳德·凯恩斯的弟弟杰弗里寄住在顶层，他是圣巴塞洛缪医学院（St Bartholomew's）的住院外科医生。他驾车带着伦纳德高速穿越伦敦的车水马龙,叫嚷着"紧急!医生!"从他的医院里拿了一个洗胃唧筒赶回来。医生和护士把巴比妥从弗吉尼亚胃里抽出来,然后通宵监护着她。十二点半时,伦纳德精疲力竭地上床睡觉去了。一点半,弗吉尼亚几乎咽气;早上六点,瓦奈萨叫醒伦纳德,告诉他,她有好转;九点钟,海德医生回去了,他敢说她实际上已经脱离了危险。她一整天都没有恢复知觉。※

可是当她恢复知觉后,噩梦并没有结束。凯·考克斯写信给珍妮特·卡斯说,"她略微安静了些,吃得也多了些,但症状还是很糟。"随着体力的恢复,癫狂也恢复了,伦纳德如今不得不面对这样的问题:是否应该确诊她是疯子,并把她关进精神病院。对几家"收容所"的考察反而让他打消了这个主意。医生们同意,如果伦纳德和受过训练的护士能照料她的话,就不必把她确诊为疯子。可是如果这样安排的话,他们就没法住在克利福德旅馆里了。这时,乔治·达克渥斯介入了,他非常友善地向他们提供了达林维奇宅邸,那是他名下的一幢宽敞、设备完善的房子,位于苏塞克斯的靠近东格林斯特德(East Grinstead)地段,那里有宽裕的空间、全班的仆人和应有尽有的物质 17
享受。

9 月 20 日,凯和一位护士先去了达林维奇,随后是乘坐小轿车的

※ "是小说让她崩溃了。她写完了它,收到了要修订的校样……无法入睡,认为人人都会嘲笑她。接着,他们干了错事,对她开了关于它的玩笑,她变得绝望——过来时元气大伤。这是非常令人心碎的……他们也许会怪罪乔治[·萨维奇]爵士,但他们从未真的遵从他的医嘱,除了结婚。结婚带来的益处超过了一切,直到因为书籍而崩溃——就像医生们说的那样,经过那样一番努力,那么纤弱和杰出的头脑是可能会出问题的,**不管怎样照顾她,不管多么明智**。"琼·托马斯致维奥莱特·迪金森,1913 年 9 月 14 日(Berg)。

根据伦纳德的说法,当时情形的困难之一是琼·托马斯对弗吉尼亚怀有一种无意识但激烈的同性恋热情,同时她也忠于乔治·萨维奇爵士;这让她显得笨拙和好争论。(传闻来自 LW)

伦纳德、弗吉尼亚和另一个护士。弗吉尼亚比以往更糟；她无法入睡，不肯进食，一会儿非常沮丧，一会儿极度兴奋。※忠实的凯住了一个星期，她在那里的时候，伦纳德离开了一天，去了趟阿希姆，他在当地遇上了克莱夫和瓦奈萨。克莱夫写信给莫莉·麦卡锡说：

> 昨天，伍尔夫骑着自行车来吃午餐，我认为，他看起来气色不好，非常疲惫，而且精神很低落。自从巴比妥事件之后，弗吉尼亚似乎更糟了，就是不肯吃东西——他们说这是情形的关键。他们带来的护士似乎没法劝服她做任何事；他们在寻找别的护士；与此同时，大部分真正的艰苦活计落到了伍尔夫肩上。我开始怀疑，她到底还会不会真的好起来。[33]

※　此时，伦纳德日记中对弗吉尼亚的担心表明了他身处的日常张力，但他并没有去描述它们：

9月10日：V全天不省人事。9月11日：早上见了V。跟我说话。晚上见了V。更清醒一些。9月12日：V完全清醒了。V晚上挺开心。9月13日：V挺开心。V晚上非常开心。9月14日：V较为镇静和开心。六点到七点半和V同坐。起初非常担心。9月15日：早上和V在一起。下午跟V说话。餐后和V同坐，开心。9月16日：晚上和V在一起。颇为开心。夜里不是很好。9月17日：茶后和V在一起，很担心。V没睡好。9月18日：跟V喝茶，跟她在广场散步。V沮丧，很担心。V睡得非常不好。9月19日：早上和V在一起。V很担心，晚上没睡好。9月20日：和护士以及V坐车去达林维奇。V夜里非常不好。9月21日：V非常兴奋和担心。饮食越来越麻烦，夜里不好。9月22日：V非常沮丧，饮食继续有麻烦，非常不好的夜晚。9月23日：V非常沮丧，每顿饭都非常困难，睡觉五小时，仲醛。9月24日：V不错。午餐有困难，晚餐非常困难。五小时睡眠。服用了仲醛。9月25日：V全天非常兴奋，每餐超过两小时。一点没睡。9月26日：早餐有点困难。十一点半的牛奶没有困难。凯十一点四十七离开，导致V走路变得非常奇怪，几乎走不了几步，然后就跳跃。躺倒。护士让她吃了一道半菜的午餐，我让她吃下了其他，没遇到困难。下午跟我散步，平静多了。喝茶很好。护士协助她吃晚餐，两个半小时，睡眠，阿达林。9月27日：早餐有点困难。十一点半的牛奶毫无困难。玛格[·卢埃林]·戴[维斯]在午餐时到来。V非常兴奋。护士成功让她吃了一半的午餐，我让她在晚餐时吃了剩下的一半。V有时对护士暴力，晚上睡了五个半小时，阿司匹林。[等等。]

非常缓慢地，弗吉尼亚开始好转。"亢奋"的天数大大减少，她逐渐被说服，开始略有进食。安静的白天和能够入睡的夜晚也多了起来，直到两个月后，她的医生们终于同意，她可以被挪到阿希姆去了（还是带着两位随从护士）。伍尔夫夫妻在当地住下来，退掉了他们在克利福德旅馆的房间，他们在这里从 1913 年 11 月 18 日几乎一直住到 1914 年 8 月；在这段时间里，尽管反复很多次，弗吉尼亚似乎是康复了。

在自传中，伦纳德描述了弗吉尼亚的精神状态；他没提到他自己的。他没有停下来沉湎于自怜，也没有——这会符合他性格得多——停下来向耶和华挥舞愤怒的拳头，万一耶和华真在那里俯视众生的话。他的书跟他的生活一样，略去了所有的抱怨和牢骚。然而，他很可能抱怨过一些人，他们和耶和华不一样，是可以指责的。

伦纳德照顾的是一个曾两次发疯，一次尝试自杀的女人，就我所知，对于他在给自己惹什么样的麻烦这一点，没有人向他提出过任何认真、毫不含糊的警告。直到这场最厉害、最糟糕的危机发生为止，瓦奈萨和艾德里安都没向他详细、明确地描述过弗吉尼亚的疾病，或告诉他这种疾病可能会变得多么严重。和那个家里的其他一些痛苦事一样，她的精神错乱被说得像个玩笑。

"噢，你很清楚，山羊是个疯子。"[34] 那话说得轻描淡写，也容易被置之脑后。弗吉尼亚自己在那时和后来都经常会愉快地提起自己的"发疯"时期。因此，如果不是故意的话，至少从结果来看，他们就听任伦纳德把弗吉尼亚的疾病想成是一种并不很严重的事，听任他娶了她，而并不知道这种结合可能会带来怎样可怕的麻烦。为了对所有相关的人公平起见，必须指出，即便弗吉尼亚的弟弟和姐姐像他们本该做的那样，明

18

确、如实地描述了情况,伦纳德肯定也不会改变他娶弗吉尼亚的打算;不过,面对一个实际上已经病情险恶的人,他随后的处理方式很可能会有所不同。他其实是通过惨痛的教训来学会这些的,鉴于这种过程是何等艰难,他曾在那么长时间里都忍受着她不断的自杀威胁,保持着持续的警惕性,在进餐时没完没了地想花招说服她,经受着无休止境的希望和失望的更迭折磨,我只能纳闷他自己竟然没有一起疯掉。

其实,他几乎疯了,尽管他没提过这事。他的张力剧烈且持续。他时不时能溜到伦敦去过上一天或一夜,去看他的朋友或家人,上剧院或出席一个聚会。可是在几乎六个月不懈的警戒之后,这负担变得太重了。1914 年初期,他患上了严重的头痛;它们变得如此剧烈,让他丧失了能力,三月初,根据安排,凯·考克斯和珍妮特·卡斯将轮流来阿希姆陪伴弗吉尼亚,这样伦纳德就可以休息十天了。他去威尔特郡,跟利顿住在一间不舒适的小村舍里,利顿向他读了自己的《曼宁主教》,讨论了阿尔斯特问题①——一种古怪的疗法,但似乎是奏效的。※

到了 1914 年 4 月,伍尔夫夫妻觉得他们已经好到可以冒险换换环境了,他们如今在向莫里斯·克雷格求诊,伦纳德尊重他的看法和建议(到了这时,萨维奇只会在礼节中被提到了),他赞同说,弗吉尼亚已经大有好转,让她从熟悉的环境中挪窝确实有风险,但也值得尝试一下。他们去康沃尔住了三个星期——去了里兰特、圣埃夫斯和卡比斯海湾。

---

　　① 阿尔斯特(Ulster),爱尔兰岛北部,和英国之间为独立问题存在着纠纷,现属北爱尔兰。

　　※ "伦纳德好些了……我认为只要我现在能听话,他很快就会完全恢复的……通过埋头于打字和合作手册,我保持心情愉快,我认为这比其他任何东西都更激励着伦。"VW 致珍妮特·卡斯,1914 年 3 月。

　　伦纳德和弗吉尼亚的朋友们尽其所能帮助了他们;利顿·斯特雷奇通过向伦纳德提供殷勤款待和交谈的方式表示了他的同情和关心,还向弗吉尼亚提供了她自己职业方面的粗活。她在打印他的短篇小说《厄敏谢德和艾思姆拉达》(*Ermyntrude and Esmeralda*)。我们不知道她是**怎样**埋头于合作手册的。

伦纳德发现远行是件颇伤脑筋的事;弗吉尼亚非常惧怕陌生人,仍旧厌食,常会有猝发的兴奋或绝望。但总的来说,假日对她是有好处的;她在童年景物中体会到的怀旧喜悦抚慰了她那过度紧张的神经,夏天,他们在阿希姆度过了几个月,虽然不算稳定,她处于恢复之中。

六月中旬,某种程度上,伦纳德已经能够继续他的政治研究和关注,他去伯明翰出席了一次女性合作协会的聚会。出发前,他草拟了一份协约,形式上滑稽,但意图严肃,其中的条款表明,弗吉尼亚答应午饭后头枕软垫仰卧休息整半小时,跟他在身边时吃的正好一样多,每晚十点二十五分上床,立刻定下心来入睡,在床上吃早餐,上午喝一整杯牛奶,需要时就在沙发上休息,别在房子或花园周围散步,要做到明智、快乐。[35] 在 1914 年 6 月 16、17 和 18 日里必须遵守这些指令。弗吉尼亚龙飞凤舞地签了名。实际上,尽管她还是容易受到糟糕的白天或夜晚的袭击,这种由休息、食物、平静、避免智性刺激构成的经验主义手段正在产生良好的结果。※她可以阅读和写短信了,可以做针线活了,在一定程度上可以指挥家里的厨师和女仆(护士们已经离开)了,还可以跟她的两只狗"肖特"(Shot)和"迈克"(Mike)一起进行长时间漫步。七月底,瓦奈萨从阿希姆汇报说,弗吉尼亚无疑已经好多

20

※　1914 年 5 月,伦纳德在阅读弗洛伊德的《梦的解析》,因为他要为《新周刊》(*The New Weekly*)评论弗洛伊德的《日常生活的心理病理学》。他深受影响,如果他在两年前就读过弗洛伊德的话,弗吉尼亚的病史可能就有所不同了。不过,能不能对她进行分析,以及这种分析会不会是一种适宜的治疗手段,这就不清楚了。精神分析师通常不愿意治疗真正发过疯的病人,甚至弗洛伊德本人恐怕也不会去治疗弗吉尼亚的第一次崩溃:它跟他的《歇斯底里症研究》(1895 年出版)处于同一时期。当她第二次崩溃(1904 年)的时候,弗洛伊德的分析技巧在这个国家里几乎闻所未闻,即便到了 1913 年,也根本谈不上普及。(厄内斯特・琼斯 1913 年开始在伦敦执业。)我相信,日本精神病学家神谷惠子太太(Mme Miyeko Kamiya)正在准备一份弗吉尼亚・伍尔夫的病史,它也许能够让我们了解到是否精神病学能帮助她。在一位外行观察者看来,正如在伦纳德本人看来,她的症状似乎具有躁郁症的特征,分析治疗法对此是不起作用的。在她的晚年,她对弗洛伊德的发现几乎毫无兴趣,热情就更谈不上了,不可能劝服她接受精神病医生的治疗。

了,实际上她一心想要返回伦敦。这念头让伦纳德感到绝望。[36] 伦敦对她肯定会是有害的,会不可避免地引发另一场崩溃。

宣战①后不久,他确实把弗吉尼亚带回了伦敦,只不过是在去诺森伯兰郡途中在那里住了一夜。他们住在位于切维厄特群山(Cheviots)中的伍勒(Wooler)。弗吉尼亚从那里写信给凯·考克斯说:

> 据认为,你可能正在某个地方做着服务性工作,要么是在当护士,要么是成了军队的一分子。我一点都没感觉到普遍的不安全感。我们一周前离开了阿希姆,它实际上正处于军事管制之下。士兵来来往往地沿线行军,有人在挖战壕,据说阿希汉姆谷仓将被用作医院。所有人都预计会有一次入侵——然后我们途经伦敦——喔!上帝!那里真是议论纷纷!罗杰当然拥有海军部的不公开消息,而且一直在跟德国大使夫人见面,克莱夫和奥托林一起喝茶,他们谈了又谈,说这是文明的终结,我们的余生是毫无价值的。我真希望你会写信把你听到的事告诉我——他们说肯定会有一场大战,我们所在的地方(距离北部海域十五英里的地方),他们预计将会是那场大战的中心,可另一方面,他们在锡福德(Seaford)也这么说。
>
> 你的未来简直是没指望了,因为你将会加入二十个不同的委员会。极有热忱和能力的人已经开始向伦敦聚集了,带着他们那些讲求实际的习惯——可我从来看不出委员会有什么用处。
>
> 我们已经漫游了我在这里见过的最美丽的乡间。除了不靠海之外,我觉得它比康沃尔更好——无垠的荒野,平坦的草甸,上

21

---

① 指第一次世界大战,英国于 1914 年 8 月 4 日向德国宣战。

面流淌着迅疾的河流。我们住在一个挤满北方乡民的旅馆里,他们看起来非常冷酷,可那么现代,不禁让人因羞愧而感到脸红。他们讨论汤姆森(Thomson)的诗歌和后印象派,什么都读过,同时控制着兽皮方面的一切贸易,还会唱滑稽歌曲,玩杂耍——实际上,和他们相比,布鲁姆斯伯里团体处于在蛹里发育不良的状态。可为什么你从不曾向我提起那种苏格兰方言,还有那种无论何时只要我一听就会笑起来的悦耳嗓音?[37]

这次北方度假无疑是成功的。伦纳德的日记记录了他们的出行和一连串几乎没中断的睡得好的夜晚。9 月 15 日,他们回到伦敦,弗吉尼亚健康状况依然很好,好到进入十月份之后,他不再每天做记录了。

她的情形有了显著好转,这使得弗吉尼亚更容易坚持他们该住在伦敦了。她和伦纳德在秋天里花了很多时间找房子。他们走访了汉普斯特德、海格特、威斯敏斯特、霍尔本、切尔西和特威克南;最后决定里士满是最适合他们的地点。里士满很靠近伦敦,便于伦纳德从事政治工作,同时也远得足以让伦敦的社交娱乐不会对弗吉尼亚的健康造成太大威胁。十月份,他们寄宿在一位比利时女士拉格蕾丝太太那里,位于格林街 17 号,并派人去运他们的家具和书籍,自从退掉克利福德旅馆的房间后,这些东西就被贮存起来了。在里士满找房子的过程中,他们偶然看到了一幢叫"萨菲尔德宅"的漂亮的十八世纪宅邸,它已经被隔成两个部分,一半叫原来的名字,另一半现在被称作"霍加斯宅"。他们非常喜欢这幢房子;试图租下它;可是存在着阻碍和耽搁,因此他们时而怀抱希望,时而听天由命,同时继续在别处找房子。

弗吉尼亚又能活跃起来了,作为一个穷男人的妻子,她觉得自己应该会做一些家务活;她开始在维多利亚街的一家烹饪学校上学：

> 教室的一头是水手们，然后是几位头发灰白，文化修养很高，
> 举止优雅的女士，他们拨弄着鸡内脏，有几位非常聪明，来这里增
> 进自己在晚宴做汤方面的知识。我把自己的结婚戒指忘在板油
> 布丁里了，这下可出了名！[38]

她觉得这事很好笑，不过当时她是否有很多机会把自己的培训付诸
实践，这一点是值得怀疑的，因为他们的餐饮是由女房东供应的。

22　　她又开始享受少许社交生活，和朋友们喝茶或共餐，有时去伦
敦看人，从一家图书馆借书，要么就是听一场音乐会或看一场戏。
布鲁姆斯伯里已经因战争的爆发而溃散了，尽管奥托林·莫瑞尔夫
人正在聚集它的残余部队，并给予增援；她在贝德福德广场举办出
色的、激动人心的派对，而这正是伦纳德急于让弗吉尼亚回避的社
会活动。伍尔夫夫妻不是在寻找刺激；他们的客人单独地（或者可
能是成对地）来访——包括珍妮特·卡斯、玛格丽特·卢埃林·戴
维斯、萨克逊或凯、伦纳德的家人，还有锡德尼·沃特路和沃尔特·
兰姆；兰姆如今是皇家艺术院的首席管理人，住在靠近他们的丘园，
被看成是个可笑的人。

　　到了年底，弗吉尼亚又开始写作了——一个已经失传的小说或故
事；她还开始记日记。这是一个神志十分健全的女性的履历，她过着
一种宁静但正常的生活：

[1915 年]1 月 2 日,星期六
　　今天是这样一天，如果能在我们的生活中选择一个绝对普通

的样板的话,我会选择它。我们吃早餐;我和拉格蕾丝太太见面。她抱怨比利时人的庞大食欲和他们用黄油煎食物的偏好。"他们什么东西也不**给**别人。"她评论说。和他们一起吃圣诞晚宴的那位伯爵坚持在猪肉和火鸡之后还要吃第三种肉。因而拉格蕾丝太太希望战争很快结束。如果他们在流亡中吃这些,他们在家里得吃些什么呢?她感到纳闷。这之后,伦和我都安静下来开始涂鸦。他写完了他的民间故事评论,我写了大概四页纸,可怜的埃菲(Effie)的故事;然后我们吃午餐,读报纸;一致认为今天没什么新闻。我在楼上读了二十分钟的《盖伊·曼纳宁》①,然后我们带着"马克斯"(Max)去散步。我们往桥那边走,走到半路上,发现我们被明显涨了水的河流切断了路,它有点时涨时落,就像心脏的脉搏。实际上,五分钟后,我们走过的路就被一条几英寸深的溪流穿越了。郊区的怪事之一就是那些最糟糕的红色小别墅总会被租掉,它们中间没有哪一个会敞开窗户,或不覆盖窗帘。我估计这些人对他们的窗帘感到自豪,而且邻里间存在着一种严重的敌对。一幢房子有着黄色的绸缎窗帘,上面用蕾丝镶边缀出条纹。窗帘后的房间肯定是半黑暗的,我猜想还潮乎乎地掺杂着肉食和人的气味。我相信拉上窗帘是体面的标志。索菲过去常常坚持要拉上它。然后我去买东西。星期六晚上是买东西的大日子,一些柜台被三队女性包围着。我总是选择那些没人的店,我猜想在那里每磅我得多付二分之一便士。之后我们去喝茶,加上蜂蜜和奶油;如今伦在用打字机打他的文章;我们整晚上都会用在读书上,然后上床睡觉。[39]

①　《盖伊·曼纳宁》(*Guy Mannering*),沃尔特·司各特的小说。

　　拉格蕾丝太太对她的流亡寄宿者有很多抱怨。伯爵在浴室里吐痰,这件事被写进了《岁月》。她的仆人也让弗吉尼亚感兴趣,同时还带来了苦恼和乐趣。女仆莉齐(Lizzy)几乎把房子烧了,另一次,她把没有水的煮器烧得赤热;还有,她砸过陶器。她的继任莫德自称是上校的女儿;进来加煤时试图进行上流社会的交谈。拜访者都被记录了下来:锡德尼·沃特路来谈过哲学;沃尔特·兰姆来讲过王室;玛乔里·斯特雷奇到这里来说的是她自己。莫莉·麦卡锡从布鲁姆斯伯里带来了流言蜚语,她讲述了克莱夫最新的风流韵事,还有德斯蒙德的决心,他要住到乡下去,终于要开始写他那部小说了。

　　这时,伦纳德能把很多时间用在自己的写作和其他活动上了;他越来越多地受到委员会的邀请,也越来越多地被邀请就合作和国际主题进行演讲。"锡德尼·韦布夫妻大约每周邀请我们去吃一次饭,伦纳德明天不得不去,尽管这听起来太令人沮丧了。他们已经硬塞给他一项艰巨的任务……"※[40]弗吉尼亚在十二月份写道。她和他一起去参加政治聚会,对他的发言、他的明晰和他向男女工人讲话时毫无降贵纡尊之意大加赞赏。她自己这时也成了一个费边社成员。她的日记几乎没表露过对战争进展的关注,尽管她提及了"可畏号"(Formidable)和"布吕歇尔号"(Blücher)的沉没。

　　1月25日是她的三十三岁生日,伦纳德送给她一个绿色钱包,还有一个四方形的褐色包裹,里面是第一版的《修道院院长》①。下午,他们去电影院享受了一下,然后去巴斯让茨点心店(Buszards)喝茶;那个晚上他们决定,如果可能的话,他们将住在霍加斯宅,买一台印刷机和一只牛头犬。弗吉尼亚为过生日而高兴,也为拥有自己的印刷机这

※　费边社要伦纳德就国际关系(这个论点是国际联盟的起源)起草一份报告。

①　《修道院院长》(*The Abbot*),沃尔特·司各特的小说。

想法而大感兴奋。

两天后,弗吉尼亚在日记中提到,她和珍妮特·卡斯讨论了那部小说,"我预计每个人都会向我保证,它是他们读过的最出色的作品;可私下里却说上一通坏话,正如实际上它应该挨骂"。[41] 这是她唯一提到《远航》的地方,如果就像我猜想的那样,在这段时间里,她的日记在一定程度上被当作是镇定剂,是一种向自己证明如今她是多么正常的方式,那么,这种节制(和以后那些年里的那种焦灼猜测是如此不同)并没什么值得奇怪的。小说将于三月底问世;二月中旬,伦纳德带着弗吉尼亚去看了牙医,然后去法林顿街(Farringdon Street)挑选印刷机;第二天,他回家时发现她头痛得厉害。他开始采用照例的疗法;休息,隔离,夜里服用巴比妥;而且和以前一样在日记里记下了她的病情进展。

可是有一天上午,当她在床上吃早餐的时候,弗吉尼亚开始跟自己的母亲说话;她变得非常痛苦,越来越兴奋和语无伦次。一两天后,她似乎——至少在她自己看来——从深渊走出来了,她想起去年的噩梦,觉得自己对玛格丽特·卢埃林·戴维斯有所亏欠,试图对此做出表示:

> 格林街 17 号,里士满
>
> [1915 年 2 月 25 日]星期四

亲爱的玛格丽特:

> 非常感谢你为莫里斯的书操心。[她曾问玛格丽特是否能借给她《希望的朝圣者》[①]。]我很想看到它。

---

① 《希望的朝圣者》(*The Pilgrims of Hope*),英国设计师、诗人、社会活动家威廉·莫里斯(William Morris,1834—1896)的政治诗选。

我只想告诉你,最近几天,事情发生了多么好的变化。我现在没事了,尽管相当疲劳。这是多么让人高兴,我几乎没法相信。我想说,在那段可怕的时期,我一直在想你,想看你的照片,但不敢索要! 我想,我将永远感激你拯救了伦纳德,因为你给他事情做。这好像很怪,因为我对你所知甚少,可我感到你抓住了我,于是我就不会彻底沉下去了。我写这些,是因为我不想把它们说出来,不过我认为你愿意了解。现在,我们的快乐是一种我甚至不能想象的事。

请来我们这里吧。我们已经不指望萧他们(the Shaws)来了,星期六下午四点左右对我很方便。除了静卧,我做不了太多事,可我非常想见你,闲聊一下有关图尼耶太太(Madame Tournier)和其他朋友的事。

亲爱的玛格丽特,我多么经常地想到你,感谢你为我俩所做的一切,我们无论怎么做都不足以表达谢意。

　　　　　　　　　　　　　　　　　　你的弗·伍

我想告诉珍妮特[·卡斯]我对你说的话,可伦纳德认为还是不说比较好。她的仁慈是那么伟大。[42]

这封信是用铅笔写成的,相当仓促、潦草,不过很有力,它或许表达了一种理性的内疚和自责情绪,指向那些无理性的暴怒所带来的苦恼。为什么玛格丽特·卢埃林·戴维斯竟会激发起这样的感情,还需探究一下其中的原因。她确实拯救了伦纳德,在过去的两年里,她已经成了他生活中仅次于弗吉尼亚的最重要女性。照伦纳德的说法,她是个天生的领袖,精力充沛,满腔热情,讨人喜欢且端庄健美;她带着伦纳德加入了她那个不同寻常的组织(即女性合作协会)的工作之中;

弗吉尼亚也来了，而且实际上被深深感动了。尽管如此，有一点想必从一开始就是一清二楚的，即，在这场远行中，伦纳德会比弗吉尼亚走得更远，也更快。有了玛格丽特作他的向导，伦纳德很快就冒险深入政治领域了，正如弗吉尼亚所知，当时他就需要这个，不然她的疾病会把他逼入绝境的。

不过，这位一心向善，十分有德行的五十岁的女庇护人（Egeria）并不会受到全心的欢迎。弗吉尼亚对女政治家从来就没有好感，而玛格丽特尽管有着一切美好品质，在某种程度上依然是个乏味的人。※伦纳德竟然会如此依赖她，弗吉尼亚也一样（因为弗吉尼亚生病时，玛格丽特如此友善，让伦纳德感激涕零），这不完全是件好事。

2 月 25 日，当她给玛格丽特写信时，弗吉尼亚相信自己已经复原了，可情况只不过是缓解了而已。随后又来了两封信，都轻佻得让人奇怪，是口授给伦纳德的，他还加了附言，说他认为她好点了；可实际上她迅速恶化了。这和她疯癫的第一阶段完全不同，那时她感到沮丧、无精打采，尽管有时激烈，更常见的是平静地企图自杀。如今她进入了一种饶舌的癫狂状态，说起话来愈发狂乱、语无伦次和没完没了，直到陷进胡言乱语，堕入昏迷。医生和护士被请来了。显然，伍尔夫夫妻没法长期留住在这个寄宿公寓里了。拉格蕾丝太太是个友善的人，然而，几乎不能指望她会去伺候一个语无伦次的疯子及其护理者。关于霍加斯宅租约的协商已经有结果了，3 月 25 日，《远航》问世前一天，弗吉尼亚被送进了一家疗养院；她在那里待了一个星期（伦纳德在

※ 伦纳德拿玛格丽特·卢埃林·戴维斯跟合作运动的创始人罗伯特·欧文作比较（《再次开始》，第 104—105 页），在这么做的时候引用了莱斯利·斯蒂芬对那位伟人的描述："那些让人难以忍受的乏味家伙之一，他们是陆地上的盐"——不过伦纳德省略了"让人难以忍受"这个词。

26 这段时间里搬了家），当时有四个精神科护士在照料她。霍加斯宅的生活开始了，伴随着沉闷且耳熟能详的交替模式，好日子，坏日子，恼人的进餐时间和不眠之夜，可是还出现了更痛心的症状，因为如今弗吉尼亚变得激烈起来，发出尖叫，她的疯癫在对伦纳德本人的恶意敌视中达到了巅峰。5月20日，伦纳德的日记写道："整天亢奋、易怒，但不像昨天玛格来喝茶时那么糟。米森登（Missenden）护士来了。没见到弗。"他有差不多两个月的时间几乎见不到她。瓦奈萨告诉罗杰·弗赖说：

> 我昨天见到伍尔夫了。他也非常沮丧。弗吉尼亚似乎时好时坏，有时颇有理智，其他时候却非常狂暴，难以相处。他认为唯一能做的事就是尽量坚持，希望她能好到可以进某家疗养院而不必去疯人院，他认为后者对她可能会有灾难性影响。问题是护士们是否愿意忍耐下去。伍尔夫自己似乎已经处于这样一种状态，对所发生的一切都不太在乎，这相当可怕；我没法安慰他。[43]

非常非常缓慢地，弗吉尼亚开始好转了。也就是说狂暴和亢奋的时候变少了。她变得较为清醒和理智。不过，好像她没有从这个第二次发作中彻底恢复过来；它已经造成了一种看来是无法治愈的伤口。四月份，琼·托马斯告诉维奥莱特·迪金森，弗吉尼亚的头脑似乎"筋疲力尽"了，衰退的不仅是她的头脑，还有她的整个人格。[44]六月底，瓦奈萨写道：

> 凯见过弗吉尼亚了，认为她确实在慢慢好转，但听起来让人十分沮丧，因为她的性格似乎已经变得非常不讨人喜欢了。她根

本不想见伦纳德,讨厌所有的男性。她对每个人说她能想到的最恶毒尖刻的话,这些话是那么机敏,总能伤到人。不过对我来说,最难受的是有关弗朗西丝·科恩福特的新诗小册子的,它刚刚出版,弗吉尼亚用故意刺人的挖苦和插图给它加了注解。它们简直就像是相当下流的男学生的小把戏,甚至连逗乐也谈不上。我刚才一直在读她的一大堆旧信,这真是可怕。早期的信件那么出色,比她的小说更好——也许以前我跟你说过这些——而相比之下,最近这一两年的近期信件是如此乏味——看来她简直已经把大脑用坏了。[45]

因此,到了 1915 年夏天,不管弗吉尼亚看起来从疯癫中恢复得多么彻底,她多半还会再次发疯,而且每次发作似乎都比上一次更恶化,这一点是显而易见的。经历了两年的间歇性精神失常之后,看来她的头脑和性格都受到了永久的影响。 27

注释

[1] VB/RF,1919 年 6 月 2 日(CH)。

[2] VW/GLS,《书信》,第 40 页,1912 年 6 月 6 日。

[3] CB/VW,未标明日期[1912 年 6 月](MH)。

[4] VB/RF,1912 年 6 月 2 日(CH)。

[5] VB/GLS,1912 年 6 月 5 日。

[6] VW/VD,1912 年 6 月 4 日(Berg)。

[7] 据传闻(LW)。

[8] VW 致珍妮特·卡斯,未标明日期[1912 年 6 月](MH)。

[9] VW/VD,未标明日期[1912 年 6 月 13 日](Berg)。

[10] VW/VD,1912 年 8 月 5 日(Berg)。

[11] VB 致玛杰里·斯诺登,1912 年 8 月 20 日(CH)。

[12] VW 致珍妮特·卡斯,未标明日期[1912 年 8 月 17 日](MH)。

[13] VB/VW,1912 年 9 月 2 日;关于蜜月的描述也可参见 VW 致凯瑟琳·考克斯,1912 年 9 月 4 日,以及 VW/SST,1912 年 9 月 17 日。

[14] VW 致莫莉·麦卡锡,1912 年 9 月 28 日。

[15] VW 致凯瑟琳·考克斯,1912 年 9 月 4 日;也参见 DG/VW,1912 年 9 月 23 日(MH)。

[16] VB/CB,1912 年 12 月 27 日(CH);也参见 CB 致莫莉·麦卡锡,1912 年 12 月 31 日(CH)。

[17] VSW,《旅行日记》,1928 年 9 月 25 日。

[18] VW/VD,1912 年 10 月 11 日(Berg)。

[19] VW/VD,1912 年 12 月 24 日。

[20] LW,《再次开始》,第 143 页。

[21] VW/VD,1912 年 12 月 24 日。

[22] VB/RF,1912 年 12 月 24 日(CH)。

[23] VB/CB,未标明日期(CH);也参见 CB 致莫莉·麦卡锡,未标明日期[1913 年 3 月](CH)。

[24] VB/RF,1913 年 1 月 7 日(CH)。

[25] LW 致爱德华·阿诺德的信件的草稿,回复后者的 1914 年 2 月 17 日来信(MH)。

[26] VW/VD,1913 年 4 月 11 日(Berg)。

[27] VW/VD,1913 年 4 月 11 日(Berg)。

[28] VW 致凯瑟琳·考克斯,1913 年 5 月 16 日。

[29] VB/RF,1913 年 7 月 26 日(CH)。

[30] VW/LW,七封信,未标明日期,但是邮戳日期是 1913 年 7 月 26 日和 8 月 1、3、4、5 日(MH)。

[31] VB/CB,1913 年 8 月 23 日(CH)。

[32] 感谢杰弗里·凯恩斯爵士描述了这些事件;也参见 VB/JMK,1913 年 9 月 9 日;LW 致 R.C.特里维廉,1913 年 9 月 13 日(MH);乔治·塞维奇爵

士致 LW,1913 年 9 月 9 日(MH);也参见第 17 页的脚注。

［33］CB 致莫莉·麦卡锡,未标明日期[1913 年 9 月 25 日](CH)。

［34］据传闻(LW)。

［35］LW/VW,1914 年 6 月 19 日(MH)。

［36］VB/RF,1914 年 8 月 2 日(CH)。

［37］VW 致凯瑟琳·考克斯,1914 年 8 月 12 日。

［38］VW 致珍妮特·卡斯,1914 年 12 月 10 日(MH)。

［39］AWD(Berg)。

［40］VW 致玛格丽特·卢埃林·戴维斯,[1914 年 12 月 9 日](MH)。

［41］AWD(Berg),1915 年 1 月 27 日。

［42］VW 致玛格丽特·卢埃林·戴维斯[1915 年 2 月 25 日](MH)。

［43］VB/RF,1915 年 5 月 27 日(CH)。

［44］珍·托马斯致 VD,1915 年 4 月 9 日(Berg)。

［45］VB/RF,1915 年 6 月 25 日(CH)。

第二章　1915年至1918年

　　　1915年3月,《远航》问世了,它受到了弗吉尼亚朋友们的真诚欢迎,总的来说还包括报界。E.M.福斯特(她最看重他的意见)在《每日新闻》(*Daily News*)上发表了评论。

"至少有了这样一本小说,它和《呼啸山庄》一样,确凿无疑地实现了贯通一致,尽管走的是不同途径。"[1]

别的评论家也同样热情。有几位用上了"天才"这个词。

> 用那个词并无不妥之处[《观察家报》的评论家写道],不过还有一种比天赋(它使这本书的巧妙之处变得生动起来)更了不起的东西。它不断地努力去叙述真实而不是被期望的事情,它的幽默感和讽刺能力,它情感上的偶然的剧烈,它那种意义深远的独创性——噢,就批评才能而言,我不希望为任何书忘乎所以,对它的把持力可能是一件个人的、主观的事,不过在我这个批评家看来,这本书在普通小说之间就像一只身处乖顺灰鹅群间的野天

鹅,它的作者的名字对我来说是全新的,我从未听说过。^[2]

我不知道在 1915 年夏天的什么时候,弗吉尼亚读到了这些话;不过当她确实读到时,它们想必给她带来了很大的喜悦,更重要的是,也使她消除了疑虑。

1914 年 12 月,她告诉莫莉·麦卡锡,她发现一个句子"或多或少总是跟随另一个句子而来",她为此感到宽慰;还有,她的书"尽管又长又乏味",并不像她有时担心的那样纯粹是胡言乱语。^[3]我认为这话倒不仅仅是虚假的谦逊。她的小说非常接近于她私人的想象;她总觉得,对于外界来说,它们也许看起来只不过是疯话而已,或更糟,它们确实就是疯话。她对世人之无情嘲笑的畏惧中还隐藏着一种更深的担忧,担忧她的艺术(因而,还有她自己)是一种赝品,是一个对任何人来说都毫无价值的白痴的梦。[※]因此对她来说,一篇称许的评论比单纯的赞扬更有意义;它证明了她的理智是健全的。当我们想到她对批评的极端敏感时(这种敏感可以被认为是病态的,而且其实在某种意义上就是病态的,因为它是由病情引起的),我们必须记住这一点。更健壮的生物体能够轻易抵御批评的刺戳和打击,而在她的情形中,它们却可能会重新揭开伤口,这些伤口从不曾完全愈合,而且始终非常娇嫩。

所以我认为,人们对处女作的好评有助于她在 1915 年逐渐恢复健康。不过这是一种非常缓慢且不稳定的恢复;无论采取了其他什么辅助办法,如果她没有长期保持那种乏味、慵懒的生活秩序,如果伦纳德没有无止境的耐心,这种恢复都是不可能的。他这么成功,以致到

※　"假使一个人醒来,发现自己是个骗子,结果会怎样?那种恐惧是我的疯癫的一部分。"AWD(Berg),1927 年 5 月 16 日。

了八月份，他觉得不必再每天记录她的健康状况了。在那个月里，他开始驾车带她出去兜风，或让她坐在带篷轮椅上推她出去转转；她见了一两个朋友，开始被允许多读些东西，还可以写点什么；一张寄给玛格丽特·卢埃林·戴维斯的明信片上盖着 8 月 31 日的邮戳，在很大程度上体现了她旧日的风格：

> 你的信依然让我欢喜。我不时地拿起它，为了和 T 太太保持更近的联系［大概是指玛格丽特曾就《远航》向她致以恭维］。不过，我亲爱的玛格丽特，**我**写小说有什么用？你对整件事都了如指掌——导致我那份友爱疏远的，将是妒忌而不是厌倦。我见了福斯特，他像只老鼠那么胆怯，不过一旦爬出了自己的洞，就会变得非常富有魅力。他把时间花在替年老女士们在河上划船了，没法继续写他的小说。我还见了蕾·斯特雷奇，但是，唉，她使我感到自己就像是秋天的昏暗薄雾，她是如此让人难忘，还有，她认为我是这样一头呆鹅。[4]

九月份，她已经好到可以被挪到阿希姆去了（仍要带一个随身护士），她在那里非常安静地生活着。他们访客很少——包括瓦奈萨、沃特路一家，还有她的表亲弗莱蒂冈德和她丈夫杰拉尔德·肖伍※——这种生活秩序是如此有益，到了十月中旬，她写信给利顿说："我想这大概是我们再次恢复通信的时候了……我真的又没事了，有十二英

※　杰拉尔德·肖伍，剑桥经济学家，和平主义者，1915 年娶了弗莱蒂冈德·梅特兰；后者是弗洛伦斯（娘家姓为菲希尔，弗吉尼亚的亲表姐）和 F.W.梅特兰（就是那位剑桥历史学家和莱斯利·斯蒂芬传记的作者）的女儿。

石①那么重！——比过去最重时还重三英石,我简直没劲爬坡路。"[5]

11月4日,伍尔夫夫妻回到了霍加斯宅,过了几天,最后一名护士 30
走了。接着,他们非常小心地又一次过上了正常生活。他们主要住在
里士满,不过保留了阿希姆,通常是去那里过圣诞节和复活节,五月里
还在那里待了大约一个星期,他们总在那里度夏日长假,有时从七月
下旬一直待到十月。我这里指的是在战时,还有出版活动没有给假期
带来限制的时候。

1915年和1916年,弗吉尼亚住在霍加斯宅,很大程度上远离伦
敦——不好说远离布鲁姆斯伯里,因为布鲁姆斯伯里几乎已不复存在
了。"它已经像清晨的薄雾一样消散了。"[6]弗吉尼亚写信给凯·考克
斯说。至于说它居然复兴了,它的重新组合应归功于战争的进展。
1915年,战争的结果尚不明确,可伤亡是惨重的(鲁珀特·布鲁克死
在这一年),所以,为了继续这场屠杀游戏,必须征募新的士兵。1916
年1月,一纸征召议案出台了。弗吉尼亚几乎所有朋友都以这种或那
种方式受到其影响;他们中大多数人都是服从良心的反战者
(conscientious objector),他们所有人都反对沙文主义和后方的歇斯底
里,其中许多人面临两种选择,要么为一种自己不相信的事业去打仗,
要么面对一个特别法庭,它对他们的真挚已经做出判决,要么把他们
送去做与战争有关的工作,还有就是送进监狱或送去服武装役,在武
装役中始终存在着一种可能性,即他们也许会受到军事法庭的审判并
被枪毙。面对这种共同危险,布鲁姆斯伯里再次汇聚一堂。

伦纳德已经认定自己不算是良心反战者;因此他有着被应征入伍
的直接危险。这无疑意味着弗吉尼亚没有指望彻底康复了。他有双

---

① 英石(stone),英制重量单位,合十四磅。

手颤抖的毛病,不能轻松自如地倒茶,有时还不能签写自己的名字。伦纳德曾向莫里斯·赖特医生咨询过自己的这种微恙和弗吉尼亚的病情※,后者想必很清楚,他这两位病人的健康状况都取决于伦纳德能否待在家里。他给伦纳德开出了诊断证明,它获得了由医委会核准的免役。

利顿的虚弱体质是显而易见的,军方没法真拿他怎么样,他把特别法庭当成了揶揄法官们的讲坛。克莱夫比他的那些朋友们更迅速地确定了自己的主张※※,他没费太大劲就摆脱了官方的罗网;他同意去干农活,在菲利普·莫瑞尔位于嘉辛敦的农场上谋得了一个职位。菲利普·莫瑞尔是少数几个公开反战的下院议员之一,他在(我以为)对自己土地没太大收益的情形下,雇佣了许多和平主义者在他的地产上做农场工。

战争初期,艾德里安娶了凯琳·科斯特洛(弗吉尼亚和瓦奈萨认为她远配不上她们的弟弟),他是布鲁姆斯伯里和平主义者中最坚定、最积极的一个,并在特别法庭前为良心反战者做了辩护。梅纳德·凯恩斯的立场是最模棱两可的;他在财政部有一个责任重大的职位,特别法庭对他没有管辖权;他向和平主义者表达了同情,同时为战争尽了力。

弗吉尼亚主要担心的当然是伦纳德。但她有其他操心事。在她

※　尽管伦纳德说(《再次开始》,第178页)是莫里斯·赖特医生给了他那份证明,1916年5月14日,弗吉尼亚写信给瓦奈萨说:"伦纳德去看克雷格了,他说为了伦纳德自己和我的利益,他会给他一纸不胜任的证明。他已经写了一封非常长的信,说伦很容易紧张,患有永久性的震颤症,在军队里可能会崩溃,再说,我仍处于一种非常虚弱的状态,如果他们征他入伍,很可能会导致我严重的精神崩溃。"

※※　1915年春天,全国劳工出版社出版了小册子《立即和平》,克莱夫在这本小册子中强调了经过谈判达成和解的必要性。1915年夏天,伦敦市长下令销毁它。(见克莱夫·贝尔,《好战者》[Warmongers],[1938年]和平誓约协会出版,第1页)

发疯期间,贝尔夫妻的关系发生了变化。克莱夫独自住在戈登广场 46 号和嘉辛敦;瓦奈萨跟邓肯·格兰特住在一起,地方特别法庭拒绝允许邓肯豁免兵役,她向弗吉尼亚请求援助。在争取撤销判决的过程中,瓦奈萨毫不犹豫地请求妹妹运用不适当的影响力。她指望弗吉尼亚也许能说服罗伯特·塞西尔夫人,请她为了邓肯向索尔兹伯里勋爵说情,而后者是能够左右特别法庭的判决的。弗吉尼亚不会拒绝为这事奔忙,任何对瓦奈萨影响深远的事,她都不可能无动于衷。她给罗伯特夫人写了陈情书,罗伯特夫人**的确**给她的大伯写了信;但勋爵不能介入其中,这事没了下文。[7]

在萨福克的韦塞特,邓肯、戴维·加奈特和瓦奈萨试图经营一家农场。上文的谋划失败后不久,1916 年 7 月,伦纳德和弗吉尼亚过去跟他们同住。对于弗吉尼亚来说,这次拜访是重要的,因为它对她的下一部小说有影响。

她又能够写东西了,不过看来她的写作受到了非常严格的约束。拜访了韦塞特之后,她告诉利顿:

> 我的勤奋带来了最微不足道的成果,我开始对以这种方式写 32
> 完一本书感到绝望了——我写下一个句子——钟敲响了——伦
> 纳德拿着杯牛奶冒出来。不过,我猜想这也没多大关系。韦塞特
> 似乎把一切雄心都哄睡着了——你不认为他们已发现生活的奥
> 秘了吗?我认为它是极其和谐的。[8]

也许可以说得明白点,就是每天上午分配给了她一两个小时的工作时间。总之,她的头脑无疑是活跃的,从韦塞特一回家就写信给瓦奈萨说:

我对你的生活非常感兴趣,我考虑再写一部关于它的小说。和你住在一起是决定命运的——你提出了那么多新想法。[9]

实际上,瓦奈萨激起的新想法将会被用进《夜与昼》。

虽然弗吉尼亚对塞西尔家的手段没获得成功,邓肯·格兰特和戴维·加奈特(他处于类似的困境)在从事全日制农业劳动的条件下被豁免了兵役。出于种种原因,似乎最好是离开萨福克,他们很自然地想到了苏塞克斯。弗吉尼亚在五月份就已经给瓦奈萨写过信了:

我希望你离开韦塞特并租下查尔斯顿。伦纳德……说那是一幢十分可爱的房子,强烈建议你租下它……它大约离菲勒有一英里远……在唐斯脚下。它有一个迷人的花园,一个池塘,还有果树和蔬菜,所有这一切现在都相当荒芜,不过你可以使它们变得可爱起来。房子非常好,有着大房间……有一间厕所和一间浴室,但是浴缸里只有冷水……它听起来是个非常吸引人的地方,离我们有四英里远,因此你不会受到我们的骚扰。[10]

这件事还为时过早。不过到了七月份,当瓦奈萨的未来家园的问题再一次以更迫切的形式出现时,弗吉尼亚积极地代她打听了这件事。九月份,瓦奈萨亲自来到苏塞克斯,她敲定了此事,租下了查尔斯顿,为邓肯和戴维·加奈特在毗邻的农场找到了工作,十月份,她搬过来了。这似乎是一种非常便利的安排,它意味着两姐妹将会拥有远比以前更多的见面机会。如果两人确实是这么想的,那这种安排的好处也就是显而易见的了。不过两人真是这么想的吗?瓦奈萨显然是这样认为的,否则的话,她一开始就不太会考虑弗吉尼亚的建议;弗吉尼亚曾一封接一封信地催促瓦奈萨,劝她离开萨福克,到苏塞克斯来。但她始终心存疑虑。

> 我想伍尔夫夫妻对我们几个人有种病态的恐惧[瓦奈萨写信给利顿说]——我不明白是为了什么。他们好像认为我们会污染空气,把邪恶的玩乐带进弗吉尼亚的生活。如果他们能看到我们过的简单生活就好了! 对我们几个来说,唐斯无疑是足够广阔的,只要伍尔夫住在阿希姆,他们不必担心我们总会在那里进进出出——当然,他们不在的时候,它或许可以提供有用的空房间。[11]

伦纳德对利顿解释了他反对瓦奈萨住在附近的原因,即弗吉尼亚准会坚持每周六步行去看望瓦奈萨,走四英里到那里,再走四英里回来,这样会有损健康。不过尽管伦纳德是这么说的,照利顿的看法,"背后还有某种不纯的念头"。[12]

利顿或许是在捣蛋;不过在一定程度上,他可能也是对的。弗吉尼亚和伦纳德不太可能反对邓肯和瓦奈萨来做他们的邻居,如果仅仅是他们的话;可他们来的时候不只是两个人。他们还带来了孩子和戴维·加奈特。

说得温和点,戴维·加奈特对阿希姆的初次拜访是让人遗憾的。他来到苏塞克斯,跟要雇佣他和邓肯的农夫见面,身边带着两个年轻的艺术女学生,即巴巴拉·海尔斯和多拉·卡林顿。这伙人走到靠近阿希姆的某个地方,天黑了下来,伍尔夫夫妻不在家,他们破门而入,在那里过了一夜。有人看到他们在黎明时分离开了那里,在收到戴维·加奈特的解释(更确切地说,他请瓦奈萨为他编造的解释)之前,

33

就已经有人向他们告发了这种夜盗似的行径。

有些人不介意自己的房子被朋友甚至还包括这类差不多只不过是熟人的入侵者闯入;可伍尔夫夫妻不喜欢这种事。弗吉尼亚感到不安。这个问题被加奈特的解释和某件事搞得更糟,根据瓦奈萨自己的说法,那解释是没诚意的,而那件事就是他拿走了弗吉尼亚放在床边的牛津诗选。※

34　　如此说来,这些就是瓦奈萨打算带来的那种邻居吗?"平头族"(cropheads),"布鲁姆斯伯里兔仔"(Bloomsbury Bunnies),半开化的下层社会人士?"我们根本不担心,"弗吉尼亚说,"邻居这件事(除了你之外)。"[13]查尔斯敦会变成另一个嘉辛敦吗?那里挤满了随随便便、无忧无虑的史雷德①学生,他们无视道德,反对社会,闹闹哄哄。

瓦奈萨可能会承认,在那种情形下,伦纳德和弗吉尼亚是有道理的。弗吉尼亚的处境受不了这种人的打扰,而伦纳德无论如何也不会很想见到他们。其实这种威胁是想象出来的;戴维·加奈特非常慎重,后来再也没冒犯过他们,结果是伍尔夫夫妻自己会怂恿巴巴拉·海尔斯来他们那里做客。可还有一个问题是瓦奈萨不能接受的,这问

※　"卡林顿已经收到了和弗吉尼亚共餐的邀请,后者想听她说说关于阿希汉姆的全部经过! 我料想她会从她那里千方百计榨取到一切细节,那么伯尼的那封信就要被揭穿了。我认为卡林顿不会是伍尔夫太太的对手,因为如果她想查明什么的话,我知道她的本事。不过,我告诉卡林顿,她得紧跟伯尼的叙述,那种叙述从字面理解也许是真实的,不过从精神实质上来讲几乎不是那么回事了。"VB/DG,[1916年10月17? 日]。"……昨天晚上我去见弗吉尼亚了。何等的审问!!! 不过我是强硬的,否认了一切。甚至关于伯尼拿了一本书的事,那当然是确有其事的。不过她问我是否兔仔确实拿走了一本书,我否认了。所以你**得**说你上周末借走了它并还给她。她问是否我们在菲勒过的夜。于是我维护了伯尼的故事,我说是的。我认为她确实充满魅力,同时又是一头骇人的狼。"卡林顿给 VB 的信件,[1916年10月? 日]。也参见 VW/VB,[1916年10月24日]。以及卡林顿的《书信》(Letters),第45页。

①　史雷德(Slade),指伦敦的史雷德艺术学校(The Slade School of Fine Art),瓦奈萨也上过这所学校。

题足够真实；弗吉尼亚没法抗拒瓦奈萨的孩子们和孩子保姆的来访，伦纳德不可能不反感这种来访，在若干年里，对阿希姆的宁静来说，这件事是一种真正的威胁。

伦纳德扮演的是家庭警卫这个吃力不讨好的角色。他必须确保弗吉尼亚不接待过多的访客，不得不禁止她去参加让人筋疲力尽的旅行，如果她外出，要注意叫她早点回来，或如果她接待客人，要留意不让那客人待得太久。1916 年，弗吉尼亚仍处于缓慢的康复之中，他不能冒险或忽略任何预防措施。这使他看起来好像喜欢瞎操心，而且实际上还显得乖戾。通常情况下很难相信她有什么不对劲的地方——访客和弗吉尼亚自己都这么觉得。然而，和别人在一起待几天，一两个派对，或去伦敦一趟，都会给她带来头痛和不眠之夜，只有长期的休息和隔离才可能治愈它们。

可问题还不止这些；哪怕弗吉尼亚身体健康，跟奥托林圈子的较年轻一辈相比，伦纳德仍旧是更热爱家庭生活也更认真的。他的性情更严肃，他比他们在习性上更朴素，而且，由于查尔斯顿的居民对近乎愚蠢的轻佻行径比较宽容，他和他们之间也存在着分歧。他不大可能去谴责大姨子的"生活方式"，不过他也许觉得那种方式有点堕落和孤注一掷。我猜想，他几乎不让人察觉地稍微表露了一点反对态度，在某种程度上，弗吉尼亚和他有着同样的看法——不过不完全一样。

弗吉尼亚认为自己完全可以骑脚踏车往返查尔斯顿；她很确信，对瓦奈萨的拜访只会有益于自己，她或许甚至可以跟外甥们待在一起，照他们妈妈的估计——反正就一下午而已；如果她减少出访，摆脱孩子，这就满足了她丈夫的愿望（总之在给瓦奈萨写信时是这么说的），当她过上一种合理的社交生活时，这位丈夫陷入了不合理的"状态"之中。其实，她在这类事上前后并不完全一致；照伦纳德的看法，

35

她喜欢调皮捣蛋，不过她尊重他的意见。在一切重大的事情上他们都是团结一致的，甚至在小事上，再三考虑后，她往往会承认他是对的。

这些蔓延枝节已经让我扯得有点远离1916年了，因为其实瓦奈萨直到那一年的十月份才搬到查尔斯顿来（是戴维·加勒特在阿希姆闯了祸之后），而随后的那些社交往来更确切地说是发生在1917年和1918年。实际上，1916年秋冬季的那些月份是安静无事的，伦纳德和弗吉尼亚在霍加斯宅逐渐形成了一种生活模式，他们或多或少终生坚持了这种模式。他们上午写作，下午散步，晚上阅读；伦纳德每周为政治或出版事务去一两趟伦敦；弗吉尼亚每周有一两次跟他同行，然后她去图书馆，购物，听音乐会或拜访朋友。他们会在喝茶时再次碰头，在外面吃饭或一起回家。他们的朋友们来里士满喝茶、吃饭，经常还会过夜。星期天，他们的下午散步很可能会变成一趟更具野心的远征，他们会坐上巴士或火车，走得更远——其结果完全可能是对伦纳德家人的一次拜访。

秋天，弗吉尼亚成了女性合作协会里士满分会的一个积极分子，每月主持一次在她家举办的集会，她负责为会议征募演讲人。

这个职务她一直干了四年，那之后，她颇为欣慰地辞职了。在那几年里，她说服了伦纳德和她的许多朋友来做演讲（"在过去的三个月里，我们这里只有才华和魅力——我们请来了摩根·福斯特谈印度问题，鲍勃·特里维廉谈中国问题，还有玛丽·希普尚克斯讲解秘鲁问题"）。[14] 协会会员喜欢换换口味，不过，有些时候的主题对她们来说太过火了。1917年1月23日，来自公民自由委员会的贝西·沃德太太（Mrs Bessie Ward）向她们做了演讲。她的演讲主题是征兵，特别是妇女被征兵的可能性。注意到听众中有两个相当年轻的女孩，她说她将略微谈一谈"道德"问题，并问她是否能讲下去。没人反对，于是她接下去颇为详细地讲述了性病的危害，年轻士兵感染这病的风险，等等。演讲结束,弗吉尼亚已经向沃德夫人表示了谢意,现场出现了一片奇怪的沉寂。两个女士立刻走了,一个非常肥胖的妇女坐着哭起来;除了一位兰斯顿太太(Mrs Langston)之外,大伙都散了,她是一个积极且重要的会员,她表达了自己的愤慨。她说,只有没孩子的妇女才会做这种演讲,"因为我们做妈妈的都想方设法忘掉儿子们不得不经受的事"。[15]然后她大哭了起来。

弗吉尼亚颇为顽固。她向玛格丽特·卢埃林·戴维斯写信描述了整件事,说自己从没听过这样的胡扯;从另一方面来讲,可怜的沃德太太对此已经习以为常——她已经跑遍了举国上下,所到之处都能引发泪水和愤慨。玛格丽特似乎答复说,女人对儿子们的担忧是相当正常的,在第二封信里弗吉尼亚对这一点表示了同意,尽管她仍旧感到吃惊,女工们竟然会选择在一件很可能跟她们密切相关的事上保持无知。她的女厨内莉·博克斯奥承认她当时感到震惊,她认为女性的确应该知道这些事。而且实际上过了一段时间后,别的会员也这么想,并把这些告诉了她;她们甚至要求一次关于性教育的演讲——弗吉尼亚认为所有这些都为她们大大增添了光彩。※

弗吉尼亚认识了一个重要的新朋友,其时间大概就在沃德太太做演讲前不久。利顿建议说,她也许愿意认识凯瑟琳·曼斯菲尔德——"……无疑是个有趣的女性,我觉得——非常风趣,十分神秘。她满怀

※ "……我去了协会,那里的人头脑清楚,有证据表明对于这些女性来说,它的确有其意义,这让我感到高兴。虽然她们表现出一本正经的被动态度,她们对超越日常生活的某种东西怀有一种深藏、难言的渴望。我相信她们喜欢跟官员和选举有关的一切威仪,因为它在某些方面象征着这种东西。她们承认,她们辱骂那谈论梅毒的女性是错误的,我想这是值得赞扬的。她们说,自那之后,她们已经明白,她只不过是说了实话而已。她们希望我帮她们找一个讨论性教育的演讲者,西斯库克太太告诉我们,她不得不找个朋友向她自己的女儿解释例假,当人们讨论性话题时,如果她女儿在房间里,她还是会感到害羞。她女儿已经二十三岁了。"AWD(Berg),1918 年 4 月 18 日。

热情地提到《远航》，说她最想结识的人就是你。于是我说，我认为也许可以做到。我鲁莽了吗？"[16]据说这位女士在康沃尔。"如果，"弗吉尼亚说（她九月底要在靠近圣埃夫斯的地方待上两个星期），"我在礁石或海上看到任何符合你描述的人，我会向她打招呼的。"[17]她没遇到这样的人，估计在那一年的晚些时候，她们在伦敦见了面。※当时，凯瑟琳·曼斯菲尔德和约翰·米德尔顿·默里住在高尔街（Gower Street）3号，跟卡林顿和多萝西·布莱特住在一起，那幢房子是从梅纳德·凯恩斯那里租来的，后者接手了贝尔夫妻位于戈登广场46号的房子。到了1917年2月，她们有了交情，以致弗吉尼亚会写信跟瓦奈萨说："我和凯瑟琳·曼斯菲尔德还算和睦；在我看来，她是个不讨人喜欢但强有力、绝对肆无忌惮的人。"[18]

她们始终有分歧，但从没有决定性的分歧。对文学的热爱把她们团结在了一起，作为写作者的竞争又把她们拆散，她们发现对方很有吸引力，然而又非常让人恼火。或至少弗吉尼亚肯定是这么觉得的。她赞赏凯瑟琳；也迷上了凯瑟琳生活中的一部分，以她自己的感情承受力是无法企及那些的。凯瑟琳曾粗暴地对待这个世界，这个世界也伤害了她；她充分发挥了一切女性本能，跟各种各样的男人上床；她是被赞美和可怜的对象。她是有趣的，易受攻击，才华横溢，充满魅力。可她也穿得像个妓女，举止像个婊子。或有时在弗吉尼亚看来是那样，在某种程度上，她以同样的方式赞赏她的短篇小说，观察如此敏锐，如此细致入微，有时是那么富有悲剧性，然而其他时候却那么低劣和浅白。我想，凯瑟琳·曼斯菲尔德对弗吉尼亚的赞赏和敌视做出了

※ 伦纳德（《再次开始》，第203页）说他们头一次偶遇凯瑟琳·曼斯菲尔德和米德尔顿·默里是在嘉辛敦；可是伍尔夫夫妻第一次拜访嘉辛敦是在1917年11月。1917年1月12日，伦纳德第一次在《日记》里提到他们："凯瑟琳·曼斯菲尔德、默里和S.沃特路来吃了饭。"

反应。可能她相当受惊,然而也有点被她逗乐了,发现自己不但能给弗吉尼亚带来快乐,还能给她带来痛苦,她对此不觉得有什么不快。她们彼此有相当多的猜疑和保留;不过在一起时,她们都感到无拘无束,意识到对方是同行。

弗吉尼亚无疑很了解凯瑟琳的天赋,她想出版后者的一篇小说。人们想必记得,1915年弗吉尼亚病倒之前,伍尔夫夫妻在考虑购买一台印刷机。既然她身体好转了,他们又打起了这个主意。在某种程度上,伦纳德盘算这事是为了治病:对弗吉尼亚来说,干点手工活计大概是有好处的;不过,当然啦,他俩都是作家,印刷和出版自己作品的主意是非常有诱惑力的,哪怕是用一台手动印刷机进行小规模的操作。1916年10月,弗吉尼亚又在谈论购买一台印刷机的事,她和伦纳德开始考虑他们该不该接受印刷培训。这可不容易,因为印刷学校不愿接受中年生手,最后,他们不得不照书本学习。接下来又有了另一个困难:他们没有足够的钱买一台印刷机。

据说(这故事被重复了不止一次),霍加斯出版社是依靠伦纳德在加尔各答彩票中的盈利创办的。[19]这听起来是非常丰厚的一笔基金,能靠它去经营一项生意;不过那些奖金早在伦纳德娶弗吉尼亚很久之前就赢到手了,实际上,印刷所是靠一笔四十一英镑十五先令三便士的资金开始运转的——这笔钱是好不容易凑到的。

1912年,当弗吉尼亚告诉维奥莱特·迪金森她要嫁给一个身无分文的犹太人时,如果我们根据维奥莱特朋友们对"身无分文"这个词的认识来理解的话,她并不是在夸大事实。因为他们认为年收入少于六百英镑就意味着拮据,而伦纳德过去在殖民部的年薪是二百六十英镑,辞职后,他的收入大幅降低。丈夫去世时,他母亲继承到的钱仅够养活她和九个孩子,外加让儿子们得到良好教育。一旦完成了教育,他们就得养活自己。依靠工资,无疑还有他的彩票奖金,伦纳德设法省下一些钱,靠投机买卖,他又让这些钱增了点值。[20]根据他的日记,他的投资总额在 1912 年 1 月 1 日是五百一十七英镑十五先令二便士,这笔钱大概每年会有三十英镑的收益——不过我对此没有准确的数字——哪怕是依照 1912 年的标准,这笔钱也不算丰裕。他和弗吉尼亚曾指望靠写作赚钱,可 1916 年他们的小说连二十五英镑都没挣到,尽管伦纳德一直在给报刊写作挣钱,弗吉尼亚从 1913 年起就什么钱都不能挣了,同时她的疾病开销极大。

幸运的是,弗吉尼亚有自己的钱。想弄明白她有多少钱并不容易。1904 年,莱斯利·斯蒂芬爵士去世,他的孩子们在戈登广场 46 号一起开始新的家庭生活,一位家里的老朋友曾向管钱的瓦奈萨问起他们的收入。

39

> 我说我想每人年收入大概有三百英镑,她说很好——两百英镑会显得太少,不过我们一共有一千二百英镑,这就不必担心了。我们也不担心——但实际上我们的收入在很大程度上是虚构出来的,要指望海德公园门房子的成功放租,那房子由于达克渥斯的管理不善一直长年空着;不仅如此,艾德里安还在剑桥读书,索比在读法律课程,弗吉尼亚和我什么钱都不挣。此外,还有我们家里的老佣人,他们认为理所当然一切都该照旧,我们自己也一样。有时我有一种模糊的怀疑,我们正在走向破产,但是我一辈子都听爸爸阴郁地说我们很快就要进贫民习艺所了,我已经习惯不把这事当真了。[21]

弗吉尼亚从索比和姑妈卡罗琳·艾米莉娅·斯蒂芬那里继承到

了一些钱,"理论上"(照伦纳德的说法),她有一笔大约九千英镑的投资资产;这笔钱每年的收益不到四百英镑。※

1914 年,伍尔夫夫妻的收支刚好平衡;那一年他们无疑在医生诊金上花了一大笔,在诺森伯兰郡度假时,弗吉尼亚不得不向瓦奈萨索要分租阿希姆的一笔十五英镑的预付款。1915 年,伦纳德列出了他和弗吉尼亚以下的开销账目:

	英镑(£)
房租	130
食物	156
零用钱	52
医生诊金(包括弗吉尼亚的特许食品和药剂)	25
服装	50
杂项	30
总计	443[22]

付给医生的报酬似乎是比较合理的,这些钱可能大部分一直拖到 1916 年才付清。这时,伍尔夫夫妻和他们自己的佣人已经在阿希姆和霍加斯宅安顿了下来,开销的模式已经发生了变化;同时,当伦纳德的进项稍减时,弗吉尼亚又开始挣钱了。

40

※ 1897 年,在他们的同母异父姐姐斯特拉去世后,她丈夫杰克·希尔斯把她结婚赠与契约上的收入转让给了瓦奈萨和弗吉尼亚,一直到他第二次结婚为止(1931 年)。1906 年,弗吉尼亚继承了索比三分之一的财产(价值六千六百八十一英镑),1909 年,又从卡罗琳·艾米莉娅那里继承了两千五百英镑。她试图说服艾德里安收下这笔遗产的一半,不过我认为艾德里安没肯要。

	估算£	实际开销£.s.d.[①]
房租	140	129 . 5 . 8.
房屋杂项(包括燃料、家具等)	50	69 . 0 . 8.
食物	220	220 . 5 . 2.
佣人	60	67 . 2 . 2.
医生	25	81 . 3 . 3.
服装(弗吉尼亚)	36	30 . 8 . 7.
服装(伦纳德)	14	14 . 1 . 5.
杂项	50	66 .17. 9.
总计	595	678 . 4 . 8.[23]

　　伦纳德的估算是 1916 年初做出的,就像我们将看到的那样,它超支了八十三磅四先令八便士,主要是因为出乎意料的大额医生诊金。在其他方面,伍尔夫夫妻似乎是比较注重节俭的;伦纳德在服装方面的十四英镑估算超支了一先令五便士,我认为这表明那超支是微不足道的。佣人是一项新开支;我们会注意到,她们的工资加起来都不到医生诊金或两幢房子的租金,不过,当然,食物上增加的开销想必大部分花在她们身上了。那一年,维奥莱特·迪金森意识到伍尔夫夫妻情形窘迫,她试图借钱给他们,但没成功。伦纳德记录(弗吉尼亚试图做记录,但很快放弃了)的那份极其详细的账目表明,他精确到了每一个便士。报纸和香烟的开销被仔细地登记下来,在早已不必做这么严格的记账之后,他还继续记录它们;无疑,伦纳德从这种精确性中得到了乐趣,它自身就成了一种目的;不过在他们婚后生活最初那些年里,这

---

　　① £.s.d.,依次为英镑、先令和便士的缩写标志。

种精细是必需的。很难找到能被归成奢侈品的东西；实际上，我认为想必有一笔单独的款项，是为难得的歌舞杂耍剧院和电影院之行准备的，他们的确偶尔允许自己享受这些嗜好，不过我找不到它们的记录。1916 年，我能找到的最接近于奢侈品的是总价五先令一便士的香烟，一先令七便士的花，二英镑五先令六便士的小费和礼物，三先令四便士的彩纸（弗吉尼亚热衷于收集这东西），还有一先令九便士的狗项圈。他们在书籍和图书馆认捐上花了五英镑三先令五便士，不过大概没法把它们归进奢侈品。没提到葡萄酒、烈酒、留声机唱片、雪茄、出租车或音乐会——所有这些都是他们日后会享受到的。

41

有着两幢房子和两个佣人的伍尔夫夫妻不能算是穷人；不过按他们那个阶层的标准，他们也不富裕。1914、1915 和 1916 年，照朋友的说法，他们处于"非常手紧"的时期。无疑，印刷机原本可以通过出售有价证券来购买※，可他们显然不愿这么做。他们打算动用一笔三十五英镑的退税补偿，这笔钱预计 1916 年 12 月能到手。结果那笔补偿总共只有十五英镑。他们需要更多的钱，认为可以通过向皮尔庞特·摩根图书馆出售一些继承到的萨克雷手稿来筹集这笔钱。这事归艾德里安负责，不过还没成交他们就已经在别处筹到了资金。3 月 23 日，伦纳德和弗吉尼亚去法林顿街订购了一台印刷机。

一个月后，它运到了。他们怀着极大的兴奋打开包裹，把它抬进客厅，不料却发现一个重要的部件是坏的。伦纳德派人去要了一个替换件。圣诞节上午，在孩子们的一片兴奋之中，他们开始把铅字印模分成独立的铅字母。有一些散失在客厅地毯上了，弗吉尼亚几乎是立马就把小写 h 和 n 搞混了。

※ 伍尔夫夫妻本可以通过出售有价证券来支付诊金。找不到相关证据，看起来他们有别的收入来源："……这就意味着卖掉我那寥寥无几的耳环和项链。"VW/ES，1931 年 5 月 1 日。

"我意识到实际中的印刷业会把我们的整个生活都毁掉。我打算去看望凯瑟琳·曼斯菲尔德,也许会从她那里要到一篇小说。"[24]弗吉尼亚写信给瓦奈萨说,一个星期后,伦纳德告诉玛格丽特·卢埃林·戴维斯说,他但愿自己从没买过那该死的玩意,因为现在他除了印刷什么事都干不成了。他们商定,他们的第一部出版物应该是一本合集,到了5月7日,他们能够向有意订购的人士寄出一份手印预告了:"一本计划中的小册子即将出版,该书由伦纳德·伍尔夫和弗吉尼亚·伍尔夫的两个短篇小说构成(价格为一先令二便士,邮费在内)。"[25]

这时,弗吉尼亚正在卖力地为《泰晤士报文学增刊》写作※;与此同时,1916年7月她在韦塞特构思的念头正在衍生成一部小说,她越来越沉浸在这部小说中。1917年复活节,邓肯和瓦奈萨从查尔斯顿来阿希姆喝茶,弗吉尼亚抽空跟姐姐进行了一次自在、亲密的交谈,把"有关她的新小说的一切"都告诉了她。[26]

> 我是其中的主角,我料想自己会是个一本正经、严肃的年轻女性,不过也许你会看到我十八岁时的样子——我想最有趣的人物显然是我母亲,表面上,她被描述得就跟里奇夫人一模一样,包括每个细节。当然,谁都会知道这人是谁。

《夜与昼》是(而且故意被写成)一个相当平淡无奇的故事。弗吉尼亚想看看自己能不能写一部绝对正统、老套的小说。而且,她刚爬出一个深渊,她想做些不会使她太靠近那个深渊的事。在《远航》最后几章里,她是在玩火。她成功地把自己内心深处的一些魔鬼耸然可怖

※ 柯克帕特里克(《弗吉尼亚·伍尔夫参考书目》,1967年)列举了她1916年的十二篇供稿和1917年的三十二篇供稿。

地表现了出来,她走得太远,已经到了不适的地步。那本小说和最后让它问世的努力曾使她丧失了理智,她还不能冒重蹈覆辙的危险。因此,她小心翼翼地开始写一种明智、安静、不扰乱心绪的东西。她还会再次使用这种对策,在写完一部特别吃力的小说之后,接下来写点轻快、闲适的东西;所以《到灯塔去》之后是《奥兰多》,《海浪》之后是《弗拉迅》,《岁月》之后是《三枚金币》;大块头后面跟着本轻量级作品——她所谓的"一个儿戏"。《夜与昼》的块头可比儿戏大,不过尽管是大块头,它却是一部有助于康复的作品。她不太喜欢写这部小说。许多年后,在给埃塞尔·史密斯的信中,她把这事比作照着模型画素描——一种拘泥刻板的练习。她开始允诺给自己一个假期——一种去那些被禁止的危险地带的旅行。

> ……这是当我完成了传统风格的练习之后,我答应给自己的款待。我将永远忘不了我写《墙上的斑点》的那一天——全在一闪念间,简直像飞,在连续干了几个月敲石头的苦活之后。然而,《未写的小说》是那种伟大的发现。它——又是在一瞬间里——向我展现了我能以一种适合的形式为自己所有的体验沉淀赋形……《雅各布的房间》……《戴洛维太太》等等。我怀着兴奋战栗着——然后伦纳德走进来,我喝下牛奶,隐藏好自己的兴奋,写下我想是另一页没完没了的《夜与昼》。[27]

1917 年夏天,《夜与昼》还远远没有写完,哪怕它写完了,对于伍尔夫夫妻的那台小手工印刷机来说,它也是件太过庞大的工程。七月份,霍加斯出版社出版了《墙上的斑点》,外加伦纳德的《三个犹太人》,其标题是《一号出版物:两故事》(*Publication No.1. Two Stories*)。

这份出版物和它所受到的欢迎※（来自极少的一批读者，因为只印了一百五十份）既是弗吉尼亚平稳康复的结果，也是对这种平稳康复的促进。到了这时，她过着一种几乎和过去一样正常的生活，在伦敦、里士满以及八九月份的阿希姆都跟很多人有往来。此后，许多朋友都习惯于在阿希姆跟伍尔夫夫妻待几天，然后去查尔斯顿和瓦奈萨住一起——或反过来，两家人不断地相互串门。这个夏天，弗吉尼亚在阿希姆的客人有罗杰·弗赖、利顿·斯特雷奇和德斯蒙德·麦卡锡，他们来自查尔斯顿，要么就是接着要去查尔斯顿，还有凯瑟琳·曼斯菲尔德、锡德尼·沃特路、G.洛斯·迪金森、佩内尔·斯特雷奇和菲利普·莫瑞尔，伦纳德坚持邀请菲利普，理由是他从不会撇下奥托林夫人独自赴约。"还有，"就像弗吉尼亚在给玛格丽特·卢埃林·戴维斯的信中所说的那样：

> 我们已经和较年轻一代中的许多人见了面，在我看来，他们似乎是些头脑清楚、诚实、严肃且友善的人……[他们]步行穿越唐斯，穿着褐色灯芯绒裤子，还有蓝衬衫和灰袜子，不戴帽子，都剃着平头，因此当我坐在露台上时，我简直没法把巴巴拉·海尔斯和尼克·巴格纳尔（Nick Bagenal）区分开来，后者任职于爱尔兰警卫队。[28]

弗吉尼亚曾经有过一次最鲁莽的社交冒险，而伦纳德对菲利普·莫瑞尔的邀请可以被看作是对此的回应。这个夏天，她结婚以来第一

※ "《两故事》是一部非常令人愉快的作品。我简直没法相信。我唯一的批评是，印刷时用的墨水似乎不够。我认为，弗吉尼亚的作品是天才之作。我对那种流动的风格嫉妒不已：有些句子真的如此！——她究竟是怎样让英语漂来漂去？然后是那种暗示了现代观点的杰出方式。噢！"GLS/LW，1917 年 7 月 17 日。

次跟奥托林见面了——这次重聚似乎让两位女士都感到非常满足。弗吉尼亚写信给瓦奈萨说：

> 我被她的美貌征服到了如此程度，我真觉得仿佛自己突然来到了海上，听到了美人鱼们在她们的礁石上吹奏笛子。我不知道怎么会这样；但是，她有着厚厚的金红色头发，双颊柔嫩得就像软垫，颧骨上各染着一抹可爱的深色绯红，她的身躯确实比我见过的任何人的身躯都更具有我想象中的美人鱼的形状；没有丝毫的皱纹或瑕疵，隆然但滑溜。

44

> 我们的交谈有几分照着那些思路，因此我并不奇怪我给她留下了好印象。她似乎没那么傻，就像我过去被诱导认为的那样；她颇为伶俐，尽管有时显得乏味。我请求她复兴贝德福德广场及其沙龙，她说她会的，如果有人想念她的话。然后是抗议和邀请——实际上我看不出我们有什么办法不去她那里，不过伦纳德说他不会去的，而且我知道那会是一种幻灭。然而，我的方法就是告诉她，她只不过是一种幻象，这是真的，然后，她也许会照着那幻象去做。她对你赞不绝口……[29]

> 她和弗吉尼亚[罗杰·弗赖写道]已经拥抱到了一起，尽其所能地互相奉承。这会造成多少同时代的伤害啊，那种私通①——我想它会使我和弗吉尼亚还有奥托林断绝往来的——也将会给你带来一些沉重打击。不过它不会长久的。[30]

———————————

① 这里罗杰应该是开玩笑说弗吉尼亚和奥托林是同性恋关系。

罗杰这么写也许是为了讨瓦奈萨的欢心,听到他讲奥托林的坏话,她是不会感到过意不去的,早些时候,她好像曾使两人一度断交。他对弗吉尼亚的醉心看得有点太认真了;她从没有那么热情地堕入奥托林的臂弯,以致到了失去平衡的地步。无疑,她为恢复交情感到高兴,她肯定也倾向于不理睬伦纳德的抗议和瓦奈萨、克莱夫以及罗杰的谗言。不过她不会因此就不取笑奥托林(可能还包括取笑某种不太可笑的事)。奥特林投合了她的势利心;她有着华贵的风度,她也是一种华贵的消遣品。弗吉尼亚喜欢琢磨这种难以想象的事物的存在。

她们五月份的会面的确引来了嘉辛敦的邀请。这次拜访由于奥托林患麻疹不得不推后了,不是这个原因就是那个原因——也许伦纳德在想方设法推迟那个倒霉的日子——直到十一月份他们才成行。

与此同时,还发生了一种变化,如果不说是正好发生在弗吉尼亚的生活中,那么至少可以这么说,那种生活今后被记录的方式发生了变化。10月5日,从阿希姆回来,她发现了自己在1915年暂时恢复清醒时写下的日记;她被它逗乐了,她很喜欢自己读到的东西,于是重新开始写日记。她现在记录的日记经常间隔数日、数星期甚至数月;不过她从没有彻底放弃它。她视日记为自己直接情感的一个发泄口,希望有一天当她老了,她可以借此为资料写一本自传。她养成了茶后打开本子,无拘无束地随手乱写的习惯;她认为这种自发写作的练习有助于让那些较深思熟虑的作品显得更有力、更直接。这种自发性使她的日记从传记的角度来看充满了趣味;也造成了发表的困难。她写作时怀着内心瞬间的激情,有时她恶狠狠地释放着自己的情感。不过,尽管有着这种不假思索的真挚,我认为这些日记并没有给出作者的一幅完全真实的写照。有时候她写日记是因为她没法阅读,她没法阅读通常是因为她感到紧张、恼怒,或在某种程度上感到心慌意乱,照她的话来说,想"把那种痛苦写出来"。因此,她往往从一种有点忧郁的角度呈现自己,捕捉那些焦虑、可怖的情绪,而不是那种在她信件中较容易读到的快乐和幻想(它们同样是她性格的一部分)。不过,有了这些日记的帮助,应该可以对她的生活有个更准确的认识。

以下是从 1917 年 10 月份日记中摘抄的三则[31]:

10 月 10 日,星期三

　　没有空袭,没有来自国家需求的进一步打扰[伦纳德已经又被叫去做医疗检查了];实际上,伦在洗澡时觉得他该交好运了,他打开自己的那些信件,找到了一家瑞典报纸寄来的十二英镑支票,那家报纸始终没问世,不过却偿付了它的债务。我自己收到了四先令。昨晚很迟的时候,我被告知如果可能的话,要在星期五写完我的亨利·詹姆斯[为《泰晤士报文学增刊》撰写的评论],所以今天上午我不得不解决这事,因为我很舍不得把时间花在写文章上,然而如果有时间的话又不免要花在上面,我很高兴现在此事已经不在我的能力范围之内。他们建议我写另一篇关于哈代和艾·勃朗特书中之乡村的文章。我们沿着河往下游走去,穿过公园,然后回来喝早茶。这时,伦正在组织[19]17 俱乐部。我坐在火炉对面,我们打算和凯·曼斯菲尔德共进晚餐,届时会有许多微妙的事情可供讨论。我们注意到,和阿希姆相比,这里树叶凋落和变黄的时间要推迟很多。好像还是在八月,如果没有橡树子洒落在小径上的话——向我们暗示了那种使它们腐坏的神秘天意,否则我们就该是一片橡树林了。

10 月 11 日,星期四

昨夜共进了晚餐;讨论了微妙的事情。我们可能都希望,凯·曼留给我们的第一印象不是她浑身异味,像只——唔,卖过淫的麝猫。其实,乍一看,我有点吃惊于她的不起眼;轮廓那么生硬粗俗。不过,当我们逐渐不再注意那些,她显得如此富有才智、高深莫测,值得我们的友谊……我们讨论了亨利·詹姆斯,我认为凯·曼是富有启发性的。一位叫莱斯利·穆尔的军需工人来接她——这些体面国度边陲上的女性中的又一个,她们当然是栖息在下层社会里的——相当活泼,皮肤呈菜色,对任何地方都没有特殊感情。今天,可怜的伦不得不逐一拜访医生们和各个委员会,外加对斯奎尔的拜访。又开了一份他的证明。他体重只有九[英石]零六[磅]。我买了为冬天准备的手套,在伦敦图书馆拿到参考书目,和伦在斯帕金斯(Spikings)碰头,一起喝茶。老天保佑我们,让我们坐上了快车,我们回到家,非常高兴到家了,坐在火炉对面,尽管我们不得不自己点火,自己烧晚饭,因为佣人们放假了。

10 月 14 日,星期天

那是个可怕的招供,似乎表明了死亡的征兆已经在这本书中蔓延开来了。不过我有理由。我们接到电话,贝尔夫妻邀请我们去索霍①和他们一起吃饭,我遗憾地说,这引起了许多争执;我们推迟了去金斯顿[Kingston,也就是去看伦纳德的母

---

① 索霍(Soho),伦敦著名的夜生活区。

亲];夜里下了雨,伦不想去——简而言之,又是一番老口角,对他们说了些尖刻的话。于是我们闷闷不乐地走了,在官殿后面找到了那地方,和罗杰、尼娜·哈姆尼特(Nina Hamnett)、萨克逊、巴巴拉[·海尔斯]以及一伙可能会出现在威尔斯小说中的人物一起吃了饭;不过我喜欢这些,而伦是个自我克制的典范……星期六全都交给了军队。我们又安全了,而且他们说会永远安全下去的。我们的外表扫除了所有障碍;步行穿越金斯顿,大约十二点,我们到了医生那里,十二点半一切都结束了。我在一个大广场上等着,四周环绕着兵营建筑,使我想起了剑桥的一个学院——士兵们在穿梭,从楼梯里出来,又走进别的楼梯;不过只有砾石,没有草坪。一种对于控制和无意义的坚定的不快印象;一只巨型猎狗(我猜,是军队之威严的象征)独自溜达着走过。伦深受凌辱;医生在帘子后面说他是那个"患有老年性震颤的家伙"。幸运的是,当我们在里士满转悠时,这种感受慢慢消失了。赫伯特[·伍尔夫,伦纳德的兄弟]来喝茶,带来了那只叫"霆克"(Tinker)的狗,它是一头粗壮、活泼、大胆的畜生,有着褐色加白色的皮毛和一对滑稽的大眼睛,有点让我想起了多米尼克·斯普林-赖斯(Dominic Spring-Rice)。我们已带它出去散了步,可是一俟被释放,它就跳过墙去,冲进敞开的门,表现得像一个精灵在追逐一种没法找到的东西。我们有点怀疑自己是否能对付得了它。我在这星期的某一天曾贬损过我们的马恩岛猫①吗? 它也是别人送给我们的。

---

① 马恩岛猫(Manx cat),一种无尾家猫。

这三则日记足以体现 1917 年和 1918 年她日记里最常见的那些主题：空袭，凯瑟琳·曼斯菲尔德，"下层社会"和 1917 俱乐部。她经常提到它们，这并不意味着它们对她就是最重要的。弗吉尼亚的头脑生来如此，很难搞懂什么对她来说会是最重要的，尽管听来也许可笑，很久以后的一个日子里，她从药剂师那里搞到了一个绿色玻璃壶——就是那些在药店橱窗里或曾在那里熠熠生彩的大肚壶之一——可能从童年起她就垂涎于它了——对她而言，这事可能跟凯瑟琳·曼斯菲尔德的友谊或德国的空袭一样重要。我没法判定这一点，或用一种详尽无遗的方式来讨论它，不过我们得记住一点：《夜与昼》的写作进程显然比凯瑟琳·曼斯菲尔德或药剂师的壶都更重要。可 1917 年秋天她对此提都没提。

从另一方面讲，她对自己的报刊写作谈了很多；这时候，《泰晤士报文学增刊》几乎每周都发表她的书评。这一类报刊写作是一种交织着乐趣和苦恼的源泉。如果编辑不给她寄书，她就抱怨自己被炒鱿鱼了；如果反之，他给她安排一大堆工作，那么当然它就会占用她写小说的时间。弗吉尼亚为《泰晤士报文学增刊》的暂时性写作（如果可以用暂时这个词）从不是一蹴而就的；在对一篇书评感到满意之前，她要打几遍草稿，有时要打好多份草稿。

> ……这种写作总是耗费时间的；但我也许有很多时间。譬如，眼下，我已经花了一个星期（不过被打断了两天，还有一天由于和罗杰共进午餐而缩短了）来写哈克卢特；在成熟的审视下，他最终重复证明了我青年时代的判断是有道理的。我写了又写；然后接到电话说让我别写了；书评星期五就必须出；直到《泰晤士报》的信使登门，我还在打字；我在卧室里做校对，他在这里坐着

烘火。

"圣诞特刊根本不合雷蒙德先生的胃口,他说。和增刊的风格非常不一致。"

"是礼品书,我猜?"我琢磨。

"噢,不,伍尔夫太太,它是为广告客户准备的。"

不过回过头来。星期四,为了听到以下的故事,我和罗杰共进了午餐。

麦科尔太太问伦敦图书馆的考克斯先生:

"你们有弗吉尼亚·伍尔夫的《远航》吗?"

"弗吉尼亚·伍尔夫? 让我看看;她过去是斯蒂芬小姐,莱斯利爵士的女儿——我想她姐姐是克莱夫·贝尔太太。啊哈,这两个女孩的遭遇看起来真稀罕。也是在这么优越的家庭里长大。不过另一方面,她们从没受过**洗礼**。"[32]

如果她要写书评,当然是需要利用伦敦图书馆的,从霍加斯宅去那里足有一小时路程,既然已经走了那么远,她也许会走得更远些,为自己买只钢笔或一双手套或长袜,要么就和瓦奈萨一道喝茶(如果她正好在伦敦的话),这样一来,整个下午就被消耗掉了。在家里,下午的时间如今几乎全用在印刷上了。伍尔夫夫妻已经开始印刷凯瑟琳·曼斯菲尔德的《序曲》,弗吉尼亚负责排版——这部作品共有六十八页——伦纳德从事较重的操纵机器活计。印刷始终是喜悦和苦恼的源头;实际过程和操作常令他们挠头。伦纳德咨询了一位本地的小件印刷商,他使伦纳德相信,他需要一台较大的印刷机;他们还开始寻找一位助手。他们认为,弗吉尼亚曾留意过的那些明智、和气的年轻女性中也许有人会帮他们忙。

48

10 月 10 日，弗吉尼亚在日记中写道：“此时，伦正在组织 17 俱乐部。”※这个俱乐部有一处本地场所，就在索霍的杰拉德街（Gerrard Street）上。伦纳德和其他社会主义知识分子认为，它可能会提供一个令人满意的聚会地点。很快，它不但成了那些关心政治的人的中心，还成了可以说是第二代布鲁姆斯伯里的中心。战前的老布鲁姆斯伯里已经开始获得一种神秘的地位，那些较年轻的人对它加以赞美、模仿或诋毁，他们多半是不信奉国教者，身处一个正在打仗的国家。许多人其实对政治并不当真，不过他们都对那些维多利亚和爱德华七世时代的信仰和道德怀有深刻、明确的敌意，他们认为，是那些人把他们这代人引向了灾难。1918 年 6 月，当《维多利亚时代四名人传》①出版时，它在他们中找到了一批现成的、有反响的读者。实际上，1917 俱乐部的成员具有一种东西，它将被伦纳德称为“纯正文化要素”。[33] 在视觉艺术方面，他们当然站在先锋派一边；不过绘画在 1910 年已经有过极具争议性的盛期了。恰好能看得到的新的可能性似乎是属于作家的。人们开始阅读和讨论埃兹拉·庞德、詹姆斯·乔伊斯、T.S.艾略特和凯瑟琳·曼斯菲尔德；罗杰·弗赖从法国回来，带来了一位无可置疑的文学天才的消息；诚然，他总是从法国带来这一类消息，不过这一次，那位天才是马塞尔·普鲁斯特。

《远航》的作者在这些新星（我们得记住，是那些只有极少数人才能看得到的星星）中也有着一席之地。她有点高兴，也有点为在 1917 俱乐部里受到的关注感到恼怒。她觉得那是一个跟伦纳德碰头的便利场所。在去《泰晤士报》交稿之后，她会去姆迪斯图书馆（Mudie's），德斯图书馆（Day's）或伦敦图书馆收罗书籍，在杰拉德街喝茶，并找人一起去做她感

49

※　这个俱乐部的名字取自俄国革命，大概是二月革命。

①　《维多利亚时代四名人传》，利顿·斯特雷奇的传记作品，带有讽刺性和革命性。

兴趣的事。弗吉尼亚在俱乐部遇到的很多人是她已经认识或有点认识的；有几个人被她叫作"平头族"或"布鲁姆斯伯里兔仔"；其余的被她叫作"下层社会人士"。※她就是在前者中为相当繁重的《序曲》印刷和装订工作寻找助手。他们的头一位助手是个严肃的高个子年轻女性，名叫阿莉克斯·萨金特-弗洛伦斯，1917 年 10 月 16 日，她开始来上工了。在向她展示了要干的事情之后，伦纳德和弗吉尼亚留下坐在高凳上的她，带着他们的狗出去散步了。他们回来时，阿莉克斯说她发现这工作毫无趣味，她觉得不值得继续干下去。[34] 他们的下一个学徒远没有那么挑剔，也锲而不舍得多。巴巴拉·海尔斯是闯进阿希姆并在那里过夜的三个轻率家伙之一。像匹小马驹似的，她小跑着闯进贝尔夫妻和伦纳德夫妻的生活（必须指出，有时是从错误的方向跑来），她漂亮、能干、明白事理、喜欢帮人；她愿意且乐意为霍加斯出版社效劳，11 月 21 日，她骑着辆脚踏车出现了，像颗纽扣那么熠熠闪亮。

她投入工作，热情胜过能力，以致伦纳德常常要在她回家后拆下印版，重新组排。她唧唧喳喳，她是生机勃勃的、花俏的，从不抱怨——她本来满可以抱怨一通，因为她的工资总共只有白天工作时的一顿肉餐，空袭时确保她有一个临时住处，还有就是利润分红，工作两个月后，伦纳德塞进她手中一个半克朗①的硬币，这就是那笔分红。我想，真正的工资是弗吉尼亚的作伴，此外，就是她有机会向一个投缘的听众讲述她那种颇为激动不安的生活。

接下来的几个星期，弗吉尼亚有许多机会好好了解巴巴拉·海尔斯。她和她的朋友卡林顿——都是前史雷德学生，她们的短发和厚刘

※　这些称呼当然是非常不精确的。"布鲁姆斯伯里兔仔"是德斯蒙德·麦卡锡太太起的，"平头族"是弗吉尼亚自己的词汇。

①　一克朗(crown)等于五先令。

海,她们自由独立的风格,她们健康的快乐,还有她们明快、实用的服装,她们对文化的热情——代表了弗吉尼亚的平头族原型。"布鲁姆斯伯里的催眠术,"她写信给瓦奈萨说,"是腐朽的,它恫吓着所有可怜兔仔们的健全心智,他们总是去摸自己的后腿,看看自己有没有变成野兔。"[35] 卡林顿爱上了利顿·斯特雷奇,终生服侍着他。巴巴拉的天真魅力触动了萨克逊内心的某根弦,扰乱了他牢牢设防的独身生活;他的爱情——它将是终身不渝的——允诺了通往想象中的布鲁姆斯伯里九重天的机会,尽管谈到婚姻,她满足于一个较年轻且更通人性的爱慕者,即尼古拉斯·巴格纳尔。这场三人舞(照巴巴拉及其朋友们的形容)的动向对弗吉尼亚来说是个魅力无穷、可以猜个没完的源泉。尼克·巴格纳尔的姐姐费思(Faith)、严肃忧郁的阿莉克斯(孤注一掷地对詹姆斯·斯特雷奇发动追求,不过最后成功了),还有弗吉尼亚自己的表亲弗莱蒂冈德(一位非常热情、富有诗意的年轻女性),这些人也有她们的用处,可以作伴,还会干出朝气蓬勃的轻率事,弗吉尼亚对 1917 俱乐部的拜访因此变得生机昂然。在那里,她也能观察到许多她所谓"下层社会人士"的典范。她使用这个词时不怀好意,无疑还有一种势利心,有时纯粹是基于社交用意,不过也是为了给那些人归类,他们与其说是创意艺术家,不如说是批评家和评论者,即那些能写写灵巧散文或机敏评论的人,那些对名声而不是对天赋更感兴趣的人。对于这些人来说,重要的是飞黄腾达;他们会知道谁在走上坡路或谁在滑坡之中;会根据售书量来对比不同作者,还会在新闻界或出版界兜售最新的丑闻。他们一心追求的是站在胜者那一边。因此,康拉德出版《胜利》时,略有预见的弗吉尼亚发现下层社会把它当作杰作来欢迎;在很大程度上,康拉德是"风头上的人物"。不过,当她表达了自己的怀疑,认为这本书低于他的最高水平,看法发生了一种不安的转变——或许康拉德正在过时，也许已经到了贬损他的时候。一个人必须跟风、随机应变、分保险、改变方向，然后又回头。

我推测格拉布街一向如此，弗吉尼亚的下层社会中的斯奎尔们、林德们、萨利文们或斯温纳顿们不会更坏，恐怕还比那条街上的大多数人要好些。不过在她看来，下层社会的终身社长和哲人是约翰·米德尔顿·默里，因为他添加了另一种成分——一种崇高的道德腔调，一种矫饰的哲学（部分是从他的朋友 D.H.劳伦斯那里借用的）——它允许那种游戏在深奥的、富有男子气概的、发自内心的情感的掩饰下和高尚的宣言下进行。我想，弗吉尼亚对下层社会人士的大部分概括其实都是以默里为基础的；他是如此"大有前途的人"。她和利顿一致认为，他最终可能会当上牛津或剑桥的英语文学教授。

平头族和下层社会在 1917 俱乐部里碰头了，某种程度上还融合到了一起；其中有些人还会在牛津附近的嘉辛敦庄园被瞅见，菲利普和奥托林·莫瑞尔在那里随时欢迎来客，也许我们还记得，1917 年夏天，伍尔夫夫妻曾收到过他们的邀请。

她最终说服伦纳德陪伴她去那里，但远在那之前，弗吉尼亚对嘉辛敦是什么模样已有了一个相当准确的看法。在当地，在菲利普·莫瑞尔本人的农场上，自从征召议案出台以来，他向和平主义者和良心反战者提供了轻松的就业机会，因而，这里汇聚了一批常驻人口，在不同的时期，这批人包括克莱夫·贝尔、杰拉尔德和弗莱蒂冈德·肖伍、米德尔顿·默里的弟弟，以及画家马克·格特勒；还有一些人或长或短地拜访他们，也使这批人口有所增加，他们包括米德尔顿·默里、凯瑟琳·曼斯菲尔德、卡林顿和她的朋友布莱特※、利顿·斯特雷奇，以

51

※　画家马克·格特勒不幸爱上了卡林顿，怀着苦涩的嫉妒瞅着她对利顿的迷恋；布莱特（多萝西·布莱特）曾在史雷德和卡林顿、格特勒一起上过学。

及一批批年轻人组成的接力队,他们从大学过来继续他们的教育。那种气氛并不愉快,克莱夫·贝尔讲述的一个故事也许可以作证,他对这事的真实性深信不疑。

有一次,他不得不在某个周日突然去伦敦一趟,他在门厅的桌上留了几封有待周一上午寄出的信件。格特勒和卡林顿认为,如果他们把这些信件用蒸汽蒸开,大声朗读其内容,一个乏味的周日就不愁没乐趣了。奥托林只是稍微地抗议了一下,要么就是根本没提出抗议,她这么做是不明智的,因为逗乐大伙的是对她这位夫人的一切吝啬、卑鄙或荒唐行为的描述,无疑是以克莱夫最妙的沃波尔风格①写成的。尤其是关于一只孔雀的故事,那只孔雀已经因衰老外加各种令人作呕的疾病而去世,如今又再次盛装打扮着出现在客厅桌子上。当克莱夫从伦敦回来时,面对的是一种尴尬的冷淡,这并不怪异,更尴尬的就在于这事的起因是不便承认的。

无论真假,这个故事很重要,因为它使人们对嘉辛敦当时的道德氛围有了认识。

1917 年 11 月 19 日,弗吉尼亚初次拜访嘉辛敦回来后,她写道:

> 两小时前,我们从那次冒险中回来。难以描述整体印象,除了它和我的想象没太大出入。人们散布在一间火漆颜色的屋子里。奥尔德斯·赫胥黎玩弄着象牙和绿色大理石的大圆盘——它们是嘉辛敦的象征;布莱特穿着裤子;菲利普臃肿地裹在最好的皮衣里;奥托林照旧穿着天鹅绒,戴着珍珠;还有两只哈巴狗;利顿半躺在一张巨大的椅子中。对于天生美人来说显得过多的

52

---

① 沃波尔风格(Walpolian manner),疑指霍拉斯·沃波尔(Horace Walpole, 1717—1797),英国作家,以书信著称。

小装饰品,太浓的香味,太多的丝绸服饰,还有一种让人有点昏昏欲睡的暖烘烘的空气。整个星期天,成群结队的人在各个房间移动——从客厅到饭厅,从饭厅到奥托林的房间。这种感觉好像不时地变弱;通过此类方法,这一天肯定持续了很久。上午和弗莱蒂冈德打了招呼,接着,茶后,我和奥托林在木头炉火前大约待了一小时……总的来说,我对她比她那些朋友给我打预防针时要更喜欢一些。她的活力在我看来似乎是值得称赞的,在私下交谈中,她不再云雾缭绕,而是清清楚楚地迸发着机灵劲儿。当然,嘉辛敦的情形是非常可怖的,但在外人看来,显然,奥、菲还有他们的嘉辛敦宅邸付出了很多,接受这些的人却并不很体恤他们。不过,在如此情形下正确对待指责已经超出了凡人的智慧;他们已把自己陷进了这样一种困境和总体上的复杂关系,以致他们几乎没法明智地相互对待。在这种情形下,我认为奥托在驾驭她的船只满帆前进方面应受到表扬,她的确是这么做的。我们被招待得非常舒适,吃的东西很多;我们的交谈常有无话可说的间歇,不过也有很多特别的片断。通过和菲利普的一番严肃交谈,伦说服他今天来国会了。他是个软弱、友好、长期忍气吞声的人,总的来说,面对不利情况他似乎是随遇而安的,对于那些他本性不喜欢的人,他看到的是他们最好的一面。[36]

嘉辛敦的"可怖"就在于它是个避难所这一事实。感激之情把受到奥托林款待的那些态度生硬、难以相处的怪人和女主人联系在了一起——或本该联系在一起。不过责任意识并没有带来爱。避难者们和她发生了争吵,彼此间也吵吵嚷嚷;这么做了之后,他们没法甩手而去,而是不得不留下来和反感的对象生活在一起。他们不能离开嘉辛敦的原因恰恰是它提供了一个逃离战争的避难所,出于同一原因,他们没法兴高采烈地待在那里。拜访者(比如弗吉尼亚)可能会喜欢这里的乐趣,它几乎会被叫成是"中立领土",当他们重返战时首都那种可恶的道德氛围之中,面对日益的艰苦和危险,可能就更喜欢它了。

每个月到了满月时就会有空袭——或人们是这么想的,空袭来时,霍加斯宅的住户们就躲进地下室。在这种场合,被褥和毯子都被拿下来垫在过道和配餐室里;伦纳德会躺在厨房的桌子上,就像葬礼上的死者,弗吉尼亚则躺在桌子下面。他们的佣人有固定的铺位,她们更乐意每晚睡在地下室;她们唧唧喳喳地谈起弗吉尼亚的可笑之处,并傻笑不已,直到伦纳德要她们安静下来为止。然后她们就尽可能地入睡了,与此同时,齐柏林飞艇(Zeppelins)或飞机在头顶上转悠着,在他们无疑以为是斯劳或斯坦斯①的地方投下炸弹,防空枪声增加了夜晚的总体噪音和不适之处。然而,有一次他们的晚宴不得不转移到地窖里举行,他们的朋友 R.C.特里维廉继续着他的谈论,嗓门太大了,不管是他的支持者还是反对者都没法听见他在说什么。※

伍尔夫夫妻在圣诞节去了阿希姆,新年里,他们一回到伦敦就发现许多人在谈论和平的可能性。"这种谈论……"弗吉尼亚写道,"带着一种希望的战栗,每三个月冒出来一次,然后沉下去;接着又再次膨

---

① 斯劳(Slough)和斯坦斯(Staines),都是伦敦附近地名。

※ "昨晚有一次空袭——鲍勃正和我们一起吃晚餐,他说话的嗓门那么大,我们连枪声都听不见了;不过萨克逊说伦敦情况相当糟。我们大部分晚餐是在煤窖里吃的。"VW/VB,1917 年 12 月 19 日(Berg)。

当我初次读到这一段的时候,觉得这似乎是弗吉尼亚典型的夸张风格;但拿它跟伦纳德在 1917 年 12 月 18 日的日记相比:"喝茶之后,鲍勃·特里维廉来过夜。六点四十五,空袭开始,但是鲍勃的粗嗓门一直没停下来,把枪炮声都覆盖了。在餐厅和地窖之间吃晚餐。但空袭久久不结束,我们都烦了,于是留在了楼上。下象棋且赢了。空袭在十点结束。"

胀起来。"[37]这是一种定期重现的失望，这一次，弗吉尼亚得知自己已经获得了投票权，她并没有感到很大的安慰。尽管战前那些年里她曾为争取妇女投票权做过努力，这种胜利，既然已经到手了，看起来就似乎没什么大不了的。总而言之，这是一段相当抑郁的时期。不过她的工作进展很快，到 1918 年 3 月为止，《夜与昼》已经超过了十万字；可她感到沮丧，二月份她染上了流感。在情形适宜时，为了恢复身体，伦纳德带她去阿希姆住了十天，他们认真讨论了在那里待到战争结束的可能性。他们回到霍加斯宅，但是三个星期后，为了复活节，他们又去了阿希姆。三月下旬的天气很热，当德国人逼迫协约国朝亚眠方向撤退时，佛兰德斯①的炮火声从山顶上清晰可闻。圣诞节前，伦纳德的一个兄弟在那里阵亡了，这时，巴巴拉的新婚丈夫正在打仗※；弗吉尼亚感到心神不宁，不开心，在她看来，这些日子的春季阳光中似乎有一种古怪、不健康的苍白。

利顿来到阿希姆，也许对缓和她的忧郁有所帮助，不过利顿也带 54 来了难题。《维多利亚时代四名人传》（很多章节已经读给她听了，让她感到羞愧的是她在听第一章时睡着了）目前正在排印中。它很快就要面世了，利顿巧妙但一再地暗示，她应该在《泰晤士报文学增刊》上为这本书写书评，直到最后，在明知不妥的情形下，她答应了下来，并给布鲁斯·雷蒙德写了信。他回信说她可以评论这本书，如果她不泄漏自己的作者身份的话；可她觉得自己不能这么做，于是这本书交给别人评论了。

4 月 14 日，发生了一桩颇不寻常的文学事件，当时，伍尔夫夫妻已

---

①　佛兰德斯（Flanders），法国和比利时交界地区，一战时的重要战场；亚眠（Amiens），法国地名。

※　实际上，1918 年 3 月 30 日，星期六，就是复活节那一天，他受了重伤。

经回到了里士满。自我主义者出版社的业主和编辑哈丽特·韦伍尔小姐带来了《尤利西斯》的手稿;她指望霍加斯出版社也许能出版它。※这是一本弗吉尼亚既不能放弃也不能接受的作品。它的力量和微妙是显而易见的,足以激起她的赞美,无疑还有嫉妒。在她看来,它似乎不但具有一种美,还具有一种低劣、取巧、下流的粗俗。乔伊斯使用的手法跟她的没什么两样,这让人感到痛苦,因为就好像那只钢笔,完全属于她自己的钢笔,已经从她手中被夺走了,以便让某个人可以在厕所座位上胡乱划下"fuck"这个词。还有,她感到乔伊斯在为一个小圈子写作;当她提到他的时候,她写的是"这些人",她也许把他和埃兹拉·庞德,还有我不了解的其他"下层社会"人士归进了一类。她的反应可能很重要;乔伊斯无端、厚颜的粗俗使她突然觉得自己是极其淑女化的。尽管如此,她确实有洞察力,足以看出它显然是一部非常值得发表的作品;同样显而易见的是,它完全超出了霍加斯出版社的技术能力。必须雇用专业印刷工;要想找人承担这样一份工作是不可能的——因为伦纳德咨询了一些人,那些人坚持说他们会被起诉的——这迫使伍尔夫夫妻放弃了尝试。

六月份,《维多利亚时代四名人传》问世了。利顿的朋友们在某些方面感到失望。当然,它是才气横溢的——利顿会显得才气横溢,这一点向来被认为是理所当然的。可它的确配得上他吗?瓦奈萨和弗吉尼亚不这么认为。克莱夫较热情些;他还断言说,弗吉尼亚对利顿的成功心怀嫉妒——荒谬且不光彩的嫉妒。如果真有其事的话,她没

　　※　照伦纳德·伍尔夫的说法,哈丽特·韦伍尔小姐是在 T.S.艾略特的推荐下找到霍加斯宅的。(《再次开始》,第245—246页)这无疑是事实;不过当他说"1917年末或1918年初,他告诉我们,哈丽特·韦伍尔小姐……很关心詹姆斯·乔伊斯的一部手稿",他暗示了弗吉尼亚和 T.S.艾略特之间一定程度的亲密关系,这在当时尚不存在。1918年11月的一则日记使人们难以相信,在那个月15日之前她曾见过艾略特先生。

把这些写进日记,不过可能她确实感受到了一阵剧痛。不可避免地,当一位朋友(某人在文学竞赛中的明显对手,可以说,已经和某人并驾齐驱了好些年)突然领先了——即使只是照公众的判断,所以人们会问,"您真的认识利顿·斯特雷奇?"而不是"您**就是**弗吉尼亚·伍尔夫?"——如果要远远落后的赛跑者保持全然的镇静,她就得具备一种非凡的超脱和颇不寻常的道德优越感——没人会认为她具备这些品质。我得补充一句,克莱夫对在伤口里抹盐是不会感到犹豫的。他依然喜欢揶揄她,那个秋天,他们之间的关系是紧张的,紧张到如此地步,就像我们将要看到的那样,他们有过一次颇为激烈的决裂。她和瓦奈萨的关系一度也好不到哪儿去;不过为了解释姐妹间的纠纷,得先讲一段相当长的离题话,因为它起因于瓦奈萨所谓的"佣人问题"。

这是个实际问题,一个道德问题,也是个私人问题,它对瓦奈萨、弗吉尼亚,我猜还有许多和她们一样的人来说都有着恼人的重要性。为了弄明白这问题,我得提醒读者一些我们往往会忘掉的显而易见的事实。如果你能买得起这本书,很可能当你晚上把它带回家时,你会按一下开关,打开灯阅读它。中央暖气使屋子暖和起来,拧一下水龙头,热水就流进了你的浴缸或水池,拔一下栓子,冷水就冲进了你的抽水马桶。你可能会自己烧饭、做家务,不过也许手边有好些机械工具、罐头、开罐头刀、冷冻食品、冰箱和塑料容器帮忙。天知道每天举手之间有几千匹马在为你效力。[①] 烤炉得加热,食物得磨碎和搅拌,还有地板要擦,屋子要点灯,壁炉要点火,你不必为这些大费周折。

而当弗吉尼亚·伍尔夫去阿希姆时,这些有用的东西她一样也找不到。就连去那里,她都得步行或骑上几英里的脚踏车,要么就得花

---

① 这里暗示的是功率单位之一马力(horsepower)这个词。

56　钱叫出租车或马车。要灯光，她就用会把油脂滴在地毯上的蜡烛，否则就用会冒烟的油灯，每天上午得为它们添油，还得修剪它们；取暖要用木头或煤炭——1916 年到 1919 年，煤炭是供应不足的；煤炭得用煤桶提着走，炉栅需要打扫，炉火得归置好，如果没有妥当地归置好，它们就搞得满屋子都是烟，要么就可悲地熄灭了。在乡下，要开水就得自己在炉子上烧。每天，得把冷水用唧筒抽到一个水池里，还有，阿希姆只配备了一个用干土覆盖粪便的厕所。没有冰箱或冷冻食品，开罐头刀是一种沉重的匕首，你用它袭击罐头，指望能获得一次锯齿状的胜利。烧饭和清洁的整个过程难以置信地费力、脏乱和缓慢。仍有很多人生活在这种条件下，甚至更糟——糟得多——不过显而易见，在这种环境下，要保持一种舒适或清洁，就得有人不停地干活。

1914 年以前，总之，能雇得起一个室内佣人的人多得让人吃惊。劳动力是充裕的，女孩们为了生计和微薄的薪俸会接受这种职位。富人们（一个人就可以雇得起比如说六个佣人）可能认为她们比我们的机械设备更有效。

战前的伍尔夫夫妻拥有两个佣人，贝尔夫妻有四个——对一个妻子有全日制职业（照贝尔夫妻的情形，还有俩孩子）的家庭来说，这是最低限额了。战争期间，市场形势发生了根本改变。在工厂里能挣到丰裕的工资，女性劳动力变得紧缺起来。较年轻的女性不愿意做佣人；去乡下干家务活的孤立情形是很让人却步的。

同时还存在着道德问题。在海德公园门，仆人云集之下，那种状况是不加掩饰的家长制的。莱斯利·斯蒂芬是一家之主。明妮、朱莉娅、斯特拉或瓦奈萨都是他的代表，仆人直接向她们负责。每个人都知道自己的位置。那种体制具有仁慈专制的缺点，也具有它的长处。1904 年到 1914 年之间，那种体制开始崩溃；斯蒂芬姐妹缺乏她们父母的群居信心；她们不喜欢仆人/女主人的关系，可不知道该怎样避免它。家长制只有在双方都认为它既正当又合理的情形下才能运转。它垮台之后，不公正的问题可能解决了，不过道德状况却变得让人极其不适。贝尔太太和伍尔夫太太寻求并探索过雇主和受雇人之间另类的、更平等的契约形式。她们对索菲娅·法雷尔——一件家族珍宝，如果她们有家族珍宝的话——尤其感到不自在。留下她或让她走都是件麻烦事。她们既不能达到她的标准，也没法扮演她期望她们扮演的女家长角色。从另一方面来说，如果她需要工作机会，显然，这个家庭必须提供给她。她在各个家庭之间奔走，最后在乔治·达克渥斯家待了下来，他家仍旧按照老规矩玩游戏。

　　她的继任者没有她的传统背景，从那种意义上来说是好相处些，不过私人的关系要说有什么区别的话就是比过去更难处。在布鲁姆斯伯里，家庭佣人的地位不会像维多利亚时代那么卑屈，但是她们也不具备那种公事公办的雇主/雇员的关系（即如今在"帮忙"的"白班"女性和"被帮忙"的女性之间能建立起来的那种关系）。她们是家庭的组成部分，可她们也是独立的人，是同样在感情上需要被尊重的人。合乎理想、情形顺利的话，她们是朋友的关系。然而，你会有多少天天见面的朋友，她们还靠你谋生，手中掌握着你的安逸，而你从不对她们感到厌倦或恼火？在一份书面品德证明书或一次面谈的基础上建立友谊，没有教养、兴趣、教育或阶级上的相似之处，这是多么困难。如今，阶级几乎成了一个忌讳字眼，我希望它在五十年前的英国社会里代表的意思没那么糟，不过以为那时的人没有阶级意识，这恐怕是不切实际的。

　　阶级分歧使双方都搞不懂对方。在布鲁姆斯伯里，佣人们不得不面对这些神经过敏、与众不同的人，他们穿着不当，挂着不对劲的绘画,观点错误,有着最奇特的朋友(因此在 1917 年,瓦奈萨的女厨发现,自己不得不跟女主人讨论一下这样的事情,即家里某位客人和毗邻农场上一个别具魅力的小马倌之间的关系。[38]那位客人当然就是利顿·斯特雷奇了)。

弗吉尼亚家的事和瓦奈萨家的不完全一样,不过,无疑,她把佣人们搞得莫名其妙,有时还激怒了她们。

1916 年初,弗吉尼亚还在康复之中,伦纳德已经雇佣了内莉·博克斯奥和她的终生朋友洛蒂·霍普作女厨和女佣。她们之前曾在吉尔福德服侍过罗杰·弗赖。两个女孩彼此非常忠实。洛蒂是个弃儿,个性单纯,大方,易冲动,爱说谎且充满激情。她很容易从兴高采烈转变成暴怒。内莉更安静也更文雅,而实际上甚至比她的朋友更有激情。

58　　内莉将会回忆起她在 1916 年的第一次面谈,当时她走进霍加斯宅的客厅,发现弗吉尼亚穿着一件旧晨衣躺在沙发上,觉得她是"如此和蔼",知道自己愿意为她工作。[39]可怜的内莉,她所不知道的是,弗吉尼亚会让她如此着魔又如此气愤,以致在接下来的十八年里,她既不能和她生活在一起,又不能不和她生活在一起,她也不知道弗吉尼亚对她那种变幻的情绪会如此恼火,然而又如此感动,使她既无法忍耐她,又不能解雇她。内莉和洛蒂一而再,再而三地吵闹又和解,愠怒再息怒,抱怨外加提出离职。她们饱受折磨,既对城里空袭感到极度恐惧,又对乡下生活的沉闷感到绝望。她们提供了源源不断的戏剧源泉。弗吉尼亚对她们既着迷又恼怒;她们激发了她内心中最好和最坏的东西。

1918 年 4 月,瓦奈萨发现自己怀孕了。当时,住在查尔斯顿的人有瓦奈萨、邓肯、戴维·加奈特、一位家庭女教师和她的情人、四个孩

子(包括女教师的女儿和外甥)、一位女厨和一个厨房女佣。显然,这
个家庭的工作负担是沉重的。于是女厨提出走人。似乎不可能找到
别人了。在这场危机中,弗吉尼亚不是第一次使自己派上了用场,她
拜访了家务中介,同时瓦奈萨在紧邻地区四处打听,这些都没用。于
是,弗吉尼亚想到让内莉和洛蒂去姐姐那里,反正只是两周而已。私
下里她认为她们可能就在那里待下去了,因为伍尔夫夫妻渐渐变得那
么缺钱,似乎不可能再请得起佣人了;然而,伦纳德有了一个可能当编
辑的机会,在这种情形下,他们当然就想让内莉和洛蒂回来。不管怎
样,她们未必会回来这事是瞒着她俩的。1918 年的 5 月和 6 月,两姐
妹几乎每天都通信,信里一页又一页地写满了瓦奈萨和弗吉尼亚,弗
吉尼亚和她的佣人以及佣人和瓦奈萨之间的磋商,其中描述了内莉和
洛蒂的猜疑,觉得她们也许一去不复返了,还有瓦奈萨对于达成一个
未必长久的协议的犹豫,福特小姐(Miss Ford)使这事变得更复杂,她
是个本地女孩,显然比不上内莉和洛蒂,不过随时可以来上工。最后,
因为身体不适,瓦奈萨不得不派遣即将离职的女厨翠西(Trissie)到里
士满来敲定洽谈的事宜,她把事情处理得这么糟,以致内莉和洛蒂宣
布,什么事都不能诱使她们离开伍尔夫夫妻或去查尔斯顿。搞到这
时,瓦奈萨正好来不及雇佣福特小姐了;她被别的某个人抢走了。瓦
奈萨又急又火,她质问道:以前一直反对内莉和洛蒂来她这里的人是
不是伦纳德? 这引来了伦纳德颇为生硬的反驳,随后是双方解释性的
调停信。

弗吉尼亚一向能够轻易跟瓦奈萨达成和解。不过跟克莱夫就不
成;1918 年秋天,她和他又闹翻了。

克莱夫总指责弗吉尼亚是个搬弄是非的人,在霍加斯宅,他和德
斯蒙德·麦卡锡说过一些关于凯瑟琳·曼斯菲尔德的刻薄话,他认为

59

(也许没搞错)这些话被女主人转述给了凯瑟琳。这当然惹起了一些麻烦;不过还有更糟的事情会发生。

此时,克莱夫生活中最重要的人物既不是弗吉尼亚也不是瓦奈萨,而是圣约翰·哈钦森太太,这当然意味着,她如果没成为布鲁姆斯伯里的"成员"的话,至少也成了频繁拜访它的常客。瓦奈萨和弗吉尼亚都欣赏她;可克莱夫要求他的朋友们不仅是喜欢玛丽。在热情头上,他坚持他们得承认她是社团里最灵巧和文雅的人———一位有着蓬帕杜魅力的杜德芳①。她自己倒没这么自命不凡,可能她意识到了,克莱夫这样声称是在伤害而不是提高她的声望,只会搞砸原本应该是足够热情的欢迎。实际上,弗吉尼亚对克莱夫这位朋友的感情发生了很大的变化。在她的"器重"这个不可预测的市场上,没有谁的股票不是升升跌跌的;可如果这次发行在某些时候暴跌到了可怕的地步,那是因为克莱夫拟就了一份把人彻底引向歧途的募股章程。

关于弗吉尼亚在 1918 年秋天的搬弄是非(如果干这事的人是她),我们应该根据这种上下文来做出判断。

就在此时,哈钦森太太被告知———不清楚是谁说的———说克莱夫的朋友,尤其是瓦奈萨,认为她非常让人讨厌,容忍她仅仅是给克莱夫面子。这不怀好意的谣传自然给她带来了很大的痛苦。克莱夫和瓦奈萨匆忙得出结论,这故事想必是弗吉尼亚编造的,并由马克·格特勒传播开来,后者在九月份曾去过阿希姆。"不管你可能对格特勒说过什么,他随即就告诉别人了……"瓦奈萨写道,补充说,"千万小心你说的话……请别让他或总之任何人认为我不喜欢玛丽,因为就像你知道的那样,我喜欢她。"[40]

---

① 蓬帕杜(Pompadour,1721—1764),法国国王路易十五的情妇;杜德芳(du Deffand,1697—1780),法国最著名的沙龙女主人之一。

　　弗吉尼亚有点激动地回信说：是的，在阿希姆，玛丽曾一度是她和格特勒谈话的主题——伦纳德在场，可以作证她所说的只是，她对玛丽几乎一无所知，和她在一起时，玛丽似乎总是非常缄默，而且她猜想，和瓦奈萨在一起时她也同样缄默。至于格特勒，他既不喜欢打探也没有恶意，（照例）一心只想着自己和自己的事。[※][41] 玛丽的一些朋友或许有挑拨离间的动机；她肯定无意于此。她强烈抗议自己"成了这种可憎的密探系统的牺牲品"，决心将来要避开克莱夫和他新交往的那伙人。

　　克莱夫给瓦奈萨的一封信表明，弗吉尼亚的愤慨被证明是有道理的：

　　　　我只想纠正你的一点看法。说弗吉尼亚向格特勒搬弄是非的人不是我。我只说流言蜚语已经被传播开了，是别的某个人——我倒觉得是你——暗示弗吉尼亚是这流言蜚语（fons et origo）的源头。我们一致认为这是可能的，我仍旧这么想，不过我十分肯定，我没说过流言蜚语是来自弗吉尼亚的，因为我至今都不知道它们是怎么传到玛丽耳朵里的。我一定会查清楚。倒不是说我有那么一丁点儿怕和弗吉尼亚纠缠不清。我很习惯这么干，还很喜欢呢，可要真有这么回事才行。[42]

她遭到了指控，根据的是怀疑而不是证据，就目前情形而言，证据倾向

※　在日记里，弗吉尼亚提到，9 月 17 日当克莱夫和哈钦森太太驾车到来时，她正在查尔斯顿。23 日，她写道："她照例像条鲑鱼那么一声不吭——我说鲑鱼是因为她那有斑点的衣服——也因为尽管一声不吭，她有着鱼那种敏捷的泰然自若。"在同一天，她写道："我们已经对着格特勒谈了差不多三十个小时的格特勒；这就像眼睛对准显微镜。鼹鼠丘一清二楚；周遭的世界不复存在。"AWD（Berg）。

于她是无罪的。不过，可能有人会争辩说，如果她不是已经有了坏名声，瓦奈萨（如果是瓦奈萨的话）本来是不会怀疑她的。显然，她是口无遮拦的。她记得自己曾一度泄露过秘密，没意识到她是在有人的情形下把它们说了出来。所以照她自己的说法，她发现自己掉进了"热水"①。[43]另一次，当她要去看望斯特雷奇夫人时，瓦奈萨认为有必要警告她，"看在上帝分上，千万留意你说的话……记住，她在道德上**没**那么时新——从没听说过鸡奸——至少在她家里没听过。你在这方面有着最疯狂的念头。"[44]其实，她有一种想到什么就说什么的令人惊恐的倾向。不过，这和她如今被指控的蓄意、无意义的冷酷挑拨不是一回事。

　　我们需要设想这些私人戏剧性事件是以国家大事为背景的，弗吉尼亚的注意力日益被引向那些大事。因为格特勒—玛丽·哈钦森之争发生在 1918 年 10 月中旬，到了那时，战争真的终于要结束了，这一点已经变得显而易见。伦纳德很多时间都在操心那些政治斗争，它们都是为了寻求在战后建立一个世界性的维和组织，弗吉尼亚把其中的一些努力记在自己的日记本上了。九月份，比阿特丽斯和锡德尼·韦布曾经来阿希姆小住（弗吉尼亚为此在社交方面做出了相当的努力），他们持续不歇地交谈着，主要话题是重建以及未来要建立的社会新秩序。

　　"政府的工作，"锡德尼·韦布宣称，"在未来将会大大增加。"[45]

　　"我也会有事做吗？"弗吉尼亚问。

　　"噢，当然，你肯定会有个小职位的。我妻子和我总是说，铁路警卫是男人中最受羡慕的。他手中有权，对政府负责。那恐怕会是我们

────────────

① 　热水（hot water），在英语里是"困境"的意思。

每个人的情形。"

随着一周一周的流逝,这些美好的未来景象变得更光明了。

"我们这星期所做的一切,"10 月 12 日,弗吉尼亚写道,"都映衬着这种不同寻常的充满希望的背景;我记得,当圣诞节临近时,作为一个孩子我曾怀有一种感情,现在就是那种感情被极端放大后的形式。"[46]接下来的星期天,她的表兄 H.A.L.菲希尔(当时是个内阁阁员)出乎意料地出现在霍加斯宅的喝茶时间,宣布:"今天,我们已经打赢了战争。"[47]

其实还要等上一个月,弗吉尼亚不无愠怒地记录了诺思克利夫勋爵对延长屠杀的渴望。她在日记里写道:

10 月 30 日,星期三

在这个可爱得令人难以置信的秋日里,刚从公园散步回来。各种各样的房子,周围长满橙色的浆果;山毛榉树如此鲜亮,在你仰望过它们之后,一切事物看起来都显得苍白。(我多么讨厌在刚读过 H.沃德太太之后写东西!——她对于心智健康就像流感对肉体一样,是一种很大的威胁。)我们谈到和平:航空气球会被扯下来,金币会零零星星地出现;人们很快就会忘了有关战争的一切,我们的胜利果实将会落满灰尘,像寄宿公寓客厅里那些玻璃橱中的装饰品一样。里士满的好人们每隔多久会高兴地想起波茨坦的好人们已获得了自由?不过,我能想得到,我们将对自己的德行越发感到自大。《泰晤士报》还在谈再打一个季度的可能性,为了将战场扩大到德国,让那里的德国农民懂得该尊重自由。我认为普通百姓和这种情绪距离遥远,而这种距离是唯一的防范措施和保证,从而让我们再次安定下

62

来,不更好也不更坏。

过了些日子:

11 月 11 日,星期一

二十五分钟前,炮声停止了,宣告了和平的到来。汽笛在河上鸣响。还在响。有几个人跑到窗口去看。秃鼻鸦转过身来,有那么一会儿流露了人在举行仪式时的那种象征神态,部分是感恩祈祷,部分是对坟墓致告别辞。多云、寂静的一天,烟柱朝东方一边倒;它一度也显现出了某种飘浮、摇摆、萎靡的事物的样子。我们看着窗外;看到一个房屋油漆工望了一眼天空,然后继续他的工作;一位老人提着露出一截大面包的袋子沿街蹒跚而行,后面紧跟着他的杂种狗。迄今为止,既没有钟声也没有旗帜,只有汽笛的鸣叫和间歇的炮声。

注释

[1]"几家刊物的评论"印刷在《夜与昼》的封底,1919 年。

[2]同上。

[3]VW 致莫莉·麦卡锡,1914 年 12 月 15 日。

[4]VW 致玛格丽特·卢埃林·戴维斯,未标明日期[约 1915 年 8 月 1日](MH)。

[5]VW/GLS,《书信》,第 53 页,1915 年 10 月 22 日。

[6]VW 致凯瑟琳·考克斯,[1916 年]3 月 19 日。

[7]VW/VB,1916 年 6 月 7 日,附件包括罗伯特·塞西尔夫人致 VW 信件,未标明日期(Berg)。

[8]VW/GLS,《书信》,第 62 页,[1916 年]7 月 25 日。

［9］ VW/VB,1916 年 7 月 30 日(Berg)。

［10］ VW/VB,1916 年 5 月 4 日(Berg)。

［11］ VB/GLS,1916 年 10 月 24 日。

［12］ GLS/VB,1916 年 10 月 25 日(CH)。

［13］ VW/VB,1916 年 9 月 11 日(Berg)。

［14］ VW 致玛格丽特·卢埃林·戴维斯,1920 年 6 月 25 日(MH)。

［15］ VW 致玛格丽特·卢埃林·戴维斯,1917 年 1 月 24 日。

［16］ GLS/VW,《书信》,第 61 页,1916 年 7 月 17 日。

［17］ VW/GLS,《书信》,第 62 页,1916 年 7 月 25 日。

［18］ VW/VB,1917 年 2 月 11 日(Berg)。

［19］ 似乎源头是斯蒂芬·斯彭德的《世界中的世界》,1951 年,第 153 页。

［20］ E.M.福斯特,《日记》,1912 年 5 月 10 日。

［21］ VB/MS Ⅲ。

［22］ LW,1915 年日记(MH)。

［23］ LW,1916 年日记(MH)。

［24］ VW/VB,1917 年 4 月 26 日(Berg)。

［25］ 霍加斯出版社的第一本印刷品的校样被附在 VW 致玛格丽特·卢埃林·戴维斯的信件中,1917 年 5 月 7 日(MH)。

［26］ VB/RF,1917 年［4 月 14 日］(CH)。

［27］ VW/ES,1930 年 10 月 16 日(Berg)。

［28］ VW 致玛格丽特·卢埃林·戴维斯,1917 年 9 月 9 日(MH)。

［29］ VW/VB,1917 年 5 月 22 日(Berg)。

［30］ RF/VB,1917 年 6 月 11 日(CH)。

［31］ AWD(Berg)。

［32］ VW,日记附录,1918 年 12 月 7 日。这卷附录包括了 1918 年 11 月 16 日到 1919 年 1 月 24 日之间的内容,部分被收录在 Berg 收藏中的 1919 年卷。

［33］ LW,《再次开始》,第 217 页。

［34］据传闻（詹姆斯·斯特雷奇太太）。

［35］VW/VB,1917 年 1 月 17 日（Berg）。

［36］AWD(Berg),1917 年 11 月 19 日。

［37］AWD(Berg),1918 年 1 月 4 日。

［38］VB/GLS,1917 年 8 月 3 日和 8 日;GLS/VB,1917 年 8 月 6 日(CH)。

［39］内莉·博克斯奥,《弗吉尼亚·伍尔夫肖像》,BBC 国内节目,1956 年 8 月 29 日。

［40］VB/VW,1918 年 10 月 24 日(MH)。

［41］VW/VB,1917 年 10 月 27 日(Berg)。

［42］CB/VB,1918 年 10 月 26 日(CH)。

［43］AWD(Berg),1921 年 2 月 5 日。

［44］VB/VW,1918 年 1 月 21 日(MH)。

［45］AWD(Berg),1918 年 9 月 18 日。

［46］AWD(Berg),1918 年 10 月 12 日。

［47］AWD(Berg),1918 年 10 月 15 日。

第三章　1918 年 11 月至 1922 年 12 月

1918 年 11 月,停战了,《夜与昼》也大功告成了——最后的句子完成于 11 月 21 日;这个月,弗吉尼亚还交了一个新朋友,即 T.S.艾略特。11 月 15 日,他带着三四首诗来到霍加斯宅。在弗吉尼亚看来,艾略特先生是个优雅、有教养且精致的年轻美国人,几乎太规矩了,不过非常有才智,非常诗人气。他对自己的看法态度坚定,它们和弗吉尼亚的不一致,因为他认为埃兹拉・庞德和温德汉姆・刘易斯是伟大的人物,还对詹姆斯・乔伊斯大加赞赏。伦纳德和弗吉尼亚同意让霍加斯出版社来出版他最新的诗作,将近 1919 年 1 月底,她开始排版。

然而,一月份的大部分时间弗吉尼亚都卧床不起。她拔了颗牙,然后头痛症发作;不得不把外甥们(在瓦奈萨分娩期间,她把他们接过来照顾)送到戈登广场他们父亲那里去。停战协议没结束各种物资的短缺,好像反而恶化了情形。生活由于工业动荡更艰难了。在一封给凯・考克斯的信中(她如今已成了阿诺德-福斯特太太,定居在康沃尔),她描述了那个时期的不便之处:

……依我看,在蜥蜴半岛①生病似乎也比健康地待在这里要好一些。没有火车或地铁,下着大雪,地窖里没煤了,屋顶漏了个洞,所有可能的容器都已经接满了漏下来的水,也许明天还会停电,你没法想象这种生活是什么样。我们在里士满,还能去滑铁卢;不过汉普斯特德完全与世隔绝了。伦纳德的下属当然是住在北边高地上,几乎根本不去办公室了,于是可怜的人不得不自己去,我坐在这里等着,因为雪和雾的缘故,天知道他什么时候回来。还有,行家们说,工人阶级表现得如此愚蠢,难以置信,政府会击败他们;这次罢工只是其他糟得多的罢工的开始。他们说我们注定要经受从没听说过的这一年。和你一样明智的人都跑到康沃尔去住了。我希望你去鲂鱼头(Gurnards Head)看看那里是不是有一间小村舍在出租,有人这么告诉我的。我们面临不得不放弃阿希姆的可怕前景。可能农场需要它;仍旧有一线希望,但恐怕希望不大了……

我身体又完全好了,虽然去伦敦的旅行稍微受点限制,所以我没有太多的舌头要嚼……你听说了查尔斯顿的灾难吗?我没法一一详述细节,因为那要有几卷书厚了。不过,想象一个乡村医生给婴儿开了某种药[瓦奈萨的女儿安吉莉卡出生于1918年圣诞节],这使她夜以继日地生起了病——奈萨要他住手——他拒绝了——他不肯说那是什么药——看护不得不照他的吩咐做——孩子越来越瘦——邓肯去了布赖顿,就奈萨的母乳品质咨询了萨克逊的父亲——毫无结果——给诺埃尔[·奥利弗亚]发了电报——女医生悄悄地来了——发现那位医生开的是某种形

---

① 蜥蜴半岛(the Lizard),康沃尔地名。

式的毒药——布里尔顿太太 [Mrs Brereton，女家庭教师] 认为她有责任通知那位医生，告诉他，对手来了——吵闹、发作和解雇——奈萨和女医生的胜利，婴儿的部分康复。这事刚结束，佣人们开始酗酒，甚至更糟，不得不解雇她们；当然，疯狂地到处找人；一个也没找到；发了电报，安排了面试，找到了厨师，最后一刻发生了变故——整件事从头再来；找到了更多的厨师；刚要开始工作，她们的父亲死在街头，为此奈萨和我都急冲冲地到处奔忙，结果我们没告诉对方就各自雇好了厨师，不得不解雇其中一个，花费了大量的金钱和精力。你没法想象这些事一共占用了何其多的时间，或我提笔写信时是多么的厌烦，"简·比利，我替我姐姐写这封信……"首先，我憎恨那种句式，其次，那种粗壮生硬的手写体不是我能写得出来的。[1]

查尔斯顿的灾难实际上令弗吉尼亚为之疲于奔命，而且当时她自己身体一点都不好。她没法拒绝姐姐提出的要求（这些要求因为没有被说出口而更显得意味深长），但不禁对此感到恼火。情况变得太糟时，他们把内莉送去查尔斯顿解围，不过，为了保护弗吉尼亚不因自己的慷慨而搞得不可收拾，伦纳德照例不得不插手其间。

直到三月初，弗吉尼亚才能去苏塞克斯探望她的初生外甥女，亲自看看瓦奈萨应付得怎样了。她记录道，查尔斯顿的生活颇为荒凉——"除了风雨之外别无他物，地窖里没有煤。"[2] 不过，那空荡荡的室内仍有某种富有吸引力且宽慰人心的东西。它是凌乱无序的，不带偏见地说，也许可以说是一片狼藉；不过气氛是合意的，将它与自己那相对井然有序，完全无可指摘的家庭生活相比，在某些心境下，弗吉尼亚会觉得它浪漫到了令人羡慕的地步。

6月1日,弗吉尼亚又在查尔斯顿过了一夜。这次拜访是意义重大的,要解释其原因,先得回到春天发生的事情上去。

我们大概还记得,在她给凯的信中,弗吉尼亚对可能会失去阿希姆深表遗憾,尽管当时仍有一线希望。3月1日,农场主冈恩(Gunn)给了他们六个月的搬家通知,这一线希望破灭了。伦纳德和弗吉尼亚立刻开始找房子——她承认,这工作总会给她带来很大乐趣——希望能在同一区域里有所发现。不过,从凯瑟琳·曼斯菲尔德那里,她听说让罗附近有三幢毗连的小村舍在出租,租金是每幢每年五英镑。D.H.劳伦斯曾住在该地,这是两位小说家彼此通信的唯一机缘。弗吉尼亚无法抵抗康沃尔的诱惑,租下了它们,但想必她很快就意识到,海尔特吉升①离伦敦太远了,这不是个切合实际的提议。我想伍尔夫夫妻从没去过那里,这个计划就此销声匿迹。

与此同时,他们已经出版了三本小书:T.S.艾略特的《诗选》,米德尔顿·默里的《判断力批评》和弗吉尼亚的《丘园》——这三本书都出版于5月12日。到5月31日,《丘园》只卖掉了四十九本,而艾略特和默里的书都卖得相当棒。弗吉尼亚有点怪罪伦纳德,因为他曾劝服她说《丘园》值得出版。

她的书卖不出去,房子问题没有解决,因此,就是怀着这种相当不满的心情,她回到了查尔斯顿。到了这时,那里的家庭状况多少已经自行解决,不过姐妹俩又吵起来了。这一次是审美问题,事关《丘园》的印刷。瓦奈萨为这本书创作了木刻,她一点都不喜欢印刷它们的方式。照弗吉尼亚的说法(她有点倾向于夸大瓦奈萨的责难的严重性),她如此恼怒,质问起印刷效果这么差的印刷机是干什么用的,还说如

---

① 海尔特吉升(Higher Tregerthen),康沃尔地名。

果那就是他们能达到的最好效果,就她而言,她再也不会为它忙活了。这场谈话的后果(还是照弗吉尼亚对这事的叙述来看※)是奇怪的。她去了刘易斯,发现那里有一幢房子在出售,立刻就买下了它。

她干了件古怪的事,买了幢古怪的房子。它曾经是风车磨坊,高　66
耸在靠近沃尔城堡(Castle Wall)的刘易斯山上。该房位于市镇中央,其实并不是他们想要的房子。她怀着一种有点挑衅的心情回到伦敦;跟瓦奈萨吵了架之后,她总会感到不安,如今,由于姐姐批评了霍加斯出版社的印刷技术,就花上三百英镑在刘易斯中央买下一幢圆柱形小建筑,看来,这件事已经开始变得算不上一个摧毁性的答复,很可能不像她起初认定的那样;不过,她得为这个行为辩护。

当晚,伍尔夫夫妻打开霍加斯宅的前门,发现一堆邮件,全都是《丘园》的订单:来自批发商、书店和个人。突然间,人人都想要买它;《泰晤士报文学增刊》上刊登了一篇非常有利的书评。

这原本应该是个十分可喜的场面;可查尔斯顿之行的后果破坏了当晚的气氛;还有,伦纳德会怎样评论那幢房子?

他实际上是有雅量的,不过几个星期后当伦纳德有机会见到它时,他俩都意识到那是一个错误。他们其实想要的是一幢乡村房子。在他们穿越刘易斯去视察圆房子时,他们曾注意到一张布告,宣布在罗德麦尔有一处房产即将出售,罗德麦尔是位于刘易斯以南三英里处的一个村子。"那本来会是适合我们的。"[3] 伦纳德懊恼地说。

※　"你意识到了吗?那天,是你的严厉使我鲁莽地买了幢房子。我说,我得做点事来恢复平衡,照我看来,得做点事来让我意识到自己的重要性;于是我买了幢房子;因此你得对此负责。有人像我忍受了这么多吗?你本会看到我的心灵在枯萎,就像一个——我记不清那个具体的形象了,但摩擦一块封蜡,所有东西都会蜷曲——仿佛是陷入苦恼,这个形象就会出现。并不是说在我的情形中存在关于它的意象。但是我的灵魂具有一种内在的伟大,似乎是在表面凝结了一层乳脂。我幸存了下来。"VW/VB,[1919 年 6 月 18 日],Berg。

僧侣屋坐落在村路尽头,那村路从刘易斯和纽黑文之间的大路上
蜿蜒而下,罗德麦尔几乎所有房子都修建在它两侧。那是一幢砖瓦加
燧石的朴素住宅,位于路边,装有封檐板,有两层楼和陡峭的板岩屋
顶;里面有许多彼此相通的低矮小房间;一楼地面铺着砖,楼梯狭窄,
梯级已被磨损;当然既没有浴缸也没有热水和厕所。住宅后面是一个
盛大、凌乱的花园,有着燧石墙和许多附属小屋,花园之外是一片果
67　园,果园之外是围墙环绕的教堂墓地。伦纳德和弗吉尼亚对这房子越
看越喜欢。他们尽量想找茬,结果反而更喜欢它了。他们决心想办法
买下它,再卖掉圆房子。7 月 1 日,僧侣屋在刘易斯进行拍卖。他们给
地产经纪威彻利先生(Mr Wycherley)开出的最高价是八百英镑,他认
为这价格是很有希望成交的。

> 我想,我在生活中没遇到过太多如此激动人心的五分钟。当
> 我瞅着这过程时,我莫名其妙地在等待一次交易的结果吗? 怀特
> 哈特(White Hart)的这间房子里挤满了人。我望着每张脸,尤其
> 是每件外套和裙子,看有没有富裕的迹象,很高兴没发现任何富
> 人。不过另一方面,我想,如果算上伦,**他**看起来像是口袋里有八
> 百英镑吗? 某些富有的农民很可能把一卷卷纸币塞在长袜里。
> 叫价开始了。某个人出了三百英镑……在我看来,一眨眼就到了
> 六百英镑。[4]

过了这个价位之后,只剩下两个竞争者;他们被允许二十英镑一报价;
接着是十英镑;然后是五英镑;报价在七百英镑那里停住了;拍卖人重
复报价。小锤落下了。伍尔夫夫妻买下了僧侣屋。

在必须搬到罗德麦尔之前剩下的两个月里,他们设法在阿希姆度

过了整个八月。那是一段悲哀的日子,尤其是对弗吉尼亚而言。阿希姆,如此美丽、忧郁且弥漫着鬼魂,它具有一种正合她心意的特质。她曾用语言来颂扬那些温文的鬼魂,它们几乎让住在那里的人感受到了令人痛楚的共鸣。搬新家无疑是件振奋人心的事,可说真的,跟阿希姆相比,僧侣屋只不过是幢讨人喜欢的小村舍,能看到一些美景,有着漂亮花园而已。

1919 年 8 月 29 日,她给瓦奈萨写了发自阿希姆的最后一封信:

阿希姆

星期五

最亲爱的:

非常感谢你的支票。伦纳德完全赞同你的看法,认为在搬家中我只会碍事。而照我的看法,我觉得自己是必不可少的。我不知道没了我,他们怎么可能应付。不过我非常感激你的提议。也许过一天我会坐我的马车过来,如果你在查尔斯顿有马厩的话。

星期一开始搬家;我们已经被装满最有趣的信件的旧盒子包围了——你的、玛奇的和沃尔特·兰姆的,我看了一封梅纳德的非常刻薄的信,是关于我对布郎斯威克广场的安排的。到星期三我们就会住进新家了;不过恐怕我不能邀请利顿来住,因为佣人们会发疯的,我猜,还会提出离职。告诉他,我感到很失望。

你什么时候会过来看僧侣屋?如果你坐火车来刘易斯,我的马车会去接你并把你带来;然后送你回去。我会为这房子画很多画,不过一点也不会假装惭愧。

每个人都觉得海豚太太[即瓦奈萨]是那夜派对上的灵魂。摩根说,他要告诉你,他认为你既漂亮又迷人,不过他也许太害羞了。让我印象最深的是告别——每个人都对阿希姆有点伤感——贝尔老妈在露台上慌里慌张地乱找她的那套羽毛球拍。"这种时候伤感是没用的。嗯,伦纳德,那不是一块旧地毯——?"不朽的女人!

你的

B

僧侣屋离阿希姆只有两三英里。9月1日,恐怕要不了一上午,载着伍尔夫夫妻家当的两辆四轮马车就不费劲地过了奥斯河,干完了所有的活;当晚伦纳德和弗吉尼亚就能够睡在自己家里了。

这样一搬了家,弗吉尼亚就尽量强调新地点的好处了。除了花园的优势,视野也更开阔了,还能看到更多变化;可她不得不向自己承认她感到沮丧。很难确定引起这种忧郁的是新家的相对不完美,还是因为达克渥斯要出版《夜与昼》了。

和平常一样,她觉得出版是件令人心烦意乱的事,她照例试图达观地看待这件事。10月20日,她收到了自己的六本样书,随即寄出了其中的五本——给瓦奈萨、克莱夫、利顿、摩根·福斯特和维奥莱特·迪金森。她焦虑地等待着他们的意见。克莱夫立刻宣称它是最具才华的作品,维奥莱特和瓦奈萨称颂不绝,利顿充满热情。即便略有怀疑,她还是满心欢喜地接受了他们的赞扬。不过摩根写信说他更喜欢《远航》;他对她书中的人物没法产生真正的共鸣;照他看来(就像照随后大多数评论家们看来),《夜与昼》没有上本书那么成功。不过他是如此敏锐、如此亲切地谈论了自己的看法,所以她只不过是一时有点沮丧罢了。

凯瑟琳·曼斯菲尔德讨厌《夜与昼》。她私下里认为那是"一个发自内心的谎言"。[5]"战争从不存在：那就是它的主旨……我从**最深的**意义上感受到，从没有东西会是一成不变的——作为艺术家，如果我们不这么觉得的话，我们就是叛徒：我们得顾及这一点，为我们的新思想和感受去发现新的表达，新的模具。"凯瑟琳·曼斯菲尔德是这样对米德尔顿·默里说的。还有，三天后："谈到智性的势利——她的这本书到处都**充斥着**这东西。（不过我不能这么说）。你恐怕是不会喜欢它的。恐怕永远也不会读它。它是那么冗长，那么乏味。"在《雅典娜神庙》上，凯瑟琳·曼斯菲尔德是谨慎的；不过她说的话足以引起痛苦。弗吉尼亚认为那是一篇不怀好意的评论；伦纳德也这么认为。"他能看出她在四处找寻一个逃逸的空子。'我不打算把这说成是个胜利——非得这么说的话，我将把它称为一种错误的胜利。'"[6]

然而，这篇评论在许多方面都是观察入微的。既然《夜与昼》是蓄意再现往昔的情景，抱怨它缺乏现实性恐怕就没道理了；不过它以另一种方式属于过去：它是一部非常正统的作品，凯瑟琳·曼斯菲尔德无非过早感受到了后来许多批评家感受到的那种困惑，发现这本书一点都不具有《远航》或《丘园》中的那种创新。"我们曾以为这个世界永远消亡了，以为在文学的汪洋大海上，不可能遇见一艘对所发生的一切毫无了解的船只；然而，我们看到了《夜与昼》，新鲜、精致——一部承袭英国小说传统的小说。在我们表示赞美之际，它使我们体会到了陈旧和寒意。我们不曾料到还会再看到这种作品。"[7]

弗吉尼亚对凯瑟琳·曼斯菲尔德的感情始终是复杂的，她们之间的关系继续深深地吸引着她：

　　……在获得我那种兴趣、娱乐和恼怒的奇怪平衡之前，我该好好描述一下她。实际上，我认为，我们心照不宣的交谊前提之一正是,它几乎整个建立在流沙上。它上面已经留下不同寻常的滑落和抓攫的痕迹;我有好几个月没收到她任何消息;然后,我们又一次见面了,站在看起来像是结实地面的东西上。我们一向是亲密的,可能是热情的,而不是坦率的;不过对我来说,至少我们的交流总是有趣的,而且杂糅着足够令人满意的个人要素,使人充满温情——如果那是适当的词的话——和好奇。[8]

70　　1919 年 2 月,弗吉尼亚颇为懊恼地在日记里写下了这些话,因为圣诞节前,她几乎每周都去汉普斯特德拜访凯瑟琳,后来凯瑟琳完全没了音信。她实际上病了,她们再次见面时,弗吉尼亚记录道:

　　　　那位不可思议的女人仍旧是不可思议的——我很高兴这么说;没有预想中的道歉或该道歉的感觉。她立马扔下钢笔,谈起——好像我们只分开了十分钟——多萝西·理查森的问题;……我照例在凯瑟琳身上发现了我在其他聪明女人身上发现不了的东西——一种悠闲和趣味,我觉得,这种东西应归功于她是那么真诚地关注着我们那种宝贵的艺术,哪怕和我关注的方式是如此不同。[9]

1919 年的整个夏天她们不断碰头,虽然默里也常常在场;他的在场使她们双方都不能畅所欲言。不过默里当时在编辑《雅典娜神庙》;弗吉尼亚很高兴收到他的约稿;随后两年里,她为它写了大约十七篇文章。发表《夜与昼》的评论时,凯瑟琳本人在法国;1920 年夏天,她回到英国,不曾试图去拜访弗吉尼亚,是弗吉尼亚采取了主动。最后她们终于见面时:

起初还是那种让人不安的拘谨和冷淡。问了问关于房子的事,等等。没有因为见到我而感到愉快或兴奋。她属于猫那种动物,这给我留下了深刻印象;疏远、镇静,总是独来独往——善于观察。然后我们谈到了孤独,我发现她以我从没听过的方式表达了我的情感。于是我们开始合拍,就像往常那样轻松地交谈起来,好像八个月就是几分钟似的——直到默里进来……她给人留下一种奇怪的印象,是关于一个与众不同的人的,完全以自我为中心;全心扑在她的"艺术"上;对它几乎到了狂热的地步,在我看来。[10]

弗吉尼亚不可能不提到《夜与昼》。

"一桩让人吃惊的成就,"凯瑟琳宣称,带着可以原谅的不诚恳,"嗨,我们从没见过这样的作品,因为我不知道什么时候——"

"不过,我觉得你不喜欢它?"

于是她说,她能通过一场有关它的考试。我愿意来谈谈这本书吗?——午餐——于是我去吃午餐了;不过,那她的评论是什么意思? 或,她对我有热情吗? 不管怎地,和往常一样,我又一次敏锐地感受到了我俩之间的一种共通的理解——一种"彼此相似"的怪异感觉,不单是关于文学,我想这和获得满足的虚荣心没关系。我可以直截了当地告诉她。

终凯瑟琳的余生,实际上还包括她死后很久,弗吉尼亚都会以交融着投契和嫉妒的感情看待她。她们最后一次见面是在1920年8月。弗吉尼亚从罗德麦尔到伦敦来向她告别,因为凯瑟琳又要出国了。弗吉尼亚想知道自己对失去她到底有多在乎；她得出结论，她确实非常在乎。

1919 年在烦恼中结束。内莉和洛蒂耍了老脾气，提出要离职，结果又不走了；伦纳德从牛津大学社会主义协会（Socialist Society）的一次聚会上回来，发着烧，被确诊为疟疾，害得他病了三个星期。他还没好，弗吉尼亚又染上了流感。圣诞节那天，当艾德里安和凯琳（不会是伦纳德最想见的客人们）来霍加斯宅喝茶和吃饭时，她还卧床不起呢。十二月底，伍尔夫夫妻能够去罗德麦尔了，天气变得很糟，伦纳德出去修剪果树，差点剪掉手指。

"我们认为，如今我们该走好运了，"弗吉尼亚在 1919 年底的日记里写道，"不过，我觉得我们是英国最幸福的一对。"[11]

1920 年将会是重要的一年，起初并没有交上了不起的好运，不过也开始得很顺利。伍尔夫夫妻在僧侣屋住了几天，1 月 7 日，弗吉尼亚写道：

> 这是我们最后的一个晚上。我们坐在火炉边，等待着邮件——我认为它是一天中的奶油。不过，一天的每一段时间都有它的优点——甚至包括没有烤面包片的早餐。那早餐，无论从什么开始，最后一道总是苹果；大多数早上，太阳都会照进来；我们心情舒畅地吃完早餐；之后，我踏着因霜冻而粗糙不平的草地和硬得像砖石似的地面步行去浪漫室［花园里的房屋之一，她拿它当工作室］。然后，戴德曼太太（Mrs Dedman）来接受订单——实际上，是开出订单，因为她来之前就已经把我们的膳食规划好了，以便和她每天的烹饪配套。我们和她共灶。其结果总是令人胃口大开的——炖菜、土豆泥、颜色多姿的汤碗，肉

汤中浓稠地溢满胡萝卜和洋葱。可以把十八岁的埃尔西
(Elsie)当个有头脑的人那样跟她谈事情。到了十一点半,房子
里就没人了,现在是五点,房子又没人了。最后,我发现我们奢
侈地、平静地照管着火,煮咖啡和阅读。[12]

这仅仅是一则日记中的一小段;这则日记差不多全都用来记叙乡
村生活的乐趣了:伦纳德在花园里的活动,她自己的散步——较之阿
希姆,僧侣屋在散步方面提供了更多变化——走在有着惊人之美的风
景中。她在这段和接下去的段落里难得地表现出了一种满足的平静。

在 1920 年初的这些日子里,她很少提及自己的写作。在完成《夜
与昼》之后,她想必主要在忙着写些短篇小说,它们将会在《周一或周
二》中首次面世,还包括七月份发表在《伦敦信使》上的《未写的小
说》。此外,作为一个报刊写作者,她显得极其活跃※;不过她似乎没
考虑过整部头作品,或至少不曾有意识地考虑这一点。

1919 年 11 月,她写道:

  的确,我从没像这样忽视过我的这部作品[她的日记]。当我
不愿意写下一个句子时,我觉得我能预见自己不仅仅是缺乏时
间,大脑写疲了,还包括那种轻微的嫌恶,它昭示着风格的改变。
春天临近,当一只动物换毛时,它一定也感受到了这些。[13]

到了一月底,弗吉尼亚谈及的春天开始降临。那时,伍尔夫夫妻

※ 自 1905 年或 1906 年以来,她从没有像 1918 年到 1920 年这么频繁地发表过书评。
1920 年,除了九月份,她每个月都在《泰晤士报文学增刊》《雅典娜神庙》或《新政治家》上发
表文章。

回到了里士满,弗吉尼亚以听莫扎特和贝多芬的方式来庆祝自己的生日,第二天,星期一,1 月 26 日,她写道:

生日后第二天;事实上,我三十八岁了。喔,无疑,我比二十八岁时要开心得多;今天比昨天更开心,今天下午,我为一部新小说想出了个新形式。假使一个主意会从另一个主意中展开——就像在《未写的小说》中那样——只不过不是十页纸,而是差不多两百页——它不会带来我渴望的松弛和光明吗?它不会靠得更近,但仍保持着形式和速度,并囊括了所有的一切,所有的一切吗?我的疑虑是,它将在多大程度上囊括人的心灵?——我有足够的能力运用对话去那里捕捉它吗?因为我想这一遭的方式是完全不同的:没有脚手架,几乎看不到一块砖;完全是一片朦胧,但是心灵、激情、幽默,一切都在迷雾中耀亮得像火焰一样。然后,我会为这么多东西找到空地——一种快乐——一种不合理——一种符合我美好心愿的轻盈脚步。我是否足以控制局面——的确存在疑虑;但是,想象《墙上的斑点》《丘园》和《未写的小说》手拉着手和谐地跳着舞。我还需要搞清楚那种统一性究竟是怎么一回事;我对主题一无所知;不过我在那种形式中看到了无限的可能性,那形式是两个星期前我多少在无意中想到的。我认为危险的是该死的自我本位的自我;照我看,它毁掉了乔伊斯和理查森:我有那么柔韧和丰富吗?能够自己为一部书提供一堵墙,而不会像乔伊斯和理查森那样,导致它缩窄,画地为牢?我希望,如今我已经熟习自己的技艺,足以表达各种各样的想法。不管怎样,我还得摸索和进行试验,不过这个下午,我看到了一线光明。事实上,我轻松地构思着尚未写出的小说,据此判断,我想

73

我肯定能找到去那里的路。[14]

一个作者这么清晰、突然地意识到十年内的整体计划,而不是一部具体小说的情节甚至手法,这种事很少见。

1920 年春天,《雅各布的房间》开始成形,虽然在五月份,最初的涌动耗尽能量之后,小说的进程更平稳了,她仍旧喜欢它,感受着她那焕新的力量,并记录说这是她体会过的最有趣的小说写作。

那一连串在心理上可能引起强烈反应的事件之一就发生在六月里,这些事之所以对她有着头等重要性,与其说是由于它们的内在特征,倒不如说因为她是以一种高度感知力来获得这些印象的。

有一天是她所谓的"户外运动日":从里士满坐下午的火车到伦敦,去国立艺术馆,在那里跟克莱夫碰头,他照他的习惯带她去冈特斯(Gunter's)吃冰淇淋,她在那里着迷地瞅着一起吃东西的顾客。然后她和瓦奈萨在戈登广场共餐,听说了有关玛丽的完整故事。玛丽是佣人之一,一个有点姿色且魅力非凡的女孩。她非常突然地遭遇了不幸:首先是父亲,然后是兄弟,接着是未婚夫,都在意外事故中去世了。她悲痛欲绝,而且这种悲痛自然是随着每一个打击的到来愈发加重了。她的不幸故事变得越来越耸人听闻,越来越高度复杂化,直到最后,在发生了某种颇令人吃惊的转折之后,人们发现她虚构了自己的灾难,那些打电话到戈登广场给她留下坏消息,或写信劝解、忠告她的亲人和朋友就是她自己,用的是伪装的笔迹或嗓音。在一次戏剧性的出逃之后,她说着呓语被带回来了,随后被送往圣潘克拉斯医院(St Pancras Infirmary)。她被带走的情形(被广场所有的其他佣人从每一扇窗口瞅着)给弗吉尼亚留下了一幕最不祥的印象。

74　　　　这使得我坐在巴士上层去滑铁卢的旅程变得非常生动。一个晴朗的夜晚,带着点清新的微风。一位瞎眼的老乞丐女人,在金斯威(Kingsway),背靠一堵石墙坐着,胳膊上牵着只褐色的杂种狗,大声唱着歌。她身上有一种鲁莽,很符合伦敦的精神。带着挑衅——几乎是欢快的,搂着她的狗仿佛想获得温暖。她坐在那里度过了多少个六月,在伦敦的中心? 我没法想象她是怎么来到那里的,她会经历怎样的场面。喔,该死的,唉,为什么我没法也了解那一切? 恐怕有点古怪的是夜里的那首歌;她尖声地唱着,然而是为了娱乐自己,不是为了乞讨。接着,消防车从边上经过,也尖叫着;他们的头盔在月光里呈现着淡黄色。有时,所有的事物都陷入同样的情绪;我不知道该怎样定义这一种情绪。它是欢快的,然而又是可怕的,栩栩如生。如今我常为伦敦倾倒;甚至想起了那些曾在城里漫步的死者。可能我会去拜访教堂。从汉格福德桥上看到的那些灰白尖顶使我想到了它;然而,我不能肯定“它”是什么。[15]

那个瞎眼的老妇人出现在《雅各布的房间》里;也许在《戴洛维太太》中唱“在我身边放一束紫色的石楠花”的人就是她。[16]

1919 年,在那个难忘的晚上(伍尔夫夫妻发现霍加斯宅前厅散落着《丘园》的订单),霍加斯出版社开始从业余爱好变成一项业务。从某些方面来说,他们发觉它那种飞逝的发展是令人担忧的,他们不知道是否该让它扩大规模。不过,与此同时,它提供了大量的机会和可观的利益,对此他们是没法轻易忽视的。弗吉尼亚讨厌把小说交给杰拉尔德·达克渥斯——他有着她所谓的那种“花花公子的文学观”——她开始想,要是能出版自己的书会是多大的安慰。[17]他们起初不熟练地试着搞印刷时,曾有一些朋友感到逗乐或心存疑虑,如今这些人向他们提出了建议,或送来了手稿。他们吸引了一些不同寻常的作者;凯瑟琳·曼斯菲尔德、T.S.艾略特、米德尔顿·默里、E.M.福斯特、洛根·皮尔索·史密斯和马克西姆·高尔基都有作品由他们出版(或很快就要由他们出版)。这种发展前途是吸引人的,出版社在持续壮大。他们开始把一些排版和印刷转包给别人去做,尽管他们自己在霍加斯宅也做很多活计。

然而,出版社上了轨道,随着工作量的增多,用于工作的时间却减少了。弗吉尼亚,就像我们已知的那样,不但忙于小说,还忙于许多报刊写作。伦纳德在 1919 年已经完成了自己的书籍《非洲的帝国和商业》——一本令弗吉尼亚大加赞赏的书籍——如今正忙着写另一本(《社会主义和协作》);他还在编辑一份叫《国际评论》的月报,1920年 5 月,他当选为议会候选人,代表联合大学(Combined University)两个席位中的一个。显然,他们需要一个助手,相比于过去对巴巴拉·海尔斯的要求,这个助手要能承担更多的责任,做更多的事。他们需要一个有才智的年轻人,这种有才智的年轻人肯定有很多,对他们来说,先做学徒,最后可能会成为霍加斯出版社的合伙人,这似乎是个非常有吸引力的建议——一个所有当事人都觉得满意的方案。

这其实是一个所有当事人都会栽进去的陷阱。对于一个有抱负的年轻人来说,出版首先和识别力有关,是选择适当的作者并以美好形式把他们呈现给世人的事。对伦纳德而言(而伦纳德肯定是经营出版社的有生力量),它是个排版和拆版的事,是印刷一页又一页的事,是清理机器、装订、粘贴、打包,在包裹上抄写地址,发送消息和写信的事;尽管这一切无疑已经解释给了拜访霍加斯出版社的应聘者,不知怎地,他们仍盼望所有这些卑贱活计只是通往美学天堂

75

途中的炼狱。然而,很快他们就发现,这样的盼望是徒劳无益的。伦纳德对出版社的文学方针有自己的主张,如果他有所怀疑,他会去问弗吉尼亚。伦纳德是个出色的商人,擅长杀价——在某些人看来,那杀价似乎是太绝情了——当然,助手有很多事要做。伦纳德甚至弗吉尼亚都把出版当成兼职工作,可对助手来说,它就远远不止是兼职工作了。实际上,他们期望他什么事都干,除了少数几件他想干的事之外。所以这种情势从本质上来说就不好处理。还有一件事使它变得更糟,照伦纳德自己的说法,他是个完美主义者,而且还没活到心平气和的年龄。出版社是他的孩子,随着时间的流逝,他对它是不太理智的。也许说它是他的情人会更准确些。他在必要时可以和一个女人分享它,但不能和一个男人。通常情况下,伦纳德跟陆续来霍加斯出版社工作的年轻男性没法和睦相处,而女性助手,我想,他适应起来要容易和开心得多。

第一位年轻男性是利顿的朋友拉尔夫·帕特里奇,弗吉尼亚会怀着同情、兴趣和一些恼怒观察他在出版社的捱苦日子。根据安排,他每周将在霍加斯宅工作三天。拉尔夫·帕特里奇是个可爱、精力充沛的人,他英俊、有才智,在工作方面有相当大的干劲和显著的才华。

1920 年 10 月,弗吉尼亚写道,他正"全力以赴,打算干一番'飓风'工作"。[18]显然,大家对他抱有很大期望。到了年底,弗吉尼亚的热情已经稍有减退;他是不屈不挠的,可他也相当飞扬跋扈,和伦纳德的摩擦越来越多。只有在危机中,或和自己书籍命运相关的事情中,弗吉尼亚才会全心地去了解伦纳德和合作者在出版社里的争吵;有很多事她没留意或不想费心去查问;不过,无论吵些什么,不管事情对她有多大影响,她从不怀疑伦纳德是对的。

[1921 年]2 月 18 日,星期五

　　我一直想写一篇关于重获和平的历史性专题文字;因为老年的弗吉尼亚将会感到羞愧,想到自己是个多么饶舌的家伙,总是在谈论人,从不谈论政治。还有,她会说,你身处的时代这么不同寻常。它们想必看来是这么回事,哪怕对一个住在郊区的安静女人来说。可实际上,发生在此时的事情也发生在彼时。历史书会把它描述得比实际确切得多。今年最重要的和平迹象是关于销售的;这种迹象刚消失。商店里已经堆满了廉价衣服。十一月份值十四英镑的外套和裙子降到了七英镑甚至五英镑。人们不再购买东西了,而商店总得靠什么手段卖掉货物。一直在丹本汉①授课的玛杰里·斯特雷奇(Margery Strachey)预言,就在这个月,大部分店主会破产。他们还在继续低价销售。战前的价格,他们这么说。我已经在索霍发现了一个集市,在那里我买的长袜价格是一先令一双,丝制的(稍有瑕疵)是一先令十便士。再沿街走上一百码,他们对同样的货色(或看起来像是同样的货色)开价五先令六便士到十先令六便士。食品东跌一便士,西跌一便士,可我们的书籍几乎没显示出任何变化。牛奶价格很高——每夸脱十一便士。黄油已经跌到了三先令,不过是丹麦黄油。蛋类——我不知道鸡蛋是什么价格。二十岁的女佣人能拿到四十五英镑的工资。《泰晤士报》付给我的专栏稿酬从两几尼涨到了三几尼。不过我想,你会发现其他书籍更准确地记录了所有这些事,我亲爱的弗吉尼亚;譬如戈斯太太和韦布太太的日记。我想,的确,在过去两个月里,我们能察觉到东西在降价——**刚好**能察觉到。也

---

①　丹本汉(Debenhams),英国著名的服装商场。

77　刚好能察觉到外面有极少数穿着蓝制服的伤兵,尽管僵直的腿、独腿、包了橡胶的拐杖和空荡荡的袖筒是很常见的。还有,在滑铁卢,我偶尔看到模样可怕的蜘蛛推着自己沿着月台挪动——只剩下身体的人——双腿紧贴着身体被锯掉了。附近几乎没有士兵出没。[19]

　　的确,在她的日记里,她"总是在谈论人,从不谈论政治",或至少当她确实谈到政治时(譬如当她提到 1919 年铁路大罢工和她对罢工者的积极支持时),它属于一种例外的努力。同样,它对她的生活是种干扰,1921 年春天,她的生活主要是在写《雅各布的房间》《周一或周二》,还有就是在学俄语方面半途而废的尝试(那是在这一年的三月份,她陪伦纳德一起去竞选时)。他们一起去了曼彻斯特,弗吉尼亚照例赞美了伦纳德对付公开集会那种巧妙方式。可曼彻斯特的社会主义学究们让她感到绝望。她很清楚,他们是善良、勇敢、热情的人,胜算渺茫,反抗着强大、盲目、邪恶的力量。然而他们乏味得要命;她看不起他们,对自己的这种势利感到羞愧,她也对曼彻斯特本身感到沮丧。她没有陪伦纳德参加其他竞选旅行。

　　四月初,《周一或周二》※出版了,可照弗吉尼亚的看法,由于拉尔夫的愚蠢错误(他把出版日期搞错了),《泰晤士报》没有对此给予充分评论,多兰(《远航》的美国出版商)不肯购买它,总之,它似乎已经彻底失败了。与此同时,利顿的《维多利亚时代四名人传》到处赢得震耳欲聋的喝彩。拉尔夫·帕特里奇在戈登广场为他和伍尔夫夫妻举办了一次庆宴,宴会上,利顿甚至提都没提《周一或周二》,所以根据弗

　　※　《周一或周二》是弗吉尼亚的一本短篇小说选,除了瓦奈萨的四幅木刻,还包括《未写的小说》《丘园》《墙上的斑点》和其他五篇新作。

吉尼亚的意见,这个夜晚差一点彻底失败,幸好他们随后去老贝德福德杂耍戏院看了玛丽·劳埃德①的表演——"堕落之极——长长的门牙——以一种无节制的口吻谈到'欲望',不过是个天生的艺术家。"[20]

弗吉尼亚的沮丧虽然严重,但没持续多久,因为称赞很快就出现了。她马上又开始觉得自己"重要"起来——"而那就是一个人想要的东西"——到了四月中旬,她能以一种得体的达观看待利顿的持续成功了——据说他曾一周内卖掉五千本书,而她总共卖掉了三百本。[21]另外,利顿也许大有可原谅之处;拉尔夫已经向她转述了他对《弦乐四重奏》(《周一或周二》中的一个故事)的评论——他认为它是绝妙的。[22]这的确一度使她的每一根神经都感到舒畅。※

有拉尔夫·帕特里奇参与霍加斯出版社工作,弗吉尼亚开始对磨坊屋的内政操起心来,那是为利顿修建的乡村别墅,位于伯克郡的提德玛士。在一出搅扰了那个家庭的戏剧性事件中,有人曾经把她的角色描述得相当不堪,所以我们要特别关注一下这件事。

就像利顿对弗吉尼亚说的那样,提德玛士的生活"非常复杂";在那里生活的是一个几乎不可思议的三人组合,包括拉尔夫·帕特里奇、多拉·卡林顿和利顿自己,这三个人或多或少相互恋爱着,不过方式各自不同。[23]卡林顿忠实地深爱着利顿,同时也喜欢拉尔夫·帕特里奇到了愿意和他共枕的地步,而且无论如何不愿失去他。可当他追求她的时候,她又逃开了,有时是逃进别的绅士的臂弯。当他撤退时,

①　玛丽·劳埃德(Marie Lloyd,1870—1922),英国著名的杂耍戏院女歌手,被称为"杂耍戏院之女王"。

※　"还有,艾略特对《周一或周二》的夸奖使我大吃一惊! 这的确让我高兴。他看中了《弦乐四重奏》,尤其是它的结尾。'非常好,'他说,而且我想他是当真的。他认为《未写的小说》写得不成功;《鬼屋》'极其有趣'。"AWD(Berg),1921 年 6 月 7 日。

（右侧页边）78

她又凑上来。明知她的缺点，帕特里奇还是被她迷住了，满怀热情地想要娶她；他也非常喜欢利顿，而利顿反过来爱上了拉尔夫，他对卡林顿有一种温柔的、几乎是父性的关注——而且，在提德玛士，要想过上安逸的家庭生活，他就全指望她了。

　　我认为弗吉尼亚不知道（也许不想知道）卡林顿对利顿来说其实多么重要。卡林顿具有美好的品质——一种放荡的无邪，既有趣又动人——实际上弗吉尼亚喜欢她；可同时她又非常无知，相当傻气；她的魅力是青春的魅力。"卡林顿年齿渐长，"弗吉尼亚在日记里写道，"她的所作所为是属于那个年龄段的。"[24]我猜想，她觉得利顿应该有而且也需要一个更博学，才智更出众的伴侣，而这些品质是一个平头族无法企及的。看来卡林顿不太配得上利顿。※或许是受到了旧情的摆布，可能也有点赞成弗吉尼亚的观点，利顿本人鼓励她去低估他那种爱恋的强度。※※1920年12月，他俩偶然在戈登广场相遇，谈到了拉尔夫和卡林顿结婚的可能性。

　　"喔，"弗吉尼亚说，"我不会嫁给拉尔夫的。一个暴君。"[25]

　　"的确，可卡［林顿］怎么办？她不能老和我住一起——或许和他？"

　　另一方面，当利顿把《维多利亚时代四名人传》题献给弗吉尼亚（一种讨她欢心的致意）时，她还是反对说它本该题献给卡林顿。

————————

　　※　1928年，在评论《伊丽莎白和埃塞克斯》时，弗吉尼亚说："那么衰弱，那么浅薄；然而利顿自己既不衰弱，也不浅薄。所以接下来指责读者；然后是卡林顿夫妻和年轻男人？"AWD（Berg），1928年11月28日。瓦奈萨在同一年写道："卡林顿对利顿有种令人沮丧的影响，她在场时，后者对什么都不感兴趣了。"VB/CB，1928年5月23日。

　　※※　"他［利顿］谈到她［卡林顿］……带有一种不奉承的坦率，虽然绝不含有恶意。'那个女人总跟着我，'他说，'她不让我写作，我认为。''奥托林过去说你最后会娶她。''天啊！仅仅想一想就够受了。有一点我是知道的——我不会娶任何人。''可如果她爱你呢？''哦，那么她就得碰运气了。'"AWD（Berg），1917年12月12日。

"噢,亲爱的,不,"他回答说,"我们根本没好到那分上。"[26]

1921 年 5 月,被卡林顿的遁词和推诿搞得既绝望又焦头烂额,拉尔夫·帕特里奇把自己的烦恼和困惑全部摊在了伦纳德和弗吉尼亚面前。

> 他对卡[林顿]看法敏锐,怨恨不已。"她以为自己是所有人的一个小朋友。"他说。然后他说她为人自私,爱说谎,对他的感受毫不理会。这样看来,坠入爱情中的人总会对他们所爱的人翻脸辱骂,还有着相当了不起的洞察力。很大程度上他说的是老实话。不过我认为他心存偏见;我还认为——实际上我告诉了他——他有几分食人恶魔和暴君的脾气。他想要更大的支配权,超出了我愿意给予的——我指的是对他所爱的人的肉体、精神、时间和思想的支配。这是他的危险和她的风险;所以我不是很羡慕她的处境,她必须在这个下雨的圣灵降临节拿定主意。[27]

这其实是卡林顿如今不得不做的,因为拉尔夫的精神状态到了这地步,伦纳德和弗吉尼亚告诉他,他必须照伦纳德的说法:"用手枪抵着卡林顿的脑袋"——也就是说,告诉她如果她不嫁给他的话,他就跟她彻底决裂,然后出国去。[28]

面对两种选择,嫁给拉尔夫或——照她的感觉——彻底离开利顿——因为她知道,她和利顿的生活与利顿对拉尔夫的爱是难解难分的,卡林顿屈服了。事实上,十天之后他们结了婚。在一个坦诚相见的时刻,拉尔夫向她透露,伍尔夫夫妻的建议巩固了他的决心。弗吉尼亚曾告诉他,利顿担心卡林顿可能觉得她对他具有某种权利;所有人都奇怪他能容忍她这么久,显然,她和他毫无共同之处,无论从才智还是从体质来看。在一封给利顿的非常动人、郁郁寡欢的信中,卡林顿描述了致使她结婚的感情和动机;她也转告了拉尔夫对伍尔夫夫妻的话的转述。在一条附言中,她补充说:"你不必以为,听了你对弗吉尼亚和伦纳德说的话之后,**我受到了伤害**,哭泣不已。因为很久之前,在最初爱上你的那些年里,我和阿莉克斯就已经正视那一点了。"[29]利顿回答道:

> 你不该轻信那些传来传去的话。我想,可能是由于失望带来的某种痛苦,你趋向于夸张你听到的事情的黑暗面……无疑,有一点我认为是公认的,就是没人相信弗吉尼亚传出来的任何事![30]

弗吉尼亚在这事中的角色被误解并歪曲了。她被认为怀有最可憎的动机,利顿被认为痛斥了她的行为(这几乎纯属虚构)。当拉尔夫告诉伍尔夫夫妻他对卡林顿的感情时,据说,弗吉尼亚"怀着煽风点火的喜好,非常清楚她所说的一切会被传出去,添加了几句她自己的恶毒评论"。[31]利顿的否认是温和的,可能还略有点心虚(毕竟是他给弗吉尼亚留下了卡林顿也许会让他感到厌烦的印象),但这种否认已经被窜改得面目全非:"他告诉她,弗吉尼亚对他的感情和意图都造了谣,她发挥了那种神经病人的歹毒,这是符合她的特征的。"[32]

弗吉尼亚**的确**有些良心上的疑虑;不过这和拉尔夫可能转述了她的话毫无关系。让她心烦的是一种想法,即她可能为一场欠考虑的婚姻助了一臂之力。

> 那么,卡林顿确实下定决心变成帕特里奇了——不,那正是

她决心不做的事;在签名中永远亲笔以挑衅的姿态签上"卡林顿"。如果人们总是会听从劝告,对鼓励拉尔夫下定决心我会感到有点责任。我的意思是,这场婚姻像不像大多数婚姻那么危险,我不能肯定这一点。[33]

她的疑虑是有根据的;一年之内,两个人就激烈地吵了起来,还相互诋毁,弗吉尼亚这时发现自己在很大程度上是同情卡林顿的。

尽管在刚开始的时候,她无疑对利顿的恋情有点不悦和困惑,但弗吉尼亚喜欢卡林顿是出于本心。那种爱恋对利顿来说是多么重要,当这一点变得显而易见,她也为了利顿而喜欢卡林顿了。在所有这些事情中(她显然是不明智地卷了进去),弗吉尼亚和伦纳德的关注点是利顿;他毕竟是他们最老、最亲密的朋友之一,他们主要考虑的是他的幸福。

拉尔夫·帕特里奇和多拉·卡林顿将会去圣潘克拉斯登记处结婚,此事发生前三天,弗吉尼亚和伦纳德做了个试验,试验的对象是德斯蒙德·麦卡锡。1919 年,弗吉尼亚曾写到过他:

> 我不确定他是否具备我们所有人中最美好的天性——每个人都会以最快速度为自己挑选的那种天性。我认为作为一个朋友他是完美无缺的,除了他的友谊总是笼罩在一种含糊的烟云里;一种时间和季节构成的飘浮雾气把我们阻隔开,确保我们聚不到一起去。可能这懒散也暗示着他那种友爱的疏松质地——不过我几乎感觉不到那一点。它产生于一种我觉得既富有想象力又吸引人的意识,就是事情没什么**大不了的**。他不知怎么根本上是个怀疑论者。不过说到底,在我们之间,是谁更费心地去展

81

示他所具有的那种友善呢？谁更宽容,更有欣赏力,更懂得人的
天性?不用说,他没有英雄的特征。他觉得享乐太合心意,垫子
太软和,嬉戏太诱人,所以我现在有时候觉得,他已经丧失了雄心
壮志。他的"杰作"(如今它可能跟哲学或传记有关,就在这个春
天,在一系列的远距离漫步之后,肯定应该开始动笔了),我相信,
只会在饮茶和晚餐之间的那段时间成形,那时,有如此多的东西
不仅看起来是可能的,而且好像已经实现了。天亮了,德斯蒙德
满意地开始写作;他挥舞着钢笔,半诙谐、半忧郁地承认,这是他
命定的生活。不过的确,没人能否认这一点,他具有某种辉煌、美
妙东西的不定成分——某本书籍,内容包括短篇小说、沉思、研
究,散落在他的脑海中,因为它们在他的谈话中无可争辩地显现
了出来。有人告诉我,他需要力量;这些碎片从没有聚集成一个
论点;交谈的不连贯性有益于它们;但在一本书中它们就无望地
散开了。无疑,他对此心知肚明,他写过一本书,他在书中挥汗苦
干,直到那些碎片被攒集到一起,成了一个硬实的死疙瘩。不过,
我能想象,在近来的某一天,我会翻寻他的书桌,从吸墨纸和旧账
单中抖出那些未写完的纸页,整理成一部桌边闲谈的小书,作为
一个证据,它将向较年轻的一代人表明,德斯蒙德是我们所有人
里最有天赋的。可为什么他从不做任何事?他们会问。[34]

82

那些认识他的人可能还会追问自己同样的问题。在朋友的想象
中,德斯蒙德将是亨利·詹姆斯的继承人。听他聊起天来,你会相信
那一点。甚至当他已经淹没在那些重复的失败中(杂志没办成,有价
值的题材没写出来,满足不了执行官的要求,毫无办法应付生活),为
了博取与其说关注不如说友谊,为了逗人开心,还有,当他兴致高的时

候,为了让人相信他是某个庞大宝库的主人,他还是只要说说话就行。他只要把手放进口袋,就能掏出你也许想要的任何东西——微妙、才气或高超的丰富想象力。真是"有求必应",因为在所有人里,他是最大方的,他对此满不在乎,他也是在才智上最挥金如土的。德斯蒙德的闲谈魅力非凡,连具有其一半魅力的戏剧都没几部。

交谈是他的艺术,他的悲剧就在于他竟然选择了一种如此短命的表现方式。对弗吉尼亚而言,还有另一种不便之处;他会跑到里士满来吃饭,很可能不请自来,也许已经答应了其他地方的饭局,他会在电话中找借口逃避社交上的罪行,以令人着迷的口吻一直谈到下半夜,坚持要人把他早早唤醒,好让他去处理翌日的紧急事务,他醒得迟了点,吃早餐时稍有拖拉,在《泰晤士报》上看到一段话,惹来了他的一通奚落,然后卷进一场有关易卜生的活跃讨论,他会宣称他得走了,又拿起本书,它使他想起了什么事,简而言之,那事会让他一直谈到差不多十二点四十五分,那时他就不得不打电话哄骗某个从十点起就在办公室等他的人,同时还要处理一种复杂的局面,因为他曾分别答应两个女主人要去吃午餐,而如今已经是一点钟了,从里士满到西区得花四十分钟。在这整个过程中,德斯蒙德一直在实践他的艺术——交谈的艺术。令人遗憾的是,为此他不得不害得弗吉尼亚实践不了她的艺术,有时,也许她会怀着痛苦的心情回想起一个被浪费掉的上午。

然而,想起德斯蒙德就不可能不惹起友爱之心,或不可能不怀有强烈遗憾,遗憾他的语言不能被给予一种永久形式。为了说服他去完成一些比报刊写作更严肃的作品,大家曾花费大量心思。据说为了让他至少能开始写自己的小说,他曾被锁进一间屋子。更巧妙的是,为了引诱他迷上文学,他妻子构想了一个小说俱乐部,1920 年,出于类似

83

目的,大家策划了传记俱乐部。※这个俱乐部活动了很多年,一直没能从德斯蒙德身上榨取到人们仍希望他会写出的那部杰作。

伍尔夫夫妻的试验方式有所不同,不过大体目的类似。那目的很简单,就是把德斯蒙德所说的话记录下来。德斯蒙德被邀请来霍加斯宅吃饭。罗杰·弗赖也收到了邀请。格林小姐(她是伦纳德在《国际评论》的秘书,被弗吉尼亚不友善但准确地比作衣柜)带着纸和笔被安置在一个近便的地方,德斯蒙德对这个密谋一无所知,又因为喝了两瓶夏布利而振奋起来,他受到了说话的怂恿,高谈阔论了一番,格林小姐记下了每一个词。这个计划只出现了一个瑕疵,即德斯蒙德的谈话记录一点趣味都没有。[35]

6 月 10 日,弗吉尼亚听了场音乐会,那个晚上她没法入睡。第二天她卧床不起,事情很快就令人郁闷地清楚起来,她又发病了。接下来两个月,她或多或少都待在床上。伦纳德一度带她去了僧侣屋,可情况没有好转,直到 8 月 8 日再次来到罗德麦尔时,她才好到可以写日记了。

> 这些词,在这个上午,是我六十天以来第一次写下的词语(能叫作"写"的);那些日子都耗费在以下的事情上了:让人疲倦的头痛,跃动的脉搏,疼痛的背部,焦急,烦躁,睡不着,安眠药水,镇

※ 传记俱乐部初次聚会于 1920 年 3 月 4 日。成员包括:德斯蒙德和莫莉·麦卡锡,伦纳德和弗吉尼亚·伍尔夫,萨克逊·锡德尼-特纳,梅纳德·凯恩斯,利顿·斯特雷奇,邓肯·格兰特,克莱夫和瓦奈萨·贝尔,摩根·福斯特,锡德尼·沃特路和罗杰·弗赖。戴维·加奈特接着很快加入进来。俱乐部没有规章制度,除了一种默契,就是只要高兴,成员想说什么就说什么,它也没留下任何记录。伦纳德·伍尔夫暗示(《下坡……》,第 114 页)其成员就是布鲁姆斯伯里最初的十三个成员。但是存在争议的是,如果俱乐部起始于 1912 年,它就该包括艾德里安·斯蒂芬,我不确定是否锡德尼·沃特路真算得上布鲁姆斯伯里的成员。小说俱乐部,就我所知,只在 1913 年短暂存在过。

定剂,洋地黄强心剂,短时间的散步和再回到床上——为了让我　84
换换口味,疾病那黑暗橱柜中的恐怖事物又一次展示在我面前。
让我许愿这病将永远永远不再重犯;**然后**承认我也得到了一些补
偿。感到疲倦并被批准躺在床上是令人愉快的……我感到我能
以一种悠闲的方式仔细观察事物。那么黑暗的地狱就既恐怖又
有魅力了。[36]

　　她慢慢恢复了,不过容易受刺激。她声称,罗德麦尔正在变成乔
治时代①诗人的聚居地,还有,村里的孩子们在他们果园那边的草地上
戏耍,发出了可怕的噪音。她开始想他们还是搬家比较好。平生第一
次,她想到要立遗嘱。

　　发现自己又可以写作了,她的士气有所提高,她回到里士满,恢复
了往日的泰然;拉尔夫和新印刷机工作顺利,内莉和洛蒂处于和平状
态,甚至她堂姐多萝西娅·斯蒂芬的一次拜访(跺着脚,嚷嚷着踏过霍
加斯宅的地毯,像某种冰河时代可憎的残余物)也没太打扰她。还有,
多萝西娅打算把随后五年的时间用在提高印度人的道德感上。11 月
4 日,星期五,弗吉尼亚写完了《雅各布的房间》的最后句子,并注明她
是在上一年的 4 月 16 日开始写这部书的。

　　新年伊始,她决定不再写评论了;总的来说,这事耗费了太多时间
和精力,布鲁斯·雷蒙德还会擅改她的手稿,她觉得如今自己能靠其
他形式的写作挣到同样多的钱了。还有,就像伦纳德想必已注意到的
那样,她根本没有真的恢复健康。

　　把《雅各布》的修订工作搁在一边,她开始写一部新作品,对此她

————————————

①　乔治时代(Georgian),这里指乔治五世时代(1910—1936)。

已经考虑了一些时候了,她把它叫作《阅读》。她怀着最大的乐趣开始写它,可几乎立刻就因为流感而病倒了,她回到床上躺了两星期。福格森医生不允许她在接下来的两三个星期里写作。福格森医生是他们在里士满的全科医生,显然,他是个明智的人。他必须明智,因为在这时,弗吉尼亚的不稳定脉搏"已经超出了正常神志的限度,其实是精神失常的"。[37]她的体温也很不正常。她被引介给两位专门医师,一个断言她的心脏受了感染,活不长了;另一个说受感染的是肺。福格森医生决定不理睬他们,伦纳德也一样。不过,1922 年头三个月都耗费在生病上了。她让人把她的床挪到客厅的火炉边,她在那里稍微写了点东西,读了很多书,还接待客人,并观察到了伦纳德和拉尔夫之间关系的恶化,事情是由霍加斯出版社引发的。

不过,弗吉尼亚还没病到不能跟克莱夫再来一次适度的调情。

……我和克莱夫常见面。他往往是周三来;快活,乐观,又矮又胖;一个喜欢享乐的人;作为老朋友和老情人,足以让这些下午变得活跃起来。每周一次可能就够了。他的信件流露了疑惑。不过,哎呀,被关了九个星期之后,我想撑杆跳过墙去采几朵野花。[38]

……前几天,我们从四点三十分谈到十点十五分。显然,我激发了他的才智;反过来,我自己的仪态也被拭亮了。我听他谈起晚宴;了解到了饮酒、交谈等方面的知识……他**什么都**喜欢——甚至门口的那个老巫婆。他说,除了我们的感受,生活没有真相可言。凡是你喜欢的都是好的,等等。显然,我们达不到理性的高度。我们也没有变得十分亲密。根据口味添了点情调。

85

我们拥抱了;我们在感情上的虚饰——照奈萨的说法,谈话时不可能不这样。不过我发觉……两周一次是我们之间关系的顶点。[39]

作为克莱夫而言,他已经写信给瓦奈萨说,"跟往常一样",他有点儿爱上了弗吉尼亚,十天后:"我希望我不会爱得更深。不过,你不认为这是对一个四十岁女人的极大恭维吗?"[40]

他们两人都没陷入很大的危险。克莱夫的爱情到这时又转移到别处去了;至于弗吉尼亚,她对他的感情是摇摆不定的,不过她心灵的钟摆从没有摆动到接近激情的地方。跟他和瓦奈萨一起共餐时,她感到,自从在戈登广场共餐成为习惯,而克莱夫成了她生活中最重要的男人以来,他们都变得更快乐,更宽容,也更无虑了。如今,她能够享受他的陪伴和殷勤(它源自一种天生的友善和想取悦人的真诚愿望);甚至他的那种荒谬,就在上一年她还对它大加指责,如今也能一笑置之了。当初,他的世俗生活,他的外出吃饭和午餐便宴,他的公爵夫人和他优美的法语措辞,他隐约提到名人以自高身份的花招,他那花哨的背心,他的粗嗓门和秃顶,这些东西曾惹她生气,还有点让她愕然。现在,她依然不赞同他,不过变得比较喜欢他了。

弗吉尼亚对克莱夫的看法的变化,本身就表明了不必把她的责难看得太严重。不过的确,自战争以来,克莱夫已经变得更世俗了,而与此同时,她本人变得既对世俗更感兴趣也对它更挑剔了。她自己是个俗人,能理解她在克莱夫身上目睹的价值观不知不觉的腐化,她自己会在《戴洛维太太》中较详尽地描述这种变化。

1922 年 6 月,T.S.艾略特来到霍加斯宅,朗读了一篇新作。

86

他吟咏、颂唱、押着韵朗读了这首诗。它在语句上具有了不起的美和力量;匀称,富有张力。我不确定是什么把它衔接在了一起。不过他读到不得不匆忙离开为止——要去写关于《伦敦杂志》的信——所以讨论缩短了。然而,这诗给人留下了一种强烈的情绪。这首诗叫作《荒原》;玛丽·哈金[森]已经听过这首诗了,是以轻声朗读的,她认为它是汤姆①的自传——一篇忧郁的自传。[41]

照弗吉尼亚看来,就像照许多其他人看来,一个那么严肃,那么有原创力的诗人竟不得不为了谋生在一家银行工作,这似乎是不对头的,她逐渐开始参与一种时断时续的努力,设法让艾略特免于这种必需的工作。一个艾略特基金被创立了起来,目的是为他筹集每年三百英镑共五年的花费。他们在劳埃兹银行(Lloyds Bank)开了账户,户主名是 E.G.奥尔丁顿、奥托林·莫瑞尔夫人和弗吉尼亚·伍尔夫太太,奥托林是此事的发起人,为了征求那些有意资助者的定期捐款,她准备了一份函件。[42]跟艾略特讨论此事的任务由弗吉尼亚负责;1922 年9 月 23 日,他收到邀请来僧侣屋度周末,一起被邀请的还有 E.M.福斯特。他们的谈话主要是关于《尤利西斯》的;艾略特对这本书的分析性辩护既给弗吉尼亚留下深刻印象,也对她有所启发,她在日记里对此做了总结。

不过,在乔伊斯之后,我们谈到了敏感话题——艾略特基金;这事的结果是(我们言语晦涩、圆滑、不安),少于五百英镑汤姆就

---

①　汤姆(Tom),即指艾略特;艾略特的全名是 Thomas Stearns Eliot。

不离开银行,必须是有价证券,不是典押物。因此第二天早上,当奥托的信和函件(目的在于每年三百英镑,基于五年典押)寄到时,我不得不发电报让她停下来,然后起草一封长信去陈述我的理由;又写了一封给汤姆,要他去证实我的话。无疑,我将会分别被两浴缸的热水烫伤。[43]

确实收到了捐款;但诗人的缄默、保留和窘迫使惠赠成了一项艰难的任务。作为一种表示,基金会为圣诞节的到来给他寄了五十英镑,可就连弗吉尼亚都期望他会拒绝。※

T.S.艾略特和他的财政问题让我扯得太远,讲到 1922 年后来的日子去了。在那一年发生的事情中,认识艾略特先生所带来的乐趣和窘迫只是件小事罢了。那一年的开端是让人不快的,包括有史以来最冷的春天,还有就是弗吉尼亚的身体不适;她的牙齿有毛病——拔了三颗——心脏也有毛病,体温持续过高。但是她设法努力工作,到了六月,她正在誊清《雅各布的房间》,好让格林小姐打印出来;曾在美国出版《周一或周二》的哈考特/布瑞斯出版社要求读一下这本书,她答应七月份交稿。7 月 23 日,伦纳德读了它,宣称这是她最好的作品——“写得令人吃惊地好”,而且和所有其他小说都不一样。[44]弗吉尼亚感到兴奋,书籍快要出版了,她变得越来越紧张。她揣测别人的反应,开始像往常一样在日记里自言自语。这本书会失败,它会遭到批评家的毁谤,她告诉自己她不会介意,或不会太介意。

她想出了一个计划,避免自己受到预期中的批评的伤害:她会继续创作《阅读》,再为杂志写一两个短篇小说;如果人们不喜欢她的长

87

※ 大约五年后,资助者的钱被返还了;艾略特到了那时已经靠别的办法从银行里脱了身。

篇小说,他们可以读她的评论;如果他们认为《雅各布》只是个机灵的
试验,她就去写《邦德街上的戴洛维太太》。

在《远航》的欧芙洛绪涅号上,戴洛维太太曾惊鸿一掠;如今她又
从弗吉尼亚想象力的暗处浮现了出来。那年夏天,弗吉尼亚在罗德麦
尔创作了几个短篇小说,她跟它们有关。在某种程度上,她可以被看
作是基蒂·马克西,1922 年 10 月间,基蒂突然去世(她从一段楼梯上
跌下来,弗吉尼亚认为是自杀),该事件几乎肯定有助于把那些故事发
展成一本书,并有助于确定那本书的最终特性。

伍尔夫夫妻十月初回到里士满时,霍加斯出版社的未来已成迫在
眉睫之事。伦纳德和拉尔夫不能共事,这已经变得显而易见——可拉
尔夫不愿离开。利顿对拉尔夫和拉尔夫的职业怀有兴趣,整件事因此
变得复杂起来。他一度想过和梅纳德·凯恩斯一起买下《英国评论》,
主要是为了让拉尔夫去经营它。利顿让大家明白,如果拉尔夫能待在
霍加斯出版社,他们就可以出版他利顿的书。这个诱饵是没法被置之
不理的,它在接下来一连串讨论中引起了某种麻烦;利顿的下一个主
意是为拉尔夫创办一个对立的提德玛士出版社,它也具有同等效果。
罗杰找来一个富裕、有文化的年轻人,他肯为这家出版社投资,还愿意
为了它去赚钱;洛根·皮尔索·史密斯试图让伍尔夫夫妻和康斯特布
尔①达成一个协议;海涅曼报出了最诱人的接手价。照利顿的说法,这
种不确定性是在折磨拉尔夫的神经,然而,弗吉尼亚爆发了起来,"这
个神经质的人连最普通的事都不肯为我们做。每天上午,伦都得捆包
裹。拉尔夫乘坐的是那班既不早也不晚的火车。他把周一上午消耗
在裁缝店里"。[45]

① 康斯特布尔(Constable)和海涅曼都是出版公司名。

　　经过没完没了、让人疲倦的商讨,他们选择了自由——撇开了商业出版商,撇开了拉尔夫,也撇开了总担心会伤害利顿感情的那种张力。纯粹出于偶然,他们遇到一个想做印刷工,会为了工钱做全职工作的年轻女性;一月份,她来上班了,1923 年 3 月份,拉尔夫·帕特里奇走了。

　　《雅各布的房间》是霍加斯出版社出版的第一部标准长度的书籍(由爱丁堡的 R.&R.克拉克负责印刷)。它出版于 1922 年 10 月 27 日。照弗吉尼亚的看法,起初报刊评论对她持批评态度,而私人则充满热情。T.S.艾略特是其中之一,应该引用一下他的话:

　　　　你已经把自己从传统小说和自己独创性天赋的妥协中解脱了出来。在我看来,似乎你已经弥合了你的其他小说和《周一或周二》的试验体散文之间的一种裂隙,你已获得了一次不同寻常的成功。[46]

　　似乎不久之后,这就成了批评家和读者的看法。弗吉尼亚心满意足了;《雅各布的房间》标志着她的成熟期和名望的到来。

注释

[1] VW 致凯瑟琳·考克斯,[1919 年]2 月 5 日。

[2] AWD(Berg),1919 年 3 月 5 日。

[3] AWD(Berg),1919 年 7 月 3 日。

[4] 同上。

[5]《凯瑟琳·曼斯菲尔德书信》,1928 年,卷一,第 279、284 页(1919 年 11 月 10、13 日)。也参见 F.A.利,《约翰·米德尔顿·默里传》,1959 年,第 68 页。

［6］AWD（Berg），1919 年 11 月 28 日。

［7］《雅典娜神庙》，1919 年 11 月 26 日。

［8］AWD（Berg），1919 年 2 月 18 日。

［9］AWD（Berg），1919 年 3 月 22 日。

［10］AWD（Berg），1919 年 5 月 31 日。

［11］AWD（Berg），1919 年 12 月 28 日。

［12］AWD（Berg），1920 年 1 月 7 日。

［13］AWD（Berg），1919 年 11 月 15 日。

［14］AWD（Berg），第 23 页，1920 年 1 月 26 日。

［15］AWD（Berg），1920 年 6 月 8 日。

［16］《雅各布的房间》，第 107 页;《戴洛维太太》，第 124 页。

［17］AWD（Berg），1919 年 4 月 2 日。

［18］AWD（Berg），1920 年 10 月 18 日。

［19］星期五,2 月 18 日［1921 年］AWD（Berg）。

［20］AWD（Berg），1921 年 4 月 8 日。

［21］AWD（Berg），第 32 页，1921 年 4 月 9 日。

［22］AWD（Berg），第 33 页，1921 年 4 月 12 日。

［23］AWD（Berg），1921 年 12 月 12 日。

［24］AWD（Berg），1921 年 1 月 31 日。

［25］AWD（Berg），1920 年 12 月 12 日。

［26］AWD（Berg），1921 年 1 月 31 日。

［27］AWD（Berg），1921 年 5 月 15 日。

［28］LW,《下坡……》，第 72 页。

［29］《卡林顿,书信和日记摘录》，第 178 页。

［30］同上,第 183 页。

［31］霍尔罗伊德,《利顿·斯特雷奇传》,第二卷,第 398 页。

［32］同上,第 401 页。

［33］AWD（Berg），1921 年 5 月 23 日。

［34］AWD（Berg），1910 年 3 月 22 日。

［35］ RF/VB,未标明日期［1921 年 5 月 18 日］(CH)。

［36］ AWD(Berg),1921 年 8 月 8 日。

［37］ AWD(Berg),1922 年 2 月 4 日。

［38］ AWD(Berg),1922 年 3 月 12 日。

［39］ AWD(Berg),1922 年 3 月 24 日。

［40］ CB/VB,1922 年 3 月 1 日(CH)。

［41］ AWD(Berg),1922 年 6 月 23 日。

［42］ 霍尔罗伊德,《利顿·斯特雷奇传》,第二卷,第 366 页。

［43］ AWD(Berg),1922 年 9 月 27 日。

［44］ AWD(Berg),第 47 页,1922 年 7 月 26 日。

［45］ AWD(Berg),1922 年 10 月 29 日。

［46］ T.S.艾略特致 VW,1922 年 12 月 4 日。

第四章　1923 年至 1925 年

　　弗吉尼亚在沮丧和反省中开始了新的一年。她以一种颇具拉姆齐先生①风范的文笔想象着自己：

　　　　……穿越黑夜,独自一人,稳稳地前进……内心坚忍不拔地忍受着痛苦;……照亮着我的整个道路,直到终点——等等。实际情况是,在回来的路上,有那么一两天,帆篷在我身边飘动;我心有余力地思索并徘徊着。而这全都是暂时的;不过,让我说清楚吧。给我一间忏悔室,在那里我不必自我吹嘘。很多年前,利顿的事情发生之后,在拜罗伊特爬山时,我对自己说,永远别伴称你没得到的东西是不值得拥有的;我觉得这是个好建议。至少我常想起它。譬如,永远别伴称其他东西能代替孩子。接着我继续……对自己说,一个人必须(我得怎样表达它?)因为事物本身

---

　　①　拉姆齐先生,弗吉尼亚小说《到灯塔去》中的人物。

而喜欢它们；更确切地说，使它们摆脱和个人生活的关系。得把那种事撇到一边去；冒险去做那些独立于自己的事。而年轻女性很难做到这一点。不过我从中获得了满足。如今，嫁给了伦，我从不**必**费那份心。我做我喜欢做的事情。也许我一直过得太称心如意了？也许我已经变得胆小、任性了？我的一些不满是出自那种感受吗？昨晚，我不能待在[戈登广场]46 号，因为伦在电话里表示了不快。又迟了。非常愚蠢。你的心脏不好，于是我的自恃蔫了，我没勇气胆大妄为地反抗他的意志。所以我答应了。当然，那是件麻烦事。因为我确实惹来了头痛或心跳；于是，这就搞得他不高兴了，如果一个人和别人生活在一起，这人有这种权利吗？——就这样继续下去。[1]

把若干相互联系的因素从弗吉尼亚的忧郁沉思中分离出来，这是可以办到的：由于没孩子而导致的无法治愈的永久遗憾；在这方面对瓦奈萨的本能的嫉妒，也嫉妒她——进一步让人羡慕的原因——比弗吉尼亚有能力过一种更自由、更冒险的生活，哪怕要承担做母亲的责任。这也和她的感受有关，当她快要过自己的四十一岁生日时，她感到生活正在悄悄溜走，可以用某种方式来减缓它的速度，或通过住在市内，比住在郊区更有效地挽留住飞逝中的它。她想回伦敦去。

结交新朋友在一定程度上缓和了她对社交冒险的渴望，不过也有几分激化了它。1922 年 12 月，她在克莱夫的餐桌上遇见了维塔和哈罗德·尼科尔森，这次聚会留待后面的篇章细谈；也是从这时起，她开始和很多年轻、才华横溢的人会晤，包括乔治·赖兰兹和安格斯·戴维森（这两人都将成为她的熟友），来自剑桥的 F.L.卢卡斯和弗兰克·拉姆齐，来自牛津的雷蒙德·莫迪默和戴维·塞西尔勋爵。他们中大

90

多数人可能是在戈登广场46号遇见的,它从1916年起就已经被梅纳德·凯恩斯接手了。梅纳德是个好脾气、精力充沛的主人,他使戈登广场成了一个扩大化的,总的来说也更不定形的"布鲁姆斯伯里"(这名词被用得很随便)。也就是在这里,人们几乎肯定能看到利季娅·洛博科娃。

1918年、1919年和1921年,利季娅曾作为佳吉列夫芭蕾舞团的首席舞蹈家来到伦敦,她曾在《奇异的玩具店》(*Boutique Fantasque*)、《仙女》(*Les Sylphides*)和《睡美人》(*The Sleeping Beauty*)中翩翩起舞。和大多数朋友一样,梅纳德是个热情的芭蕾舞迷;他成了洛博科娃的仰慕者,对她怀有同样的热情。他的钟情是很容易理解的。可假使他要娶她,事情会怎样呢?弗吉尼亚认为,作为朋友,作为一只暂时逗留的小鸟,欢快地在细枝间蹦跳,利季娅是非常讨人喜欢的。她漂亮、活泼,是个既逗乐又可爱的人,脾气极好。※① 就那种快乐、逍遥的习性而言,她是完全无可指摘的。可是没有两种相互摩擦的坚实理念,她怎么可能不毁掉梅纳德·凯恩斯朋友们(甚至梅纳德自己)的智性享受呢?

> 我能非常清楚地预见[弗吉尼亚写给瓦奈萨的信],利季娅会发胖、充满魅力、难以讨好;梅纳德进了内阁;[戈登广场]46号成了公爵和首相们的流连之地。梅纳德是个单纯的人,不像我们这么善于分析,早在他意识到自己的处境之前就无可挽回地沉沦了。然后他会醒来,发现他有了三个孩子,他的生活完全且永远

※ 1923年9月11日,跟梅纳德·凯恩斯和利季娅·洛博科娃在斯塔德兰相处之后,弗吉尼亚写道:"我想留意利季娅,照她来描写莱兹娅;而且确实观察到了一两件事。"AWD(Berg)。

① 莱兹娅(Rezia),弗吉尼亚小说《戴洛维太太》中的人物。

地被控制住了。[2]

布鲁姆斯伯里本性如此,任何入侵者都能扯断它赖以存在的那种亲密友谊的细网。所以艾德里安结婚后就离开了他的姐姐们和朋友们,所以克莱夫的情人们总是一种扰人因素。不过,梅纳德最后决定(而且是明智地决定),和利季娅结婚能使他最好地获得幸福。朋友们必须把他俩一起接受下来——实际上他们就是这么做的。

不过在 1923 年 1 月,利季娅可以说还是布鲁姆斯伯里的一个装饰品。在戈登广场的主显节之夜派对上,梅纳德的赏心乐事之一就是她的舞蹈;玛乔里·斯特雷奇以自己那种猥亵的滑稽风格朗诵了儿歌,希克特扮演了哈姆雷特;弗吉尼亚发现自己和所有朋友汇聚一堂,她的情绪好得出奇。那个夜晚是非常愉快的。

不过这只是个插曲。她又回到自己的工作、自己的操心事、自己的沮丧和自己的郊区中去了。

"默里太太死了!报纸上这么说的。"[3] 1 月 12 日,内莉在早餐时出乎意料地宣布。弗吉尼亚百感交集,总的来说,她感到痛苦。一个对手没了;她无法抑制那种想法,或忍住不记录这件事。但她记得凯瑟琳和凯瑟琳的嘱咐——"别把我彻底忘了",在一个不快的季节里,她的去世——尽管在她们的交往中,有着那些无常变化和嫉妒,她真心觉得它是一种损失——是又一件让人不快的事。

波塔·拉克也死了。她死在《雅各布的房间》里。

然而,即便是在这种光线里,也能看清墓碑上的铭文,短促的嗓音在说:"我是伯莎·拉克,我是汤姆·盖奇(Tom Gage)。"他们交代了自己死亡的日期,还有几句为他们从《新约》上找来的话,非常自豪,强有力或抚慰人心。[4]

弗吉尼亚想必是在什么地方看到了那个古怪名字,无意识地窜改了一点儿,添了个h①,尽管如此,她还是收到了一封律师信,指出真实的波塔·拉克活得好好的,她有意为自己的书面死亡提起诉讼。看来她跟弗吉尼亚是同行,她是《长翅膀的小伙子》(*The Lad with Wings*)、《先生或女士》(*Sir or Madam*)以及《舞星》(*The Dancing Star*)的女作者;不过弗吉尼亚也许卖掉几百本自己的作品就心满意足了,拉克小姐的售书量则成千上万,她非常巧妙地把通俗小说家和社会行为权威人士的特质结合了起来。和弗吉尼亚一样,她嫁给了一个文人,名叫奥利弗·奥尼恩斯,就是他作为妻子的代表感到愤慨,弗吉尼亚回复了他们的律师函,试图消解敌意,而他拒绝相信:伍尔夫太太怎么可能从没听说过波塔·拉克?[5]甚至连伦敦公共汽车的顶层也在颂扬她的名字和声望? 幸好,他的怒气消了,休战了。这两位女作者互相通信,表示和解,而且后来发现她们有一个共同的朋友,就是利季娅。弗吉尼亚和波塔·拉克都觉得洛博科娃小姐很有趣,有时还是令人窘迫的;她构成了她们俩之间一种若即若离的纽带。※大约一年后,在布鲁姆斯伯里的一场派对上,波塔·拉克以最活泼的风格表演了"永远别允许一个水手触摸你膝盖一英寸以上"——弗吉尼亚对此既吃惊又高兴——关于墓碑的一切纷争早就被撇在了脑后。[6]

　　1923年的最初几个周里,还有一件更让人烦恼的事。《民族国

---

　　①　波塔·拉克(Berta Ruck)和伯莎·拉克(Bertha Ruck)只差一个字母h。

　　※　拉克小姐回忆起一场《蛙》的表演,是利季娅·洛博科娃带她和弗吉尼亚去看的。她们坐在正厅的前排座位上,两个小说家看得很起劲。

　　"然而,利季娅说(总是用她那种迷人的独创英语直抒己见),'这表演太玩偶(doll)了。'

　　"'利季娅! 它不乏味(dull)! 它非常非常**有趣**。'　　　　　　　　　　(转下页)

家》易了主。编辑 H.W.马辛汉姆过去曾聘用伦纳德做支薪撰稿人;可如今梅纳德·凯恩斯成了大股东和新董事会的董事长。他想改变报纸的风格和方针。从财政上来说,其结果对伍尔夫夫妻可能是有害的,但与其说是经济损失,不如说是一种不确定感(恐怕甚至是一种沦为次要的感觉)使弗吉尼亚和伦纳德都感到沮丧。

> 伦纳德认为自己是个失败者。否认一种没理性的沮丧有什么用?我不能也这样总认为自己是个失败者吗?那是不可避免的。可来做削减的人是梅纳德,还比我们年轻。通常我会感受到这种事情荒谬的不真实性,可很难对这些事实留下深刻印象。这是一种令人不愉快的等待,以一种听命于人的方式,等着知道马辛汉姆会做些什么。[7]

天气多雨、黯淡。霍加斯出版社处于一种最不自在的状态中;拉尔夫(他直到复活节才离开)挑衅、好斗;新的有为人士玛乔里·约德那慢吞吞的声音让弗吉尼亚听起来很难受。可他们不得不一起工作,得供应他们午餐和茶,还得在他们之间维持某种对话,这都给她带来了沉重的负担。一场发烧和一次重感冒加剧了她的忧郁,还有一件事

93

(接上页)"'它是玩偶的(doll)。我们出去吧。'
　　"'我们不能走,'你姨妈[弗吉尼亚]轻声说,'至少要等到幕间休息。'
　　"'我们现在就出去吧。太玩偶(doll)了,受不了。现在。走吧。'
　　"'我们不可能——'
　　"'没人会留意到我们。'
　　"'利季娅,**每个人**都会留意到我们! 我们简直太显眼了——'
　　"要知道,我们的确是的。你那位著名的姨妈戴着一顶非常大的黑色宽边帽,我跟她一样高,两耳上垂着粗黑的大辫子,我们两人之间的利季娅是娇小的,但是她走路和举止总是非常惹人注意,你也许没留意她穿什么,但是每个眼睛都被她吸引了。
　　"幸运的是,在其他观众发话之前,她接受了劝告,坐下来看完了表演!"
　　　　　　　　　　　　　　　　波塔·拉克小姐告诉作者,1971 年 9 月 11 日

也增添了她的挂虑,在《民族国家》的改型中,似乎有机会解决艾略特先生的财政问题了,即让他当文学编辑。

弗吉尼亚走关系,打电话,提出劝告和建议;不过她发现自己希望"可怜的、亲爱的汤姆再有勇气些,对他那种折磨人的混乱能处理得快一点儿"。[8]最后,《民族国家》要求他尽快做出决定,而且它不能担保六个月以上的雇佣期,事情就此解决了。艾略特认为自己不能冒险接受这份工作。这工作给了伦纳德,他接受了。

事情发生了这样令人吃惊的转折,弗吉尼亚感到震惊。她知道这份工作的不利之处,可同时它提供了保障,她大大松了口气。

3月23日,星期五,梅纳德委任伦纳德做《民族国家》的文学编辑;4月1日,伍尔夫夫妻来到了马德里。他们上次跨越海峡是很多年前的事了;这次经历是振奋人心、有益健康的,我认为,弗吉尼亚把自己在那个假日里的部分喜悦写进了一篇稿子,给了改换门庭后的《民族国家》,题目叫《西班牙之行》[10](很难说它是小说还是文章)。他们在旅行中(部分时间是在骡背上度过的)来到格拉纳达以南山区中的耶亨村,在那里受到了杰拉尔德·布伦南的款待,他是拉尔夫·帕特里奇的朋友,当时他是个相当真挚的年轻人,非常认真地专心于写作技艺。伍尔夫夫妻和他一起住了两星期,根据弗吉尼亚的说法,他们每天讨论十二个小时的文学。她把他叫作疯狂的英国人,非常喜欢他。四十年后,他不但记得她在外貌、嗓音上的美好和不同寻常,她谈吐的卓越、欢快和讽刺,还记得她真诚的友善和贪得无厌的好奇心。

可能因为弗吉尼亚缺乏小说家对人物的戏剧特性的意识,而且对人的精神构造更感兴趣,她很喜欢引申它们,依据它们来纪实地描述自己。她问了我很多问题——为什么我住到这里来,我

对这事或那事的感受,还有我对写作的看法。我意识到自己正在
被研究,甚至有点是在被盘问,我也意识到了,她和伦纳德正试图
确定我是否表现出了任何文学天赋的迹象。如果有的话,我一定
要在他们那里出版东西。然而,千万别觉得她是以恩人自居的。
相反,对和她相处的那些没经验、相当自大的年轻人的观点,她表
现出的尊重是颇让人吃惊的。她和我争论了文学问题,面对我的
攻击,她为司各特、萨克雷和康拉德做了辩护,不同意我对《尤利
西斯》的高度评价,理由是伟大的艺术作品不应该如此乏味,谦虚
地倾听了我对她自己的小说的批评。那是"布鲁姆斯伯里"的伟
大之处——他们拒绝站立在自己年龄和优势的基座上。随她的
拜访而来的是一连串非常符合她的特征的信件,在这些信件里,
她继续了我们的讨论主题。[9]

伍尔夫夫妻返程中途经巴黎,弗吉尼亚希望在那里和瓦奈萨碰头。
她在巴黎住了几天,伦纳德独自一人回里士满和《民族国家》社去了。

只要他们不在一起(那是很少见的),伦纳德和弗吉尼亚就每天通
信。她的信件通常翔实地描述了自己的活动;这次他们也这么做了。
瓦奈萨没来。弗吉尼亚像观光者那样游览了巴黎;她感到孤独,没了
丈夫,一切似乎都没有意义,都是二流的;她深刻体会到了他的缺席。
她在一封较早的信件里很好地表达了她的微妙感情:

> 我躺着,在想我心爱的野兽,它的确使我生命中的每一天、每一
> 刻都比我想象中能达到的更快乐。无疑,我非常爱你。我一直在想
> 你在做什么,我不得不停止想你——它使得我想拼命吻你。[11]

弗吉尼亚的朋友们几乎不会吃惊于这样一种声明。看到伍尔夫夫妻在一起,旁观者肯定会对他们婚姻的幸福、和谐留下非常深刻的印象。尽管有许多揶揄和一些小争执,他们的爱情是显而易见的;实际事务、所有需要计算才能做出的判断、可靠的头脑,弗吉尼亚在这些方面对伦纳德的依赖也是显而易见的。通常不那么明显的是**他**对她的需求,特别是在失望和痛苦的时候。无疑,那一年年初,他们曾彼此需要对方的同情;在挫折中,他们团结了起来。不过到了 1923 年 5 月,还有下一年,他们已经不再需要这种源于厄运的团结了。

95　　回到英国,眼看就要成为文学编辑了,要承受随这份职业(干这份活就像踩水车,上周的最后一步是下周的第一步)而来的一切操劳和气恼,伦纳德不需要同情;他毫不畏惧干苦活的前景。他在这段时期里的不满(不过不太严重)不是由于灾难而是由于成功。

《雅各布的房间》已经广受欢迎了;在这种情势中,弗吉尼亚感到轻松愉快;照她自己的说法,她正在被"捧上来";她几乎成了一个名人。

名望的增长从社交地位上体现了出来。科尔法克斯夫人(一个灵敏的名声测量计)开始向她发出邀请。起初弗吉尼亚拒绝了。她在社交上仍是害羞的,还觉得"穿戴整齐"地走进陌生房间是很需要勇气的事;她仍对自己有没有**做到**穿戴整齐充满不快的疑虑,而且,当她抑制住自己的恐惧,走进科尔法克斯夫人的饭厅时,她很可能发现自己就坐在阿瑟爵士(Sir Arthur)边上,后者好像总以为他的邻座对"染料法案"①的命运满怀兴趣。尽管如此,科尔法克斯夫人是百折不挠的,而且很善于说服人,当然,弗吉尼亚也有点想被说服。还有,虽然弗吉尼亚认为科尔法克斯夫人有点像粘在帽子上的光滑的假樱桃,她有自己

---

①　"染料法案"(the Dye-stuffs Bill),疑指当年爱尔兰参议院正在讨论的相关法案。

的洞察力和特性。她来喝茶,忘了带走自己的伞,弗吉尼亚提到这把伞,说它"在我的旧伞之间熠熠生彩,若隐若现"。[12]她被呛了回来。"伍尔夫太太,我知道你是怎样想我的伞的——一把廉价、又短又粗、俗气的伞,你是这样想我的伞的;你认为我的包和它一样——一个廉价、俗丽的包,有着糟糕的刺绣。"这正是弗吉尼亚的想法,她对科尔法克斯夫人有了新的敬意。

弗吉尼亚的社交冒险成了她过去和克莱夫常玩的游戏的一部分,即"自我吹嘘"的游戏。两张明信片让我们得知弗吉尼亚的自我吹嘘是什么模样。一张写着:"我的自我吹嘘:两个邀请:一个是和塞西尔们同住,还要跟格温多琳夫人见面;另一个是复活节和 H.G.威尔斯一起打五天的羽毛球,外加讨论小说。是啊——这类事**确实**让我高兴。"[13]另一张也是写给克莱夫的:"仑敦黛丽夫人（Lady Londonderry）举行派对,真的邀请了我——就像你能想象到的那样,为此我的心怦怦乱跳,直到我发现是去和五百个殖民地牙医见面,再听诺伊斯先生朗诵他的诗歌,不是一次高贵的聚会。"[14]无疑,弗吉尼亚还没有成熟到不势利,而且和她的丈夫不一样,她很容易喝下女主人的迷魂汤。她受到上流社会的欢迎,很喜欢这些。"伦纳德,"她在日记里写道,"伦纳德对我在鼻子上搽粉,把钱花在服装上较缺乏好感。不过没关系,我崇拜伦纳德。"[15]

96

1923 年 4 月,在给老朋友、艺术学校的同学玛杰里·斯诺登的信中,瓦奈萨说弗吉尼亚如今更像过去的样子了,我认为她这么说的意思是她妹妹完全康复了。[16]她已经重新获得了平静,以及精神和智性的协调。体质上能看得出她过去十年所受煎熬的痕迹。她长得更棱角分明了,也更皮包骨头和更朴素了;不管过去有多美,她已经失去了那种容颜;不过,她当然仍旧是非常漂亮的。从服装来说,她只是马马虎虎勉强应付一下时尚的要求，没有丝毫的卖俏；在她看来遭到伦纳德谴责的那些轻浮举动，无疑都是微不足道的。※她的香粉最少，她用来买服饰的钱很有限。我试图寻找一种和她的外貌风格相似的事物，在十四世纪锡耶纳（Sienese）大师们的艺术中，我找到了与之最接近的东西：她在一切方面都是线性的，雅致、庄严、优美，略带一丁点文艺复兴盛期的肉体风格，没有拉斐尔的甜蜜或柔和，没有柯勒乔的元素。她的姿态中有着庄严和笨拙的最古怪杂糅。设想一位西蒙·马蒂尼①打发一个报喜天使去捻烟卷，或精神抖擞地在山上走个四英里，那么，你或许会悟出我在试图表达一种极不和谐的东西。她在这段时间里的肖像画和照片是靠不住的；一架电影摄像机能在十秒钟内捕捉到静止图像所缺乏的那种本质特性；因为运动中的她是最真正的自己。这样一来，她让人想起一种奇异的鸟，猛然抬起头来，为了某个她喜欢的念头、词语或悖论，带着欢喜的兴致喳喳起来。她的谈话充满意外，充满不可预料的问题，充满空想和笑声——是一个孩子的欢快笑声，这孩子发现这个世界比任何人原可能以为的更奇怪、更荒谬，也更美丽；在那些年里，笑声似乎成了她与生俱来的要素。

在孩子们看来，她是讨人喜欢的。"弗吉尼亚要来喝茶。"这种宣告就像一阵温暖、善变的微风，从西南方向吹进来，带来一种惊奇的喜悦。大人不让他们知道她生命中的苦难，在他们的陪伴下，似乎她也不可能不开心。

※ "她的头发随意飘洒着，从不搽化妆品——她似乎一点也没有个人虚荣心，然而看起来永远那么漂亮。有时，夏天，当我在印刷间工作时，她会溜达进来，用她那迅捷、敏锐的手指排版或拆版，看上去就像一个不修边幅的天使——她赤足穿着卧室拖鞋曳来曳去，穿着件侧下角有道大划口的睡衣，上面胡乱罩着件晨衣，不过她的思绪远远逸离了她的机械工作……"拉尔夫·帕特里奇，《弗吉尼亚·伍尔夫肖像》，BBC国内节目，1956年8月29日。

① 西蒙·马蒂尼（Simone Martini, 1285—1344），意大利锡耶纳画家，哥特式绘画的代表人物。

然而,她能引发恐惧。并不是说她想要吓唬孩子;可我记得自己曾听过她和瓦奈萨之间的一段对话,当时弗吉尼亚描述了两个老妇人——我不知道是哪两个——安静地生活在一条街道上(属于那些一头用结实的铁柱隔开交通的伦敦街道之一)。街上再往前些的一幢房子遭窃了。小偷们被当场撞见;他们溜出前门,跳上一辆快车,然后撞上了铁柱。老妇人听到了这声响,听到了人们在剧痛中发出的尖叫,直到救护车来了为止。故事讲得很简单,不过具有如此难以置信的力量,使我感到毛骨悚然——当我想起这故事,以及弗吉尼亚讲述它的方式时,我还有点这种感觉。不过,当然啦,孩子喜欢受惊吓。我愿意听她讲更多的恐怖故事。我不记得自己听过。她通常讲的都是笑话和趣事。

她似乎天生就和年轻人投缘,她相信他们的幻想,毫不费劲,无需屈尊就加入了他们的游戏,还会施展一种纯粹出于善意的魔力。不过,这里提到的"年轻人"指的是保育室里而不是学校里的栖居者。如果你年龄大到会把她看成名人(保育室里的孩子们是不会这样看待她的),她可能就要用上不同的咒语了。她可以迷人,也可以恐吓人;但她的魔术不纯粹是善意的。据说她会表现得有点凶狠,她有爪子,会咬人,传说有几个年轻男女曾受过她的伤害。

……她和年轻人的社交方式完全是恫吓式的。对于那些天真的,喜欢故作有才智的样子的年轻女性,她尤其严厉;她会无情地怂恿她们,向她们提问,让她们去夸耀她们所有的那些高超观点,然后以她那种低沉、嘲弄的嗓音向凑上来的大伙揭示她们彻底的无知和笨拙,同时仍面露仁慈。不过,当她戳穿她们想参与智性交谈的可怜愿望时,她的那种兴趣太明显了。她不会怠慢只想从肉体上吸引在座男性的漂亮女孩——那些傻乎乎的笨蛋可以尽情地卖弄风情,不会受到惩罚。可如果一个女孩自以为聪明到可以和弗吉尼亚旗鼓相当地交谈,她就欺君犯上了。有抱负的年轻男性不会受到明显的虐待。她也鼓励他们去说说他们那些不成熟的浅薄头脑中的东西,但他们不会被公开羞辱;他们只是在回家时有种不舒服的感觉,就是他们莫名其妙地出尽了洋相。[17]

无疑,这番话里有真实的成分,虽然我认为在这种事上,拉尔夫·帕特里奇不能被看成是个可靠的证人。他很喜欢通过相当单薄的原材料归纳出浮夸的普遍原理,我强烈怀疑他在这个例子中也这么做了。我认为他对弗吉尼亚的动机的分析也是不正确的;其实它依赖的证据是很可疑的,因为在那些指控弗吉尼亚残忍对待青年的人里,有一个人(就是克莱夫)总是认为,受她折磨的是年轻**男性**,她对年轻女性的权利是纵容的,简直太纵容了。不过,除了上述保留之外,得承认这种指控本身。就像许多在社交上受过惊吓的人,弗吉尼亚可能(也许相当)喜欢在社交上吓唬别人;随着名声渐长(《雅各布的房间》成功之后,《戴洛维太太》也获得了赞誉),她干这种社交坏事的能力和机会都多了起来。

正如我们所知,在 1922 年,弗吉尼亚想到一个同时写两本书的计划,即她的小说和一部评论集,她起初把这部评论集叫《阅读》,这时成了《普通读者》。她估计这本书相对另一本书能起到调剂作用。《普通读者》主要基于她已发表的文章,不过在此基础上,她添加了一些新素材,尤其是一篇叫《论对希腊人的无知》的长文。1922 年 10 月,心里想着这个主题,她计划阅读索福克勒斯、欧里庇得斯和《奥德赛》的

前五卷。(她的习惯是阅读希腊原文,必要时参考一下译注。)她也在
考虑要阅读本特利和杰布①的传记,不久后,她决定还得读齐默恩※和
埃斯库罗斯。

　　1922 年秋天,两本书似乎都进展缓慢。十月下旬和十一月,弗吉
尼亚重新考虑了《戴洛维太太》。11 月 7 日,她计划在月末前开始写
希腊章节,尽管她觉得自己要读的东西尚未过半,还得去读埃斯库罗
斯、本特利和《奥德赛》。1 月 23 日,她提到她想全力以赴地写《戴洛
维太太》。到了五月份,关于希腊人的文字还没写出来。六月初,她在
嘉辛敦住了一个周末,这次拜访想必向她展示了英国社交界一幕惊人
但奇特的景象,把她的注意力引向了她那部小说的主题,她这时把它
叫作《时光》。

　　"我突然对自己的书变得非常感兴趣,"6 月 4 日,她写道,"我想
把奥托林那种人的卑鄙写进来。我想描写那人的油滑。我已经太宽
容了……"[18]这种想法恐怕是不友好、不公正的,不过却不是没有收

99

---

　　① 本特利(Richard Bentley,1662—1742),英国古典学术研究史上的重要学者和校勘
家;杰布(R.C.Jebb,1841—1905),剑桥三一学院希腊文教授,以翻译索福克勒斯著称;齐默
恩(Sir Alfred Eckhard Zimmern,1879—1957),古典学者和政论家。

　　※ 阿尔弗雷德·埃克哈德·齐默恩爵士,1879—1957。弗吉尼亚可能读了 1911 年牛
津版的《希腊政体——雅典在五世纪时的政治和经济》(*The Greek Commonwealth—Politics
and Economics in 5th Century Athens*)。1907 年剑桥版卡罗琳·杰布(Caroline Jebb)的《R.C.杰
布爵士的生平和信件》(*The Life and Letters of Sir R.C. Jebb*)中有一篇 A.W.维罗尔(A.W.
Verrall)的文章,它可能有用;从别的方面来说,这书似乎和弗吉尼亚的题目几乎没什么干
系,她也许想到了 1892 年杰布版的《特剌喀斯少女》(*The Trachiniae*),伦纳德有这本书(见霍
利曼暨特雷彻有限公司出版的《已故伦纳德和弗吉尼亚·伍尔夫私人图书馆中的重要书籍
和手迹真本目录》〔*Catalogue of Important and Association Books from the Library of the Late
Leonard and Virginia Woolf*〕,1970 年 5 月,Ⅲ,12)。伍尔夫夫妻还有一本 1883 年版的芒克
(Monk)的《本特利传》(*Life of Bentley*),弗吉尼亚在写《论对希腊人的无知》和《本特利博士》
(Dr Bentley)(也收在《普通读者》中)时用上了。这本书被借给了利顿·斯特雷奇,是他
写《柯白奇博士的可悲故事》(*The Sad Story of Dr Colbatch*)的主要资料来源,也许是唯一资料
来源。(《微型肖像》,1931 年;据传闻)

益的。两星期后,她较用心地检验了自己和自己的小说。

我开始写这书时带有一种想法,就是我也许会谈谈我的写作——我曾在《鸽巢》中浏览了凯·曼对她的写作的说法,它怂恿了我的这种想法。不过我只是浏览过而已。就怎样深刻地感受事物,她谈了很多;还包括怎样做到纯粹,对此我不想评头论足,尽管我当然能很好地说上一通。可是,如今,我对自己的写作有什么感受呢?——这本书,也就是《时光》,如果那是它的名字?陀思妥耶夫斯基说,人必须从深刻的感情出发去写作。我这么做了吗?或我所做的只不过是凭语言去编造并迷恋着它们吗?不,我想我没有。在这本书中,我简直有太多的念头。我想写生命和死亡,神志健全和精神错乱;我想批评社会体制,去表现运转中的它,表现最极端层面的它。可是在这方面我也许是在装腔作势……我是从深刻的感情出发撰写《时光》吗?当然,疯狂的部分使我受到这么多折磨,使我的念头喷涌得如此厉害,我几乎没法想象还得再写上几星期。然而,这是个关于这些人物的问题。阿诺德·贝内特这样的人说我不能创造流传后世的人物,或没有在《雅各布的房间》中做到这一点。我的回答是(不过我把这留到替《民族国家》写稿用):人物如今都成了碎片,这只不过是旧话题;后陀思妥耶夫斯基的旧话题。但我认为我的确没有那种"真实"的天赋。我虚化了不可信的现实(在某种程度上是故意的)——它的廉价。不过是进一步。我有表达那种真正的现实的能力吗?或,我撰写那些关于自己的文章吗?我可能会从贬义出发回答这些问题,这种兴奋仍在。为了抵达本质,由于我又写起了小说,我觉得自己的力量发着光,从体内充沛地直线向外四射。

在受到一顿批评后,我感到自己正在向侧边写去,只用到我的想法的一个侧重点。这是我的辩护;因为自由运用才能即是幸福。我是更好的同伴,更大程度上的人。不过,我认为在这本书中最重要的是争取表达主要事物。即使它们不服从语言的美化(不过,它们本该服从)。不,我不相信默里夫妻的说法,说我已经到头了,它们像小虫子那样在我肉体里蠕动。忍受这些痛苦是让人讨厌的,其实是丢脸的。然而,想想十八世纪。不过那时他们是公开的,不像现在这样隐蔽。

回到《时光》,我预见它将是一场极其艰难的斗争。那种构思是如此古怪,如此精湛。为了配合它,我总是不得不歪曲其内容。那种构思无疑是新颖的,让我非常感兴趣。我想就这种构思非常快速且热烈地不停写下去。不必说,我不能这么做。从今天起三个星期后,我就会精疲力竭。[19]

七月份,《普通读者》中的希腊篇章还挡在她面前;不过《戴洛维太太》进展顺利。在僧侣屋,她觉得自己身体很好,能够工作。可是 8 月 6 日她重读了自己已完成的部分。在她看来,它似乎是"一线涓细的水流"。[20] 米德尔顿·默里曾说过,她写到《雅各布的房间》就走进了死胡同,没法再前进了。他的批评曾让她非常担心,她常在日记里提到这件事。但她克服了这种挫抑;有了足够的信心继续前进,并开始发现新的行进路线。八月底,她为《普通读者》草拟了一个有条理的计划。

随后,9 月 18 日,她遭遇了一次短暂但猛烈的精神震颤。

出于心理上的目的,我打算记录下那个奇怪的晚上,当时我去和伦纳德碰头,可没遇见他。在那几个小时里,一股多么强劲的情感袭击了我!那是个下雨刮风的夜晚;当我穿越田野走回来时,我说,我就要撞见它了;这时,昔日的魔鬼已经再一次耸着脊背穿过波浪。(但是我没法准确回忆出来。)我的感受如此强烈,以致我的身体僵硬起来。我想,"真实"被除去了面纱。像这样的感受中有一种高尚的东西;悲剧性的,绝不猥琐。接着,寒冷的白光掠过田野;然后消失了;我站在爱弗德(Iford)的大树下,等待那辆公车的灯光。它没停下来;我感到更孤独了。一个男人瞅着我,推着手推车走进刘易斯镇。不过对所有这些我不会当真(至少能控制),直到最后一班伦纳德可能乘坐的火车到站后,我突然觉得呆坐着是无法忍受的,我得做最后一件事,就是上伦敦去。时间不多了,迎着这样的风我骑车驰去;另一方面,我满意于自己和强有力的事物并驾齐驱,例如风和黑暗。我搏斗着,有时不得不步行;然后继续前进;向前骑去;手电筒掉了;把它捡起来;又掉了,没有任何光线了。看着男人和女人们一起走着;想着你们是安全和快乐的;我是个被弃者;拿着自己的车票;还剩下三分钟,然后,我拐过车站楼梯角,看到伦纳德冒出来,微屈着腰,像个走得非常快的人,穿着胶布雨衣。他感到相当冷,也相当恼火(这恐怕是正常的)。于是,我没有表示自己的感受,出去盘弄我的脚踏车了。此外,我回到售票处,对那位仁慈的男人说:"没事了。我丈夫赶上了最后一班火车。把车费还给我吧。"他这么做了。我把钱要回来与其说是为了钱,倒不如说是为了和伦纳德紧挨着坐在一起。回去的一路上,我们都在谈办公室里的一次争吵(关于评论者的);我一直在想,天啊,那事结束了。我摆脱了它。它结束了。真的,我有着轻松、解脱和安全的身体感受,不过,它后面也隐藏着一种可怕的东西——我猜想，就是这种痛苦的客观事实；它持续了几天，我觉得如果晚上再走那条路的话，我还会感受到它；它变得和矿工之死以及后一天的奥布里·赫伯特之死有了瓜葛。※不过，无论如何，我还没把它记全。[21]

这事没产生什么有害影响——其实根本没有任何影响，如果这次古怪的经历和随后几周她埋头写的作品有关，因为那时她正在描写塞普蒂默斯·沃伦-史密斯的疯癫。

自那之后，有好几个月她不曾提到《戴洛维太太》的进展，不过《普通读者》没被忽略，十一月份，为了要写希腊篇章，她得去读索福克勒斯；创作那篇文字（文章大约有七千字）需要读很多东西，还得起草一大堆稿子。

1924 年 1 月 23 日，她写道：

> 明天又要回头写《时光》了，今天上午开始忙房子的事时，我郁郁寡欢地瞅着它——喔，我抛弃的那些纸页的冰冷的粗页缘。不过我马上就要写起来了，直到搬家为止——还有连续六礼拜。我认为这一次的构思很棒——天晓得。[22]

弗吉尼亚提到的"搬家"是从里士满搬到伦敦，因为 1923 年秋天，在和伦纳德的长期斗争中弗吉尼亚赢了。从夏天起她就已经开始提议，确实到了离开霍加斯宅的时候了。她真的又康复了。她认为频繁　102

※　1923 年 9 月 25 日，靠近福尔柯克（Falkirk）的雷丁 23 号矿坑（Redding Pit）淹了水，死了四十一个人。1923 年 9 月 26 日，下院议员奥布里·赫伯特中校（生于 1880 年）去世了；他是玛格丽特·达克渥斯夫人有一半血缘关系的兄弟。

往返里士满的旅程既烦人又浪费时间,还搞得人筋疲力尽。可伦纳德感到担心,反对的理由还是老一套:伦敦的生活对她太吵闹了。他认为搬家是不明智的——或至少还不到时候。

弗吉尼亚一度感到绝望。她怎么能和这样一位丈夫争吵呢?她欠了他这么多,在过去他已经证明自己是那么明智,而且他还做了如此了不起的奉献。我不知道,不过她这么做了——她赢了这场争论。十月份,她开始找房子,1924 年 1 月 7 日,她终于在布鲁姆斯伯里的塔维斯托克广场 52 号找到了自己想要的房子。[23] 3 月 13 日,伍尔夫夫妻搬了过去。

塔维斯托克广场南面是一排十九世纪早期的房子,52 号是其中一部分,属于具有那个地区和时代之特征的典范;它朴素的正面由暗色的砖块砌成,有四层楼,地面四周围着栏杆,为地下室增添了光彩。伍尔夫夫妻从贝德福德房地产公司购买了十年的租约,接手了一、二楼的现成租户;他们和这个多尔曼暨普里查德先生律师事务所有着如此融洽的关系,以致最终租约到期(已经被延长过了),他们不得不离开塔维斯托克广场时,老普里查德先生和他的职员们跟他们一起搬走了。接下来的十五年里,这些办公室上面的两层楼成了伍尔夫夫妻在伦敦的家。他们的房间明亮、宽敞、比例均衡,弗吉尼亚委托瓦奈萨和邓肯负责装修。霍加斯出版社搬进了地下室(原来是家务场所——厨房、餐具室、食品室等)。一条长廊通往屋后,那里,在花园的位置上有一间带天窗的大房子,它曾是弹子房。弗吉尼亚把这房子当作工作间,称之为“工作室”。它还被用作储藏室和库房,用来堆放霍加斯出版社出版的东西,这里,在高高堆起的书籍包裹和纸堆间,在灰尘和混乱中,四周环绕着斯特雷奇们所谓的“污秽包裹”——旧钢笔头、回形针、纽扣和软毛团、空墨水瓶和不空的烟灰缸、用过的信封、长条校样这些东西的堆积物——上午,人们会发现弗吉尼亚坐在煤气取暖器旁的旧扶手椅(椅子的填充物漏了出来,乱糟糟地拖在地上)里,膝盖上搁着一块三合板,写着并改写着她的书籍。

103

时不时总有人怀着歉意悄悄走进来,从书堆里取走需要的东西;不过,弗吉尼亚没注意到这些,虽然通常情况下她对任何类型的噪音都是敏感的。

不过她对出版社非常感兴趣,下午她会去那里工作。她已经成了一个能干的排字工人,喜欢和别人一起干活。当他们最初来塔维斯托克广场时,只有玛乔里·约德和他们一起工作,然而,伦纳德已经向她透露,霍加斯出版社要改制了。乔治·赖兰兹很快将从剑桥毕业;在写申请研究员的论文的同时,他想向伍尔夫夫妻学习印刷和出版。其想法是他也许能逐渐把伦纳德从管理重任下解脱出来(他们不是最后一次盘算这个根本不切实际的念头了)。

1924 年 7 月初,赖兰兹来到霍加斯出版社;他和出版社的关系是相对短暂的(他在那一年年末得到了研究员的职位)。[24] 他和弗吉尼亚一见如故;她奚落他,质疑他,他们一起闲聊语言、派对和他人;她在那里工作时,地下工作室充满了欢乐和笑声。然而,新成员有时会发现自己的任务不那么对口;他得捆包裹,为等待着的顾客计算折扣,给印刷机上油、加墨,还得操作和清理它。不过,对他来说,最痛苦的考验是不得不出去面对书商,试图向他们兜售现代诗歌或《弗洛伊德全集》,这两类书很可能遭到轻蔑的拒绝,前者被看成是胡扯,后者是色情文学。伦纳德好像认为他的努力是那么理所当然;似乎对苦干的新手连声夸奖都没有。伦纳德很高兴和弗吉尼亚一道在假日里去乡下书店兜售他的出版物,他可能没意识到这类谈判会带来怎样的痛苦。

乔治·赖兰兹回剑桥去了,重拾他那非常杰出的学术生涯,伍尔夫夫妻又找到了一个极其迷人的年轻人来代替他的位置，他叫安格斯·戴维森。那位即将退职的助手非常圆滑、谦逊地写道："感谢上帝，安格斯是个既让人宽心又负责的人，他那安静的劳动将会远胜于我干活的时候（它们是狂乱的苦干交替着间歇的萎靡不振）。离开了出版社，我为没机会多见你和伦纳德而感到恐惧；我得这么做。我仰赖你。为了过去的六个月，向您致以一千声感谢。"[25] 而其实安格斯的遭遇将会激烈得多。

　　1924 年 5 月，弗吉尼亚去了剑桥，向一个叫"异教徒"的社团做了关于"现代小说中的人物"的演讲。其结果成了《贝内特先生和布朗太太》。这几乎是她发表的美学宣言。她向年轻人，面对未来做了演讲——"我们在英国文学的一个伟大时代的边缘上战栗着。"[26] "我们"指的是先锋派。这一类宣言的老现象就是，看来我们能进入那个伟大时代的唯一办法就是把一些拥挤在路上的人类障碍物推开，即以下这些作家，他们写着"那些油滑、圆熟的小说，那些自负、荒谬的传记，那些怯懦、无力的评论，那些悦耳地歌颂着玫瑰和绵羊之无邪的诗歌，而今，它们是如此貌似可信地被充作文学"，还有贝内特、高尔斯华绥和威尔斯。[27] 这些其实是真正的敌人，因为他们混淆了写作的真正目的，即发现现实，现实被拟人化了，成了一个令人好奇但模糊的人物：布朗太太，她是车厢里一位不知名的女士。贝内特先生只告诉我们她的房租是多少；威尔斯先生进一步告诉我们她的房租应该是多少；高尔斯华绥先生告诉我们她不可能付得起房租。他们中没有一个人描述了真正的布朗太太，因为他们中没有谁对人的真实特征感兴趣——对本质上的布朗太太，即……在这一点上我踌躇了，不过我想弗吉尼亚也一样，因为她发觉布朗太太是条变色龙，一种根据环境和你看它的角度变换颜色的动物，所以最后能得出的最好答案就是布朗太太是个人——一个主要（我觉得）由水和几种附加的盐等构成的物体——而且，对弗吉尼亚来说，尤其是一种记忆的集合体，有些始终在眼前，其他的神秘地变幻着，还有些随心所欲地呈现。醒着的布朗太太很清楚自己是布朗太太，可能记得自己的年龄，肯定记不清自己吃过的第一顿饭了，不过闻到一种家具上光剂时，她的确想起了一只玩具熊的外表，记得更清楚的是做它眼睛用的那种特别的黑纽扣——我想，贝内特先生从没有认真对待过这种布朗太太——一种意识，有时易懂，有时清楚，有时完全醒着，有时彻底睡着了。有一天，当这个水和盐的集合体分解了，谁知道呢，可能被一缕半知半觉的意识松弛地系在一起的这片云状物和那些记忆会是唯一的布朗太太。

105

所以，弗吉尼亚所谓"乔治时代小说家"的任务就是撇开贝内特的环境证据，以及威尔斯和高尔斯华绥的讲道和教化，去探讨主要的奥秘，即布朗太太本人。不过，在宣布这是一场真正的战争而且必须获胜之后，弗吉尼亚像威灵顿①那样瞅瞅自己这边的军队，断言："我不知道他们是否会使敌人害怕，但老天作证他们吓着我了。"E.M.福斯特和D.H.劳伦斯两人都既勇敢又有才华，但两人把很多时间用在朝错误方向进军了。艾略特和乔伊斯没犯那种过失，可前者犯了无纪律的过错，后者错在残暴。斯特雷奇的心思其实不在打仗上。胜利将会被赢得，凯旋是无疑的，可谁会获得它呢？她从没给出答案，不过那是显而易见的，实际上，除非是写在一个艺术家之间有着真正协调一致的信条的时代，一份宣言注定了是一种个人坦白，几乎不可能是别的。《贝内特先生和布朗太太》其实就是弗吉尼亚的私人宣言。她大致描述了自己未来十年的计划。在某种程度上，她概述了自己的毕生事业。

---

① 威灵顿（Wellington，1769—1852），滑铁卢一战中的英国统帅，指挥英普联军击败了拿破仑。

　　1924年5月,她决心花四个月写完《戴洛维太太》;然后就(或可以)把它收起来三个月,那三个月将用来写《普通读者》。文选将于1925年4月出版,小说再隔一个月。她达到了这个目标。那个夏天她写得又快又好;到了8月2日,她已经写到了塞普蒂默斯·沃伦-史密斯之死。的确,第二天,她斟酌了她认定的《普通读者》的第八十个系统化开场白,还谨慎地计划着阅读《克拉丽莎》《天路历程》《美狄亚》和柏拉图;不过,她回头写小说去了,到了九月份,小说的结尾已经在望。10月9日,刚回到伦敦,《戴洛维太太》完工了,她庆幸自己以这样的速度赶完了它。她已经能看到那个"老人"了——她这话差不多肯定指的是《到灯塔去》。[28]但1924年的最后两个月用在准备印刷《戴洛维太太》(1925年1月,伦纳德阅读了打字稿)和完成《普通读者》上了。1925年的夏天之前,对于她的下一部小说,她似乎只是想想罢了。

　　弗吉尼亚不常在信中讨论自己的写作;不过在一封给法国画家雅克·拉弗拉的信中她几乎这么做了。他曾问她在写什么。她拒绝透露,回答说:

　　　　我想我不会告诉你,因为正如你十分清楚,你一点都不在意……对于我的写作,我是非常自我中心的,差不多别的什么都不考虑,所以,部分是出于自负,部分是出于害羞和敏感,对自己的选择,永远别提及,除非某个人用红热的钳子把它拽出来……(不过,我几乎已经写完了两本书。)[29]

　　弗吉尼亚在罗德麦尔收到他的回信,当时她正全神贯注于《戴洛维太太》的写作,这封回信属于那种让她非常感兴趣的东西,因为他的想法在某种程度上和她在《贝内特先生和布朗太太》中试图系统阐述的东西是一致的。[30] 写作的困难就在于，它不得不——照他的说法——"以线性为其本质"——人在一个时刻只能写（或读）一件事。写下一个词——例如"新异教徒"这个词，弗吉尼亚曾用它来称呼他——就像把一个小石子丢进池塘："在空中，水花会朝所有方向溅起，在水面下，水波会一波接一波传向黑暗的、被遗忘的角落……"但这种现象属于一种只能用权宜的图解来描绘的事，例如把一个词写在一页纸的中央，四周辐射状地环绕着相关的念头。通过这种方式，一个作家勉强能实现那种画家由于他的艺术本性而享有的同时性（simultaneity）。还有，头脑没法承受一个文学构思的全部复杂情形，因为这样一个构思必然是连续的。"无疑，写作时，你写到二百五十九页时不会清楚地感知三十一页上的东西？不过也许那只是因为我不是个作家，实际上天生不会用词语来思考。"

"确实，"弗吉尼亚回答说，"画家们在表达方面有了不起的天赋。在我看来，当我提到新异教信仰时，你似乎对自己的思路做了一个极有才智的描述。"[31] 不过，她不肯承认他们那种艺术的处境使他们能看到一个作家看不到的东西；相反："我倒认为，你也已经提到了那些作家的一些问题，他们正尝试着捕捉你的那些水花，把它们凑到一起，使之完满无缺（无论'完满无缺'这个词在写作中是什么意思）。"其实，这正是那个作家的任务——也就是说她的任务——去超越"句子的传统铁轨"，不理会"过去时代的虚假（我这话指的是贝内特、高尔斯华绥等等）"。那位文学艺术家不得不认识到"人们一刻都没有以那种方式感觉、思考或梦想，过去也从来没有；可你那种方式是随处可见的"。换句话说，她正宣称自己有能力（或至少有意图）去不合时宜地看待事情，去领会思考和感受的过程，就好像它们是图形那样。

107

　　在《戴洛维太太》中，我们有可能会发现这种性质的尝试，渴望以辐射状而不是线状来写作，同时描绘"在空中朝离心方向溅起的水花"和"一波接一波传向黑暗的、被遗忘的角落的水波"。在下一部小说里，她把一位画家和一幅画搁在如此靠近文学构思之核心的位置上，小说的结束句是："在那里画下一条线，在中心。"①那时，也许她承认了上述任务是极度困难的。

　　不过，弗吉尼亚给雅克·拉弗拉的大部分信件都是些轻佻、无拘无束的闲扯。他（一位在英国受教育的法国人）曾是新异教徒中的一员，还在 1911 年娶了另一个新异教徒，即格温·达尔文。雅克写过一封给弗吉尼亚的信件，赞扬了《周一或周二》，他俩就此开始通信，直到 1925 年 3 月他去世为止。他如今不能走路或写作了（他的信件是口授给妻子的）；其实他正在缓慢、痛苦地走向死亡。弗吉尼亚对遭受痛苦的本能反应总是写作；她对疾病或不幸表示实际同情的方式是写信。她给雅克写长信，而且相当频繁，他回复了一些极好的信件。"我乐于取悦雅克。"[32]她在日记里老实交代，显然雅克被取悦了。"你的信件，"他在 1924 年 12 月里写道，"尤其是最近三四封，给了我一种东西，最近这几年，几乎已经很少有人能带给我这东西了。"[33]他们计划再次见面，不过从没有实现；可能弗吉尼亚其实并不想见面。他们之间友谊的乐趣就在于它的书信体特征。1925 年 2 月，他去世前的一个月，弗吉尼亚做了一件就我所知她从没为别人做过的事。她把自己未发表的小说的校样寄给了他。格温为躺在临终床上的他朗读了《戴洛维太太》，略去了描写塞普蒂默斯·沃伦-史密斯自杀的段落，因为她觉得它们太惨痛了，让人难以忍受。

----

　　①　这是《到灯塔去》的结束句。

4 月 8 日,弗吉尼亚在日记里写道:

> 自我写信以来(就是最近这几个月),雅克·拉弗拉已经去世了;他想死;他给我写了一封关于《戴洛维太太》的信,这封信给我带来了我一生中最快乐的日子之一。[34]

随着雅克的去世,新异教徒似乎什么都没留下来。正如格温所写,它"很久以前就全结束了"。[35]它死于 1914 年,尽管在那之前它就病了。鲁珀特·布鲁克死了;弗朗西丝·科恩福特已经找到了别的信仰。奥利弗姐妹们或结婚或逐渐有了非常不同的世界。凯·考克斯也结婚了,嫁给了威尔·阿诺德-福斯特(Will Arnold-Forster);"我觉得你可能不会喜欢威尔。"[36]她曾写信给弗吉尼亚说;她说对了。

《普通读者》出版于 4 月 23 日,《戴洛维太太》出版于 5 月 14 日。弗吉尼亚经受了照例的情绪变化,见了坏的评论就畏缩,读到好的评论就雀跃。到了五月底,最艰难的时段熬过去了:摩根·福斯特喜欢《戴洛维太太》;托马斯·哈代已经非常高兴地阅读了《普通读者》。于是她在日记里写道:"我从不曾感到自己被这么赞扬过。"[37]

注释

[1] AWD(Berg),1923 年 1 月 3 日。

[2] VW/VB,1922 年 12 月 22 日(Berg)。

[3] AWD(Berg),1923 年 1 月 16 日。

[4]《雅各布的房间》,第 217 页。

[5] 波塔·拉克致 QB,1971 年 9 月 11 日。

[6] G.H.W.赖兰兹,BBC/TV 综合节目,1970 年 1 月 18 日。

[7] AWD(Berg),1923 年 2 月 7 日。

［8］AWD(Berg),1923 年 2 月 19 日。

［9］杰拉尔德·布雷南,《格拉纳达以南》,1957 年,第十三章;也参见 VW/VSW,1923 年 4 月 15 日(Berg)和 VW/RF,1923 年 4 月 16 日。

［10］重印在《时刻》中,1947 年。

［11］VW/LW,1922 年 4 月 17 日(MH)。

［12］VW 致雅克·拉弗拉,1924 年 11 月 29 日。

［13］VW/CB,1922 年 4 月 9 日。

［14］VW/CB,1930 年 4 月 9 日。

［15］AWD(Berg),1924 年 5 月 26 日。

［16］VB 致玛杰里·斯诺登,1923 年 4 月 15 日。

［17］拉尔夫·帕特里奇,《弗吉尼亚·伍尔夫肖像》,BBC 国内节目, 1956 年 8 月 29 日。

［18］AWD(Berg),第 55 页,1923 年 6 月 4 日。

［19］AWD(Berg),第 57 页,1923 年 6 月 19 日。

［20］AWD(Berg),1923 年 8 月 6 日。

［21］AWD(Berg),1923 年 10 月 15 日。

［22］AWD(Berg),1924 年 1 月 23 日。

［23］据传闻(LW);也参见理查德·肯尼迪,《霍加斯出版社的男孩》。

［24］G.H.W.赖兰兹,BBC/TV 综合节目,1970 年 1 月 18 日。

［25］G.H.W.赖兰兹致 VW,未标明日期[1924 年 11 月或 12 月](MH)。

［26］《贝内特先生和布朗太太》,第 24 页。

［27］同上,第 23 页。

［28］AWD(Berg),第 68 页,1924 年 10 月 17 日。

［29］VW 致雅克·拉弗拉,1924 年 9 月 4 日。

［30］雅克·拉弗拉致 VW,未标明日期[1924 年 9 月](MH)。

［31］VW 致雅克·拉弗拉,1924 年 10 月 3 日。

［32］AWD(Berg),1922 年 8 月 22 日。

［33］雅克·拉弗拉致 VW,未标明日期[1924 年 12 月]。

［34］AWD(Berg),第 72 页,1925 年 4 月 8 日。

［35］格温·拉弗拉致 VW,未标明日期[1924 年 10 月初]。

［36］凯瑟琳·考克斯致 VW,1918 年 8 月 1 日(MH)。

［37］AWD(Berg),1925 年 5 月 16 日。

第五章 1925 年 6 月至 1928 年 12 月

109   1925 年 6 月和 1928 年 12 月之间，弗吉尼亚写了《到灯塔去》，构思了《海浪》，照许多批评家的看法，这两本书是她的最高成就。所以如果试图检验她在写作时的心智状态的话，这也许是个合适的时机，即便要做这种审视我们得撇开编年法的无理要求，得冒险闯入一片显然不易通过的地带。

她自己已经指出了这种任务的危险性。

许多情景来了又去，没有被记录下来，因为今天是 9 月 4 日。一个寒冷阴沉的刮风天，变得值得纪念，由于我看见了一只翠鸟，还有我那种又体会到了"快乐之精神"的感觉（它早早地醒来了）。"你的拜访是多么稀罕啊稀罕，快乐之精神。"①那是我去年此时唱过的；我唱得那么动情，再也没有忘记它，要么就是在想象

---

① "Rarely, rarly, comest thou, spirit of delight"，出自雪莱同名诗。

中,我看到辽阔、单调的海上有一只鱼鳍露出水面的情景。没有传记作家能猜到在1926年夏末我生活中的这件重要事;可传记作家们佯装他们了解人们。[1]

他们不了解,或至少他们不该了解。他们所能声称的就是,他们比普通公众稍微多知道一点儿,还有就是,通过从回忆录或作品中零星捕捉到的少许迹象,他们能更正一些误解,如果他们技艺高超或非常幸运的话,还能勾画出一个连贯、令人信服的轮廓,不过和所有的轮廓一样,在光线、姿势、情绪和伪装的一切方面,它和被画像人的实际形体只有着微弱的联系。

要了解弗吉尼亚·伍尔夫的心灵(她实际上是这样要求一个传记作家的),只有上帝或弗吉尼亚才能做到(最好是上帝)。从表面上看,一个人只能达到我所谓的轮廓,对于剩下的部分,一个人可以猜测,甚至可以依靠悟性,不过永远别让自己忘了,这是猜测,而且是一种最冒险的猜测。

1927年9月,当弗吉尼亚回忆起雪莱的诗句时,我们满可以推想,她正在回顾一段不愉快的时光。"辽阔、单调的海上有一只鱼鳍露出水面"——这是她经常想起的形象之一——是一种灾难的信号,1923年9月伦纳德回家很迟的那个晚上,她曾看见过它。可能这些回忆和另一则以"一种精神状态"为题的日记有关,那是她于1926年9月15日写下的:

> 大约在三点醒来。噢,它开始了,它来了——那种恐惧——从肉体上来说就像一阵疼痛的波浪在心脏周围涌涨——使我辗转不能入睡。我不开心,不开心!沮丧——天啊,但愿我死了。

打住。但是为什么我这么觉得？让我瞅着那波浪涌起。我瞅着。瓦奈萨。孩子。失败者。是的，我看清楚了。失败者，失败者。（那波浪涌起了。）[2]

这可以被解释为："瓦奈萨有三个孩子；我一个都没有。"

喔，他们嘲笑我对绿涂料的喜好！

因此，我们满有把握了，她也一样；这是——在大白天——发生在查尔斯顿的某次奚落，是笑着说出，笑着反驳的，当时对此几乎没什么感受。可如今，在下半夜的这个时刻：

波浪发出轰响。但愿我死了！我希望我活不了几年了。我不能再面对这样的恐怖。（这是漫天扑地盖过我的波浪。）它在继续；有几次伴随着变化多样的恐怖。因此，在紧要关头，疼痛不再强烈，它变得相当含糊。我打了会儿盹。猛然惊醒。波浪又来了！无理性的疼痛；失败的感觉；通常，某个具体的事例，譬如我对绿涂料的喜好或买了件新衣服……凑在了一起。

她在服装店里还是极度害羞，虽然差不多就在这个时候，她庆幸自己最终学会了以若无其事的权威态度面对营业员，不过那只是一种暂时的胜利；她还是讨厌买衣服，尤其是内衣，当她买的衣服受到批评时，她感到丢了面子。

最后我说，尽量不动感情地看着，现在恢复一下情绪。不会再有这事了。我分析。我算了算幸福和不幸的人。我打起精神去挤，去撞，去冲击。我开始盲目前进。觉得有东西掉了下来。我说，没关系。什么事都没关系。我变得僵硬、挺直，又睡着了，可还处于半醒之中，感到波浪涌起了，注意到光线亮了起来，我想知道，这一次，早餐和日光会怎样制服它；接着，我听到伦在过道里，为了自己也为了他，我假装非常快活；到了吃完早餐时，我通常是心情愉快的。每个人都有这样的经历吗？为什么我的自控力这么弱？这既不值得赞扬，也不可爱。它是我生活中许多消耗和痛苦的起因。

二十年代，弗吉尼亚的朋友们常谈到她那种精力充沛的好心情。※ 她在社交上非常成功，不过，从日记来看，人们几乎不会想到真有那回事。1926 年，罗杰·弗赖记载了在肯麦瑞丘餐厅吃过的一顿饭，当时，"弗吉尼亚处于她心情最好之际"[3]；前一天，弗吉尼亚自己写道，"我已经答应了一份任务，它可怕到如此地步，我为之浑身战栗、颤抖——去见托德[托德小姐当时是《时尚》的编辑]称赞的一个裁缝，甚至可以说，她推荐了这人，不过此时，一想到托德，我就毛骨悚然。"[4]还有，1928 年，克莱夫写道："伍尔夫夫妻处于巅峰时期"[5]（2 月 19 日），"弗吉尼亚仍在浪尖上"[6]（3 月 2 日）。她自己则在 3 月 18 日写道："自从二月以来，因为头痛，我一直有点郁闷。"[7]

我想，如果能对人的精神面貌进行全天候观测，大部分人都会显现出让朋友们感到吃惊的精神状态的起伏。照弗吉尼亚的情形，我觉得，坐标图上的曲线不同寻常地陡峭，其感想不同寻常地深刻和持久，

※ 111

※ 和密友在一起时尤其如此；不过也不一定需要他们在场。威廉·燕卜逊（William Empson）教授回忆道："我只有幸见过她一面，那是在我上本科时，她开的玩笑把我笑坏了。"BBC，1953 年 11 月 24 日。

所以,她在 1927 年还会鲜明地回忆起 1926 年的绝望。

但那仅仅是绝望吗?那只伸出水面的鱼鳍可能实际上属于一只有着锋利牙齿的邪恶怪兽,不过这只怪兽是看不到的,它待在深渊里,有着不确定的特性。

在这里,让我们再大胆地推测一下,那波浪、那鱼鳍和深渊里的那只动物是一种信号,标志着有什么东西又在她内心复苏了。回到 1926 年的秋天:

> ……人不是和自己,而是和宇宙中的一种东西在一起。在我深重的阴郁、沮丧、厌倦(无论它是什么)中,就是这东西让人恐惧和兴奋。我看到一只鱼鳍远远地掠过……我想做的只是记录下一种不同寻常的精神状态。我大胆地猜想,它可能是写另一本书的冲动。目前我的头脑一片空白,没有写书的打算。[8]

一个月后:

> 星期一,奥齐·迪金森;星期三,科尔法克斯夫人;星期四,和摩根一起见阿贝尔·舍瓦莱;宴请威尔斯,见阿诺德·贝内特;星期五到星期一,在朗巴恩。于是这一周就在我的纸页间溜走,或者说留在了我的纸页间;愤怒、苦恼、欢喜、沉闷和兴高采烈这些东西混杂在一起。我照例浮想联翩;一会儿想去买椅子,一会儿想去买衣服;根据某种手法埋头修改《到灯塔去》;和内莉吵架(她今天得赶下午的火车,因为我在一个电话的事上撒了谎),我们就这样僵持下去。莫里斯·巴林和西特韦尔夫妻给我寄来了他们的书;伦纳德稳步前进,如今在写他所谓的"通信";出版社的

铰链有一点吱吱作响；卡［特赖特］太太带着我的眼镜溜了；我发觉鸡奸者都是些乏味的家伙，和正常男人一样；我现在应该正在写书，以供出版。所有这些事互相用肩膀排挤着彼此，在我的大脑屏幕上掠过。休息时，我开始想到（我记这事是因为我打算看看一本书是怎么出现的）一个孤独的女性，她在构思一部关于生活之理念的书籍。这个想法只冒出来过一两次，非常模糊；它是对我在罗德麦尔时的心情的生动表现。它将是对某种神秘、精神性事物的尝试；那事物出现在我们不在场时。[9]

《海浪》（如果弗吉尼亚这时隐约开始考虑的是《海浪》的话）还不具有一种足以准确体现她那种目标的形式，她还需要五年时间来把自己的观念转化成一部小说。1927 年 9 月，当她发觉自己在随声附和雪莱的绝望时，余波（如果可以称之为余波）会是一种不同的东西。一个月后，在她最随意、写起来最不费劲的小说中，完整的一系列念头突然获得了体现。

证据暗示（仅此而已），沮丧之后，创作力会随之来临。就像我们将在后章中看到的那样，弗吉尼亚能从疾病中获得好处。她需要"和溪流里的树枝一起漂浮；和草坪上的枯叶一起纷纷扬扬，不负责任、漠不关心，而且能够（也许是数年来第一次）到处看看，抬头仰望，譬如，望着天空"。[10] 可她也需要健康的身体，如果她要应付这项费力的工作，描写她在天空中见到的事物的话。1913 年，她没强壮到可以描述其所见，但 1925 年到 1932 年之间，她正好健康到足以对付其痼疾。不过这种努力是相当吃力的，她的疾病和体质之间的平衡是微妙的，就像她在 1925 年夏天将会发现的那样。

尽管她盼着开始写自己的小说，弗吉尼亚决心推迟写作，直到八月初回到僧侣屋为止。《戴洛维太太》和《普通读者》受到的欢迎使社交和社交场合的奉承变得令人惬意。她决定把工作时间用在报刊写作上。※

113 　　　……我的上午全用在写东西上了——关于斯威夫特的文章或写信。所以有一整批人和派对都已经被我抛在了脑后。[11]

她在 1925 年 7 月的日记里是这么写的。这些约会被抛诸脑后，不过，根据伦纳德的小笔记本，还是有可能复原出一份相当详尽的日程表的。七月份的记录就足够了。

7 月 1 日，伍尔夫夫妻邀请菲利普和艾琳·诺埃尔-贝克喝茶、出去吃饭。2 日，利顿的姐姐多萝西·伯西来喝茶；晚上是乔治·赖兰兹的派对，波塔·拉克就是在这个派对上表演了节目。3 日，雷蒙德·莫迪默和霍普·莫里斯在塔维斯托克广场吃饭，过后，利奥·梅尔斯和达夫妮·桑格来了。5 日（星期天），他们去看《预演》的演出；6 日，弗吉尼亚和克莱夫一起吃饭；9 日，科尔法克斯夫人和乔治·赖兰兹来喝茶，饭后，T.S.艾略特来了；第二天，10 日，星期五，他们去了罗德麦尔，星期天回来看在斯卡拉剧院（Scala）上演的利顿的戏剧《天之子》(The Son of Heaven)；14 日，奥托林的女儿朱利安·莫瑞尔和爱德华·萨克维尔-韦斯特一起来吃饭，饭后，托马斯·马歇尔（Thomas Marshalls）夫妻（妻子就是曾在霍加斯出版社工作的玛乔里·约德）、约翰·海沃德（John Hayward）和菲利普·莫瑞尔来访。15 日，弗吉尼亚和莫瑞尔夫妻共餐；16 日，安格斯上楼来喝茶；17 日，弗吉尼亚在爱德华·萨克维尔-韦斯特的陪伴下参加了一次河上派对，然后在位于库克汉姆的福

※　她还有另外一个动机："我决心今年夏天靠写作挣上三百英镑，用来在罗德麦尔修建一个浴室和热水系统。"AWD，第 74 页，1925 年 4 月 19 日。

尔摩萨广场吃了饭,邀请他们的人是乔治·杨(即希尔顿·杨的兄弟);第二天,她和格温·拉弗拉见了面,接下来的一天,即19日,她和伦纳德出去跟摩根·福斯特吃午餐,然后邀请克莱夫来吃晚饭;饭后艾德里安来看望他们,在他之后是奥托林、朱利安和菲利普·莫瑞尔。21日,杰克·圣约翰·哈钦森和弗朗西丝·马歇尔来吃饭;弗朗西斯·比勒尔和小说家C.H.B.基钦后来也加入他们的行列。22日,来自纽约的安·沃特金斯因公到访;伊迪丝·西特韦尔也来了;23日,斯特拉·本森和安格斯·戴维森来喝茶;24日,哈考特夫妻——我不知道是哪一对哈考特——来喝茶,伍尔夫夫妻、哈罗德·尼科尔森和雷蒙德·莫迪默一起共餐。七月的最后一个星期,伦纳德的坐骨神经痛发作了,他们的社交约会就此告一段落。不过,还是有一些未受邀请的拜访者前来看望他们,即,罗杰·弗赖、玛丽·哈钦森、格温·拉弗拉、杰弗里·凯恩斯、朱利安和昆汀·贝尔。

　　出版社的工作在继续。弗吉尼亚记录说生意已经很兴旺了。她还在做排字工和包装工的活计,对她来说,梅纳德·凯恩斯的小册子《丘吉尔先生的经济后果》※意味着,她和伦纳德还有出版社其他工人※※将一起长时间待在地下室里,回电话,捆包裹,试图满足一万本的印刷需求。(顺便说一句,就在那一年夏天,7月4日,梅纳德·凯恩斯在圣潘克拉斯登记处登记结婚了。)照她后来的说法,她正"驾驶着轮胎漏气的车子",这一点都不令人吃惊。[12]

　　报应是注定了的。事情发生在8月19日的查尔斯顿,那些年里,

114

　　※　《丘吉尔先生的经济后果》(*The Economic Consequences of Mr Churchill*),一本小册子,讨论英国重新回到金本位的问题及其可能的后果。

　　※※　这些人是:安格斯·戴维森(1924年12月来到出版社,一直干到1927年底);伯纳黛特·墨菲(她大概和安格斯同时来的,第二年7月,卡特赖特太太取代了她的位置,后者一直干到1930年)。

他们总会在那一天举行生日宴会。这个年度庆典适逢如此幸运的日子——所有的家庭成员都在场，松鸡刚长到可以吃，天气往往是适宜的——以致大家好些年来都热情洋溢地庆祝这个日子。热情，或至少是喧闹——美食和佳饮，克莱夫的口若悬河以及弗吉尼亚的俏皮话引起的喧闹——表述了那夜的气氛，直到弗吉尼亚突然打断那个炎热的点着蜡烛的房间里的吵闹，她站起身，踉踉跄跄，脸色变得跟鸭蛋色一模一样，她摸索着，徒劳地试图离开那个房间。在那个关头，当聚会中的大多数人都目瞪口呆地坐在那里时，有两个人敏捷地行动起来：依靠长期训练所带来的效率，伦纳德和瓦奈萨迅速、果断地做了必要的事——把弗吉尼亚带出房间去呼吸新鲜空气，送她上床，给她吃根据经验是有效的药。

这次突然的崩溃标志着一段长期病弱的开始，包括头痛、疲竭、部分康复、新的复发，病情在这一年余下的时间里一直时好时坏，直到1926 年春天才最终痊愈。弗吉尼亚意识到自己做过头了，她在伦敦的生活带来了危险，无视危险就得自己承担后果，她决定将来要大大减少社交往来，如果真往来的话，也要少为它费心。她没有完全遵守这个决心，但也没有完全违犯它。随后几年，她在社交承诺方面要小心得多。

她意识到自己并不缺乏写《到灯塔去》的素材，这使康复过程充满生机，不过无疑在某些方面也使它变得更困难。两年前，在塔维斯托克广场，她突然想起了这个主意，如今可以说它只等着被写出来了。她要做的一切就是休养身体，好到足以把它誊到纸上。

然而，在那个秋天，尽管写了一个充满希望的开头，她能做的工作非常少；她沉浸在无所事事和失意之中，首先在僧侣屋，然后在塔维斯托克广场，过着一种她所谓的"两栖"生活，一半时间在床上，一半时间在床下;能写东西时,她写了篇名叫《在病中》的散文。[13]此外,她还有五花八门的烦恼事;其中一件跟 T.S.艾略特有关,另一件和哈罗德·尼科尔森太太有关。

1925 年秋天,照弗吉尼亚的说法,T.S.艾略特抛弃了霍加斯出版社。[15]这是对他的行为颇不公正的描述。艾略特的所作所为是从重振《标准》(*The Criterion*)的出版商那里接受了一个编辑职位。这使他获得了弗吉尼亚一直希望他能获得的财政保障(实际上,处置艾略特基金成了件有点麻烦的事),不过,自然,他的作品交给新雇主出版了;更进一步,他和《民族国家》争夺起撰稿人来。在弗吉尼亚看来,这似乎是只有"下层社会人士"才会做的事,过了好几个月,她才完全原谅了他。

照弗吉尼亚的话,哈罗德·尼科尔森太太(她在写作时用的是 V.萨克维尔-韦斯特这个名字,其实也更喜欢用这个名字)"注定了要去波斯"。[14]说得更明白些,这话的意思是她将在某个时候去和德黑兰的丈夫会合,他在那里的英国大使馆里做参赞。为方便起见,该称她为维塔,对她在这里不得不做个交代,因为在这段时间和随后数年里,她是弗吉尼亚生活中最重要的人——除了伦纳德和瓦奈萨之外。

维塔似乎是为了让弗吉尼亚喜欢而被创造出来的。在她身上,弗吉尼亚看到了一个名门望族之后,也看到了一个有着更优秀内涵的人——或至少比普通大地主的血统更浪漫些——那是一种文学传统;她是一幢历史宅第的后代,那也是一幢曾大力培养文学艺术的宅第——一座肯特郡的学园①——更出众的是,她有着异国血缘,即声名狼藉的西班牙吉卜赛人的血统,它体现在能想象得到的最纯粹的黑眼

---

① 学园(academe),指古希腊柏拉图讲学的地点。

珠里,或者体现在一种优雅的仪态中(可以说它是贵族化的,同样,它也很可能来自某个安达卢西亚小镇的街头)。

维塔无疑是个非常漂亮的女人,懒散、高贵,还带点忧郁,她富有魅力,那种魅力在很大程度上是无意识的——更可爱的是,她有才智,然而同时也奇怪地显得愚蠢,她有点跌跌撞撞地度过了一生,有着弗吉尼亚的出色意图,但缺少她的敏锐、幽默和邪恶。除了这些品质之外,还有一点就是她非常喜欢弗吉尼亚·伍尔夫的小说,她自己也是个作家,所以,她似乎是不可抗拒的。[16]

不过,弗吉尼亚确实一度抗拒了她。就像我们已知的,她俩第一次见面是在克莱夫的饭桌上,因为尽管事实上维塔对克莱夫一点都不青睐,克莱夫对维塔的门第、美貌和好脾气却不禁大加赞赏。他的脑子反应很快,看出了她的优点并告诉弗吉尼亚说尼科尔森太太欣赏她,尽管如此,当她见到"可爱的、有才华的、贵族出身的萨克维尔-韦斯特"时,她发觉她"不太符合我较严肃的品位——花哨、长着小胡髭、鹦鹉似的颜色,拥有贵族式的潇洒逢迎,却没有艺术家的才智。[17]她一天写十五页纸——已经写完了又一本书——在海涅曼那里出版——她认识所有的人。可我能结识她吗?"

我想弗吉尼亚有点受惊。无疑,她知道维塔是个率直、毫不含糊的女同性恋者。她可能开始意识到维塔的感情,也许对自己在那次初逢中的感情也略有所知。维塔在场时她感到害羞,几乎跟处女似的,我猜想,维塔激起了她的危险感。自结婚以来,除了凯瑟琳·曼斯菲尔德,从没有人打动过她的心灵,凯瑟琳也只不过是稍微触动了一下。她仍旧爱着伦纳德。可如果今天,年届中旬,她会爱上另外一个人,这难道不会导致可怕的灾难性事情吗? 在这种情形下,她对维塔的魅力必然会显得无动于衷,冷漠,甚至怀有敌意。

虽然如此,她乐于和她再次见面,而且尽管友谊的发展速度不是很迅速,1923年最初的几个月里,伍尔夫两口子和尼科尔森两口子(留意那些复数称呼①)见了四次面,1924年,他们见得更频繁了。1925年9月,弗吉尼亚写信给瓦奈萨,谈到"我们(克莱夫和我)的维塔"。[18]到了这时,她们的友谊已经稳固了,我想,如果弗吉尼亚再次重读1922年12月15日的日记,她会感到有点愕然,而且会非常惊讶。

"友谊"这个词在这里看起来是腼腆的,倘若我有充分把握没搞错的话,我会用"恋爱"这个词。可实际上,我自己对此所知甚少。如果一个人相当坦率地说"弗吉尼亚·伍尔夫和维塔·萨克维尔-韦斯特谈过恋爱,时间可以说是在1925年和1929年之间",这人将暗示或暗示了什么呢?维塔深爱着弗吉尼亚※,我想,她性情热烈,在很大程度上就像男人本可能的那样爱着她,她有一种男性的急不可耐,想要获得某种肉体的满足——即便弗吉尼亚如今已经四十多岁了,尽管非常漂亮,可已经失去了青春魅力,即便维塔自己有点敬畏她。然而我们获得的琐碎证据暗示,维塔觉得弗吉尼亚不友好。谈到邮政总局的印章,维塔在一封给弗吉尼亚的信中说它们"(和弗

117

---

① 复数称呼,即指这里的"两口子"。

※ 维塔·萨克维尔-韦斯特致克莱夫·贝尔的两封未署明日期的信件展示了她的情感:"弗吉尼亚刚离开。她跟我一起回来——从未如此令人着迷。这岂不古怪?亲爱的克莱夫,看来我们的品位(你的和我的)相符的概率有多大?但那是因为我们都有很好的品位,或者我愿意这样想。"

还有:"我今天见到弗吉尼亚了;披着金色的斗篷,坐在两张椅子上,难以置信地美好和脆弱;声音细微,双手纤长;说她'觉得自己蠢',然后说出令人震撼的言辞;不过在恢复中,我想——只不过她对自身的健康不说实话,我不知道该相信什么;但是伦纳德(一个理智较健全,更诚实的晴雨表)似乎是乐观的。我更热爱她了;我已经熟悉了杰出的弗吉尼亚,不过被击败的弗吉尼亚重又令人吃惊地激发了爱慕。亲爱的克莱夫,我会为了你的小姨子奔赴天涯海角。"

吉尼亚一样)是不可侵犯的"。[19] 还有一次,她指责弗吉尼亚——这是在 1924 年,属于她们关系的早期——把她们的感情当成了文学素材。"如果你喜欢的话,就把它看成是写作题材——就像我认为你看待任何事情一样,包括人与人之间的关系。千真万确,你更乐于通过脑子而不是心灵去喜欢人们。"[20] 这个指责遭到了愤怒的反驳,不过我想其中不是没有真实成分的。但也不完全属实——事情从来就没有这么简单。弗吉尼亚有着一个情人的感受——当她觉得自己被忽视时,她感到沮丧,当维塔不在身边时,她感到绝望,她焦急地等待着信件,需要维塔的陪伴,生活在那种恋人们能体验到的欣喜和绝望的奇怪杂糅中(人们以为只有恋人们才能体验到)。这些事她都为了凯瑟琳做过、体验过,可她提到、写到凯瑟琳的方式和对待维塔的方式是不同的。

　　维塔在朗巴恩待了三天,昨天伦和我从那里回来。这些女同性恋者们**热爱**女性;友谊和情爱从来就不是绝缘的。简而言之,我的顾虑和克制,我的"无礼",我在和那些可能不需要我的人交往时的惯常的自觉,等等——照伦的说法,全是无稽之谈;在一定程度上要感谢他(他督促我写作),我以一种了不起的方式结束了这受伤、遭病的一年。我喜欢她,喜欢和她待在一起,还有那种璀璨——在七橡树的杂货店中,她在烛光的映照下熠熠生辉,迈动着山毛榉树那样的双腿大步流星地走着,石竹花鲜艳夺目,葡萄成串,珍珠悬垂。我猜想,那就是魔法的奥秘。总之她觉得我难以置信地邋遢。没有哪个女人比我更不在乎个人外表了。没有谁像我这样穿衣服。然而我却这样漂亮,等等。所有这些对我有什么影响?非常混杂。她成熟,胸部丰满;很大程度上,她正在涨潮中满帆前进,我则沿着死水岸航行;我指的是她在哪儿都能发话,能代表她的国家,能拜访查茨沃斯,管理银餐具、仆人和中国狗;她的母亲身份(不过她对她的男孩们有点冷淡、怠慢),她作为一个总之真正的女人(这一点我从没有做到过)。于是她过着有点沉溺酒色的生活;葡萄是成熟的;但不会沉思。不。在头脑和洞察力方面,她不像我那么高度组织化。然而,她意识到了这一点,对我如此慷慨地给予母性的关怀,它就是出于某种原因我一直非常想从每个人身上得到的。它就是伦和奈萨给予我的,也是维塔试图以她那种较笨拙外露的方式给予我的。因为,当然啦,交织着所有这些魔力、葡萄串和珍珠项链,也有一种松弛的东西。譬如,当她坐着汽车穿越沙漠时,我实际上会想她到什么程度?明年我要把那事记下来。无论如何,我很高兴她今天要来喝茶,我会问她是否介意我穿得这么糟。我想她是介意的。我读了她的诗。这首诗更紧凑,在视觉和感觉上比迄今为止她的其他诗歌更好些。[21]

她给瓦奈萨(她不认为维塔尽善尽美)写道:

维塔这时就要到了,她要和我单独待两个晚上,然后伦会回来。我不再多说;因为你对维塔感到厌倦,对爱感到厌倦,对我,和我有关的任何事(除了昆汀和安吉莉卡之外)都感到厌倦;可这早已是我的命运了,公开面对它要更好些。不过,六月的夜晚既漫长又温暖;玫瑰盛开着;花园里充满了欲念和蜜蜂①,在芦笋苗

---

① 蜜蜂在英文里又有"执念、固执的怪想法、幻想"之意。

床上混杂在一起。[22]

　　所有这些也许是一种逞强和姐妹间的取胜之道。最终,从——怎
么说呢,原告律师方?——看待这事,应该以纪念维塔的作品《奥兰
多》为证,它是弗吉尼亚所有作品中最接近性爱的,说得更确切些,最
接近同性爱的作品;因为,虽然男主人公/女主人公经受了一次肉休的
转化(起初是个英俊小伙儿,然后是个美丽的女士),他/她在心理上的
变形远不够彻底。起初少年对自己的性别有点不确定;他穿上裙子,
没有完全变成一个女人,而是变成了一个乐于做女人的男人。奥兰多
也是弗吉尼亚最理想化的创造物;他/她就是照她自己所爱的样子塑
造的(不仅仅是心灵之爱)——实际上,是照浪漫小说的迷人角色塑造
的。比较一下弗吉尼亚对他/她的描述和在《戴洛维太太》中的冷静讽
刺,或比较一下它和《海浪》中詹妮的花朵变形——镀金椅子上的一束
花——或和雅各布情人们小心的瞥视相比较。

　　也许有过——总的来说,我认为可能有——某种爱抚和某种共
枕。然而,无论她们之间在这方面可能发生过什么,我很怀疑它是否
属于那种能让弗吉尼亚兴奋或让维塔满意的事。就弗吉尼亚的一生
而言,这个问题没什么大不了的;在她看来,重要的是她在感情上介入
的程度和她爱的深度。对于这样的问题,我们没法直接给出答案,不
过如果激情的标准是盲目,那么她并没有爱得很深。

　　弗吉尼亚当然对维塔怀有幻想;她认为她几乎有着不可能的魅力
和特点,她会相信她是个肯特郡的山林水泽仙女,一位有名门血统的
林神,一位贵族女神——不过不是一个作家。照弗吉尼亚的说法,她
"靠十足的本事和一只黄铜钢笔"来写作。[23]通常弗吉尼亚不会嘲笑
维塔的写作,她在她的小说和诗歌中寻找能够加以赞美的东西,不过

119

她从没放任自己到不顾良心的地步,就像她总是乐于为伦纳德做的那样。我想,原因是明摆着的。她从不可能像钦佩伦纳德那样钦佩维塔;她对肉体的完美和精神的品质不是无知觉的,然而,如果她不觉得别人才智出众的话,她不可能真正爱上别人。

> 还有,维塔明天要来吃午餐,那将会是非常有趣和开心的事。我觉得我和她之间的关系很逗乐:一月份那么热情地告别了——如今怎样?还有,我喜欢她的风度和美貌。我爱上她了吗?不过,什么是爱?她"爱上"了我(它必须这样加上引号),这既让人激动,也让人高兴和感兴趣。这种"爱"是什么?喔,还有,她满足了我永恒的好奇心;她和谁见了面,她做了什么——因为我对她的诗歌没什么深刻见解。[24]

她感到,伦纳德很讨厌这件事——但是还不至于让他担忧。哈罗德写信给她说,维塔竟然会有这样一位朋友,他是多么高兴。[25] 丈夫们都以让人钦佩的平静态度全盘接受了这件事。有一点也许很有意味,即瓦奈萨和弗吉尼亚的其他朋友(除了克莱夫)其实都不喜欢维塔,实际上最接近,最算得上喜欢她的人是伦纳德。

那么,当所有这些情况都已经交代清楚之后,我们该怎样描述她们之间的关系呢?我想我们可以说它是一次恋爱,但就弗吉尼亚而言,事情不过尔尔。尽管如此,1925 年秋天,当她从苏塞克斯回到伦敦(自以为痊愈了,但立刻就被医生打发到了床上,直到 11 月 27 日才第一次同意她出去转转——去看芭蕾舞剧)时,她得出结论,自己确实很喜欢她,实际上非常在乎她的离去。

那一年,伍尔夫夫妻和贝尔一家在查尔斯顿过了圣诞节。维塔在

120

节礼日①从朗巴恩开车过来吃午餐。"她是多么漂亮。"在客人离去之后,克莱夫跟弗吉尼亚说。[26]"一位古老家族的贵族。"弗吉尼亚对克莱夫说。伦纳德转向朱利安(他那时是国王学院的新生)。"多么势利的俩家伙。"他说。

这话惹起了(就像它有意的那样)怒不可遏的告诫,还有一场把整晚剩下的时间都消耗殆尽的争论。

1926年最初的几个月里,弗吉尼亚的健康有所好转。"从未有过",她说,"我从没有这么流畅地写作过,也从没有这么丰盈地想象过。"[27]《到灯塔去》似乎写起来并不费劲;到了3月16日,她已经写了四万字。

她能够增加些社交往来了,甚至去勘探一片新领土,因为尽管和梅费尔打过交道,弗吉尼亚认为自己太布鲁姆斯伯里化了,她觉得照另一种环境的标准来衡量自己会是有好处的。1926年春天,萝丝·麦考利小姐(一位小说家,她和弗吉尼亚既亲近又疏远,足以使她同时成为一个受欢迎的——从某些角度来看,一个地位较高的——朋友和一个能干的顾问)提供了这样的机会。因此,可想而知,不管是出于友谊,还是出于好奇,弗吉尼亚接受了和萝丝·麦考利去饭店共餐的邀请,时间是3月24日周三晚上。

那是一个彻底失败的夜晚。[28]

伍尔夫夫妻抵达的时间非常迟。他们一直在操纵机器,没有换衣服或清理身上的印刷油墨就匆匆从塔维斯托克广场赶来了。弗吉尼亚原以为他们会在她所谓的"酒馆"里吃饭;不过这不是布鲁姆斯伯里的饭宴。萝丝·麦考利小姐在一家非常高级的饭店里款待了客人。

---

① 节礼日(Boxing Day),圣诞节次日即12月26日,是向雇员送礼物的日子;如遇星期日则推迟一日。

那里有一打客人,全都是文学界的女士先生们,都戴着珍珠,穿着白背心;有一个排的侍者在服侍他们。

伦纳德和弗吉尼亚对这样一场宴会完全没有准备;这不是他们自己会举办的那种宴会;他们知道自己迟到了,害得所有人都在等他们,给人留下了非常坏的印象。当伦纳德心慌意乱时,他手部的习惯性颤抖就变得厉害起来,没法控制。这样一来,他狠命地敲着自己的汤盘,用起调羹来就像拿着根鼓槌,根本没法跟人交流。直到他喝完汤,或说得更准确些,直到他撒完汤(因为几乎没多少能送到他嘴里),谈话才变得可以听见。照弗吉尼亚的看法,事情并没有因此好转;这场谈话就像她所谓的"秃脖子鸡们"发出的"啪嗒啪嗒"的脚步声。谁该获得什么文学奖项? 格哈迪有契诃夫那么好吗? 米尔德丽德·皮克(Mildred Peake)的《闪亮的圆屋顶》(*Shining Domes*)会当选 1926 年的最佳小说吗? 在她看来,所有这些似乎都是一连串毫无意义的胡话;很快,她的邻座奥里奥丹先生谈起圣灵①来。

"圣灵在哪儿?"弗吉尼亚突然感起兴趣来。

餐桌静了下来。

"只要有海的地方。"奥里奥丹先生回答道。

我疯了吗? 她纳闷,或这就是智慧? 她只能重复道:"圣灵?"

"整个海岸!"奥里奥丹先生嚷嚷。

这太让人尴尬了,所有人都觉得弗吉尼亚丢了自己的脸。然而,伦纳德也将不乏机会。他看到邻座的手帕掉在了地上,他殷勤地弯下腰去,把手帕捡起来,不料却发现举起的是她的衬裙。这手势似乎被误解了,一旦找到了得体的机会,他俩就悄悄溜回家去了。

———————————

① 圣灵(the Holy Ghost),其实奥里奥丹先生这里说的是"整个海岸"(the whole coast),被弗吉尼亚误听成了"圣灵",所以闹了笑话。

121

以前跟萝丝·麦考利聚会之后,弗吉尼亚曾说过,它表明她自己的地位"低了很多,贬抑了很多",这,她继续说,"就是和新人见面的部分好处。"[29]而这一次,她肯定是把好处捞全了;但我认为她并不盼望重复此类经历。

同一天还发生了一件较安慰人,较可能留下持久后果的事。弗吉尼亚和她的朋友有时觉得伦纳德当《民族国家》的文学编辑是在浪费他的天赋。他们觉得他应该写自己的书,而不是受拘于这种追逐或摆脱撰稿人的游戏——这是一种沉闷的生活,几乎没有酬劳和假日。于是,在萝丝·麦考利宴会的那天早上,弗吉尼亚尚未向伦纳德开口,伦纳德一边为早餐煮咖啡一边说:"我打算今天上午递交我的辞职书。"[30]

"给谁的?"

"《民族国家》。"

于是就那样辞职了。

四月份,弗吉尼亚完成了《到灯塔去》第一部分,开始着手写第二部分(即"时光流逝");她觉得这部分很难写,不过她情绪很好,处于进展之中。内莉已经可以说是第十五次提出辞职了。这将是最后一次:继续下去是没好处的,工作对她来说太繁重了,有太多的人上门拜访。弗吉尼亚心情沮丧,不过她态度坚定;接受了辞职,认真地开始寻找别的人。然后,4月27日,内莉在楼梯过道上拦住她,请求道:"请听我说,夫人,我可以道歉吗?我太喜欢你了,没法和别人愉快相处。"[31]弗吉尼亚认为这是她能获得的最大恭维。不过,当然,这意味着又要回到老一套情绪化的起伏中去了,出现了这种变化,她发誓,当可怜的内莉威胁要离开时,她永远都不会再相信她了。至于内莉,她可能也得出了结论,当弗吉尼亚威胁要解雇她时,她也不会再相信她了。

今天上午,我看到五六辆装甲车缓慢地沿着牛津街行驶;每辆车上坐着两个士兵,戴着马口铁头盔,还有一个站着,手放在枪上,那枪直指着前方,准备好了要开火。不过我也注意到有一辆车上有个警察在抽烟。我想我再也不会看到这种景象,也一点都不希望看到。[32]

可我认为,在某种意义上,她是乐于看到它们的。这情景是稀罕的、古怪的,可能还是历史性的,它或许是英国革命的肇始;其实是大罢工的尾声。不过在罢工前令人担忧的那几周里,她的一些朋友认为可能会爆发内战。塔维斯托克广场52号成了一个从事不寻常活动的中心,草拟并模板复印请愿书,传递消息的人骑着脚踏车来来去去;他们的租客普里查德先生快活地宣布他正在受训,好向伦纳德开枪。朋友们上门来收听伍尔夫夫妻的无线电收音机,它是除了谣言之外的唯一消息来源。

弗吉尼亚发现自己和伦纳德不一样;她觉得他是个大喊大叫的鼓吹者,他认为她是个没有理性的基督徒;她想要和平,他想要胜利。[33]她为罢工的瓦解感到高兴,但为那些被抛下独自奋斗的矿工的命运,也为她认定的雇主的报复精神感到伤心。

《到灯塔去》第二部分"时光流逝"完成于5月25日。她希望七月底能写完整本书。然而,她又一次高估了自己的实力。罢工结束时,维塔从波斯回来了,随着她的到来,其他的社交聚会也向她发出了邀请。弗吉尼亚在嘉辛敦度了一个周末,见到了罗伯特·布里吉斯,还有一次是和H.G.威尔斯的聚会。[34]在这之前她想必已经见过他——伦纳德和他相熟——不过这是一次长时间的,显然很有趣的相遇。他们不喜欢对方的书籍,弗吉尼亚在公开场合明确表达过自己的观点,但他们相处得还不错。她认为他是个泡影和实在物体的古怪混合。

123

他聊到了哈代和亨利·詹姆斯，概述了他的以十天为一周的计划，可能没意识到这想法是马克斯·比尔博姆（Max Beerbohm）灌输给他的。通过这些会见，弗吉尼亚得到了一次对她来说重要得多的机会，就是和托马斯·哈代见面。[35]我认为所有在世的作家中，她最尊敬的就是哈代，听说他喜欢《普通读者》，她显然很高兴。这次见面是成功的，虽然就像遇到伟大人物时往往会发生的那样，她没法表达自己本想表达的问题，也没法引出自己本想获得的答复。

1926 年的夏天，伦敦照例有很多吸引人的地方，但是弗吉尼亚还记得去年的经历，她确实设法做到了有所自制，总之在这个夏天里，她不像前一个夏天那么筋疲力尽。即便如此，七月底，她在僧侣屋还是有过"一次完整的小规模神经失常"。[36]神经过敏在某种程度上破坏了那个夏天的赏心乐事（那是一个美丽的八月），甚至还包括新设施带来的喜悦。诚然，《戴洛维太太》和《普通读者》为他们赚来了抽水马桶和流动不绝的热水，这是非常让人愉快的※；直到那时为止，他们用的还是干土防污的厕所，洗澡是在厨房地板上一个马口铁坐浴浴盆里洗。[37]可伦纳德计划把他们的一部分新财富用在他自己的王国（即花园）上，而弗吉尼亚则想把它用在更多的家庭享受上；两人发生了摩擦。总之，这是一段颇为不安、艰难的时期。她正试图完成《到灯塔去》，而小说的收尾总会给她带来很大的麻烦。九月份，她有时会非常沮丧，这些时候，她在日记里把自己描述成一个"已过中年的邋遢女人，脾气烦躁，相貌丑陋，什么事也干不了；既虚荣又爱饶舌，毫无用

※　"我们让人修建了两个抽水马桶，一个由《戴洛维太太》支付，另一个由《普通读者》支付：两个都献给你。"VW/VSW，1926 年 2 月 17 日。
　　常有人说弗吉尼亚的小说手稿在僧侣屋的厕所被当作草纸用了。我自己印象中用的是长条校样，出于各种原因，这些玩意会更好用些。

处",还有,她看到了在辽阔、单调的海上冒出的鱼鳍,早晨醒来时体味到了彻头彻尾的绝望感。[38]

　　尽管有着这些烦恼,《到灯塔去》进展顺利。每天上午,她激动、流畅地写着。她完成了两页纸的任务,尽管想在九月底写完这本书是过于乐观了,不过,十一月份,她已经到了改写的阶段,还计划着要再写一部文学批评作品———一本《普通读者》的续集。最后,1927 年初,《到灯塔去》就等着伦纳德的认可了,那一年三月份,他阅读了校样。

　　1927 年,需要提一句,弗吉尼亚身边人的生活发生了改变。那一年的早些时候,邓肯去了卡西斯(他母亲和姨妈正住在那里)[①],他在那里病倒了,体温令人担忧地急剧升高;瓦奈萨被告知,他差不多肯定是染上了伤寒。这似乎是旧日恐惧事件的重演。她自然转向弗吉尼亚和伦纳德求救;在他们的帮助下,她打点了行装,安置好伦敦没干完的事,在收到消息四十八小时之内就和安吉莉卡、仆人坐车去卡西斯了。她到了那里,发现邓肯有了实质的好转;那不是伤寒,可他非常虚弱。瓦奈萨在卡西斯安顿了下来,发现在冬月里待在英国是何等愚蠢,而且,卡西斯对画家来说是一个多么绝妙的地方。不久,克莱夫声称他打算过来和他们会合。1927 年 1 月 28 日,他写信给瓦奈萨说,他终于要开始写那部关于文明的书籍了,那是他长久以来计划要写的巨著《新文艺复兴》的一部分,还有,他非常不开心。他觉得自己自在不起来,除非到卡西斯和瓦奈萨、邓肯会合。他不开心的原因是他跟玛丽·哈钦森的长期恋爱就要告吹了。那次分手的详情和我们无关,我们只需知道一点,即那个分手不是容易达成的(双方都为此非常不开心),还有就是在二月份两人都还心存疑虑和保留。

———————————

① 卡西斯(Cassis),法国地名。

克莱夫总认为，没人比弗吉尼亚更靠不住，而且在轻举妄动方面找不到比她更十足的典型了。所以在这个节骨眼上（从很多方面来说都是他生命中最严重的危机），他向弗吉尼亚寻求同情和建议，这就显得耐人寻味了。几乎同时，玛丽·哈钦森估计可能会发生这样的事，知道在某种意义上，弗吉尼亚仍是克莱夫生命中最重要的人之一，她给她打了电话，请她去安慰克莱夫——他这时正处于一种激烈的情绪当中，在派对上信口开河，说自己痛苦不堪。这样一来，弗吉尼亚可以说成了双方的知交。

"你会和当事人发生麻烦的，你总是这样。"瓦奈萨写道。[39]她说得完全正确。弗吉尼亚已经惹上了麻烦。我们不完全清楚发生的事情。似乎她和克莱夫进行了一次长谈。他来喝茶；他描述了自己的情形，向她征求意见。他该离开玛丽和伦敦吗？他该去卡西斯写自己的书吗？弗吉尼亚认为他该这么做。她不喜欢她所谓的玛丽对克莱夫的影响；她认为纷至沓来的社交活动、时髦的晚餐和时髦的周末（她想象这些就是玛丽的天生环境）对他根本就没好处。

我想，弗吉尼亚杜撰了玛丽·哈钦森的性格特征——一种俗气的闪闪发亮的特征，跟事实迥然不同。照玛丽自己的说法，弗吉尼亚把她看成了"十足的上流社会的交际花"，她觉得这评价极不公正。[40]从她的日记和信件可以清楚地看出，有时，弗吉尼亚知道这是不公正的，而且还对克莱夫的这位朋友的高尚道德品质和严肃特性有着深刻印象；可她描绘的虚构画像对她来说也同样是真实的，在当前这个关头，她相信的是这幅画像。在玛丽看来，事情想必如此，在向弗吉尼亚求助后，她接着发现弗吉尼亚正不怀好意地故意密谋对付她。两人之间的辛辣口角在一次会面中达到了顶点。维塔堂表亲爱德华·萨克维尔-韦斯特（弗吉尼亚的一位新朋友）的意外到来抑制了这次冲突的充分戏剧效果,于是,两位女士互相瞪着对方(因为她们都怒气冲冲),同时大家开始喝茶,客客气气谈起了书籍,直到萨克维尔-韦斯特先生最后告辞为止。接下来的讨论起初带有怒气;不过结束时她俩已经重新建立了友谊和信任。玛丽·哈钦森反驳了那种是她的俗气使克莱夫误入歧途的指责;她那份显而易见的真挚感动并说服了弗吉尼亚,她俩友好地分手了。

这事剩下的部分跟我们无关,除了克莱夫踌躇了一段时间后真的去了卡西斯,那一年的晚些时候,弗吉尼亚会在那里和他碰头。二月份,伍尔夫夫妻曾考虑去美国演讲,当他们发现开销(对方不负担这些)和演讲收入差不多正好相互抵销时,两人就放弃了这个打算。然后,他们考虑去希腊,最后做了折中,决定去西西里,路上在卡西斯停一下。这次游历的细节可以忽略不计。不过我们应该提一句,从那不勒斯到巴勒莫的海路因弗吉尼亚船舱里的一位瑞典女伴而变得让人难忘,这位女士抱怨门上没锁。"夫人,"弗吉尼亚说,"我们俩谁也没有理由感到害怕。"[41] 幸好那人对这话并不见怪。就是在这个假日里,弗吉尼亚开始抽方头雪茄烟。谣传她抽烟斗。我没有发现这种证据。

"我想,我从没有哪个月这么快活过。"她在日记里倾诉,在一系列向瓦奈萨描述她的旅程的热情信件中,她也是这么说的。[42] 瓦奈萨大声朗读了这些信,其实,她常这么对待弗吉尼亚的信件,克莱夫那时住在卡西斯,在《文明》方面没什么大进展,他把某些细节带回了巴黎,在那里,她的热情遭到了嘲笑,弗吉尼亚是这么认为的。她恼怒到这地步,说自己再也不会给姐姐写信了。幸好她没坚持这个决心,很快,她们就互寄了一些具有某种重要性的信件。

5月3日,瓦奈萨从卡西斯写信说:

给你写信是一件绝对的英雄主义行为。我的所有信纸都被安吉莉卡拿去了,她要写一首诗,头一句是"知更鸟在窗台上蹦跶"。然后,在抢救出一张信纸之后,我坐了下来,蛾子围着我和灯绕着圈子狂飞。你没法想象那情形。一天晚上,某个动物在窗格玻璃上如此大声地拍打着,邓肯问,"那是什么玩意儿?""只不过是只蝙蝠,"罗杰说,"要么就是只鸟。"可它既不是人也不是鸟,而是只大蛾子——有半英尺长,毫不夸张地说。我们为它忙得头昏脑涨。我那种你深表遗憾的母性本能不允许我对它置之不理。[和他们的父母、亲戚以前一样,瓦奈萨的孩子们热衷于采集蝴蝶和蛾子。]我们把它放进来,捉住它,给它灌了一整瓶从药剂师那里买来的乙醚,毫无用处,我们把它带到药剂师那里,他喂了它一天的氯仿——也没用。最后它死了,相当破烂不堪,我把它做成了标本,如今,又来了一只! 一个更好的样本。不过,尽管它们难以置信地漂亮,我怀疑它们很常见——也许是天蚕蛾。然而,我知道一个孩子会怎样责备长辈,怪他们没有不惜代价去捕捉这些玩意儿,所以我想,我得从头把这事再干一遍。然后我想起——法布尔不是曾经试图用这同一种生物做试验吗? 因为把一个雌性关在屋子里而引来了附近所有的雄性?[1] ——这正是我们现在已经干下的事。所以,也许房子里很快就会到处都是它们了。

不过,你只会告诉我,这就是允许本能在人际关系中扮演角色的结果。关于母性本能,我能说上一大堆,不过关于米开朗琪罗和拉斐尔我也能说上一大堆啊。但愿你会写一本有关母性本能的书。

---

[1]　此事见法布尔《昆虫记》第七卷第二十三章。

弗吉尼亚回信的结尾是这样的:

> 顺便说一句,你关于蛾子的故事让我如此着迷,我打算为此写一篇小说。在读了你的信之后的几小时里,除了你和蛾子们之外我什么都想不了。这很古怪吗?——也许你刺激了我的文学意识,正如你说我刺激了你的绘画意识。天啊! 你会怎样嘲笑灯塔之作中关于绘画的片断![43]

《到灯塔去》实际上出版于 5 月 5 日。从波斯回来的维塔发现有这样一本书正等着她。弗吉尼亚曾向她许诺,她会为她备好一本新书。书上题着:弗吉尼亚致维塔(照我的看法,我写过的最佳小说)。[44]维塔对这样不顾体面的厚颜感到有点吃惊,不过在那个晚上,当她躺在床上打开书开始阅读时,她发现这本印着题献的书是个空白样品。她往卡西斯寄了两本书——一本给瓦奈萨,一本给邓肯。这时,弗吉尼亚非但不希望和姐姐断绝通信,还变得越来越盼望收到信件。到了 5 月 15 日,她再也忍受不了悬念了,她写信说:

> 最亲爱的,没收到你的信——可我明白是怎么一回事——场景如下:饭后:奈萨在做缝纫;邓肯完全无所事事。
>
> 奈萨(扔下活计):天啊! 把灯塔给忘了! 我才读到二十六页,我记得一共有三百二十页。这样一来,我没法给弗吉尼亚写信了,因为她会盼望我告诉她我对这本书的看法。
>
> 邓肯:唔,我就会告诉她,你认为它是一本杰作。
>
> 奈萨:可她肯定会发现真相。他们总能发现真相。她会想要知道,为什么我认为它是本杰作。

邓肯：嗯，奈萨，恐怕我帮不了你了，因为我自己到现在才读了五页，说真的，我不觉得这个月我能读很多东西，下个月也不成，甚至直到圣诞节前。

奈萨：喔！你很好办。可我将不得不说些什么；凭良心讲，我不知道这些人都是谁（绝望地翻了翻书）。我认为我得制订一张时间表；这是唯一的办法；每天读十页，二十天就是……

邓肯：可你根本做不到每天坚持读十页。

奈萨（有点沮丧）：不能。我想我做不到。那么，我们偷绵羊是死，偷山羊也是死①——虽然这谚语的意思我从来就弄不明白；在某些国家里，绵羊和山羊几乎是一模一样的；当然除了人们可以挤山羊奶。天啊！我肯定永远也忘不了在雅典时的维奥莱特·迪金森，还有山羊奶，不过，你打断我时我在说什么？千真万确，我应该靠抓住牛角来逮住一头牛。② 我会写信给弗吉尼亚说"我认为它是一部杰作——"（她拿起墨水瓶准备写信，但发现那里面尽是死或将死的昆虫）。喔，邓肯，你用墨水瓶都做了些什么？用它去捉苍蝇？可那是只甲虫！哎，它的确是只甲虫。甲虫有十二条腿；苍蝇只有八条。你想说你不知道那事？好吧，我想你属于那些以为蜘蛛是一种昆虫的人；嗯，如果你是在康沃尔被抚养大的，你就会知道蜘蛛不是昆虫；它是——不，我想它不是爬行动物；我知道，它是一种怪异的动物。不管怎样，我没法给弗吉尼亚写信，因为墨水成了一堆甲虫或蜘蛛腿——我实在不知道这

128

---

① 这里戏改了一句民间谚语，原谚语是"偷大羊是死，偷羊羔也是死"（one may as well be hung for a sheep as for a lamb），弗吉尼亚的绰号是"山羊"，所以这里把这句谚语戏改成了"偷绵羊是死，偷山羊也是死"（we may as well be hung for a sheep as for a goat）。

② 参见第一卷第七章的相关注释。

是些什么；不过，对一个人来说是肉的东西，对另一个人来说可能是毒药①；如果你非要用这个墨水瓶去捉苍蝇，那么我不明白，甚至弗吉尼亚自己怎么可能预期，乃至盼望我会给她写信——（他们再次安下心来讨论蜘蛛等等。）等等，等等，等等。

瓦奈萨其实已经写了信：

　　我想我比世界上别的任何人都更没资格对它做美学评价——我只知道，除了你在我心中激起的其他感受之外，我在内心某处对作为艺术品的它有一种感觉，这感觉也许会逐渐成形，它一定会变得极其强大，给我留下某种程度的印象——我想我是世界上唯一会有那些感受的人，至少到这种程度——所以，尽管它们可能对你根本无关紧要，你也许想知道你让我体会到了多少东西。还有，我认为它们的确体现了你那种不寻常的写作技艺中的美学优点。总之，依我看来，在书的第一部分，你描绘了妈妈的形象，我觉得它比我原本能想象得到的任何形象都更像她。把她这样从死者中召唤回来几乎是令人痛苦的。你已经让人体会到了她那出奇美好的性格特征，这想必是世界上最难做到的事。这就像是长大后和她再次见面，处于平等的地位，在我看来，能够以这种方式看到她似乎是最令人惊异的创作成就——我想你也对父亲做了同样清晰的描述，不过——我说得未必对——那也许没这么困难。有更多的东西可供捕捉。然而，依我看这似乎是唯一真实表达了他的形象的作品。所以你瞧，就肖像绘画而言，在我

---

① 指英国谚语：one man's meat is another man's poison，意思近似于"萝卜青菜，各有所爱"。

看来,你似乎是个最高超的艺术家,还有,发现自己又面对面地见到了那两位,这是如此让人震惊,我几乎不能去想别的事。其实最近这两天我简直不能料理日常生活。只要我们单独在一起,邓肯和我就谈起他们,因为我俩各有一本,罗杰为自己没有这本书而大为光火,所以他在场时我们就不能谈论这事了。[45]

不过,罗杰六天后就设法写来了信:

别想或指望从我这里得到评论——我不是个行家。当我试着设想自己该怎样描述一个莉莉·布里斯科①式作家的问题时,我能做到的是多么少(顺便说一句,瓦奈萨和我都认为,在这一点上,你毫发无损,胜利地脱险了,不过也许有点气喘吁吁和紧张)。我知道我会搞得一团糟。

所以你不会得到评论的——只是你没法阻止我认为它是你最好的作品,实际上比戴洛维太太更好。事物的同时性不再困扰你了,你随着每一个异常充实的意识瞬间的节拍前进、后退。

我相信有好多地方我还不理解,如果我和摩根谈起它,他就会揭示出许多隐含的意义。譬如,我猜想到达灯塔有一种我没领悟的象征意义。不过我不知道这是否有关系。[46]

对此,弗吉尼亚回信说,她遗憾自己没把《到灯塔去》题赠给罗杰,感谢他在美学上的指点;她觉得,他督促她继续走在正确的道路上。她接着说:

---

① 莉莉·布里斯科(Lily Briscoe),《到灯塔去》中的女画家。

我写《到灯塔去》**没有任何**意图。我不得不在书中贯穿一条中间线，以便把构思聚拢起来。我知道种种感受将聚集于此，但我拒绝把它们理出头绪，我相信人们会把它变成自己情绪的贮存所——他们已经这么做了，这人认为它指的是这事，那人认为它指的是那事。除非是用这种暧昧、概括的方法，我别无他法运用象征主义。我不知道这是对是错；可直接告诉我一件事物的含义，我就会讨厌起它来。[47]

克莱夫回到伦敦，在五月份写信给瓦奈萨说伦敦似乎格外沉闷、忧伤。"只有弗吉尼亚显得喜气洋洋，于她来说亦是情理之中——她的书是一本杰作。"[48]批评家们普遍持有这种看法，许多人热情洋溢地写了评论，尽管有一个人抱怨她对赫布里底群岛①当地动植物的描述根本不对头。[49]这本书比前面几本卖得更好——第一年卖了三千八百七十三本（有两本被海员教育协会买走了）。[50]

那个夏天，弗吉尼亚得到了一辆汽车和一个情人。汽车是她生活中一件重要的新添玩意儿。情人是菲利普·莫瑞尔。亲切、多情，还很英俊，有一种可敬的职业为后盾，尽管如此，不知怎地，他显得荒唐可笑（至少弗吉尼亚这么觉得）。他靠意外到访和试探性情书来追求她，时间短暂，方式笨拙；她没费很大心思就躲开了他。[51]维塔和伦纳德都不可能为菲利普的事有片刻的不安。

汽车被认为是一种十足的奢侈品。伦纳德随即就成了一个熟练、知识丰富的驾驶员；弗吉尼亚也上了驾驶课，照她的看法，进展顺利。可自从把他们的辛格车开进树篱之后（尽管没造成实质损坏），她决定

---

① 赫布里底群岛，英国苏格兰西部地名。

还是坐别人开的车。[52]其实她觉得这样最开心。整个苏塞克斯乡间，

130 包括它那些城堡、海岸和豪宅突然间都变得可以接近了；当然还包括查尔斯顿和凯恩斯在提尔顿的新家。汽车增加了这么多社交机会，以致瓦奈萨（令弗吉尼亚大乐）在通往查尔斯顿车道的大门上挂了个大布告，上面写着："不在家"。

弗吉尼亚的生活中还有一件重要的新添事物，即留声机。我认为伍尔夫夫妻一直都没有留声机，直到为了给《民族国家》评论唱片，伦纳德才买了一台昂贵型号的。弗吉尼亚口味颇广泛，她对贝多芬晚期的四重奏产生了特殊的兴趣，它们有助于那些最终衍生了《海浪》的冥想。

驾车的乐趣是乡村之乐，留声机也属于小镇，而且，它想必是那个秋季（总的来说，它属于最让弗吉尼亚开心的秋季之一）的一个组成部分。这并不是说，在九月底返回塔维斯托克广场时，伍尔夫夫妻的心情就特别好。他们被那个长期问题（即霍加斯出版社的年轻人）困扰着。自从1924年底起，安格斯·戴维森就成了那个年轻人。他是你能指望遇见的最和蔼的人之一。令人遗憾的是，伦纳德期待的不是和蔼。1926年，弗吉尼亚已经写信和瓦奈萨说过：出版社那年要亏钱了，她瓦奈萨就不能跟安格斯谈谈吗？他真该积极些。瓦奈萨无疑把弗吉尼亚的话转告给了正在威尼斯和她、邓肯一起度假的安格斯。可是，无论她说多少话，也不会改善伦纳德和安格斯不断互相烦扰的局面。

1927年10月初的一个上午，弗吉尼亚离开塔维斯托克广场52号后面的工作室，一直走进出版社办公室，发现伦纳德和安格斯都在那里，她向他们打听时间。[53]

她立刻明白自己说了一句不合时宜，或也许太合时宜的话。秘书

卡特赖特太太低头瞅着自己打的字,发出了笑声。弗吉尼亚意识到,
她进来时恰逢一场激烈争吵的尾声。其实,她打断了一场争论,那争
论的起因是伦纳德告诉安格斯他上班迟到了。安格斯不承认。伦纳
德坚持这么说,还拿出了手表。安格斯反驳说他自己的手表更准时。
伦纳德不信;安格斯拒绝被人吓唬。伦纳德确信自己没搞错;安格斯
对此表示怀疑。于是,事情就这样僵持了下去——势均力敌,争执不
休,没人能证实自己的观点,时间一直在不知不觉地流逝——他们已
经吵到了这地步,除了出门去请教我不清楚的某个公共纪念物(可能
是尤斯顿火车站)上的时钟之外别无他法——这时,弗吉尼亚仿佛是
接到了某个喜剧作家的提示,从门口伸进头来询问时间。他俩都对笑
声感到非常恼火,不过争论就此结束了。

131

　　几个月后,安格斯和伦纳德非常明智地同意他们最好还是分道扬
镳,十一月份,伍尔夫夫妻在想,结束霍加斯出版社会不会是最好的
办法。

　　也就是在十月初,弗吉尼亚已经压抑了一段时间的情绪突然爆发
了起来。她一直在酝酿两本书:一本是将成为《普通读者》续卷的文
学评论作品(她曾计划从八月份起在僧侣屋开始写这本书,到一月份
已经幸运地写完了),另一本是虚构作品——她隐约设想这本书写的
是一个孤独的女人,她在构思一本有关生活理念的书,要么就写一个
女人半神秘、很深奥的生活——可能是一种戏剧,她在 1927 年 2 月里
想到。之后,五月份,当瓦奈萨在信中提到蛾子时,这个构思变得稍微
更明确了些。与此有关的是一个"无名者传记"的念头,也可能是她朋
友的传记——她最喜欢的主题。三月份,它也变得明确多了——即
《杰瑟米新娘们》——一本深藏在她脑海中,尚未成形的严肃小说的喜
剧形式。两个可怜的孤独女人住在一幢房子的顶层,从那里能看到君

士坦丁堡。它还不算重要——一个消遣而已，直到它突然呈现出自己的最终形式。她写信给维塔说：

> 昨天上午我陷入绝望。你知道戴迪[·赖兰兹]和伦纳德逼迫我写的那本血腥书籍在一滴滴从我胸口淌出吗？《虚构》，或某个大意如此的题目。我一个词都挤不出来；最后把头低埋在双手里；我把钢笔浸在墨水里，好像自动似的在一张白纸上写下这几个词：奥兰多：一部传记。我一写完这些字，身体里就充满了狂喜，头脑里就涌满了念头。我飞快地一直写到十二点。但是听着；假设奥兰多最后变成了维塔……[54]

那就是维塔——她很清楚，因为她已经在日记中写道，那会是

> 一部叫《奥兰多：维塔》的传记，从 1500 年起，一直持续到今天；只有一个变化，就是从一种性别变成另一种性别。我想，作为一种对自己的款待，我将允许自己就这个题材猛写上一个星期……

款待成了一场狂欢。那部关于虚构的作品被放弃了，怀着一种极度兴奋的心情，她匆匆开始撰写《奥兰多》。

就其传记性质而言，这部书是让人感兴趣的，部分是因为它纪念了弗吉尼亚对维塔的爱，部分是因为它有那么多内容能让我们追溯到弗吉尼亚那些年日常生活中的事件；因为《到灯塔去》来自她年轻时代的激情和悲剧，《奥兰多》则是依靠她在日记里仓促记下的素材创作的[55]：在诺尔，维塔带弗吉尼亚参观了整幢房子——它占地四英亩——她身穿土耳其服饰，四周环绕着狗和孩子，大步流星从房子里

走过;一辆手推车把木柴运送进来,就像数百年来所做的那样,以供应这幢房子的熊熊炉火;维塔仔细翻查了她的书桌,想找一封德莱顿①寄来的信件;1926 年 1 月,维塔和服装上饰有金色缎带的船长们从的里雅斯特启程,乘船渡过地中海;维塔戴着祖母绿,显得灿烂华丽;关于维塔和维奥莱特·特里富西斯②在冰上第一次见面的记述;维塔把儿子打扮成俄罗斯男孩,儿子表示反对——"别,"他说,"它使我看起来像个女孩";维塔受到文学界的献媚和青睐;不但包括埃德蒙·戈斯爵士对她的讨好,实际上还包括弗吉尼亚自己的。※[56]

接着,九月初,梅纳德和利季娅·凯恩斯在提尔顿举行了一场派对。[57]杰克·谢泼德(即后来的约翰·谢泼德爵士)扮演了一个意大利女主角的角色,留声机提供了台词和音乐。有人带来了一张剪报;上面翻印了一张漂亮女青年的照片,她已经变成了男性,在当晚的剩余时间里,这事成了弗吉尼亚的主要话题。

她从没有这么快地写作过。她奋笔疾书下一切,胸有成竹,正如它们看上去是那么让人信服。在那个秋天,"那个异常幸福的秋天",《奥兰多》把所有事都挤到了一边。

尽管如此,她还是腾出时间为《大西洋月刊》写了一篇关于E.M.福斯特的文章。福斯特是她最尊敬的英国同时代人。他的世界观　133

---

①　德莱顿(John Dryden,1631—1700),英国诗人、剧作家、批评家。

②　维奥莱特·特里富西斯(Violet Trefusis,1894—1972),维塔的同性恋情人。

※　尼古拉斯·格林爵士无疑是个戈斯式的人物。弗吉尼亚注意到,在剑桥的一次聚会上,维塔受到"那个短小精悍的店员戈斯的恭维,后者不停地夸赞她并痛贬布尔什维克们;口气嘲讽,似乎借此能抵挡对他的谈论;用越来越厚的像红色长绒帷幕一样的崇敬环绕她们每个人"。(AWD〔Berg〕,1926 年 10 月 30 日)显然,尼克·格林的早期化身跟现实没那么接近,如果我认为弗吉尼亚是根据某个典范构思了他的看法没搞错的话,那是指他的姿态而不是五官,那种姿态也可能是另一位模特提供的。尽管如此,弗吉尼亚对维塔作伴的态度被记录在了《奥兰多》中。她当时略微表现出了一种谈及德莱唐家族的倾向。而从另一方面来说,维塔更愿意沉浸在她的西班牙祖先的卑微起源中。(比较《奥兰多》,第80 页)

和她的没什么两样。他们喜欢和讨厌的东西有许多一致之处。不过,他们之间有个相当大的障碍。早在她发表东西之前,摩根就已经被公认为是个小说家了,可就在她真正发出初啼之际,他的小说创作生涯结束了,虽然她没意识到这一点。在某种意义上,他属于年长一代。他对她在处理时间和探究心智方面的试验没多大兴趣,也不可能完全感到投契。《丘园》和《墙上的斑点》在他看来似乎是"可爱的小玩意儿",他已经觉得《夜与昼》是条隐蔽的小巷,可他吃惊地发现,用于描述这些细腻琐事的手法也被用在而且照他的看法是成功地用在《雅各布的房间》《戴洛维太太》,以及他迄今为止最喜欢的《到灯塔去》上了。[58]然而,她做出了很大的牺牲——她抛弃了叙述,脱离了生活。

他们有点害怕对方。我想,摩根·福斯特比较满意自己的性别。他发觉弗吉尼亚的女性主义是让人不安的,感到她有点太尖锐,太富有批判性了。"我觉得,"他说,"她不喜欢大多数人。她总是对我十分温和,可我不觉得她特别喜欢我,如果这就是该用的词。"[59]他和伦纳德在一起更自在;当他对写完《印度之行》感到绝望,认为它是一个失败时,是伦纳德激励了他。在某种程度上,我想,福斯特几乎是在嫉妒伦纳德对弗吉尼亚的钟情。他觉得伦纳德被弗吉尼亚的朋友们低估了,他反感(虽然伦纳德并无此意)她日渐增长的名望,还有人们把他看作"她的丈夫"的日益趋向。不过,他们之间也有友爱。弗吉尼亚感激他的赞扬,最终写完《印度之行》时,他在告诉别人之前第一个告诉了她,她被感动了,热闹劲过去之后,她极力称赞了他的写作。[60]

不过,她还有好多要说要做的事。在《贝内特先生和布朗太太》一文中,她曾热情赞扬过福斯特,说他是背叛了威尔斯、高尔斯华绥和贝内特的较年轻的乔治时代人物之一,可她觉得他不知怎地已经妥协了。一边是他自己对怪异的直接感受和特征的重要性,另一边是高尔斯华绥对《工厂法》(the Factory Acts)的知识和贝内特对五镇(the Five Towns)的了解,他曾设法把这些东西杂糅一处。

1927年,弗吉尼亚写了两篇关于E.M.福斯特的相当严肃的文章。他在发表前至少看了其中一篇,提出了异议,这些异议让弗吉尼亚感到(或至少表示了)惊讶,这个孤高、沉着的人也会像她一样敏感,甚至更敏感,而她是以薄脸皮著称的。 134

在第一篇文章※里,她讨论了E.M.福斯特的评论作品《小说面面观》。在她看来,相对于那些他所谓的"生活"主张,他似乎太容易放弃艺术主张了;这种看法使他对待亨利·詹姆斯不那么公正。

> 不过,在这一点上,这个固执的学生也许会问:在关于虚构小说的书籍中,不断被这么神秘且自满地提起的这种"生活"是什么?为什么茶会上就有它,风格中就没它?我们从《金碗》的风格中获得的乐趣,为什么就比不上特罗洛普描述一位在牧师宅第喝茶的女士时引发的情绪?无疑,生活的定义太武断了,需要扩大。

对此,E.M.福斯特在一封信里作了回答:

> 你的文章激发了我,让我来做一番最愉快的巧辩。生活的这种暧昧真相。的确如此。可关于艺术的交谈又怎样呢?每一段

※ 《虚构小说是一门艺术吗?》,最初发表在1927年10月16日的《纽约先驱论坛报》上。1927年11月12日,以《虚构小说的艺术》的题目重印(修订后)在《民族国家暨雅典娜》(Nation and Athenaeum)上;以及VW的《散文选》第二卷,第51页。《E.M.福斯特的小说》,1927年11月发布在波士顿的《大西洋月刊》上;以及VW的《散文选》第一卷,第342页。

谈话都通向一只制作精妙的匣子,它不幸丢了钥匙,我不会很急切地找自己的钥匙,直到你能找到你的那串为止。

我发现欧洲大陆的人比英国人更伟大,不是因为福楼拜遭受了挫败,而是因为托尔斯泰等人不但能生动地描述断头台等物,也能生动地描述茶会,能把握某些情绪或行为,我们的本土性使我们把它们当成假东西避开了。还有,为什么你抱怨在英国没有批评家会把小说当艺术作品来评价?珀西·拉伯克一直在这么做。可他没法让你完全满意。为什么?[61]

弗吉尼亚回答说:

亲爱的摩根,你的信件没给我特别的激发,让我想到什么巧辩。可我做出答复:——你说"每一段谈话都通向一只……匣子,它不幸丢了钥匙,我不会很急切地找自己的钥匙,直到你能找到你的那串为止"。

非常好——不过,我不是在写一部关于虚构的书。如果是那样的话,我想我**该**花点工夫找找看。作为一个评论家(那便是我仅有的身份),在我看来,似乎我有权指出两串钥匙都丢了。

我同意托尔斯泰"生动地描述了断头台"等等。可我想是通过艺术来达到那一点的;我承认自己不能为"艺术"这个词做出定义。

是的;珀西·拉伯克没有让我"完全满意"。不过我不同意你说他是个批评天才。我会把他称作一个能干、用心的书呆子;他不知道艺术是什么;所以,尽管他把小说当作艺术作品来评价的手法让我感兴趣,我对他的评价本身并不感兴趣。   弗

135

以上的话是官方的,不受个人感情影响的。从非官方的,个
人的角度来说,我担心我已经伤害了你或惹你生气了(也许是我
想象出来的)。我不是有意的。那篇文章为了适合《民族国家》
的版面而做了删节,分量全落在了一个地方。可如果我惹你生气
了的话,我感到非常抱歉。[62]

似乎福斯特设法打消了她的顾虑:她不是惹人生气的,她只是搞
错了罢了。无论对错,她的下一篇文章《E.M.福斯特的小说》想必是惹
人生气的,因为,在发现他的作品中有许多东西值得称赞的同时,她也
发现了许多可以指摘的东西,甚至批评了他的整个手法。

弗吉尼亚去世后,在里德讲座①中,摩根·福斯特又提到了他在辩
论中所持的立场。她具有唯美主义者的一切特征,她挑选并巧妙处理了
自己的印象,在人物方面她不是个伟大的创造者,她把风格强加在自己
书中,内心没有强烈动机。所以,她正好就站在那个名叫"乏味"的无底
洞穴的洞口,即艺术的宫殿。福斯特说,她留在了外面,可我估摸,他认
为她凑得太近了,让人不舒服——不管怎地,让他不舒服。我想,在很大
程度上她也认为,虽然摩根离布道坛很近(布道坛上的他恐怕会是个讨
厌鬼),还紧靠着依洛西斯的小树林②(在那里他会是个让人尴尬的家
伙),他就差那么一丁点儿躲过了这两种命运。换句话说,两人都大加赞
赏对方的作品,同时又在其中发现了许多让人遗憾的东西。

差不多就在这时间,弗吉尼亚发觉自己在和 T.S.艾略特论战,不

---

① 里德讲座(Rede Lecture),剑桥大学的著名讲座。
② 依洛西斯的小树林(Groves of Eleusis),疑指古希腊每年在依洛西斯举行的祭祀谷物
女神和冥后的仪式;英国神秘主义人士阿莱斯特·克劳利(Aleister Crowley,1875—1947)曾
于 1910 年在伦敦复兴过这种仪式。

过是一种非常不同的论战。1928 年 2 月,我们发现她和他谈了两小时的上帝。遗憾的是,这场对话的细节没被记录下来。照理,跟先前关于小说人物的细微分歧相比,它应该是一场重要得多的讨论。因为艾略特已经成了一个国教高派教会教徒,在他看来整个宇宙都变了——他的生命只不过是通向永恒的瞬息准备阶段,他已经获救要上天堂了(至少有这种潜在可能)——而弗吉尼亚和伦纳德肯定是要下地狱的。不过,事实上在她看来,对他的宗教观点不必太认真。她过去常为他的信仰而揶揄他,有点粗俗地恳求他解释它们;可他总是避开这样的袭击,微笑着,心平气和,不过不肯交战。她自己的观点从未改变过;在童年时代的一次短暂皈依之后,她对启示宗教彻底失去了信仰,而且,虽然她没做过明确表态,她持有一种时而温和,时而挑衅的不可知论态度。我们也许会在她的小说中发现一种“宗教的”因素,如果非常宽泛地使用这个词的话;照她自己的说法,她倾向于显得“神秘”;但是她不信仰具有安慰性的信仰。她肯定会承认宇宙是一个非常神秘的所在,但并不是说,这种神秘就允许我们去假设一个精神上的神或一种来世生活的存在。

《奥兰多》经历了她写小说的照例过程,不过和大多数作品相比时间较短。弗吉尼亚出于一阵冲动开始写这部小说。接着失去了动力。到了十二月份,她得出结论,《奥兰多》写得很糟。如果能写出来的话,也得到秋天才能写完。二月份,她认为快写完了,实际上,1928 年 3 月 18 日,她结束了这部作品。接着,伍尔夫夫妻再次开车去了卡西斯,4 月 2 日,他们抵达地中海。总的来说,这是一个令人愉快的假期,尽管穿越中央高地①的归程简直太冒险了。她声称,“我们常常悬挂在峭壁

---

① 中央高地(Massif Central),法国地名。

上,四周的乌鸦贪婪地盯着我们。我们的左车轮和八万英尺的落差之间常常只有头发丝的距离。"[63]事实上,那是一次相当让人烦躁的疲惫旅行,有很多吵嘴,不过在卡西斯还有一种更折磨她的烦恼事。"克莱夫在那里(他当众掴了我耳光——我咒骂他是个忸怩的小暴发户)。"※[64]到底是谁干了这事不好确定,因为当众动手打人不像是克莱夫的所为,而且似乎没人记得这事,他为此写了封痛悔的信,在信里他说自己非常不开心;弗吉尼亚答复说,就她而言,她不单是不开心,还精神错乱了。[65]在这么些年后,弗吉尼亚仍会被克莱夫逼上绝路。仅仅因为克莱夫取笑她的帽子,她的二十四个小时就可能被——就被——搞砸了,被搞得痛苦不堪。[66]他竟然会这样嘲笑她,她竟然会因为被他嘲笑而感到如此忿恨,这似乎是让人吃惊的。不过就他而言,他感到一种刺激和嫉妒——他有一种感觉,她没权利不优雅,他觉得她对他尤其吹毛求疵(实际上她的确如此),所以靠这种方式他就复了仇;可他也有一种更无私的感情,他认为每个人都有责任尽可能地打扮漂亮——他指的漂亮就是有吸引力、时髦、妩媚动人。他憎恨而且一向憎恨斯蒂芬姐妹们对修饰引以为豪的漠不关心——可以说部分出于羞怯,部分出于裁缝低能的漠不关心——所以,尽管有时她们穿戴漂亮,可从没穿戴得体过。我想乔治对他的同母异父妹妹们有过同样的感受。

137

就弗吉尼亚而言,她的确在很希望自己是隐形的。跟衣服有关的一切对她来说都是场噩梦;她最开心的时候就是忘掉有人在瞅着她的时候。就在她多少正处于这种开心之中,克莱夫会使她重新体味到一种自知的不安全感,这种不安全感针对的是在她看来全无慈悲心的时

※ 参阅《奥兰多》,第194页。"波普先生鞠躬离开了她。奥兰多为了让脸颊凉下来,漫步走进了花园深处的坚果树林,因为她觉得那个小个子仿佛真的给了她一击。"

尚,可对他而言,那只不过是一时的乐趣罢了。

　　某种意义上,这场特殊的争吵是一种紧张关系的延续,它起源于上一年的一月份,我们也许还记得,当时,克莱夫为了逃避恋爱的苦恼打算埋头去写关于文明的书籍。1927 年 11 月,他曾把手稿的第一部分寄给弗吉尼亚,她说起初几章写得"才气横溢,风趣,有启发性"。[67] 1928 年年初的几个月里,他们常见面。不过,在某个时候——也许是四月份他们都在卡西斯时——弗吉尼亚读了《文明》的剩余部分,得出了结论,书出版之后,她私下吐露过这结论,"他把开篇章节写得妙趣横生,可文明最后成了戈登广场 50 号的午餐派对"——这是个公正的评价,可如果就那样把话传给作者——有人以某种形式传了话——它想必是极羞辱人的。克莱夫写了一篇优雅的献辞,作为它在五月底出版时的序言,弗吉尼亚接受了这献辞,他们的争吵就这样结束了,或至少好转了。

　　就在那个五月,弗吉尼亚有点害羞地接受了费米娜美满生活奖①(奖金四十英镑)。法国人对她的作品的兴趣在增长,且一直持续不歇。典礼本身异常沉闷;休·沃波尔朗读了一篇被他自己形容成"垃圾演说词"的颂词。[68] 在她听来,他讲了半天,只解释了自己为什么这么不喜欢她的小说。尽管如此,她写了一封溢美的感谢信并邀请他来吃饭。这种合乎礼仪的虚伪是情有可原的。不过她和沃波尔的全部交谊在某种意义上一向缺乏真诚;也就是说,她当面夸奖他小说的时候远超过了向别人夸奖它们的时候,她在背后取笑他,虽然并不是不友善的。她认为他不喜欢她的作品,这一点她搞错了。他实际上非常赞赏她的写作——就她迄今所写的一切东西而言——而且满心梦想能写她那样的小说,它们迎合的是布鲁姆斯伯

138

　　① 费米娜美满生活奖(Femina Vie Heureuse),法国文学奖项,最初由法国《美满生活》杂志社举办,即现在的费米娜文学奖(Prix Femina)。

里的知识分子,是那些快乐的少数人,而不是迎合那些能带来丰厚利润的读者,而他总是想方设法招揽后者。他赞美她,真诚地喜欢她,对他来说,和她见面是他的一种喜悦,一种特殊待遇。可她也让他感到害怕。就她而言,和别人一样,她觉得他是个单纯、可爱,稍微有点荒唐且非常可笑的人。虽然感到害怕,他发觉她是平易近人的,他向她说出了心里话,把自己的生活、性格以及性史中最隐秘的细节都告诉了她,所以她去世后,他简直松了口气,因为他的某些秘密如今再也不可能被泄漏了。

1928 年 5 月,伦纳德读了《奥兰多》的定稿;他喜欢这本书,弗吉尼亚感到吃惊,因为发现他对它的重视超出了她的预想;她当然发现了它的许多缺陷,在读过普鲁斯特之后,其他任何东西看起来都是乏味、无价值的。我想她很清楚,《奥兰多》在她的作品中并不"重要",但她也是满意的,觉得就它那种类型而言,它是本好书。那个夏天和秋天并不是不开心的。写完《奥兰多》后,她开始准备十月份要在剑桥发表的演讲,它是关于妇女和小说的。

摩根周末在这里;他显得胆怯、敏感、魅力无穷。有一天晚上,我们喝醉了,激动地谈起了男女同性恋——到了这地步,以致第二天他说他是喝醉了。这话题是拉德克利夫·霍尔[1]和她那本有价值的乏味书籍引发的。他们为休伯特[即《民族国家》的编辑休伯特·亨德森]写了一整天的文章,还准备了请愿;然后,摩根看到了她,她像只银鸥那样尖叫着,为自我中心和虚荣心而发狂。她不允许他们抱怨法律,除非他们说她的书写得好。摩根说

---

① 拉德克利夫·霍尔(Radclyffe Hall,1880—1943),英国女同性恋小说家,主要作品是出版于 1928 年的《寂寞之井》(*The Well of Loneliness*)。

海德医生能改变鸡奸者。"你想被改变吗?"伦纳德问。"不。"摩根十分干脆地回答。他说他觉得女同性恋是令人作呕的,部分是出于习俗,部分是因为他讨厌女性竟然会独立于男性。[69]

拉德克利夫·霍尔那本"有价值的乏味书籍"叫《寂寞之井》,它初版时曾轰动一时。那是一个关于女同性恋者的故事,在今天几乎不会引起片刻诧异;不过在 1928 年,它被警察查封了。那是内政大臣乔伊森·希克斯(Joynson Hicks)试图用棍棒逼迫英国人民纯洁化的时期,出现了这样的问题,即关于这本书的文学价值的证据是否是可取的。休·沃波尔、德斯蒙德·麦卡锡和弗吉尼亚都愿意上证人席去发
139 表有利于它的证词。就像我们将会看到的那样,麻烦在于霍尔小姐想让她的证人们宣称,《寂寞之井》不仅是一本严肃的,而且还是一本伟大的艺术作品。为了捍卫自由做这样的牺牲似乎是有点太大了。

不过,事情有了折中方案。弗吉尼亚去弓街作了证,可地方法官沙特尔·比龙爵士驳回了关于其文学性的证词,这本小说(一项真诚但拙劣的努力)被查禁了,就仿佛它和随便哪本廉价的色情文学没什么两样。

这个案子的开庭是在《奥兰多》出版六天前,在弗吉尼亚用另一方式承认自己是同性恋五天后,这种方式就是她和维塔单独在法国住了一星期。9 月 24 日,她俩从僧侣屋出发,有一件事很好地例证了弗吉尼亚之爱的复杂性,旅行将近之际(她俩要去索略〔Saulieu〕待上一周),她写信给维塔说:"我时而忧郁,时而兴奋。要知道,我更愿意跟他共同生活,而不是跟他说再见,如果不是这样的话,我就不会和他结婚了。"[70]然而,她们出发的那个上午,这次旅行在丈夫和妻子之间引发了一场小规模的突发口角。还有,当弗吉尼亚三天没收到伦纳德的

消息后,她发了一个电报想证实他没事。她还写信给哈罗德·尼科尔
森说:

> ……我想要感谢你娶了维塔;从而创造了这个迷人甚至无与
> 伦比的混合体……总之,我们度过了完美的一周,在我的生命中,
> 我从没有过这么多笑声,或说过这么多话。假日转瞬即逝——对
> 我来说,维塔是个天使——留意火车,支付小费,说着流利的法
> 语,纵容我一切可能的怪念头,永远有着好脾气,始终令人愉快,
> 看起来讨人喜欢;举手投足都显示了最慷慨、最宽宏的天性,甚至
> 当厕所里只有一个旧壶和她丢了钥匙时——简而言之,这次旅行
> 是最大的乐事。[71]

　　这是一次愉快的,可能还是十分单纯的旅行。她精神焕发地回来
了,能够面对地方法官和甚至更让人惊恐的批评家了。

　　瓦奈萨从伦敦写信说,"弗吉尼亚的新书引起了很大轰动"[72],因
为读者对《到灯塔去》的成功记忆犹新,伦敦实际上对此有充分准备。
《寂寞之井》使这本书的性爱主题成了时事性话题。从出版商角度来
看,这本书本身是完美无缺的。到了这时,许多人已经发现,如果自诩
具有智性敏觉的话,就不能放过弗吉尼亚·伍尔夫这个小说家。从另
一方面来说,她的写作风格尚不为人熟知。对这些人来说,《奥兰多》
就像是应允了他们的祈祷。这是一本高级知识分子(即一个"不易理
解"的小说家)的作品,可它在叙述上是易读、有趣、直截了当的。

　　瓦奈萨心存疑虑,摩根也一样;可夸奖之多和那些热情的信件是
给人印象深刻的;还有书的销量。照伦纳德的说法,这是弗吉尼亚作
为成功小说家的生涯的转折点。《到灯塔去》第一年卖了三千八百七

140

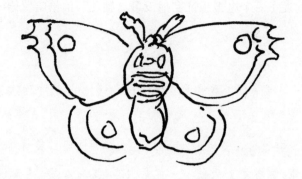

十三本。《奥兰多》前六个月就卖了八千一百零四本。不再有财政紧
张的问题了。十月下旬,当弗吉尼亚来到剑桥,在纽汉姆和格顿做演
讲时,瓦奈萨记得当时有一种凯旋的气氛——一个小凯旋式①;梅纳
德·凯恩斯怀着一种在她看来似乎没必要的热心冒出来说,"喔,现在
不可能再有人拿不准两姐妹谁更出名了。"[73]弗吉尼亚的书籍销量还
是低于利顿,他在那一年的十一月份出版了《伊丽莎白和埃塞克斯》,
不过在她的朋友们看来,如今她的才华显然是越发炽亮了。那个秋
天,她被重复创作的念头(即再写一部《奥兰多》)诱惑着。人们觉得
它是自发且自然的,这是一种她想要培养的特性,可实际上她正在等
待别的某种东西。她仍旧被蛾子萦绕着。

注释

　　[1] AWD(Berg),1927 年 9 月 4 日。

　　[2] AWD(Berg),1926 年 9 月 15 日。

　　[3] RF/VB,1926 年 5 月 11 日(CH)。

　　[4] AWD(Berg),1926 年 5 月 6 日。

---

　　① 小凯旋式(ovation),古罗马欢迎将士凯旋的仪式,隆重程度仅次于凯旋式
(triumph)。

〔5〕CB/VB,1928 年 2 月 19 日(CH)。

〔6〕CB/VB,1928 年 3 月 2 日(CH)。

〔7〕AWD(Berg),1928 年 3 月 18 日。

〔8〕AWD(Berg),第 101—102 页,1926 年 9 月 30 日。

〔9〕AWD(Berg),1926 年 10 月 30 日。

〔10〕"关于生病",见《时刻》,第 18 页。

〔11〕AWD(Berg),1925 年 7 月 19 日。

〔12〕AWD(Berg),第 81 页,1925 年 9 月 5 日。

〔13〕AWD(Berg),第 82 页,1925 年 9 月 13 日。

〔14〕AWD(Berg),1925 年 11 月 27 日。

〔15〕AWD(Berg),1925 年 9 月 13 日。

〔16〕VSW/CB,1922 年 11 月 10 日(CH);也参见 AWD(Berg),1922 年 8 月 3 日。

〔17〕AWD(Berg),1922 年 12 月 22 日。

〔18〕VW/VB,1925 年 9 月 17 日(Berg)。

〔19〕VSW/VW,〔1926? 年〕2 月 14 日(MH)。

〔20〕VW 在 VW/VSW 中引用,1924 年 10 月 4 日(Berg)。

〔21〕AWD(Berg),1925 年 12 月 21 日。

〔22〕VW/VB,1926 年 6 月 13 日(Berg)。

〔23〕VW 致雅克·拉弗拉,1924 年 12 月 26 日。

〔24〕AWD(Berg),1926 年 5 月 20 日。

〔25〕H.尼科尔森致 VW,1926 年 12 月 17 日(MH)。

〔26〕据传闻(QB)。

〔27〕AWD(Berg),1926 年 2 月 8 日。

〔28〕AWD(Berg),1926 年 3 月 27 日;也参见 VW/VSW,1926 年 3 月 29 日(Berg),以及据传闻(LW)。

〔29〕AWD(Berg),1926 年 2 月 24 日。

〔30〕AWD(Berg),1926 年 3 月 24 日。

〔31〕AWD(Berg),1926 年 4 月 30 日。

［32］AWD(Berg)，1926 年 5 月 12 日。

［33］AWD(Berg)，1926 年 5 月 9 日。

［34］AWD(Berg)，1926 年 7 月 1 日和 4 日。

［35］AWD，第 89 页，1926 年 7 月 25 日。

［36］AWD(Berg)，第 95 页，未标明日期，1926 年。

［37］内莉·博克斯奥，《弗吉尼亚·伍尔夫肖像》，BBC 国内节目，1956 年 8 月 29 日。

［38］AWD(Berg)，1926 年 9 月 28 日。

［39］VB/VW，1927 年 2 月 5 日(MH)。

［40］圣约翰·哈钦森太太致 VW，1924 年 9 月 10 日(MH)。

［41］VW/VB，1927 年 4 月 9 日(Berg)。

［42］AWD(Berg)，1927 年 5 月 1 日。

［43］VW/VB，1927 年 5 月 8 日(Berg)。

［44］B.J.柯克帕特里克，《弗吉尼亚·伍尔夫参考书目》，A 10；也参见本尼迪克特·尼科尔森，BBC/TV 综合节目，1970 年 1 月 18 日。

［45］VW/VB，1927 年 5 月 11 日(Berg)。

［46］RF/VW，1927 年 5 月 17 日(MH)。

［47］VW/RF，1927 年 5 月 27 日。

［48］CB/VB，1927 年 5 月 15 日(CH)。

［49］VW/VSW，1927 年 5 月 13 日(Berg)。

［50］VW/VSW，［1927 年 6 月?］(Berg)。

［51］P.莫瑞尔致 VW，［1927 年 7 月 27 日］；也参见 AWD(Berg)，1927 年 8 月 10 日。

［52］据传闻(LW)。

［53］据传闻(A.戴维森)；也参见 AWD(Berg)，1927 年 10 月 22 日。

［54］VW/VSW，1927 年 10 月 9 日(Berg)；也参见 AWD，第 114、117 页，1927 年 9 月 18 日和 10 月 5 日。

［55］AWD(Berg)，1927 年 1 月 23 日。

［56］AWD(Berg)，1927 年 9 月 18 日。

［57］ VW/GLS,《书信》,第 114 页,1927 年 9 月 3 日;也参见据传闻
(QB)。

［58］ E.M.福斯特,《弗吉尼亚·伍尔夫》,第 11 页。

［59］ 据传闻(EMF)。

［60］ AWD(Berg),1924 年 1 月 23 日。

［61］ EMF/VW,1927 年 11 月 13 日。

［62］ VW/EMF,1927 年 11 月 16 日。

［63］ VW/QB,1928 年 5 月 6 日。

［64］ AWD(Berg),1928 年 4 月 17 日;也参见 AWD(Berg),1928 年 4 月
21 日。

［65］ CB/VW,1928 年 4 月 1 日(MH);也参见 VW/CB,1928 年 4 月
21 日。

［66］ AWD(Berg),1926 年 6 月 30 日。

［67］ 据传闻(QB)。

［68］ R.哈特-戴维斯(R.Hart-Davis),《休斯·沃波尔》,1952 年,第
289 页。

［69］ AWD(Berg),1928 年 8 月 31 日。

［70］ VW/VSW,未标明日期[1928 年 9 月](Berg)。

［71］ VW 致 H.尼科尔森,1928 年 10 月 7 日。

［72］ VB/RF,1928 年 10 月 27 日(CH)。

［73］ 据传闻(QB)。

第六章　1929年至1931年

　　　1929年1月,伦纳德和弗吉尼亚去了柏林。哈罗德·尼科尔森如今在那里任职,维塔和他在一起;无疑,这是他们旅行的主要动机。瓦奈萨和邓肯想参观柏林的画廊,他们决定也去那里。

　　　伍尔夫夫妻[瓦奈萨说]过得非常开心——我想,伦纳德在这里比在普罗旺斯要自在得多,弗吉尼亚觉得一切变化都令人着迷。当然,他们不太清楚要干些什么。他们走上几英里却不坐出租车,去差不多十马克一顿午餐的旅馆餐厅吃饭,而不去某个好得多的地方,在那里,同样的餐饮只要付三分之一的价钱。不过没关系。我想伦纳德已经和社会主义者们联络上了,而弗吉尼亚则和维塔凑到了一起,后者有辆汽车,可以带着她兜风。[1]

　　　瓦奈萨不喜欢德国,柏林也没让她改变观点;她觉得柏林人是友善的,可魅力全无(弗吉尼亚赞同这看法),大多数时间里,她心情非常焦躁。在给罗杰·弗赖的信里,她流露了一些焦躁情绪。信中关于柏林假日之倒霉事的描述是很真实的,不过她对人的看法异乎寻常地苛刻,不能被认为是客观的。

这里人的处境有时让我们感到逗乐。弗吉尼亚当然很多时间是和尼科尔森夫妻在一块儿[原文如此]。维塔在这里好像过得不开心。她讨厌柏林和德国人,我猜想她很快就得和哈罗德大吵一通了。在我看来,他似乎天生是吃外交饭的料子。他让我想起了我过去一向那么讨厌的整个旧官僚社会,他的确和他们很相像,只不过也许更友善些,而且我猜他谅必在某个方面更有才智些。维塔几乎从不到柏林来,就算来了,也不喜欢社交义务,所以我想最后他将不得不放弃这个念头,那么他就会完蛋了——与此同时,情形似乎变得极其紧张,伍尔夫夫妻的行为也没有改善它。伦纳德发誓说,他在这里不会参加任何宴会,并叫弗吉尼亚把这话交代清楚。她**说**她这么做了,可他们一到,哈罗德就宣布他已经为他们安排好了两个午餐宴会,其中一个是和某个特别想见伦纳德的政治家会面。他们搪塞了一阵,答应参加其中一个,对另一个没表明态度,直到昨晚音乐会(我们都去了)后的晚餐上,伦纳德才宣布他不打算参加。哈罗德非常恼火——这简直是让人痛苦的——伍尔夫夫妻把这事全推到了我们头上,说因为我们那天想去波茨坦。我想这太明显了,我们没受到很多责备,但让人不舒服。不过,照我看,尼科尔森夫妻在我们的社会里是一种这么没必要的输入品,我只能让弗吉尼亚去对付他们。我们和他们在一起度过了一个我记忆中最恼人,安排最不当的夜晚。我们计划去聚餐,所有人,外加他们的两个男孩,因此一共有九个人。他

142

们事先没订位,当然没座位了。那是个糟糕的解冻天气,街道上覆盖着厚厚的雪泥浆,我们在一家家餐厅间奔波,试图找个空桌。最后,我们找到了,吃了饭。然后,我们去看一场叫《亚洲风暴》的俄罗斯电影。进门时,较小的那个男孩被门口的人拦住了,说他太小,不到允许入场的年龄——他大概是十一岁或十二岁。维塔大怒,反而把事情搞得更糟,她也惹恼了伦纳德,因为她伴称售票处的人已经告诉她不会有事的。我们都在楼梯上被拦下了,最后,可怜的孩子不得不被维塔送回家去。这电影在我看来是不同寻常的——其中有着古怪中国的最可爱的镜头,拍得非常好。我极喜欢这片子,而且印象中其他人也一样喜欢,直到我们走到街上,这时,似乎有种感觉变得非常强烈,即这是不是一部反英国的宣传片!无疑它是一部宣传片——至少其中最拙劣的部分是由穿着英国制服的士兵逃离亚洲人的逃窜场面构成的。维塔又惹恼了伦纳德,她问了他六遍,是否他认为这些人意指英国人——她和哈罗德都认为不是,但两人居然还是吵得一塌糊涂。[※]这场争论没完没了,所有的人都站在融化的雪中,埃迪[·萨克维尔-韦斯特](Eddy)使普遍的怒气和不满愈发高涨了,他也跟我们一道来了,还要起了他常犯的一种老处女脾气,既不肯待下去,也不肯回家,在几伙人中像只蚊子那样撩来撩去。他总是惹恼尼科尔森夫妻,我对此十分理解,可是他比他们要有才智得多,我不禁对他产生同情。他曾提出要带邓肯去瞅瞅柏林的夜生活,其目的之一就是要甩掉哈罗德。然而,当最后天气变得太冷,伦纳德和我两

※　我认为瓦奈萨在这一点上犯了错:我不觉得哈罗德·尼科尔森认为这部电影是在抨击在亚洲的英国帝国主义。维塔可能心存怀疑。哈罗德的处境之所以让人痛苦是因为他是自己国家的代表,在电影结束之际,观众中出现小规模的示威,可以被认为是敌视英国的。

人想着要赶快动身时,埃迪发现自己也被哈罗德缠上了! 我从没 143
经历过这么险恶的夜晚。不过,因为与之没什么牵连,我从中得
到了很多乐趣……

回想起那场失败但有趣的聚会,弗吉尼亚也觉得挺逗乐,不过,照
瓦奈萨的说法,"弗吉尼亚生活在她自己的世界里"。

和事实上发生的一样,伦纳德曾担心柏林之行对弗吉尼亚来说恐
怕太过火了,这种担忧得到充分的证实。1 月 24 日,他们重渡北海。
为了这趟海路旅程,瓦奈萨给了弗吉尼亚一种叫索姆尼芬(Somnifène)
的药,瓦奈萨自己认为它是极好的预防晕船的药。这是一种效力颇强
的镇定剂,瓦奈萨警告弗吉尼亚千万不要超过规定的剂量。照弗吉尼
亚的说法,她吃下去的药还少于瓦奈萨指示的剂量。不幸的是,这药
物显然对她有特殊效力。在哈维奇港口(Harwich),几乎没法唤醒她。
伦纳德不得不把她像个麻袋似的拖进火车。她在车上立刻又陷入无
知觉的状态,一到伦敦就被送上了床。[2]

就像在 1925 年那样,我们发现,在别人可能是一次短暂的复发,
在她就是长时间病弱状态的开始。她在床上躺了三个星期,"一级头
痛"又发作了,也少不了所有的照例症状——"疼痛、心脏惊悸、背痛等
等。"[3]她有六个星期不能工作。维塔写来担忧、半道歉性质的信件,
弗吉尼亚做了安慰性的回复;瓦奈萨对索姆尼芬感到有点内疚,伦纳
德不得不让她宽下心来。总之,柏林之行的事后检讨过程比这趟旅行
本身要长得多。

不过,这场病是又一次漫长的休耕期——真正意义上的休耕——
在这个时期里,她的头脑被犁过、耙过,为它的另一次播种和收获做好
了准备。一月份,她已经开始在脑子里构思《飞蛾》了,后来她写信给

本书的作者说："我正在写一本全新类型的书。可它永远不会像目前它在我脑海中这么好——在没有被写下来时。"[4]

> 也许我不该继续重复我对春天已有的描述。既然生活在前进，一个人也许应该永远寻找新事物来描述。一个人应该创造一种优美的叙述风格。无疑，我的脑海里总是有许多新念头在形成。有一条是，我打算在随后这几个月里到一家女修道院去；让自己静下来好好想一想；布鲁姆斯伯里已经成为过去。我将会面对某些事情。这将是一段冒险和开始的时期，我想会相当孤独、痛苦。不过孤独对一本新书会是有益的。当然，我会交朋友。表面上我将是外向的。我会买些好衣服，拜访一些新人家。我会时时刻刻斟酌脑海中这个有角的形状。我想《飞蛾》（如果那就是我给它的名字）会有很尖锐的棱角。不过我对框架还不满意。这种突然的丰盈可能只不过是流畅而已。过去书中有那么多句子完全是由斧子从水晶中砍削出来的；如今我的头脑这么不耐烦，这么急躁，就某些方面而言是这么孤注一掷。[5]

144

还有别的书籍是她已经对自己承诺要写的，其中最让她感兴趣的是一本跟女性和小说有关的，它基于 1928 年 10 月她在剑桥的两次演讲。她怀着几分热情忙着把它们改写成一本书。五月中旬，她写完了，十月份，这本书以《一个属于自己的房间》为标题出版了。我想，在弗吉尼亚的书中，这是最容易写的一本，这么说的意思是它没给弗吉尼亚在感受力上带来很大负担。整本书被论点的线索攒集在一块儿，而不像她的其他书籍那样，被感觉的线索攒集在一起；那是一种简单明了的论点：妇女的无能既是社会性的，也是经济性的；面对巨大的困难，外加男性心怀偏见,在经济上表现出了自私的态度,女作家只能勉强幸存;我们会在一个房间的门上发现妇女解放的钥匙,女人可以把它叫作自己的房间,在这个房间里,她能够和她的兄弟享有同样的自由和独立。缺乏这种经济自由就会惹来怨恨,包括男人聒噪、武断的忿恨,他坚持主张他的优越地位,还有女性尖声唠叨的怨恨,她嚷嚷着要求获得自己的权利。这两者都造就了糟糕的文学作品,因为文学作品——即虚构小说——要求一种包容的同情,它超越并包容了两性的感情。伟大的小说家是雌雄同体的。

　　这个论点以对话的形式轻松地展开,在有些难忘的段落击中了要害,不过它总是通过轻巧、逗乐的方式来表达的。这是件稀罕玩意——一场生动但和蔼的争辩,一本像《奥兰多》那样让研究她生平的人尤其感兴趣的书籍。因为在《一个属于自己的房间》里,人们听见弗吉尼亚在说话。而在小说里,她在思考。她的评论作品中有时也能听见她的声音,不过总有点正儿八经,有点属于社论性质。在《一个属于自己的房间》里,她表现得跟自己的说话风格很接近。

　　　　如果在大英博物馆的架子上找不到真理,真理在哪儿? 我拿起一个本子和一支铅笔,问自己。

　　　　在这种情形下,怀着这样的自信和好奇,我出发去追寻真理。　145这一天天气阴沉,虽然其实没下雨,博物馆附近的街道上到处都是暴露的煤洞①,一袋袋煤正阵雨般沿着它们倒下去;四轮出租车停下来,在人行道上卸下用绳子捆好的箱子,里面装的大概是某个来碰运气或避难的瑞士或意大利家庭的全部行头,要么就是别

———————————

①　煤洞(coal-holes),英国家庭地下煤库的入口处。

　　的什么合意的用品,人们会在冬季的布鲁姆斯伯里寄膳公寓中发现它们。经常见到声音嘶哑的人,用手推货车推着植物在街头转悠。有人叫卖着,其他人则吟唱着。伦敦就像一间工厂。伦敦就像一台机器。我们都被搁在这个平台上,正遭到反反复复的敲打,以形成某种图案。大英博物馆是这家工厂的另一个部门。双开式弹簧门转开;在那里,站在大圆屋顶下,仿佛自己是那个巨大光脑门里的一种思想,那脑门被一条镶满显赫名字的带子如此华丽地环绕着。① 走向台面;拿张纸;打开一册目录,还有……[6]

继续读下去是诱人的,弗吉尼亚·伍尔夫在 1928 年秋天是什么样的人,如果有人想知道这一点,其实就该这么做。不过因为它毕竟是本书,因为她在带领我们穿越伦敦,进入那个错综复杂的迷宫(即大英博物馆的阅览室),为了就男女关系说些很犀利的话,她必须挑起一场争论,得顶住顺着自己的幻想游荡的诱惑。搬进布鲁姆斯伯里寄膳公寓的瑞士家庭,手推货车上堆着植物的男人,这些事情对她有着无穷的诱惑力;她能为他们添上浪漫色彩。那些意大利人可能是逃避法西斯主义或奥地利人的难民(她有时对日期不太确定)。推手推货车的男人也许有养蜥蜴或弹竖琴的爱好。她太喜欢追问这些问题,以致会毁掉自己的辩论,就像她谈话时会做的那样。这些事情只不过被姑且提了一下,不过能听出健谈的语气。那是一种安详的嗓音,一个热爱生活的幸福女人的嗓音,甚至热爱煤块沿着人行道边的煤洞滚落的哗啦声,而对于以下的一切,她就要热爱得多了,即那种"理性交流的黄色烈焰所携来的微妙、隐秘的光亮。不必匆忙,无须精神焕发"[7],当你

―――――――――

　　① 国外图书馆和博物馆屋顶和屋体衔接处多半雕刻着一圈名人(譬如柏拉图等)的名字,大英博物馆可能也是这样。

能点燃一支雪茄,把那浓密的、让人满足的烟云吹向空中,对交谈的潜在曲调,狗的荒唐和曼岛猫的怪癖胡说八道上一通……

一只猫鼬刚跑进僧侣屋的浴室——内莉被吓坏了。[8]要么,在从刘易斯开车去七橡树的路上:"就在前几天,我们在这段路上遇见了一头大象——我想他们在肯特郡的这个地区是常见的。嗨,又来了一头。噢,也许它只是头老母猪。可在英国其他地区,你通常不会发现一头母猪看起来这么像一头大象。"[9]

克莱夫说,"她一半生活在确切的现实中,一半生活在维多利亚的小说中"(而且她能让别人也这么生活)[10];可她带着冒险的欢乐这么做,不太痛苦地记录下渐老的年华,始终对时光的飞逝有所意识,"估算着我还会有多少次机会看见奈萨"[11],不过有着愉快的好心情,总怀着那种让人欣慰的想法——我想,对莱斯利·斯蒂芬的女儿来说是重要的——就是她比过去任何时候都更富有。如今只要她愿意,她就可以走进店里买下一把随身小折刀,不考虑要花多少钱。这可能不是最高尚的乐趣,不过对于那些过去一直得省吃俭用、计算着过日子的人来说,它恐怕是一种最实在的乐趣。"我最喜欢在地下室里搞印刷,差不多是这样,"大约是在这个时期,她写道,"不,我喜欢喝香槟,变得极度兴奋。我喜欢在一个炎热的星期五晚上驾车去罗德麦尔,喜欢吃冷火腿,坐在露台上抽雪茄,周围有一两只猫头鹰。"[12]不过她也会写道:"我是怎样一个天生的忧郁症患者";在某种意义上,这也是真的。[13]

她有烦恼。多半是自己惹来的,其余的是她虚构的。维塔是其中之一。维塔仍旧是值得赞美、充满魅力的;看到她是件开心事,那个夏天,哈罗德最终决定要辞去外交职务,这也是件开心事。他曾写信给伦纳德和弗吉尼亚,问他们如果他接受比佛布鲁克家族的《旗帜晚报》

146

(*Evening Standard*)的一个职位,他们是否会觉得这很丢人。想来他们不这么觉得。实际上,9 月 15 日,当他们听到他决定永远放弃公职时,他们热情地向他表示了祝贺。然而,维塔的某些朋友是弗吉尼亚觉得显然合不来的——一个女同性恋的圈子。也许维塔觉得跟她们相处能让她从塔维斯托克广场 52 号和僧侣屋那种过于贞洁、过于柏拉图式的氛围中有所解脱,也许弗吉尼亚感到嫉妒。总之,弗吉尼亚认为她们很平庸;她们酿造了一种女学生的氛围,尽管她知道这对维塔是不友善的,她忍不住把自己的想法告诉了她。可怜的维塔在朋友的信中感觉到一种尖酸——"蝮蛇的尾巴或蝰蛇的胆汁",照弗吉尼亚的说法(在动物学上是相当不准确的)。于是她们的友谊一度出现了问题。[14]

这时候,霍加斯出版社犯了个糟糕的大错,这恐怕也是件烦心事,它拒绝了艾维·康普顿-伯内特(Ivy Compton-Burnett)的《兄弟和姐妹》,据说伦纳德不喜欢这本书。[15] 我们不知道弗吉尼亚是否看过这部手稿,不过后来她承认他们犯了错。

接下来是瓦奈萨。她和弗吉尼亚之间有种心照不宣的竞争:一位有着出众的表达能力,是个成功的艺术家;另一个则寂寂无声,而且作为一名画家,在邓肯·格兰特日益增长的名声下显得有几分相形见绌。可她有三个孩子;有那种艺术家不留情面的自我中心精神,她会说:"相比于妹妹的陪伴,我更需要卡西斯的阳光和宁静"(并不是说她会大声把这话讲出来);总而言之,她拥有弗吉尼亚没有的东西,她好像过着一种愉快和浪漫的生活,到了让人羡慕的地步,即便是被用在弗吉尼亚所谓的"一种低层次的艺术"上。[16] 1929 年 6 月初,伍尔夫夫妻去卡西斯住了一周,品味了炎热、便宜酒和雪茄的乐趣,还有那种独特的懒洋洋的宁静,就像游客们知道的那样,它们是地中海生活的安逸和丰饶携来的,弗吉尼亚开始洽谈一幢名叫"波达德"(La Boudarde)的房子,它离瓦奈萨的住处"贝热尔"(La Bergère)有几百码远。我想,她要这房子是为了跟姐姐扯平,同时也是为了体验一种瓦奈萨有而她弗吉尼亚没有的东西。这是又一例证,证明仿佛有一种毛细引力在把她俩吸引到一起去。就是为此,瓦奈萨跟着弗吉尼亚去了苏塞克斯,也是为此,弗吉尼亚从里士满返回了布鲁姆斯伯里。可我猜想,伦纳德起初就明白,"波达德"不是个现实的提议。弗吉尼亚可以住在两个地方,但没法住在三个地方。如果不肯跑得筋疲力尽(简直难以置信),她也没法住得离伦敦和出版社那么远。伦纳德其实没贝尔夫妻那么喜欢卡西斯,稍后,弗吉尼亚发现自己也一样。布置卡西斯住宅的努力变得越来越半心半意,1930 年,这个计划悄然终止了。

　　当然,伍尔夫夫妻也在这里,自从你来过之后,我已经看到他们两回了,照我的看法,弗吉尼亚情形不好,该待在乡下。她自然不肯这么做;所以我料想她将会代之以住到疯人院里去。那么,所有的女士们会怎么说呢?※

克莱夫过分悲观了(如果他说的是真心话),不过弗吉尼亚的健康状况确实不好。从卡西斯回来后,接下来的那段日子被她形容成了一个"慌乱、随意、喧闹的夏天",在僧侣屋发生了一些和内莉的尤其不快的争吵。[17]还有,《一个属于自己的房间》的校样也需要投入特别的关注。然而,当这些事和其他事都处理完了之后:

148

　　※　克莱夫·贝尔致弗朗西丝·马歇尔,查尔斯顿,1929 年 9 月 11 日。

……我得再考虑那本书,一步步走进那口井里。这些事就是一个人生活中的伟大事件和革命——接下来,人们谈及战争和政治。我要用力碾磨;我所有的闸恐怕都不灵活了;我的弹簧可能生锈了。不过如今我已争取到了写几个月的虚构作品的权利,一旦我能使自己的脑筋稳步向前而不是原地打转,我的忧郁就不足道了。[18]

三天后:

所以我可以把饭前的半小时用来写东西。我在散步时想,我将从头说起:八点半起床,步行穿过花园。今天有雾,夜里我梦见了伊迪丝·西特韦尔。我洗手,开始吃摆在格子桌布上的早餐。运气好的话,我也许会收到一封有趣的信;今天我一封都没收到。然后是洗澡和更衣;接着来到这里写或校对上三小时,十一点,伦纳德拿着牛奶(多半还有报纸)打断我。一点钟吃午餐——今天是炸肉卷和巧克力奶油冻。午餐后是短暂的阅读和抽烟;大约两点,我穿上厚鞋子,牵起"平克"(Pinker)的狗绳出门去——今天下午爬上了阿希汉姆山(Asheham),我在那里坐了一两分钟,然后再次沿河走回家。大约四点钟喝了茶;然后来这里写几封信,被邮件的到来打断了,包括又一次演讲的邀请;然后我读了一章《序曲》①。很快钟就会响,我们要吃饭了,之后将听些音乐,我会抽支雪茄;接下来我们将阅读——我想今晚是《拉封丹寓言选》和报纸——然后上床睡觉……这时候,我那些微不足道、费力又让人烦恼的书和文章就被抛诸脑后了,我的大脑似乎在充

①　应该是指凯瑟琳·曼斯菲尔德的短篇小说《序曲》,霍加斯出版社出版。

盈和延伸之中,从实体上变得轻扬、安详。我开始感觉到,在经历了我们来这里之后的所有拧绞和挤榨之后,它安静地充盈了起来。接着,无意识的部分就这样延伸开来;恍惚间我留意到平原上的红色谷物和晴空,和叫不出名字来的无穷无尽的东西;因为我没有想到任何特殊的事物。偶尔,当某个主意、计划或图像涌现出来时,我感到自己的注意力在成形,就像一朵有阳光照射的云朵,可它们继续前进,像云彩那样消失在天际,我安静地等着另一个事物的形成,或什么也没有——是什么事物无关紧要。[19]

无疑,这些话是写在一个多产的稳定期。不过甚至她的疾病也能带来精神上的回报。9 月 10 日,她写道:"这样卧床六个星期恐怕会构思出一部杰作《飞蛾》来";几个月后,当《飞蛾》已经被改名叫作《海浪》而且她又病倒了的时候,她还会冒出这样的想法。

如果我能在床上再躺上两星期(不过没那样的机会了),我相 149
信我将会看到整部的《海浪》……我相信在我的情形中,这些疾
病——我该怎样表达它?——是有几分神秘的。我的脑海中发
生了一件事。它拒绝持续保留印象。它把自己禁闭起来,成了
蛹。我相当麻痹地躺着,常感受到剧烈的肉体疼痛——就像去
年;只会使这玩意感到不安。然后突然有某个东西跃起。[20]

但是,妊娠的过程是缓慢的,那个秋天,无论是在罗德麦尔还是在伦敦,她的进展都很小。伍尔夫夫妻决定在苏塞克斯尽量少见人,实际上,那个夏天他们的确大大减少了跟老朋友的见面;不过有些较年轻的人受到了邀请,譬如玛奇的女儿珍妮特·沃恩(当时刚开始她的

科学家生涯）；年轻的剑桥毕业生林·欧文（凭着相当出色的能力和进取心，她正试图靠笔杆子来谋生）；还有威廉·普洛默。1925年，普洛默从祖鲁兰①给霍加斯出版社寄过一份手稿，伦纳德和弗吉尼亚两人都认为这份手稿异常优秀，他们出版了它。1929年，他来到英国，他们和他见了面，很喜欢他；八月份，两人邀请他来罗德麦尔度周末，弗吉尼亚说服他讲述了自己的故事。她对他讲述的那些事很感兴趣，认为他是一个比她认识的大多数年轻人更可靠、严肃的人。不过，当她把他带到查尔斯顿的时候，她的表现是让人讨厌的。"普洛默先生，"她开口说，"已经把自己的一切都告诉我了。他是莎士比亚的后裔，也是威廉·布莱克的后裔。"[21]不必说，他没讲过这类话，实际上，他害羞地想要解释自己说过的话，可没辙。弗吉尼亚已经构想了一番如此令人着迷和惊异的对话，她没法把它藏在心里。其结果当然是使这位最安静、最谦虚的人看起来似乎自大和虚荣到了令人厌憎的地步。

第二天，他对她说："恐怕昨晚我表现得很不好。"[22]弗吉尼亚为贝尔的家庭聚会道了歉。他回答说他们是让人愉快的。我希望他没有过于虚情假意。无疑，下次见面时，贝尔一家人狠狠批评了弗吉尼亚，可她似乎一点没意识到自己对带去的客人做了什么残忍事，从她的日记来看，她对他肯定是没有恶意的。

10月3日，伍尔夫夫妻回了伦敦。他们在这地方似乎已过上了相当宁静的生活，除了在24日出版了《一个属于自己的房间》，招来了一批照例的赞扬信之外，几乎没什么社交约会，也没有强烈的刺激。克莱夫是少数几个不喜欢它的人；他认为弗吉尼亚应当坚持写虚构作品。这本书销路极好。

---

① 祖鲁兰(Zululand)，南非地名。

内莉搅扰了那个用来写《海浪》的秋天;她又一次提出辞职,是在弗吉尼亚打算解雇她时这么做的(这是令人气愤的)。她将在 12 月 12 日离开;12 月 2 日,她请求允许她留下来,大家达成了折中,即再试用一个月。接下来是挖掘工人的抽水泵,它制造出一种间歇的、让人恼火的噪音;在这种抽水泵的嘭嘭声中,还掺杂了一种糟糕得多的舞曲噪声,它来自后面伍本广场上建起的一幢旅馆;每天夜里,塔维斯托克广场 52 号都在喧闹声中震颤着,这当然逼得弗吉尼亚发疯。最后他们不得不通过打官司让它安静下来。

她的社交义务更让人愉快些,可对于她写《海浪》所需的安宁来说,其破坏性几乎不会更小。作为姨妈和妹妹,她觉得自己必须去参加在菲兹洛街 8 号瓦奈萨画室举行的新年派对;它是为外甥女安吉莉卡举办的(她如今十二岁了),是场化妆派对,所有人都装扮成了《爱丽丝漫游奇境记》中的角色。[23]罗杰把自己非常逼真地打扮成了白骑士。他穿着白色耶格尔纯毛料裤子,披挂着锁子甲和板球护垫,胡须是绿色的,身上挂满无数的物件——蜡烛、捕鼠器、镊子、煎锅、一个拴在黄铜链子上叮当响的秤盘。孩子们拥挤在他身边;他是一个非常成功的夜晚的主角。沿着弗朗西斯街从派对上回家时,伍尔夫夫妻目睹了一种让伦纳德热血沸腾的社会不公行为。两个走在路对面的男人戏弄着一个醉醺醺的中年妓女。她激烈地回了嘴,尖叫着说了些睾丸、公牛、鸡奸者之类的话。"娼妓。"他们咆哮着回答,然后察觉来了个警察,就逃跑了。一瓶啤酒在他们身后的人行道上砸开了花。这女人不那么灵活,警察开始威吓她,唆使她说出些会让她被捕的话。伦纳德认为这是让人无法忍受的。他闯进两人之间说:"为什么你不去追捕那些挑起事端的男人?我名叫伍尔夫,我可以发誓不该归咎这个女人。"照例有一小群人围了上来;他们被伦纳德的雄辩打动了,站到了妇女那一边。她顿时失去自制,滥骂起警察来,几乎把事情搞砸。

151　汉班托特省的前地区政务专员①叫人把她送走。那个警察被吓唬了一番。"我们几乎是友好地分了手,"伦纳德在提到这事时说,"当人群散开,我看到利季娅站在外围的一盏煤气灯下,吃惊地瞪着我和警察。"[24]

凯恩斯太太感到吃惊是合乎情理的,因为不但场面本身不同寻常,而且某件事使它变得更加不同寻常,即伦纳德还穿着他的派对服饰。他是刘易斯·卡罗尔②的木匠,戴着纸帽子,穿着绿呢工作裙,手拿凿子,而弗吉尼亚则套着三月兔的爪子和耳朵。从不考虑事情的这一面,只有伦纳德才干得出来。没人晓得这个怪样子会给警察留下什么印象。

考虑到打岔的次数(无论愉快与否),弗吉尼亚在《海浪》上有任何进展都算是奇迹了。不过,1930 年一月份,和去年的整个秋天相比,她发觉自己写得流畅多了。二月份再一次生病时,她满脑子想的都是汉普顿宫的场景。可是二月份,她遇上了所有打岔中损失最惨重的一次——即埃塞尔·史密斯。

"一位七十一岁的老妇爱上了我,"弗吉尼亚写道,"这事既骇人听闻,又叫人厌恶和悲哀。就像是被一只巨蟹夹住了。"[25]

然而,这不完全是骇人听闻、叫人厌恶和悲哀的。就像弗吉尼亚不止一次说过的那样,埃塞尔是只老斗鸡。她有着如此惊人的活力。她摸索、咆哮、吆喝着度过一生,对自己作为音乐家的杰出才华从不踌躇、犹豫或怀疑。弗吉尼亚赞赏她谈话和写作中奔放的冲劲,还有她

---

①　即指伦纳德,汉班托特是锡兰地名。

②　刘易斯·卡罗尔(Lewis Carroll,1832—1898),英国数学家、作家,《爱丽丝漫游奇境记》的作者。

令人吃惊的无忌言论。她是荒唐的——甚至怪诞的,她是勇敢的,不愧是一个将军的女儿,一个会朝着树篱骑马直冲过去,跌倒,再爬上马背,不顾疼痛或奚落继续骑行的人——一位让人没法不钦佩(或许还会爱上)的豪侠人物。再者,弗吉尼亚怎么可能抵挡这么多称赞?"我想,"埃塞尔写道,"我从没有更深地喜欢过别人……""十八个月里我简直几乎没想过别的事。"埃塞尔称赞弗吉尼亚的美好——"她那种极其美妙的说话嗓音,还有那种没有语言能形容的特质和魔力"——不过从很早开始,她就能看到弗吉尼亚的另一面了。[26]

> 我想她有非常严重的缺陷,绝对的自我专注,而且(不足为奇)对卓越的文学现象心怀嫉妒;(直到 D.H.劳伦斯死了才能看出他的特点)。胸襟狭隘,甚至理解不了"宽宏"是什么意思,我几乎已经说过了,不过她认识到了别人所具有的宽宏。譬如,在维塔身上,我想她是除了瓦奈萨·贝尔……还有伦纳德(她确实爱着他)之外唯一的人……从智性上来说她是自大的,超出了词语所能形容的范围,不过对自己的伟大才赋却绝对谦卑。她的诚实迷住了我。她不会为了拯救你或她自己的生命,去窜改她认为是真相的东西。她对宗教毫无概念。她和整个布鲁姆斯伯里团体对此的看法都是相当孩子气的。他们的政治观点也一样。他们认为一切贵族都是狭隘、愚蠢的,轻信了工党所有骗人的陈词滥调……

152

埃塞尔的这则日记——大概写于 1933 年——从许多方面来说都是有趣的。它显示了某些让这两位女性不易相处的误解和了解。我猜想,提到弗吉尼亚的社会主义时,她想到了伦纳德。我对埃塞尔自己是否很虔诚或很政治化表示怀疑,不过,在她乐于称之为"布鲁姆斯伯里"的那伙人的信条中,她觉察到了一种对自己的礼节观念的冒犯,这种社交而不是意识形态上的分歧是造成她俩疏远的原因之一。弗吉尼亚忍不住对埃塞尔的信念加以嘲笑和贬损。

弗吉尼亚是十分自大的,这种自大使她对莫里斯·巴林的小说(更糟糕的是,还包括对埃塞尔的某些朋友)不屑一顾,而埃塞尔认为巴林的小说是最高杰作。为了差不多同样的原因,她可能看起来胸襟狭隘,尽管照我的看法,在埃塞尔的评价中,这个指责似乎是最不公正的一个。弗吉尼亚的喜好没狭隘到她朋友认定的地步,虽然在这方面,我们可能又看到了一种从自身感受出发的观点:无疑,弗吉尼亚对埃塞尔的爱还不及她希望的一半。而且,她当然**是**自我专注的。不过这种谴责中有一种颇为幽默的东西,就是在这一点上她们其实是棋逢敌手。埃塞尔是个充满魅力的人,不过她也是个索求不断的人,到了难以置信的地步。

> 如果她的朋友没有逐条答复她的信件,她会变得多么恼火。可怜的弗吉尼亚·伍尔夫,在这种爱的纠缠下显现了无限的耐心,她不得不忍受长篇的问卷:"你还没有回答我的问题一、二、三、四——直到二十。请即刻回信给予答复。"埃塞尔似乎有无穷的时间,而且好像期望她的朋友们有同样的闲暇。沿着这样一条既定路线,蒙着眼罩的自我中心主义几乎不可能奔驰得更快了。不过尽管总是骚扰别人,埃塞尔从不是个乏味的家伙。[27]

153　　看来,埃塞尔和弗吉尼亚是在 1930 年 2 月 20 日见面的,此后,就像跟埃塞尔有关的一切事中常见的那样,事态进展神速。那天下午四

弗吉尼亚 · 伍尔夫像，斯蒂芬 · 汤姆林作，铅制，1931 年

玛格丽特 · 卢埃林 · 戴维斯和伦纳德，1916 年

凯 · 考克斯在阿希姆，1914 年

瓦奈萨，1914 年

弗吉尼亚在康沃尔
散步，1916 年

邓肯·格兰特、梅纳德·凯恩斯和克莱夫·贝尔，查尔斯顿，1919 年

维 · 萨克维尔－韦斯特

凯瑟琳·曼斯菲尔德，
1920 年
由 I.C. 贝克小姐授权

利季娅·洛博科娃，约 1920 年

巴巴拉·巴格纳尔，
1921 年

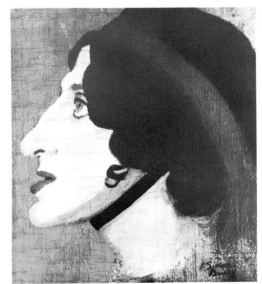

奥托林·莫瑞尔女士
画像，西蒙·伯西作

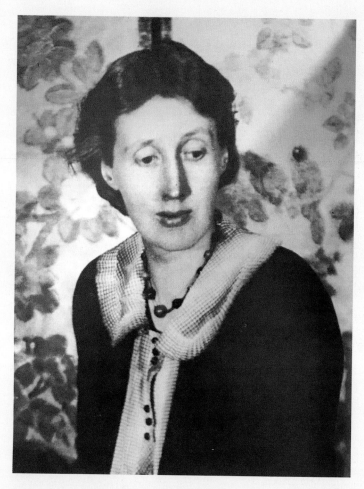

弗吉尼亚，约 1925 年

利顿 · 斯特雷奇和弗吉尼亚

休 · 沃波尔

T.S. 艾略特

朱利安 · 贝尔，1932 年　　　　　　　伦纳德和弗吉尼亚，卡西斯，1928 年

卡林顿、拉尔夫·帕特里奇和利顿·斯特雷奇，汉姆斯普林，1930 年

罗杰·弗赖、德斯蒙德·麦卡锡和克莱夫·贝尔，查尔斯顿，1933 年

E.M. 福斯特

安格斯 · 戴维森　　　　　乔治 · 赖兰兹

弗吉尼亚和安吉莉卡 · 贝尔，1934 年

伦纳德，僧侣屋，约 1933 年

弗吉尼亚和埃塞尔·史密斯，僧侣屋，1932 年

弗吉尼亚和约翰 · 莱曼，约 1931 年

弗吉尼亚 · 伍尔夫

点,她闯进屋子,戴着三角帽,穿着定制套装,发现弗吉尼亚躺在一张沙发上休息。"让我看看你……我买了本子和铅笔。我想问……首先我想弄清楚你母家的谱系。老帕特尔——你有他的肖像吗?没有,嗯,接下来——他女儿们的名字。"[28]十五分钟后,她们已经互称起对方的名字。有那么十天,她曾一心只想见弗吉尼亚;她狂热地迷上了《一个属于自己的房间》,但不是很喜欢维塔的朋友们。她说作曲就像写小说,那种管弦乐编曲就是渲染法。因为喜欢狩猎和高尔夫,她住在乡下。两年前打猎时她曾跌下马。她骑脚踏车。她非常强壮。就这样一直谈到七点半,她不得不启程去沃金(Woking)了。

弗吉尼亚被感动了。除了豪言壮语、喧嚷和自我中心主义,埃塞尔身上还有一种美好、可靠、富有经验的东西;可能归根结底她并不像人们以为的那么自我中心。至于埃塞尔,我想,她甚至在跟弗吉尼亚见面之前就爱上了她。

蜜月是短暂的。弗吉尼亚没法满足埃塞尔的要求,或跟她那种友谊的鲁莽步伐保持一致。接近四月底,埃塞尔声称她体味到了幻灭。弗吉尼亚回答说,她对此感到高兴;她憎恨幻觉。

照这样的对话,这次友谊本来会彻底玩完,不过在 5 月 1 日,两人又和解了。埃塞尔来喝茶,遇见了瓦奈萨,后者成了她的贴心女友——她给两姐妹都写了无数信件,经常一天给弗吉尼亚写两封——那个月稍后的日子里,伦纳德和弗吉尼亚从一次商业旅行中(在德文和康沃尔推销书籍)回来后,两人见面更多了,整个夏天一直如此。八月份,伍尔夫夫妻住在僧侣屋时,埃塞尔写信告诉弗吉尼亚,在认识弗吉尼亚的过程中,她有这样一种感受,它只能和她头一次听勃拉姆斯时的感受相提并论。

然后,她来罗德麦尔住了一夜,弗吉尼亚默想着"这种古怪、不自

然的友谊。我说不自然是因为她这么老,各方面都格格不入"。[29]照
弗吉尼亚的说法,她们共度了一些有趣的时刻。

　　"你知道吗?弗吉尼亚,我不愿意别的女人喜欢你。"

154　　"那么,你肯定是爱上了我,埃塞尔。"

　　"我从没有这么深爱过任何人……自从我一看到你,心里就
装不下其他任何事了……我没打算告诉你。可是我需要爱。你
也许会利用这一点。"

　　弗吉尼亚乐意给她一些爱。她是个这么出色的老人——"一堵不
屈不挠的古老峭壁"——这么自信,有时是这么敏捷,这么讲求实际,
而且脸上浮满慈祥的笑容。

　　埃塞尔、维塔、瓦奈萨和邓肯,还有《海浪》的写作,这些是她所谓
的1930年那个夏天的"组成部分"[30],无疑,她之所以把它形容成"一
个非常狂暴的夏天"[31],原因在于埃塞尔。作为一个狂暴的夏天,它
必然是让人筋疲力尽的,八月下旬的一个下午,梅纳德和利季娅·凯
恩斯来到僧侣屋,弗吉尼亚把一小枝白石楠花插在花瓶里(这花瓶是
一个仰慕者送的)[32],然后和利季娅一起沿着小路走去:

　　如果这种感觉不消失,我说,指的是嘴里的那种苦味和像金
属丝笼子似的箍在我脑袋上的那种压迫感,那么我就是病了;
是的,很可能我被摧毁了,病了,死了。该死!就在这时,我倒
了下来——说着"多么奇怪——花朵们"。我依稀感觉和知道
自己被梅纳德抱进了起居室。注意到伦看起来给吓坏了;我说
我要上楼去;心脏的跳动,疼痛,这种力量在门阶上变得猛烈起

来;征服了我;就像气体那样,我失去了知觉;然后,墙壁和画像回到我的视野中;我又活过来了。奇怪,我说,就这样躺着,逐渐恢复过来,直到十一点我爬上床。今天,星期二,我在小屋里,埃塞尔来了——勇敢的老妇人! 不过这种对死亡的浅尝是有启发性且不同寻常的。如果我在上帝面前醒来,我本会握紧拳头,咆哮着。"我根本不想来这里!"我本会这样叫嚷。我纳闷暴死者是不是都这样。如果是这样的话,想象一下一场战争后的天堂。[33]

可能就是这次"对死亡的浅尝"启发了弗吉尼亚该怎样完成《海浪》。她继续道:

我将用这最后几页来概括我们的情形。一幅世界地图。

撇开内莉的事,这让我感到厌烦※,我们如今比过去自由和富裕多了。在好些年里,我连一英镑多余的钱都没有;也没有一张舒适的床,或一把垫子里不缺填料的椅子。这个上午,哈蒙德①送来了四张极舒服的扶手椅子——我们很少想到这家店。

我难得见到利顿;的确如此。原因是,我猜,我们和他那伙人玩不来,他和我们这伙人也玩不来;不过如果我们能单独会面,一切就照旧了。可是,如果一个人一年只和朋友见八次面,

155

※　这可能也会使读者厌烦;不过似乎最好是提一下,1930 年 5 月内莉做了次手术,整个夏天都在康复之中。她不在的时候,弗吉尼亚雇佣了白班佣人,对这种安排非常满意,以致在付内莉工资的同时,她以替内莉健康着想的理由拒绝内莉回米工作。1930 年 11 月,弗吉尼亚最终写信解雇了她;不过内莉的沮丧和争辩(可以说是得到了伦纳德的支持)战胜了弗吉尼亚的决心,从 1931 年 1 月 1 日起,她回来了,获得了进一步的试用期。内莉的女佣同事洛蒂已经在 1924 年离开伍尔夫夫妻,为斯蒂芬家工作去了。

①　哈蒙德(Hammond),疑指英国家具公司 Hammonds。

这人的朋友对他来说意味着什么呢？长期以来,我跟摩根时不时联系一下。我们都很懂得生活,很少做自己不想做的事情。我的贝尔亲戚们既年轻又富有创造力,而且关系亲密……查托暨温达斯出版社正在为朱利安出版东西,至于奈萨和邓肯,我已相信,如今没什么东西能破坏那种轻松的关系了,因为它是基于波希米亚精神的。我越发喜欢那种生活——虽然名声显赫(7月15日以来,它已经褪色了;我正在变得默默无闻:我不是个作家;什么都不是;可我心满意足),散漫、自由,烧好饭后无需餐桌随便找个地方吃起来,这些越来越吸引我。这种节奏(嗯,我是按着一种节奏而不是一种构思在写《海浪》)和画家的节奏是和谐的。这样一来,安逸、邋遢和满足就都有了。我一次都没见过艾德里安,我和梅纳德的关系始终不渝。没见过萨克逊。他的不宽宏让我觉得有点不快;可我想给他写信。也许我会的。乔治·达克渥斯觉察到了严重的隔阂,想找奈萨吃午餐;指望再次体会那些旧日的伤感情调。毕竟,奈萨和我是他仅有的女性亲戚。这是归巢的秃鼻鸦发出的奇怪叫声。我猜想,到了晚年,势利的乐趣也有点褪色了——我们去了——"表现得很好。"那是他的话。

　　我的世界地图不够圆。还有维塔。是的。和两个男孩从意大利之行中归来后,她前两天来过这里;一辆风尘仆仆的小车,网球鞋,佛罗伦萨的烛台,小说,等等,直到在座位上翻筋斗。我差不多是把朋友们当眼镜来用的:我看到了另一片田野——从你的角度——那边是座山。我拓宽了自己的景色。

乔治(如今是乔治爵士了)来查尔斯顿吃午餐,肥胖、自鸣得意、暴饮暴食。弗吉尼亚过去常怀着一种逗乐的憎恶描述他那次的举止。这不是一次生机勃勃的重聚;伍尔夫太太每年对僧侣屋的拜访也不是,这次拜访安排在九月底,占用了本会用来写《海浪》的一天时间。这一天是非常不情愿地被牺牲掉的,因为她是个自负、暴躁、全然平庸的老人,跟弗吉尼亚只不过有着姻亲关系罢了。得用甜蛋糕和陈词滥调灌饱她;她要求同情和赞美,如果拒绝提供这些款待,她恐怕就要禁不住带着责备的腔调哭起来了。

以上只不过是占用了一些时间的打岔罢了,尽管如此,弗吉尼亚还是认为,自从搬到僧侣屋以来,这是一个最快乐、最满足的夏天。[34]

10 月 4 日,伍尔夫夫妻回到伦敦,弗吉尼亚开始打算结束《海浪》的写作。10 月 15 日,她提到了一个不顺的开头,觉得自己必须回罗德麦尔去,她这么做了,显然效果不错。"唉,今天上午脑袋太麻木了,没法把伯纳德的独白写下去"——这话她写于 11 月 8 日,12 月 2 日:"不,今天上午我没法写《海浪》中那个特难写的段落。"在试图对付最后一段——也就是伯纳德最后那番话——之前,她休息了一个礼拜。伍尔夫夫妻在罗德麦尔度过圣诞节,弗吉尼亚患上流感时,结尾似乎已经在望了;就在年底之际,她又能小心翼翼重新开始工作了。不过还是有困难:僧侣屋非常冷,她发觉自己的才智给冻住了;她所能做的只是写几个摇摇晃晃的句子。对查尔斯顿的拜访几乎没带来什么安慰。她感到这次拜访令人沮丧;画家们揶揄她,克莱夫也一样;年轻人使她想起了自己的年龄——他们似乎是在冷嘲热讽,无疑,他们对她写《海浪》是没帮助的。

他们又回到了塔维斯托克广场,伯纳德的那番话还是写不出来。

156

　　我也许会这样写伯〔纳德〕的独白,以从没有过的方式去敲碎、深挖,推动那些乏味的话——是的,我发誓;从咯咯轻笑、含糊其词到大谈特谈……

　　眼下,的确如此:写《海浪》时,我的压力如此大,以致我不能在喝茶和正餐之间把它拿起来读一读;我只能写上差不多一小时,从十点到十一点半。还有,打字几乎是这事中最艰难的部分。[35]

尽管如此,她不得不写完《海浪》。到 1 月 20 日为止,它不知怎地一直搁浅着,那天,躺在浴缸里,弗吉尼亚猛然想到一个念头。它使她大为激动,以致《海浪》一度变得比任何时候都更不可能完成了。那将是《一个属于自己的房间》的续集。大概会被叫作《女性的职业》。整整一个礼拜她顾不上其他任何事,伯纳德继续在做他的哑巴。1 月 21 日,她在菲利帕·斯特雷奇和伦敦全国女性事务协会举办的一次聚会上发表了演讲,这个念头是由那次演讲引发的。弗吉尼亚对两百个听众讲了话;穿着蓝色和服,戴着假发的埃塞尔也讲了话。总的来说,这是个成功的盛会,尽管在弗吉尼亚看来,伦纳德居然有点被它惹恼了。可能他预见明早她的温度会上升到 99°,又不能工作了。

　　到了 1 月 26 日,她已经丢开了女性主义小册子,希望在三周内完成《海浪》。2 月 2 日,她相信自己到 8 日就写完了。"哦,这个星期后就可以好好松口气了。"她觉得,这至少是一次勇敢的尝试,而且,喔,还是一种再次沉浸在自由中的喜悦。不过,就在那天,她得去听埃塞尔排练《监狱》。[36]这是一次令人着迷的经历——听众都是些肥胖、过了中年、裹着缎子的女士们,坐在波特兰广场上一间宽敞的亚当屋①

---

　　① 亚当屋(Adam House),一种风格的建筑,名字源自英国十八世纪晚期著名的建筑师 Robert Adam (1728—1792)。

里,衣衫邋遢、精力充沛的埃塞尔激昂地用一支铅笔指挥着,深信自己跟贝多芬一样伟大。弗吉尼亚暗想,可谁知道呢,也许她**就是**个伟大的作曲家? 接下来,4 日,伦纳德这天的时间断送在陪审员职务上,弗吉尼亚的时间则断送在医生埃莉诺·伦德尔迟到一个半小时这事上了,后者本该准时九点半来察看她持续的高温,然后上午就可以用来写作了。这是件小事,读者可能会这么想——浪费了一上午的工作时间——但这种耽搁可能引起的失意,当一个人试图完成一项任务时屡次被打断而积蓄起来的恼怒,是生活中的主要痛苦之一。这就像是一个人被压在大堆的被子下没法呼吸,直到最后把它们抛开,就在每次把它们抛开的这种努力中,某件事情发生了,它们又压了回去,让人气闷、压抑和无法摆脱。

不过如今结尾终于真的在望了,而且实际上正好能赶上她在 2 月 2 日给自己订的时间表。7 日上午她写道:

> 在这剩下的几分钟里,我得把《海浪》的结束过程写下来,谢天谢地。十五分钟前,我写下"喔,死神"①这几个字,在一口气写完最后十页纸之后(有些时候是如此剧烈和陶醉,以致我好像只能吞吞吐吐地说话,用自己的嗓音,或几乎是用某种扬声器的声音——就像我发疯时那样)。我几乎感到害怕,还记得过去常在我前面掠过的那些声音。无论如何,书写完了;在这十五分钟里,我一直坐着,处于一种自豪和平静之中,还哭了,想起了索比,以及我是否能在第一页写上:朱利安·索比·斯蒂芬,1881—1906。我想我不能这么做。这种胜利和解脱是多么能从肉体上感受到!

---

① 即《海浪》结尾处的句子。

无论好坏，书写完了；而且，就像我在最后确实感受到的那样，不仅仅是完成，而且还打磨并完善了所描述的内容——我知道是多么草率、零碎；可我的意思是我已经网到了茫茫水面上的那只鱼鳍，当我快要写完《到灯塔去》的时候，从罗德麦尔的窗口向外望去，就可以看到沼泽另一边的它。[37]

158　　如果《海浪》是弗吉尼亚的杰作（照许多批评家的说法），那么，1931年2月7日的那个星期六上午，也许就可以被看成是她的艺术家生涯的顶点了。

　　为了详细描述弗吉尼亚完成这部小说的最后努力过程，我不得不省略了一件在她的生活中具有某种重要性的事件。

　　1930年10月27日，伦纳德和弗吉尼亚决定结束霍加斯出版社。他们可能会继续出版自己和几位朋友的作品，还有那些他们自己亲手印刷的书；不过出版社不会再有大规模的营业了。做出这决定的动机并不新鲜。出版社剥夺了伍尔夫夫妻的自由，总的来说，占用了太多劳力。如果弗吉尼亚能够自作主张，这决定原本不会出现变卦；她觉得这工作，尤其是她自己作为审稿人的任务是繁重且让人气馁的。可伦纳德没法无牵无挂地摧毁自己建造起来的这幢出众的大厦。我简直毫不怀疑，决定再次尝试去招募一个有才智的助手的人是他。这次他找来的年轻人是朱利安的朋友约翰·莱曼。他最近离开了剑桥；他们刚承诺要出版他的诗集。他将成为经理，在伦纳德的领导下经营出版社，直到最后成为一个合伙人。

　　新年伊始，弗吉尼亚跟他见了面："一个机警、鹰一样的男孩，脸色绯红，有着年轻人的可爱卷发；是的，不过顽强、精明。"[38]

　　这个安排维持了不到两年，不过，在那之后，约翰·莱曼和霍加斯出版社依然保持着关系。它巩固了伍尔夫夫妻和那些出色的年轻左派作家之间最初的单薄联系，他们包括斯蒂芬·斯彭德、C.戴-刘易斯、W.H.奥登和克里斯托弗·伊舍伍德——约翰·莱曼通过出版社来推广他们的作品。这样一来，当然也就意味着全面结束营业的念头被悄然打消了。

弗吉尼亚去把头发烫了起来。瓦奈萨不喜欢那效果，弗吉尼亚感到懊恼。于是她跟埃塞尔吵了起来。她俩都处于想找人吵架的状态中。弗吉尼亚被这好一番折腾搞得既沮丧又筋疲力尽，她在 4 月 11 日写道："我已经写完了最糟糕的英语小说。"[39] 这当然部分是出于虚假的谦虚，不过我认为，其中也包含了一种真实的绝望的萌芽，她知道自己毕竟没写出那部必须永远处于未完成状态的完美艺术作品。埃塞尔的作品《监狱》在爱丁堡演出获得成功之后在伦敦没受到欢迎。照弗吉尼亚看来，她流露出了一种俗气、无价值的虚荣心。还有，弗吉尼亚和埃塞尔反感对方身上的某些东西，对她俩之间的任何一个来说，这些东西都变得越来越明显。埃塞尔那种压倒一切的自我中心主义，她不断发出的刺耳的对关注的索求，这些都让弗吉尼亚感到头痛。她觉得自己正在受侵袭，被压倒和淹没，为了保卫自己的个性，她猛烈地反抗着。两人都认为对方是侵略者，都对另一方的朋友心怀疑虑。埃塞尔不喜欢布鲁姆斯伯里，不喜欢她所听说过的它——虽然她真心喜欢邓肯和瓦奈萨，而且对年轻一代是和蔼的，可她和伦纳德互相讨厌对方，我想，她对那些轻佻的留长发的无神论者和社会主义者所知甚少，他们对她的音乐没印象，还可能会取笑她——那个炙手可热、怀有敌意、不知其名的想象中的布鲁姆斯伯里，它曾激怒了那么多不成功的艺术家。弗吉尼亚同样（如果不是更厉害的话）不欣赏埃塞尔的朋友和亲戚。1931 年 6 月，事情似乎已经到了要摊牌的地步。尽管伍尔夫夫妻五月份享受了一段难忘但多雨的假日（一直跑到布朗托姆和蒙田的故居），弗吉尼亚又感到身体不适。埃塞尔激怒了她，说她除了肝脏之外什么病也没有。无疑，这话是善意的，那个明信片上有张病猴的画像，这图片附在上面显然是打算开个玩笑，可弗吉尼亚的心情不适于看到这样的玩笑。当她把《海浪》重新打印出来时，她感到一种像老鼠啃噬似的头痛，然后是对第二遍打印稿的修改，不，图片在她看来一点都不可笑。她们的关系恶化了，直到 6 月 29 日，埃塞尔似乎在一封信中爆发了，照弗吉尼亚的说法，这封信既卑鄙又荒唐。她酝酿了一封尖刻的回答（或看来是尖刻的），最终满足于一封简洁的短函。"照你的口气，我猜想你星期一不打算来了。"[40] 她没来。接下来是一段委屈的沉默。最后，埃塞尔来了，在某种意义上，是来道歉的——也就是说，来做解释，进行辩护，找借口减轻过错，同时她的茶变凉了，她的插入语越添越没完没了。她走了之后，弗吉尼亚写信给她，意思是说：这种事不可以再发生了。她解释说，埃塞尔要求太多的同情。这是莱斯利爵士跟孩子们相处时犯过的错误。结果不可避免地会是相互疏远。弗吉尼亚其实已经发现自己是两人中较强的一方。她在一定程度上支配着她俩的友谊。埃塞尔可能会隐约逼近，趾高气昂，对她喋喋不休，可是当弗吉尼亚沉默下来，埃塞尔就蔫了；她需要弗吉尼亚。弗吉尼亚喜欢她，被她逗乐，某种程度上跟她是投契的，不过没有她，弗吉尼亚也能过得很好。据此，她们的友谊能延续下去，而且实际上确实这样延续了下去，不过少不了吵吵嚷嚷。

当时，她校对《海浪》的打字稿已经到了最后的痛苦关头，我们得设想以上一切是发生在这种背景下。

7 月 17 日，她写道："是的，今天上午，我认为可以说自己已经写完了。"[41] 可以把这部小说交给伦纳德了。也许他会认为它写得不好

(当然是以某种有所保留的方式)？会觉得它太难懂,太没条理？两天后,他到罗德麦尔的花园房子来见她,说头一百页确实很难懂,不过,"它是一部杰作,是你作品中最好的一部。"[42]她感到难以表达的欣慰,在雨中散着步,"轻松得就像一条鲑鱼"。这下子,她能数数自己的幸福了——真需要计算时是那么难以计数:凭着出版社和她的工作,她有了一笔八百六十英镑的"小金库"※,还拥有了物质上的奢侈品——一张希尔品牌的床、一台无线电收音机、电灯,外加一台电冰箱;她能给外甥女安吉莉卡一份买衣服的零花钱了,后者很快就到了看重这些玩意的年龄了——还有,埋头写点轻松、自在、不忧心忡忡的东西——即为布朗宁夫人的狗"弗拉迅"写一部传记。

还有,她不但制服了埃塞尔,还制服了斯蒂芬·汤姆林,因为汤姆林(一个充满魅力的家伙,可他的魅力对弗吉尼亚毫无效力)还是说服她坐着让他雕头像了。后人也许会为他的做法感到高兴。没有别的人有理由为此高兴了。因为不知怎地弗吉尼亚居然忘了,答应这提议后,雕刻家必然希望能盯着雕塑对象看,而弗吉尼亚本该想到自己平生最讨厌的事情之一就是被人盯着看。只有几个朋友曾获许为她画像;有些是偷偷画的。她不喜欢照相,不过,如果画家或摄影师是不受欢迎的,塑像者岂不是不受欢迎得多?带照相机的人可能会冒犯人,可他的冒犯是短暂的。画家在这方面要糟糕些,不过就像莉莉·布里斯科,也许可以认为他只不过把你看成是那构图的一个部分——一种有趣但未必不可缺少的衬托。可雕刻家只有一个目标,就是你自己——从前面看的你,从后面看的你,从任何可以想得到的角度看的

※ "那一年年底,我算出了实际开销和实际综合收入,然后我们平分了节余部分,照我们的说法,它成了个人的'小金库',我们可以任意消费它。"伦纳德·伍尔夫,《下坡……》,第 142 页。

你——他的冒犯是一种目不转睛的、测度的、翻来覆去的事,一种详尽

161 无遗的冷酷追询。弗吉尼亚无法忍受它。他那张凝视着她的面孔看起来是丑陋、猥亵和粗鲁的。这似乎是对她人格的一种污辱,困住她,浪费着她宝贵的时间——让人难以容忍。

瓦奈萨徒劳地试图让事情变得轻松些,她和弗吉尼亚一起来,还亲自画了幅素描。埃塞尔也来了。没用。汤姆林是让人无法忍受的。他坚持制订对自己方便的计划。还有,他不守时,她弗吉尼亚不得不沿着满是灰尘的街道慢慢地走到——这件事如果有着不同的目的,她本会觉得很开心的——他的工作室,简而言之,照瓦奈萨的说法,她处于"一种愤怒、绝望的状态中",所以做了四次短暂的模特之后——在那些画画的人看来是多么短,对那些坐着的人来说是那么长——她罢工了。[43] 经过一番奇迹般的说服之后,她又去了两次,然后再也不肯去了。她摆脱了苦差事。可怜的汤姆林却感到很痛苦。这作品只得就这样半途而废了,没有任何希望圆满地完成它了。

这样一来,最后的讽刺是:斯蒂芬·汤姆林就指望靠那尊半身像来获得不朽了。它不比真人更美。它使弗吉尼亚看起来比她实际上更老、更不友好,可它有一种力量,一种活力,一种真实性,是他的其他作品所不具有的(那些我见过的)。弗吉尼亚没给他时间去毁掉他最初的出色构想。生气、沮丧、不计后果的他把泥巴推到所需的位置上,被迫在有限的时间里塑出她脸部的基本构造。她的空白眼窝好像在盲目的、被冒犯的惊惶中凝视着,可它远比任何照片都更像她。

就弗吉尼亚而言,到了 1931 年 8 月,这事便结束了。所以她就能面对《海浪》的校样、伍尔夫太太的午餐、来讨要僧侣屋请柬的科尔法克斯夫人和梅纳德了,最后这位如此雄辩地预言了厄运、破坏、危机和

战争,她简直怀疑当罗马着火时,自己是不是在拉小提琴。[①]

8月19日,她写道,"我的校样真的送走了——昨天送走的;我再也见不到它们了。"[44]《海浪》就这样面世了,她带着头痛爬上床,睡了觉,读了《撒克逊英雄传》[②],她对它指摘了一番。她的父亲怎么可能把其中的射箭场面当真呢? 还有所有那些不真实的女主人公? 不过她还是更喜欢它,而不是休·沃波尔的《朱迪思·帕里斯》。

花点时间读读她对这本书的反应还是值得的,因为它们验证了她的诚挚。1931年9月1日,她写道:

> ……这是一本伦敦博物馆之书。休带着虚假的热情蹦跳着——一堆纪念品——闪闪发光的珠子——都是不相关的。怎么搞的? 任何地方都看不到中心感受——只有"我是多么必不可少——多么重要——多么富有创造力"。的确,它是很合格的,措辞简朴——可是词语没有根。是的,就是那问题。全都是被扫集起来的一堆闪亮的琐碎玩意。[45]

162

两星期后,当第一批《海浪》寄出之后,休最早给出了意见,不是直接的,而且可能被曲解了。他不喜欢这书。他告诉朋友,弗吉尼亚的最新小说让人失望——"全都是些不值一提的事——写得很精致,当然。"[46]这传闻给弗吉尼亚带来了非常痛苦的一天,第二天,约翰·莱曼写来一封热情洋溢的信,这种痛苦又成了狂喜。这是许多信中的第一封,接下来,她又一次漂浮在成功的浪潮上了。11月4日,休写信祝

---

① 当罗马着火时在拉小提琴(to fiddle while Rome burns),英语成语,指在危急中不关心大事,只顾取乐。典出罗马皇帝尼禄;传说他在罗马城着火时只顾拉小提琴。

② 《撒克逊英雄传》(Ivanhoe),沃尔特·司各特的历史小说。

贺她的再版。她的售书量大约有《朱迪思·帕里斯》的一半。

> 我很高兴看到《海浪》这么快就再版了。我对它的许多部分都感到犯难,因为我没法觉得它是真实的。这种真实非常古怪——那么个人化,那么不合理——不过有些部分很优美,我感到自己对"真实"的理解有问题。[47]

对此,她答复道:

> 亲爱的休,我一直想给你写信,不过不像你,我从不做自己想做的事。你是怎么腾出时间来的? ……喔——我对不真实性和《海浪》非常感兴趣——我们得讨论一下(我的意思是为什么你认为《海浪》是不真实的,为什么那正好是我用来形容《朱迪思·帕里斯》的词)。"这些人在我看来不真实"——不过我确实这么想;你不会相信,它具有我所赞美和羡慕的一切特质。可是,当然,不真实性的确使一本书丧失了趣味;然而,我认为这不是针对我俩中任何一人的决定性评价——你在某些人看来是真实的——我在另外一些人看来是真实的。该由谁来决定什么是真实? 总之,不是亲爱的老哈罗德[哈罗德·尼科尔森一直在广播里就《朱迪思·帕里斯》和《海浪》两本书发表看法],我还没听过他的广播,不过如果照你的说法,他一挥手就把我俩归进了不同的流派,其中一派对另一派怀有敌意,那么他错得既彻底又离谱,告诉读者那是阅读我们的方式,这是一种罪行和诽谤,批评之所以全无价值,就是因为这种低能。天啊——和奥尔德斯、乔伊斯以及劳伦斯被关在一个笼子里,我是多么厌烦! 我们不能为了找

乐换一下笼子吗？所有的教授会被吓成什么样！[48]

这在我看来似乎是一种有节制的回答——无疑，如果写这封信时，休的那番传言正好让她感到痛苦不堪，它恐怕就没这么节制了。到了十一月份，她越来越相信自己获得了成功，能够怀着这样的心态写信了。不久，摩根·福斯特写信说他觉得自己遇上了一部经典之作，我猜想，他不太可能用这样的话来称赞《朱迪思·帕里斯》。尽管如此，休很让她感到痛苦，她觉得他的话证实了以前听到的闲言。她的反驳略去了那种本会不必要地得罪人的话——她对休的那种装腔作势的感受；提到并夸张了她在日记里说过的他的好品质，照她的看法，这种反驳是切中要害的——即，休的幻想世界从根本上来说是不真实的。

163

"不过，噢，这种生活中的幸福。"[49]11 月 16 日，她这样写道，虽然她继续提到一些小烦恼——和维塔、伦纳德（他自己的书《洪水之后》〔*After the Deluge*〕没他俩指望的那么成功）的分歧，尽管如此，"我的幸福太结实了，不会因此黯然失色"。埃塞尔眼下规规矩矩，维塔实在讨人喜欢。的确，工党在大选中彻底失败了，全国都处于经济危机之中。在苏塞克斯，工党候选人在罗德麦尔山顶盖了一幢能想象得到的最丑陋的房子，从而使自己蒙了羞——这番业绩让伦纳德说出了那段让人难忘的话："你做到了不可能的事——你毁掉了别人的视野，而且也没有获得自己的视野。"弗吉尼亚为此宣布她不会投他的票。不过，上述诸事都抵消不了摩根的话，抵消不了一件确实的事情，即她不同寻常的虚构冒险已经成功了。是的，她在那个秋天里是幸福的，尽管筋疲力尽，而且还有更多的东西要写。《弗拉迅》进展顺利。她在构思一本打算叫作《树》的书，还有女性主义小册子和《普通读者》续集。然而她的快乐将是短暂的。

　　12 月 6 日,无疑是在伦纳德的要求下,她答应直到圣诞节为止都会过一种病号的生活——不写作,不参加派对。不过 12 月 10 日,她给利顿写了信,自我消遣了一下。她昨晚梦见了他,在梦里,他俩都再次变年轻了,发出阵阵笑声。她没有新闻,除了"当你手持郁金香,穿着韦利的白色法兰绒衣服来伦敦时,请来看看喜欢你的老朋友弗吉尼亚"之外就没话可说了。[50]过去几年他们见面不多。真有机会见面时,她觉得他充满了魅力——稳健,眼睛在镜片后闪耀着,总的来说是和蔼的,不跟她争辩。她不喜欢《伊丽莎白和埃塞克斯》;她觉得它是一本让人失望的书。虽然还是感到有点嫉妒,弗吉尼亚依然会惋惜这本书,并对《微型肖像》表示欢迎,因为她认为在这些文章里,利顿以得心应手的文笔处理了合意的素材。1931 年 12 月,她给他写信时,他正

164 在生病。信寄到汉姆斯普雷时,他已经病得很重。到了圣诞前夕,似乎毫无希望了。弗吉尼亚和伦纳德坐在僧侣屋的火炉边,毫不害羞地哭泣着。他们谈到死亡、老年的来临和朋友的凋零。然后,圣诞节那天,一个电话里传来的消息使他们重新燃起了希望。利顿好多了,这种好转持续了下去;他们大大松了口气。所以,令人焦虑,但又不失希望,利顿的状况似乎反复不定,他们等待着消息,1 月 14 日,两人开车去了汉姆斯普雷。亨格福特(利顿乡村住宅所在地)的熊屋挤满了忧郁的斯特雷奇们,有的在读侦探小说,有的在研究纵横字谜。皮帕伏在弗吉尼亚肩头抽泣着:"他病成这样,怎么可能好转呢?"[51]屋子里挤满了护士,非常能干且有条理;疾病的规律已被查明。卡林顿走来走去,几乎不认人。他们没看到利顿,不过被告知利顿对他们的到来感到高兴。

　　大家已经订好了计划,1 月 21 日要在瓦奈萨的画室举办一场化妆派对。这计划应该继续吗?詹姆斯·斯特雷奇发电报说"再次大有好

转",于是他们举办了派对。[52]不过当客人们陆续到来,喧嚷和欢笑开始之际,弗吉尼亚、邓肯和瓦奈萨在角落里悄声哭泣着,因为这时他们得知詹姆斯的电报被发送错了:"大有好转"本该读作"坏多了"——实际上,利顿已经在当天下午去世了。

注释

[1] 参见以下,VB/RF,1929 年 1 月 19 日(CH)。

[2] VW/VSW,[1929 年 1 月 28 日](Berg)。

[3] VW/VSW,1929 年 2 月 7 日(Berg)。

[4] VW/QB,1929 年 3 月 20 日。

[5] AWD,第 141 页,1929 年 3 月 28 日。

[6]《一个属于自己的房间》,第 39 页。

[7] 同上,第 17 页。

[8] VW/VSW,1929 年 4 月 5 日(Berg);VW/VB,1929 年 4 月 7 日(Berg)。

[9] 据传闻(QB)。

[10] CB/VB,1929 年 7 月 16 日(CH)。

[11] AWD,第 141 页,1929 年 1 月 4 日。

[12] VW 致休斯·沃波尔,1930 年 7 月 16 日。

[13] AWD,第 143 页,1929 年 6 月 23 日。

[14] VW/VSW,1929 年 10 月 28 日(Berg)。

[15] R.肯尼迪,《霍加斯出版社的男孩》,第 68、84 页;也参见 VW 致 E.萨克维尔-韦斯特,1929 年 9 月 23 日(Berg)。

[16] 据传闻(林·纽曼太太)。

[17] AWD(Berg),1929 年 8 月 5 日。

[18] AWD(Berg),1929 年 8 月 19 日。

[19] AWD(Berg),1929 年 8 月 22 日。

[20] AWD,第 153 页,1930 年 2 月 16 日。

［21］据传闻（QB）。

［22］AWD（Berg），1929 年 8 月 19 日。

［23］参见以下，VW/CB，1930 年 1 月 19 日（CH）。

［24］LW，《下坡……》，第 122—123 页。

［25］VW/QB，1930 年 5 月 14 日。

［26］参见以下，C.圣约翰，《埃塞尔·史密斯传》，第 222 页。

［27］同上，第 247 页。

［28］AWD（Berg），1930 年 2 月 20 日。

［29］AWD（Berg），1930 年 8 月 25 日。

［30］AWD（Berg），1930 年 6 月 16 日。

［31］AWD（Berg），1930 年 8 月 28 日。

［32］VW 致威尔逊太太，1930 年 9 月 12 日。

［33］AWD（Berg），1930 年 9 月 2 日。

［34］AWD（Berg），1930 年 9 月 8 日。

［35］AWD，第 165 页，1931 年 1 月 7 日。

［36］AWD，第 168 页，1931 年 2 月 4 日。

［37］AWD，第 169 页，1931 年 2 月 7 日。

［38］AWD（Berg），1931 年 1 月 7 日。

［39］VW/QB，1931 年 4 月 11 日。

［40］VW/ES，1931 年 6 月 29 日（Berg）。

［41］AWD，第 172 页，1931 年 7 月 17 日。

［42］AWD，第 173 页，1931 年 7 月 19 日；也参见 VW/ES，1931 年 7 月 19 日（Berg）。

［43］VB/RF，1931 年 7 月 20 日（CH）；也参见 VW/VB，1931 年 7 月 23 日（Berg）；VW/VSW，1931 年 7 月 30 日（Berg）；DG，BBC/TV 综合节目，1970 年 1 月18 日。

［44］AWD（Berg），1931 年 8 月 19 日。

［45］AWD（Berg），1931 年 8 月 19 日。

［46］AWD（Berg），1931 年 9 月 1 日。

［47］ H.沃波尔致 VW,1931 年 11 月 4 日。

［48］ VW 致 H.沃波尔,1931 年 11 月 8 日。

［49］ AWD(Berg),1931 年 11 月 16 日。

［50］ VW/GLS,《书信》,第 118 页,1931 年 12 月 6 日。

［51］ AWD(Berg),1932 年 1 月 18 日。

［52］ AWD(Berg),1932 年 1 月 22 日。

第七章　1932 年至 1934 年

　　1932 年 1 月 25 日,弗吉尼亚五十岁了,她已经写了六部小说,名声远扬,可利顿死了。她在肉体和精神上都感到疲竭,为一个老朋友的逝去而悲痛,伦纳德和利顿的友谊更悠久,他可能甚至更悲伤。我认为,他俩都觉得世人已经失去了这样一位艺术家,他从没有完全发现自己,从没有充分证明剑桥同期校友对他的期望是有道理的,从没有写出他们认为他有能力写的"至高"之作。

　　大家商量着要为利顿立传,稍后,他的姐妹们——其中几个——提议让弗吉尼亚写点"东西"。不过要想告诉人们利顿其实是什么样,每个人都承认,有必要直接谈及他的性经历。在当时,这看来是完全不可能的。不能把真事写出来,这一点被认为是理所当然的,而弗吉尼亚不想写除此之外的其他任何事。

　　同时,利顿之死的**后遗症**给大家带来了不安和悲痛。正如我们所知,在很大程度上,卡林顿嫁给拉尔夫・帕特里奇是因为她能靠这种办法继续和利顿待在一起;那之后,她仍旧是他的忠实伴侣。在他去世前,她就已经谈到要跟他一起走;利顿临死之际,她曾企图自杀,如今,无疑她还会再做这样的尝试。和伍尔夫夫妻一起吃饭时,奥利弗·斯特雷奇对这事抱有一种符合常识的看法。如果她真想自杀,别人干吗要试图阻止她?她有权处置自己的生命。她最好是等到利顿之死所带来的震惊逐渐淡去之际,不过另一方面……在他看来,自杀似乎是一种十分明智的行为。汉姆斯普雷的其他居民为什么就不能别去干涉她?

如果这人和想死的人没有实际接触,这么想会容易些。不管怎地,拉尔夫·帕特里奇决心尽力挽救妻子;他认为和人见面,别在汉姆斯普雷独自发闷是很重要的。他请求伍尔夫夫妻去拜访她。所以,三月份的一个寒冷上午,天气晴朗,他们开车去了威尔特郡,拜访了那幢漂亮房子,它有着面对唐斯的长走廊,卡林顿穿着夹克和短袜打开门;她戴着绞丝项链;大大的蓝眼睛黯淡无光,充满痛苦。她没想到他们会来,一时没反应过来;她已经发了电报……"不过,我什么事都会做错。"[1]

他们进来了。屋子里很冷,利顿的房间非常整洁。她想把它保持得就像利顿离开时那样,可斯特雷奇们认为这是病态的。她设法请他们吃了一顿很好的午餐,变得开心了一点,甚至勉强想笑一两声。午餐后,伦纳德建议散散步。她带他们去了"她的小树林";她说,那里的树会开一种花,在夏天里闻起来非常香。然后她离开了他们;她有几封信要写。伦纳德去摆弄一下汽车;弗吉尼亚在花园里转悠了一会儿,随后回到起居室;卡林顿很快就发现了那里的她,给她端来茶。她和弗吉尼亚一起上楼来到利顿的房间,在那里,她控制不住了,伏在弗吉尼亚的臂弯间哭了起来。

　　她哭着说自己一直是个失败者。"我没有别的事可做了。我为利顿付出了一切。可在其他方面我什么都没干成。人们说他对我很自私。但是他给了我一切。我爱我父亲,恨我母亲。利顿对我就像一个父亲。我所知道的一切都是他教给我的。他为我读诗歌和法文。"

卡林顿的意图很明显。弗吉尼亚的意图却不一样。她这个曾两度试图自杀的人既不能宣扬自杀,也不能撒谎。她不愿也不能佯称卡林顿的话是没道理的。

　　我说,在我看来,生命有时是没希望的,没用的,当我在夜里醒来,还有想到利顿之死的时候。我握着她的手。她的手腕似乎非常细小。她好像很无助,被弃了,就像某个被遗弃的小动物。她非常文雅;有时笑着;还吻了我;说利顿最爱他的老朋友们。她说他和年轻人在一起时显得傻气。不过那只是表面现象。他们不懂得他是多么伟大,她对此感到恼火。我说我一向知道那一点。然后她说我过分重视他的年轻朋友了……就在去年,利顿承认自己到了中年。他是个现实主义者。他面对事实,就是罗杰[·森豪斯]不可能做他的恋人。还有,我们原本打算去马拉加(Malaga),他计划写莎士比亚,还要写自己的回忆录,后者恐怕要花上十年时间。他的死亡是讽刺性的,不是吗。他认为自己的情形在好转。他病倒时正在谈论《李尔王》之类的事。你来的那天,我想带你去看他,可我害怕这么做。詹姆斯和皮帕说不能冒险,这可能会让他感到不安。"不,当然不会,"我说,"罗杰当然会得到那些书——他将不得不接受。"我们还说了什么别的话吗?没多少时间了。我们喝了茶,吃了碎饼干。她站在壁炉边。然后我们说我们得走了。她非常安静,没有表现出想让我们留下的渴望。

当他们即将离开时,她拿出一个法国小盒子。

"詹姆斯说我不能把利顿的东西送人。不过没关系。我把这玩意给他。"

她似乎害怕做错事,就像一个受了责骂的孩子。在门口,她一再地亲吻弗吉尼亚。

"那么,下星期,你要来看我们——不过不一定——随你的心愿?"

"好的,我会来的,不过不一定,"她说。又吻了我,说再见。然后她进去了。

第二天晚上,斯蒂芬·汤姆林来访,带给他们一个消息。那天早上,卡林顿朝自己开了枪。哪怕在这件事上,她在某种程度上也做失败了,她死得很慢,忍受着巨大的痛苦。弗吉尼亚没法不觉得自己多少是有责任的。向卡林顿撒谎会是件错事;但她本可以更有力地为生命做辩护。人们或许会怀疑,是否有任何辩论能使卡林顿改变意图。

得进行验尸;不过验尸官是个通情达理的人,他接受了卡林顿关于这是个事故的说法。伦纳德和弗吉尼亚都没有被传唤去作证。他们照先前的计划,开车去东英吉利(East Anglia)短期旅游,在剑桥、克罗默(Cromer)以及靠近伊普斯维奇(Ipswich)的地方(和罗杰·弗赖一起)住了几夜。弗吉尼亚留意着出现在墓碑上和杂货店里的卡林顿婚后名,即"帕特里奇"。4 月 15 日,他们和罗杰还有他妹妹玛杰里·弗赖一起出发去了希腊。

> 是啊,可关于帕台农神庙我能说些什么——我自己的幽灵遇上了我,那个二十三岁的女孩,以及随后的全部生活……[2]

很多东西都发生了变化,这个国家好像比以前更漂亮了,居民们似乎更友好了,旅馆似乎更干净了,而且,当然啦,有了罗杰做讲解,把他们的注意力引向拜占庭作品,避免对古典雕塑的过分热衷,赞美建筑风格,留意不漏掉任何重要的东西,这样一来,希腊的艺术全然变了样。

"这趟旅行完全有可能以小病、吵嘴、玩象棋、对远征的争论等等为结果。"[3]弗吉尼亚写信给瓦奈萨说,其实从表面上看,似乎真有这样的危险,由于玛杰里属于那种弗吉尼亚倾向于赞美而不是喜欢的女慈善家,就更加如此了。不过还好;玛杰里爱上了弗吉尼亚,把自己生平(尽管非常忧悒,当然也是令人着迷的)都告诉了她,两个弗赖的奇观是引人发噱的,似乎他俩(有时是他,有时是她)对希腊之艺术、建筑、民间传说、动植物、地理、地质和历史方面能了解到的东西都了如指掌。他们的精力也一样,这种精力是惊人的,虽然罗杰照旧身体不好。在尝试难以置信的道路,对付不守规矩的骡子和骡夫,参观不对外开放的修道院,爬山,还有和伦纳德连续下象棋(让他恼火的是,伦纳德赢了又赢)方面,他的无畏是有趣的,然而又是值得钦佩的。当罗杰和伦纳德各持一本现代希腊语法,弗吉尼亚自己依靠古希腊语的警句试图问路时,他们发现自己买下了两个黑孩子和一碗酸乳,弗吉尼亚觉得即便这事也具有某种魅力。尤其是罗杰的性格,"那么仁慈,那么有同情心,那么不屈不挠",既让她欣赏,又为这个假日带来了乐趣。[4]剩下的部分,一张寄给朱利安的明信片可以用来解释他们的行踪。

> 我们已经看过了兀鹫、鹰、雕、食蜂鸟、蓝画眉、庙宇、废墟、雕像、雅典、斯巴达、科林斯——正要去参观一家修道院。所以就写到这里吧。[5]

回家后的情形并不让人宽心。在霍加斯出版社里,约翰·莱曼和伦纳德的分歧如今到了这种地步,在经历了一个越发吵闹不休的夏天之后,看起来最好还是别合作下去了。接着,《详查》上刊登了一篇有敌意的评论,它让弗吉尼亚觉得自己从此就要挨批了。不过这事没有完全解释(她自己也没法解释)一个事实,就是到了五月底,她感到"自己更接近过去常体会到的一种绝望的顶点,跟过去这十年相比"。[6]我想,自从完成《海浪》的那段结尾以来,她的健康状况一直不好;冬天的悲剧在心理上想必是有害的,她需要的不是一个假日,而是休息。

麻烦就在于,她几乎不懂得该怎样休息,就是说,该怎样主动休息;当一阵"头痛"把她击倒,头痛得太厉害了,除了休息之外什么事都做不了,她会躺在沙发上;头痛自身停止发出命令之后,她甚至能被说服再躺一会儿;不过,一般而言,她发觉无所事事是极难做到的。总有书要写,通常还有好多报刊撰稿以及许多信要写,还得记日记。此外,她天生从体质上来说是精力充沛的。持续的疾病、头痛、恼怒和绝望的情景是真实的,不过它也许暗示了另一幅无精打采、昏昏欲睡的衰弱景象;这一幅恐怕就不真实了。这时,她还在霍加斯出版社工作,经常是负责捆书。虽然这项锻炼并不规律,只要健康允许,她仍把散步当作常规的乐趣(如果在乡下的话,每天下午走上七八英里或更远,跳过沟渠,爬上山,越过带刺铁丝网或荆棘丛)。

然而,在这些年里,对她来说,她在僧侣屋的散步变得没有伦敦的长距离漫游那么惬意了。原因很简单。乡村正在遭到破坏。似乎沿着整条河谷,从刘易斯到入海口到处都有乡村别墅、赛狗道和其他丑陋的不和谐玩意正在入侵;它最后会变成什么模样,皮斯黑文(Peacehaven)的修建充分地说明了问题。这地方一度是罗亭町和纽黑文之间一段非常迷人、荒野模样的丘陵。如今整个海岸都改造成了一种度假贫民窟,一堆丑得没指望的简陋、低矮平房。不过,照弗吉尼亚看来,还有更糟糕的事情要发生呢。阿希姆(定居僧侣屋后不久,他们本可以花一千英镑重新得到它)这时被卖给了一家水泥厂,于是,从僧侣屋多草的露台向外望去的视野正中央,在那段最可爱的南唐斯和弗吉尼亚怀着乡愁迷恋的风景的正中央,出现了拖拉机、卡车、挖土机和脚手架。阿希姆它自己被连绵的瓦楞铁棚遮挡住了,河谷上覆盖着有毒的白色灰尘,空气里是让人作呕的烟雾,草变得污秽不堪,树死了,山丘自身就像一颗有病的牙齿那样被开凿了。

在下午的散步中遇见这种"进步"迹象,弗吉尼亚感到绝望。1932年1月,在给埃塞尔·史密斯的信中,她用了比通常信件更粗鲁的语言,把对这些工程负责的资本家们说成是"该死的鸡奸者"[7],邓肯和瓦奈萨以照例的那种画家的反常,在阿希姆的新建筑中发现了一种美,弗吉尼亚很可怜地试图迎合他们的观点;"我打算把它们看成是,"她说,"希腊的庙宇。"[8]可没用。梅纳德自信地认为,这个水泥厂根本就不靠谱,肯定建筑物还没完工就会破产(它至今仍欣欣向荣),这种

170

说法给了人很大安慰,不过,如果事实和他那种自信的乐观主义不符,伍尔夫夫妻(他们过去常谈起要离开罗德麦尔)恐怕真要搬走了。

"我不喜欢狂饮暴食的老妇人。"弗吉尼亚说;她指的是埃塞尔[※],后者无疑对自己的食物狠狠地大啃大嚼了一通。[9]弗吉尼亚对朋友们在餐桌上的表现总是吹毛求疵,这一点也许值得一提。她在这方面的敏感可能跟自己的饮食恐惧症有关,在病中,这种恐惧症会让她宁愿忍饥挨饿,平日,她也很不愿意多吃一点任何食物。在不同时期,乔治·达克渥斯、朱利安·贝尔和金斯利·马丁都因吃东西太不文雅和太过热情而狠狠挨了批。就此我们也许可以得出结论,弗吉尼亚对埃塞尔的指责并不完全合理。无疑,在这个时期,埃塞尔对她的朋友是有一番切实的抱怨的。因为埃塞尔仍爱着弗吉尼亚,所以不可避免就会吵架(让弗吉尼亚感到作呕、厌恶和沉闷的吵架),出于自卫,她赶走了埃塞尔,声称和她再也不会有什么关系了。有一度她**确实**彻底断绝了两人之间的联系。

埃塞尔以及她的悲哀和索求构成了这些年里的一种**主旋律**,是弗吉尼亚生活中既重要又让人恼火的一部分。1932 年 6 月、1933 年 2 月和1934 年初都分别出现过危机,最后那次,埃塞尔庆贺了她的七十五岁生日,还举办了一场史密斯音乐节(Smyth Festival),包括她的作品的特别演出和一顿午餐,在午餐上,托马斯·比彻姆爵士说了番让弗吉尼亚陷入绝望的幽默话。她的《弥撒曲》(Mass)在王室面前上演,随后,埃塞尔在里昂角茶馆款待了贵族和中上阶层人士。这引发了另一场争吵。

[※]　"埃塞尔·史密斯之所以那么让人讨厌,奈萨说,是因为她的餐桌礼仪。她是个漏嘴巴,她大笑;她用纸巾擤自己的红鼻头。然后她把奶油——噢,黑莓是天赐的——倒进她的啤酒;我宁愿跟一条狗共餐。但是你可以告诉人们他们是凶手,却不能对他们说,他们吃东西像猪……不过,她——在餐后——充满了蓬勃的魅力;她步行四英里;她唱勃拉姆斯;绵羊们抬头却没有吃到东西。我们在午夜之前把她打发走了。"VW/QB,1933 年 9 月 19 日。

1934年6月,埃塞尔写信给瓦奈萨说,"我倒觉得她跟我没戏了";然而,事情并非如此。[10]七月份,埃塞尔发现自己欠了税务局一千六百英镑;她破产了。弗吉尼亚的同情心被唤醒了。于是两人恢复了交往。

171　埃塞尔似乎一度把对弗吉尼亚的钟情转移到了瓦奈萨身上。瓦奈萨按照计划会为埃塞尔的芭蕾舞剧《游乐图》设计布景。那个方案的变迁过程(在那些没完没了的饶舌信件里写得很详细)是非常可怕的。也就是在这时,埃塞尔开始体会到一种伤感的爱慕,开始怨恨自己的热情没获得回报。"在某些方面,你有点像你那位圣徒妹妹。"埃塞尔讥讽地写道。[11]的确;她们都喜欢小份儿的埃塞尔,都不想把她整个吞下去;不过瓦奈萨能更好地控制她,如果必要的话,更乐于平静地、决定性地当着埃塞尔的面关上门。

回到1932年:这一年年初,弗吉尼亚写完了《给一位年轻诗人的信》,这个作品起源于和约翰·莱曼的讨论,作为廉价系列小册子《霍加斯信笺》的第八期,它被出版于1932年7月。十月份,《普通读者》的续集面世了,十一月份获得了重印。这"一堆文章"的准备、修订和校改其实是她在1932年前九个月里仅有的写作(除了少量报刊稿件和一两篇试验性的短篇小说)。她完成这份工作时"毫无自豪感,只有干完了苦活的感觉"。[12]完成《普通读者》后,她又重拾《海浪》出版前她在1931年8月动笔的《弗拉迅》;9月16日,她在写倒数第二章。

1931年11月,她曾写信给乔治·赖兰兹,感谢他对《海浪》的友善评论。

……我对未来的书籍充满了想法,不过它们都是从《海浪》中引申出来的。这样一来,如果《海浪》在你看来是一种贫瘠、索然的尝试——仅仅是弗吉尼亚靠脚趾甲钩住了一个秋千——那么,我本会觉得,干吗还要继续? 而且因为我没法回头,连《戴洛维太太》和《到灯塔去》都回不去,我本会遇上一个让人发怵的关口,也许会发誓永远停笔。那就是你的鼓励为什么会是沙漠里的一斟香槟酒,然后商队的铃铛响起来,狗叫起来,我爬上——或将会在几个月内爬上——我的另一头骆驼。并不是说我打算再过会儿就要开始又一趟可怕的探险。[13]

一年后,她已经找到了主题;不过它看来并不是从《海浪》中引申出来的。其实,《帕吉特一家》和《海浪》将会是完全不同的;它将是一部她所谓的现实小说,一部叙事作品,几乎和《夜与昼》一样传统。它是:

……去囊括一切事物、性、教育、生活等等。像岩羚羊一样以最有力、敏捷的跳跃蹦过悬崖,从 1880 年来到此时此地。不管怎样,那是我的想法,当我走在南安普敦路上时,我沉浸在这样一种懵懂、梦幻和陶醉中,我简直不能说 10 月 10 日以来自己还活着。

一切事物都在自愿汇入那条溪流,就像《奥兰多》那样。当然,发生的事情是,在放弃现实小说这么多年后——自 1919 年以来——《夜与昼》是过时的——我发现自己实际上对写点现实作品,换换口味感到无限喜悦,还发现自己拥有不计其数的想法;虽然有时我觉得那番较量就在眼前,可我抵制住动笔的愿望。我确信,这是真正的路线,在《海浪》之后——帕吉特一家自然会导向下一个阶段——即散文小说。[14]

12 月 19 日,星期一

是的,今天我几乎写死掉。谢天谢地,我能停下来,沉浸在凉爽空气和唐斯之间,让我大脑里的齿轮——我是怎样乞求它们这么做——冷下来,慢下来,最终完全停住。我将再次开始写《弗拉迅》,好让自己平静下来。天哪,自从 10 月 11 日以来,我已经写了六万零三百二十个词。我想,在我所有的书中,这肯定是写得最快的情形了……

读起这些话来,不可能不让人感到痛苦和怜悯;这就像眼看着弗吉尼亚在一片流沙上快乐、飞速地奔跑,直至筋疲力尽。因为,无论我们对最终结果看法如何(《帕吉特一家》成了《岁月》),它对她来说是一种陷阱,简直是一种致命的圈套。她动笔写大多数小说时都是兴高采烈的,不过从没有像现在这样充满愉快的信心;她也从不会在写作中感到这么受挫、为难、焦虑和痛苦。

1933 年 1 月,她必须对付《弗拉迅》。这本小玩意被写得适于出版,她为自己的这番用心感到自豪,但她急着想摆脱它——她想回到《帕吉特一家》。一旦有机会这么做,她就一歇儿不停地写下去,直到四月份才住手。

1933 年 3 月,曼彻斯特大学授予弗吉尼亚一个荣誉学位;她拒绝了,就像之前拒绝在剑桥做克拉克讲座那样。※

173　　克拉克讲座对她有着相当大的诱惑力,寄出了给三一学院校长的信件之后,她颇有点懊恼;她想,如果父亲能知道女儿收到了继承他职

　　※ "我刚才评论的是一个彻底腐败的社会,代表艾尔维拉·帕吉特而言,我不会接受它给我的任何东西,等等,等等;现在,作为弗吉尼亚·伍尔夫,我必须写信——喔,天啊,真烦人——给曼彻斯特大学的副校长,说我拒绝接受文学博士学位。还要写信给西蒙夫人,她为此事着急,要求我们等一下。天知道,我该怎样把艾尔维拉的语言转变成礼貌的报章用语。多么古怪的巧合!"AWD,第 195 页,1933 年 3 月 25 日。
　　1932 年 2 月,她收到克拉克讲座的邀请并拒绝了它。1939 年 3 月,弗吉尼亚拒绝了利物浦大学的博士头衔。

位的邀请,他本会多么高兴。朋友们也认为她拒绝博士头衔做得有点荒唐,可在这两种情形下,她都觉得,成为获得公认的作家的危险之一,就是会和学院制度达成妥协;而且,她有意在下一本书里攻击那种制度。罗杰接任剑桥的史雷德教授(Slade Professor)时,她对他就有点刻薄。

可能她还有点心怀旧日的嫉妒,当她眼看着兄弟们去了剑桥,自己却去不成时,这种嫉妒曾吞噬了她。年轻女性获得了入学的许可,可她们仍受到不公平的对待,大学在很大程度上仍是另一性别的独占领域。不过她也根本不信任学院派的批评。[※] 1933 年夏天,她找到机会和 T.S.艾略特就此进行了讨论。艾略特这时候正在痛苦地设法挣脱第一次婚姻,对于他的家庭烦恼,弗吉尼亚是个同情的听众(也许并不总是心怀同情,因为有时她认为维维安受到了恶劣的对待)。不过,到了 1933 年 9 月,这些事情颇有获得解决的希望,两作家能讨论些别的问题了。艾略特说,如今他不再那么确信有一门批评学了,这引起了她的兴趣;批评家们夸大了他的诗歌的智性和博学,他认为他们很离谱。他俩一致认为——也许这么说更确切些,即弗吉尼亚说服他承认——大学里的英语教学是愚蠢的。我也相信,她觉得某些英语教师在自己的写作中显示了他们对这种语言所知如此之少;以致讨论起那些比他们强的人,那些英语中的真正大师来,他们几乎不可能不犯下自大的过失。

如果真是这么回事的话,她并不是完全言行一致的,因为就在

※　当外甥朱利安获得武汉大学的英语教授职位时,她写信说:"可是为什么教英语? …… 个人所能做的就是把书籍归类,然后这些顺从的年轻人(他们太害怕了,而且年幼到脊背上还没长出骨头)把这东西吞下去;再联系一起;这样一来,我们就把英语文学归类到 A、B、C;一、二、三;但失去了它所有的意义。"VW 给朱利安·贝尔的信,1935 年 12 月 1 日。

1933 年的那个秋天,她试图去批评一种自己并不熟悉的艺术。希克特①正在伦敦举办一次展览,她和瓦奈萨一起前去参观。她对自己看到的东西感到非常高兴。她过去一向喜欢他的作品——在她看来,似乎绘画就该是那样。瓦奈萨很喜欢希克特,她说弗吉尼亚应该给这位艺术家写信,把自己的想法告诉他。在回信中,希克特说:"谢天谢地,我始终是个懂文学的画家,所有的正派画家都如此。我一定是头一个这么说的人。"※[15] 为了让两人再次见面,克莱夫举办了一次餐宴——一个非常成功的夜晚。在酒、火鸡、雪茄和白兰地的环绕中,希克特亲吻了女士们的手,唱了一支法国歌曲,讲述了他的生平,开了罗杰的玩笑,重复说他是个懂文学的画家——一个浪漫主义者——并向弗吉尼亚保证她是唯一理解他的人。

结果就诞生了《沃尔特·希克特对话录》,这是本小册子,无疑是本不太重要的作品,不过有趣就有趣在,它显示了弗吉尼亚对一个不熟悉的领域的探险。她对自己的鲁莽非常有数,小心地解释了自身的局限,但仍决定说出自己对绘画的看法。她之所以钦佩希克特,就是在于他的"文学"——"在我们的时代里,没有谁会以希克特的绘画手法去描写生活",作为一个艺术家,她拿他跟狄更斯、巴尔扎克、吉辛以及早期的阿诺德·贝内特相媲美。就绘画艺术而言,相比于她姐姐的艺术态度,恐怕都不容易找到更彻底对立的态度了。我猜想,她对瓦奈萨要说的话感到颇为害怕,对希克特本人,她一点都不担心。第二年,这本小册子出版后,他在喝茶时戴着一顶绿色尖帽露面了,对着自己的蛋糕唱了几支淫荡的歌曲,抽了根雪

---

① 希克特(Walter Richard Sickert,1860—1942),英国画家。

※ "我建议你略过一切关于艺术的绘画技术废话,它们一向而且将永远让人非常厌烦。"沃尔特·希克特致 VW,未标明日期。

茄,嚷嚷着反对克莱夫和罗杰的批评。他们不了解始于三角形的绘画,而她,弗吉尼亚(亲亲她的手),是一位天使;她的评论是他整个生命中唯一值得拥有的评论。[16]

《弗拉迅》面世于 1933 年 10 月。正如她的预见,它获得了成功;不过这时,她几乎就像往常情况下害怕责备那样害怕成功。批评家喜欢它的原因没法为她增光;她将作为优雅的女性闲话作家获得赞美。照那些评论来看,她基本上没搞错。她感到,如今自己的问题将会是该怎样对付那种女性闲话作家所获得的声望。尽管如此(这是人类的反常性),我认为她不会接受埃塞尔·史密斯的意见,后者写信给瓦奈萨说,它是那种会让她"大声抱怨"的书籍。[17]我颇为肯定,弗吉尼亚从没听见过这个评论。

传记体的《弗拉迅》是耐人寻味的,它在某种程度上是部自我揭示的作品。我猜想,因为它是她最少被人阅读的小说之一,向读者做一下交代,也许会有帮助,弗拉迅是伊丽莎白·巴雷特·布朗宁的猎犬,是米特福德小姐送给她的;它被偷走了,巴雷特小姐不得不从伦敦东区的贼窝里把它领回来;当她和布朗宁私奔时,她带上了弗拉迅,它在佛罗伦萨结束了自己的一生。讲述者是弗吉尼亚本人,不过她尝试从一个狗的视角来描述维姆珀街(Wimpole)、怀特彻珀(Whitechapel)和意大利,尝试创造一个狗的嗅觉、忠诚和欲望的世界。

奥托林写信向弗吉尼亚表示祝贺,说:"有些时候,你不**拥抱**你的狗吗?——我拥抱我亲爱的苏格拉底——再三拥抱它——在它柔软的脸颊上亲吻一千次。"[18]弗吉尼亚对这个问题的诚实回答恐怕会是"不"。在家里,她跟狗一起长大,她总是养狗,喜欢它们;但她不是个恋狗者,从"恋狗者"这个词的最完整意义上来说。

弗拉迅的原型是维塔送给弗吉尼亚的一只名叫"平克"的金色

可卡猎犬。实际上,它成了伦纳德的狗。无论是伦纳德还是弗吉尼亚都不曾"再三拥抱它"。不管怎样,从表面上看来,伦纳德对动物怀有的感情是绝对务实的。他粗暴、生硬,是个有条不紊的严格纪律奉行者,在确保他的狗俯首顺脑和健康快乐方面极有一手。任何时候,只要遇上伦纳德,他和随便什么偶然在场的狗或狗群之间就会发生一场短暂的嚎叫比赛,比赛末了,那些动物会呜呜叫着,驯顺地蹲下,伦纳德则会从一个野蛮的军士长摇身一变,又成了人类中最文明的一员。

　　然而,弗吉尼亚的态度要难以理解得多。她几乎总养着一条狗,出门散步时要带上一条狗,在一定程度上,她的确支配着它。有时,在谈话中,她会缓慢地爱抚平克的鼻头,体贴地逆着毛抚摩它。她迷恋所有的动物,但是她的爱恋是古怪、冷淡的。她想知道她的狗有怎样的感受——但另一方面,她想知道每个人有怎样的感受,也许狗并不比大多数人更费解。与其说《弗拉迅》是一部恋狗者写的书,不如说它是一部想当狗的人写的书。在自己所有的感情关系中,她都把自己描绘成一种动物;对瓦奈萨来说,她是头山羊,有时是只猴子,有时甚至是一车猴子——那些猴子(les singes);对维奥莱特·迪金森来说,她一半是猴子,一半是鸟——是麻雀;对伦纳德,她是——很让人吃惊——山魈(而他则是猫鼬);对维塔,她是树熊猴(我想是一种可卡猎犬①)。这些动物**人格**(安全地远离了人类的淫欲,然而却受到珍爱,更确切地说,是拥抱和亲吻的对象)对她十分重要,不过其重要性就像图腾之于野蛮人。她的狗是她自己的精神的化身,而不是主人的宠物。弗拉迅其实是弗吉尼亚为了逃避自身肉体的存在而采用过(或

176

---

　　① 显然,这里原作者搞错了,树熊猴不是犬类,而是生活于热带森林中的夜行性树栖动物,属懒猴科,以食虫为主的杂食性动物,平时行动缓慢。

至少仔细研究过）的途径之一。

1934 年的开端是宏大的埃塞尔音乐节，以及弗吉尼亚撰写《帕吉特一家》中的空袭场面时的一阵奋笔疾书。结果这番努力害得她在床上躺了十天，接下来，2 月 15 日，她跟内莉大吵了一场，后者断然拒绝做晚餐，于是伍尔夫夫妻被迫怒气冲冲地去餐馆了。弗吉尼亚发誓，事情该到此为止。她将在去罗德麦尔过复活节之前的 3 月 27 日解雇内莉。伦纳德经常是内莉的支持者，他或许会反对；但两人都改变不了她这么做的决心。她过去总是太软弱；如今，她终于对自己说，她是彻底下定决心了。但是当日子临近时，她怀着越来越沮丧的心情期盼着面试，计算着还有多少天就要到那日子，盼着把这事干完，否则她没法集中精力写小说。那一天到了。她举行了面试；它是桩痛苦事，可终于结束了，4 月 10 日，当他们回到塔维斯托克广场时，内莉已经离开了。即便如此，她还是做了几番努力想回来，直到另找了一份工作为止，这段长期不愉快的相处终于到头了。

虽然双方都怀有一种真实的爱和体谅，虽然有一些真正宽宏的举动，这仍是一种不舒服、烦人的关系。内莉会激起弗吉尼亚身上最糟糕的品质，在日记里，当她怒气冲冲地提到内莉时，她是最没有同情心的。就她所知，这种关系是一种有害的关系，有时，她们两人都对它抱有悲观的想法。

此后，在伦敦，内莉被一个日班女佣——可靠、安静、无私的梅布尔（Mabel）——取代了，在乡下，是另一个日班女佣取代了她，他们在那里建立了一种终生不渝的私人关系，来罗德麦尔"照料"他们的路易·艾弗雷特胆敢对雇主开一种有点恼人的玩笑，还能获得原谅，而

且知道自己会被原谅,这说明了一些问题。※不过这时,大家的心情没

177 有遭受磨难,而常住女佣带来的麻烦就会导致那种磨难。我认为,这
就是和内莉难以相处的原因;她在很大程度上是家里的一员。1918
年,他们曾经把没有常住女佣的生活看成是贫穷的可能结果,如今它
成了他们日益增长的财富的标志。他们开始能负担那种让室内佣仆
显得多余的家用器具。

四月底,他们在爱尔兰度了两周假;尽管下着雨,总的来说平淡无
事,这假日是让人愉快的。但是在沃特维尔(Waterville),伦纳德打开
《泰晤士报》,看到了乔治·达克渥斯的讣告。弗吉尼亚摆脱乔治已经
很多年了,所以她能够沉浸在一种稍微有点伤感的回忆中;在她们小
时候,他毕竟曾对她们非常友好。反叛期早已过去了,那时,他代表着
一种生活,她们感到,事情一定会是这样,要么让这种生活压垮自己,
要么就把这种生活抛开。

对于年轻一代(弗吉尼亚外甥和外甥女的一代)来说,乔治只是个
名字,"乔治的"生活观就像大地懒①那样构不成一种威胁。不过,他
们或许会缺少他们长辈获得的某种东西吗?在不必反抗维多利亚道
德观方面,他们总的来说是幸运的吗?梅纳德·凯恩斯说他们缺少宗
教。在克莱夫戈登广场50号公寓的餐宴上,他继续说,反抗基督教传
统是件好事,不过在基督教传统中长大成人是件更好的事。他们这些

※ "……另一年,我记得,哦,我已经被你骗了两三次了,我打算让伍尔夫太太当一次
愚人节的傻瓜。我不知道那之后她还会不会喜欢我。不过村子里有个负责女性协会的女
士。她说话声音响亮,盛气凌人。它把伍尔夫太太吓得魂飞魄散,她受不了这位女士的声
音。所以我上楼到她的工作间告诉她,这位女士来了,能否就女性协会的事谈谈。于是她冲
出屋子,下楼到自己的卧室里,梳头,把自己打扮整洁,然后出来坐在饭厅里,却发现饭厅里
没人。这下我就能报复她了;她确实笑了,觉得这事好笑;不过我认为她其实并不想笑。"路
易·梅耶(Louie Mayer),BBC/TV 综合节目,1970 年 1 月 18 日。

① 大地懒(Megatherium),古动物名,已绝种。

年轻人永远不会像长辈们那样从生活中获得那么多东西。他们是浅薄的,就欲望而言,跟狗没什么两样。T.S.艾略特在桌子另一边表示赞同,于是弗吉尼亚要他阐释他对上帝的信仰;他照例避开了她。接着,餐宴结束时,朱利安慌里慌张走进来,梅纳德想起了自己的话题,说年轻人除了共产主义之外毫无信仰,而这种信仰比没有还糟。还有,它只不过是基于对李嘉图①的误解罢了。有时间的话,他会彻底摆平马克思主义者,甚至其他所有的经济学家,然后就再也没有经济压力了。

"那么,"梅纳德问,"你会怎样生活,朱利安,你这个不守道德规范的人?"[19]

"我们遗憾自己没有你的道德观,"朱利安承认,"不过,我在很多方面更喜欢**自己的**生活。"

"年轻人太急着想发表东西,你发表得太早了。"

"那是为了扬名和挣钱;我们想在换话题之前插进嘴去。"

"那是因为你没有传统感,没有继承感。在我的时代,事情不是这样的,"梅纳德说,"我能花十五年写一本书。还想花长得多的时间。你在十八岁就写作并出版作品了。"

艾略特表示赞同,我想,弗吉尼亚也一样。然后谈话转向犹太人的道德和信仰,转向蒙塔古·诺曼②、道格拉斯少校③和社会信贷说(Social Credit)。那天晚上简直就是梅纳德的独白戏;他最后谈的是国王学院评选新研究员的方法。在这段时间里,他非常迷恋传统,迷恋道德的稳定,迷恋一种让他的一些年轻朋友觉得越来越倒胃口的保守

① 李嘉图(David Ricardo,1772—1823),英国经济学家。

② 蒙塔古·诺曼(Montagu Norman,1871—1950),1920 年至 1944 年间的英格兰银行行长。

③ 道格拉斯(C.H.Douglas,1879—1952),英国经济学家,一战时曾任英国皇家空军的少校;社会信贷说是他的经济学说。

主义。对他们来说,传统、保守主义、对古代礼仪的推崇,这些玩意从最好的角度来看也只是些无关宏旨的事,在最坏的情形下,就会是某种阴险得多的东西的幌子了。

1933 年一月份,希特勒成了德国的统治者,那一年四月份,弗吉尼亚遇见了指挥家布鲁诺·沃尔特。"我们的德国,"他喊道,"我所热爱的我们的德国,还有我们的传统,我们的文化。我们现在丢尽了脸。"[20] 然而,直到 1934 年 6 月 30 日的事件①之后,弗吉尼亚才开始想象到了发生在德国的事。那天,冯施莱歇将军,他的妻子,还有其他人,从自己的床上被拖起来屠杀了,无需审判的矫饰,全无仁慈之念,就是在那时,和这个国家的许多人一样,弗吉尼亚感到德国陷入了暴徒之手,陷入了那些毫无顾忌、毫无体面或怜悯的人之手,她觉得恐怖,当她读到英国报纸上的那些文章时,就更有这种感觉了,它们把这位元首赞美成了一个真正伟大的人物,一位真正的领袖。

在弗吉尼亚晚辈中那些有政治意识的人看来,6 月 30 日的大屠杀完全是另一回事。纳粹们竟然会自相残杀,这让他们感到有希望了,几乎是值得高兴的。这些无赖们开始互相屠杀,看起来好像他们平生第一次被有效地派上了用场。对我们来说,那种震惊来得更早些,是在希特勒专制的最初几周里,甚至还在那之前,当时,1932 年的政治谋杀不但向我们展示了纳粹党人是由什么货色构成,还展示了由于支持凶手,德国人民已经抛弃了人类的体面。

不过,到目前为止,弗吉尼亚其实还不担心政治问题。1934 年,她对自己的小说要忧心得多,一月份,它的名字已经被改成了《此时此地》。蜜月期即将结束;照她的说法,有时她还会有"产量高涨"的时

179

---

① 当天希特勒发动军变,杀害了大批反对派;冯施莱歇是德国前总理,在这次屠杀中和夫人一起遇难。

候,不过这种时候正在变得越来越少。

8 月 27 日,在罗德麦尔,她写道:"我正试着再次开始写那本无名的书籍;试图重新穿进那些僵硬的靴子,当然会感到磨脚"[21];30 日:"磨了三天脚之后,穿进去了,我想我又再次漂浮起来"[22];9 月 2 日:

> 我认为自己从没有对哪本书有过更强烈的兴奋……我昨天像一个——忘了那个词了——那样写作;我的双颊发烫;我的双手颤抖着。我写到佩吉倾听他们谈话并爆发起来的那个场面。就是这场爆发使我激动成了这样。恐怕是太激动了。今天上午,我没法自如地过渡到艾尔维拉的发言中去。[23]

接着传来了一条消息,它把所有事情都扫到了一边。

> 星期天,罗杰去世了。当奈萨出来时,我和克莱夫正在露台上散步。我们在那里的椅子上坐了一会儿。星期一,我们和奈萨一起进了城。哈[玛杰里·弗赖]来了。奈萨见了海伦[·安莱帕]。※第二天,我们顺从本能,进城参加了葬礼。我感到茫然;非常呆板。女人当然会哭,伦说;不过我不知道自己为什么要哭——通常是跟奈萨在一起。我太麻木了,没法写任何东西。我的头脑彻底僵住了。我想,如今我感受到了生活的贫乏;这种黑色的幔布遮住了一切。炎热的天气;一阵风拂过。所有事物都失去了实质。[24]

　※　自从 1926 年以来,海伦·安莱帕一直作为罗杰·弗赖的妻子和他生活在一起。照罗杰的说法,"所欠的只是法定形式"(Il n'y a que la formule qui manque)。见 VW,《罗杰·弗赖传》,第 255 页。

注释

[1] 参见以下,AWD(Berg),1932 年 3 月 12 日。

[2] AWD(Berg),1932 年 4 月 21 日。

[3] VW/VB,1932 年 4 月 11 日(Berg)。

[4] VW/ES,1932 年 5 月 4 日(Berg)。

[5] VW 致朱利安·贝尔,1932 年 5 月 5 日。

[6] VW/ES,1932 年 5 月 26 日(Berg)。

[7] VW/ES,1932 年 1 月 29 日(Berg)。

[8] AWD(Berg),1932 年 3 月 24 日。

[9] AWD(Berg),1932 年 6 月 2 日。

[10] ES/VB,1934 年 6 月 28 日(CH)。

[11] ES/VB,1934 年 12 月 30 日(CH)。

[12] AWD,第 182 页,1932 年 7 月 11 日。

[13] VW 致 G.H.W.赖兰兹,1931 年 11 月 22 日。

[14] AWD,第 189 页,1932 年 11 月 2 日。

[15] W.R.希克特致 VW,未标明日期;也参见 AWD(Berg),1933 年 12 月 17 日。

[16] VW/QB,1934 年 3 月 8 日。

[17] ES/VB,1934 年 10 月 23 日(CH)。

[18] O.莫雷尔致 VW,1934 年 10 月 16 日(CH)。

[19] AWD(Berg),1934 年 4 月 19 日。

[20] AWD,第 199 页,1933 年 4 月 28 日;也参见 B.沃尔特,《主题和变化》(*Themes and Variations*),1947 年,第 289 页。

[21] AWD(Berg),1934 年 8 月 27 日。

[22] AWD,第 222 页,1934 年 8 月 30 日。

[23] AWD,第 223 页,1934 年 9 月 2 日。

[24] AWD(Berg),1934 年 9 月 12 日。

第八章　1934 年至 1936 年

他们演奏巴赫。然后棺材缓慢地移出大门。门关上了。他们再次演奏起来——我想是无名氏的作品;古老的音乐。是的,我喜欢那种没有文字的音乐;海伦[・安莱帕]看起来非常年轻,长着蓝色的眼睛,显得安静、快乐。那是她让人非常难忘的地方。我在院子里亲吻了她的嘴唇。接着,德斯蒙德走过来,说,"在花园里散圈步不好吗?喔,我们站在一个小岛上。"他这样说。"不过,它一直非常可爱。"我回答。平生第一次,我把手搁在他肩头,说:"现在还不要死。""你也一样。"他回答。"我们有着出色的朋友。"他说。[1]

和利顿之死相比,罗杰的死是一件关系更密切、更凄凉的事。利顿是她的过去,罗杰是她的现在。照她的说法,那是"一段可怕的时期",最糟糕的是,她不但得忍受自己的失落感,还得忍受瓦奈萨的悲痛。[2]

　　自从和罗杰分手以来,至今已经超过二十年了;可瓦奈萨能把情人变成朋友,所以虽然一度有过非常痛苦的过渡期,罗杰已经渐渐回到了这个家庭圈子中,这一次是基于一种较快乐、较不浪漫的新关系。他为布鲁姆斯伯里的座谈会带来了自己的贡献,一种陈年干酒①,不过是慷慨、暖人心扉的。他在场的时候,人们变得既更活泼又更严肃,更活泼是因为他本性中有天生的快乐、奔放成分,更严肃是因为在快乐的背后,某些事情被认为是如此理所应当——在智性上必须诚实,在审美上必须正直,对某些价值(譬如宽容、仁慈、好脾气)心怀敬意。和他的朋友洛斯·迪金森一样,罗杰始终相信这些,不过是以一种更强健的方式,他不具有那种软弱、反复无常的不可救药的气质,它让洛斯·迪金森显得既迷人又恼人。罗杰总的来说更质朴、更世俗、更开朗,然而也以他的方式表现出了同样的不世俗和"纯粹"。

181　　他和这些幽默、正直的品质化为一体,一种交朋友的天赋使他对弗吉尼亚和布鲁姆斯伯里来说显得那么重要。这在他身上是让人吃惊的,因为他肯定不是温顺的;他会把自己的意志强加于人,而且确实这么做了;他会连续在画廊里待六个小时,能让朋友也这么做,可是,他在某种意义上是个姿态滑稽的人。由于那种近乎无条件轻信的系统化开明,那些万灵药,关于宇宙劫数的预言以及白骑士式的创造,他挨了朋友们的嘲笑。不过,无论是他的专制还是荒谬都没给他的朋友和友谊带来真正的负担。他很清楚有人在笑话自己;他会嘲笑自己的轻信——不过,通常是在自己已经醒悟之后——他会微笑着承认自己可能是个独裁者,虽然这并没有使他变得较不独裁些。然而,罗杰在友谊方面具有天赋,它能够承受一种比这些大得多的张力。他一辈子

————————————

　　①　形容一种酒是"干"(dry)的,指的是没有甜味或果味的意思。

都想当个画家。批评家、艺术史学家和讲演者是被强加到他身上的角色,一旦能回到画架前,他就会把这些伪装弃置一旁。他渴望画出伟大的作品——除了爱情之外——我得说,他生命中最快乐的时光就是在画布前度过的,而最不快乐的时候就是作品卖不出去,并受到批评家的含糊赞许和朋友的无言批评时。不过,弗吉尼亚既不会无言批评,也不会含糊赞许;抓住把抹刀(一种在文学批评中用不上的工具),她把自己的赞美涂抹成了乳脂状的厚块。

> 所以,我亲爱的罗杰,别在我面前假充是垮掉的失败者,因为这种诡计是可耻的;我呢,因为太害羞了,没法告诉你我是多么喜欢你在希尔斯画廊的小幅风景画——不过我知道自己喜欢所有不对头的东西,无论是颜色、魅力、情感还是叙事性的力量。[3]

另外:

> 除了作为绘画的美之外,我能在你的绘画中看出那么多奇遇和发现——有些作品的美在我看来似乎是让人吃惊的——不过正如你所知,我在那方面是个偏袒的、有缺点的鉴赏者。激起我的兴趣,引发我大加赞许的东西是,你的想法从脑海的这一端到那一端的不歇探险。我没法想象你一直以来是怎样设法坚持这场战斗的,始终大步向前,从不放弃或屈服,变得像其他人一样迟钝、麻痹和平庸。[4]

罗杰表示感谢,可能就是她的赞扬使他有点认真地表达了那种希望,希望她有一天会成为他的传记作者。

182　　　11月18日,当玛杰里·弗赖为了跟弗吉尼亚谈这事来喝茶时,这个建议已被仔细讨论过了,不过她们都有点倾向于认为,把不同的人写的文章汇编在一起,这样也许更好些。玛杰里将描述他的青少年时代,纳撒尼尔·韦德将撰写罗杰在剑桥的部分,克莱夫和希克特撰写他后来在伦敦的生活,德斯蒙德还有弗吉尼亚本人撰写他在布鲁姆斯伯里的地位,朱利安、安东尼·布朗特(Anthony Blunt)和杰拉尔德·赫德也许写他的晚年。

这个计划从未付诸实践,不过写"生平"的念头并没有打消。1935年7月,布里斯托尔举办了罗杰绘画纪念展。弗吉尼亚被邀请在开幕式上讲话;她发觉这是一项费力、不值得做的任务,因为弗赖家族——罗杰的女儿和五个姐妹——似乎不喜欢她说的话。她也意识到了,如果要写一部"生平"的话,亲属们将会想要控制一切。于是她问自己,"我有不屈不挠的勇气"去动笔写另一本书吗?[5]因为《岁月》到这时已成了一场噩梦。

我们不太清楚弗吉尼亚最后是怎样接下这个任务的。海伦·安莱帕非常赞成让弗吉尼亚来写罗杰传记,有这结果该归功于她。玛杰里·弗赖是遗稿保管人,似乎一直都犹豫不决。我想瓦奈萨赞成这主张;从另一方面来说,奥托林表示反对,朱利安·贝尔也一样。我不知道伦纳德建议了什么,或在此阶段是否提供了任何建议。在后来的某个日子里,他表达了这种看法,即弗吉尼亚接受了一种她没做好准备的任务。"……要想在标准长度的书籍中处理事实和论点,她只能违心地写作,不断地压制那种对她的特殊才赋来说既自然又必需的东西。"[6]我想大多数批评家会表示同意。不过除了她所选择的形式的固有困难,弗吉尼亚还必须解决这个特殊题材的特有问题。

罗杰生平中有一面得让艺术家或艺术史学家来描述,某个远离我们时代之热情、偏见和风尚的作者也许能完成这样的任务,可能真会有这样的人来做这个事。弗吉尼亚没有这门学科的素养,也不曾假装有。另一个原可能要谈到的是罗杰在恋爱方面的悲剧性——不过有时也是喜剧性——故事。弗吉尼亚对这故事的大部分情节很清楚。但她不能把它们公布于众。"该怎样,"她写信给瓦奈萨说,"该怎样描述爱情,而不会让我们都感到脸红?"[7]"我希望你不要在乎让我们都脸红,它不会带来任何伤害。"瓦奈萨勇敢地答复道。[8]然而,弗吉尼亚生于1882年,我觉得,我能想得到的生于1900年以前的人,她或任何别的人,都没法在冰冷的出版物中记录一个姐妹的通奸激情。※然而,哪怕她自己能做到毫无保留,弗赖姐妹们也会深感痛苦。只有当海伦·安莱帕坚持关于她的事情得实话实说时,弗吉尼亚才得以直率地(虽然是简要地)提到罗杰最后的恋爱事件。

　　这些顾忌对这本书有糟糕的影响。罗杰生活中一个关键时期因为塞尚和瓦奈萨而显得精彩异常。我对弗吉尼亚是否能写出罗杰以及他把塞尚视为对手的全部感受表示怀疑。她的确了解瓦奈萨,本可以很好地描写她和罗杰的恋爱故事;可她受到阻碍没这么做。所以,结果她了解和不了解的东西都挫败了她;罗杰传本该是《岁月》之后的一场休憩,却成了进一步的折磨。不过,这是预料中的事。

　　1934年的最后几个月和1935年的年初之所以让人不快,并构成了一段弗吉尼亚所谓的"人的空虚"的时期,不仅仅因为罗杰的去世,还有另一个原因。3月10日,伍尔夫夫妻在一场暴风雪中驾车从罗德麦尔出发,到锡辛赫斯特去看望维塔。当他们告辞时,弗吉尼亚意识

　　※ "如果我能避开所有亲戚,我也许会多说一些——可实际上,不,我认为没有人能这样漠视人情——一个不写传记的理由——然而,如果等着那种印象褪色就好了。"VW给谢纳·西蒙的信,1941年1月25日。

到她们那种充满激情的友谊已经到头了。没发生争吵,没有外露的冷淡迹象,没有苦涩,可是爱情——或对这事随便什么叫法——在悄然消逝,已经有些日子了,她的生命中已没有了那种特别的激动,留下的是一片空白,一种沉闷。

大约就在这个时期,和她预料的一样,弗吉尼亚开始遭受大量怀有敌意的批评。米尔斯基亲王①和弗兰克·斯温纳顿抨击她,一个说她是资本主义麻醉剂的贩卖者,另一个说她是机灵的智性势利鬼。[9]他们带来了痛苦;不过,更深、更持久的创伤是温德汉姆·刘易斯造成的。

1934 年 10 月 11 日,《没有艺术的男性》在《泰晤士报文学增刊》上刊登了广告。[10]弗吉尼亚立刻明白她会受到攻击,她没搞错。有一章是专写她的,她被随便说成是个无足轻重的人——她是"极不重要的……","如今不再有人认真对待"她了。我们只关心这些批评在她生命中造成的心理影响。10 月 14 日,她读了那一章,随后的两天,她完全陷入了痛苦。无疑,她对温德汉姆·刘易斯是非常认真的;她承认他对《贝内特先生和布朗太太》做了一番"精彩、愉快的"嘲笑,她想自己该不该考虑并遵照他的苛评行事;然后,在已经直面了批评家后,她让自己相信那种痛苦已经过去。[11]可事情并非如此,第二天,10 月 15 日,她和伦纳德在肯辛顿花园散步,她把心事都说了出来,接着又告诉了埃塞尔·史密斯。他俩的方式不同,但态度都是友善的,抚慰人心的,她对他们心怀感激。16 日,她又对自己说,自己已经痊愈了。11 月 2 日,温德汉姆·刘易斯写给《旁观者》(*The Spectator*)的一封信让

---

① 米尔斯基(D.S.Mirsky,1890—1939),俄语文学批评家和历史学家,出身俄国贵族家庭,因俄国革命而侨居英国,1932 年返回苏联,1939 年死于苏联劳改营;弗兰克·斯温纳顿(Frank Swinnerton,1884—1982),英国小说家、批评家。

她再度体会到了所有的痛苦,斯蒂芬·斯彭德曾在那份刊物上谴责刘易斯心怀恶意。[12]

温德汉姆·刘易斯的批评之所以让人不安,不仅是因为它写得机灵、巧妙和严厉,而且它以一种颇为特别的方式显得好斗。这种好斗——自相矛盾地——在那些只能算是有理解力的段落中显现了出来。刘易斯是个牢骚满腹的人,他认为自己过去被迫过着“一种逃犯的生活”。就我所知,弗吉尼亚从没有在发表的文章中提到过他;然而,她很可能被当成了定义不明,在很大程度上是想象出来的那伙人的代表,照温德汉姆·刘易斯的想法,那伙人以摧毁温德汉姆·刘易斯为其首要目标。似乎他对这伙险恶的人感到害怕。所以虽然很愿意伤人,他有点害怕发动进攻,当他确实发动了进攻,他试图逃避他的那些语言的责任——“我没说那话——别人说的。”[13]

温德汉姆·刘易斯批评中的这种胆小特质本不该打扰到弗吉尼亚,但是我猜想,在她处于比较焦虑的状态时,这种东西让她感到心烦了。暗中的批评更可鄙,不过它并不因此就比坦率、直接的指责对人伤害较小。她有一个在等待时机的敌人,一个想中伤而不是想辩论,想非难而不是想评价的批评家,我认为随后三年里,弗吉尼亚之所以对批评(更确切地说,批评的潜在可能性)怀有近乎歇斯底里的态度,这种想法起到了促进作用。

这时,不友好的批评变得越来越常见。她试图对此无动于衷,试图从中有所收益,有时试图提笔进行反驳。在所有这三种努力上,她都失败了。她其实从不能对无论是赞扬还是责备漠不关心(我怀疑差不多所有艺术家都这样,尽管她尤其如此);批评家们没向她提供很多她会用上或能用上的东西,而且她不是个善辩的人。伦纳德不得不经常劝她别急冲冲地给报纸的通信专栏写信。批评是一件她必须忍受的事,就像头痛和失眠那样。

她在这时有了一种感觉,她的名声一定是下降了,这并不是个不合理的推测,且不说她对于《岁月》是否能被接受深感担忧。同样重要的是,她已经达到了这样一个地位,这地位的显赫使她成了那些想要奚落权威的批评家的明显目标。在写《贝内特先生和布朗太太》时,弗吉尼亚曾把威尔斯、贝内特、高尔斯华绥看成是她的天生对手,而她的天然盟友则是(尽管有所保留)E.M.福斯特、D.H.劳伦斯、T.S.艾略特、詹姆斯·乔伊斯和利顿·斯特雷奇。1924年,那样看待文学派系斗争还是可能的。十年后,就不再可能了。威尔斯如今是那批老卫士中唯一的幸存者,曾经年轻的一代人中,劳伦斯死了,利顿死了,E.M.福斯特已经不写小说了,乔伊斯自从1922年以来就没出版过较重要的作品。粗略地说起来,属于她那个时代的英国小说家还包括康普顿·麦肯兹、奥尔德斯·赫胥黎、J.B.普里斯特利、休·沃波尔、戴维·加里特和萝丝·麦考利;似乎他们中间没人在推进那场她在1924年认为即将到来的革命。既没了对手,也没了合作者,她的处境非常孤独。我想这事本身并不让她担忧。可是,作为一场已经耗尽了动力的运动的生还者,很可能轮到她被看成是一个反动分子和年轻人的天生对手了。在我看来,让人惊奇的不是她成了批评的目标,而是那些批评多半显得如此没劲、如此狭隘。因为她的写作风格不是那种会激起三十年代青年人的热情的风格。对很多人来说,她想必看起来是个瘦骨嶙峋、孤高古怪,也许颇为吓人的人物,一个脆弱的中年女诗人,一个患性冷淡的萨福,还有,特别离题的是,随着十年以来的危机渐渐趋向其可怕的结论——一个受困于暴风雨的痛苦女士,几乎没做任何努力去迎战它或听天由命。就参与当时的争论而言,她比福斯特所做的努力要少得多,说得更确切些,即便她做努力时,其参与也显得如此另类,简直派不上任何用场。

这是一种需要做解释的局面,正如随后几页我会做的那样。不过的确,这些年里,文学趋势在改变,或总之年轻诗人和小说家中有一个人数众多的重要代表团,它正在提倡一种能引起有效政治行动的文学。

这里也许有必要提醒一下读者,1933年——出版《弗拉迅》的那一年——希特勒开始执政,日本人正在侵占"满洲";第二年,法国出现了看来像是法西斯革命初级阶段的事;1935年,意大利入侵了阿比西尼亚,1936年,西班牙内战爆发了,1937年,日本人占领了上海和北京,1938年,纳粹党人先吞并了奥地利,然后吞并了捷克苏台德区。随着反动势力的日益强大,那些反对他们的人不得不考虑是否应该以暴制暴。弗吉尼亚憎恨暴力——她把它和男性的武断联系在了一起。可是如果那样的话,我们在法西斯暴徒面前就像吓坏了的老处女那样仓皇逃跑吗?不可避免地,她属于维多利亚时代的圈子,以帝国、阶级和特权为其特征。她的天赋在于追捕影子,在于心智的鬼魅低语,在于皮提亚①的不可理解,而人们需要的是失业工人或工会官员能听懂的敏捷、明白的措辞。

然而,与其说她的批评家来自左派,不如说他们来自右派。许多年轻作家和她有私交;通过朱利安和约翰·莱曼,她结识了伊舍伍德、斯蒂芬·斯彭德和戴-刘易斯,总的来说,她和反法西斯诗人的关系是轻松的,怀着友好、诚挚之心彼此欣赏。认识她的人想必也知道,虽然她的文字永远不可能成为传递政治理念的有效媒介,她的政治态度是让他们觉得投契的。

①　皮提亚(Pythia),希腊神话中的人物,阿波罗神庙中宣示阿波罗神谕的女祭司。

当然，从某种意义上来说，她投身左翼政治的时间要比他们长得多。不过另一方面，她和政治现实打交道的尝试是让人困惑的，有时也是让人恼火的，对她和那些不得不跟她合作的人来说都是如此。回想起这些年里在罗德麦尔工党（一个小团伙，她曾一度是干事）聚会上的她，我记得自己的绝望，当我正试图让党人通过催促建立统一战线的决议——或同样紧急、生死攸关的重要事——而弗吉尼亚却设法转移了讨论的侧重点，以致大家都交流起了罗德麦尔的闲言蜚语。在这方面，她当然更懂得群众（如果能这样形容罗德麦尔工党那六七个成员的话）的感受。我想谈论政治，群众想谈论教区牧师的妻子。

187　在一次这样的聚会之后，弗吉尼亚确实问过我，从我的观点来看，为什么近几年世界局面糟糕到了这个地步。我做了回答，说的是那种我想任何年轻社会主义者都会说的话：以美国股票市场之崩溃为主要征兆的世界性经济危机是首要原因；它已经引起了失业、革命、反革命、经济的和政治的民族主义，因而就有了共产主义、法西斯主义和战争……所有这些都只不过是经济问题造成的后果。她不加掩饰地感到吃惊，既没有表示同意，也没有表示不同意，但认为这是个非常奇怪的解释。我想，在她看来，这似乎是世界的恐怖一面和疯狂力量（它从未远离她的意识）再次抢了上风。她觉得这在很大程度上和世界的政治格局没什么关系。解决所有这些恐怖和暴力的真正办法在于自我道德境界的提高；人必须以某种方式排解愤怒和源于愤怒的无理性。所以，和伦纳德不一样，她倾向于做一个彻底的反战主义者；她从没解释过该怎样做到这一点，不过这是她的本能反应，和男性（"野兽般的男性"）反应相对立的女性反应。

1935年10月，当她和伦纳德去布赖顿参加工党的年度会议时，他俩目睹了代表集体安全①的厄内斯特·贝文和反战领袖乔治·兰斯伯里之间的著名辩论。贝文驳倒了兰斯伯里。他俩都被他的方式吓着了——"像一只巨蛙压垮一只较小的蛙。"弗吉尼亚说;不过,伦纳德谨慎地把贝文和他的方针区分开来(总的来说他赞成那方针),弗吉尼亚想到的只是场面的戏剧性和恐怖。※[14]

那一年十二月份,她出席了一次反法西斯主义的知识分子集会。这样的聚会让她见识了当时许多令人气馁的政治奇观之一——想象中团结一致的示威集会永远在共产主义者和反战主义者的恶毒争吵中结束。弗吉尼亚吃惊地钦佩着那些政治家的能力和饶舌,不过她的首要反应是沮丧,因为伦纳德将不得不加入又一个委员会。[15]她已经得罪了较保守的朋友,因为她允许一个共产党操纵的反法西斯展览借用她的名字,又为不肯赞成使用暴力而惹恼了左派。1936年,艺术家国际协会(Artists' International Association)的那位迷人秘书说服她为《工人日报》写了篇文章,接着那份报纸的编辑批评了她,说她不懂马克思主义。她无法完全置身政治之外——她痛恨法西斯主义,而法西斯主义每天都在变得更具威胁性,她怎么可能置身事外呢?

可是,政治体制让她感到恼火和不知所措。作为一个名人和一个同情左派者,那些想利用她名字的政治家不断地来接洽她。记者打电话来了解她对斯考茨保罗案※※※的最高法院裁决的看法,也许(其实就是)期望她会给出一个直接答复;常有人要求她允许一些组织使用她

188

---

① 集体安全(Collective Security),一战后的一种政治概念,指的是若干国家共同努力以预防或制止战争的一种安全模式;联合国即集体安全原则的产物。

※ 她也留意到了伦纳德的政治城府。当会议人员站起来唱"因为他是个愉快的好人"(即乔治·兰斯伯里),伦纳德转向弗吉尼亚,说,"这下他们可以甩掉他了。"(据QB传闻)

※※ 即美国最高法院于1935年做出的裁决,当时,全部由白人组成的阿拉巴马州陪审团对两个被控强奸的黑人男孩做出的判决被推翻了。

的名字,这些组织可能是由共产党控制的,也可能不是。在这种情形下,她通常会问伦纳德的意见。然而,有的时候,她自己被说服去参加委员会或出席会议。1935 年,我们发现 E.M.福斯特试图劝诱她和伦纳德都去巴黎,参加一个反法西斯主义的知识分子聚会。

喔,亲爱的弗吉尼亚,想象一下,如果你和伦纳德到底还是来了!该多让人高兴,是怎样一座堡垒(用以防御那些可能会试图干傻事的共产党)啊!是的,我要去参加,奥尔德斯也去,我们正试图劝服杰拉尔德·赫德,甚至德斯蒙德也有希望来。夏尔·莫隆会露面。我真的请求你俩都来,哪怕只待一两天。我认为这会议没什么用处——事情已经走得太远了。但是我不怀疑我们这种人出现**在**会议**上**的重要性。我们的确代表着文明人的最后发言。[16]

福斯特在这件事上失败了。然而,她没法始终抗拒他的恳求,一封 1936 年 8 月写给埃塞尔·史密斯的信件就是明证。

我被 E.M.福斯特逼迫着去当一个委员会的委员——他们揪着要我去参加——没完没了的通信;我拒绝让步,最后辞职了。可那是叫人痛心的。一个叫埃利斯·威廉斯(Ellis Williams)的女人发起狂来。纪德和其他有名望的法国人辱骂了我。[17]

她只有亲身接触了一个问题,才能想象出那是怎么一回事。一个虚弱的女孩走下塔维斯托克广场 52 号的地下室台阶,乞求一杯水——她已经一天没吃东西了,为了找工作一直在到处奔走——失业的惨状对她来说变得真实起来。[18]改朝换代的戏剧性事件当然马上就受她欢迎了；她很欣赏 1936 年的退位危机。

在弗吉尼亚的生活中，批评家和政治家扮演着越来越重要的角色；他们都是些不受欢迎的打岔，她想专注于对《岁月》的写作，这项任务变得越来越让人痛苦。不过当然，还得提一下其他种类的打岔，无论是让人愉快还是不愉快的。

1935 年 1 月，《弗莱什渥特》[※][※] 在瓦奈萨的工作室上演了，她在十二年前动笔开始写这个剧本，然后又完全改写了一遍。克莱夫和他的哥哥考利给这场演出添了乱，这两位观众的笑声那么响亮，时间那么长，简直没人能听见对白。

如今，伍尔夫夫妻会进行一年一度的海外旅行，1935 年春天，在这场旅行中，他俩决定开车去罗马，在那里跟瓦奈萨还有她的一些家庭成员碰头。我当时吃惊于（我至今仍感到吃惊）伦纳德选择了途经德国的旅游路线。

的确，伍尔夫夫妻有外国人的特权，而且他们准备了一封由德国驻伦敦大使馆的俾斯麦亲王为他们写的信件；还有一点，的确，结果是伦纳德豢养的小毛猴米茨（这家伙和已故的戈培尔博士长得惊人地相似）给人留下了一种如此深刻、有利的印象，以致伍尔夫夫妻根本就没用上介绍信。尽管如此，只要运气稍微差点，就可能造成骇人的不快事件。事实上，当他们在靠近波恩的地方误入一场纳粹的示威活动

※　《弗莱什渥特》(*Freshwater, a Comedy in Three Acts*)，描述的是弗吉尼亚的姊祖母卡梅伦太太（摄影师）的生活，以及在怀特岛(Wight)上的她的朋友们。有两个版本：第一版写于 1923 年(MH/A25a)；第二版(MH/A25b)就是在 1935 年上演的版本。另外，瓦奈萨·贝尔手中的抄本(MH/A25c)附有在菲茨罗伊街(Fitzroy Street)8 号初次即唯一一次表演的道具和演员阵容。瓦奈萨·贝尔扮演卡梅伦太太。卡梅伦先生由伦纳德·伍尔夫扮演，丁尼生勋爵由朱利安·贝尔扮演，爱伦·特里由安吉莉卡·贝尔扮演，G.F.沃茨由邓肯·格兰特扮演，约翰·克雷格由安·斯蒂芬扮演，伊芙·扬格扮演了玛丽（女仆）和维多利亚女王两个角色。

时，他们差点就遭遇了这种厄运。我认为，并不是说他们要害怕逮捕或身体暴力；可对弗吉尼亚来说，仅仅一种恶意、凶暴或雅利安人的自大表现就足以让她震骇。就我所知，这是伦纳德唯一一次拿弗吉尼亚的神经做无理的冒险。

离开德国，他们驾车穿越阿尔卑斯山来到维罗纳，从那里经由博洛尼亚、佛罗伦萨、佩鲁贾和斯波莱托抵达罗马，瓦奈萨在那里等着他
190　们。他们从罗马出发游览了埃斯特别墅（Villa d'Este）和卡西诺山（Monte Cassino），在罗马，他们不但拜访了梵蒂冈和鲍格才家族（the Borghese），还去了毛织品市场；瓦奈萨在这里是如鱼得水，她极其贪婪地购买着廉价陶器，令弗吉尼亚想起了她们年轻时的其他旅行。

在候领信件处有一封来自唐宁街 10 号的信件；首相很乐于向陛下推荐……实际上它是授予弗吉尼亚荣誉勋爵士※的信件。弗吉尼亚在日记里的见解是一个简单的"不"字。[19]

他们回到塔维斯托克广场后不久，朱利安·贝尔激动万分地来了；武汉大学给了他一个英语教授的职位，他已经接受了。他将在中国待三年。弗吉尼亚遗憾但赞成他的离去；他已经在剑桥和伦敦待得太久了，如今他将长大成人，这对他会是有好处的。与侄甥女们不同，她的侄甥们会引发气恼，而这气恼又会引起内疚。她总被瓦奈萨在孩子问题上的——在她看来——糊涂所激怒。哪怕是在她和伦纳德为了让瓦奈萨高兴（当时她为失去罗杰而感到非常伤心）而故意安排的宴会上，当两人都只想安慰人和获得安慰时，关于朱利安诗歌的倒霉话题也会引发一场互相伤害的口角。同样，当我举办画展时，弗吉尼亚为想不出话来向瓦奈萨称赞它们而感到难过。这事总惹得大家不

※　荣誉勋爵士（Companion of Honour），该勋位包括君主本人和其他不多于六十五个成员。

高兴,这种发生在没孩子的妹妹和做母亲的姐姐之间的摩擦。

1935 年 11 月 5 日,弗吉尼亚又一次记录了她所谓的"样板日子"。※我认为,她指的不是普通日子,而是一个由干扰、担忧和荒唐事组成的样板,它们构成了她的人生。在其他段落中,她抱怨自己没时间写日记,因为有太多的"样板日子"。[20]

　　昨天,一个样板日子:1935 年的一个样板,时间是格洛斯特公爵婚礼的前夕,也是一次大选的前夕,还是法国的法西斯革命的前夕;是阿比西尼亚战争正酣的时候,这是个有点温暖的十一月天气,两点半,我们调到 BBC 台,听了一些无可匹敌的胡扯独白,这是 BBC 要我去效法的(无所谓,是个好主意,如果一个人有空闲的话),它以 BBC 的全部资源为后盾:真正的火车、真正的管弦乐队、噪音、波浪、狮子、老虎等等。三点钟,我们来到道兰礼堂(Dorland Hall)※※;一个扩音喇叭在宣扬文学的优点,路易丝公主刚刚宣布了展览的开始,还说书籍是我们最好的朋友。我们在那里遇上了精瘦的老萝丝·麦考利,像只在扑击小玩意儿的猫那样四处溜达;还有杰拉尔德·达克渥斯,戴着多刺的红色小领巾,就好像他曾头朝下栽进了黑莓刺丛;还见到了昂温(Unwin);然后我们出来;回家;五点一刻,电话响了;诺斯蒂茨男爵夫人提前来了,我们现在要见她吗? 她出现了;一位长着大宽脸的兴登堡,身材魁梧;没法坐进我的椅子,也没法从中脱身;她说因为有了希特勒,德国变得更好了——他们这么说;不过当然,我不是个政治家;我想找个年轻人做英文诗歌方面的讲座;要有一种相当锐利、

191

※　可能和沃尔特·惠特曼有关。
※※　即《星期日泰晤士报》的书展。

专横、冷漠的鉴赏力;不易激动,威严;一定曾是个漂亮人;高大匀
称;有贵族气质;接着是张名片;那个印度人进来了,一直待到七
点半,在孟加拉他被赶出了车厢。"那是个印度人!"那位女士叫
嚷道。"如果你不走,我就要踢你了。"他跳了出来,幸亏跌在灌木
丛中,当时那辆火车以每小时十五英里的速度行驶着。自由,公
正。一个向总督开枪的女孩。仇恨英国的统治,尽管如此,比意
大利人好些。为了赢得他们的支持,墨索里尼在为他们付车票和
旅馆账单。"你是我们的盟友。英国人将被赶走。"之后,摩根打
来了电话——朱尔·罗曼的事怎么说? 你会见他吗? [这是政治
事务]可以共吃一顿午餐,讨论一下法国问题。就这样继续下去。
又一个样板日子。

不过,这个"样板日子"从两点半开始;到了那时,真正的一天(即
工作的一天)已经结束了。通常它是用来写《岁月》的;但也有分心的
事。1935 年,弗吉尼亚在阅读,在为罗杰·弗赖的传记做一些初步笔
记,她还急着想写《三枚金币》——有时非常着急。1935 年 4 月,她在
伦敦图书馆的台阶上遇见了 E.M.福斯特,他告诉她,图书馆委员会在
讨论是否接纳女性为委员会成员。[21]弗吉尼亚估计自己会收到任职
邀请;不过这事没发生。福斯特激起了她的期望,进而又让她失望。
女士们很烦人,女士们让人受不了,委员会不会接受女人的。弗吉尼
亚怒火填膺,她计划中的书籍(在这时被叫作《论被轻视》)有了新的
动力。

然而,虽然会受到打扰,她不会长时间撇下完成小说的任务。

写《岁月》的过程差不多是这样的:1932 年秋天,她非常快活地开
始写这本书,一歇不停地一直写到第二年的六月份(1933 年)。然后,

弗吉尼亚的努力变得较为断断续续。六月份,她"文思澎湃",七月份 192
也是这样;八月份遇上了困难,把整个第一部分重新整理了一遍。"我
已经停止虚构帕吉特家的故事了。"她在 8 月 20 日写道;然后她开始
重写,可十月份一个字都没写出来,10 月 29 日,她宣布,"不,我的脑子
太累了。"然而,十二月份她写完了第四部分,1934 年初是又一轮创作
能量的迸发;二月份,她在写一个空袭场景,三月份,她再次遇上阻
碍——内莉的解雇烦扰着她,屋子里有装修工人在工作;然后,五月
份,虽然从爱尔兰回来时染上了流感,她开始写第七部分,进展相当顺
利;六月份,她失去了动力,不过又重新获得了它;七月份,"那种独特
的风格"显现了出来,她歇了口气,为进一步的努力做好准备,从自己
的那口井里汲了"一点儿淡水"。[22]到了八月份,她认为自己至少能看
到这部小说的结尾了,罗杰去世时,她正怀着一种激动和热情在写末
尾章节;初稿的最后句子完成于 1934 年 9 月 30 日。

这是开始阶段的终结;迄今为止,《岁月》的进程和她其他小说的
进程没什么两样,除了草稿实在太长。她觉得太长了,下定决心要大
加删节。十月份,正如我们所知,她为温德汉姆·刘易斯的批评而感
到心慌意乱;她本来就对那本"无名的书"心存疑虑,看到这批评就更
加如此了;有那么一度,她想根据那些针对她其他作品的批评来重写
它。她放弃了这念头,可仍感到心神不宁,所以直到十一月为止,她都
没法再次投入工作,到了那时,她开始重写。12 月 2 日,她的情况好多
了,以致认为它写得相当不错。可是 1935 年又是一阵旧病复发。"我
处于搁笔两周的休息中,头脑变得一团糟。"(1 月 23 日)"萨拉真是个
麻烦"(2 月 20 日),接着,一周后,"对圆池塘边的那个场景写了又写,
然后是改写……八月之前恐怕写不完它了"。全都是修订工作,和许
多作者一样,她发现这是写作中最艰难也最可悲的部分。"自从 10 月

16 日以来,除了抄写和打字之外,我连一个新句子都没写。"(3 月 6 日)接着,那个月稍后的日子里,出现了更多的带有敌意的批评,她说了一句颇为不屈的话:"关于这本书,唯一值得做的事情就是坚持到底。"于是,她重写了那一章,多少有点满意。"我认为自己今天上午真的写完了空袭那一段"。(3 月 28 日)[23]

写这本书遇到的困难对她的神经和心情都有害处。伦纳德为埃塞尔·史密斯吃的苦,她开始在金斯利·马丁那里吃到了,后者没完没了地打电话或登门拜访,向伦纳德提问。和埃塞尔一样,他也是个饕餮客,吃起东西来狼吞虎咽;他很让人讨厌,喜欢浪费时间,她想象不出,伦纳德怎么能容忍这个人老跟着他。四月份,他来到僧侣屋,拜访过后,弗吉尼亚感到一阵剧烈的头痛,她不得不放下《岁月》的写作,直到他们的荷兰、德国和意大利之行结束为止。可那次旅行没治好她的病。一回到家里,他们就发现他俩的狗"平克"刚死了;伦纳德为此心情沮丧。弗吉尼亚抱怨着"烦躁"——这是自童年以来她对阵发的剧烈的神经躁狂的叫法;她发现很难回到写小说的心情之中:"我想死。"6 月 5 日她叫道。[24] 得款待伍尔夫太太,然后,好像家里还不够乱,伦纳德抱怨梅布尔的烹饪和她的粗枝大叶(她摔坏了留声机),认为她是内莉的糟糕的替代人。家里爆发起了争吵,怀着那种破罐子破摔①的无所谓态度,弗吉尼亚指责伦纳德不会跟仆人打交道。争吵的时间不长——他们的争吵从没有持续很久过——可它引发了头痛,尽管如此,7 月 15 日,她完成了她所谓"疯狂的重新打印稿",八月份,在罗德麦尔,她以每周一百页的速度又打印了一份,并明显感到自己的

---

　　① 原文是"a well-blackened kettle"(完全烧黑了的水壶),类似于汉语中的"破罐子破摔"。

193

能量复苏了。[25] 29 日,埃莉诺①的一天"照例在剧痛和狂喜中"结束了。[26] 不过这努力是必须付出代价的;9 月 5 日,她不得不放下工作;"我连一个词都想不出来";6 日,她声称要把自己的大脑裹在绿色的酸模②叶子里,就像童年时双腿被荨麻刺伤后,她把它们裹在这些叶子里那样。改写《岁月》时,她的脑子里有如此一个"热气球",这是从未发生的事:这部小说那么长,压力那么可怖。将近九月底,她在卧室里写到萨莉和马吉的部分;她认为这是她所从事过的最艰难的写作;可她仍希望在圣诞节之前能完成工作。

在僧侣屋的两个月里,几乎每天都会有分心事或打岔,包括拜访者或远足。9 月 30 日,弗吉尼亚和伦纳德去布赖顿参加了工党大会的开幕日活动,其结果是,她满脑袋想的都是有关那本书的念头,它最终会成为《三枚金币》,她几乎想不起自己的小说了。不过回到伦敦,她又安心做起关于小说的循例工作,还给自己定了个目标:她将不迟于二月份交付定稿。他们已经决定,先把《岁月》排好版,然后再请伦纳德阅读。这是件新鲜事,原因不明;可能她害怕听到他会说的话,想要尽可能推迟那让人痛苦的一刻。无疑,她非常担心这本书,这影响了她的身体。12 月 18 日,她写道:"因为《岁月》,我一上午都很难受。"[27] 十天后:"……几乎完蛋,像个打杂女佣的掸子;那就是我的大脑;对《岁月》的最后几页做最终修订导致的结果。"两天后:"……不成。我一个词都写不来,总是头痛。"(12 月 30 日)她安静地躺了三天,试图过无所事事的生活。1 月 4 日,她写道:"我的头脑还是十分紧张;一着走错,就意味着加剧的绝望。"

194

---

① 埃莉诺(Eleanor),《岁月》中的人物。
② 酸模(dock),植物名,全草外敷,治皮肤病。

　　罗杰·弗赖的传记如今开始变成一种反引力；她渴望去写它，渴望撇开这种让人疲倦、厌烦的小说写作。她已经阅读了大批的罗杰信件。十二月份，她已弄明白了他的美学理论。她决定每天为《岁月》工作到中午，然后靠写传记放松一下。有一个上午，她发现自己作弊了：她设法把表上的十一点读成十二点，从小说那里窃走了一小时。几天后，她重读了自己已完成的部分，感到惊骇："我很少感到更彻底的痛苦。"她写道；那是一堆虚弱的胡扯。可似乎没别的办法了；她继续工作，继续感到头痛，3月10日，一百三十二页稿子付印了。

　　接下来，有那么几天工夫，情况似乎变得好多了。可三月是个让人不快的月份。希特勒来到了莱茵河畔①，弗吉尼亚突然意识到战争的噩梦已经重现了。日益增长的国际危机加重了她自己的私人忧虑，如今它们变得剧烈起来。她的日记记载了关于她那部小说的价值而引发的激烈的情绪交替。3月18日，她认为《岁月》可能写得很好，19日，它似乎糟糕到了无望的地步，20日，她重新获得了勇气，21日，她丧失了它，等等。她从没有为一本书这么辛苦地工作过，自从完成《远航》并迅速陷入疯狂那天以来，她从未在重读自己写下的东西时感到如此剧烈的绝望。3月24日，走在湖滨街上，她意识到她已经开始大声跟自己说话了。她的状态使她变得愈发惊惶，可她仍然设法蹒跚前进；3月29日，她第二十次重写了埃莉诺在牛津街的那个段落，4月8日，她从罗德麦尔寄出了最后一批要付印的打印稿。

　　　　接下来将是沮丧的时节，在拥挤和窒息之后。……让人恐惧的事是，明天，在这个刮风的休息日之后——喔，自我们来了之后

195

---

　　①　1936年3月，希特勒违犯《凡尔赛条约》中有关莱茵兰地区的条款和《洛迦诺公约》，派军队占领了解除武装的莱茵兰地区。

每天肆虐地刮着的寒冷北风,可我已经没了耳朵、眼睛或鼻子;它只使得我快速地从房子走进工作室,往往怀着绝望——在这一天的休息之后,哎呀,我得从头开始,审阅六百页的冰冷校样。为什么,喔,为什么? 永远不要有下一次,永远不要有下一次……

虽然伦纳德没读小说手稿,当长条校样印出来时,他读了其中的一些,他毫无表态,给弗吉尼亚留下一种他感到失望的印象。这也不是一种完全错误的印象:伦纳德读到的东西足以让他产生疑虑;他为弗吉尼亚的状况感到很惊恐。"弗吉尼亚的情形真可怕,"邓肯写信给瓦奈萨说,"最好是撇开那本书。可我纳闷为什么伦纳德觉得它可能没那么好。"[28]弗吉尼亚自己的疑虑,还有她料想伦纳德会怀有的疑虑,这些足以让她濒临崩溃。她的所有小说都引发了焦虑和沮丧,可这一部从本质上来说对弗吉尼亚的神经尤其有害。她和批评家都对《雅各布的房间》感到满意;《戴洛维太太》是那部杰作合乎逻辑的结果,写完《戴洛维太太》之后,她能在同样的方向上大胆闯荡了:《到灯塔去》和《海浪》自然随之而来,每部小说都为它的后续者巩固好了一片地盘。她已经知道自己在往哪儿去了,和她的读者一样,她越来越确信自己走对了路。

可《岁月》是一种不同的东西,它是后退的一步,或至少是向其他方向的一步。它很可能是个错误的方向——一个死胡同——如果是那样的话,她的朋友将会感到伤心,而她的敌人——她近来已经很清楚自己有敌人——将会感到高兴。她在完成《远航》时做过的那个旧日噩梦(关于那个嘲讽人群的噩梦)又重现了。就这样,面对着六百页的印刷校样,害怕听到伦纳德的评价,被使人丧失能力的重复头痛折磨着,她感到疯病在向她袭来。

伦纳德带她去了康沃尔,康沃尔照例是有益于她的。不过,当她回到伦敦时,医生吩咐她去僧侣屋休养。她有两个月没碰日记,体重减轻了半英石。这段日子结束之际,她给埃塞尔·史密斯写了一封信,从中我们了解到了她正忍受着什么:

> ……永远别相信我的信件,不夸张地说,它是在这种情形下写出来的,即,通宵未眠,瞅着一瓶三氯乙醛说,不,不,不,你不该吃它。奇怪的是,失眠,哪怕是一种情况有改善的失眠,也足以恐吓我。我想,它和那些我无法自控的可怕时期有关。[29]

这封信写于 1936 年 6 月 4 日;一个星期后,她在日记里写道:

> ……最后,在两个月消沉的、恶化了的,几乎是灾难性的疾病之后——照我的感觉,自从 1913 年以来,从没有如此接近过那座悬崖——我又一次恢复了健康。[30]

然而,情况几乎不是这样的。她非常缓慢、非常痛苦地开始修订校样。她不得不经常休息,不断被迫停下来——她的头痛,她那种彻底绝望和失败的感觉——是过于剧烈的。她再次写信对埃塞尔说:"我不得不考虑这一点,我对伦纳德来说是个可怕的讨厌鬼——而他是个天使。"[31]伦纳德的天使品质很快遇到了考验。因为 11 月 2 日,在那些不必提的痛苦和困难之后,她终于修订好了全部校样,把它交给他审查了。弗吉尼亚自己已经下定了决心,或至少她以为自己已经下定了决心。她重读了《岁月》,断定它难以置信地糟糕。她将不得不毁掉校样;它浪费了两三百英镑,还有她生命中的四年时光。不过,最好是直面这种情形,在某种意义上这是一种解脱。她把这些话都对伦纳德说了,后者回答道,她也许是错的;他会去读它,然后把他的想法告诉她。

伦纳德直到那天夜里才有机会开始自己的阅读。在一连串让人疲惫的琐事和短途旅行之后,晚上,他们回到家里,伦纳德开始读稿子。他沉默地阅读着。伦纳德的沉默会是相当吓人的,无疑,弗吉尼亚被吓着了;在他持续阅读的过程中,她陷入一种发烧的假寐之中,一种痛苦的半睡眠状态。与此同时,伦纳德感到既失望又宽慰。这本书是部失败的作品——不过它不像弗吉尼亚想的那么糟。所以说个谎也过得去;如果告诉她真相,他几乎肯定她会自杀。

突然间,他放下了校样,说:"我认为它写得异乎寻常地好。"[32]

注释

[1] AWD(Berg),1934 年 9 月 15 日。

[2] VW/VSW,1934 年 9 月 23 日(Berg)。

[3] VW/RF,1923 年 5 月 18 日(MH)。

[4] VW/RF,1931 年 2 月 21 日(MH)。

[5] AWD,第 253 页,1935 年 8 月 21 日。

[6] LW,《旅行……》,第 43 页。

[7] VW/VB,1938 年 10 月 8 日(Berg)。

[8] VB/VW,1938 年 10 月 14 日(MH)。

[9] D.S.米尔斯基,《大英帝国的知识阶层》(*The Intelligentsia of Great Britain*),1935 年;F.斯温纳顿,《乔治时代的文坛》(*The Georgian Literary Scene*),1935 年。

[10] 温德汉姆·刘易斯,1934 年,第五章。

[11] AWD,第 228 页,1934 年 10 月 14 日。

[12] 1934 年 11 月 2 日;参见《温德汉姆·刘易斯书信集》,W.K.罗斯编

辑,1963 年,第 222—225 页;以及 AWD,第 231 页,1934 年 11 月 2 日。

[13] AWD,第 231 页,1934 年 11 月 2 日。

[14] 据传闻(QB)。

[15] VW 致朱利安·贝尔,1935 年 12 月 1 日。

[16] EMF/VW,1935 年 7 月 6 日。

[17] VW/ES,1936 年 8 月 3 日(Berg)。

[18] AWD(Berg),1936 年 3 月 20 日。

[19] AWD,第 249 页,1936 年 5 月 19 日。

[20] AWD(Berg),1935 年 11 月 5 日。

[21] AWD,第 243 页,1935 年 4 月 9 日。

[22] AWD(Berg),1934 年 7 月 6 日;也参见 AWD,第 298、299、240、241 页。

[23] AWD(Berg),1935 年 3 月 28 日。

[24] AWD,第 250 页,1935 年 6 月 5 日。

[25] AWD,第 252 页,1935 年 7 月 17 日。

[26] AWD(Berg),1935 年 8 月 29 日;也参见 AWD,第 253、254、255、260、262、264、168 页。

[27] AWD(Berg),1935 年 12 月 18 日。

[28] DG/VB,1936 年 4 月 26 日(CH)。

[29] VW/ES,1936 年 6 月 4 日(Berg)。

[30] AWD(Berg),第 268 页,1936 年 6 月 11 日。

[31] VW/ES,1936 年 8 月 26 日(Berg)。

[32] AWD,第 271 页,1936 年 11 月 3 日。

第九章　1936 年 11 月至 1939 年 9 月

1936 年 11 月 24 日,弗吉尼亚在日记里写道:

> ……自从伦[纳德]那天晚上的一番夸赞之后,总的来说,我既带劲儿又开心。这下子,我从消沉中——或虚无中——焕发了生机! 多么不可思议的夜晚——丢下了怎样的重负![1]

然而,尽管伦纳德的口是心非达到了其主要目的,弗吉尼亚需要的一再保证超出了他能给予的范围;她已经感到非常心烦意乱;而且,她的疾病不该简单地归因于她的小说和小说引发的精神状态。她忍受着血管扩张的折磨,一种下坠感,一种血液不会抵达脑子的感觉,还有一种独处时会陷入某种恍惚或昏迷的趋势,她认为是生活的变化引起了这些症状,显然她没搞错。

如今她欢迎打岔的事;很高兴自己邀请了罗伯特·塞西尔勋爵来喝茶,愿意跟德波利尼亚克太太,以及纳迪亚·布朗热一起午餐,喜欢有埃塞尔·史密斯、多萝西·韦尔斯利和老朋友们的陪伴，喜欢退位危机和它那连环画一样的荒诞事，其实，任何能让她忘掉自己已经亲手点燃了导火索的事都让她感到高兴，那导火索会稳定地燃烧上几个月，并在《岁月》被丢向社会之际引爆她脚下的炸药。在这种情形下，工作和社交都会被当作鸦片剂来利用，所以她看望了许多人，重新开始写《三枚金币》。不管那部作品从别的方面来说是好是坏，它无疑是有医疗效果的；她必须持续写东西；不过，这种写作不会引发那些总是跟她的小说形影相随的美学灾难。它让她能够有所发泄，能够反击那种在她看来专横的男性伪善。

新年伊始，厄运临头。一月初，斯蒂芬·汤姆林去世了，两个星期后，霍加斯出版社的雇员之一韦斯特小姐（Miss West）也死了。这两起死亡都让弗吉尼亚感到内疚——她这时感到在汤姆林为自己做塑像的那件事上，她是不讲道理的，并回想起了他的美好品质；她也觉得自己本该对出版社的工作人员更友善，更随和。然而，1937 年 2 月初，伦纳德病倒了，这可预示着一种严重得多的灾难。它似乎是一种厉害的肝病，或糖尿病，也许是前列腺疾病——医生们不知道是什么病。伦纳德自己心平气和，爬上床，以米布丁为主食，继续照常为政治、报刊杂志和出版社的业务忙碌。但弗吉尼亚就没法轻易保持冷静了；如果伦纳德进了医院，或出现更糟的情形，她就要独自面对眼前的危机，如今时间已经不足一个月了。所以，2 月 12 日，当他们带着一份彻底无恙的内科检查单一起驾车去罗德麦尔时，他们怀着一种解脱感，一种全心洋溢的喜悦，最近这几年，她很少记录过这样的时刻。三天后，她满足地提到，她此时已经写完了三十八页的《三枚金币》。

2 月 20 日，星期六

上楼时，我转脸不去观望出版社，因为那里全都是捆好的和正在捆扎的要寄给评论家们的《岁月》。下周就要寄出它们了；这是我最后一个相对宁静的周末了。在这样湿冷的天气里，我预期着什么呢？我主要想的是，朋友们将不会提到它；将会颇为笨拙地转移话题。我觉得自己预料到了那些友好的评论家会表现得相当冷淡——恭敬的微温；还有来自那些快活家伙们一声印第安人式的欢呼，他们会欢喜、响亮地宣布，这是出自一个古板、过分拘谨的中产阶级脑袋的冗长胡扯，并说如今没人还会认真对待伍太太了。可我不会很在乎冒犯。我想，我最在乎的是当我去譬如提尔顿或查尔斯顿时的那种尴尬，以及他们不知道该说些什么。而且因为我们直到六月才离开，我得想到自己会有很多机会身处这种受潮的爆竹氛围。他们会说这是一本乏味的书籍；最后的挣扎……喔，既然已经写出来了，我感到，即便如此我也能在那种阴影里活下来。就是说如果我继续努力工作……[2]

3 月 1 日，星期一

但愿我能写出自己这一刻的感受。它们是那么独特，那么让人不快。一定程度上只是年龄的缘故。是吗？一种身体感受，仿佛我的血管在微微跃动；非常冷，虚弱，感到惊恐。仿佛我在阳光下被暴露在一块高高的岸礁上。非常孤独。伦出去吃午餐了。奈萨有昆汀，不需要我。很没用。四周没有氛围。没有语言。非常忧心。仿佛一种寒冷、恐怖的事情——一种针对我的大肆嘲笑就要开场了。而且我无力避开；我没有保护。这种焦虑和虚无用真空包围了我。它主要侵袭大腿。我想大哭一场，可没事可哭。　199

接着,一种强烈的烦躁控制了我。我认为自己能通过散步来消除它——走啊,走啊,直到睡着为止。但是我开始讨厌那种靠药物维持的突然睡眠。我没法敞开自己的心智,让它冷静、无动于衷地对待一本书。我自己的零星碎片看起来干缩了,弃置了。我知道我得在烧红的砖上继续跳这种舞,直到死为止。我承认这有点肤浅。因为我能在下面挖洞,看着自己荒谬的表现,感到一种完全的水下的平静;而且是一种强大到足以举起全部重负的平静;我时常能获得那种水下的平静;不过露出水面的时刻是可怕的。我有一次从镜子里看着自己的双眼,看到它们确实是受惊的。我猜,3 月 15 日越来越近了——那盏头灯的耀眼光芒落在我的可怜小兔的身上,使得它在路中央眼花目眩。(我喜欢那个措词。它给了我信心。)[3]

3 月 2 日,星期二

　　我会被击败,会被嘲笑,会被示众,以供取笑和奚落——我发现自己刚才在说这些。然而我整个上午都在专心撰写《三枚金币》的自传部分。而且这种专心是真实的;是抵御那种昨晚征服我的冷酷疯狂的主要防护措施。为什么它会像一片雨云那样,突然朝自己泻下所有的冷水?因为我在上午的自传写作被叫停了;然后是忙于那部戏剧※,我骤然想到,书业协会甚至没推荐《岁月》。的确如此;不过书籍协会不是一种绝对可靠的指南。无论如何,这些天的等待一定是一种沉闷、冷酷的折磨。我毫不怀疑,下个月的这个时间我会很开心。与此同时,我随心所欲时不时地

※　指《愤世者》(Le Misanthrope)。

写出自己的恐怖,眼前这种突然的冷酷疯狂。我仍认为这在一定程度上是年龄的缘故。实际上它根本不会像预期中那么糟。最糟糕的将是,人们会以不冷不热的客气态度把它看成是一部煽情、稀释了的乏味书籍。我所有的其他书籍都曾激起过争吵;这一本将会慢慢地、沉重地湮没下去。可说到底,我需要害怕更多的事吗? 有些人可能会称赞我。其实,我认为这本书想必具有某种"严肃性"。而且我会感到有点骄傲,因为我已经承担了自己行为的后果;还有,我们在出版前就已经预售了五千本;我们会有所盈利;也因为我在做自己该做的事,没有只顾蜷缩在受惊的沉默中。另外,我对自己的精神状态很感兴趣。作为个人资料,我打算完整地记录下自己的情绪起伏。这样被客观化之后,那种疼痛和羞愧立刻就大为减轻了。我已经确信,我能在狂怒、狂喜还有专注中写作。[4]

　　3 月 12 日,星期五上午,当弗吉尼亚躺在床上时,伦纳德给她拿来了《泰晤士报文学增刊》。上面有一篇赞许的评论。当天迟些时候, 200 《时间与潮汐》也发表了有利的评论;星期六,《观察家报》又锦上添花刊登了两栏赞扬文字;不管怎样,从报纸来看,《岁月》是一部成功的作品,这一点变得显而易见。弗吉尼亚的老朋友们的热情劲没那么大;就我所知,梅纳德是他们中唯一对它无条件大加赞赏的人。然而,弗吉尼亚的担忧曾如此强烈,读者们的喝彩那么热情,就销售量而言,这本书获得的成功是如此显著,以致她除了宽慰之外几乎什么都感觉不到了。无疑,不利的评论也有,但不属于她过去预期中的那种。

　　《岁月》的畅销成了新闻消息,到了这种地步,《纽约时报》派了个记者来了解她的私人细节;他打来电话,被告知如果愿意的话,他可以看看塔维斯托克广场 52 号的外表。[5] 不过他是不吃这一套的。他开着辆戴姆勒①出现在僧侣屋,弗吉尼亚发现他进了她的起居室,正泰然自若地记着笔记。她乘他没看见就溜走了,伦纳德很快设法赶走了他。弗吉尼亚被这种举动激怒了,我想任何人都会这样。然而,她的反应是奇怪的。她突然近乎歇斯底里地写了一篇半押韵的散文诗,有点像模仿乔伊斯的滑稽作品。※

伍尔夫夫妻已经定好五月初去度假;但是在出发去法国之前,弗吉尼亚为完成了两件事而感到满足。4 月 29 日,她上了电台。这不是她唯一的广播讲话,但之所以让人感兴趣是因为它是唯一一次有录音记录的;有一点似乎值得一提,即作为留给后人的遗产,这份录音非常劣质。听不出她嗓音中的深沉和洪亮;似乎总的来说,它显得太快也太平板了;几乎听不出是她的声音。她说话的嗓音其实是美妙的——虽然没有瓦奈萨的嗓音那么美妙——真遗憾它竟然没法以一种更让人满意的方式获得不朽。

她上电台的那天,当伦纳德在弗吉尼亚的工作室里检查库存时,伍尔夫夫妻再一次讨论了霍加斯出版社的事,决定他们必须要么彻底放弃,要么进行全面改组。这绝不是他们第一次做这样的决定;可这一次他们是认真的。一台手动印刷机加几磅铅字的业余小爱好已经成了一桩相当大的买卖。但对弗吉尼亚来说,它给人带来了不便,而且比不便还要更糟。该待在乡下时,为了它,她不得不留在伦敦;该写作时,它逼迫她去读手稿。它让人担忧、分心,它害得伦纳德和那些年轻人吵个没完没了,他们本是他请来做见习经理的,而且,因为他对它有很深的感情,它就成了一种让她焦虑的源头。

---

① 戴姆勒(Daimler),高级汽车名。
※ 见附录 B。

1937 年 10 月，一个解决办法冒了出来：

> ……伦突然想到了一个主意，让年轻才子们（即约翰 [·莱
> 曼]、伊舍伍德、奥登、斯蒂芬 [·斯彭德]）以合作公司的形式来
> 经营出版社。所有人都激动不已，既有不满，也有各种主张。每
> 个人都想要一个焦点：一个经理，一个喉舌，一个共同代言人。
> 我愿意让莱曼去管理它。我们不能卖掉出版社悄悄溜走吗？[6]

只有约翰·莱曼对霍加斯出版社的潜力有足够的兴趣，以致会考
虑把它整个买下来。可到了这时，它变成了一个这么大的企业，他只
能买得起百分之五十的它。他买下了弗吉尼亚的股份。这不是一个
很好的方案——其实，旧公司的毛病它都有，还新添了一个缺陷，即伦
纳德和新合伙人被一个谁也没法轻易挣脱的商业结合捆绑住了。约
翰·莱曼写道，"存在着阻碍和冲突……虽然弗吉尼亚的在场有助于
让我们从激动中冷静下来，回到那种真正潜存于分歧之下的理解中
来。"[7]然而，在 1937 年 4 月，这些计划和失误都还属于未来，度假时，
弗吉尼亚真心以为她不必再背负出版社的重担了，而且《岁月》毕竟不
是一场彻底的失败，这种确信是令人安慰的。

从另一方面来说，仍有许多不开心的事。珍妮特·卡斯病了；她
曾教过弗吉尼亚希腊文，是少数几个在世纪之初就和她有亲密交往的
人；她始终是个忠实的朋友。这时，显然她快要死了。弗吉尼亚写信
给玛格丽特·卢埃林·戴维斯说，"没人（甚至连伦纳德也不）知道我
得在多少事上感谢珍妮特。"[8]接着弗吉尼亚给她写了信，拜访了她，
最后，当她在 1937 年 6 月去世时，弗吉尼亚还为《泰晤士报》撰写了她
的讣告。五月份，伍尔夫夫妻在法国时听到了梅纳德·凯恩斯病重的

消息,他们驾车穿越多尔多涅(the Dordogne),预期随时会在报纸上读到他的讣告。他痊愈了,在很大程度上得感谢利季娅的照料,可还有另一桩灾难在酝酿中,在某种意义上,是一桩更可怕的灾难。

1936 年底,朱利安·贝尔从中国写信说,他春天要回家了。他的主要目的是在政治中扮演一个积极角色,很快就看出他打算去西班牙为共和国而战。一旦意识到这一点,弗吉尼亚就写信请求他待在原地,不过没起到效果。[9]

202　　从这时起,瓦奈萨的幸福就到头了。她沉浸在哑然的绝望中,1937 年春天的那几周原本就是令人恐惧的,当时,弗吉尼亚正在竭尽全力为《岁月》的出版做准备,而瓦奈萨的情景进一步加重了那种恐怖。她无疑对外甥感到有点恼火;她感到他一定知道自己正在引起怎样的痛苦,她很难同情这样一个年轻人的感情,后者觉得自己不能让别人代替他去打仗;他把战争本身就看作是一种值得欣赏的艺术形式,对此充满了激昂的兴趣,这是她更无法同情的。所以在她看来,朱利安的态度似乎是颇为费解的。

朱利安接受意见,略微偏离了他本来的目的,事情变得更糟了。他起初打算在马赛下船,直接去西班牙,这念头被放弃了。三月份,他回到英国,在伦纳德的建议下,作为替代方案,一些其他的政治工作被推荐给了他,他没有完全拒绝。不过,当他回到家中,弗吉尼亚立刻就明白,他已经发生了变化。他已经长大了。他的举止中具有一种崭新的威信和张力。很快,他宣布他必须去西班牙,如果不是作为一个士兵的话,那么就作为一个救护车司机。对瓦奈萨来说,这就仿佛是一扇小小的希望之窗被关上了,闩上了插销;在某种意义上,她继续享有朱利安的陪伴——如今他成了她最心爱的孩子——尽管内心充满了难以忍受的痛苦。弗吉尼亚目睹了这一切,心知肚明,可无能为力;和瓦奈萨一样,她确信如果他真去了西班牙,恐怕就回不来了。

她们是对的;6 月 7 日,他启程去了西班牙;7 月 18 日,他被炸死了。我们仅仅就它对弗吉尼亚的影响来谈谈这事。她为外甥的死感到惊骇;可最刺痛她的是瓦奈萨的痛苦。她姐姐刚得到消息时的悲痛是令人震撼的,身处伦敦的弗吉尼亚必然是这种悲痛的见证人。那之后,她每天都到瓦奈萨的榻边来看望她,尽她所能地安慰她,试图利用自己的想象力,想出一切花招来让瓦奈萨的生活变得可以承受。

跟伦纳德的朋友 W.A.罗伯逊讨论朱利安的行动时,弗吉尼亚会承认,"有一种恢宏……它偶尔以某种方式抚慰人心。只是看到她不得不忍受的东西,我怀疑是否这个世界上有任何东西值这个价。"[10] 这幅每天重现的痛苦景象是一种可能会扰乱任何人的理性和神经的事,尤其是对弗吉尼亚而言。可就像三十年前的索比之死那样,她战胜了这种挑战。她简直不知道自己做得有多么好,当瓦奈萨卧床不起,处于她自己所谓的"不真实状态"中时,在她看来,弗吉尼亚的声音是唯一让她不至于死掉的东西,后来的某个日子,弗吉尼亚了解到了这一点,感到很吃惊。[11]

整个八月和九月,瓦奈萨都在病中。她非常缓慢地恢复到了近似正常的生活,开始画点儿画了。"我还会有高兴的时候,但我将永远不会再感到幸福。"她告诉弗吉尼亚。[12]七月下旬,伍尔夫夫妻开车带她回到查尔斯顿,他们自己搬去僧侣屋住,以便弗吉尼亚每天都能见到她,"一天里我唯一会盼望到来的时刻",照瓦奈萨的说法。[13]这样一来,弗吉尼亚仍旧是一种她无法治愈的悲痛的见证人。她必须避免自己太多地琢磨这件事。任何不能去查尔斯顿的日子她都会写信,收到这些短信的瓦奈萨有时会冷淡地微微一笑,说,"又一封来自弗吉尼亚的情书",接着,她悲哀地说,她觉得难以对弗吉尼亚的友爱做出回应:

203

"当她感情外露时,我总会退缩。"并不是说弗吉尼亚的友爱不重要——远非如此。弗吉尼亚对她的帮助已经超出了她能形容的;可她没法亲自对弗吉尼亚表示感谢。[14] 她不得不写信给维塔,正如瓦奈萨所知,她会保证把她的话带给弗吉尼亚。[15]

七个月后,瓦奈萨的确设法说得更坦率些了;弗吉尼亚记得朱利安的生日是 2 月 4 日,她写了封表示友爱的短简。瓦奈萨回复道:"如果不是为了你的话,我根本不可能活下来。"[16] 她接着悲叹自己是这么个情绪化的扫人兴的家伙。

朱利安去世之际,弗吉尼亚一直在很顺利地撰写《三枚金币》;这样一来,有几个星期她觉得没法继续写这本书了,并代之以写了一篇关于她外甥和他们最后聚会的记叙文。※ 后来,秋天,当她回到自己的书上,她发现在很大程度上,这书成了一种跟朱利安的辩论,或更确切地说,跟她想象中的朱利安的观点进行辩论。

《岁月》在英国已经销售得非常好, 那个秋天, 它在美国成了畅销书,她头一次发现自己的确是有钱了。照她十月份的说法,"我们有了幸福的物质储备,但没有幸福。"[17] 她只有两种安慰:《三枚金币》持续顺利的进程,还有就是伦纳德。十月份,她突然感到一阵去巴黎度假的冲动。她查阅了火车表,向瓦奈萨问询了旅馆的情形。然后伦纳德说他不想去,于是她非常满足地发现,如果他不和她同往,这旅行就不值得一去。这就像是再次坠入爱河,那种快乐是极臻的。可即便这种出自和谐、幸福婚姻的喜悦也有其另一面。1938 年初,伦纳德又患上了一年前曾吓坏弗吉尼亚的疾病。这一次的惊恐比上一次更严重,也更持久,尽管有着同样愉快的结局。弗吉尼亚对医生感到不耐烦,

※　见附录 C。

海伦·安莱帕常和她见面(因为这时开始认真写罗杰传了),面对弗吉尼亚的这种挂念,以及她为伦纳德做事时流露出的明显的自豪感,她被感动了。[18]

这件倒霉事又引发了另一件倒霉事。伦纳德看起来病得很危险时,瓦奈萨真心诚意地感到难过,一旦他脱离了危险,关于他那些症状的描述就渐渐让她觉得厌烦和不耐了;而且,我想,她没有完全掩饰住这种不耐。实际上,这段时间和整个 1938 年里,她都对伦纳德大为光火,因为在筹备一本献给朱利安的纪念册时※,负责出版纪念册的伦纳德不断向瓦奈萨提出告诫,而这些告诫并非是毫无道理的,他不喜欢那些被他颇不耐烦地称为"瓦奈萨的恋尸癖"的事情。[19]实际上,她急于让朱利安的天才获得承认,而伍尔夫夫妻对那种天才持有怀疑态度,这在他死后比生前甚至更可能激起争吵。使局面更难办的是,跟约翰·莱曼在管理方面必然会发生的争吵如今冒头了。有些争吵跟纪念册有关,瓦奈萨倾向于支持约翰。

《三枚金币》出版于 1938 年 6 月。这部作品出自一个非常不寻常的头脑,而且我认为,是一种非常不寻常的精神状态的产物。※※她打算把它写成《一个属于自己的房间》的续集,可它是在一种说服力和顽皮劲都大为逊色的情绪中写成的。它是一种对压迫的抗议,一种抨击真正邪恶的诚挚抗议,对皈依者来说,弗吉尼亚不是在徒劳地进行传教。许多女性写信来表达她们的热情赞同;可她的密友们保持着沉默,如

　　※　《朱利安·贝尔:杂文、诗歌及书信》,昆汀·贝尔编辑,供稿人包括 J.M.凯恩斯、戴维·加奈特、夏尔·莫隆、C.戴-刘易斯和 E.M.福斯特,霍加斯出版社出版,1938 年。

　　※※　"……这本书在去年的整个夏天就像是我的脊柱;在上一个八月的恐怖情形中支撑着我;使我像陀螺一样在唐斯上数英里数英里地转圈。它怎么可能全成了稀薄的废话?可从精神上来说,它仍旧是一根脊柱;是我想说的事,哪怕没有价值。"AWD(Berg),1938 年 3 月 12 日。

果不是沉默的话,就是持批评态度。维塔不喜欢这本书,梅纳德·凯恩斯既生气又轻蔑;他断言它是一种愚蠢的辩论,写得不好。[20]这本书看起来的真正缺陷——我这里说的是我自己当时的反应——是那种企图,她想把关于女性权利的讨论和那个更折磨人也直接得多的问题联系起来,就是为了对付法西斯主义和战争的日益威胁,我们该做些什么。这两个问题之间的联系似乎是单薄的,那些积极的建议根本不靠谱。

这本书遭到了颇为猛烈的攻击;不过总的来说弗吉尼亚似乎不太介意。但是她被迫理会了一个批评家,因为她是个女性,还很有口才。她的名字叫阿格尼丝·史密斯,住在哈德斯菲尔德附近。《三枚金币》出版之际,她正处于失业之中。在一封流畅、有力的长信中,她抗议弗吉尼亚没提到工作女性。[21]当女性为获得制造任何东西的机会而欣喜若狂时,建议女性应该拒绝制造武器有什么用? 她自己靠每周十五先令的失业救济金为生,她描述了自己的侄甥(一个小娃娃)哭着要另一块蛋糕,她给了他,这意味着自己在那一天剩下的时间里就没东西吃了。从阿格尼丝·史密斯的下一封信看来,显然弗吉尼亚答复说,《三枚金币》明显是写给那些社会地位较侥幸的女性的。不过那封信的语气想必也鼓励了她的通信者再次来信,而且,尽管我认为她们从没见过面,她们继续不时地通信,直到弗吉尼亚去世为止。

然而,对《三枚金币》的真正批评来自大事件;1938 年的大事件不是围绕女性权利而是围绕民族国家的权利的。三月份,希特勒入侵奥地利时,弗吉尼亚在日记里写道:“当那只老虎……消化完了他的午餐,他会再次发动突袭。”[22]实际上,除了日益恶化的战争威胁,人们渐渐变得很难考虑别的事了。《罗杰·弗赖传》并不是个很有效的转移注意力的办法。

不过,在四月份,她突然想起个主意,是关于一本讲英国和英国文学的书的,它也许会被叫作《鲍恩茨府》。六月份,在出版了《三枚金币》之后,伍尔夫夫妻去苏格兰度了一趟假。弗吉尼亚写信给瓦奈萨说:

> 喔,我们目前在斯凯岛,它感觉就像南部海洋——完全与世隔绝,被海环绕着,人们说盖尔语,没有铁路,没有来自伦敦的报纸,几乎没什么居民。信不信由你,就我所能做的评价,它(以其自身的风格,照人们的说法)和意大利、希腊或普罗旺斯是同一个级别的。菲茨罗伊街上没人会相信这话;你不喜欢读描述性的文字——还有,这屋子里到处都是爱丁堡的观光客,冷不丁就冒出来一个,其中一人带着猎犬,就像萨莉[她的狗],不过,"我所有的狗都是受过狩猎训练的,它们唯一不叮的就是野兔"——所以我不能喋喋不休,你想听吗?只有——嗯,在邓肯的高地上,一个万籁俱寂的深蓝色湖泊里的颜色,有着绿色和紫色的树木倒映在水中央,那水被绿色的芦苇和黄色的旗帜环绕着,整个天空和一脉紫色的山丘——喔,够了。我该去当画家。作为作家,我体会到了那种美,它几乎纯粹是颜色,非常微妙,非常多变,涌向我的钢笔,就像你往一只发夹上倾注一大壶香槟。在这里,我得为邓肯是一个格兰特而向他表示祝贺。今天,我们已经驾车环岛绕了一圈,参观了邓韦根城堡[原文如此]①,遇见了第二十七任族长的孩子们,友好的红头发小家伙们;城堡的门是开着的,我走了进去;他们非常客气地告诉我,城堡不对游客开放,但是我可以参观花园。在这里,我发现了一座猎场看守人的食品库,里面有两只

206

---

① Dungevan,应该是 Dunvegan,疑为笔误。

野猫的尾巴。据说这里盛产大雕,经常叼走绵羊;绵羊和斯凯狗(Skye Terriers)是仅有的产业;老妇人们住在和斯凯狗体形一模一样的圆棚屋里;你能靠二十只脚①来数完所有的本地人;可镇上的他们是非常贪婪的,什么东西都没法买,因为其价格(哪怕是萨莉吃的肉)至少比我们普通地方的价格高出六倍。苏格兰人照旧是充满魅力的,用他们的鼻子像茶壶那样唱歌。我为你收集到的唯一的本地小道消息是关于你那位汉布罗先生的妻子的——就是那个淹死在尼斯湖里的人。我们在一家旅店里遇上了一对迷人的爱尔兰夫妻,他们听朋友说起过那只怪兽。他们见过它。它像几根被折断的电报线杆,游得飞快。它没有脑袋。经常可以看到它。哎,汉布罗太太溺毙之后,保险公司派出潜水员去搜寻她,因为她头上戴了价值三万英镑的珍珠。他们潜下去,来到一个巨洞口,热水从洞中涌出;水流是如此激烈,他们那么害怕,拒绝进一步深入,确信怪兽就住在那里,在那座山丘下的一个窟窿里。简而言之,汉布罗太太被吞食了。再也没找到溺毙的尸体,如今,本地人不肯去划船或游泳了。这个本地小道消息的完整经过就是这样。我不去形容那种生动色彩了。[23]

七月初,他们度假归来,发现《三枚金币》卖得很棒,又开始了写传记那种"可怕的琐碎苦差事",还得面对另一种怪兽。[24]

九月份,当战争开始变得像是不可避免时,他们住在罗德麦尔。照弗吉尼亚的看法,金斯利·马丁一遇到危机就来找伦纳德,简直像个胆小烦人的孩子会跑来找保姆似的,26 日,恐慌中的他打来电话,哀

---

① You can count all the natives on 20 feet,意思应该是嘲笑瓦奈萨的算术不好,所以得扳着脚趾来数数。

求伦纳德回伦敦。伍尔夫夫妻一起开车去了伦敦。那天下着雨,男人
们在挖壕沟。金斯利既夸张又沉闷;从没有人知道为什么他需要伦纳
德;他不断地打来电话。

弗吉尼亚逃到伦敦图书馆去了,去查阅 1910 年《泰晤士报》上跟
第一次后印象派画展有关的报道。就在那里,在地下室里,一位老人
有礼貌地走过来掸灰尘。

　　"他们让我去试戴我们的防毒面具,夫人。"

　　"你已经拿到自己的面具了吗?"

　　"不,还没有。"

　　"我们会打仗吗?"

　　"恐怕是这样,可我还是希望别打。我住在帕特尼那么远,
噢,他们已经储存了沙袋;这些书会被搬走;可如果一个炸弹袭击
了这幢房子……我可以掸您这把椅子的下面吗?"[25]

她去了国立艺术馆;某个人正在就画家华托向一大群观众做演
讲。然后,她回到了塔维斯托克广场;必须制订疏散出版社的计划。
他们在暴雨中驾车回到僧侣屋。在去过伦敦之后,它看起来异常健全
和美好。那天晚上十点半,本地的空袭警报员送来了他们的防毒
面具。

9 月 28 日,他们预期会宣战;反而听说张伯伦正在去慕尼黑的路
上;第二天,达成了"和解"。"我们有了六个月的可耻和平。"伦纳德
说,邮差在门阶上用长得多的一番话表达了同样的观点。[26]弗吉尼亚
感到那也许是真的;尽管如此,暂时缓解的感觉还是非常美妙的,她又
能工作了。

可她所从事的工作没法让她高兴起来。关于事实（纯粹、单一的事实）的规章制度，没有小说家自由发挥或辩论的机会，这让她感到厌烦。《鲍恩茨府》这时成了她的消遣；它正在开始衍变成《幕间》，有时能给她带来一整天的乐趣。可是总得想办法写完《罗杰·弗赖传》。困难成堆；包括来自弗赖姐妹和她本人的感情的无言审查，还有海伦·安莱帕。她对海伦·安莱帕感到可惜；她喜欢她（在大多数时间里），可海伦会很烦人。在瓦奈萨的鼓励下，她已经说服弗吉尼亚担任一家新成立的绘画学校（后来，它通常被叫作"尤斯顿路学校"）的担保人。[27]这事没让弗吉尼亚感到烦心——她现在有钱了——借给海伦一百五十英镑本来也不该让她感到烦心；可她却为之烦心了。[28]

208　　关于那次借贷的可悲故事（它把瓦奈萨笑死了）起始于 1938 年 10 月，当时，海伦·安莱帕和伍尔夫夫妻在塔维斯托克广场一起吃饭。饭后，她和弗吉尼亚讨论了罗杰传记的进展；她们谈论了他的冷酷——是的，他是冷酷的，虽然他的动机是纯粹、美好的；她们谈到了罗杰和威廉·罗森斯坦爵士（后来弗吉尼亚采访了他，觉得他非常让人愉快）之间的决裂。然后，很不幸，交谈转向了《三枚金币》。海伦·安莱帕为自己的直言不讳感到自豪，总乐于以一种假装的专横去指摘朋友的过失，她向弗吉尼亚透露了她对这本书的看法。海伦的那种专横逗乐过一些人，也惹恼了一些人；弗吉尼亚是被惹恼的人之一。她貌似谦逊地对海伦说，她也许是对的；她，弗吉尼亚，除了小说或批评之外，没有从事其他写作的天赋；那么，她不应该放弃罗杰传吗？我猜想，海伦被自己这番批评派上的用场给吓坏了；可还有更糟糕的事情会发生。弗吉尼亚接着关心起海伦的经济状况来。看来她支付不起自己的应付款项了。弗吉尼亚提出代她偿付透支。海伦犹豫了一番，然后接受了下来。

　　弗吉尼亚试图做出点宽宏的表示，来平息自己受扰的心情；她几乎立刻就为此感到后悔了，尤其是当她发现，那笔透支并不像她想的那样大约有五十英镑，而是一百五十英镑。斯蒂芬家以前为经济担忧的那种感受在她内心彻底苏醒了；她正在冲进尼亚加拉河①；她过去太轻率了；她要破产了。这给她带来了不眠之夜，即便她明明知道自己的恐慌是荒谬的，而且《岁月》的销售量让这样的慷慨行为根本不存在危险性，她没法在经济方面安下心来，直到重写了一个叫《拉宾和拉宾诺娃》的旧小说，并把它卖给了美国为止。

　　与此同时，海伦自己也一点都不轻松。不知怎么，她觉得她必须把钱还给弗吉尼亚。1939 年，她试图为此紧缩开支。1940 年春天，她写信给瓦奈萨说，"要是我总能有足够的盈余，偿还弗吉尼亚哪怕一小笔分期付款，我都会生活得更愉快些"；[29] 最后，1941 年 2 月，她设法省下了二十五英镑，寄给了弗吉尼亚。这桩事带有可悲的荒谬性，其巅峰是，看来海伦的资不抵债和弗吉尼亚的惊恐一样，都是纯粹虚构的。她的账目混乱到了这个地步，以致她想象出了一笔从不存在的财政赤字。[30]

　　"我们已经到了这样一个年龄，"邓肯说，"这时，我们要对朋友们的死亡做好准备。"[31] 1938 年，在弗吉尼亚看来想必确实是这么回事。　209
四月份，奥托林死了，五月份，凯·考克斯死了。凯的死之所以打动她，主要是因为她对此的感想是那么少；多年以来，她们一直在聚首中怀念而不是重建她们的友谊。她对奥托林之死的感想要多得多。弗吉尼亚为《泰晤士报》撰写了她的讣告。世界似乎因那个奇特的人的

————————————

　　① "冲进尼亚加拉河"（shooting Niagara），出自托马斯·卡莱尔的小册子《冲进尼亚加拉河：然后呢？……》（*Shooting Niagara: And After?...*），指可怕、危险的事情；见第一卷第四章注释。

逝去而大大贫瘠了;她身上有一种高贵的品质,在晚年里,有一种相当动人、可爱的品质。

这一年的年底,杰克·希尔斯去世了——不过,他实际上是"一个过去时代的人";1939年6月,马克·格特勒自杀了。社会事件也不是那种能让人愁云尽散的。1939年1月,佛朗哥在巴塞罗纳;三月份,他到了马德里(希特勒到了布拉格)。朱利安的生命看起来比任何时候都更是虚掷了。"梅纳德,甚至梅纳德,"弗吉尼亚写道,"如今也不觉得有多大希望了。"[32]英国挤满了难民。弗洛伊德住在汉普斯特德,伍尔夫夫妻拜访过他。他给了弗吉尼亚一束水仙花,和当时所有人一样,他谈起了希特勒。他说,得牺牲一代人才能耗尽那种毒药。还有,他们英国人打算做些什么?他对于弗吉尼亚来说像是一个警报,"心烦意乱的、萎缩了的,非常老的人",一堆"如今摇曳不定的旧炉火",而且正如大家所知,快要熄灭了。[33]

她一直都在写罗杰传;1939年3月11日,她写完了她所谓的"素描初稿",并希望不迟于七月份能全部完成;不过没做到。7月12日,"几星期以来的第一次,在经历了这么该死的情绪低落之后……我在忙弄罗[杰]时已经体会到了一些喜悦"。[34]那个月又死了个人,是伦纳德的母亲老伍尔夫太太。这事对弗吉尼亚没有很深的触动,然而她感到难过。可怜的老女人过去很傻气、很乏味,她浪费了弗吉尼亚许多时间,然而,弗吉尼亚在某种意义上被她迷住了,为她深感惋惜,因为她是个寂寞、自怜的人,她试图维持一种不存在的热烈的家庭之爱,虽然有着强烈的子女义务感,伦纳德没法满足她的这种要求。她和弗吉尼亚玩着一种古怪、不真实的游戏,在游戏中,两人都试图扮演那个命运指派的不太相配的角色。

可还是有很多让人高兴的事。那是必须讲明的一点,不过很难表达。的确，弗吉尼亚的日记变得越来越消沉；个人的苦恼和社会事件以压倒一切的力量袭来，尽管如此，她没有被压垮。瓦奈萨和弗吉尼亚从不像**父亲**丧亲时那样自找伤心，或沉湎于哀痛。她们的天性是尽可能地坚持兴高采烈，弗吉尼亚在三十年代交上的新朋友——譬如伊丽莎白·鲍恩、谢娜·西蒙和斯蒂芬·斯彭德——并没有留下这样的印象，即她是一个衰老、阴郁的女作家，在写作方面遇到了挫折，还死了亲人，面临威胁。在僧侣屋和塔维斯托克广场 52 号，占优势的仍是笑声；在那个时候继续发笑也许需要一些勇气，可他们维持住了欢乐的外表——其实也就是欢乐的实体。※

　　1939 年 6 月，伍尔夫夫妻曾去布列塔尼度假。弗吉尼亚总想去拜访莱罗谢①，对那位伟大的前辈表示敬意。※※回国后，他们面对的是搬家的事。塔维斯托克广场 52 号将被推倒，这个地区要被重新开发了。他们和友善的租客们（也就是多尔曼和普里查德律师先生们）一起去找房子，在梅克伦堡广场找到了一处适宜的住所。7 月 25 日，他们离开了旧居。与此同时，僧侣屋的各种新增添的扩建部分也完工了。贝尔夫妻这时也在为查尔斯顿做进一步的扩建。乡下有一种普遍的重修和筑垒的气氛，一种在暴风雨来临之前把一切都搞牢靠，使之井然有序的气氛。

　　弗吉尼亚花了很多时间在伦敦城里漫步；简直好像在对它说再见。没有很多时间来做这事了。因为在八月份，他们再次听到了"去年的狂言"；而这一次，一个无畏的回答已经变得不可避免了。[35]

　　※　在慕尼黑危机的紧要关头，弗吉尼亚给瓦奈萨写了一封最快活、欢闹的信件。令人遗憾的是，目前这封信还不便公开。

　　①　即德赛维涅夫人故居。

　　※※　《德赛维涅夫人》（Madame de Sévigné）一文几乎肯定是写于这个时期的，它和其他散文一起收入了《飞蛾之死》（The Death of the Moth），出版于 1942 年。

注释

[1] AWD(Berg)。

[2] AWD,第275—276页。

[3] AWD(Berg)。

[4] AWD(Berg)。

[5] AWD(Berg),1937年3月28日。

[6] AWD(Berg),1937年10月22日。

[7] J.莱曼,《低语的画廊》,第328页。

[8] VW致玛格丽特·卢埃林·戴维斯,1937年7月11日(MH)。

[9] VW致朱利安·贝尔,1936年11月14日;也参见斯坦斯基和亚伯拉罕斯,《边疆之旅》,第391—413页。

[10] VW致V.A.罗伯森,1937年7月26日。

[11] VB/VSW,1941年4月2日;也参见VW/VSW,1937年10月1日(Berg)。

[12] AWD(Berg),1937年8月6日。

[13] VB/VSW,1941年4月2日;也参见VW/VSW,1937年10月1日(Berg)。

[14] VB/VW,[1938年2月4日](MH)。

[15] VSW/VB,1941年3月31日(CH)。

[16] VB/VW,[1938年2月4日](MH)。

[17] AWD(Berg),1937年10月12日。

[18] 海伦·安莱帕致VB,1938年1月11日(CH)。

[19] 据传闻(QB)。

[20] 据传闻(QB)。

[21] 阿格尼丝·史密斯致VW,1938年11月7日(MH)。

[22] AWD(Berg),1938年3月26日。

[23] VW/VB,1938年6月25日(Berg)。

[24] AWD(Berg),1938年7月19日。

[25] AWD(Berg),1938年9月28日。

［26］ VW/VB,1938 年 10 月 1 日(Berg)。

［27］ VB/VW,1938 年 11 月 6 日(MH)。

［28］ 海伦·安莱帕致 VB,1938 年 1 月 11 日(CH);也参见 VB/VW,1938
年 11 月 6 日(MH)。

［29］ 海伦·安莱帕致 VB,1938 年 1 月 11 日(CH)。

［30］ 据传闻(伊戈尔·安莱帕博士)。

［31］ 据传闻(QB)。

［32］ AWD(Berg),1939 年 4 月 11 日。

［33］ AWD(Berg),1939 年 1 月 29 日。

［34］ AWD(Berg),1939 年 7 月 12 日。

［35］ AWD(Berg),1939 年 8 月 30 日。

第十章　1939 年至 1941 年

　　1939 年 9 月 3 日上午，在僧侣屋顶层的新起居室里，弗吉尼亚和伦纳德等着张伯伦先生向全国发表讲话，他们坐在那里争论了起来。弗吉尼亚说是"他们"制造了战争；"我们"照例还是被排斥在外，对自己的命运没有发言权。[1]另外，要是同盟国赢了——那又怎样？

　　"打赢战争总比输掉它要好些。"伦纳德回答说。这其实已成了唯一的选择。弗吉尼亚基本上同意这说法，可她很难面对那些残酷的双项选择——对整个国家来说也很难，有九个月的时间，我们中大多数人拒绝做出选择。

　　在僧侣屋，起初战争带来了一种和平。为了灯火管制①，买来了成码的布料，做成窗帘（弗吉尼亚在灯火管制方面做得不太成功，她和警察至少发生过一次摩擦）。从首都仓促疏散出来的怀孕妈妈们被送下巴士，很快又情绪低落地陆续回伦敦去了；最早的一批警报器发出了

---

　　① 灯火管制（blackout），指为防空袭而遮蔽灯火的行为。

最早的假警报。弗吉尼亚和伦纳德重返他们的日常工作和娱乐；一整个极其美好的秋天，他们都在起伏的草坪上到处玩滚木球游戏。然而，弗吉尼亚不曾怀有幻想，或至少比我们中大多数人都有着更少的幻想。照她看来，战争正在冷血中开始，杀人机器正在悄悄发动起来，可它并不因此就破坏性较小。它正在波兰非常有效地工作着，而当波兰人被征服之后，"就会来对付我们了"。[2]另外，当时报纸上充斥着一种爱国精神，表现出快活的自恃态度，弗吉尼亚尤其讨厌这种精神，而金斯利·马丁则带来了关于混乱、无效和绝望的悲观谣言。

还是不得不写完那部传记；那吃力不讨好的任务折磨了她一整个秋天和冬天，她不时地依靠撰写《鲍恩茨府》来进行逃避，整个 1939年，她都在断断续续地写这部书。她还开始写自己的回忆录，令人遗憾的是，她没有写完它。

战争爆发之际，她决定再次为报刊写作，还为《新政治家》写作。　212她这么做部分原因是，她认为自己和伦纳德必然会被战争搞穷。另外的部分原因就不那么容易理解了。从某种意义上讲，报刊写作代表着一种爱国姿态，或至少是对付那种紧急状况的一种方式，如今，她腾出时间来撰写关于沃尔特·司各特爵士或霍拉斯·沃波尔的文章，尽管很难说保卫战乃至她的个人收入会以什么样的方式从这种行为中获益。我也觉得她只是想做些另类的事。似乎其他的人都已经找到了或正在寻找什么新工作；她也要这么做。T.S.艾略特写信说，他有点寄望于在罗素广场遇见头戴防空钢盔正指挥交通的她。[3]

那段"虚假的"战争时期没发生空袭，不过预计可能会出现空袭，十月份，当伍尔夫夫妻驾车去伦敦时，他们在温布尔登遇上了大幅的标语，上面写着"希特勒说：战争开始了。现在，它在进行中"，弗吉尼亚对伦纳德说，看来挑选那个特殊日子出行是件蠢事。[4]他们似乎正在开进一个陷阱,她被吓着了;不过时间不是很长;稍后,她觉得首都里有着跟她足够投契的情绪,使她和别人在私人情感上能够打成一片。伦敦似乎是清醒、有条不紊的。夜里城中一片漆黑,社交活动如此贫乏,她怀疑自己会不会正在目睹都市生活的终结,以及一个獾、狐狸、猫头鹰和夜莺将入驻黑暗城市的时期的开始。不过白天的情形还是她比较熟悉的。锡德尼·韦布太太——"像一片叶肉被吃掉的叶子上的脉络"——在一间摆放着餐具柜,有女仆伺候的宽敞的维多利亚房间里主持了午餐;交谈秩序井然:弗吉尼亚讲了十分钟,伦纳德讲了十分钟;还有关于威尔斯和萧[伯纳]的犀利评论。[5]韦布太太说,对于自己接受的维多利亚时代的道德培养,她心怀感激;"我说我们在和那种道德观作战这一点上是有道德感的。这样一来,就有了重新改造道德的机会了。"那个老费边主义者继续逼近,和往常一样,弗吉尼亚感到特别沮丧,她很高兴能向她告辞。

她试图打点梅克伦堡广场的新家,它仍处于混乱和很不舒适的状态中。厨房似乎太小了,别的地方又都太大了,楼梯很糟,没有地毯。出版社的职员心神不宁,猎犬萨莉身体不适。弗吉尼亚觉得自己很没用,她心情烦躁,而且还失了业。在伦敦待了一个星期后,他们回到了僧侣屋的宁静之中。

在随后的几个月里——直到 1940 年 9 月,他们的房子变得没法居住为止——伦纳德和弗吉尼亚隔周总会开车去一趟伦敦,在那里待几天。

不过,弗吉尼亚已经好多年没有在冬天花这么多时间待在乡下了——其实从 1913 年起就没有过了。这是一种让她感到有趣、沮丧和激动的经历。在某种意义上,它实现了一个梦想:逃离伦敦,躲开科尔法克斯还有她那类人,躲开出版社,有充裕的闲暇用来阅读、写作,除了他们自己之外没几个同伴。更好的是,她不必再像往常在乡下时那样,觉得自己"脱离了时髦事物"。"时髦事物"似乎已不复存在,或至少已经离开了伦敦。另外,在这个时候,弗吉尼亚好像已经想要(或有点想要)"脱离时髦事物"了。她认定自己在事业上已到了名声的衰落期。她会变成"外人"——这也许没什么。[6]她可以声称住在乡下就是尽自己的本分。然而,独自住在乡下,尤其是如果手上有一部进展不顺、没法收尾的书,这种生活可能会是让人厌倦的。那时的僧侣屋显然很冷,而且 1939 年到 1940 年的冬天出奇低温。※大雪封了路,小溪彻底上冻,甚至有潮汐的乌斯河(Ouse)也结了冰。接着是一次突然的解冻,随后是一阵更突然的严寒,于是整个乡间似乎都涂抹了一层像钻石那么澄澈的冰釉,日落和日出时,它为乡间带来了一种棱镜的光彩,美得难以置信。

圣诞节后是布鲁姆斯伯里的最后一次庆典,即安吉莉卡的二十一岁生日派对,因为战时的物资匮缺还不明显,这派对还能举办得不失辉煌。利季娅跳了最后一次舞,邓肯和她共舞,玛乔里·斯特雷奇唱了《失去的弦》(*The Lost Chord*),一个年轻的德国难民滑稽地模仿了元首,弗吉尼亚捧场唱了《夏日的最后玫瑰》,它的歌词她多半记得,要么就是虚构了一番。每个人都兴高采烈,每个人都知道不会再有这样的欢乐了。

※　僧侣屋冷到这地步,以致摩根·福斯特在自己的卧室里徒劳地指望靠"温暖的炉子"取暖,结果烧掉了自己的裤子。在查尔斯顿,他感到暖和些;可这时房子却着了火。他在一份国家美术馆音乐会节目单的背后颂扬了这些事件:

致舒适的炉子,它被安装在一个友好的家庭里

噢,亲切的炉边! 噢,暖烘的火光!
我的裤子,裤脚被烤黑,
并不怪你,只赞美那热情
它在客人前点燃了主人。

214 　　"喔,在被引向 1940 年春天之际,我有一种奇怪的焦虑。"[7]弗吉
尼亚在 2 月 8 日的日记里这样写;她觉得我们都在被领上一个圣坛,
一个用火焰之花的花环装饰的祭坛。接近二月底,她患上了流感,很
长时间没法摆脱它;尽管如此,伦纳德显然认为她是可以——从道德
和精神上——承受他对《罗杰·弗赖传》极其严厉的批评的。[8]他说,
这只是分析,不是个人经历;她选错了手法,从一个乏味的角度来看待
它,引用了那么多呆板的引文,使这个角度变得更乏味了。无疑,他补
充了一句,和她所有作品一样,这本书中有她的特色,而且是非常好的
东西;但她没把那种东西写出来,这是她的典型做法。这是一番痛苦
的对话;她觉得仿佛自己正在被一张非常有力、坚硬的喙啄咬着。虽
然伦纳德对《三枚金币》反应不热烈,这是他头一次做了完全否定的批
评。他是理性的,给人印象深刻,明确、断然;他使她相信自己已经失
败,差不多是这样。然而,她不确信他的动机是毫无偏私的;他可能在
无意识中受了一些因素的影响,比如他对罗杰缺乏认同,对其个性缺
乏兴趣。她已经把手稿(或部分手稿)寄给了另外两位裁判,玛杰里·
弗赖和瓦奈萨。她将等待她们的判断。

　　"这就是**他**……无限的赞美。"玛杰里写道,热情地都顾不上语法
了。[9]瓦奈萨写道:

> 自朱利安去世以来,我一直不能去想罗杰。如今你已经把他
> 还给了我——虽然我忍不住哭了,我对你的谢意是表述不
> 尽的。[10]

这些意见占了上风。瓦奈萨的称赞自有其充分之处。把罗杰还给那
些认识他的人,这是弗吉尼亚的一个主要意图。伦纳德的意见会不会

更接近那些不认识罗杰的人的看法，这是另一回事。这些鼓励无疑让弗吉尼亚又高兴了起来。她能够开始做那种乏味的修订校样工作，而不会感到太绝望了，5 月 13 日，它们被寄回付印了。

5 月 10 日，德国人入侵了比利时和荷兰；14 日，荷兰军队投降了；28 日，比利时跟着学了样；6 月 14 日，巴黎沦陷了。

正如我们所知，弗吉尼亚并没有陶醉在虚幻的仙境里；她已经猜到局势会恶化，这是一场持续了五六年的噩梦，我想，她把这些事件看成只不过是这场噩梦的继续和加剧。她还是本能地反对武装抵抗的主张；当伦纳德宣布他打算加入本地志愿自卫队时，她不是没批评过他。他竟然会戴上臂章、挂上子弹带或穿上制服，这似乎是荒谬可笑的。可她在反抗敌人方面的疑虑并没有使敌人自身看起来不那么吓人。法西斯分子那种兽性的愚蠢，他对最幼稚的胡扯的信仰，这些东西和威力巨大的军事科学以及勇武品质结合在了一起，目睹这种事是让人不安的。我们自己的领导人似乎都上了年纪、愚笨且胆怯。我们领导人的演讲技巧，英国人民从未有过的绝望或坚定也没法给她带来安慰。巴黎沦陷两天后，老埃塞尔·史密斯顽强地宣布"我们当然一定要打仗，**而且**一定会赢"，这或许会激起她的赞美，可没带来安慰和确信。温斯顿·丘吉尔也没带来，报纸上那些可笑的英勇汤米们[①]的神话故事，BBC 和政治家们愉快但靠不住的乐观主义，这些就更别提了。这里面也许有不完全虚假的成分；可它被虚假玷污了，在这种举国的紧急状况中，我们的行为还有较丑陋的一面。她从私人阅历中得知，难民们被投入监狱，而他们除了国籍之外没犯下任何过错，还有，一个士兵跛着脚从敦刻尔克回到罗德麦尔，带来了有关恐慌、士气消

215

---

① 汤米（Tommy），英国士兵的昵称。

沉、打劫和军事上彻底无能的故事。

随着战争逼近,我们越来越有可能被击败,弗吉尼亚的生活似乎变得不真实,或至少不协调;她日常生活中的活动和情绪跟那种可怕的斗争完全相左,而她的命运是仰赖于那种斗争的。所以当她寄出罗杰传的校样时,她能在谈到"安宁和满足"的同时清楚地意识到,在法国战役后的第三天,她这话想必读起来是多么荒谬:"所以我那点安宁是来自一个张大嘴的窟窿的。"[11]一个星期后,当低地国家①的戏剧性事件上演到高潮时,德斯蒙德·麦卡锡和 G.E.穆尔来僧侣屋小住——德斯蒙德衣衫破旧,头发凌乱,不过像往常一样迷人、健谈;当年,弗吉尼亚·斯蒂芬曾在桑格家怀着哑然的崇敬聆听穆尔讲话,跟那个时候相比,六十五岁的穆尔看起来稍微逊色了一些,可他的漠然仍使他显得高贵。午餐前,德斯蒙德在花园里为他朗读了《巴斯克维尔家的猎犬》(The Hound of the Baskervilles),下午,他们一起去了查尔斯顿。在那里,他们谈起穆尔那种出了名的沉默寡言:他受到了指责,因为他使一代人都变得默不吭声。"我并不想沉默,"他反驳说,"我想不出话来说。"[12]而且,他至少从没让德斯蒙德闭上嘴,后者恐怕在保育室里就开始跟猫咪和毛巾架说话了。然后,加农炮火的回声从山那边传来。

更不真实的是伍尔夫夫妻和维塔一起去彭斯赫斯特宅邸②的短途旅行。他们参观了那幢房子,包括它的宴会厅,它那让人失望的家具,它有关伊丽莎白和埃塞克斯的往事,潘布鲁克夫人的鲁特琴的外壳,锡德尼的修面镜子,它那整洁的草坪,金鱼游憩的池塘,还有那位饶舌

---

① 指西欧的荷兰、比利时、卢森堡三国。
② 彭斯赫斯特宅邸,位于英国汤布里奇附近的一幢历史宅邸,是锡德尼家族的祖宅,至今仍保持伊丽莎白一世时代的风格。

的老领主，他对自己的生命厌烦透了，在汤布里奇（Tonbridge）沉湎于纸牌游戏。这一切就发生在巴黎沦陷那一天。

七月份，《罗杰·弗赖传》出版了，弗吉尼亚照旧感到有点焦虑，她在这种情形下一向如此。随之而来的还有对入侵的担忧。对弗吉尼亚和伦纳德而言，在某种意义上，它意味着比今天等待着我们的大灭绝①（如果我们的领导人决心毁灭我们的话）更糟糕的事。在自传的最后一卷里，伦纳德描述了法西斯的威胁对他来说想必意味着什么。我引用了这段话，因为它告诉了我们，1940 年伦纳德和弗吉尼亚面临的是怎样的景象。

　　在城里的街道上，犹太人到处都被公开穷追不舍，直至逮到为止，还遭受痛打和羞辱。我看到一张照片，在柏林的一条主要街道上，一个犹太人被冲锋队员们从店里拖出来；这人裤子上的纽扣被扯开，显示他被割过包皮，因而是一个犹太人。这人的脸上流露着可怕的表情，是一种茫然的痛苦和绝望，自从人类历史肇始以来，在荆棘冠下遭到他们迫害和污辱的受害人脸上，人们就已经看到过这种表情了。在这张照片上，更可怕的是那些可敬的男女脸上的神态，他们站在人行道上，嘲笑着那个受害人。[13]

那么，这就是那种敌人的品质了，他们眼下几乎胜券在握，一旦获得胜利，就会变得全无顾忌。哪怕有人乐观到会相信，这种敌人心里可能也有一丝怜悯或宽宏，可以相当肯定地说，它也不会留给一个犹太社会主义者及其妻子；对他们来说，毒气室恐怕都是意外的仁慈了。

---

　　①　疑指核武器可能会导致的人类灭绝。

伦纳德和弗吉尼亚的有利之处(如果这也算是的话)就在于,他们很了解自己的对手,不至于心怀幻想。5 月 13 日,战役正酣之际,他们已经讨论了自杀的事。他们决定用车子排放的烟雾来毒死自己,为此,伦纳德在车库里备足了汽油;稍后,他们设法为艾德里安搞到了足以致命的吗啡。五月和六月整整两个月,弗吉尼亚常提到这个问题,即他们应该用什么方法,在什么时候了结自己。她相信战争会输,几乎毫不怀疑会有这种需要,她看不到将来:"我没法设想,"她写道,"还会有一个 1941 年 6 月 27 日。"[14]

　　所以有那么三个月,她就住在悬崖边上,总是摇摇欲坠。不过当这段时期快要结束,命运提供了一种治疗法(或看来是这样),以现实的而不是想象出来的危险为其形式。她在整个八月和九月里目睹了那些零星的空战,通常情况下,地面上的人对英国保卫战能察觉到的就这么多了。这些天空中的角逐在旁观者看来往往是没法理解的。细微、清晰的光线盘旋并消失在高空,然后是一大团烟雾,可能上面还有一个优雅的蘑菇降落伞,表明有人已经被击落了,是英国人还是德国人,没人知晓。不过有时候,事情是较容易理解也较戏剧化的;也许能看到低飞的有着敌方标记的飞机,听到加农炮火的嘭嘭声,还有令人惊惶的划破天空的子弹声,以及炸弹的呼啸和坠落声。

　　他们飞得非常近。我们匍匐在树下,那声音像是某个人就在我们的头顶锯东西。我们脸朝下平躺着,双手搁在脑后。别合上牙齿,伦说。他们似乎在锯某个固定的东西。炸弹震动了我的小屋的窗户。它会落下吗? 我问,如果那样的话,我们会一起成为碎片的。我什么也没想到,什么也没想——无精打采,我的心情是无精打采的。我猜想自己有点害怕。我们应该带梅布尔去车

库吗？穿越花园太冒险了,伦说。然后又一架从纽黑文那边飞
来。轰隆声、锯子声和嗡鸣声围绕着我们。一匹马在沼泽里嘶
叫。非常闷热。那是打雷声吗？我问。不是,是枪声,伦说,从灵
默(Ringmer),从查尔斯顿那边传来。接着声音慢慢减弱了。厨
房里的梅布尔说窗户震动了。空袭仍在持续:远处的飞机……
五点到七点是警报解除期间,昨晚有一百四十四架飞机被
击落。[15]

虽然这样的经历想必是让人心烦且刺激神经的,虽然弗吉尼亚不
适于待在战争的外围,更别提战争的中心了,我认为那种影响恐怕是
有疗效的。从真正置身战火那一刻起,她就再也没提到自杀了。

我记得她在这时候向传记俱乐部的成员们大声朗读了关于无畏
战舰恶作剧的文章,那是她为罗德麦尔的女性协会撰写的;有很多的
笑声和鼓掌,她似乎兴致很高,无疑一点自杀的倾向都没有。当她打
电话到锡辛赫斯特,听见维塔的嗓音,掺杂着炸弹在她四周落下的声
音,不知道挂断电话后是否还会再次听见维塔说话,情形肯定就有所
不同了。[16]

战争向内陆深入;罗德麦尔绝非脱离了危险,不过如今伦敦成了
首要目标。弗吉尼亚和瓦奈萨两人都在轰炸中遭受了物质损害。这
样一来,两人之间的旧日较量就以一种最奇特的方式重现了。梅克伦
堡广场被轰炸之后,弗吉尼亚有两种绝望的理由:已经搬进了新家,
如今它却没法住人,同时还在支付没遭到轰炸的塔维斯托克广场 52
号的房租,这是让人恼火的;瓦奈萨的画室(还包括邓肯的隔壁)被彻
底炸毁,这样一来,她自己的破窗户和掉落的天花板似乎就只是微不
足道的灾难了,这也很让人生气。跟菲茨罗伊街 8 号一样,塔维斯托

218

克广场 52 号也被炸毁时,她确实获得了安慰,而且和瓦奈萨在画室被付之一炬时的感受一样,她体会到了一种怪异、无法解释的兴奋。然而,当他们去伦敦看看对那种损坏能做些什么,外加筹划霍加斯出版社的迁徙时,她体验到了不同的情绪:她对普里查德老先生和他妹妹那种刚毅的斯多葛哲学感到惊愕,还有别的感受,从她写给埃塞尔·史密斯的信件中能看出:

> ……在伦敦,触动,更确切地说是抓挠着我所谓的心脏的事,是后面公寓里的那个脏老太婆,空袭之后,她浑身污垢,准备坐着等待下一轮的结束……还有我生命中的激情,那是伦敦城——眼看着被炸得满目疮痍的伦敦,那也抓挠着我的心。※[17]

除了所有这一切之外,她还遇到了一个十分愚蠢、琐细和没必要的私人麻烦,然而,这事值得一提,即便仅仅因为它显示了在战争的无限灾难和私人生活的小烦恼之间,弗吉尼亚是怎样左右为难的。罗德麦尔有一幢带家具的村舍在出租。海伦·安莱帕想住得离朋友们近些,瓦奈萨把这消息告诉了她。有一次,瓦奈萨和弗吉尼亚在电话中谈起此事,弗吉尼亚以为海伦要来罗德麦尔长住了。她一度忘掉了入侵的危险,更确切地说,这下子,入侵的威胁是来自安莱帕一家了,这是一种同样可怕的前景。姐妹俩发生了争吵,跟若干年来两人之间的任何一次争吵同样激昂。它很快就结束了。无论如何,海伦只打算短住一阵子;可是吵架的时候总是激烈和让人痛苦的。

※ "德国人轰炸伦敦的时候,她[弗吉尼亚]根据售书量的减少来估算那种严重损害。"(迈克尔·霍尔罗伊德,《利顿·斯特雷奇传》,第一卷,第 404 页)我没找到这种奇特的计算结果的记录。

1940 年 5 月，在对布赖顿的工人教育协会（Workers' Educational Association）做演讲时，弗吉尼亚借助左翼知识分子的一些诗歌表达了自己的愤怒。稍后，她的演讲以《斜塔》为题发表了。[18]《斜塔》令她和左翼作家之间产生了很多不快，这很自然，因为她对他们的诗歌是无礼的，而且就我所知，是存在误解的。不过从很多方面来说，它是一篇有思想的文章，一位有社会意识的作家的最后陈述，而且它说了很多实话。弗吉尼亚知道英国文学史本质上是取决于阶级结构的，甚至三十年代的左翼运动也是从一个实质上的中产阶层中获得其本性的。她认为，虽然具有一种意识形态上的立场，她这个时代的年轻社会主义作家并没有超越阶级的界线，而且由于他们的阶级出身，他们其实被迫患上了一种斜视，除非他们能创造一个没有阶级的社会，否则事情总会如此。

弗吉尼亚和大多数较年轻的社会主义者不同之处在于，她直率、毫不含糊地认可阶级结构在文学中的重要性。别人试图跨越阶级障碍，甚至否认其存在，她坦率承认这些，而且在这么做时，知道自己在一个分裂的社会里是孤立的。就像她在《斜塔》中所解释的，她认为这事态是令人不满意的；可她也认为，假装这种事不存在是不可能改变事态的。就是在这一点上，她不但和左派，还和右派产生了分歧。

这个观点在一篇较早的文章里讲得很清楚。在《一位伯爵的侄甥女》中，她写道：

> ……跟我们对工人阶级的无知相比，我们对贵族的无知就不值一提了。英国和法国的高贵家族们一向乐于在其餐桌前招待著名人士，所以对于贵族生活的款式和风尚，萨克雷们、迪斯雷利们和普鲁斯特们已经熟悉到能以权威态度来描述它们。不过，令

人遗憾的是，生活是这么局限化，乃至在文学上获得成功总是意味着一种社会地位的上升，从不会是一种下降，而且很少意味着在社会地位上可以上下通融，而后者可取得多。地位上升中的小说家从不会受到纠缠，要去和水管工人及其妻子共食杜松子酒和玉黍螺。他的书不会给他带来机会，让他和吃下等肉的人打交道，或和一个在大英博物馆门口卖火柴、鞋带的老妇人通信。[19]

就像一个有同感的批评家所说的那样：

220
　　她的写作题材是像她那样的人的小世界，一个狭隘的阶层，一个行将灭亡的阶层……一个有着继承来的特权、私人收入、受庇护的生活、受保护的敏感性以及敏锐品位的阶层。她对这个阶层之外的事情所知很少。[20]

对于一个小说家而言，这无疑是种局限，不过知道自己的局限也是有好处的。

雅克-埃米尔·布朗什在评论《一位伯爵的侄甥女》时写道：

　　……我冒昧向您承认，您在这篇文章里还有一个句子让我感到吃惊，它被您说成了确定的事实，就是我们阶层的人不了解属于"在大英博物馆门口卖火柴、鞋带的老妇人"那类人的想法。我和"水管工人及其妻子"有很多交流——和一切类型的工人都有很多交流，无论城里的还是乡下的——和他们打成一片或保持更好的关系，这是件容易事；在过去是容易的。在莫斯科的鼓动下，这里所盛行的阶级战争把最和蔼的人转变成了可怕的流氓。[21]

这可以作为一个典型例子,那位作家,自以为了解下层社会,知道该怎样"和他们打成一片",只要他们扮演他寄望于他们的角色,就颇为真诚地喜爱着他们,一旦角色发生变化,他的爱就转变成了恨。

弗吉尼亚的态度正好相反。她不指望比她社会地位低的人爱她,或得不到爱时就恼羞成怒。她没怎么体会到对无产阶级的爱,以致她想取缔这个阶级,在此过程中取缔整个阶级社会。她的态度(因为它基于她对自己所处社会之特性的正确估价)使她能在《斜塔》中做出非常敏锐的分析。然而,从政治上来说,它是无效的,因为它忽视了那些政治行为通常依赖的社会热情。对于因为她那一代人所犯的政治谬误而受罪的人来说,这一点是非常让人气愤的。维塔的儿子本尼迪克特·尼科尔森这时正在服兵役,在压力很大、极其危险的情形下,他读了她的罗杰传。他写信给弗吉尼亚,表达了自己的愤怒。[22]在他看来,布鲁姆斯伯里曾经陶醉在虚幻的仙境中,享受着高雅的乐趣,而它却忽视了知识分子的首要义务,即把世界从它的愚行中解救出来。那种让人不快的任务落到了他和他这代人身上。

显然,弗吉尼亚对他的辩论既恼火又感动。她心存谨慎地写了回信,信写完时其实和他的那封一样激烈。在随后的交流中,他俩都恢复了冷静,这场通信如果不说是达成了一致的话,也算是结束于一种宽容的精神。除了争论中的刻薄劲,以及只跟罗杰·弗赖作为批评家的成就有关的几点之外,这场争论转而谈论起在两次大战之间的那些年里,布鲁姆斯伯里有没有社会责任的问题。弗吉尼亚没有像自己可能会做的那样,通过以下的方式为布鲁姆斯伯里辩护,即,质问那个词在这种上下文中的有效性,并指出如果伦纳德和梅纳德·凯恩斯也属

221

于布鲁姆斯伯里的话,谴责那个团伙对社会事件毫不关心就说不通了。※她的辩护理由是,艺术家其实没有能力影响社会,甚至对于最伟大的作家来说也是如此,比如济慈、雪莱、华兹华斯或柯勒律治。这是对她最适用的辩护。正如我们所知,她曾尝试在政治上有所作为;她缺乏的不是意向,而是能力。她只在《一个属于自己的房间》中尽量展示了自己可观的说服力,在政治上,相比于哈丽雅特·比彻·斯托,她是一个影响小得多的作家。

这番通信发生在 1940 年 8 月;英国保卫战到那时正接近它的高潮,弗吉尼亚的情绪从一种担忧转变为一种安静的沉着。

她的安详可能是那场风暴的必然前奏——我这么说的意思是,弗吉尼亚的心智运转可能是这样的,从 1940 年 6 月的恐惧情形过渡到 1941 年 3 月的垂死挣扎,她得有这么一段心情愉快的时期,可能跟其余事情一样,这只是她精神疾病的一部分。不过,我们恐怕会注意到,那个秋季的较愉快时期(但并不是随后的旧病复发)和公众事件有着直接联系。八月和九月,入侵的威胁仍旧存在;可显然这个岛国是有抵抗能力的,不经过一番恶斗的话,敌人赢不了制空权;很快,事情开始让人觉得好像他压根就赢不了制空权。入侵的时间一周接一周地推后,直到它明显会被推迟到春天去了。伦敦可能遭到了轰炸,还在燃烧之中,可伦纳德还没有被迫戴上犹太人必须佩戴的黄星布。还有,这一年年底,一颗微弱的胜利之星闪耀在非洲上空了。

梅布尔去和姐姐同住了,这是好事。梅布尔是伦敦的女佣;在弗吉尼亚的生活中,她从没有扮演过内莉曾扮演的那种重要角色;她是

※　在 1940 年 8 月 24 日的信件草稿中,她确实这么说了,为了给自己辩护,她略约提到自己在莫里学校、投票权运动、女性合作协会方面的工作。在寄给本尼迪克特·尼科尔森的信中,她删去了这些话。

个更温和、更安静,较少因制造灾难而受到关注的人。尽管如此,伍尔夫夫妻对她的离去感到高兴;她之所以待在罗德麦尔,只是因为他们不可能在那个时候要她待在伦敦。伍尔夫夫妻在僧侣屋需要人做的事都能让路易(Louie)来做,她住在村子里,和他俩都相处得非常好(实际上在伦纳德的余生里,路易将一直随伺在他身边)。这样一来,佣人的大问题就被彻底解决了。

炸弹继续落下来,9月29日,有一个炸弹落得离僧侣屋非常近。弗吉尼亚责骂伦纳德把窗户关得太响了,随后,意识到发生了什么,她跑到草坪上,看袭击机在纽黑文上空被赶了回去;然而,这样的事情不会再让她感到担忧了。她反省后意识到自己正过着一种懒散的生活。伦纳德把她的早餐送到床上,就像许多年来他一直做的那样,她在那里读书;她洗个澡,然后和路易见面,吩咐家务工作;接着,她到花园的小屋里去写《鲍恩茨府》。她从没有这么迅疾、这么毫不费力地写过小说;没有停顿、迟疑、绝望、挣扎或修改。还有另一本书。第一章留下了几份草稿,已经写完了两章。它被叫作《无名氏》,将会是一种文学史;这书是写给邓肯的,为了向他解释英国文学是怎么一回事。[23]她说,困难在于她已经写到了不得不阐述莎士比亚的段落;他是个全才,所以她的书恐怕会相当厚。写作之余,她以观赏风景为乐;为了从一个新角度观看她和卡本山(Mount Caburn)之间那片极美的平坦地区,她移了一下书桌的位置。十一月份,它变得比以往任何时候都更美好;一个炸弹炸裂了河堤,乌斯河水汹涌地漫过浸水草甸,正好一直冲进她的花园,形成了一个有许多水禽光顾的可爱的内陆海。它给大家带来了很大的乐趣。视察过那片景色,再抽上一根烟——照她的说法是"调音"——她会一直写到中午为止。然后停下来看看报纸,接着打字到一点。他们的午餐是俭朴的,食品短缺如今变得严重起来;不过就以她那种挑剔的食欲而言,无论有什么吃的,她吃得都比以前任何时候更津津有味了;在这个时期,她甚至承认在有机会暴饮暴食时,她曾做过这样的事。维塔有个农场,能提供慷慨的礼物,1940 年 11 月,她收到了措辞如下的感谢:

> 我但愿自己是维多利亚女王。那样的话,我就能对你表示感谢了。自我那颗**破碎的**寡居之心①的**深处**。我们从未、从未、从未有过这样**让人狂喜的**、令人震惊的、值得称颂的——不,我没法掌握那种风格的用法。我所能说的一切就是,当我们发现了信箱里的黄油,我们叫全家人——也就是说路易——都来看。我说,那是一整磅黄油。边说边掰下一小块,就这样干吃了它。于是,在踌躇满志之下,我把我们整周的配给黄油——它大概有我拇指甲大小——都送给了路易——赢得了永生的感激;然后我们坐下来吃面包和黄油。加上果酱本会是亵渎神圣的事。你已经忘掉了黄油尝起来是什么味道。那么让我来告诉你吧——它是介于露水和蜂蜜之间的一种东西。天啊,维塔! ——你那破便盆,你的羊毛;加之你的黄油!!! 请代我向奶牛们致以贺词,还有挤奶女工,我想建议那只牛犊将来被(如果它是男的)叫作伦纳德,如果是女的,就叫弗吉尼亚。
>
> 想想我们明天的午餐! 伯尼·加奈特和安吉莉卡要来;我将把整块黄油放在餐桌中央。然后我会说:尽量吃吧。我不能中断这份狂喜(因为我已经一年没见过整磅的黄油了),来跟你讲别的事。我觉得其他事似乎没什么重要的。的确,明天,我们所有

---

① 维多利亚女王自中年起开始守寡。

的书籍就要从炸毁的房子里被运过来了；都破损了，还生了霉。的确，我已经成了女性协会的财务员。还有，我想问你波斯幻灯片的事；你愿意来谈谈吗？不过这只是小事。炸弹在我附近落下——小事而已；一架飞机被击落在沼泽上了——小事；洪水被水坝截住了——不，似乎找不到什么东西能编成一个花环，搁在和你那块黄油相配的基座上了。

他们一直没从出版社把你的书寄给我，该死的。

伦[纳德]这时插了句嘴：如果我正在给你写信，他想要我添上他对你那块黄油的最深切的感谢。

弗[24]

午餐后，弗吉尼亚较认真地读会儿报纸，出去散圈步，可能还做点体力活，采集苹果，再把它们贮存起来，或做面包。然后是喝茶时间，茶后也许还有信要写，接着是再打一些字和读点东西，或写日记。然后是做晚饭和吃晚饭，听点留声机放的音乐，阅读，打瞌睡，或做点刺绣，直到该上床睡觉为止。

拿这种生活跟她伦敦生活中的混乱、失意、会见、电话、社交约会和社交推诿相比，她在这里既快乐，又非常自由，无拘无束——"一种在简单旋律之间起伏的生活。是的，已经过了那些年不同的生活，为什么不享受一下这种生活呢？"[25]

这样的生活几乎没提供什么值得记载的事情。一直住在这里，再加上战争的需要，伍尔夫夫妻参与了更多的乡村生活，总的来说，弗吉尼亚喜欢这些，虽然她渐渐对村子里的几个讨厌鬼感到畏惧。不过，在这个头不痛，没有烦心事外加工作顺利的时期，她看起来几乎是泰然自若的。让她感到满意的是，摩根写信邀请她加入伦敦图书馆委员

224

会(就像她过去断言他有一天会做的那样),她拒绝成为对公众舆论的
"小贿赂",这样就能为自己和自己的性别报点仇了。[26]牛津夫人寄给
她一座伏尔泰的小雕像,还在伦敦空袭战中从萨沃伊旅馆(Savoy
Hotel)写来了一些有点荒唐的信件,她乐于收到这些。新年里,她乐于
去拜访查尔斯顿和剑桥,显然,她也喜欢伊丽莎白·鲍恩的来访。

1941年2月13日和14日,鲍恩小姐住在罗德麦尔,她记录了自
己对那次拜访的回忆。她描述了弗吉尼亚跪在地板上——她们正在
缝补一幅被撕破的窗帘——

> 她身子往后挪了一点儿,重心搁在脚跟处,在一缕阳光(早春
> 的阳光)中扬起头来,以这种沉浸其中、透不过气来、愉快且高声
> 的风格笑着……它已经留在了我的记忆里。所以当我发现人们
> 把她完全看成是个被黑暗据有的人,属于那种饱受折磨、明显富
> 有悲剧性的类型,我感到一种不同寻常的震撼。[27]

笑声是从什么时候结束的,黑暗是从什么时候降临的呢? 很难
说。11月23日,她写完了《幕间》,对她来说,小说的收尾始终是一段
危险时期;可是,整个十二月份她似乎一直很高兴。事后想起来,一月
份、二月份和三月份的日记里有些段落可能会被认为是不祥的。从一
月中旬起,伦纳德开始非常担心她;然而,直到3月18日,他的日记里
才提到她的健康状况,当时他写道:"V.n.w."(弗吉尼亚身体不适)。
六天后,在3月24日,她写信给约翰·莱曼说她不想出版《幕间》。到
了那时,伦纳德显然明白,她的状况已经变得危急起来。

弗吉尼亚的疯癫有一个症状就是,她不肯承认自己有精神疾病;
强迫她承认这一点本身就是危险的。可是到了3月26日,伦纳德已

经确信,他得冒这个险,得说服她去看医生。为此,要是让她去看的医生是一个她认识并喜欢的人,那就好得多了。碰巧,伍尔夫夫妻有个朋友也是医生,在布赖顿有一家诊所。奥克塔维亚·威尔伯福斯和女演员伊丽莎白·罗宾斯住在一起,后者是弗吉尼亚母亲的朋友。两位女士显然都被弗吉尼亚迷住了。1940 年,罗宾斯小姐回美国去了,不过奥克塔维亚常给僧侣屋送来黄油和奶酪这样的礼物,她拥有一家农场,而且已经留意到弗吉尼亚越来越瘦削、苍白了。弗吉尼亚声称她要为奥克塔维亚写一篇人物写照,看来似乎已经在动笔写那样的东西了,奥克塔维亚偶尔过来坐坐——也就是说,和她聊聊。[28]

225

3 月 21 日,她来喝茶,伦纳德把目前的情形告诉了她。

随后五天,奥克塔维亚自己就卧病在床。[29] 27 日,伦纳德打电话给她。他已经说服弗吉尼亚来看望奥克塔维亚,既当她是朋友又当她是医生。他听起来是孤注一掷的。奥克塔维亚也是孤注一掷的。她刚刚才能下床,但是她富有英雄气概地向伦纳德隐瞒了这件事,他俩商定,那个下午他就带弗吉尼亚来布赖顿。

那次会面是不好对付的。弗吉尼亚当即声称她什么毛病都没有。完全没必要对她进行会诊;她肯定不会回答任何问题。

"你得做的一切就是,"奥克塔维亚说,"让伦纳德安下心来。"接着她补充说,她知道弗吉尼亚感觉到了什么样的症状,要求为她做检查。弗吉尼亚跟梦游似的开始脱衣服,然后停下来。

"你保证,如果我这么做的话,别让我去做静养疗法?"

"我保证不会让你去做任何你认为没道理做的事。公平吗?"

弗吉尼亚同意了,检查继续进行,不过不断遭到抗议。她就像个被迫上床的孩子。最后,她确实坦白了一些顾虑,担心过去的事会重现,担心她将不能再写作了。奥克塔维亚回答说,她以前得过这种病,而且它已经被治好，仅仅这一事实就该是一个自信的理由。如果你的阑尾被割掉了，她说，除了伤疤就什么都不会留下；也能用同样的方法去除精神疾病，如果你不是老想着伤口，搞得它发起炎来。

最后，她抓住弗吉尼亚的手（她发现那是一只冰冷、细瘦的手），说："如果你肯合作的话，我知道我能帮助你，在英国我没有更愿意帮助的人了。"弗吉尼亚听了这话，看起来稍微开心了一点——"淡漠地表示了高兴"，照奥克塔维亚的说法。

然后，奥克塔维亚和伦纳德之间进行了一场私下会诊。他们要做什么；应该找个受过专门训练的护士来监视弗吉尼亚吗？它很可能会是个灾难性的措施。伦纳德和奥克塔维亚都觉得这次会诊已经带来了好处。伍尔夫夫妻回罗德麦尔去了，奥克塔维亚重新爬上了床。她给弗吉尼亚写了个短信，尽可能做到温和、安慰人心，第二天晚上她打了电话，可那时已经太迟了。

3月28日，星期五上午，一个晴朗、明净、寒冷的日子，弗吉尼亚照常去了花园里的工作室。她在那里写了两封信，一封给伦纳德，另一封给瓦奈萨——两个她最爱的人。在两封信里，她解释自己听到了幻音，认为自己永远不可能康复了；她不能继续毁掉伦纳德的生活。然后她回到屋子里，再次给伦纳德写信：

> 最亲爱的，
>
> 我肯定自己就要再次发疯了。我觉得我们没法再经历一次那些可怕的时期。而且这一次我不会康复了。我开始听到幻音，没法集中精神。所以我将选择看来似乎是最好的办法。你已经给了我可能的最大幸福。已经没有人能像你这样了，从任何方面来说都是这样。我想，两个人不可能过得更开心了，直到这可怕

的疾病降临。我没法再搏斗下去了。我知道我正在毁掉你的生活，没有我，你能工作。你会的，我知道。你看我甚至不能妥帖地写这话。我不能阅读。我想说的就是，我生命中所有的幸福都归功于你。你一直对我十分耐心，难以置信地好。我想说——所有人都知道这一点。如果有人原本能救我，那就是你了。所有的一切都已离开了我，除了你确凿无疑的仁慈。我不能再继续毁掉你的生活了。

我不相信，还有两个人能比我们过得更开心了。

弗

她把这封信放在起居室的壁炉台上，然后，大约十一点半，她不知不觉地溜走了，带着手杖，穿越浸水草甸来到河边。[30] 伦纳德认为她可能已尝试过一次溺水；如果是那样的话，她已经从失败中汲取教训，决心这一次设法确保成功。将手杖留在河堤上，她把一块大石头硬塞进外套口袋，然后走向死亡，"一种我将永远不会描述的经历"，就像她曾对维塔说过的那样。[31]

注释

[1] AWD(Berg),1939 年 9 月 3 日。

[2] AWD(Berg),1939 年 9 月 11 日。

[3] T.S.艾略特致 VW,1939 年 9 月 12 日。

[4] AWD(Berg),1939 年 10 月 22 日。

[5] MH/A 20。

[6] AWD,第 322 页,1939 年 12 月 18 日。

[7] AWD(Berg),1940 年 2 月 8 日。

[8] AWD,第 328 页,1940 年 3 月 20 日。

［9］AWD,第 328 页,1940 年 3 月 20 日。

［10］VB/VW,1940 年 3 月 13 日(MH)。

［11］AWD,第 332 页,1940 年 5 月 13 日。

［12］AWD(Berg),1940 年 5 月 20 日。

［13］LW,《旅行……》,第 14 页。

［14］AWD,第 337 页,1940 年 6 月 22 日[实际上是 27 日]。

［15］AWD,第 342 页,1940 年 8 月 16 日。

［16］VW/VSW[1940 年 8 月 30 日](Berg)。

［17］VW/ES,1940 年 9 月 12 日(Berg)。

［18］发表在《新写作》中,1940 年秋;重新发表在《时刻》中,1947 年。

［19］《一位伯爵的侄甥女》,见《普通读者:续集》,第 217 页。

［20］R.L.钱伯斯(Chambers),《弗吉尼亚·伍尔夫的小说》,奥利弗暨博伊德出版社,1947 年,第 1 页。

［21］J.E.布朗什致 VW,1938 年 9 月 18 日(MH)。

［22］B.尼科尔森致 VW,1940 年 8 月 6 日和 19 日(MH);也参见 VW 致 B.尼科尔森,1940 年 8 月 13 日和 24 日。

［23］MH/B 8a-d;也参见传闻(QB)。

［24］VW/VSW,1940 年 11 月 29 日(Berg)。

［25］AWD,第 353 页,1940 年 9 月 29 日。

［26］AWD(Berg),1940 年 11 月 7 日。

［27］伊丽莎白·鲍恩,BBC/TV 综合节目,1970 年 1 月 18 日。

［28］VW 致 O.威尔伯福斯,未标明日期[1941 年 3 月 4 日](MH)。

［29］O.威尔伯福斯致 E.罗宾斯,1941 年 3 月 27 日;同上,1941 年 2 月 28 日,3 月 14 日、20 日和 28 或 29 日(MH)。

［30］《布赖顿阿耳戈斯报》,1941 年 4 月 19 日;也参见 VB/VSW,1941 年 4 月 29 日(Berg)。

［31］AWD(Berg),1926 年 11 月 23 日。

附录 A　年表

1912 年

6 月 4—6 日,弗吉尼亚身体不适,卧床;6 月和 7 月剩下的时间她都很忙,把伦纳德介绍给她的朋友和亲戚,跟他的家人见面,在阿希姆度周末,在沃尔伯斯威克也度过一个周末。

8 月 10 日,弗吉尼亚·斯蒂芬和伦纳德·伍尔夫在圣潘克拉斯登记处登记结婚。他们前往阿希姆,小住两天,返回伦敦,然后住进霍福德的普劳旅馆(位于萨默塞特)。

8 月 18 日,伦纳德和弗吉尼亚启程度蜜月,取道迪耶普,去了普罗旺斯和西班牙,从那里乘船去了意大利;9 月 28 日,他们抵达威尼斯。

10 月 3 日,伍尔夫夫妻返回布郎斯威克广场 38 号。伦纳德开始担任第二届后印象派画展的秘书,该画展在格拉夫顿画廊举办(直到 1 月 2 日)。

10 月下旬,伍尔夫夫妻搬到克利福德旅馆的房间,他们在旅馆和阿希姆之间分配时间居住。

12 月,弗吉尼亚身体不适,头痛,伦纳德患上疟疾,他们在阿希姆度圣诞节,新年初又再次住在阿希姆。

1913 年

1 月,伦纳德向医生咨询关于弗吉尼亚生孩子的问题;她感到头痛,睡眠不好。13 日,他开始记录她每天的身体状况。

1 月 25 日至 2 月 1 日,为了弗吉尼亚的健康,伍尔夫夫妻住在斯塔德兰的哈勃尤,然后返回伦敦住了两周,又去阿希姆住了一个长周末。

3 月 22—23 日,伍尔夫夫妻跟吉尔一家住在迪齐林。

3 月 9 日,《远航》的手稿被寄给杰拉尔德·达克渥斯;弗吉尼亚跟随伦纳德前往利物浦、曼彻斯特、利兹、约克、卡莱尔和莱斯特,伦纳德正在研究合作运动;他们在 3 月 19 日返回伦敦,然后前往阿希姆过复活节,客人有艾德里安·斯蒂芬和萨克逊·锡德尼-特纳。

4 月 1—11 日,在阿希姆,和玛乔里·斯特雷奇、萨克逊·锡德尼-特纳在一起。

4 月 12 日,达克渥斯愿意出版《远航》。

4 月 19 日,伍尔夫夫妻前往阿希姆,住两周;返回伦敦,他们在考文垂剧院观看了《指环》。

5 月 16 日至 6 月 2 日,在阿希姆;德斯蒙德·麦卡锡和利顿·斯特雷奇住了一个周末,珍妮特·卡斯也住了一个周末。

6 月 6—8 日,伍尔夫夫妻在剑桥,跟弗吉尼亚的堂姐住在纽汉姆,后者是纽汉姆学院的院长。

6 月 9—12 日,伍尔夫夫妻前往泰恩河畔纽卡斯尔,出席女性合作代表大会,跟玛格丽特·卢埃林·戴维斯一起返回伦敦;弗吉尼亚身体不适。

6 月 19 日至 7 月 7 日,伍尔夫夫妻在阿希姆;访客包括奥利弗和蕾·斯特雷奇、H.T.J.诺顿、E.M.福斯特、利顿·斯特雷奇和莫莉·麦卡锡。

7月12日,伍尔夫夫妻在伦敦住一周,跟比阿特丽斯和锡德尼·韦布共进午餐。

7月16—21日,在阿希姆;利顿·斯特雷奇同住;弗吉尼亚更加沮丧和不适。

7月22日,伍尔夫夫妻前往凯西克,出席费边社会议;弗吉尼亚病倒;24日返回伦敦,次日咨询乔治·萨维奇爵士;弗吉尼亚进入特威克南的疗养院。

8月11日,弗吉尼亚离开疗养院,返回阿希姆。

8月22日,伦纳德带弗吉尼亚去伦敦,拜访萨维奇医生和海德医生;次日,他们前往霍福德的普劳旅馆;弗吉尼亚的沮丧、错觉和拒食状况加重。

9月2日,凯瑟琳·考克斯跟伍尔夫夫妻在霍福德会合;8日,他们全体返回伦敦,去了布郎斯威克广场38号。

9月9日,弗吉尼亚拜访赖特医生和海德医生;晚上,她试图自杀。

9月20日,弗吉尼亚被伦纳德带到苏塞克斯的达林维奇宅邸,她在那里住到11月,伦纳德和护士负责照顾她。

11月18日,弗吉尼亚和两个护士搬到阿希姆;她的状况缓慢恢复。

12月3—5日,伦纳德在伦敦,安排腾空克利福德旅馆的房间。

1914年

1月,弗吉尼亚如今可以阅读和写信;她负责替利顿·斯特雷奇打印稿件,伦纳德去威尔特郡拜访了利顿。

2月16日,弗吉尼亚的最后一个护士走了。

229　3月7—18日,伦纳德不在家的时候,凯·考克斯、珍妮特·卡斯和瓦奈萨·贝尔分别到阿希姆来照顾弗吉尼亚。

4月6日,伍尔夫夫妻前往伦敦,向克雷格医生求诊;他们和珍妮特·卡斯住在汉普斯特德。

4月8—30日,在康沃尔——圣埃夫斯、卡比斯海湾和戈弗雷。

5月1日,取道伦敦返回阿希姆,他们在阿希姆度过整个夏天,除了6月去过一趟伦敦(去见牙医),以及伦纳德去伯明翰和凯西克开过会。

7月7日,伦纳德为弗吉尼亚买了一辆自行车。

8月4日,宣战。

8月6日,伍尔夫夫妻在伦敦住了一晚,随后前往诺森伯兰郡,在伍勒和科德斯特里姆(Coldstream)住到9月15日,然后返回伦敦;寻找房子。

9月30日,去阿希姆住了一周。

10月9日,伍尔夫夫妻寄宿在特威克南的圣玛格丽特路65号;16日,他们搬到里士满的格林街17号。

11月至12月,弗吉尼亚看来是恢复健康了,她拜访朋友,上烹饪课;伍尔夫夫妻去利顿·斯特雷奇在威尔特郡的村舍住了一个周末,又在离他不远的马尔堡度过圣诞节。

1915 年

1月1日,弗吉尼亚开始记日记。

1月25日,弗吉尼亚的三十三岁生日;她和伦纳德决定购买一台印刷机,还决定租下里士满的霍加斯宅。

2月18日,弗吉尼亚头痛,睡眠很差;再次精神崩溃的早期症状;到了3月4日,她变得兴奋和狂暴,唤来了护士。

3 月 25 日,弗吉尼亚被送去了疗养院,伦纳德着手搬家去霍加斯宅。

3 月 26 日,弗吉尼亚的处女小说《远航》问世。

4 月 1 日,弗吉尼亚被带到霍加斯宅;四个护士负责照顾她;4 月和 5 月是她发疯阶段最暴烈和癫狂的时期。

6 月,弗吉尼亚的状况开始逐渐恢复;到了 8 月,伦纳德能够带她出去乘车或坐轮椅了。

9 月 11 日至 11 月 4 日,伍尔夫夫妻住在阿希姆,有护士、厨师和佣人各一个。

11 月 4 日,返回霍加斯宅;弗吉尼亚逐渐恢复到正常生活;护士在 11 月 11 日离开。

12 月 22—30 日,在阿希姆度圣诞节;詹姆斯·斯特雷奇和诺埃尔·奥利弗亚来做客。

230

1916 年

1 月,弗吉尼亚在霍加斯宅过着一种相对正常的生活。

2 月 1 日,内莉·博克斯奥和洛蒂·霍普来做厨娘和佣人;2 月,伍尔夫夫妻在阿希姆度过一个周末。

4 月 6—15 日,弗吉尼亚患上流感,那之后,她去阿希姆住了三周;利顿·斯特雷奇和 C.P.桑格过来共度复活节。

5 月 5 日,伍尔夫夫妻返回霍加斯宅。

5 月 20—22 日,伍尔夫夫妻跟罗杰·弗赖住在靠近吉尔福德的德宾斯。

5 月 30 日,军队医学委员会检查了伦纳德的身体,拒绝了他。

6 月 17—19 日,伍尔夫夫妻在苏塞克斯度周末,跟锡德尼·韦布夫妻在一起;萧伯纳也在场。

7月7日,伍尔夫夫妻前往阿希姆,一直住到9月中旬,中间去拜访了瓦奈萨,后者住在萨福克郡的韦塞特(7月21—24日),接下来的一周去了霍加斯宅。

8月15—19日,G.E.穆尔,佩内尔·斯特雷奇,阿希姆;艾德里安,凯琳·斯蒂芬,阿莉克斯·萨金特-弗洛伦斯,詹姆斯·斯特雷奇,R.C.特里维廉,沃特路一家和罗杰·弗赖。

9月16日,伍尔夫夫妻返回里士满,18日,前往卡比斯海湾。

10月2日,返回霍加斯宅。

约10月4日,戴维·加奈特、卡林顿和巴巴拉·海尔斯在阿希姆住了一夜(未受邀请)。

10月17日,弗吉尼亚在女性合作协会里士满分会上讲话。

10月20—24日,伍尔夫夫妻在阿希姆;瓦奈萨最近搬到了四英里之外的查尔斯顿,不过他们没能见面。

12月21日,伍尔夫夫妻前往阿希姆;凯·考克斯过来度圣诞。

1917年

1月2日,伍尔夫夫妻拜访查尔斯顿;弗吉尼亚当晚住在查尔斯顿;4日,他们返回霍加斯宅;弗吉尼亚再次替《泰晤士报文学增刊》写稿。

231　3月23日,伍尔夫夫妻在法林顿街订购了一台印刷机。

4月3—17日,在阿希姆过复活节;C.P.桑格和玛乔里·斯特雷奇过来做客。

4月24日,印刷机被送到霍加斯宅;伍尔夫夫妻在里士满住到8月,短期拜访过阿希姆和R.C.特里维廉。

7月,霍加斯出版社的第一部出版物诞生:《墙上的斑点》和《三个犹太人》。

8 月 3 日至 10 月 5 日,伍尔夫夫妻住在阿希姆;弗吉尼亚写了简短的日记。客人包括 G.洛斯·迪金森、利顿·斯特雷奇、凯瑟琳·曼斯菲尔德、菲利普·莫瑞尔、锡德尼·沃特路、德斯蒙德·麦卡锡。

10 月 8 日,弗吉尼亚开始定期写日记;埃玛·沃恩把自己的图书装订工具送给了弗吉尼亚。

10 月 10 日,1917 俱乐部成立;伦纳德担任委员会成员。

10 月 29 日,弗吉尼亚和萨克逊·锡德尼-特纳前往阿希姆,然后前往查尔斯顿,伦纳德前往博尔顿(Bolton)、曼彻斯特和利物浦。

11 月 2 日,返回霍加斯宅。

11 月 17—19 日,伍尔夫夫妻首次拜访嘉辛敦庄园,菲利普和奥托林·莫瑞尔的家;利顿·斯特雷奇和奥尔德斯·赫胥黎也在场。

11 月 15 日,伍尔夫夫妻购买了一台较大型的二手印刷机;21 日,巴巴拉·海尔斯开始在霍加斯出版社担任兼职助手。

12 月 19 日,1917 俱乐部的首次全体聚会。

12 月 20 日,伍尔夫夫妻前往阿希姆度圣诞;拜访查尔斯顿并接受回访;凯·考克斯过来小住。

1918 年

1 月 3 日,返回霍加斯宅;弗吉尼亚在排铅字,给《泰晤士报文学增刊》写稿,经常拜访伦敦,去图书馆,去 1917 俱乐部,等等。

2 月 8 日,弗吉尼患上流感,卧床一周;19 日,她和伦纳德去了阿希姆,3 月 1 日从那里拜访了查尔斯顿,2 日返回霍加斯宅。

3 月 12 日,《夜与昼》已经写了超过十万字。

3 月 21 日至 4 月 5 日,伍尔夫夫妻在阿希姆度复活节;利顿·斯特雷奇来访。

4 月 14 日,哈丽特·韦伍尔到霍加斯宅来喝茶,带来了《尤利西斯》手稿。

5月,利顿·斯特雷奇的《维多利亚时代四名人传》问世。

5月16—28日,伍尔夫夫妻在阿希姆;罗杰·弗赖来访。

6月15—17日,伍尔夫夫妻跟沃特路一家住在威尔特郡的奥尔。

7月10日,寄出了凯瑟琳·曼斯菲尔德《序曲》的最初一批印本,由霍加斯出版社承印。

7月20—22日,伍尔夫夫妻跟利顿·斯特雷奇和卡林顿住在提德玛士。

7月27—29日,伍尔夫夫妻跟莫瑞尔一家住在嘉辛敦。

7月31日,伍尔夫夫妻前往阿希姆度夏;客人包括艾德里安和凯琳·斯蒂芬,锡德尼和比阿特丽斯·韦布,以及马克·格特勒。

10月7日,返回霍加斯宅;H.A.L.菲希尔来访,带来战争已结束的消息。

11月11日,停战日;鸣枪宣告和平。

11月15日,T.S.艾略特拜访霍加斯宅;跟弗吉尼亚初次见面。

11月21日,弗吉尼亚完成了《夜与昼》;印刷《丘园》;经常去汉普斯特德拜访凯瑟琳·曼斯菲尔德。

12月14—16日,弗吉尼亚在靠近吉尔福德的德宾斯度周末,跟罗杰·弗赖在一起。

12月20日,弗吉尼亚前往阿希姆;伦纳德次日也来了。

12月25日,安吉莉卡·贝尔在查尔斯顿诞生;28日,朱利安和昆汀·贝尔被带到阿希姆。

1919年

1月1日,伍尔夫夫妻返回霍加斯宅,朱利安和昆汀·贝尔一同前往。

1月2日,弗吉尼亚拔了一颗牙,随后卧床两周;9日,贝尔的孩子们被送回戈登广场的家中。

1月至3月,查尔斯顿爆发了家务危机;弗吉尼亚把内莉送来帮忙。

2月26日,里奇夫人(安妮姨妈)去世。

2月28日,伍尔夫夫妻前往阿希姆;获得搬家通知。

3月4日,弗吉尼亚在查尔斯顿过夜,次日返回霍加斯宅;印刷T.S.艾略特的《诗选》。

4月1日,《夜与昼》被递交给了杰拉尔德·达克渥斯。

4月25日,伍尔夫夫妻前往阿希姆,住了十天;在当地找房子。

5月7日,弗吉尼亚在康沃尔租下三幢村舍;达克渥斯接受了《夜与昼》。

5月12日,霍加斯出版社出版了弗吉尼亚的《丘园》,J.M.默里的《判断力批评》和T.S.艾略特的《诗选》。

5月27日,伍尔夫夫妻前往阿希姆;找房子。

6月2日,伦纳德返回伦敦;弗吉尼亚前往查尔斯顿过夜;次日,她买下了刘易斯的圆房子,返回霍加斯宅。

6月21—23日,弗吉尼亚在嘉辛敦过周末;G.L.迪金森、奥尔德斯·赫胥黎和马克·格特勒也在场。

233

6月26日,伍尔夫夫妻前往刘易斯查看圆房子,然后去了阿希姆;27日和28日,他们去看了僧侣屋。

7月1日,拍卖罗德麦尔的僧侣屋;被伍尔夫夫妻花费七百英镑购下。

7月19日,《和平条约》签订。

7月29日,伍尔夫夫妻前往阿希姆,度过整个8月;客人包括霍普·莫里斯和 E.M.福斯特。

9 月 1 日,伍尔夫夫妻迁往罗德麦尔的僧侣屋。

10 月 6 日,伍尔夫夫妻返回霍加斯宅。

10 月 20 日,达克渥斯出版了《夜与昼》。

11 月 8—10 日,伍尔夫夫妻和利顿·斯特雷奇、卡林顿住在提德玛士;萨克逊·锡德尼-特纳也在场。

12 月 1—19 日,伦纳德患上疟疾。

12 月 20—27 日,弗吉尼亚因流感卧病在床。

12 月 29 日,伍尔夫夫妻前往僧侣屋。

1920 年

1 月 8 日,返回霍加斯宅。

1 月 18 日,弗吉尼亚前往吉尔福德,拜访罗杰·弗赖,住了一夜。

2 月 7—9 日,伍尔夫夫妻前往奥尔德本,跟凯(未婚姓是考克斯)和威尔·阿诺德-福斯特共度周末。

2 月 21 日至 3 月 1 日,伍尔夫夫妻在僧侣屋。

3 月 4 日,传记俱乐部的初次聚会。

3 月 25 日至 4 月 7 日,伍尔夫夫妻在僧侣屋度过以下日子,包括复活节;4 月 30 日至 5 月 4 日;以及 5 月底的某个周末。

5 月 11 日,伦纳德被提名为工党候选人,代表英国联合大学选区。

6 月 7 日,弗吉尼亚前往伦敦;跟克莱夫·贝尔一起喝茶,跟瓦奈萨共进晚餐;"疯狂玛丽"的故事,栩栩如生的去滑铁卢的巴士之旅。

6 月 24—28 日,伍尔夫夫妻在僧侣屋。

7 月 22 日,伍尔夫夫妻前往僧侣屋,住两个月;8 月 2 日和 23 日,弗吉尼亚前往伦敦看望凯瑟琳·曼斯菲尔德(她们最后一次见面)。

8 月 28 日,卡林顿和拉尔夫·帕特里奇过来度周末;后者被邀请加入霍加斯出版社。

9月,利顿·斯特雷奇在僧侣屋小住数日,T.S.艾略特在僧侣屋住了一夜;弗吉尼亚在写《雅各布的房间》。

10月1日,伍尔夫夫妻返回霍加斯宅;6日,拉尔夫·帕特里奇开始在出版社做兼职工作。

234

12月22日,伍尔夫夫妻前往僧侣屋度圣诞节。

1921 年

1月2日,返回霍加斯宅,从那里出发,他们进行了两次短途旅行:去伍德科特(看望菲利普·伍尔夫),然后去提德玛士(看望利顿·斯特雷奇);2月22—28日,去僧侣屋。

3月7或8日,《周一或周二》问世。

3月16—18日,弗吉尼亚陪伴伦纳德去曼彻斯特出席提名会议。

3月23—31日,伍尔夫夫妻住在让罗,靠近阿诺德-福斯特夫妻。

4月,利顿·斯特雷奇的《维多利亚女王》出版。

4月22—25日,伍尔夫夫妻在僧侣屋。

5月18日,德斯蒙德和莫莉·麦卡锡、罗杰·弗赖在霍加斯宅吃饭;德斯蒙德的谈话被记录了下来。

5月21日,拉尔夫·帕特里奇和多拉·卡林顿结婚。

6月至7月,弗吉尼亚身体不适;6月7日到8月8日之间没记日记;伍尔夫夫妻从6月18日到7月1日住在僧侣屋;7月28日回到那里。

8月至9月,弗吉尼亚在养病;9月中旬之前,她不能工作或见客;9月24—25日,T.S.艾略特过来小住。

10月6日,返回霍加斯宅。

11月4日,《雅各布的房间》完稿。

11 月 5 日,前往僧侣屋的短程旅行,19 日,去看望菲利普·伍尔夫,然后去看望利顿·斯特雷奇。

12 月 1—3 日,伦纳德去曼彻斯特和杜伦处理政治事务。

12 月 20 日,伍尔夫夫妻前往僧侣屋度圣诞节。

1922 年

1 月 2 日,返回霍加斯宅。

1 月至 2 月,1 月 7 日,弗吉尼亚患上流感,1 月 22 日,病情复发,整个 2 月都在病中;克莱夫·贝尔经常拜访她。

2 月 25 日,在里士满,G.P.福格森医生建议弗吉尼亚去看心脏科专家;整个 3 月,她一直体温过高。

4 月 7—27 日,伍尔夫夫妻在僧侣屋。

5 月,弗吉尼亚的体温和心脏依然令人担忧;她拔了三颗牙。

235　　5 月 27—29 日,伍尔夫夫妻去提德玛士,拜访了利顿·斯特雷奇、卡林顿和拉尔夫·帕特里奇;E.M.福斯特和杰拉尔德·布伦南也在场。

约 6 月 2—10 日,伍尔夫夫妻在僧侣屋,他们从那里出发,出席了在布赖顿召开的合作大会,主席是玛格丽特·卢埃林·戴维斯。

7 月,弗吉尼亚写完了《雅各布的房间》;对她的肺感到担心。

7 月 15—17 日,弗吉尼亚在嘉辛敦庄园,她在那里遇到了奥古斯汀·比勒尔和 J.T.谢泼德。

8 月 1 日至 10 月 5 日,伍尔夫夫妻在僧侣屋;8 月 9 日,弗吉尼亚去伦敦拜访了一位专家,没发现肺结核,但在她的喉部查出了肺炎病菌。访客包括锡德尼·沃特路、利顿·斯特雷奇、E.M.福斯特和 T.S.艾略特;讨论了关于艾略特基金的问题。

10 月 27 日,霍加斯出版社出版了《雅各布的房间》。

11 月 4—5 日,伍尔夫夫妻在提德玛士,跟利顿·斯特雷奇在一起;直到年底为止,一直在考虑拉尔夫·帕特里奇和霍加斯出版社的未来。

11 月 17 日,大选日;伦纳德没能赢取大学的席位。

12 月 14 日,伍尔夫夫妻跟克莱夫·贝尔共餐;跟维塔·萨克维尔-韦斯特(即哈罗德·尼科尔森太太)初次见面。

12 月 21 日,伍尔夫夫妻前往僧侣屋度圣诞节。

1923 年

1 月 1 日,返回霍加斯宅。

1 月 9 日,凯瑟琳·曼斯菲尔德去世。

1 月 15 日,弗吉尼亚卧病在床,发烧;本月剩下的时间都感到身体不适;29 日,玛乔里·约德来到霍加斯出版社从事全职工作;3 月,拉尔夫·帕特里奇离职。

2 月 3—5 日,伍尔夫夫妻前往剑桥度周末;他们在国王学院就餐,观看了《俄狄浦斯王》,拜访了纽汉姆,跟梅纳德·凯恩斯共餐。

2 月—3 月,《民族国家》改型;弗吉尼亚试图替 T.S.艾略特争取文学编辑职位;3 月 23 日,这个职位被提供给伦纳德,他接受了职位。

3 月 27 日,伍尔夫夫妻取道巴黎前往西班牙,31 日抵达格拉纳达;4 月 4—13 日,他们跟杰拉尔德·布伦南住在耶亨村,然后分期返回巴黎;24 日,伦纳德回到家中;4 月 27 日,弗吉尼亚随后也回到家中;伦纳德开始为《民族国家》工作。

5 月 25—27 日,伍尔夫夫妻在僧侣屋。

6 月 2—3 日,伍尔夫夫妻在嘉辛敦;利顿·斯特雷奇也在场;"三十七个人一起喝茶,"包括戴维·塞西尔勋爵、E.萨克维尔-韦斯特、L.P.哈特利和阿斯奎斯太太。

236

6月下旬,弗吉尼亚不再负责为女性合作协会的里士满分会寻找演讲者。

8月1日至9月30日,伍尔夫夫妻在僧侣屋;访客包括弗朗西斯·比勒尔和雷蒙德·莫迪默、玛丽·汉米尔顿太太(Mary Hamilton)、E.M.福斯特、利顿·斯特雷奇和帕特里奇夫妻;9月7—10日,他们和梅纳德·凯恩斯住在拉尔沃斯;利季娅·洛博科娃、乔治·赖兰兹和雷蒙德·莫迪默也同在;弗吉尼亚在撰写《弗莱士渥特》的初稿,还在写《时光》(即《戴洛维太太》)。

10月至11月,弗吉尼亚在伦敦找房子。

12月,12月1—3日,伍尔夫夫妻在僧侣屋,从21日起又去那里居住。

1924 年

1月1日,返回霍加斯宅。

1月至3月,1月8日,弗吉尼亚找到了位于布鲁姆斯伯里的塔维斯托克广场52号,1月9日签订租约,3月13—15日迁居此地。

4月17—28日,伍尔夫夫妻在僧侣屋度复活节。

5月9—10日,伍尔夫夫妻住在提德玛士,跟利顿·斯特雷奇和帕特里奇夫妻在一起。

5月17—19日,伍尔夫夫妻在剑桥;他们和乔治·赖兰兹在国王学院共进午餐;考虑让他加入霍加斯出版社;弗吉尼亚向"异教徒"社团做了关于"现代小说"的演讲(《贝内特先生和布朗太太》)。

6月5—9日,在僧侣屋过圣灵降临节。

6月28—29日,伍尔夫夫妻在嘉辛敦;其他访客包括伯纳斯勋爵和T.S.艾略特。

7月2日,乔治·赖兰兹开始在霍加斯出版社工作。

7 月 4 日，维塔·萨克维尔-韦斯特带着弗吉尼亚去诺尔；她跟萨克维尔勋爵、多萝西·韦尔斯利夫人和杰弗里·斯科特见面。

7 月 30 日—10 月 2 日，伍尔夫夫妻在僧侣屋；弗吉尼亚在撰写《戴洛维太太》。访客包括乔治·赖兰兹、诺曼·莱斯、维塔·萨克维尔-韦斯特、凯琳和安·斯蒂芬。

10 月 8 日，《戴洛维太太》完稿。伍尔夫夫妻去利顿·斯特雷奇的新家拜访他，新家是靠近亨格福德的汉姆斯普雷宅。

10 月 30 日，《贝内特先生和布朗太太》问世。

11 月 25 日，乔治·赖兰兹决定离开霍加斯出版社；安格斯·戴维森接受面试，取代赖兰兹。

237

12 月 24 日，伍尔夫夫妻前往僧侣屋；安格斯·戴维森留下过圣诞节。

1925 年

1 月 3 日，返回塔维斯托克广场；伍尔夫夫妻在那里一直住到 3 月 26 日，只有 2 月 6—8 日的那个周末去了僧侣屋；安格斯·戴维森在霍加斯出版社工作。

1 月 22 日，弗吉尼亚病倒，卧床大约两周。

2 月，玛乔里·约德离开霍加斯出版社；伯纳黛特·墨菲就职。

2 月 6 日，弗吉尼亚把《戴洛维太太》的校样寄给雅克·拉弗拉；他死于 3 月 7 日。

3 月 26 日至 4 月 7 日，伍尔夫夫妻前往卡西斯，住在桑德里永旅馆。

4 月 9—13 日，在僧侣屋度复活节。

4 月 23 日，《普通读者》问世。

5 月 2—3 日，伍尔夫夫妻在剑桥；他们见到了约翰·海沃德、理查德·布雷思韦特,以及很多老朋友。

5月14日,《戴洛维太太》问世。弗吉尼亚考虑要写《到灯塔去》。

5月至7月,弗吉尼亚在伦敦过着一种热衷社交的生活,在僧侣屋住了两个周末,还去索普勒索肯(Thorpe-le-Soken),跟艾德里安和凯琳·斯蒂芬共度一个周末。

7月,伯纳黛特·墨菲离开霍加斯出版社;卡特赖特太太就职。

8月4日,约翰·梅纳德·凯恩斯和利季娅·洛博科娃结婚。

8月5日—10月2日,伍尔夫夫妻在僧侣屋。8月19日,弗吉尼亚在查尔斯顿崩溃,整个假期她身体不适,很少见客。

10月至11月,弗吉尼亚在塔维斯托克广场,身体不适,处于停滞状态。

11月7日,玛奇·沃恩去世。

12月2日,弗吉尼亚去看芭蕾舞;两个月以来第一次晚上出门。

12月17—20日,弗吉尼亚和维塔·萨克维尔-韦斯特住在朗巴恩,靠近塞文欧克斯(Sevenoaks);伦纳德19日过来跟她们会合。

12月22—28日,伍尔夫夫妻和贝尔夫妻住在查尔斯顿(僧侣屋在改建中);维塔·萨克维尔-韦斯特在26日过来吃午餐。

1926年

1月8日,弗吉尼亚在塔维斯托克广场患上风疹,该月的剩余时间都身体不适;她再次开始写《到灯塔去》;维塔·萨克维尔-韦斯特前往波斯。

2月6—8日,伍尔夫夫妻在僧侣屋。

3月16日,《到灯塔去》已经写了四万字。

3月24日,伦纳德辞去《民族国家》的文学编辑职位。参加萝丝·麦考利小姐灾难性的"文学"会餐。

4 月 13—18 日,伍尔夫夫妻前往艾文教堂(Iwerne Minster);在多塞特郡旅行销售书籍。

4 月 29 日,弗吉尼亚完成了《到灯塔去》的第一部分,开始写第二部分,5 月 25 日完成第二部分。

5 月 3—12 日,大罢工。

5 月 27—30 日,伍尔夫夫妻前往僧侣屋。

6 月 11—15 日,弗吉尼亚在僧侣屋;伦纳德住了两天,维塔·萨克维尔-韦斯特住了另外两天。

6 月 26—27 日,伍尔夫夫妻在嘉辛敦;同在的访客包括奥尔德斯·赫胥黎、齐格弗里德·萨松、E.萨克维尔-韦斯特;他们去博阿尔斯黑尔(Boar's Hill)拜访了罗伯特·布里吉斯。

7 月 23 日,伍尔夫夫妻前往多切斯特拜访托马斯·哈代。

7 月 27 日,伍尔夫夫妻前往僧侣屋;弗吉尼亚筋疲力尽,休息中。访客很少,其中包括萝丝·麦考利小姐、安格斯·戴维森和斯蒂芬·汤姆林;弗吉尼亚感到沮丧。

10 月 14 日,返回塔维斯托克广场。

10 月 23—25 日,伍尔夫夫妻在剑桥;他们拜访了埃德蒙·戈斯、佩内尔·斯特雷奇、F.L.卢卡斯和维塔·萨克维尔-韦斯特。

11 月 4 日,伍尔夫夫妻和 H.G.威尔斯共餐,见到阿诺德·贝内特;次日,她们前往朗巴恩,跟维塔·萨克维尔-韦斯特共度周末。

12 月 22—28 日,伍尔夫夫妻和阿诺德-福斯特一家在康沃尔一起度圣诞节。

1927 年

1 月,弗吉尼亚写完《到灯塔去》。1 月 5—9 日,她和伦纳德在僧侣屋;15—17 日,她在朗巴恩,还拜访了诺尔;1 月 29 日,维塔·萨克维尔-韦斯特返回波斯。伍尔夫夫妻考虑并拒绝了去美国的主张。

2月9日,弗吉尼亚剪了短发。

2月25—27日,伍尔夫夫妻在僧侣屋。

3月中旬,弗吉尼亚构思了《杰瑟米新娘们》。

3月30日至4月28日,伍尔夫夫妻和贝尔夫妻在卡西斯住了一周,然后去巴勒莫、锡拉库扎、那不勒斯和罗马旅行,他们在罗马住了一周。

239　　4月30日,瓦奈萨写信给弗吉尼亚,描述了卡西斯的飞蛾。

5月5日,《到灯塔去》问世。

5月18—19日,弗吉尼亚和维塔·萨克维尔-韦斯特拜访了牛津,然后去僧侣屋度周末。

6月初,弗吉尼亚感到头痛,卧床一周;8日,她去僧侣屋住了一周;16日,她目睹维塔·萨克维尔-韦斯特被授予霍桑登文学奖。

6月28—29日,伍尔夫夫妻和尼科尔森夫妻以及其他人一起去了约克郡,去看日全食。

7月,弗吉尼亚和维塔·萨克维尔-韦斯特在朗巴恩度过两个周末;伍尔夫夫妻买了一辆辛格车;弗吉尼亚在广播上讲了话。

7月27日至8月1日,弗吉尼亚在靠近迪耶普的道别格德别墅,跟埃塞尔·桑兹和南·哈德逊在一起;她见到了J.E.布朗什。

8月至9月,伍尔夫夫妻在僧侣屋;访客包括维塔·萨克维尔-韦斯特、雷蒙德·莫迪默、E.M.福斯特;很多驾车旅行。

10月5日,弗吉尼亚开始写《奥兰多》,"就当是个玩笑";6日,伍尔夫夫妻返回塔维斯托克广场。

11月8日,克莱夫·贝尔把《文明》的第一部分送给弗吉尼亚阅读;跟E.M.福斯特通信讨论艺术和人生。

12 月 9 日,安格斯·戴维森将离开霍加斯出版社。

12 月 24 日,伍尔夫夫妻前往查尔斯顿度圣诞节;27 日,去僧侣屋。

1928 年

1 月 2 日,返回塔维斯托克广场。弗吉尼亚在写《奥兰多》。1 月 14—15 日,她住在朗巴恩;月底,她因头痛卧床,2 月中旬,因患上流感再次卧床。

3 月 9—12 日,伍尔夫夫妻在僧侣屋。3 月 17 日,写完《奥兰多》。

3 月 26 日,伍尔夫夫妻穿越海峡,抵达迪耶普,开车去卡西斯,4 月 2 日抵达;他们住在提德上校家,即丰特克勒兹(Fontcreuse),离贝尔夫妻和邓肯·格兰特不远;他们在 4 月 9 日启程回家,16 日抵达伦敦。

4 月至 6 月,弗吉尼亚获得费米纳美满生活奖;4 月、5 月和 6 月的最后一个周末,伍尔夫夫妻住在僧侣屋。

6 月 9—11 日,伍尔夫夫妻拜访住在林德赫斯特的珍妮特·卡斯。

7 月 24 日,伍尔夫夫妻前往僧侣屋;维塔·萨克维尔-韦斯特 29 日和 30 日前来小住;这个夏天的其他访客包括 E.萨克维尔-韦斯特、E.M.福斯特、理查德·肯尼迪和伍尔夫太太;他们买下了僧侣屋毗邻的土地。

9 月 24 日,弗吉尼亚和维塔·萨克维尔-韦斯特前往巴黎、索略、韦兹莱(Vézelay)、欧塞尔(Auxerre)旅行;10 月 1 日,她们返回僧侣屋。

10 月 2 日,伍尔夫夫妻返回塔维斯托克广场。

10 月 11 日,《奥兰多》问世。

10 月 20 日,伍尔夫夫妻和维塔·萨克维尔-韦斯特、瓦奈萨和安吉莉卡·贝尔拜访剑桥;本周和下一周,弗吉尼亚向专收女生的剑桥学院朗读了两篇文章,这两篇文章后来经过修订,变成了《一个属于自己的房间》。

11月9日,《寂寞之井》的案件在弓街受审。

11月至12月,弗吉尼亚和瓦奈萨组织了一系列聚会;11月10日,伍尔夫夫妻前往剑桥,观看了利季娅·洛博科娃的演出;11月24—25日,在罗德麦尔,他们在当地买了一幢村舍;12月15—16日,他们再次住在罗德麦尔;收到《奥兰多》第三版的订购。

12月27日,伍尔夫夫妻前往僧侣屋;理查德·肯尼迪过来住了一宿。

1929年

1月3日,返回塔维斯托克广场。

1月16日,伍尔夫夫妻前往柏林的阿尔伯特王子旅馆,18日,瓦奈萨、昆汀·贝尔和邓肯·格兰特在那里跟他们会合;哈罗德·尼科尔森在大使馆就职;维塔和E.萨克维尔-韦斯特也在柏林。

1月24—25日,取道哈威奇返程;弗吉尼亚因服用索姆尼芬而生病数周;她又进一步受到噪音干扰,噪音来自塔维斯托克广场附近的一台泵机。

3月,弗吉尼亚在撰写《一个属于自己的房间》的定稿,同时在构思《飞蛾》。

4月3—7日,伍尔夫夫妻前往僧侣屋;该月迟一些的时候,他们再次前往僧侣屋,安排再增建两个房间。

5月3—6日,去僧侣屋,5月17—23日,再次前往僧侣屋,过圣灵降临节。

5月30日,大选日;伍尔夫夫妻驾车去罗德麦尔投票;次日,取道朗巴恩返回塔维斯托克广场。

6月4—14日,伍尔夫夫妻乘火车前往卡西斯,住了一周;他们住在丰特克勒兹,瓦奈萨·贝尔和邓肯·格兰特在那里。

241

6 月 19—23 日,伍尔夫夫妻在僧侣屋;弗吉尼亚喉咙痛,头痛。

7 月 5—8 日,12—14 日,20—23 日在僧侣屋。

7 月 27 日至 10 月 6 日,在僧侣屋;访客包括凯·阿诺德-福斯特、威廉·普洛默、珍妮特·沃恩、林恩·欧文、F.L.卢卡斯;弗吉尼亚间歇感到头痛和忧郁;去朗巴恩拜访维塔·萨克维尔-韦斯特,去沃辛拜访伍尔夫太太。

9 月,哈罗德·尼科尔森辞去外交职务。

9 月 30 日,伍尔夫夫妻出席了在布赖顿举行的工党大会。

10 月 24 日,《一个属于自己的房间》问世。

11 月 20 日,弗吉尼亚在广播里讲话;伍尔夫夫妻受到沃本街一家旅馆的舞曲打扰,采取了法律措施。

12 月 21 日,去僧侣屋;弗吉尼亚的新卧室布置好了;他们见到了凯恩斯夫妻和维塔·萨克维尔-韦斯特。

1930 年

1 月 5 日,伍尔夫夫妻返回塔维斯托克广场;15 日,弗吉尼亚和"博吉"·哈里斯在贝德福德广场共餐,会见首相,等等;18 日,去参加安吉莉卡·贝尔的宴会,地址在菲茨罗伊街 8 号;31 日,以帝国旅馆公司为被告的案件受审,判决有利于伍尔夫夫妻。

2 月 9 日,C.P.桑格去世。在僧侣屋住了两天后回来,伦纳德病倒,弗吉尼亚随后也病倒,该月剩余的时间,她间歇处于高温状态。

2 月,伍尔夫夫妻、贝尔夫妻、罗杰·弗赖和雷蒙德·莫迪默计划出版一份新期刊,未实现。

2 月 20 日,弗吉尼亚初次见到埃塞尔·史密斯,此后,史密斯成了常客。

3月1—8日,伍尔夫夫妻在僧侣屋;21—24日,他们再次到僧侣屋小住;弗吉尼亚在写《海浪》。

3月31日,卡特赖特太太离开霍加斯出版社。

4月4—6日,伍尔夫夫妻在僧侣屋;16—27日,他们再次来僧侣屋,过复活节。

5月29日,弗吉尼亚完成了《海浪》初稿。

5月4—11日,伍尔夫夫妻前往萨默塞特、德文、康沃尔旅行售书,取道汉普郡返回僧侣屋;内莉·博克斯奥整个月都在生病,29日开始住院。

242　6月5—10日,伍尔夫夫妻在僧侣屋,20—21日,他们再次来僧侣屋小住;弗吉尼亚在重写《海浪》;经常见到维塔·萨克维尔-韦斯特和埃塞尔·史密斯,她去拜访过这两位。

7月4—6日,12—14日以及从29日起,伍尔夫夫妻住在僧侣屋;他们短期拜访的地方包括剑桥,去沃金看望埃塞尔·史密斯,以及去朗巴恩。

8月至9月,在僧侣屋;伦纳德每周大约驾车去伦敦一趟,弗吉尼亚有时跟他同往;访客包括埃塞尔·史密斯、维塔·萨克维尔-韦斯特、爱丽丝·里奇和E.M.福斯特;8月29日,弗吉尼亚在花园里晕倒,病了十天;她的新卧室成了起居室;9月10日,伍尔夫夫妻当天拜访了锡辛赫斯特城堡,即维塔·萨克维尔-韦斯特的新家。

10月1日,伍尔夫夫妻和贝尔夫妻在查尔斯顿吃午餐,跟乔治和玛格丽特·达克渥斯见面。

10月4日至12月,返回塔维斯托克广场;在僧侣屋度过四个周末;弗吉尼亚在伦敦过着一种社交频繁的生活,除了见老朋友和家人之外,还跟朗达夫人、科尔法克斯夫人等人共餐。

12 月 23 日,伍尔夫夫妻前往僧侣屋过圣诞节;24—30 日,弗吉尼亚卧病不起。

1931 年

1 月 7 日,返回塔维斯托克广场;内莉·博克斯奥回来担任厨娘和女佣。

1 月 12 日,弗吉尼亚见到约翰·莱曼,霍加斯出版社未来的合伙人;21 日,他开始工作。

1 月 23—25 日,伍尔夫夫妻在僧侣屋;此后,他们基本上打算在罗德麦尔度过隔周的周末(从周五到周日),复活节、圣灵降临节和圣诞节还要住得更久,8 月和 9 月整整两个月都住那里。

2 月 7 日,弗吉尼亚记录了《海浪》的结尾。

2 月 14—15 日,伍尔夫夫妻和瓦奈萨驾车去剑桥,观看珀塞尔的《仙后》;他们拜访了 E.M.福斯特、乔治·赖兰兹和其他人。

2 月 27 日,弗吉尼亚前往锡辛赫斯特城堡,跟维塔·萨克维尔-韦斯特住了一宿。

3 月 28—29 日,伍尔夫夫妻驾车前往利普胡克,跟锡德尼和比阿特丽斯·韦布同住。

4 月 2—9 日,在僧侣屋过复活节。

4 月 16—30 日,伍尔夫夫妻乘车去法国西部旅行,从迪耶普前往拉罗谢尔、布朗托姆、普瓦捷、勒芒、德勒和卡德贝尔,然后返回。

5 月 3 日,弗吉尼亚在僧侣屋住了两天后,返回塔维斯托克广场。

5 月 21—28 日,在僧侣屋过圣灵降临节,此前,弗吉尼亚因头痛卧床两天,罪魁祸首是埃塞尔·史密斯。

7 月,弗吉尼亚当模特,斯蒂芬·汤姆林为她雕塑头像。

7 月 17—19 日,伍尔夫夫妻在僧侣屋;弗吉尼亚完成了《海浪》的修订,重新打印了书稿,伦纳德读了书稿,宣称它是一部杰作。

7月25—26日,伍尔夫夫妻跟锡德尼和玛杰里·沃特路一起在奥尔。

7月30日,伍尔夫夫妻去僧侣屋度夏假;弗吉尼亚开始写《弗拉迅》,修订《海浪》的校样;头痛了数日;访客包括维塔·萨克维尔-韦斯特、科尔法克斯夫人、埃塞尔·史密斯、约翰·莱曼、乔治爵士和玛格丽特·达克渥斯夫人、金斯利·马丁和林恩·欧文。

10月1日,返回塔维斯托克广场;伦纳德每周上电台,做了六次广播讲话。

10月8日,《海浪》问世。

11月24日,弗吉尼亚头痛,不得不休息一个月。

12月22日,伍尔夫夫妻前往僧侣屋过圣诞节。利顿·斯特雷奇重病。

1932年

1月10日,返回塔维斯托克广场。

1月14日,伦纳德夫妻驾车前往汉姆斯普雷去拜访利顿·斯特雷奇,利顿·斯特雷奇因为重病没有跟他们见面;跟皮帕·斯特雷奇共进午餐。

1月21日,利顿·斯特雷奇去世。

1月31日,弗吉尼亚写完了《给一位年轻诗人的信》;她在写《普通读者:系列二》。

2月,弗吉尼亚受邀去剑桥做克拉克讲座,她谢绝了。

3月10日,伍尔夫夫妻驾车前往汉姆斯普雷,看望卡林顿,次日,卡林顿自杀。

3月12—15日,伍尔夫夫妻驾车前往剑桥,和乔治·赖兰兹一起看《哈姆雷特》;然后去了金斯林、克罗默和诺威奇,跟罗杰·弗赖在伊普斯威奇附近共度一宿。

3月23日至4月3日,在僧侣屋过复活节;伍尔夫夫妻去锡辛赫斯特城堡拜访了维塔·萨克维尔-韦斯特,去罗廷町拜访了埃塞尔·史密斯和莫里斯·巴林;阿希姆修建起了水泥厂。

4月15日,伍尔夫夫妻和罗杰以及玛杰里·弗赖一起出发,前往希腊,取道巴黎和威尼斯,20日抵达雅典;他们乘坐东方快车,取道贝尔格莱德,5月12日抵达僧侣屋。

5月15日,返回塔维斯托克广场;关于霍加斯出版社组织结构的讨论;约翰·莱曼将留下来做顾问,斯科特·约翰逊小姐当经理,还有三个职员。

6月至7月,弗吉尼亚过着一种社交频繁的生活,隔周去僧侣屋度周末。

7月1日,发表了《给一位年轻诗人的信》;11日,《普通读者:系列二》完稿。

7月26日,伍尔夫夫妻前往僧侣屋;非常炎热的八月天气:11日,弗吉尼亚因天热晕倒,身体不适了数日;访客包括斯特拉·本森、伍尔夫太太、T.S.艾略特夫妻、维塔·萨克维尔-韦斯特、埃塞尔·史密斯和威廉·普洛默。

8月25—26日,伍尔夫夫妻前往索普勒索肯,拜访艾德里安和凯琳·斯蒂芬,途经塔维斯托克广场返回僧侣屋。

8月31日,约翰·莱曼离开霍加斯出版社。

10月,伍尔夫夫妻返回塔维斯托克广场;10月3—5日,他们去莱斯特出席工党大会。

10月13日,《普通读者:系列二》问世。弗吉尼亚开始"编造"

《帕吉特一家》(即《岁月》)。

11月1日,弗吉尼亚的心脏"迅猛跳动",她因此不能随意行动。

12月20日,伍尔夫夫妻前往僧侣屋过圣诞节;凯恩斯夫妻在圣诞日前来吃午餐和喝茶。

1933年

1月2日,伍尔夫夫妻前往伦敦,参加瓦奈萨的宴会,住了一宿。

1月15日,返回塔维斯托克广场;弗吉尼亚在修订《弗拉迅》。

2月,弗吉尼亚开始每周上两次意大利语课程。

3月,曼彻斯特大学授予弗吉尼亚荣誉博士学位,弗吉尼亚表示拒绝。

4月13—23日,伍尔夫夫妻在僧侣屋过复活节。

245　5月5—27日,伍尔夫夫妻驾车穿越法国,取道格兰德海岸路和比萨,抵达锡耶纳,途经卢卡(Lucca)、莱里奇(Lerici)、阿维尼翁和沙特尔返回僧侣屋。

5月28日,返回塔维斯托克广场;弗吉尼亚在写《岁月》。

6月1—7日,在僧侣屋过圣灵降临节。

6月至7月,伍尔夫夫妻非常活跃,社交频繁;跟奥托林·莫瑞尔夫人重续亲密关系,弗吉尼亚鼓励后者撰写回忆录。

7月27日,前往僧侣屋度夏假;弗吉尼亚彻底筋疲力尽,8月初,卧床不起;访客包括伊丽莎白·里德、埃塞尔·史密斯、金斯利·马丁、维塔·萨克维尔-韦斯特、利奥波德·坎贝尔-道格拉斯、W.A.罗伯森、T.S.艾略特和E.M.福斯特;弗吉尼亚再次开始写《岁月》。

9月初,弗吉尼亚受邀接替剑桥的莱斯利·斯蒂芬讲师职位,她拒绝了邀请。

9月23日,传记俱乐部在提尔顿(凯恩斯家)聚会;E.M.福斯特和伍尔夫夫妻在一起;24 日,有十一个人在僧侣屋喝茶。

10 月 3—4 日,工党大会在黑斯廷斯举行;伦纳德出席了两天的会议,弗吉尼亚只出席了第一天的会议。

10 月 5 日,《弗拉迅》问世;伍尔夫夫妻当天前往锡辛赫斯特城堡。

10 月 7 日,返回塔维斯托克广场;隔周去僧侣屋的习惯仍在持续中(周五到周日);11 月 11—12 日,伍尔夫夫妻前往伊普斯登,跟罗莎蒙德(·莱曼)和沃根·菲利普斯同住;11 月 30 日,弗吉尼亚前往牛津,拜访 H.A.L.菲希尔。

12 月 15 日,弗吉尼亚跟克莱夫·贝尔共餐,席中跟沃尔特·希克特见面。

12 月 21 日,伍尔夫夫妻前往僧侣屋,住三周;凯恩斯夫妻、维塔·萨克维尔-韦斯特以及她的儿子们在圣诞节当天过来拜访。

1934 年

1 月 7 日,伍尔夫夫妻前往伦敦,伦纳德出席了他妹妹克拉拉的葬礼。

1 月 14 日至 3 月末,返回塔维斯托克广场;继续隔周前往僧侣屋;弗吉尼亚感到周期性的头痛;2 月,她修改好了《希克特》,又开始写小说;瓦奈萨在给她画肖像画。

3 月 28 日,内莉·博克斯奥最终离开伍尔夫家;他们在复活节期间去僧侣屋住了两周;为了 4 月 8 日在提尔顿举办的传记俱乐部聚会,E.M.福斯特前来拜访。

4 月 22 日,伍尔夫夫妻驾车前往僧侣屋,从那里出发,取道索尔兹伯里和菲什加德(Fishguard),前往爱尔兰;他们拜访了住在鲍恩宅邸的伊丽莎白·鲍恩;5 月 1 日,在沃特维尔,他们读到乔治·达克渥斯

246

去世的消息;他们前往戈尔韦(Galway)和都柏林,返程取道霍利黑德(Holyhead)和艾冯河畔斯特拉福德(Stratford-on-Avon)。

5月9日,返回塔维斯托克广场;弗吉尼亚患上流感,卧床一周,那之后,他们去僧侣屋过圣灵降临节(5月17—22日);她在伦敦再次病倒,于是返回僧侣屋又住了一周;他们前往格林德伯恩歌剧音乐节,观看《费加罗》。

6月11日,返回塔维斯托克广场;弗吉尼亚跟詹妮·布西每周学两次法文;她又再次开始写《岁月》。

7月25日,伦纳德得到一只小毛猴。

7月26日,伍尔夫夫妻前往僧侣屋度夏假;梅布尔来担任他们的新厨娘,路易·艾弗雷特担任白班的佣人;访客包括伊尼德·拜格诺(Enid Bagnold)、萨克逊·锡德尼-特纳、威廉·普洛默、林恩·欧文、凯琳、安和朱迪斯·斯蒂芬、乔治·赖兰兹。

9月9日,罗杰·弗赖去世。9月13日,伍尔夫夫妻出席了在戈尔德斯格林举行的葬礼。

9月30日,弗吉尼亚完成了《岁月》的初稿。

10月7日,返回塔维斯托克广场;弗吉尼亚因小说和温德汉姆·刘易斯的毁谤而陷入沮丧。

10月20—21日,伍尔夫夫妻前往梅德斯通,参加新费边研究局会议;25日,《沃尔特·希克特对话录》问世;弗吉尼亚在奥托林·莫瑞尔夫人家见到W.B.叶芝。

11月15日,弗吉尼亚开始重写《岁月》。

12月21日,伍尔夫夫妻前往僧侣屋过圣诞节;雨下得很大。

1935年

1月2日,弗朗西斯·比勒尔去世。

1 月 13 日,伍尔夫夫妻返回塔维斯托克广场。

1 月 18 日,弗吉尼亚的剧本《弗莱什渥特》在朋友们面前上演,地点是位于菲茨罗伊街 8 号的瓦奈萨的画室。

2 月至 4 月,隔周去僧侣屋;弗吉尼亚在修订《岁月》,见了很多人。

4 月 18—24 日,在罗德麦尔过复活节。

5 月 1 日,伍尔夫夫妻出发,驾车取道哈威奇去欧洲旅游。他们在荷兰停留一周,在德国停留三天,5 月 13 日穿越勃伦纳山口进入意大利;5 月 16 抵达罗马,在那里见到瓦奈萨、安吉莉卡和昆汀·贝尔;他们在 24 日启程回家,驾车穿越法国,5 月 31 日抵达僧侣屋。

6 月 2 日,返回塔维斯托克广场,住到 6 日,然后回到僧侣屋过圣灵降临节;两次拜访格林德伯恩。

7 月 2 日,弗吉尼亚前往科茨沃尔德,跟特威兹穆尔夫妻(苏珊·巴肯)相处一宿。

7 月 12 日,伍尔夫夫妻驾车前往布里斯托尔,弗吉尼亚在当地替罗杰·弗赖的画展揭幕;他们的返程取道埃夫伯里(Avebury)、莱奇莱德(Lechlade)和凯姆斯科特(Kelmscott)。

7 月 24 日,跟约翰·莱曼一起吃"和解之餐"。

7 月 25 日,伍尔夫夫妻前往僧侣屋度夏假;访客包括斯蒂芬·坦南特、伦纳德的亲戚、W.A.罗伯森、玛杰里·弗赖和 T.S.艾略特;他们拜访了伦敦、沃辛、锡辛赫斯特、杜金(去拜访玛格丽特·卢埃林·戴维斯),不留宿。

8 月 29 日,朱利安·贝尔离开纽黑文,前往中国;暴风雨出奇地猛烈。

9 月,弗吉尼亚决定给自己的新书取名叫《岁月》;她在改写这本书。

9月30日至10月2日，伍尔夫夫妻前往布赖顿出席工党大会；他们听到了贝文对兰斯伯里的抨击。

10月5日，返回塔维斯托克广场；弗吉尼亚在阅读罗杰·弗赖的书信，为将来的传记做笔记。

11月14日，大选日；伍尔夫夫妻在罗德麦尔投票，然后开车送选民去帕查姆(Patcham)的投票处。

12月20日，前往僧侣屋过圣诞节；雨很大。

1936年

1月1日，弗吉尼亚因头痛而卧床；病了三天。

1月8日，返回塔维斯托克广场；弗吉尼亚在修订《岁月》，为《罗杰·弗赖传》阅读资料。

1月20日，乔治五世去世；爱德华八世继位。

1月24—26日，伍尔夫夫妻前往僧侣屋，然后去了坎特伯雷，伦纳德在当地的工人教育协会上做演讲。

2月9日，伍尔夫夫妻出席了警觉团的聚会，这个团体是反法西斯的知识分子成立的，聚会在艾德里安·斯蒂芬家中举行。

2月，弗吉尼亚努力工作，身体不适，减少了社交活动。

248　3月，伍尔夫夫妻去看利季娅·洛博科娃出演易卜生的戏剧；大家想的都是日益恶化的政治局面；一部分《岁月》被送去印刷了，但是主要部分还在修订和重新打印过程中。

4月3日，伍尔夫夫妻前往僧侣屋过复活节；8日，弗吉尼亚把最后一批《岁月》手稿送去印刷了，她病倒在床，在罗德麦尔待了一个月，做不了任何事情。

5月3日，返回塔维斯托克广场；弗吉尼亚去看伦德尔医生；然后，他们驾车启程去西南地区旅行,去了威茅斯、莱姆里吉斯和康沃尔,在让罗和阿诺德-福斯特夫妻共处三宿;他们取道科弗拉克和沙夫茨伯里,返回僧侣屋,然后在 5 月 22 日抵达塔维斯托克广场。

5 月 23 日,弗吉尼亚再次开始工作——医生规定每天不能超过四十五分钟。

5 月 29 日至 6 月 10 日,伍尔夫夫妻遵从医嘱,返回僧侣屋。

6 月 10—25 日, 为了参加为期两周的审判,返回塔维斯托克广场;弗吉尼亚忍受着巨大的不适,在修订《岁月》的校样。

6 月 25—30 日,伍尔夫夫妻在僧侣屋;在伦敦又住了一周之后,他们返回僧侣屋,一直住到 10 月;弗吉尼亚非常不适;6 月 23 日至 10 月 30 日没有记日记;访客寥寥无几——多数是家庭成员,来跟伦纳德一起玩保龄球。

10 月 11 日,返回塔维斯托克广场,弗吉尼亚似乎大有好转;19 日,她去了沃金,跟埃塞尔·史密斯共处一宿,开始娱乐,再次出门。

11 月 2 日,弗吉尼亚处于绝望之中;伦纳德阅读了《岁月》的校样,安抚她;11 月 30 日,她完成了《岁月》的相关工作。

11 月,罗杰·弗赖的朋友夏尔·莫隆在伦敦跟伍尔夫夫妻见面;弗吉尼亚开始撰写《三枚金币》。

12 月,退位危机;爱德华国王在 10 日退位。

12 月 17 日,伍尔夫夫妻前往僧侣屋过圣诞节;跟凯恩斯夫妻一起吃圣诞午餐。

1937 年

1 月 1—4 日,安和朱迪斯·斯蒂芬在僧侣屋;伍尔夫夫妻和伊丽莎白·罗宾斯、奥克塔维亚·威尔伯福斯在布赖顿喝茶。

1 月 9 日,斯蒂芬·汤姆林的葬礼。

249　　1月16日,返回塔维斯托克广场;韦斯特小姐去世,她是霍加斯出版社的经理。

　　2月,弗吉尼亚在写《三枚金币》;伦纳德身体不适,见了专家;22日,他收到了身体健康的诊断书。

　　3月12—15日,伍尔夫夫妻在僧侣屋;朱利安·贝尔从中国回来了,打算去西班牙参加国际纵队。

　　3月15日,《岁月》问世。

　　3月25日至4月4日,伍尔夫夫妻在僧侣屋过复活节;4月1日,他们驾车去米恩斯泰德(Minstead,位于新森林)拜访珍妮特·卡斯,后者病重。

　　4月29日,弗吉尼亚上了广播。

　　5月7—25日,伍尔夫夫妻驾车去法国西南地区旅行,在苏亚克住了几天,去了莱塞济、阿尔比、乔治·桑在诺昂的家,以及曼特农(Maintenon);梅纳德·凯恩斯重病。

　　5月29日至6月6日,伍尔夫夫妻在僧侣屋。

　　6月6日,在戈登广场50号举办替朱利安·贝尔送行的宴会;他次日启程,去西班牙开救护车。

　　6月至7月,弗吉尼亚再次活跃起来,社交频繁;在僧侣屋度过某些周末。

　　7月15日,珍妮特·卡斯去世。

　　7月20日,收到朱利安·贝尔在7月18日去世的消息。

　　7月29日,伍尔夫夫妻驾车送瓦奈萨去查尔斯顿,然后去了僧侣屋,一直住到10月;弗吉尼亚一直在抚慰她姐姐和她的家人;多萝西和詹妮·布西、朱迪斯·斯蒂芬和T.S.艾略特在僧侣屋;有时白天去伦敦,去杜金拜访玛格丽特·卢埃林·戴维斯,去锡辛赫斯特;弗吉尼亚在写《三枚金币》。

10 月 10 日，返回塔维斯托克广场；12 日，弗吉尼亚写完了《三枚金币》。

10 月至 12 月，伍尔夫夫妻每两周去一次僧侣屋；11 月 12—13 日，他们在剑桥，伦纳德在辩论协会的活动中发言；12 月初，弗吉尼亚身体不适，担心伦纳德的健康问题。

12 月 22—29 日，伍尔夫夫妻在僧侣屋过圣诞节；伦纳德病倒，于是返回伦敦，12 月 31 日在皇家北方医院接受检查。

1938 年

1 月 1—11 日，伦纳德卧床不起。检查样本显示"正常"。

1 月 14—23 日，去僧侣屋，让伦纳德恢复身体。

1 月 24 日，弗吉尼亚在塔维斯托克广场病倒，发烧。

250

3 月 1 日，约翰·莱曼获得弗吉尼亚在霍加斯出版社的股份。

3 月 12 日，希特勒入侵奥地利。

4 月 14—24 日，伍尔夫夫妻在僧侣屋过复活节；奥托林·莫瑞尔夫人在 4 月 21 日去世；弗吉尼亚在写《罗杰·弗赖传》，在构思《鲍恩茨府》（《幕间》）。

5 月 14—15 日，伍尔夫夫妻前往黑斯尔米尔，跟雷和奥利弗·斯特雷奇见面。

5 月 22 日，阿诺德-福斯特太太（凯·考克斯）去世。

6 月 1—11 日，伍尔夫夫妻在僧侣屋；《三枚金币》在 6 月 2 日问世。

6 月 16 日至 7 月 2 日，伍尔夫夫妻驾车取道罗马墙前往苏格兰和西岛。

7 月 28 日，伍尔夫夫妻去僧侣屋度夏假；访客包括维塔·萨克维尔-韦斯特、科尔法克斯夫人、E.M.福斯特和莫莉·麦卡锡(出席 9 月 11 日的传记俱乐部聚会)、诺埃尔·奥利弗亚·理查兹,以及理查德和安(·斯蒂芬)·卢埃林·戴维斯;每周去伦敦,在慕尼黑危机期间住了一宿(9 月 26—27 日)。

10 月 16 日,返回塔维斯托克广场;伍尔夫夫妻隔周去僧侣屋。

12 月 20 日,去僧侣屋过圣诞节;下雪;杰克·希尔斯去世;伦纳德的小毛猴米茨也死了;圣诞节当天去了提尔顿和查尔斯顿。

1939 年

1 月 15 日,返回塔维斯托克广场;伍尔夫夫妻每月去罗德麦尔两次度周末。

1 月 28 日,伍尔夫夫妻去汉普斯特德拜访了西格蒙德·弗洛伊德。

3 月 2 日,弗吉尼亚在中央工艺美术学校的一次书籍封套展览上讲话。

3 月 3 日,利物浦大学授予弗吉尼亚荣誉博士学位,被弗吉尼亚拒绝。

4 月 6—24 日,伍尔夫夫妻在僧侣屋过复活节;弗吉尼亚身体不适。

5 月 25 日,在僧侣屋过圣灵降临节。

6 月 5—20 日,伍尔夫夫妻从罗德麦尔出发,前往法国,驾车去布列塔尼和诺曼底旅行。

6 月 22 日,返回塔维斯托克广场。

7 月 2 日,伦纳德的母亲伍尔夫太太去世。

7 月 25 日,伍尔夫夫妻去僧侣屋度夏假。

8 月 17 日,去伦敦,把霍加斯出版社搬到梅克伦堡广场 37 号;24

日,他们把个人物品搬到那里,然后回到罗德麦尔;伦敦弥漫着危机 251

氛围。

9 月 1 日,德国入侵波兰;3 日,英国宣战。

9 月,霍加斯出版社的雇员每人来僧侣屋住两三天;其他客人包括

金斯利·马丁、斯蒂芬·斯彭德、约翰·莱曼和朱迪斯·斯蒂芬。

10 月 13—20 日,伍尔夫夫妻在梅克伦堡广场;此后他们住在僧侣

屋,通常每周去一趟伦敦,有时只待一个白天,有时住几天。

10 月至 12 月,在僧侣屋;罗德麦尔的工党日常聚会在此举行;

访客包括 T.S.艾略特、E.萨克维尔-韦斯特、W.A.罗伯森和约翰·

莱曼。

1940 年

1 月 6 日,在查尔斯顿为安吉莉卡·贝尔举办了宴会;客人包括伍

尔夫夫妻、凯恩斯夫妻、玛乔里·斯特雷奇和邓肯·格兰特。

1 月 12—13 日,E.M.福斯特在僧侣屋。

2 月 6—7 日,约翰·莱曼小住;12—16 日,在伦敦;萨莉·格雷夫

斯(奇尔弗太太)在僧侣屋;24 日,弗吉尼亚患上流感,不过 26 日去了

梅克伦堡广场,她在那里卧床休息。

3 月 2 日,返回僧侣屋;《罗杰·弗赖传》的手稿被送去让玛杰

里·弗赖过目,然后又送给瓦奈萨过目;弗吉尼亚大多数时间都在生

病,卧床不起,直到 3 月 21 日,27—28 日,玛杰里·弗赖在僧侣屋。

4 月 9 日,德国入侵挪威和丹麦。

4 月 23—24 日,维塔·萨克维尔-韦斯特在僧侣屋。

4 月 27 日,弗吉尼亚在布赖顿的工人教育协会上发表演讲

(《斜塔》)。

5 月 10 日,德国入侵荷兰和比利时。

5月18—21日,德斯蒙德·麦卡锡和G.E.穆尔在僧侣屋。

6月10日,意大利参战。

6月14日,伍尔夫夫妻和维塔·萨克维尔-韦斯特拜访了彭斯赫斯特;巴黎被德国人攻陷。

6月17—20日,伍尔夫夫妻在梅克伦堡广场;艾德里安·斯蒂芬给了他们致命剂量的吗啡。

6月25—27日,伊丽莎白·鲍恩在僧侣屋。

7月15—16日,圣约翰和杰里米·哈钦森在僧侣屋。

7月23日,弗吉尼亚在罗德麦尔向女性协会朗读了她对无畏战舰恶作剧的描述。

252 7月25日,《罗杰·弗赖传》问世。

8月至9月,英国保卫战爆发;每天都有空袭;约翰·莱曼、安和朱迪斯·斯蒂芬、本尼迪克特·尼科尔森在僧侣屋;9月1日,传记俱乐部在查尔斯顿举行聚会;海伦·安莱帕在罗德麦尔。

9月10日,伍尔夫夫妻驾车前往伦敦;梅克伦堡广场被轰炸,他们的房子损坏严重,无法进入。

9月23日,霍加斯出版社从梅克伦堡广场搬往赫特福德郡的莱奇沃思。

10月18日,伍尔夫夫妻当天驾车前往伦敦;看到塔维斯托克广场52号已成为废墟。

11月7日,E.M.福斯特提议让弗吉尼亚担任伦敦图书馆委员会的委员,被弗吉尼亚拒绝。

12月4日,梅克伦堡广场的家具和书籍已经运到,储存在僧侣屋和村里。

12月14日,霍加斯出版社的印刷机被运到僧侣屋。

1941 年

1 月 1 日,奥克塔维亚·威尔伯福斯医生在僧侣屋喝茶;她现在经常从布赖顿过来拜访,带来奶油,等等。

2 月 11—13 日,伍尔夫夫妻驾车去伦敦,坐火车去剑桥,在当地拜访了佩内尔·斯特雷奇和乔治·赖兰兹;他们也拜访了在莱奇沃思的霍加斯出版社。

2 月 13—15 日,伊丽莎白·鲍恩在僧侣屋。

2 月 17—18 日,维塔·萨克维尔-韦斯特在僧侣屋。

2 月 26 日,弗吉尼亚完成了《鲍恩茨府》(《幕间》)。

3 月 8 日,去布赖顿;伦纳德在工人教育协会上发言,弗吉尼亚在跟意志消沉作战。

3 月 18 日,弗吉尼亚的状况在恶化,伦纳德非常担忧。

3 月 27 日,伍尔夫夫妻前往布赖顿,向威尔伯福斯医生咨询弗吉尼亚的病症。

3 月 28 日,弗吉尼亚·伍尔夫自沉于乌斯河。

附录 B

《岁月》出版于 1937 年 3 月 15 日;3 月 28 日,复活节周日,弗吉尼亚·伍尔夫在日记中记录了以下内容,地点是罗德麦尔的僧侣屋。

……昨天,一个来自《纽约时报》的记者打来电话:被告知如果他愿意的话,他可以看看 52 号(即塔维斯托克广场 52 号)的外观。四点半,我在烧一壶开水,一辆黑色的巨型戴姆勒汽车停下来。然后,一个短小精干,身穿花呢外套的人出现在花园里。我走到起居室:看到他站在那里东张西望。伦不理睬他。伦和珀西在果园里。当时我是这么猜想的。他拿出一个绿色笔记本,站在那里,四下环顾,草草记录着什么。我低下头——他几乎瞥见我。最后,伦转身过来,面对他。不,伍太太不想要这种宣传。我大怒:一个虫子在皮肤上爬——没法碾死他。虫子在记笔记。伦有礼貌地领着他回到戴姆勒汽车和他妻子那里。不过,他们从伦敦也没白来一趟——虫子们,跑来,溜进来,还记笔记。

以下文字的最初打印稿有几处打印错误,已经根据弗吉尼亚的显而易见的意图做了修改。

关于一位绅士的白日梦,他把他对一幢私宅的印象换成了钞票

这位 J.B.,他想要见,房子的女主人,是吗?

他坐在那里,在早晨,可贵的早晨,

在一年里的春天,一把椅子上;J.B.

是的,我看到了;我看到了,那张还没被烘焙过的煎饼脸;

有个洞作为嘴;嘴唇是一团模糊;

半闭的健谈的双唇;醋栗一样的眼睛;

他缺乏吸引力;他自鸣得意;

坐在那里,在一年的春天,坐在椅子上;

占用了时间、空气、光线、空间;搞得人

什么都想不了;用他的花呢外套

挡住了树丛;鸽子;和半个天空。

单调世界的统治者;移动不定,变来变去的

心神不宁,恶心想吐的,自大狂的新闻从业者的砰啪作响

上蹿下跳,就像一锅炖汤,即将沸腾,要求同情

把干净的、清晰的、明亮的、尖锐的,都浸泡在

他那油腻的自满的炖汤中;他的自鸣得意

他对于自己缺乏吸引力的深切的不快;

他渴望被刮刷清洗,被擦拭干净

那些苔藓和黏液;作为一项权利去要求

他人的时间;就那样坐在椅子上;

254

用他那被擦拭过的,带有油腻污迹的花呢挡住光线。

为什么他想被"看见"。什么样的来自开塞器的

推动力,从他那翻滚的炖汤,从他的肉条和

绞刑架那儿,逼催他跑到这里来,来到这张椅子前

被看见? 当春天在这儿?

被看见坐在那里,伸胳膊伸腿,自我知觉的,

什么都不管的,眼睛模糊,嘴唇肿大

拇指肥大,扭动着,被看见,

像一个虫子那样呈棕色,沿着寄宿房的墙壁

悄悄爬走;J.B.约翰·虫子;詹姆斯·虫子·虫子,虫子,虫子,他一边

说话一边溜走,就像一只臭烘烘的虫子,闪闪发亮

不过只是半透明;仿佛当他说话时,他

吸了血,我的血;任何人的血,从而让一只

虫子的身体变成蓝黑色。他就那样坐在椅子上,

头发没梳理;他的嘴巴在流口水;他的眼睛

涌现出某个寄宿房的炖汤的蒸汽。

一个虫子;总是趴在墙上。虫子来自那幢

房子。可如果你碾死虫子,它们就在墙上

留下印迹。就像虫子的尸体在淡色的墨水中流血

记录下他对一幢私宅的印象

写在报纸上,为了换钞票。

附录 C　弗吉尼亚·伍尔夫和朱利安·贝尔

1937 年 7 月 18 日,朱利安·贝尔死于西班牙。弗吉尼亚关于他
的回忆的日期是 1937 年 7 月 30 日。手稿约七千字,在双人传记《边
疆之旅:朱利安·贝尔和约翰·科恩福特合传》(1966 年出版)中,彼
得·斯坦斯基和威廉·亚伯拉罕斯采用过这份资料。本书之所以包
括了这份资料,是相信它彰显了弗吉尼亚本人的特征和个性;因此,对
无关段落有省略之处。

　　我打算迅速记录下我记忆中的朱利安——部分原因在于我
太恍惚了,不能去写我正在写的东西;然后,我如此镇静,以至于
一切都不真实,除非我去写下来。还有,我现在明白,时间具有一
种古怪的影响力:它不摧毁人——譬如,我现在记忆中的罗杰、
索比,可能比我过去以为的更真实——但是它擦拭掉人的确切
存在。

　　我最后一次见到朱利安是在克莱夫家里,是他去西班牙两天

前。那是一个周日晚上,六月初——一个炎热的夜晚。他穿着件衬衫。洛蒂※不在家,我们自己做了晚餐。他站立的姿势很特别:他的动作敏捷而迅速,非常突然,考虑到他是那么高大和壮实,而且特别优雅。我记得他坚定的表情;透过他的眼镜,严肃地瞅着,我猜想,烤面包片或鸡蛋。他具 它们让人想起了一种翅膀尖尖的鸟——是这边沼泽地里的鹬鸟之一。有一种非常严肃的外貌;事实上,从中国回来之后,他已经变得坚决多了。不过,我对那场谈话记不住什么了;除了它渐渐转到政治上。伦和克莱夫以及朱利安开始谈论法西斯主义,我猜;我记得我当时想,现在克莱夫在勉强附和伦;处于自我抑制中;这意味着有麻烦了。(我搞错了,就像伦后来告诉我的那样。)朱利安如今是个大人了;我的意思是,他跟克莱夫和伦不相上下;他显得沉着而独立。我觉得他在中国遇见了很多各种各样的人。不管怎样,由于天很热,他们讲的是政治,瓦[奈萨]、安[吉莉卡]和我就出门去广场上了,然后,其他人也来了,我们坐在那里谈话。我记得提起过罗杰的文章,告诉朱利安,我会在遗嘱中把它们留给他。他以那种灵敏的口吻回答,最好把它们留给大英博物馆。我想,那是因为他认为他会死。当然,我们都知道,这是我们最后一次见面——大伙在一起——在他启程前。但是我已经下定决心,在那个夏天,要投身工作,去见朋友。我已经决定不去考虑危险,因为,潜意识中,我确信他会死;就是说我有一种俯伏的,没表达出来的确信,我想是因为索比的死;一份悲观主义的遗产,我已经决定不去分析它。然后,当我们一起走向大门的时候,我跟朱利安

256

※ 洛蒂·霍普,她曾经是伍尔夫夫妻的佣人,如今在戈登广场 50 号为克莱夫·贝尔工作。

走在一起,我说,你在西班牙能抽出时间写点什么吗?你能把它寄给我们吗?(这当然跟我的感受有关,一段非常痛苦的感受,就是我曾经太轻视他写的关于罗杰的文章了。)他回答,非常敏捷——就像他的动作一样,他说话敏捷,带有一种突发性——“当然,我会写一些关于西班牙的东西。如果你愿意看,我会寄给你。”我想看,我说,然后碰了碰他的手。接着,我们一起走到克莱夫的房间;然后,他们走了;我们站在门口看着他们。朱利安开着奈萨的车。最初它发动不起来。他坐在那里,皱着眉头看着轮子,看起来非常出色,穿着衬衫;带有一种表情,仿佛他已经下定决心,决心已定,不过出现了障碍——车子没法发动。接着,车子突然发动起来了——他向后略微倾头,把车开到广场的路上,奈萨坐在他身边。当然,我记住了这一幕,因为这也许是我们的最后一次见面。他说的是“再见,明年此时再见”。

我们跟克莱夫一起回屋,喝酒,谈论朱利安。克莱夫和伦说,去西班牙不会比往返查尔斯顿更危险。克莱夫说,只有一个人曾经被炸弹击伤。他补充说,但是朱利安非常沉着,就像考利[克莱夫的哥哥]和我自己。他去那里是有勇气的,他说。我想我说的是,但是奈萨很担心。然后我们讨论了职业;克莱夫告诉我们毕加索说过的话,作为父亲,我真高兴我的儿子没有职业。他说,他很高兴朱利安是一个“人物”;他总会有足够的钱购买面包和黄油;他没有职业,这是件好事。他是一个没有特别天赋的人。他不认为他是个天生的作家——不,他是个人物,就像索比。出于某种理由,我没有回答说他像索比。对这一点,我总是傻气的。我不喜欢任何贝尔像索比,我猜想,部分原因是势利;我也不认为朱利安像索比,除了,显然,他年轻又帅气。我说,索比具有一种自然的风度,朱利安没有。

　　还有那个该死的文学问题。我总是对他的写作持批评态度,我猜部分原因是嫉妒他们那代人;部分原因我自己羡慕任何能写出我没法写的文字的人;还有(因为我无法分析出一种非常复杂的感受中的其他张力,有一部分是由伦引发的;我怀疑,因为我们羡慕奈萨有这样一个儿子;还有伦的家庭情结,导致他热衷于,不,简直是随时准备着批评她的孩子,因为他觉得我更喜欢称赞他们而不是他的家庭)我觉得他非常草率,不是"一个艺术家",他写的东西太个人化,而且"过于分散"。这是我对我们的关系感到遗憾的一点:就是我本该更多地鼓励他成为一个作家。然而,再说,那就是我的特征:我最后总是被迫说实话,哪怕心怀嫉妒。这依然是我的一件憾事;我会永远感到遗憾;看到他对我的所作所为表现出了极为宽宏大量的态度——有时对我的作品自豪到了令人感动的地步。可是,两年前,我进入一个讨厌"名人"的阶段;渴望匿名;一种复杂的状态,我本来会找个机会跟他探讨一下。因此,我对那种想出版东西的愿望不会表示同情。从我的新立场出发,我觉得它是错的——自大狂的表现,时代的自我中心狂热。(就是因为这个理由,我不会在我的珍妮特文章上署名。)但是他怎么会知道为什么我对发表他的东西显得那么冷淡? 很高兴我让伦重新考虑了他的诗歌,我们还是出版了它们。

　　有时,我会被他那种颇为刻薄的调侃伤害,有点像克莱夫的嘲讽,由于过去我曾遭受克莱夫的刻薄乃至冷酷的调侃,我就更加受不了这些了。——朱利安可以说能以同样的方式"识破人";但是其方式没那么个人化,而且更厉害。在克莱夫家的最后晚餐宴会上,我记得提到过一个关于德斯蒙德的故事。那是关于 L.S 讲座的。※我说"德斯蒙德非常当真,觉得这是一种恭维"。我不记得谁做过 L.S 讲座了,于是问:"戴维[·西塞尔]没做过吗?"然后,朱利安闪现出了他的嘲讽和严厉,他说,啊哈,典型的你。是你说过的——看着克莱夫,仿佛他们都怀疑我是蓄意的;他那次是搞错了。不过并不总是错的。我的意思是,他有爪子,也会使用它们。他对贝尔家人怀有感情。他觉得我想伤害人。他认为我是冷酷的,就像克莱夫对我的看法;但是他告诉我,就在他去中国前,我跟他说话时,他从未怀疑过我的善意;我吃了很多苦;我的感情很炽热。

然而,我们的关系非常稳固,因为它基于一种激情——对我们中的任何一个来说,这都不算一个太过分的词——对奈萨的激情。正是出于这种激情,我们两人在今年夏天相见时都有所保留。

为了让他不走,我急着想尽办法,我让他在晚餐时见过一次金斯利·马丁,然后是斯蒂芬·斯彭德,因此一直没有机会单独跟他见面——只有一次,但时间很短。我刚刚进屋,拿着《旗帜晚报》,《岁月》在上面大获赞扬,让我很意外。我觉得非常高兴。如释重负。我拿着报纸,希望铃声响起时,伦会过来,我可以告诉他。我走到楼梯顶层,向下瞅,看到朱利安的大太阳帽(他一向对服饰马虎到令人吃惊的地步——会穿着扯破的裤子过来),我用一种阴森的语气喊叫,"谁在那儿?"于是他动了,笑起来,我让他进来。他说,怎么发出这样的声音,或说了句轻松话;然后,他走

※ 即剑桥大学的莱斯利·斯蒂芬讲座。

近;是来问道尔顿的电话号码的。他站在那里;我让他留下来,见
见伦纳德。他犹豫了,但是似乎下定决心要继续处理见道尔顿的
事。于是我去找号码了。我回来时,他在读《旗帜晚报》。我走的
时候把报纸翻到了书评那一页。但是他已经翻了页,我想是翻到
了政治版。我有点想说,看看我是怎么受赞扬的。然后想到,不,
我正处于巅峰状态;逼迫还没有获得成功的人去看那样的东西,
这是不友善的。于是我对此什么也没说。但是我希望他留下。
然后,我再次觉得,他担心我会劝他不要走。于是我所说的只不
过是,看看这儿,朱利安,任何时候只要你想吃饭,打个电话给我
们就行了。好的,他颇为怀疑地回答,仿佛我们会太忙。于是我
坚持。我们没有太多机会见到你。我跟着他走近厅堂,用双臂搂
着他说,你回来了,你简直不知道这是多么美好。我们略微亲了
一下;他看起来很高兴,问,你那么觉得? 我说是的,就仿佛他想
请我原谅他带来的所有担忧;然后跺着脚走了,戴着大帽子,穿着
厚外套。

去年夏天,当我处于校对《岁月》的可怕的痛苦状态时,在那
种痛苦状态中,我只能工作十分钟,然后就要去躺下,我给他写了
封漫不经心的信,关于他的罗杰文章,很多个星期之后,他才回复
说他受到了伤害※;所以一直没回信,然后,我的另一封信又重燃
起家人的旧情。我对此感到惊愕,立刻回了信,他正好赶在回国
前收到了信,我说让我们永远别为了写作而争吵,我解释并道歉

※　弗吉尼亚的信件已经遗失。在从武汉写来的回信(1936 年 12 月 5 日)中,朱利安
说:"你不是很喜欢我写的罗杰,我颇受伤害——那是我最不讲道理的一面,但是我想你的信
正好在这个时候写给我,当我对自己的作品最敏感的时候,它已经完成,没法修改了,但仍然
还是我自己的一部分。"

了。没什么两样,出于这个原因,也因为他的夏日旅行,还因为如果作息不规律的话,我就不会坚持写信,我们的交流出现了中断,这是注定会发生的。我想,他回来之后,还有机会重新开始。我想他会找一份政治工作,我们会经常看到他。

　　这种中断也许解释了为什么我继续追问自己,他对西班牙有什么看法?我没有找到答案。是什么让他觉得有必要去那里?正如他所知,这肯定会给奈萨带来折磨。他了解她的感受。在他去中国之前,我们讨论过这件事,那次谈话是我跟他之间的最亲密交流。我记得,他当时说这对她来说是多么困难,罗杰已经死了;他感到抱歉,昆汀经常待在查尔斯顿。他知道那一点;然而故意给她带来这种可怕的焦虑。是什么导致他做这样的事?我猜想,年轻一代感到热血沸腾,那是我们不可能理解的。我不知道我们这一代中有任何人对战争怀有感情。我们在一战中都是良心反战者。不过我理解这是一项"事业",可以被叫作是自由的事业,等等,我的自然反应依然是以智性的方式反抗;如果我有任何用处,我会以写作的方式反抗;我会想出某个计划来对抗英国暴政。一旦采用暴力,对我来说,它就变得丧失意义,变得不真实。我猜想他会很快度过这个活跃期,会找到某种其他行政工作。但是那并不能解释他的决心……

259

简明参考书目

（除非另有声明，英国版本出版于伦敦，美国版本出版于纽约）

Annan, Noel Gilroy: *Leslie Stephen; his Thought and Character in Relation to his Time*. MacGibbon & Kee, 1951; Cambridge, Mass.: Harvard University Press, 1952

安南，诺埃尔·吉尔罗伊：《莱斯利·斯蒂芬：他的思想及特征与其时代之关系》

Bell, Clive: *Old Friends: Personal Recollections*. Chatto & Windus, 1956; Harcourt Brace Jovanovich, 1957

贝尔，克莱夫：《老朋友：个人回忆录》

Bell, Julian (and others): *Julian Bell: Essays, Poems and Letters*. Edited by Quentin Bell. Hogarth Press, 1938

贝尔，朱利安（及其他）：《朱利安·贝尔：杂文、诗歌及书信》，昆汀·贝尔编辑

Bell, Quentin: *Bloomsbury*. Weidenfeld & Nicolson, 1968; Basic Books, 1969

贝尔,昆汀:《布鲁姆斯伯里》

Carrington, Dora: *Carrington: Letters and Extracts from her Diaries*. Edited by David Garnett. Jonathan Cape, 1970

卡林顿,多拉:《卡林顿:书信和日记摘录》,戴维·加奈特编辑

Forster, E. M.: *Virginia Woolf*. (The Rede Lecture.) Cambridge University Press,1942; Harcourt Brace Jovanovich, 1942

福斯特,E.M.:《弗吉尼亚·伍尔夫》(里德讲座)

Fry, Roger: *Letters of Roger Fry*. Edited by Denys Sutton. Chatto & Windus, 1972

弗赖,罗杰:《罗杰·弗赖书信》,丹尼斯·萨顿编辑

Garnett, David: *The Golden Echo*. Chatto & Windus, 1953; Harcourt Brace Jovanovich, 1954

加奈特,戴维:《黄金回音》

The Flowers of the Forest. Chatto & Windus, 1955; Harcourt Brace Jovanovich, 1956

《森林里的花朵》

The Familiar Faces. Chatto & Windus, 1962; Harcourt Brace Jovanovich, 1963

《熟悉的脸庞》

Grant, Duncan: "Virginia Woolf" in *Horizon*, Volume III, no 18, June 1941

格兰特,邓肯:《弗吉尼亚·伍尔夫》,见《地平线》,第三卷

Harrod, Roy: *The Life of John Maynard Keynes*. Macmillan, 1951; Harcourt Brace Jovanovich, 1951

哈罗德,罗伊:《约翰·梅纳德·凯恩斯传》

Hassall, Christopher: *Rupert Brooke. A Biography*. Faber, 1964; Harcourt Brace Jovanovich, 1964

哈索尔,克里斯多夫:《鲁珀特·布鲁克传》

Holroyd，Michael：*Lytton Strachey. A Critical Biography.* Volume Ⅰ，*The Unknown Years.* 1967. Volume Ⅱ，*The Years of Achievement.* 1968. Heinemann；Holt，Rinehart& Winston，1968

霍尔罗伊德，迈克尔：《利顿·斯特雷奇传》，第一卷，《未知岁月》，1967 年；第二卷，《辉煌岁月》，1968 年

Johnstone，J.K.：*The Bloomsbury Group.* Secker & Warburg，1954；Noonday Press，1954

约翰斯通，J.K.：《布鲁姆斯伯里团体》

Kennedy，Richard：*A Boy at the Hogarth Press.* Whittington Press，1972

肯尼迪，理查德：《霍加斯出版社的男孩》

Keynes，John Maynard：*Two Memoirs.* Hart-Davis，1949；Augustus M. Kelley，1949

凯恩斯，约翰·梅纳德：《两种回忆》

Kirkpatrick，B.J.：*A Bibliography of Virginia Woolf.* Second Edition，Revised. Hart-Davis，1967；Oxford University Press，1968

柯克帕特里克，B.J.：《弗吉尼亚·伍尔夫参考书目》，第二版，修订本

Lehmann，John：*The Whispering Gallery; Autobiography I.* Longmans，1955；Harcourt Brace Jovanovich，1955

莱曼，约翰：《低语的画廊：自传一》

I am My Brother: Autobiography Ⅱ. Longmans，1960

《我是你的兄弟：自传二》

Maitland，F.W.：*The Life and Letters of Leslie Stephen.* Duckworth，1906；Detroit：Gale Research，1968

梅特兰，F.W.：《莱斯利·斯蒂芬生平和书信》

Mansfield，Katherine.：*Journal of Katherine Mansfield.* Edited by J. Middleton Murry. Constable，1927；Alfred A. Knopf，1927

曼斯菲尔德,凯瑟琳:《凯瑟琳·曼斯菲尔德日记》,J.米德尔顿·默里编辑

The Letters of Katherine Mansfield. Edited by J. Middleton Murry. 2 volumes, Constable, 1928; Alfred A. Knopf, 1929

《凯瑟琳·曼斯菲尔德书信集》,J.米德尔顿·默里编辑,两卷

Morrell, Ottoline: *The Early Memoirs of Lady Ottoline Morrell*. Edited by Robert Gathorne-Hardy. Faber, 1963

莫瑞尔,奥托林:《奥托林·莫瑞尔夫人早期回忆录》,罗伯特·盖索恩-哈代编辑

Nathan, Monique: *Virginia Woolf par elle-même*. Paris, Editioins du Seuil, 1956

南森,莫妮卡:《弗吉尼亚·伍尔夫自传》

Pippett, Aileen: *The Moth and the Star. A Biography of Virginia Woolf*. Boston: Little, Brown, 1955

皮帕特,艾琳:《飞蛾和星星:弗吉尼亚·伍尔夫传》

Sackville-West, V.: *Pepita*. Hogarth Press, 1937; Doubleday, 1937

萨克维尔-韦斯特,V.:《珀皮塔》

St John, Christopher: *Ethel Smyth A Biography*. Longmans, Green, 1959

圣约翰,克里斯多夫:《埃塞尔·史密斯》

Spender, Stephen: *World within World*. Hamish Hamilton, 1951; Harcourt Brace Jovanovich, 1951

斯彭德,斯蒂芬:《世界中的世界》

Stansky, Peter and Abrahams, William: *Journey to the Frontier*. Julian Bell and John Cornford: their lives and the 1930's. Constable, 1966; Boston: Little, Brown, 1966

斯坦斯基,彼得和亚伯拉罕斯,威廉:《边疆之旅:朱利安·贝尔和约翰·科恩福特合传以及三十年代》

Stephen, Adrian: *The "Dreadnought" Hoax*. Hogarth Press, 1936

斯蒂芬,艾德里安:《"无畏战舰"恶作剧》

Stephen, James: *The Memoirs of James Stephen. Written by Himself for the Use of His Children.* Edited by Merle M. Bevington. Hogarth Press, 1954

斯蒂芬,詹姆斯:《詹姆斯·斯蒂芬回忆录:他本人写给孩子们》,莫尔·M.贝文顿编辑

Stephen, Leslie: *The Life of Sir James Fitzjames Stephen, Bart, K.C.S.I. By his Brother.* Smith, Elder, 1895

斯蒂芬,莱斯利:《从男爵暨印度之星勋章获得者詹姆斯·菲茨吉姆斯·斯蒂芬传,由其弟弟撰写》

Strachey, Lytton: *Lytton Strachey by Himself: A Self-Portrait.* Edited by Michael Holroyd. Heinemann, 1971; Holt, Rinehart & Winston, 1971

斯特雷奇,利顿:《利顿·斯特雷奇自传》,迈克尔·霍尔罗伊德编辑

Letters, see Woolf, Virginia and Strachey, Lytton

《书信》,见弗吉尼亚·伍尔夫和利顿·斯特雷奇

Woolf, Leonard: *The Wise Virgins. A Story of Words, Opinions, and a Few Emotions.* Edward Arnold, 1914

伍尔夫,伦纳德:《明智的处女们:关于言语、观点和一些情绪的故事》

Sowing: An Autobiography of the Years 1880 – 1904. Hogarth Press, 1960; Harcourt Brace Jovanovich, 1960

《播种:1880—1904 年自传》

Growing: An Autobiography of the Years 1904 – 1911. Hogarth Press, 1961; Harcourt Brace Jovanovich, 1962

《成长:1904—1911 年自传》

Beginning Again: An Autobiography of the Years 1911 – 1918. Hogarth Press, 1964; Harcourt Brace Jovanovich, 1964

《再次开始:1911—1918 年自传》

Downhill all the Way: An Autobiography of the Years 1919 - 1939. Hogarth
Press，1967；Harcourt Brace Jovanovich，1967

《一路下坡：1919—1939 年自传》

The Journey not the Arrival Matters: An Autobiography of the Years 1939 - 1969.
Matters：Hogarth Press，1969；Harcourt Brace Jovanovich，1970

《重要的是旅程而不是抵达：1939—1969 年自传》

伍尔夫，弗吉尼亚：完整的参考书目请见 B.J.柯克帕特里克所引书籍。弗吉尼
亚・伍尔夫以下书籍(除了第一部和第四部)都由里士满或伦敦的 Hogarth
Press 出版。Harcourt Brace Jovanovich 在不同年份里在纽约出版了她的所
有书籍(除了第二部、第三部、第七部、第十四部和第十七部)。

The Voyage Out. Duckworth，1915 《远航》

The Mark on the Wall. 1917 《墙上的斑点》

Kew Gardens. 1919 《丘园》

Night and Day. Duckworth，1919 《夜与昼》

Monday or Tuesday. 1921 《周一或周二》

Jacob's Room. 1922 《雅各布的房间》

Mr Bennett and Mrs Brown. 1924 《贝内特先生和布朗太太》

The Common Reader. 1925 《普通读者》

Mrs Dalloway. 1925 《戴洛维太太》

To the Lighthouse. 1927 《到灯塔去》

Orlando: A Biography. 1928 《奥兰多传》

A Room of One's Own. 1929 《一个属于自己的房间》

The Waves. 1931 《海浪》

Letter to a Young Poet. 1932 《给一位年轻诗人的信》

The Common Reader: Second Series. 1932 《普通读者：续集》

Flush: A Biography. 1933 《弗拉迅传》

Walter Sickert: a Conversation. 1934　《沃尔特·希克特对话录》

The Years. 1937　《岁月》

Three Guineas. 1938　《三枚金币》

Roger Fry: A Biography. 1940　《罗杰·弗赖传》

Between the Acts. 1941　《幕间》

A Writer's Diary. Being Extracts from the Diary of Virginia Woolf, edited by Leonard Woolf. 1953　《作家的日记》，弗吉尼亚·伍尔夫日记摘录，伦纳德·伍尔夫编辑

弗吉尼亚·伍尔夫以下文选和小说由 Hogarth Press 和 Harcourt Brace Jovanovich 在她过世后出版：

　The Death of the Moth and Other Essays. 1942　《飞蛾之死及其他》

　A Haunted House and other Short Stories. 1943　《鬼屋及其他短篇小说》

　The Moment and Other Essays. 1947　《时刻及其他杂文》

　The Captain's Death Bed and Other Essays. 1950　《临终的船长及其他杂文》

　Granite and Rainbow. 1958　《花岗岩和彩虹》

　Contemporary Writers. 1965　《当代作家》

　Collected Essays. 4 volumes，1966–67　《文选》，四卷

Woolf, Virginia and Strachey, Lytton：*Virginia Woolf & Lytton Strachey: Letters*. Edited by Leonard Woolf and James Strachey. Hogarth Press/Chatto &Windus, 1956；Harcourt Brace Jovanovich, 1957

伍尔夫，弗吉尼亚和斯特雷奇，利顿：《弗吉尼亚·伍尔夫和利顿·斯特雷奇书信集》，伦纳德·伍尔夫和詹姆斯·斯特雷奇编辑

增补参考书目

这些参考书目包含弗吉尼亚·伍尔夫生平的资料出版于本传记之前及本传记创作之日起。所有参考内容来自常用的英文版书籍。

ANNAN, Noel: *Leslie Stephen. The Godless Victorian*. Weidenfeld & Nicolson, 1984

BELL, Clive: *Old Friends; Personal Recollections*. Chatto & Windus, 1956

BELL, Julian (& others): *Julian Bell. Essays, Poems and Letters*. Edited by Quentin Bell. Hogarth Press, 1938

BELL, Quentin: *Bloomsbury*. Weidenfeld & Nicolson, 1968 (new edition 1986)

BELL, Vanessa: *Selected Letters of Vanessa Bell*. Edited by Regina Marler. Bloomsbury, 1993

CARRINGTON, Dora: *Carrington. Letters and Extracts from her Diaries*. Edited by David Garnett. Jonathan Cape, 1970. Oxford University Press, 1979.

CECIL, Hugh & Mirabel: *Clever Hearts. Desmond and Molly MacCarthy*. Gollancz, 1990

FORSTER, E.M.: *Selected Letters of E.M. Forster* (2 vols). Edited by Mary Lago & P.N. Furbank. Collins, 1983

FRY, Roger: *Letters of Roger Fry* (Vol. II, 1913–1934). Edited by Denys Sutton. Chatto & Windus, 1972

FURBANK, P.N.: *E.M. Forster: A Life* (2 vols). Secker & Warburg, 1977, 1978

GARNETT, David: *The Golden Echo*. Chatto & Windus, 1953
 The Flowers of the Forest. Chatto & Windus, 1955
 The Familiar Faces. Chatto & Windus, 1962

GERZINA, Gretchen: *Carrington. A Life*. John Murray, 1989. Pimlico, 1995.

GLENDINNING, Victoria: *Vita. The Life of V. Sackville-West*. Weidenfeld & Nicolson, 1983

HARROD, Roy: *The Life of John Maynard Keynes*. Macmillan, 1951

HASSALL, Christopher: *Rupert Brooke. A Biography*. Faber, 1964

HOLROYD, Michael: *Lytton Strachey. A Biography*. Penguin Books, 1971
  Lytton Strachey (revised edition). Chatto & Windus, 1994. Vintage, 1995

KENNEDY, Richard: *A Boy at the Hogarth Press*. Penguin Books, 1978

KEYNES, John Maynard: *Two Memoirs*. Hart-Davis, 1949

KIRKPATRICK, B.J.: *A Bibliography of Virginia Woolf*. (third edition, revised). Clarendon Press, Oxford, 1980

LEHMANN, John: *The Whispering Gallery. Autobiography I*. Longmans, 1955
  I Am My Brother. Autobiography II. Longmans, 1960
  Thrown to the Woolfs. Weidenfeld & Nicolson, 1978

MAITLAND, F.W.: *The Life and Letters of Leslie Stephen*. Duckworth, 1906

MAJUMDAR, R. & McLAURIN, A.: *Virginia Woolf. The Critical Heritage*. Routledge & Kegan Paul, 1975

MANSFIELD, Katherine: *Journal of Katherine Mansfield*. Edited by J. Middleton Murray (2 vols). Constable, 1928

MORRELL, Ottoline: *The Early Memoirs of Lady Ottoline Morrell and Life at Garsington*. Edited by Robert Gathorne-Hardy. Faber, 1963, 1974

NICOLSON, Nigel: *Portrait of a Marriage*. Weidenfeld & Nicolson, 1973

NOBLE, Joan Russell (ed.): *Recollections of Virginia Woolf by her Contemporaries*. Peter Owen, 1972

ROSENBAUM, S.P. (ed.): *The Bloomsbury Group. A Collection of Memoirs, Commentary, & Criticism*. Croom Helm, 1975

SACKVILLE-WEST, V.: *Pepita*. Hogarth Press, 1937
  The Letters of Vita Sackville-West to Virginia Woolf. Edited by Louise DeSalvo & Mitchell A. Leaska, Hutchinson, 1984

ST JOHN, Christopher: *Ethel Smyth. A Biography*. Longmans, Green, 1959

SEYMOUR, Miranda: *Ottoline Morrell. Life on the Grand Scale*. Hodder & Stoughton, 1992

SKIDELSKY, Robert: *John Maynard Keynes. Vol. I: 1883–1920, Hopes Betrayed*
  John Maynard Keynes. Vol. II: 1920–1937, The Economist as Saviour. Macmillan, 1983, 1993

SPALDING, Frances: *Vanessa Bell*. Weidenfeld & Nicolson, 1983

SPATER, G. & PARSONS, I.: *A Marriage of True Minds. An Intimate Portrait of Leonard & Virginia Woolf*. Jonathan Cape & Hogarth Press, 1977

SPENDER, Stephen: *World Within World*. Hamish Hamilton, 1951

STANSKY, Peter & ABRAHAMS, William: *Journey to the Frontier. Julian Bell and John Cornford: their lives and the 1930's*. Constable, 1966

STEPHEN, Adrian: *The Dreadnought Hoax*. Hogarth Press, 1936 (reissued 1983)

STEPHEN, James: *The Memoirs of James Stephen. Written by Himself for the Use of His Children*. Edited by Merle M. Bevington. Hogarth Press, 1954

STEPHEN, Leslie: *The Life of Sir James Fitzjames Stephen. Bart., K.C.S.I. By his Brother*. Smith, Elder, 1895
  Sir Leslie Stephen's Mausoleum Book. With an introduction by Alan Bell. Clarendon Press, 1977

Strachey, Lytton: Lytton Strachey by Himself. A Self-Portrait. Edited by Michael Holroyd. Heinemann, 1971. Vintage, 1994

Virginia Woolf & Lytton Strachey. Letters. Edited by Leonard Woolf and James Strachey. Hogarth Press, 1956

TOMALIN, Claire: *Katherine Mansfield. A Secret Life.* Viking, 1987

WOOLF, Leonard: *The Wise Virgins.* Edward Arnold, 1914

Autobiography (5 volumes): I: *Sowing.* II: *Growing.* III: *Beginning Again.* IV: *Downhill All the Way.* V: *The Journey not the Arrival Matters.* Hogarth Press, 1960–1969

Letters of Leonard Woolf. Edited by Frederic Spotts. Weidenfeld & Nicolson, 1989

WOOLF, Virginia: *Roger Fry. A Biography.* Hogarth Press, 1940, 1991

The following volumes, published posthumously, are of biographical importance. (For further bibliographical information, the reader is referred to Kirkpatrick, *op. cit.*)

Moments of Being. Edited by Jeanne Schulkind. Hogarth Press (revised edition), 1985

The Letters of Virginia Woolf (6 vols). Edited by Nigel Nicolson & Joanne Trautmann. Hogarth Press, 1975–1980, 1993–4

The Diary of Virginia Woolf. (5 vols). Edited by Anne Olivier Bell. Hogarth Press, 1977–1984. Penguin Books, 1977–1985

A Passionate Apprentice: the Early Journals. Edited by Mitchell A. Leaska. Hogarth Press, 1990, 1992

WOOLMER, J. Howard: *A Checklist of the Hogarth Press, 1917–1946.* St Paul's Bibliographies, 1986

索　引

（该索引并非详尽索引）

译后记

　　中译本《伍尔夫传》初版于 2005 年，翻译时间是 2004 年至 2005 年，地点是在多伦多的 43 Treverton Dr，回想起那段岁月，每天在空无一人的家中埋头码字和查阅资料，长时间端坐，乃至臀部长出老茧，洗澡时被热水冲刷，觉得生疼。一转眼十几年过去了，往事如烟，恍如前世。虽然当时我也觉得自己是尽心尽力做了翻译，但事后反省，发现还是有许多不足，语言不够流畅，而且有误译之处。

　　我从不觉得自己是个合格的译者，只能说比上不足，比下有余。好的译者，一个时代也不会有几个，更何况是在稿费微薄，劣币淘汰优币的当下。然而，也许喜欢弗吉尼亚·伍尔夫的中国人颇有几个，初版问世后，虽然水平有限，但依然迅速售罄，甚至还登上了《中华读书报》的 2005 年百佳书榜。可惜该书一直没有再版的机会，导致我无法对它做进一步的修订。

十几年来,虽然也听到关于此书的几声谬赞,但是我深觉名不副实,所以一直内心忐忑,现在承蒙广西师大社的魏东编辑的信任,愿意再版这部十几年前的译著,给我了弥补缺憾的机会。从去年到今年,我对此书重做校阅和润色,并且增加了部分注释和索引部分,虽然不能说就此杜绝了一切漏洞,但至少相比于初版,可以说颇有改观,纠正了若干误译,语言更流畅,少了一些聱牙诘屈之处。

我本人亦从事写作,就书籍的内容来说,弗吉尼亚·伍尔夫对我也有启发之处。伍尔夫作为中产阶级女性,自幼体弱多病,在写作遭遇困境时,她完全可以选择放弃,她也可以跟身边的女性一样,满足于找个好丈夫,过着不事生产的悠闲生活,但伍尔夫意志坚强,一生勤勉写作,终于从同辈中脱颖而出。相形之下,布鲁姆斯伯里圈子中的很多男女,即便才华横溢,却缺乏同样的自制力或强烈的写作愿望,最终一事无成,泯然众人。

当然我并不是说人一定要有所作为,人也可以选择做一个不在乎世俗成就的普通人,过着柴米油盐的日常生活,只不过对于有才华的人来说,不能充分发挥自己的潜力,在个人的精神层面上,终究会感到不足和欠缺,而在这一点上,弗吉尼亚·伍尔夫可以说是无憾了。

萧 易

2018 年 7 月 10 日